IBM 和纳粹

IBM AND THE HOLOCAUST

[美] 埃德温·布莱克
（Edwin Black） ◎著　郭楚强◎译

SPM
南方出版传媒
广东人民出版社
·广州·

图书在版编目（CIP）数据

IBM 和纳粹 /（美）埃德温·布莱克著；郭楚强译
. —广州：广东人民出版社，2018.10
ISBN 978-7-218-13155-9

Ⅰ.①I… Ⅱ.①埃…②郭… Ⅲ.①纳粹大屠杀—史料②IBM 公司—史料 Ⅳ.① K152 ② F471.266

中国版本图书馆 CIP 数据核字（2018）第 201525 号

IBM and the Holocaust: The Strategic Alliance between Nazi Germany and America's Most Powerful Corporation
Copyright © 2012 by Edwin Black
Expanded paperback edition published by Dialog Press in 2012
Simplified Chinese edition copyright © 2018 by Grand China Publishing House
Simplified Chinese rights arranged through Feature Group, Inc.
All rights reserved.

No part of this book may be used or reproduced in any manner without written permission except in the case of brief quotations embodied in critical articles or reviews.

本书中文简体字版通过 Grand China Publishing House（中资出版社）授权广东人民出版社在中国大陆地区出版并独家发行。未经出版者书面许可，本书的任何部分不得以任何方式抄袭、节录或翻印。

IBM he Nacui
IBM和纳粹

[美]埃德温·布莱克（Edwin Black） 著　郭楚强　译　　　　　　　版权所有　翻印必究

出 版 人：肖风华

策　　划：中资海派
执行策划：黄　河　桂　林
责任编辑：胡艺超　吴丽平
特约编辑：韩周航　王羽悠佳
版式设计：吴惠婷
封面设计：胡椒書衣

出版发行：广东人民出版社
地　　址：广州市大沙头四马路 10 号（邮政编码：510102）
电　　话：(020) 83798714（总编室）
传　　真：(020) 83780199
网　　址：http://www.gdpph.com
印　　刷：深圳市东亚彩色印刷包装有限公司
开　　本：787mm×1092mm　1/16
印　　张：30　字　　数：476 千
版　　次：2018 年 10 月第 1 版　2018 年 10 月第 1 次印刷
定　　价：68.00 元

如发现印装质量问题，影响阅读，请与出版社 (020-83795749) 联系调换。
售书热线：(020) 83795240

致中国读者信

自2001年本书英文版问世以来,已经有190个国家的人借助它了解了二战期间种族大屠杀的前因与后果。作为纳粹德国的帮凶,IBM间接导致了600万犹太人的死亡。此次推出的中文版搜集了与此有关的最新信息,并提供了相关的参考资料。

现在,我诚挚地邀请各位中国读者走进本书,一起来成为历史的见证人。阅读本书的过程不会很愉快,但所有关心历史、关心未来的人都不应错过。

埃德温·布莱克
(Edwin Black)

IBM AND THE
HOLOCAUST

亚伯拉罕·佩克（Abraham Peck）
美国犹太人历史协会研究中心主任

埃德温·布莱克从一个全新的视角讲述了大屠杀历史。显然，没有IBM的霍尔瑞斯机器，纳粹不可能完整地整合欧洲犹太人，也不可能杀害600万名犹太人，摧毁无数非犹太人的生活。在"最终解决方案"中，那些被驱逐到集中营里的犹太人被统一消灭。这已经令人不安，但布莱克揭示了一个更令人不安的事实——他发现一家跨国企业狷獗的腐败势力已经超越了法律。

罗伯特·乌尔夫（Robert Wolfe）
美国国家档案馆被俘德军记录与纽伦堡档案记录前首席专家

《IBM和纳粹》一书气势恢宏，并且出版得非常适时。作为世界闻名的企业，IBM为了追求市场垄断与纳粹政权合作，这些肮脏的交易记录在被忽视了长达半个世纪后，终于被埃德温·布莱克曝光于世。他全面而详细地叙述了本可以造福人类的穿孔卡技术是如何推动纳粹大屠杀，进而引发人权灾难的。

亚伯拉罕·H.福克斯曼（Abraham H. Foxman）
美国反诽谤联盟（Anti-Defamation League）全国主管

如果想了解希特勒是如何通过实施"最终解决方案"灭绝欧洲

犹太人的,那就必须读一读《IBM和纳粹》这本书……这一次,埃德温·布莱克又成功了。

威廉·赛尔兹(William Seltzer)
《人口统计与大屠杀》(*Population Statistics and the Holocaust*)作者
联合国统计办公室前主任

  埃德温·布莱克控诉了IBM这家热衷技术的企业及其执行董事托马斯·J.沃森与纳粹政权合作,向其提供技术,造成精确大屠杀的事实。这本书研究深入,内容令人痛心,为未来敲响了警钟。

迈克尔·赫什(Michael Hirsh)
《新闻周刊》(*Newsweek*)**记者**

  这是一本将会引起轰动的书……布莱克做了详细又全面的研究,他引用的事例简单却又极具吸引力。

戈登·A.克雷格(Gordon A.Craig)
《纽约书评》(*The New York Review of Books*)**记者**

  布莱克讲述了沃森企图在幕后控制IBM与德国之间的交易,却失败的故事。作者巧妙地处理了这一点,这也是本书最精彩的部分。沃森能够在IBM纽约总部和德国子公司之间的直接联系被切断时,用迂回曲折的方式和德国子公司进行交涉。他善于辞令,既能巧妙地否定他与纳粹党的合作,又能通过满足他一切愿望的子公司暗中操作……他从未阻止这些子公司向纳粹德国供应IBM的霍尔瑞斯机器。正是这些机器,将百万名犹太人送往了集中营。

索尔·弗里德兰德(Saul Friedlander)
《洛杉矶时报》(*Los Angeles Times*)**记者**

  布莱克的研究……包含了大量人们已知的或未知的细节。作者如实描述了 IBM 为获得最大利润，想尽一切办法将它的机器和穿孔卡出售给某个国家，而不久之后，这个国家就犯下了无人不知的罪行。

罗恩·格罗斯曼（Ron Grossman）
《芝加哥论坛报》（*Chicago Tribune*）记者

《IBM 和纳粹》是一本能引人深思的书，因为作者没有直接告诉我们应该如何处理发生在半个多世纪之前的罪行。作者把决定权留给了读者。

克里斯汀·哈贝（Christian Habbe）
德国《明镜周刊》（*der Spiegel*）记者

IBM 始终被过去的事所困扰。如今，埃德温·布莱克的这本书揭示了该公司和大屠杀之间的关系……之前人们几乎不会提及纳粹时代的"蓝色巨人"……但现在，IBM 受到了人们的谴责。布莱克用缜密的研究，揭示了 IBM 是怎样精确获知其机器去向的。

克里斯托弗·辛普森（Christopher Simpson）
《华盛顿邮报·图书世界》（*Washington Post Book World*）记者

布莱克提出一个不容置疑的观点：IBM 的霍尔瑞斯机器助纣为虐，极大地帮助了纳粹党灭绝犹太人……《IBM 和纳粹》是一本有价值的书，有助于我们理解大屠杀的历史。

萨姆·贾菲（Sam Jaffe）
《商业周刊》的网站（*Businessweek.com*）记者

布莱克的书很有启发性，因为它刻画了一幅丰富生动的画面，即一个男人及其公司如何能不顾道德底线，一次又一次地进行罪恶的商业交易。如果有时间，每位 MBA 新生都务必看看这本书。

弗兰茨尔谢克·皮珀（Franclszek Piper）
奥斯维辛－比克瑙博物馆（Auschwitz-Birkenau State Museum）史学工作者

　　埃德温·布莱克这本突破性的书——《IBM和纳粹》给我留下了深刻的印象。这本书首次记录了IBM为纳粹党迫害犹太人做了多方准备，使这家美国公司背负了很大的道德责任。《IBM和纳粹》证实了一个观点：大屠杀不仅是一种残忍的、史无前例的罪行，还是一个有着无数官僚参与的勾当。

西蒙·威森塔尔（Simon Wiesenthal）
维也纳犹太历史档案中心（Jewish Documentation Center）负责人

　　埃德温·布莱克将大量史实整合起来，从而发现了一个惊人的事实：IBM勾结第三帝国。这本书值得任何一个对第二次世界大战的"黑历史"感兴趣的人阅读。

马尔科姆·霍恩莱恩（Malcolm Hoenlein）
美国主要犹太人组织主席会议（Conference of Presidents of Major American Jewish Organizations）执行副主席

　　让人完全没有否认的余地。

目 录

前　言　黑白颠倒的时代该如何被记忆？　1

第一部分

第 1 章　"种族灭绝"的帮凶：穿孔卡系统　3

"没有名字，永远只有编号"，对德国纳粹而言，犹太人不过是被记录在一张张纸片上的数据。成千上万名犹太囚犯受困于纳粹德国创造的人间地狱，被一项源于美国的高新统计系统所监控。美国的高新科技为何会出现在纳粹集中营里？是被抢夺了吗，还是……一场利益勾结？

无法逃离的编号　3
染血交易　6

第 2 章　IBM 与希特勒帝国缔造史　8

让无数犹太人为之惊恐的穿孔卡，竟源于火车上不经意的一瞥；一度被美国奉为英雄的人物，竟无情压榨了美国政府，打了它个措手不及。反托拉斯的美国联邦政府为何亲手帮助企业实现了全球垄断？当全世界的商人因与德国交易而受到谴责时，IBM 又为何成了例外？希特勒上台后，一场合作性博弈于暗中展开，在这个商人备受压迫的时期，IBM 却迎来了一次历史性扩张。

创建之初：权威之战　8
从路边小贩到商业恶棍，是谁崛起了谁？　17

埋在敌国的投资种子　28
战略前奏：陷入疯狂的两个帝国　30

第 3 章　犹太人识别计划　37

　　纳粹分子编织的谎言将犹太人贬为德国社会的异端。然而，只有识别出犹太人，纳粹分子才能彻底将其毁灭。可在德国6 000万人口中，哪些才是犹太人，又该怎么定义"犹太人"呢？这是一个巨大的技术挑战，如果没有IBM的技术，德国纳粹是否还能制造出如此惨案？

首战纳粹人口普查　37
IBM：科学战士的培养者　42
"推聋作哑"的冒险家　46
美德政府"座上宾"　54

第 4 章　IBM—纳粹战略联盟　59

　　为达成战略联盟，IBM子公司德霍梅格不惜隐藏自身的美国身份。然而，身为IBM外来"创始人"的沃森，却为何保持高曝光率，频频出访德国？IBM不情愿地在德国市场埋下了反叛因子，随着德霍梅格不断壮大，一场经济战纷至沓来。信息时代来临，人性开始败落——鉴别血统、追踪家谱、绝育行动……IBM为第三帝国的清扫计划拉开了帷幕。

好战的海丁格尔，失败者的不断挑衅　59
联盟！联盟！　65
绝育计划：精英崇拜者的武器　73
败落的人性，经济战最大的助力　80

第 5 章　沃森的纳粹勋章　89

　　1935年，纳粹德国重整军备，公然违反《凡尔赛和约》。然而，此时最令人惶恐的竟不是即将到来的边境冲突！暴虐的法西斯主义受IBM助力，而可笑的是，IBM又受益于美国纳税人。其后，随着IBM股价一路飙升，IBM董事长沃森竟被希特勒授予了一枚星形德意志雄鹰勋章！这期间究竟发生了什么？

定义犹太人　89
一场永不停息的战斗　95
日进斗金的男人　102
非德国人的"最高荣耀"　109

第二部分

第 6 章　纳粹战争机器　123

　　1938 年，纳粹德国相继吞并奥地利、捷克斯洛伐克，组成"大德意志帝国"，几乎在同一时间，反犹行动迅速蔓延。11 月 10 日，"水晶之夜"爆发，但铁石心肠的沃森在意识到民众对纳粹德国的仇视后仍为其辩护。为何维护纳粹德国的 IBM 不曾遭遇民众攻击？IBM 究竟最关心什么，这竟能让它真正陷入困境？

大德意志帝国追捕网络　124
下一站，捷克斯洛伐克　143
利润与股份的抉择　147

第 7 章　统计，是死亡的前奏　154

　　在以"闪电战"占领波兰后，纳粹德国的下一步是控制其人口。性别、职业、宗教、母语……没人知道纳粹是如何在短短 48 小时内，将 36 万人的信息绘制成表的。但有一点毋庸置疑：第三帝国用来制表的工具是 IBM 机器。随着纳粹进军欧洲，IBM 的业务也日渐壮大，很快，犹太人将会变成 IBM 机器里的一串数字。

希特勒两线战争的关键　155
"白色方案"骗局　163
罪孽深重的受害者　170
IBM 波兰计划　176

第 8 章　战时投机：IBM 退居幕后　184

　　1940 年，当认识到美国与希特勒的战争已不可避免时，沃森一面呼吁和平,一面将战火视作天赐良机。通过获取纳粹德国某些敏感军事项目的具体细节,IBM设计出相应的穿孔卡系统,从而彻底改变了参战国的战事。然而,树大招风的IBM此后面临了一系列难题:IBM是怎么逃过垄断控诉的?通敌嫌疑如何得到解除?沃森又是怎样对待纳粹勋章的?

沃森的"和平"宣言 184

硝烟下的信息战 187

战争是不可多得的商机 193

退还的勋章 198

第9章 危机!动荡的德霍梅格 203

正当德国沐浴荣光时,沃森退还勋章的举动让纳粹犹如晴天霹雳。很快,沃森引发的战争开始了。德霍梅格的"雅利安"面具被激愤的纳粹分子强行撕破,纳粹政府甚至密谋整合一家垄断企业以抨击IBM。IBM不再被视为同伴,反而被纳粹德国所忌惮。但沃森不会允许这一切发生……

IBM跌落云端,反叛因子落井下石 204

人脉:一盘精妙的棋局 221

卡特尔带来的一线转机 226

费森迈耶:希特勒的剑子手 238

第三部分

第10章 维系轴心国业务,沃森焦头烂额 255

动荡的德霍梅格尚未恢复,又一波压力向IBM袭来:德国卡特尔威胁、放弃多数控股权"建议"、美国"综合条例11号"指令、被限制的资金流……IBM一筹莫展,奔走于美、德政府之间。在夹缝中生存已属不易,更何况,IBM是想在夹缝中壮大。

纳粹的咆哮 255

美国国务院是IBM的私人邮递员? 259

二次投资:走投无路的决定 263

第 11 章 | **法国和荷兰：是什么造就了命运差异？** 278

　　1940年，荷兰、法国惨遭侵略，至此，两国境内44万多名犹太人处于水深火热之中。利用狡猾手段，第三帝国组织起了灭绝计划。不过，法国和荷兰的情况却大为不同。荷兰有人口专家从旁协助，而法国有军事技术专家在捣乱；荷兰备有根深蒂固的IBM基础设施，而法国的基础设施则一片混乱，更重要的是，法国秘密抵抗组织悄然而至……

相似的计划，迥异的命运　278
荷兰：被贴上的印记　289
法国：统计被迫延期　298
未制成的名单："马可波罗网"下的筹谋　305
"旅程"的终点——集中营　314

第 12 章 | **将二战玩弄于股掌**　317

　　调查员卡特获准视察IBM总部，并从中挖掘了大量不为人知的信息。不久后，卡特一反常态，坚决维护IBM，这是出于何种原因？1942年，美国公布通敌企业黑名单，为何IBM没有一家子公司上榜？IBM协助参与美国军事项目，讽刺的是，负责人居然是管理IBM纳粹欧洲业务的尼科尔。投机资本家竟化身为忠诚的资本家战士！交战双方竟依赖了同一棵大树？

"通敌贸易"疑云　318
被公布的黑名单　321
"忠诚"的投机资本家　326

第 13 章 | **纳粹的"最终解决方案"**　335

　　美国参战后，纳粹德国火急火燎地制订了"最终解决方案"——迅速灭绝犹太人。此前，纳粹分子利用IBM的系统追踪、管理着犹太人，每个惨遭杀害的犹太人甚至不会被视作"人类个体"，而只是数据群里的一个组件。现在，纳粹已经不想在这些受害者身上浪费任何一颗子弹了，犹太人将被成批地毒死。他们能做什么？是奄奄待毙，还是自行毁灭？

集中营管理系统　335

承载着命运的数字　347

成批次大屠杀　350

犹太人仅存的武器　356

第14章　种族灭绝下的赃物　359

哪台机器在哪个集中营内使用，对IBM而言无关紧要。IBM在乎的是，硝烟散去后，是否能及时收回机器，并大笔捞金。罗马尼亚、保加利亚、波兰、南斯拉夫、法国……没有哪个地区不想与IBM进行贸易，也没有哪个地区的机器IBM无法获知。二战落下帷幕，现在，散落于欧洲的资本，IBM将逐一取回。

无关纳粹，无关反犹，关乎金钱　359

受难的欧洲，致富的IBM　362

第15章　硝烟与经济　381

无论是谁赢得了胜利，IBM欧洲子公司都会蓬勃发展。战争结束后，足以给德国和IBM定罪的机器成为新一轮对抗焦点。然而，IBM绝不会允许自己受任何波及。为什么同盟军在那些犯下重罪的集中营里几乎找不到任何犯罪痕迹？美国"反亲善"政策出台后，IBM采取了何种态度？当通敌贸易者相继被捕时，身为战争罪同谋的IBM又为何能置身事外？

被保护的赃物　381

IBM士兵　388

战胜国与IBM，谁为谁服务？　394

匿身于军事法外　400

永不结束的战争　404

后　记　409

附　录　421

致　谢　451

前言

黑白颠倒的时代该如何被记忆？

相信你在阅读本书时，内心会受到深深的震撼，而我在撰写本书时也有同样的感受。本书讲述了 IBM 如何直接或间接（通过子公司）地参与大屠杀，又是如何成为屠杀了数百万人的纳粹战争机器的一部分。

自动化凶器

当"大规模组织的信息"（Massively Organized Information）这一概念悄然出现，并成为一种社会控制手段、一件战争武器、一张集体性毁灭指引图时，人类几乎毫无察觉。1933 年 1 月 30 日，20 世纪最重要的一天，引发这一概念的独特导火索出现——阿道夫·希特勒（Adolf Hitler）正式上台。讽刺的是，希特勒对犹太人的仇恨推动了技术变革；而一家美国企业及其独断专行的传奇董事长，则凭借着自身对利益的渴求极大地促进了希特勒实现目标。这家美国企业即 IBM，而这位传奇董事长则是托马斯·J.沃森（Thomas J. Watson）。

托马斯·J.沃森，拍摄于20世纪20年代。（埃德温·布莱克收集，IBM档案）

希特勒并非首位痴迷于屠杀犹太人的领导者。在他之前，欧洲也曾出现独裁者和暴君。然而，希特勒却得到"自动化"技术的助力，这是前所未有的。此外，希特勒也并未孤军作战，而是得到了他人的鼎力相助。

大屠杀制造了一个黑白颠倒的世界。在这个世界里，尊贵的技术人才成了希特勒的先行部队。警察无视职责，支持恶棍并迫害无辜者；律师扭曲正义，制定反犹法律；医生亵渎医德，操刀进行各种恐怖实验，挑选出相对健康的人，迫使其劳作至死，再将那些没有利用价值的犹太人送进毒气室；科学家和工程师贬低了自己的使命，发明工具或阐明科学原理来助推大屠杀行动；统计学家利用鲜为人知却十分强大的统计学知识来识别受害者，以便更好地规划并合理化大屠杀行动、组织迫害，甚至审计种族灭绝行动的效能。现在，让我们看看IBM及其海外子公司在大屠杀中所扮演的角色。

IBM创造了一个拥有无限可能的技术世界，但自恃骄狂的它也被这个技术世界的漩涡弄得头晕目眩。IBM谨遵一条"不道德"的特殊信条：只要有能力做，那就应该做。对于盲目的技术官僚而言，手段永远比目的重要。犹太人的生死之所以变得不重要，是因为技术官僚（科学家或工程师出身的IBM中高层）只关心能否在灾民排队等候救济粮时获取巨额利润，而对利益的追求反过来也会激励IBM，使其不断提升自己的技术成果。

那么，IBM是如何做到的？

希特勒上台后，纳粹分子的首要任务就是找出并毁灭德国境内的60万名犹太人。在纳粹分子眼中，犹太人不仅包括犹太教徒，还包括所有流着犹太血液的人，无论他们是否融入了其他群体、与其他民族通婚、参与其他宗教活动或已经转信基督教。纳粹分子只有在辨别出犹太人后，才能没收其财产，将其隔离、驱逐、毁灭。为此，纳粹分子必须搜索德国境内以及欧洲其他国家所有的社区、教堂和政府记录。这是一项艰巨的交叉索引任务，需要计算机的协助才能完成。但在1933年，计算机尚未出现。

第三帝国计划剥夺犹太人的经济权，并将其驱逐出家园，赶进犹太区。这项任务同样艰巨，也需要计算机。但在1933年，计算机尚未出现。

纳粹分子在计划执行最终解决方案时，想利用铁路系统更高效地将犹太人转移到死亡集中营，并让受害者一下火车就被送入毒气室。这需要精准掌控时间，仍需要计算机。但在1933年，计算机尚未出现。

不过，当时存在着另一项发明——IBM穿孔卡及卡片分类系统，即计算机的前身。IBM通过德国子公司德霍梅格与纳粹分子交易,将希特勒的犹太人灭绝计划视为技术使命。通过与纳粹组成联盟,IBM试图大发战争财。德霍梅格利用自己的员工与机器为希特勒提供了不可或缺的技术支持,使其能完成前人无法执行的任务——自动化人口毁灭。IBM向德国调遣了2 000多套机器,之后又向欧洲德占区调遣了数千套机器。每个大型集中营都安装了卡片分类系统。一批批囚犯会被转移到不同的地区,并劳作至死,而他们的死亡数据会被记录在冷冰冰的自动化系统中。

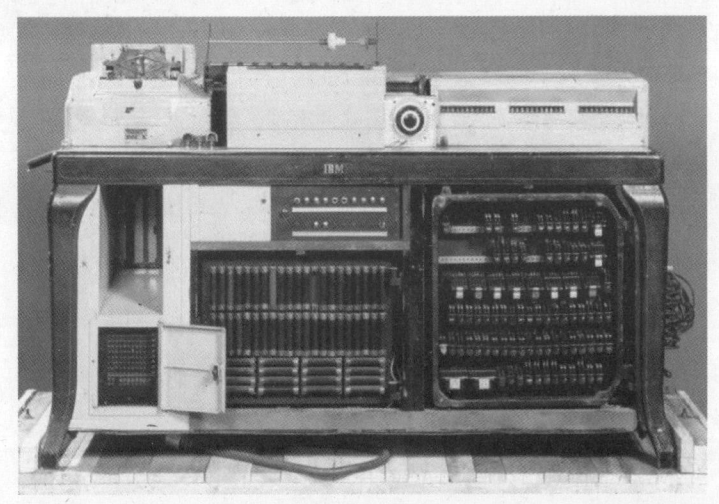

美国大屠杀纪念馆展览的原始IBM霍尔瑞斯机器,这台机器目前已移出该纪念馆。(美国大屠杀纪念馆)

德霍梅格不只是提供机器,它也具备IBM纽约总部的运作能力,其正式业务就是为客户定制机器和应用程序。活跃而狂热的纳粹分子组成了这家公司的高层,最终,这群人在战后因其所犯的战争罪而遭到逮捕。1933年以来,IBM纽约总部自始至终都知道,德霍梅格努力讨好的交易对象就是纳粹党的高级官员。利用与纳粹党之间的联系,德霍梅格不断加强与纳粹德国的业务关系,不仅包括德国境内的业务,也包括欧洲德占区的业务。

德霍梅格等IBM子公司会为客户定制应用程序。与今天的软件设计者类似,IBM的技术人员会反复将穿孔卡模型送进德国官员的办公室,直至达到要求。只有IBM能设计、印刷和出售这种穿孔卡,但IBM并不出售霍尔瑞斯机器,而是出租。同样,也只有IBM能对这些机器进行定期维修和升级。IBM子公司为欧洲各地的纳粹官员及代理商提供了专门训练,并在欧洲德占区建立分支机构,组织经销商。这些子公司还会寻找造纸厂,授权其生产穿孔卡。仅德国,这些工厂每年就能生产多达15亿张穿孔卡。此外,IBM的职员几乎每隔一个月就要到各处维修这些精细的机器,即便后者被安置于集中营内部。德霍梅格位于柏林的总部保管着大量编码簿的副本,就像今天的任何一个IBM服务部门所保存的电脑数据备份一样。

1943年的IBM霍尔瑞斯穿孔卡,人口统计学家理查德·科赫尔(Richard Korherr)定制。理查德·科赫尔直接对海因里希·希姆莱(Heinrich Himmler)负责,并与阿道夫·艾希曼(Adolf Eichmann)共事。卡片边缘可看到IBM德霍梅格的标记。(埃德温·布莱克收集,美国国家档案馆)

犹太人名单从何而来?

我常被一个问题所困扰,这个问题即便是历史学家也无法解答。为何德国人总能得到犹太人的名单。有了这些名单,面孔铁青的党卫军得以突然闯入城市广场,贴上告示,要求名单上的人第二天在火车站集合。之后,党卫军会将这些聚集起来的人驱逐到德国东部地区。但纳粹分子是如何获得这些名单的?几十年来,没人知道,也少有人问起。

德霍梅格利用人口普查和先进的统计技术、登记技术促成了纳粹德国的驱逐行动。1896年,德国发明家赫尔曼·霍尔瑞斯(Herman Hollerith)创建IBM。IBM最初只是一家制表机公司,人口普查是其全部业务。但在德霍梅格与纳粹德国结成联盟后,IBM便被赋予新的使命。德霍梅格发明了种族人口普查,不仅要求获取调查对象的宗教信仰,还要求追溯调查对象的血统起源。这是纳粹分子梦寐以求的信息，前者迫切希望辨识犹太人。

登记人口与资产只是纳粹德国在运用数据分类系统时发现的众多用途之一。纳粹分子还会利用数据库分配食物，以选择饿死某些犹太人。对劳工的识别、追踪和管理在很大程度上也是利用穿孔卡进行。此外，纳粹分子还能利用穿孔卡管理火车的运行：既可确保火车准时到站或发车，也可对火车上的货物（人）进行分类。德霍梅格的首要客户是德国铁道部，后者直接同柏林的 IBM 高级管理人员洽谈业务。德霍梅格会定期维护火车站里的穿孔卡设备，其服务对象一开始只限德国，最终扩展到整个欧洲。

在第三帝国存活的 12 年里，IBM 与其交往密切，肯定获知了许多信息。对于那些相当糟糕的信息，IBM 充耳不闻。但 IBM 要员，如沃森的私人代表哈里森·K. 昌西（Harrison K. Chauncey）与 W.C. 利尔（W. C. Lier），几乎一直在柏林或日内瓦留意第三帝国的举动，以确保 IBM 纽约总部不会错过任何利润或商机。尽管美国严禁通敌贸易，不允许企业与纳粹直接接触，但 IBM 要员仍通过 IBM 瑞士办事处不断为 IBM 纽约总部提供重要信息。由此，IBM 纽约总部就可大胆声称自己没有从事非法活动了。

当然，在希特勒掌权的这 12 年中，IBM 与德国纳粹的联盟关系与背景也在不断变化。我希望你能了解整个故事的来龙去脉，若你只是跳跃式地阅读，那只能得出片面或不正确的结论。所以，如果你打算走马观花地浏览本书，或只选读部分内容，请干脆不要阅读。请明确这一点：即使没有 IBM 的协助，大屠杀仍会发生。如果你不这么认为，就大错特错了。如果没有 IBM 的帮助，那么纳粹分子会借用纸笔慢慢统计犹太人，进而用子弹和死亡部队逐步屠杀犹太人。尽管如此，我们仍有理由去考究为何希特勒能在短时间内以惊人的速度屠杀数百万生灵，也有理由去确认自动化技术在其中扮演的关键性角色，因为我们有必要弄清谁该为屠杀负责。

是什么促使我寻找"IBM 和大屠杀"那些未被提及的问题？1993 年的一天，我在美国大屠杀纪念馆（United States Holocaust Museum）见到了 IBM 染指大屠杀的证据。当时，我看到的第一件展览品是一台型号为 D-11 的霍尔瑞斯卡片分类机，上面满是电路板、插槽和电线，十分显眼。机器面板上贴着一张发亮的 IBM 标示牌。后来，博物馆用另一台较小的 IBM 机器代替了这台卡片分类机，因为围观人数过多，妨碍了其他游客走动。这次展览只提到 IBM 于 1933 年执行了人口普查项目，并首次鉴定犹太人。

虽然证据确凿，但IBM对其与纳粹德国的关系仍守口如瓶。因此，尽管先后共有1 500万人参观这次展览，且其中不乏研究大屠杀的著名专家；尽管杰出的博物馆历史学家做出了极大的努力，但大众对这段历史仍知之甚少，只局限于馆长在展览时的简单解说以及几页研究报告上。

我仍记得自己盯着那台机器看了一个小时，之后，我转向身旁的双亲，向他们承诺自己一定会挖掘出更多线索。

我的父母是大屠杀的幸存者，他们背井离乡，从波兰逃到美国。当时，在一列开往特雷布林卡集中营的火车上，母亲成功逃出车厢，却遭到枪击，被埋进万人坑。父亲从一列戒备森严的犹太人队伍中逃出来后，意外发现母亲露在坑外的腿，于是将奄奄一息的母亲救了出来。在月光的掩护下，这两名侥幸的逃亡者共同抵御寒冷、饥饿，他们历尽千险，最终躲过追捕，活了下来。50年后，他们站在我身边，身影倒映在展览台的玻璃上，脑海中回忆着那些子弹碎片是如何永久地嵌入了身体，脸上露出极困惑的表情。

但我此时正想着另一个问题：纳粹分子如何得到我父母的信息？

在欧洲，数百万名犹太人和非犹太人惨遭毒手，他们中的大多数并不是在战乱中痛快地死去，而是遭受了长达12年的高度组织化的虐待，在受尽羞辱和非人性化对待后，才最终被消灭。那么，这台静置于昏暗博物馆里的夹杂着黑色、米色和银色的锃亮机器与这一惨剧存在着怎样的联系呢？

罪证：不容遗忘的过去

在那次偶然发现后，一个想法困扰了我数年，那就是IBM在某种程度上，通过某些技术参与了纳粹大屠杀。但对于这些技术是如何运作的，我却不得而知。线索散落在世界各地，我要做的就是将它们串联起来。

IBM标榜自己是一家提供解决方案的公司，之后，我了解到IBM并不是一味等着客户登门造访。它之所以能积累大量财富与声誉，是因为它通常在达成协议前就已预知政府和企业的需求，且能及时设计并交付为客户量身定制的解决方案，即便这意味着需调遣内部职员与机器。正是借助这种方式，IBM为不计其数的政府机构、商业巨头和行业协会提供了服务。

多年来，我告诉自己总有一天会查清IBM为纳粹德国提供了多少解决方案。我知道它最初的解决方案是人口普查，但其他的解决方案是什么？

1998年，我开始疯狂地寻找答案。当时，我没有得到任何基金会、组织机构或出版社的赞助，只能自掏腰包招募研究人员、实习生、翻译与助手，开启调查活动。

很快，一个网络在美国各地发展起来，随后蔓延到德国、以色列、英国、荷兰、波兰和法国。随着时间的推移，这个网络在不断扩大。大屠杀的幸存者、幸存者的子女、退休人员和一些与大屠杀毫无关联的学生、专业人员、档案管理员、历史学家，甚至是原纽伦堡审判[①]中的审查员都开始协助我搜索档案。最终，有100多人参与了这次调查活动。事实上，他们并不知道故事是怎样发生的，只是简单地寻找关键词，如人口普查、统计资料、名单、登记、铁路、穿孔卡等。每当找到这些关键词，他们就会将相关资料复印并发送给我。一连几个星期，我每天都会收到近100份文件。

大部分团队成员都是自愿参与这次活动的，而且所有人都发誓会对此保密。他们每个人在得知这个活动背后的动机后，都大为震惊，但也从中获得了强大的动力。一些人承认，当得知IBM和大屠杀之间的联系后，他们数夜难眠。他们的话语时常鼓励着我，使我得以坚定地走下去。

最终，我从50份案卷、收藏于图书馆的手稿、博物馆档案及其他资料库中收集到超过2万页的文件。在此过程中，我还访问了美国国务院、美国战略情报局等政府部门，并得到了大量原机密文件。我们并未翻译其他来自欧洲的意义不清的文件，也没有将之与此次调查活动联系起来。所有文件都被收入我的档案中心进行集中处理，且如实反映了原始档案提供的信息。

我们检查并翻译了图书（50多本）、回忆录及二战期间涉及穿孔卡与统计数据的科技期刊、纳粹出版物和新闻报纸。原始文献、期刊文章、新闻剪报和书摘都是按月交互索引的。我们还创建了马尼拉文件夹，按月分类1933—1950年的资料。如果一份文件涉及多个日期，就会被存入交叉档案。每条信息会根据特定的主题被进一步搜索，比如华沙犹太区（Warsaw Ghetto）、德国人口普查（German Census）、保加利亚铁路（Bulgarian Railroads）、德国沃森（Watson in Germany）和奥斯维辛（Auschwitz）等。

按主题分类的文件被堆叠在我的地下室里。无论何时，在这里忙碌的工作人员总是不少于6人。从早上直到午夜，他们总是忙着将文件从一个文件

[①] 1945年11月21日至1946年10月1日间，二战战胜国对欧洲轴心国的军事、政治和经济领袖进行了数十次军事审判。由于审判主要在德国纽伦堡进行，故总称为纽伦堡审判。——译者注

堆复制到另一个文件堆。一份文件有时会被复印成五六份，分别放入不同主题的文件堆。为此，我在地下室装了一台配有20个分拣设备的高速复印机。地下室里堆满了文件，工作人员若想走动，就得在文件堆里跳来跳去。

这2万页文件没有用闪存卡存储，因此情况变得复杂起来。如果单独检阅某份文件，你并不能发现什么。事实上，如果单独检阅，其中的大多数文件可能会误导你。你只有将某份文件与其他文件综合起来才能真正理解其意义，而后者往往来自完全不相关的资源。换言之，每份文件是一块拼图，只有将所有拼图拼起来，才能构建完整的图案。例如，IBM曾在报告中粗略提到，"亨德里克斯（Hendricks）先生"从达豪集中营取走了一台IBM机器。我最初无法得知这位先生是谁，直到将该报告与伦敦国家档案局一份晦涩的军事统计报告结合起来，才知晓他的身份。

更让人头疼的是，IBM的许多文件都未经署名或未注明日期，且故意使用了许多模糊的词汇、代码、流行语及公司内部临时的缩略语。为此，我只能参考与IBM同时代的词典以求解读这些文件。有时，我得耗费几个月来研究某份文件，直到通过对比其他已知文件，理解了其意义才罢休。例如，某份文件提到了"点"，后来我才发现"点"指的是为IBM的百分百俱乐部制定销售配额。在整个希特勒时期，IBM都会为其子公司制定销售配额。

有时，只有追溯某份资料的原稿，我们才能发现一些重要信息。比如，我最初在查阅雅各布·普雷瑟（Jacob Presser）著名的《荷兰犹太人的毁灭》(Destruction of the Dutch Jews)的英译本时，并没有发现任何想要的资料。我请求身在荷兰的研究员核查了这本书的荷兰版本，后者发现荷兰版提到了穿孔卡。只有在核查了普雷瑟的原始稿件之后，我们才在稿件边缘发现了一处引用荷兰档案的注解，而正是这个档案让我们获得了大量关于荷兰的信息。在研究罗马尼亚的人口普查时，我委托他人翻译了一份由德国统计人员写的长达20页的记录，并在其中发现了一句话，证实了罗马尼亚也曾使用穿孔卡。这一信息与IBM所写的一封信正好吻合，后者提到要将机器从饱受战争蹂躏的波兰转移到罗马尼亚，以帮助罗马尼亚完成人口普查。

从最真实的意义上讲，IBM和大屠杀的故事已经被粉碎为成千上万的信息碎片。只有将这些碎片全部拼凑起来，我才能看到过去真实发生的故事。这些已经得到查证的故事将会在这本书中被揭开。

在寻找资料的过程中，各个国家的私人机构、公众机构和政府机构都给了我极大的帮助。但遗憾的是，唯一一个拒绝我的机构是IBM。IBM断然拒接了我的请求，不允许我查阅相关文件，也不允许我进行采访。不过，被拒绝的人不止我一个。自二战结束后，IBM就一直拒绝与外部作家合作。几乎每一本关于IBM的书籍，无论作者是受人尊敬的商业史学家，还是IBM的前雇员，都曾提及IBM拒绝以任何方式进行合作。不过，我最终还是以恰当的途径得到了数百份有关IBM的资料，并审阅了一番。

在写本书时，我还组建了一个团队，成员包括对文字挑剔的人、注重细节的人，还有研究人员和档案管理员，后者会审查本书的每一句话，以确保每个事实都有白纸黑字的文件支持。

我在审阅每一份资料时都遵守着两项指导原则：背景和影响。例如，尽管我喜欢收集外交资料和情报信息，但也会关注大众媒体对发生在欧洲的暴行及反犹现状的反应。出于这个原因，读者会发现这本书多次引用了《纽约时报》（*New York Times*）的文章。我引用《纽约时报》的文章，并非因为它详细记录了历史，而是因为包括托马斯·J.沃森在内的IBM高管都是在纽约总部领导IBM业务的。如果他们住在芝加哥，那我会引用《芝加哥论坛报》（*Chicago Tribune*）的文章；如果他们住在克利夫兰，那我会引用《克利夫兰平原商报》（*Cleveland Plain Dealer*）的文章。

或许你会发现，我在引用电报、信件和通话内容时常会重现当事人使用的具体词汇。你可以自行判断在当前情境下，那些话所隐含的真实含义。

除了少数例外，几乎所有与大屠杀有关的著作都未提到霍尔瑞斯机器，尽管后者已在美国大屠杀纪念馆里被高调展出。历史学家没有理由为那些尚未被提及的事做辩解。公开文件就在那里，但仍有大量大屠杀资料被藏在世界一流的档案馆中。在这些资料里，许多至今仍不可获取，许多仍未对外公开；有些建立在错误的时间线上，有些只是关于企业的细枝末节。还有一些资料则广为人知，如海德里希（Heydrich）在1939年下达指令，要求将犹太群体集中到铁路附近，不过，他反复提及的人口普查则被那些资料忽视了。

若想完成调查，除了解读晦涩难懂的文件，还需了解一些专业知识，诸如二战前后的大屠杀历史、后工业革命时期的机械化历史及技术发展史（即穿孔卡系统发展史），以及认识第三帝国经济同跨国企业是如何进行合作。此外，在拼出完整的图案前，我们还需要综合多国信息。在我查阅有关IBM的文件前,几乎有一半的真实历史都被遮蔽了。只有将各类文件综合起来,我才能得到重要信息。得益于我早期的著作《转让协议》(The Transfer Agreement),以及我在计算机产业方面的背景和作为记者积累下来的经验,我有幸了解了第三帝国的经济和跨国商业的运作方式。尽管算不上宏伟,但我的这个项目也是一次全面的企业行为调查。但它与此前的调查有着戏剧性的区别:该项目涉及的主题影响了数百万名生者和死者。

在本书出版前召集专业审阅者,也是个耗时费力的过程。我找到了研究大屠杀的重要历史学家及研究维希法国、罗马尼亚、人口普查与迫害等领域的专家;咨询了研究商业史的历史学家、技术专家、会计、知晓战争赔偿和企业战争罪的法律人员、原纽伦堡审查员、战时军事情报技术专家;甚至咨询了研究金融犯罪的前FBI特工。我想了解整个事件的来龙去脉。

视角的改变或许是IBM和大屠杀的关系从未被探究的主要因素。1984年,当我开始撰写《转让协议》时,没人真正关注资产的运作。但现在,每个人都在谈论资产。对大屠杀的学术研究多出现在计算机时代前,那个时候,信息时代还远未到来。而如今,每个人都了解技术如何被运用在战争或和平事务中。因此,我们可以让时光倒退,以全新的视角去看待历史。

许多人都曾为计算机时代和信息时代的到来而欣喜若狂。我便是其中之一。但现在,身为大屠杀幸存者的儿子,我被一股强烈的意识所吞噬,这种意识带给我一种全新的认识。在这个"认知时代"(Age of Realization),我们将重新审视技术的觉醒。除非我们了解纳粹分子如何获取名单,否则将有更多人被那些名单所编码。

IBM和大屠杀的故事只是一个开始。根据欧洲各国的资料,我能再写出20本。据估算,目前还有超过10万份资料散落在欧洲及美国的地下室或企业档案馆里。企业的档案管理员请留意:这些档案跟某项罪状相关,不能被移走、篡改或销毁,必须被转移到合适的档案机构,让学者和战争罪检察官能在第一时间检阅,这样一来,问责制便得以延续。

只有通过揭露和审视那些真正发生过的事件,技术世界才会接受这条老生常谈的格言:到此为止(Never Again)。

埃德温·布莱克(Edwin Black)
华盛顿

IBM AND THE HOLOCAUST

第一部分

"种族灭绝"的帮凶：穿孔卡系统	第 1 章
IBM 与希特勒帝国缔造史	第 2 章
犹太人识别计划	第 3 章
IBM—纳粹战略联盟	第 4 章
沃森的纳粹勋章	第 5 章

第1章
"种族灭绝"的帮凶：穿孔卡系统

烟雾犹如薄纱笼罩着大地。许多筋疲力尽的囚犯早已对折磨和饥饿麻木，他们重重倒在地上，毫无生气，等待着死神的来临。不过，在这6万名囚犯中，大多数人仍挤在常绿林内那难以想象的狭小空地上，不断地从一个地方跑到另一个地方，快速完成各种杂务，以证明自己的力量和生存能力，来换取哪怕是多一天的生存机会。争取多活一刻，就是他们的追求。这个噩梦般的地方就是贝尔根－贝尔森集中营（Bergen-Belsen）——纳粹德国创造的人间地狱。

无法逃离的编号

在集中营后方，距离其围栏仅几米处，孤零零地矗立着一座警戒塔。警戒塔上耸立着一个长达25英尺（1英尺 ≈0.3048米）的叉字形木制支架。从警戒塔俯瞰集中营，可看到右侧有三排木制营房整齐地排列着。营房左侧，厨房、工作车间、仓库和茅厕杂乱地分布在弯曲的泥泞车道间。监禁区止于大门几百米处，而大门通向指挥官的办公室和党卫军的营地。在集中营内部，一连串交错的栅栏横穿巡逻通道，将这个残酷的囚禁地分成6个小型区域。不过，集中营外围的带刺铁丝网更能清楚定义何为集中营。

警戒塔下方是一座黑而细长的圆顶火炉，周围布满淤泥，它就像一列蒸汽机车，只是前面多了两扇笨重的炉门。炉子上那根乌黑的烟囱有数米长，直指天空。炉子边总是放着一副做工粗糙的金属担架，用来将瘦弱的尸体滑入炉膛。这里就是名副其实的焚尸炉。焚尸炉四周没有任何物体遮挡，完全暴露在警戒塔前。由于两座建筑物离得很近，焚尸炉里的火几乎能灼伤在警戒塔上站岗的党卫军士兵的双眼。任何人都能看到这座焚尸炉，对其传达的不祥讯息也一目了然——这个终点站象征着生命的终结，抑或生命的解脱。

贝尔根-贝尔森集中营建立于1943年春，坐落在贝尔根和贝尔森两村之间。起初，它是1万名犹太犯人的临时关押地，这批犯人通常可被赎回或用作交易。然而，在1944年末至1945年初，随着同盟国相继解放了奥斯维辛（Auschwitz）等死亡集中营，无处安置的囚犯便被转移到这里，贝尔根-贝尔森集中营也就成了犹太人的梦魇。截至1945年春，贝尔根-贝尔森集中营关押的囚犯已逾4万人，关押环境极为恶劣。饥饿、过度劳作和肆意虐待夺去了许多生命。仅1945年3月，就有近2万人惨死。在集中营解放后，惊骇万分的英国医疗团队无力挽救约1.4万条奄奄一息的生命。最后，他们只能用推土机将死者铲进早已布满扭曲而僵硬的尸体的万人坑中，场面惨不忍睹。

离贝尔森焚尸炉左侧仅几米处，靠近厨房和蓄水池的泥泞小路旁，是营区负责人的房间。因为里面住着集中营的劳务主管，所以囚犯有时会称之为"狮穴"，这里也是处理霍尔瑞斯穿孔卡①（Hollerith Punched Card）的地方。乍看之下，霍尔瑞斯穿孔卡不过是一张长5.25英寸（1英寸≈2.54厘米）、宽3.25英寸的普通卡片，只是在上面划分出了带编号的数列，还打上了几行孔洞而已。然而，事实并非如此简单。

自1944年12月起，荷兰籍犹太人鲁道夫·伊姆（Rudolf Cheim）便受命到劳务办公室工作。每个寒冷的清晨，饥寒交迫的伊姆都会试图找到一点额外的食物，还会设法弄到几根火柴，生火驱寒。办公室里堆放着引火物，但并没有火柴。要弄到火柴，伊姆就得冒险进入纳粹党卫军军官的房间。通常，这群军官会懒洋洋地躺在椅子上休息，当他们看到伊姆走进房间时，会恶狠狠地揍他的脸，以惩罚他因为取火柴而靠得太近。但对

---

①由统计学家赫尔曼·霍尔瑞斯建立，主要应用于人口普查。——译者注

于伊姆而言，挨打是值得的，因为有了火，他便能活下去。

在劳务办公室工作算是一份美差，因为这里是掌管着生杀大权的地方，决定着伊姆等囚犯的生死。倘若囚犯尚能劳作，就能活命。之后，伊姆获得了一份可以接触到霍尔瑞斯穿孔卡以及卡片编码的办公室职务，这让他很高兴。工作时，他会偷偷观察纳粹党卫军进行卡片分类时的步骤。5周以来，他都默记于心。

很快，伊姆便弄清楚了党卫军是如何使用霍尔瑞斯穿孔卡的。每天，一批批奴工会被运到集中营里。每名囚犯都配有霍尔瑞斯穿孔卡以标示身份，每张卡片上的数列和孔洞详细说明了囚犯的国籍、出生日期、婚姻状态、子女数量、被捕缘由、体型和工作技能。卡片的第3列和第4列被用来编码囚犯的16种类别，这取决于不同的孔位：孔3代表"同性恋"、孔9代表"反社会"、孔12代表"吉普赛人"，而孔8就表示"犹太人"。此外，根据卡片打印出的表格也会依照囚犯的个人编号列出相关信息。

卡片的第34列用于标明"离开缘由"：孔2表示囚犯已转移到另一个集中营，继续劳作；孔3代表"自然死亡"；孔4代表"处决"；孔5代表"自杀"；而不祥的孔6则意味着"特殊处理"，该词通常被理解为"消灭"——要么被送进毒气室，要么被处以绞刑或枪决。

两年来，火车和卡车从比利时、法国和荷兰蜂拥而至。工作人员审核、处理了成千上万张穿孔卡，并将信息反馈给奥拉宁堡，由纳粹党卫军经济部统计处进行统计分析。随后，带编号的男女会根据贝尔根－贝尔森等集中营的需求清单进行分配。伊姆回忆道："我们失去了名字，成了编号。"对纳粹而言，死亡人数不过是一项统计数据，是一件需要由机器处理的琐事。仅在1944年12月，就有约2万名囚犯登记在册。平均每天有50人死去，他们都被记录在穿孔卡上。

伊姆了解到，为了获知囚犯先前所从事的工作，代表囚犯身份的穿孔卡会被送进分类机中进行分拣。然后，工作人员会根据工作营区的不同需求来调节刻度盘，从而筛选出一些特定职业的囚犯，或具备特殊工作技能、语言能力以及年龄适宜的囚犯。如果有符合条件的人选，机器就会打印出相应囚犯的编号。随后，这些囚犯便会被送往附近的附属营区、工厂或当地农场。

党卫军经济部的DⅡ机关负责管理奥斯瓦尔德·波尔（Oswald Pohl）

将军统治下的所有集中营，根据各个集中营的需求报告，为其匹配合适的劳工。波尔将军曾提出"劳动灭绝"（Extermination by Labor）计划，坚称：如果迅速将犹太人毒死，德国就白白浪费了一项重要资源。简而言之，他所谓的"劳动灭绝"就是让犹太人劳作至死，只有在这群犹太人已毫无用处、苟延残喘时，才需要将他们转移到死亡集中营毒死。党卫军头目海因里希·希姆莱（Heinrich Himmler）曾宣称："如果有1万名俄国妇女在挖防坦克壕时因筋疲力尽而倒下，那么，我会只关心她们是否已经挖完了这条防坦克壕。"DⅡ机关极力拥护希姆莱的理念。

一天，伊姆留意到，有5名妇女逃出了贝尔根－贝尔森集中营。党卫军警卫愤怒不已，发誓要抓回她们。这群警卫十分厌恶用穿孔卡第34列上的7号孔来报道囚犯的离开缘由——逃离。

伊姆渐渐对一名年轻的荷兰女裁缝着了迷。她最初在韦斯特博克集中营，之后还进过奥斯维辛集中营。她出生于1924年5月10日，没有名字，只有一个编号——53752。伊姆在想，这个53752到底是谁？难道她没有属于自己的名字，就只有一个编号？

很快，伊姆便了解到真相，即成千上万的囚犯是通过霍尔瑞斯系统（Hollerith System）来进行鉴定、分类、分配和运送。他猜想，穿孔卡和各种各样的数字物化了这些人，并可能将他们全部杀死。然而，伊姆仍无从知晓霍尔瑞斯系统到底从何而来。

染血交易

12月的一个清晨，当穿着破烂制服的编号人伊姆正匆忙地走向贝尔根－贝尔森集中营的劳务办公室，以取暖、挣扎求存时，一辆由专职司机驾驶的新车停在了纽约麦迪逊大道590号。一位穿着高档西装、披着保暖外套的绅士从车上走出，他就是托马斯·J.沃森——世界级大型企业IBM的负责人。IBM把定制的霍尔瑞斯卡片分类系统出租给第三帝国，第三帝国就利用这些系统来管理几乎所有的集中营，包括贝尔根－贝尔森集中营。IBM每个月都会为纳粹检修机器，还会训练纳粹分子操作这些复杂而精密的系统。甚至连IBM的办公室里，都还保存着密码本的副本，以防母本丢失。更重要的是，沃森的公司是这类系统的独家供应商，为了运转机器，第三帝国每年需要从 IBM 购买 15 亿张穿孔卡。

实际上，霍尔瑞斯系统不仅应用于集中营的管理。长久以来，在德国及欧洲德占区，纳粹因经济、工业、作战、反犹等目的建立的基础设施都应用了这一系统。

在这个阴冷的 12 月清晨，沃森格外忙碌，因为 IBM 的德国子公司——德霍梅格失控了。他要召集更多律师、发送更多电报，也将采取更多聪明的手段与美国国务院较量。不过，他这样做不是为了终止德霍梅格参与第三帝国的种族灭绝计划，而是为了确保 IBM 纽约总部仍然能够留住所有收益及利润。无论谁赢得战争，IBM 都要蓬勃发展。总之，一切为了生意，这就是 IBM 的突出特点。

第2章

IBM 与希特勒帝国缔造史

1933年1月30日，阿道夫·希特勒（Adolf Hitler）成为德国元首。就在这一天，希特勒的信徒穿着各色制服，或步行，或驾车，或骑着自行车在柏林街道上肆意庆祝。欢呼雀跃的纳粹分子伸直手臂，跨着重步，有时还会随着音乐大跨步地走。纳粹分子一直怀有强烈的复仇愿望，希冀着战胜所有对手。现在，他们终于迎来了期待已久的历史性时刻。从现在起，世界将不再一样。

创建之初：权威之战

很快，以希特勒为首的纳粹分子接管了德国政府，事实上，他们还掌控了德国经济、社会和文化的方方面面。元首希望雅利安人这一优等种族能征服所有非雅利安人，而雅利安德国也能就此控制整个欧洲。至于犹太人，希特勒另有打算：种族灭绝。希特勒并未隐藏自己的谋划，反而向世界大肆宣传，相关言论迅速充斥各大城市、广播电台及报刊头版头条。讽刺的是，一些有远见的人也与希特勒法西斯主义产生了共鸣，如亨利·福特①（Henry Ford）及托马斯·J.沃森——美国极负盛誉的IBM公司的董事长。

---

① 美国汽车大王、工业家、企业家，福特汽车公司创始人，被誉为20世纪最伟大的企业家。——译者注

希特勒与沃森的出生地不同，成长环境也截然相反，人生目标更是迥然有异。一个是十足的资本家，一个是极端的法西斯主义者，那么，他们又是如何在技术与商业上结成联盟，并最终导致 600 万欧洲犹太人与同等数量的其他欧洲人死亡？也许，这两个人的性格和人生观确实有着明显的差异。但历史证明，他们可以在合作时无比融洽。

这一切还得从几十年前的纽约说起。19 世纪末期，美国工业的快速发展刺激了大量新发明的出现，使得几乎所有手工业都实现了自动化。大批移民受经济增长的吸引，纷纷移居美国，以寻求工作。但是，许多人都期望能以更好的方式提供劳力——至少能更快速、更省力。这一时期，奇特的、机械化的装置以及专利产品无处不在，这些设备在作坊或工厂里转动着车轮，摇动着齿轮，简化了工作程序。这场由电力驱动的"第二次工业革命"（Second Industrial Revolution）正如火如荼地进行着。因此，世纪之交的美国成为商业与工业的汇集之地，不仅积累了大量资金，还出现了许多"咔嗒咔嗒"的工业发明。此时的美国是企业的绝佳发源地，也就是在这时，诞生了一家将会享誉全球的大型企业——IBM。

IBM 创建之初，其技术发明只出于一个目的，即利用具有鉴定和量化功能的技术开创性地统计人口。不久之后，IBM 便向世人证明，由它发明的技术不仅能统计人口或物品量，还能"计算"——可以记录、处理、检索和分析数据，并且自动回答指定问题。机械化热潮的出现使人类可以利用机器，完成普通人借助纸笔无法完成的海量计算。

赫尔曼·霍尔瑞斯（Herman Hollerith）是 IBM 的创始人。他出生于 1860 年，父母是德国知识分子。虽然他们移居到了纽约州布法罗市，但霍尔瑞斯的父母并没有丢弃骄傲而坚毅的德国传统。霍尔瑞斯 7 岁时，身为语言教师的父亲在骑马时意外身亡。因此，他的母亲不得不独自抚养 5 个孩子。霍尔瑞斯的母亲是一位自尊心很强，且非常独立的女性，她不愿求助于经济条件优渥的父母，而是有原则地选择了艰苦而自立的生活。

年轻的霍尔瑞斯于 15 岁那年移居纽约，就读于纽约市立大学。除了在拼写上有些困难，霍尔瑞斯很快就展示出了他的创造天赋。19 岁时，霍尔瑞斯以傲人的满分成绩获得了哥伦比亚矿业学院（Columbia School of Mines）的工程学位。1879 年，他应学院教授的邀请，成为美国人口普查局的一名助理。当时，十年一次的人口普查不过是基本的人头计算，并没有涉及调查对象的职业、受教育情况等信息，因为单是统计数以百万计的美国人，就已是一项任务量惊人的工作。仅人工计算以及后期的交叉分析，再到得出最终结果就要耗费几年时间。此外，由于美国人口在南北战争后快速增长，人口数量较上一次人口普查可能会翻一番，因此专家预测，1890年的人口普查总花费时间会超过十年。也就是说，当1900年，新一轮的人口普查开始时，1890年的人口普查还没有完全结束。

当时，年仅19岁的霍尔瑞斯来到华盛顿，进入了美国人口普查局。在波托马克河游艇俱乐部举办的晚宴上，人口统计局主任约翰·比林斯（John Billings）向霍尔瑞斯打趣地说："应该发明一种机器来做那些纯机械性的工作，比如将人口数量或类似的统计资料绘制成表格。"在听到这句话后，富有创造力的霍尔瑞斯便开始构思方案。其实，当时的法国织布机、简易音乐盒、自动钢琴等装置，都是通过圈状物或卡片上的孔洞来实现自动化重复性动作。大约一年后，霍尔瑞斯突然有了一个想法。当时，他看到一名火车售票员以一种特定的方式在车票上穿孔，以此来记录乘客的身高、发色、鼻子大小、衣着等特征，这种卡片就类似于"以孔位来呈现信息的照片"。其他售票员可以快速读取这些信息，从而抓出那些试图用其他乘客的票应付检票员的人。

霍尔瑞斯的想法就是发明一种标准化的孔洞卡片，每个孔洞代表不同的特征，如性别、国籍、职业等。之后，再将卡片放进一个"阅读器"中。当卡片快速通过阅读器的槽口时，借助可调节的弹簧装置和感应孔洞的电刷头，阅读器便可以"读取"卡片上的信息。经过处理的卡片会根据特定的孔洞序列被放进相应的卡片堆中。

利用这种技术，人们便可以分类并使用数百万张卡片。任何想要记录的特征，无论是宽泛的还是具体的，都能通过排序或组合卡片中特有的孔洞筛选出来。这种机器能够完整地描绘出某个人的形象，甚至可以记录某些群体的具体信息。事实上，假如卡片上有足够多的孔洞，而且排序的次数足够多，那么要在数百万人口中辨别出某个人也是可以实现的。每张卡片都是一个信息宝库，而限定其信息量的只有卡片上的孔洞数量而已。对19世纪的人们来说，这种卡片就相当于"条形码"。

1884年，靠着从一位德国朋友那里借来的几千美元，霍尔瑞斯制造了这台机器，并获得了专利权。讽刺的是，这项发明的初期测试并不是用来统计活人，而是为马里兰州、纽约州和新泽西州的卫生部统计死人。

不久，霍尔瑞斯发现这套系统不仅能计算人数，还能帮助各行各业快速完成枯燥的运算，不论是纽约中央铁路局的运货清单，还是普天寿保险公司的保险记录及金融记录，它都能迅速处理。最重要的是，霍尔瑞斯系统不仅能计算数量，还可以对数据进行分析。这台叮当作响的奇特装置在几周内就能完成人类用几年才能完成的计算任务。受到激励后，霍尔瑞斯开启了一次越洋旅行，将自己的电动制表机展示给欧洲各国政府，其中就包括德国与意大利。每到一处，霍尔瑞斯总能受到官僚、工程师和统计员的赞誉。这台由钢铁、转动轴与橡胶轮组成的机器不仅是一种精巧的器具，还是一把钥匙，将开启装有无限信息的潘多拉魔盒。

为了协助完成1890年的人口普查，美国人口普查局赞助了一项比赛，希望能找到最好的自动计算装置。毫无意外，霍尔瑞斯的设计获胜了。而在此之前，裁判员已经耗费了几年时间去研究霍尔瑞斯的设计。这之后，霍尔瑞斯生产出了自己发明的第一台机器。

1890年，当人口普查结束后，霍尔瑞斯一夜间成了英雄。他在统计学方面获得的巨大成就引起了整个科学界的注意，新闻媒体也对他产生了浓厚的兴趣。霍尔瑞斯发明的系统为美国人口普查局节省了约500万美元，即预算的1/3。这个系统让人口普查的计算速度变得前所未有的快，也为人口普查这项事业增加了戏剧性的新维度。现在，人口普查员能处理的问题多达235个，包括家庭成员使用何种语言、留在家中或已离开家的孩子有多少、家庭成员的受教育水平如何、来自哪个国家等各种问题。突然间，政府有了记录人口数量与特征的能力。

怀有戒心的霍尔瑞斯一直怀疑有电工或技工会偷走他的设计，而且考虑到美国人口普查局只在十年一次的人口普查中才会用到大量制表机，于是，他决定将这套系统租给政府，而不是卖给政府。20世纪，在IBM进行的所有大型商业交易中，这项只租不卖的重大决定始终起着重要的作用。为了完成人口普查项目，政府支付了75万美元租用霍尔瑞斯的机器。现在，这位发明家的另一项艰巨任务就是在两次人口普查的间隔期找到新客户。很快，这个问题也解决了。因为，无论是政府部门还是工业组织，他们都排着队，抢着租用霍尔瑞斯的机器。俄国、意大利、英国、法国、奥地利和德国的人口普查与统计部门全都提交了订单。可见，霍尔瑞斯发明的这项新技术几乎无可匹敌，它使世界各地都实现了先进的人口普查工作。霍尔瑞斯只身一人就垄断了这项技术，因为穿孔机、分类机、制表机只能彼此兼容，而且暂时还没有类似的机器出现。

此外，为了采集数据，客户还需要大量穿孔卡，每张卡片本质上只能使用一次。霍尔瑞斯尽管还未正式建立公司，却已经拥有了垄断产业的资本。更重要的是，这项事业不仅迅速提高了霍尔瑞斯及其系统的社会地位，还为两者赢得了国际声誉。对霍尔瑞斯而言，政府只是被他控制的客户。在许多方面，霍尔瑞斯都认为他和他发明的技术比政府更加强大。事实也确实如此。

全世界都在等着这位工程师成立公司。然而可笑的是，霍尔瑞斯忙于开展新业务，根本抽不出时间创立公司。此外，霍尔瑞斯虽只有三十多岁，但已变得十分固执。事实证明，这个留着八字胡、经常发脾气的工程师并不适合创业。虽然在有需要时，霍尔瑞斯可以戴着大礼帽，持着精美的手杖出现在各种公共场合，但他缺少耐心，也不具备圆滑的处事手段，他憎恶成立公司这种商业化的活动，还不断怀疑客户企图偷走自己的设计。霍尔瑞斯将自己的发明视如亲生子，事必躬亲。因此，于他而言，这世界上根本不存在重要到不可以得罪的客户或不能违背的合约。正因如此，他与客户纠纷不断，他对客户的态度通常是"要么接受，要么拉倒"。霍尔瑞斯直言不讳，并不顾及他人感受，因而当他怀疑政府官员——无论是国内还是国外——在损害自己的专利权时，就会毫不犹豫地与之展开战斗。其实，生活中的琐事也很容易激怒霍尔瑞斯，比如，当他的车子突然抛锚时，他会立即写信，愤怒地谴责生产商。

除了发明，霍尔瑞斯还珍视另外三样东西，即德国传统、隐私及他的猫俾斯麦（Bismarck）。人们往往一眼就能看出他与德国相关的一切事物之间的联系。例如，他出海去欧洲时乘坐的是德国船。他在澄清与某位同事妻子的关系时说："因为她是个德国人，所以我才能跟她相处融洽。"当同事觉得霍尔瑞斯需要休息时，就会建议他回到他深爱的祖国休个长假，因为那是唯一能让他放松下来的地方。

为了保护隐私，霍尔瑞斯在自己的房子周围立起了高高的围栏，将邻居和他们的宠物拒之门外。但霍尔瑞斯发现，还是会有很多猫跳上房顶，再跳进自己的院子。一天，他运用自己的创造力在围栏上绕了一圈电线，并将电线连上电池，然后坐到窗前惬意地抽起雪茄。当看见邻居的猫进来骚扰俾斯麦时，霍尔瑞斯就会按下开关，给这只猫来一次电击。

霍尔瑞斯的第一次大型海外人口普查是为残暴的沙皇尼古拉二世（Nicholas II）组织的。这是俄国第一次人口普查，涉及近1.2亿人口。由于尼古拉二世急于引进霍尔瑞斯的技术，于是，他便邀请这位发明家来到圣彼得堡，签订了这份大合同。

1896年底，从俄国回来后不久，霍尔瑞斯终于成立了公司。霍尔瑞斯将公司简陋的办公室置于自己的两层工作室中，这个集车间与仓库于一体的工作室就坐落在华盛顿的乔治城，距白宫和美国人口普查局只有几分钟的车程。霍尔瑞斯给公司起了个很直白的名字——制表机公司（Tabulating Machine Company），这个名字很快就被人们遗忘。不过它最终演变成了IBM——有史以来最具辨识度的商业名称之一。

1900年人口普查结束后不久，美国联邦政府就清楚地认识到自己已帮助霍尔瑞斯的制表机公司实现了全球垄断。这种全球垄断是基于他们所使用的一项发明，而这项发明则是从美国人口普查局的一名内部员工——赫尔曼·霍尔瑞斯的手中获得"授权"的。另外，富有改革思想的美国人口普查局新局长西米恩·诺思（Simeon North）发现，调查局与霍尔瑞斯就机器签订的合同中存在许多违规之处。他意识到，霍尔瑞斯敲诈了联邦政府：过高的专利费、有名无实的机器、机器与穿孔卡前后不一的价格、限制使用权限等供应商滥用权的现象无处不在。

更糟糕的是，霍尔瑞斯并没给予美国人口普查局这位客户最优惠的价格，相反，制表机公司向他国政府或商业客户收取的费用更低。诺思怀疑，可能连俄国沙皇支付的钱都比山姆大叔①少得多。看样子，美国纳税人都在资助这个冉冉上升的"霍尔瑞斯帝国"。

诺思在调查中惊讶地发现，人口普查局前任局长威廉·梅里亚姆（William Merriam）曾与霍尔瑞斯商定了许多既有利可图，又令人费解的合同。梅里亚姆离开美国人口普查局仅一年多，霍尔瑞斯就雇用他为制表机公司的总经理。而后，耿耿于怀的诺思便不屈不挠地谴责起美国人口普查局的代理商，呵斥他们过分依赖于霍尔瑞斯系统，并着手追查那些可疑的

---

①Uncle Sam，美国的绰号和拟人化形象，一般被描绘成为穿着星条旗纹样的礼服，头戴星条旗纹样的高礼帽，身材高瘦，留着山羊胡，精神矍铄的老人形象。——译者注

收费。诺思想得到答案。"我只希望，美国政府能像其他的商业机构，甚至他国政府一样，获得同样公平与自由的合同条款。"诺思对霍尔瑞斯说。

霍尔瑞斯不喜欢他人挑战自己的权威。因此，他不仅没有息事宁人、安抚诺思，反倒与这个最重要的客户展开了一场恶战。霍尔瑞斯不仅在国会，甚至还在委任诺思的西奥多·罗斯福（Theodore Roosevelt）总统面前斥责了诺思。霍尔瑞斯认为制表机公司的技术是不可或缺的。他也认为自己能够自由地向美国政府施压，甚至随意地抨击美国政府。随后，诺思开始反攻，并下定决心摆脱霍尔瑞斯那双扼住美国人口普查局命脉的双手。诺思知道霍尔瑞斯的专利权在1906年到期，于是便请人试验开发了一台新机器。1905年7月，诺思最终将霍尔瑞斯彻底赶出了美国人口普查局。制表机公司也因此失去了最重要的客户。

同一时间，美国人口普查局的另一名技术员詹姆斯·鲍尔斯（James Powers）发明的制表机派上了用场。鲍尔斯的机器比霍尔瑞斯的机器快得多。较之后者，鲍尔斯发明的机器还具备几个自动化方面的优势，价格也更便宜。最重要的是，鲍尔斯的机器能够让美国人口普查局彻底摆脱制表机公司的控制。

霍尔瑞斯一手造就了这次灾祸，他为此沮丧了几个月。其间，他的脾气更加暴躁，也不愿处理其他糟糕的商业讯息，比如，多个策略性投资的亏损以及几个重要铁路商的背叛。不过，通过发明新设计，提高旧有技术，开发更多客户以及与国外签订更多的人口普查合同，制表机公司的盈利开始回升。然而，1910年，霍尔瑞斯又做出了一个相当自负的举动。他试图阻止美国政府执行宪法要求的职务——人口普查。霍尔瑞斯声称，美国人口普查局即将投用的机器在某种程度上侵犯了他的专利权。他提起诉讼，而且莫名其妙地成功说服了一名华盛顿联邦法官，使对方对第13次人口普查开出禁令。但法院最终做出了不利于制表机公司的裁定。这次，霍尔瑞斯一败涂地。

然而，富有的霍尔瑞斯继续无视现实，在公司处于水深火热之时，还在捣鼓新的奇妙装置，沉迷于不相干的消遣。此时，霍尔瑞斯的医生坚持让他离开商界，好好休养。而挫败的股东与管理层也非常同意这条建议，纷纷劝告霍尔瑞斯退休。怀着矛盾的心情，霍尔瑞斯开始分配自己的股份。

一开始是德国。1910年，这位发明家将所有的专利授权给一名德国加法机①推销员威利·海丁格尔（Willy Heidinger）。随后，海丁格尔成立了德国霍尔瑞斯机器公司（German Hollerith Machine Corporation，即德霍梅格）。除了几位亲戚持有象征性的股份外，海丁格尔一手控制着这家公司。作为获得制表机公司特许的公司，德霍梅格只在德国境内出租霍尔瑞斯的机器。制表机公司除了收取专利费用，还享有德霍梅格业务的股份。海丁格尔是一位传统的德国人，对自己的德国血统十分自豪，非常忠于家庭。和霍尔瑞斯一样，海丁格尔也喜怒无常，情绪时常会像火山一样爆发，此外，他还热衷于商业战争。

第二年，苦恼的霍尔瑞斯幻想破灭，只得将公司彻底卖掉。此时，坚定的个人主义者查尔斯·弗林特（Charles Flint）登场了。弗林特活跃于19世纪末期，是一名典型而富有的投机资本家。他属于首批拥有汽车并乘坐过飞机的美国人，也是一名贪婪的狩猎者、渔夫。弗林特通过国际贸易成为百万富翁，而武器就是他贩卖的产品之一，而他并不在乎是谁购买了这些武器。

弗林特大发战争横财的野心永无止境。他曾组织私人舰队去协助巴西当局残酷镇压海军起义，使巴西政府得以重掌大权；也曾将莱特兄弟新发明的飞机的生产权授予恺撒·威廉二世（Kaiser Wilhelm II），德国因此建立了军用航空，并在一战时组建了王牌空军。不仅如此，弗林特还十分乐意将枪炮和军舰售给恶战中的双方。例如，在秘鲁与智利的边境冲突中，弗林特与智利达成交易后，转而又去和秘鲁做买卖；他还在日本与俄国多次发生冲突时，将武器卖给作战双方。

关于弗林特，有人写道："如果某个人用'军火商'来称呼弗林特，弗林特会好奇这个家伙到底在想什么。这反映出了一战前西方世界的本质。"

弗林特还完善了一种臭名昭著的商业模式——托拉斯（Trust）。托拉斯是一种反竞争的产业联合体，时常会悄无声息地吞噬市场中的竞争者，不过，它最终受到了政府的镇压。著名的谢尔曼反托拉斯法②就是为打击这种权力滥用而颁布的。当时的报纸将弗林特戏称为"托拉斯之父"。这个头衔让弗林特一度成为那个时代的迷人传奇，以及无耻恶棍。

---

① 世界上第一台机械式数字计算机。由法国人帕斯卡于17世纪制造而成。——译者注
② 最初由约翰·谢尔曼提出。于1890年正式颁布，是美国国会制定的第一部反托拉斯法律，试图对垄断行为进行限制。——译者注

这位著名的工业联合大师还十分擅长在橡胶业与化工业中建立卡特尔[①]式经济实体（Cartel-like Entities）。1911年，弗林特开始尝试新花样。他盯上了制造业中四家毫无瓜葛的公司，接近了其重要股东与管理人员。弗林特想将这四家公司整合成一个小型的多样化企业集团。而这一企业集团的核心将是霍尔瑞斯的公司。

弗林特毫无理由地选择了四家萎靡不振的公司，试图将它们合并起来。这四家公司分别是：国际时间记录公司（International Time Recording Company）——生产记录工人出勤情况的打卡钟；计算尺公司（Computing Scale Company）——零售附有定价表的普通天平，以及一种用于处理肉类与奶酪的切片机；邦迪制造公司（Bundy Manufacturing）——生产一种需用钥匙开锁的小型考勤钟，更重要的是，该公司在纽约恩迪科特拥有位置极佳的房产；最后是霍尔瑞斯的制表机公司，它在四家公司中规模最大，也是这个企业集团的主要成员。

与弗林特洽谈过后，霍尔瑞斯同意出售公司。他以约121万美元卖掉股份，并签订了一份为期十年的咨询合约，每年额外收取2万美元。这在当时可是一笔巨款。通过组合四家公司名称，新公司最后得到了一个奇怪而平凡的名字，即计算-制表-记录公司（Computing-Tabulating-Recording Company，以下简称CTR）。有人将这个新经济实体解释为"协同集团"，因为这四家公司看似可以存活，实际上都因有限的增长潜力与糟糕的经济状况而饱受冲击。"协同集团"的产生为它们提供了所需的现款和全新的国际销售团队。弗林特并非只是想通过合并这四家公司，以实现规模扩大化，他真正想要的，是构建起新的产业结构，进而让这四家萎靡不振的公司变得强大。

卖了公司的霍尔瑞斯显得很超然。某天，他来到位于乔治城的车间，车间的每个角落都塞满了机器部件。就在这里，霍尔瑞斯实事求是地向工人宣布："我卖了公司。"随后，他走近员工，依次给他们做了一两句简短的评语。他对比尔·巴恩斯（Bill Barnes）很亲切，因为巴恩斯在安装皮带

[①]卡特尔是指厂商之间为了合谋而签订公开和正式协议这样一种市场结构形态，也可以说是一种正式的串谋行为，它能使一个竞争性市场变成一个垄断市场，属于寡头市场的一个特例。卡特尔以扩大整体利益作为主要目标，为了达到这一目的，卡特尔内部将订立一系列协议，以确定整个卡特尔的产量、产品价格，指定各企业的销售额及销售区域等。——译者注

机转向装置时丢了一条胳膊。而对一个名叫乔（Joe）的年轻工人，霍尔瑞斯则张扬地给了他一张50美元的钞票。有些工人甚至从未见过这么大额的钞票，因而对此印象深刻。

霍尔瑞斯退居二线，成为一个活跃的管理者。他以心灵手巧与雷厉作风创造了制表机公司，如今，制表机公司已扩大为企业集团，而掌控这个企业集团的是一名更为高明的国际操纵者——查尔斯·弗林特。霍尔瑞斯愿意赚钱，却只愿以自己的方式谋利，但对弗林特而言，只要能赚钱，任何方式都可以不用在乎。此外，弗林特希望由商人，而不是技术人员来指挥CTR这条大船。为此，弗林特找到了精力旺盛的美国商业恶棍——托马斯·J.沃森。

从路边小贩到商业恶棍，是谁崛起了谁？

19世纪90年代，一条尘土飞扬的蜿蜒小路横穿茂密的山林，连接着偏远农村与纽约州五指湖区的小乡镇。托马斯·J.沃森常驾着鲜黄色的马车经过这条小路，给地面留下一道道灰色车辙。秋天，在马蹄与车轮的碾压下，焦黄色的枫叶噼啪作响；夏天，飞奔的马车时常扬起厚厚的尘土。这些耐人寻味的轶事听起来近乎神奇。郁郁葱葱的山林中，多条小溪流水潺潺，这样的田园美景随处可见，很是吸引人。不过，对沃森来说，更有诱惑力的是在前面等着他的冒险——销售。当时，沃森卖的只是钢琴和缝纫机。不过，这仍需要沃森拥有强大的韧性与不衰的自信，因为沃森的奔波只能为他赢取机会，并不能保证卖出东西。

成功的销售需要非凡的才能。在销售过程中，推销员需要揣测潜在客户的想法，进而用语言激起对方的购买欲，并最终完成交易。沃森却轻而易举地掌握了这种技巧。高高瘦瘦、英俊聪明的沃森深谙人心，他善于掌握说话时机，知道何时该听，何时该说。沃森不仅精通说服的艺术，还拥有扭转对方强烈的反对意见，并最终"完成交易"的能力。

天才推销员都知道，一次成功的销售虽然能带来令人上瘾的兴奋感，但这种兴奋感往往是非常短暂的。无论销量有多好，都无法满足这群推销员。对于他们而言，销售不再是职业，而是变成了生活的一部分。

"没有什么东西是推销员卖不了的。"每一名推销员都知道这句话的真实性，但他们也知道，并非所有的推销员都能走得更远，能征服四方的推销员更是少之又少。

沃森就是一位征服者。起初，他只是一个没多大名头的推销员，负责在纽约中西部乡村将小商品卖给当地的农民与市民。不过，他一直在不断成长，并最终获得指挥一家跨国公司的资格，而这家跨国公司所服务的对象不仅是单纯的客户，还包括地区、国家，甚至全体居民。沃森善于找出商业敌人，并能迅速制定策略打败他们。就像所有征服者一样，他会彻底击败所有挡路的对手，从而收获战利品。在沃森的带领下，推销术将从个人万金油逐渐上升为商业战中名副其实的宗教信仰。借助卓越的技艺，沃森摆脱了卑微的出身，他用了40年的时间，从19世纪末期的路边小贩，到商业恶棍，再到传奇企业大亨与国际政治家，并最终蜕变成美国的标志性人物。

虽出生于贫困的苏格兰沃森家族，但这位未来的企业领航者出生时的名字却是托马斯·J. 瓦森（Thomas J. Wasson）。沃森的父亲是一位脸色阴沉，总爱与人争吵的木匠。虽然是一名新教徒，但他并不懂得宗教宽容，因十分反对家族中有信天主教的姻亲，便将自己的姓改成了"瓦森"，以与家族撇清关系。最后，他父亲不再抗议，将名字换回"沃森"，因此瓦森才最终成了托马斯·J. 沃森。

沃森成长于帕因特德波斯特（Painted Post）的手指湖镇，但这个地方并没有给野心勃勃的年轻沃森多少选择。为摆脱日后耕地、拉驳船的生活，沃森早早就立志成为一名教师，甚至考取了教师资格证。不过，只当了一天的教师，沃森就感到不耐烦了。他坦言道："我的教师生涯就这样了。我受不了在满是孩子的教室里从早上9点一直待到下午4点。"

沃森想进入商界。他最初受雇于镇上的一家商店，负责上街兜售缝纫机和钢琴。不过，他得自备马匹。当经验丰富的搭档离开后，沃森就接管了对方的业务，而且做得比先前更好。在经济不景气的时候，沃森会到友善的农民那里寄宿，而且无论是遭遇了道路被大雨淹没的情况，还是其他逆境，他仍会上街销售。尽管成绩斐然，但沃森每周的薪水只有10美元。不久，他就辞职，另觅他处了。

沃森很快就了解到，某些销售岗位会提供一种被称为"佣金"的东西，即分红。他加入了布法罗的建房信用协会（Building and Loan Association），之后便在布法罗南部的居住区，走街串巷地卖股票。沃森签订的是纯佣金制协议。他的经理是一位能说会道、衣冠楚楚的取巧者，教会了他如何才能在酒吧里顺利地卖出股票，以及如何可以装扮得像19世纪90年代的成功商人。没什么比只有佣金的工作更能让人变得花言巧语了。在这方面，沃森出类拔萃，而且那种成功的感觉也让他振奋不已。总之，他非常热衷于卖东西。

1895年，21岁的沃森偶遇约翰·J.朗格（John J. Range）。朗格是国家收银机公司（National Cash Register Company，以下简称NCR）布法罗办事处的经理。这个外号"现金"的公司是美国当时最贪得无厌的企业之一，也是冷酷好战的企业大亨约翰·帕特森（John Patterson）的个人帝国。帕特森制作了一份销售指南，严格规定了推销用语与行为准则，甚至构建了销售时的思维过程。任何员工都不得违背这些规定，必须将帕特森提供的方法视为唯一标准。而朗格是帕特森手下一位很成功的销售主管，他会残酷对待，甚至羞辱自己的下属，直到他们完成销售配额。很快，朗格成了沃森的导师。眨眼间，NCR就将沃森变成了一名唯利是图的"雇佣兵"。

几个月后，沃森一跃为布法罗区域的一流推销员，销售额甚至超过了朗格。最终，沃森成为NCR在东海岸区的最佳推销员，每周佣金高达100美元。在帕特森注意到沃森的优秀表现后，便将他调到罗彻斯特办事处，希望沃森能在那里施展他那令人眼前一亮的技艺。在NCR的160个分支机构中，罗彻斯特办事处的业绩不尽如人意。很快，沃森便施展了他的魔法。上任的第一天，沃森在办公室外的柱子上拴马时，遇到了隔壁愤怒的酒店老板。这位愤怒的邻居抱怨说："NCR的名声不好，前任销售代理商经常烂醉如泥，根本不能好好做事。"几分钟后，不知怎的，沃森竟说服这个不满的男人买下了一台收银机。而后，他又将收银机卖给了另一位对NCR不满的客户。

帕特森认识到，沃森不仅能销售，还能帮助他击垮罗彻斯特市场上的主要对手，即另一家收银机公司——霍尔伍德公司（Hallwood Company）。帕特森和朗格蛮不讲理、为所欲为，沃森则借鉴两人的处事手段，再利用自己的狡猾技巧，有规划地破坏霍尔伍德公司的销售进程，抢夺其客户，最终将其毁灭。最初，沃森会潜伏在霍尔伍德公司的办公室附近，监视它的销售人员与客户。在锁定目标后，沃森便将相关信息汇报给NCR，而

NCR的"恐吓小分队"收到信息后就会立即出动。这个小分队常编造谎言来吓唬竞争对手的潜在客户，比如：NCR会控告霍尔伍德侵犯专利权，而那些购买了霍尔伍德公司机器的人也会受此牵连。之后，他们就会以折扣价将自家机器卖给那些吓破了胆的客户。

沃森不会放过任何机会。霍尔伍德公司的一名推销员提到：有一天，沃森对他很友好，不过第二天就跑去拜访了原本属于他的客户。这位推销员在早上来到客户的商店时，刚好看见已拿下单子的沃森乘着马车离开。原来，沃森天一亮就驱车20英里（1英里≈1.6093千米）来抢这个客户了。沃森十分享受这次胜利，以至连续好几年都在吹嘘这件事。几年之内，沃森就基本将霍尔伍德赶出了罗彻斯特市场。后来，沃森炫耀道，是他让罗彻斯特成为"一个很有组织、很干净的销售区"。

帕特森喜欢沃森的处事风格。此前，这位寡廉鲜耻的NCR董事长就已学会了用可笑的诽谤和专利诉讼让竞争者举手投降。任何售卖收银机，甚至是二手NCR收银机的商家都是帕特森的打击目标，而沃森，则为这场商战增添了一个全新的维度。帕特森甚至认为，销售收银机是上帝赐予他的权利，而沃森会是他实现霸权的得力助手。

1903年的一天，帕特森将沃森叫到了办公室，指示他去摧毁全美所有的二手商。沃森虽然已成为罗彻斯特办事处的明星推销员，但在罗彻斯特外，他的名声尚且很小。帕特森将沃森安插到纽约，给了他100万美元的预算，并让他创建了一家名叫"沃森收银机与二手交换"的虚假公司。沃森要做的就是加入二手商社区，熟悉对方业务，在对手附近开店，并以超低价抛售机器，恐吓他们的客户，悄悄抢走对方的业务，从而破坏那些二手商的生存能力。沃森的冒牌公司并不需要盈利，只需要花钱消灭毫不知情的二手收银机卖家。最终，这些卖家要么退出了这个行业，要么在签订了严苛的非竞争条款后，将商品出售给沃森。鉴于沃森没有自己的资金，购买二手商品的钱全部来自NCR。

这项任务很隐秘，以至于NCR驻曼哈顿的推销员都以为沃森背叛了罗彻斯特办事处，自立门户。实际上，沃森直接对帕特森及其参谋负责。他用了几年时间才完成这项任务，最终无情地攻克了自己的敌人——二手商。

受害者的名单很长。包括曼哈顿14号街的二手商弗雷德·布雷宁（Fred Brainin），沃森买断了布雷宁的所有业务，并要求布雷宁不再售卖收银机；

还有费城的赛拉斯·莱西（Silas Lacey）。最终，莱西加入了沃森的新战线。在处理美国东海岸的二手商时，沃森并没花费多大精力。接着，沃森开始处理真正棘手的对手——芝加哥的二手商。

芝加哥最大的经销商之一是阿莫斯·托马斯（Amos Thomas），他的公司位于芝加哥卢普区的伦道夫街，紧邻芝加哥捷运。沃森把他的冒牌公司搬到伦道夫街对面。托马斯回忆说："沃森……设法让我给自己的公司定价。他想控制二手市场。但我告诉他，我是不会卖掉公司的。"然而，沃森和他的军团（他的原上司约翰·朗格也在其中）每天都会向托马斯施压。

尽管如此，托马斯还是不愿意卖掉公司。因此，沃森在附近又开了一家店与托马斯竞争。此前，NCR 已悄然控制了美国收银机公司，后者是霍尔伍德公司的继任者。而这个名叫"美国二手收银机公司"的新店是沃森开辟的第二战线，进一步压榨了托马斯。最终，无力抵抗的托马斯只能同意让沃森以 2 万美元收购公司。但对沃森而言，这个价太高了。

现在，托马斯终于明白，沃森其实服务于帕特森的 NCR。不过，NCR 并不在乎托马斯是否知道沃森属于自己。为了证明这一点，他们邀请托马斯来到位于俄亥俄州代顿市的 NCR 总部。他们先请托马斯享用了一顿豪华晚宴，之后便将他交给一名高管"处理"。托马斯被告知，除非他以一个"合理的价钱"卖出公司，否则 NCR 会在附近再开一家店，继续抛售商品，直至击溃托马斯的业务。托马斯屈服了，最后以价值 15 875 美元的 NCR 股份和 500 美元的现金卖出了公司。遭受重创的托马斯乞求公司的新主人沃森，希望能成为沃森的忠诚手下。总之，阿莫斯·托马斯已被彻底征服。

帕特森的"无赖速成班"在美国商业历史上绝无仅有。沃森的一位助手证实，帕特森会因对手被无情毁灭而大声欢呼。在销售会议上，帕特森会叫喊："干掉他们！摧毁他们！"败阵者包括布谷鸟、全球、霍尔伍德、大都市、单形、托莱多、联盟等大量处在水深火热之中的收银机公司。

身穿深色西服的 NCR 推销员因完成配额而受到帕特森的奖励，后者为之创建了"一百分俱乐部"，现在，"现金"将"洁身自好"视为获得成功的一种美好品质。在一次动员大会上，沃森在纸上随意写下了一个单词——思考（Think）。帕特森看到沃森的笔记后，下令将"思考"一词作为标志，分发到整个公司。沃森将帕特森的各种技巧奉为不可或缺的销售圣经，他在 NCR 学到的手段，也将伴随他一生。

NCR 的作战策略永无止境。据称，贿赂、用诉讼威胁、通过掠夺性定价抛售机器，甚至砸坏竞争者的窗户等都派上过用场。不过，联邦政府终于介入调查。1912 年 2 月 22 日，帕特森、沃森等几十位高管被指控参与了限制贸易并试图垄断市场的犯罪活动。检察官认为他们所做的是最野蛮的商业行为，并把沃森和 NCR 比作"墨西哥土匪"。

1913 年，俄亥俄州的一个陪审团对所有被告做出了有罪裁定。沃森的同事，甚至是沃森自己签署的指示信，都向政府提供了足以定罪的确凿证据，让他们无法辩驳。大多数人，包括沃森在内，都被判处了一年有期徒刑。大多数定罪者都哭着请求法官宽大处理，但沃森没有这样做。相反，沃森公开宣布，他对自己的事迹感到自豪。

不久，水灾来临。那时正值冬春之交，俄亥俄州代顿市变得异常寒冷，连日暴雨几乎淹没了整座城市。随后，迈阿密河也开始泛滥。1913 年 3 月下旬，龙卷风撕裂了代顿市，使其沦为灾难现场，很多地区都被水淹没。突然间，大约 9 万名居民无家可归，与外界断了联系。但沃森等人还占据着高地上的一条电报线路。

NCR 抓住灾难带给他们的机会，组织了一次大型救灾活动。公司的装配生产线经过改造，每七分钟便可以造出一艘简易划艇；他们还将瓶装水和纸杯，连同干草制成的行军床分发给灾民；NCR 用地也被改造成医务室，有许多孩子甚至就在那里出生。此外，沃森从纽约运来了一系列救急用品，如医药用品、食物和水，他还命令工作人员快速修好那些被大水冲坏的路基与道岔。当救援车在离代顿市几英里处遇到了无法修整的道路，只能停车时，沃森便找人将这些物资背到代顿市，悉数送给受难群众。

一夜之间，帕特森、沃森等人都成了国家英雄。NCR 营业场所上还建立起了新闻工作室。民众向伍德罗·威尔逊（Woodrow Wilson）总统呈递请愿书，希望总统能特赦沃森等人。检察官考虑到公众舆论，只好让他们签下认罪书，并免除了他们的牢狱之灾。大多数被告急不可待地签下了认罪书。然而，沃森仍坚称自己毫无过错，拒绝了签名。不久后，沃森的辩护律师利用诉讼程序上的一条细则成功推翻了他的定罪，而政府也不再起诉沃森。

但另一方面，对于沃森这样一位忠诚的销售老战士，难以捉摸而癫狂的帕特森却在公司员工面前羞辱了他。当时，沃森正在与公司高管们谈话，帕特森装腔作势打断了沃森，并开始表扬另一位推销员。每个人都知道这意味着什么。很快，沃森便被解雇了。

17年来，NCR一直是沃森的全部。在NCR，沃森购买了快捷的汽车，获得了大量佣金，学会了操纵商业诡计，还收获了一种归属感。不过，这一切都结束了。虽然沃森有些震惊，但他依然转身就走，放下了在"现金"刺激下的生活。沃森坦言："我对构建业务的理解几乎都是得益于帕特森先生。"现在，他又增加了一句誓言："我离开这里后，将会建立一家公司，一家比约翰·帕特森的NCR还要大的公司。"

还有哪家公司的规模能超过国家收银机？为何非要将眼光局限于美国？于是沃森联系了一个能助他名扬世界的人——CTR的查尔斯·弗林特。

托马斯·沃森来到查尔斯·弗林特位于第五大道①的套房，两人的名声就像磁场一般围绕在各自身上。不过，沃森的名声只在美国盛传，而弗林特却享誉国际；沃森只操纵过人，而弗林特却影响过多国的命运。然而，这两个大人物并没有一拍即合。

弗林特比沃森矮，也比沃森老，却和沃森一样充满活力。毕竟，当沃森还在骑着马穿梭于乡村小路时，弗林特就已坐过莱特兄弟的飞机在云间翱翔，他还驾驶过汽车、乘过最快的船航行于江河湖海，也见识过世界。这使得沃森在初次见到这位传奇资本家时感到十分失望。显然，比起弗林特的身高、外貌，他的观念、想法更具吸引力。

作为19世纪国际化的经济冒险家，弗林特认为钱能生钱，而商业世界就如动物世界一般，遵循着适者生存的原则。沃森发现，在弗林特的信条中，没有东西是不可被接受的。沃森也知道，冉冉上升的CTR能给他提供一个绝佳的机会，因为在CTR，沃森也许可以成为老板，做所有的决策。CTR的产品种类繁多，它的优势产品是霍尔瑞斯的制表机与分类机，这比起只销售收银机要好得多。如果聘用沃森管理CTR的合约能顺利敲定，那么，这两个男人将能通力合作，使CTR变得更强。

但弗林特还没准备好走到CTR的总部，直接任命沃森。因为站在弗林特面前的这位超级推销员还拥有着一项未被推翻的罪名，他仍是一名"罪犯"。虽然还在上诉期，但沃森的罪名依然会损害CTR的形象。CTR曾多

---

①美国纽约市曼哈顿一条重要的南北向干道，南起华盛顿广场公园，北抵第138街，位于曼哈顿中心区。——译者注

次开会讨论是否雇用沃森，在其中的一次会议上，一位董事终于发飙了，他对弗林特吼道："你想毁掉公司吗？如果那家伙在任职期间进了监狱，你找谁来经营公司？"

沃森下定决心要进入CTR，也坦率地向那些满腹狐疑的董事表明了决心。首先，像其他精明的推销员一样，沃森出售了自己；其次，沃森慢慢缓解了董事们对"罪犯"这个身份的顾虑。公司产品及收益在世界各地的迅速增加、上百万美元的增长预期、不断提高的分红，这些愿景才是董事们最为看重的。因此，他们最终认同了沃森。董事们给沃森提供了一笔"绅士化的收入"——每年2.5万美元，再加1 200多股公司股份。然而，在NCR时拿着丰厚佣金的经历扩大了沃森的胃口，他希望能在CTR拿到更多佣金。

弗林特说："也就是说，你想要分得一杯羹。"事实确实如此。沃森成功商定了一份佣金协约——股东分红后，他还要得到公司税后利润的5%。不过，考虑到他身上尚未洗清的罪名，沃森无法以总裁身份成为公司的一员，只能作为一名总经理为公司提供服务。这不是重点，最重要的是，沃森可以自己做主了。1914年5月1日是沃森进入CTR的第一天，从这一天起，这家原属霍尔瑞斯、现属弗林特的公司将不再一样，因为在不久后，它将变成沃森的公司。

沃森效仿NCR的销售与推广技巧，创建了一家连帕特森都会为之震惊的机构。帕特森为那些完成配额的代理商组建了"一百分俱乐部"，而沃森依葫芦画瓢，创立了"百分百俱乐部"。帕特森要求NCR员工穿上笔挺的白衬衫与深色西服，沃森也坚决要求CTR员工穿着统一的制服。此外，沃森还借用他在NCR的发明，即"思考"这个词。在CTR，"思考"一词随处可见，从沃森办公桌的桌面，到公司办公用品的底部。在CTR，想要整合这些"帕特森与沃森特色"并不难，因为沃森有几个得力助手，而这些人都是与他一起经历过NCR丑闻的"老战友"。

实际上，沃森很懂得激励人，只是在NCR时，帕特森没有让他尽情施展这项才能。沃森希望通过鼓舞员工来获得更好的结果，而不是用残酷的手段逼迫他们完成销售配额。沃森的做法为公司员工注入了归属感，下到普通员工，上到管理人员，沃森就如将军了解自己的士兵一般，充分理解了这些人员的价值。此外，总经理头衔的限制也很快消除了。1915年，在沃森的罪名被推翻后的 48 小时内，董事会便同意将沃森升为 CTR 总裁。

加入 CTR 的第一年，沃森一直在空荡荡的办公室里默默工作，努力加强公司财务岗、劳务岗、技术岗之间的联系。他竭尽所能，制定策略来超越并打垮其他的制表机公司。同时，沃森还在争夺专利权，启动工程活动，争取或夺回大客户。必要时，他还会借用银行贷款来帮助公司度过不景气的时期，在他的努力下，CTR 开始一步步发展起来。

霍尔瑞斯虽不再握有大权，但仍是 CTR 非常活跃的顾问。霍尔瑞斯发现，沃森的处事风格与自己全然不同。几年前，当沃森还在 NCR 时，曾向霍尔瑞斯订购过一台机器，不过霍尔瑞斯担心为帕特森工作的沃森会仿制自己的机器，便拒绝他的订单。但现在，这两人已属于同一家公司。他们经常聚在一起，讨论从商业化到技术研究的各种问题。霍尔瑞斯是一个会为了某些个人原则而与客户斗争的人，但沃森不像霍尔瑞斯，他可以为了钱不顾一切赢得客户。也就是说，钱才是沃森的原则。此外，公司的董事长乔治·费尔柴尔德（George Fairchild）也是一名值得重视的人物。于是，沃森便围着霍尔瑞斯与费尔柴尔德打转。没有弗林特的持续支持，沃森无法管理公司。但是，沃森若没有独特的制胜法宝，也无法固执己见。

慢慢地，沃森不再只是一位杰出的管理人员、令人敬佩的决策者、关键员工，而是变成了 CTR 的核心。他无处不在的演讲与谈话充满了令人振奋的激情，很快就上升为一种可与礼拜仪式相提并论的激励方式。在员工心中，沃森不仅是优秀的管理者，还是一位令人印象深刻的领袖。人们甚至创作了歌曲来赞美沃森。穿着深蓝色西服和白衬衫的 CTR 销售大军，会激情昂扬地咏唱：

> 沃森先生是我们所服务的人，
> 他是 CTR 的领袖，
> 他是世上最公正、最正义的人，
> 确实如此。
> 他教会我们如何做好销售，
> 还教会了我们如何才能赚大钱。

沃森正步入一个更高的阶段。媒体开始关注他的个人事迹，就像关注

CTR一样。沃森似乎无处不在，再加上其令人陶醉的资本家式命令语气，他的话语变成了CTR员工的宗教信仰。沃森奉行家长式作风与威权主义，要求每个人对他绝对忠诚、不断奉献。作为回馈，沃森将CTR变成了一个属于服从者的大家庭。

1922年，帕特森去世。很多人都认为帕特森的离世是沃森的命运转折点。从那时起，沃森意识到，不会再有人拿他的一举一动来跟这个残忍无情的收银机大亨作对比了。大约两年后，CTR的董事长费尔柴尔德也离世了。在此之前，霍尔瑞斯也因为厌倦，退出了CTR的董事会，并因身体问题而油尽灯枯。因此，沃森成为公司的首席执行官，代表了无可争议的统治权威。

现在，沃森可以大刀阔斧地改造CTR了。首先，公司需要一个新名字。沃森认为，"CTR"这个词完全不能传达出公司信息。那些次要产品，如奶酪切片机和需用钥匙开锁的考勤钟，早已被市场抛弃或边缘化了。由于公司现今做的是为国际市场生产大型机器，于是，有人建议为公司简报取一个新名字——国际商业机器（International Business Machines）。

沃森意识到，"国际商业机器"这个名字所传达的信息已远超"简报"的范畴，它是沃森及其事业的化身。因此，"国际商业机器"，即IBM成了公司的新名字。沃森的坚定信条在其对所有人的承诺中得到了充分体现："IBM不仅是一家公司，还是一个永不衰败的世界机构。"

沃森越发将自己融入IBM的各个方面，例如，他会在每个决策中注入自己的风格，也会利用个人魅力吸引每位员工。他用"IBM精神"这个词来形容各类事物，后者代表了对公司的绝对忠诚。沃森向员工强调说："我们要一直将彼此视为一家人，我们是IBM这个大家庭的一分子。这个家庭不仅指在座的各位，还包括了我们的妻子和孩子。"在说起IBM时，沃森会不断提到"一体"这个词。

IBM员工享受着良好的待遇。他们拥有可观的补偿金，享有优渥的工作条件，如相当丰厚的奖金，十分充裕的休假时间，或是在加入位于纽约恩迪科特的IBM乡村俱乐部后，受邀参加各种活动。此外，他们的孩子也会被召入IBM俱乐部。俱乐部的一位成员信誓旦旦地说："公司是不会让你孤单的。"那些孩子从小就会被灌输IBM精神，3岁时就有资格加入IBM俱乐部，而到了8岁，就能以初级成员的身份从IBM俱乐部毕业。

沃森宣扬道:"请大家把我当成一家之长。我希望你们经常来找我,只要你们觉得我能帮上忙。不要拘谨,想找我就来吧,敞开你们的心扉,说出你们的需求,就像我是你们的家长一样。"沃森的父亲形象深入人心,以至于员工会习惯性地就一些日常事务向沃森寻求帮助。例如,约翰·G.菲利普斯(John G. Phillips)虽然在 IBM 内部很有权力,并最终成为 IBM 的副董事长,但直到 1926 年,他才拥有自己的汽车。也就是在那一年,菲利普斯对沃森说:"沃森先生,我有钱买车了,但我还是要征求你的同意。"

沃森真正的儿子,后来继承了 IBM 的汤姆(Tom)承认道:"我在 IBM 待的时间越久,就越厌恶父亲周身那邪教般的光环。"

企业周刊《商业机器》(Business Machines)多次刊登沃森的大幅照片,并定期在头条报道沃森的业绩,即使是最普通的业绩也不例外,如"托马斯·J.沃森在新奥尔良设立办事处"。大众始终将沃森的名字与"思考"这个词等同起来,这种现象不仅是一种奥威尔式的仪式,也是一种活生生的教化。沃森的神话永远不会局限于 IBM 内部。他十分专制,会大喊着下达命令,还会要求处在各地的员工提供最好的服务、最快的行动速度。沃森甚至雇用了一名秘书专门记录他发出的所有指令。而这一切,都进一步放大了沃森的光环。

媒体不断报道沃森的行动与伟绩。曾有一位记者就此写道:"这个国家或许没有商人能够像沃森一样,名字与照片可以如此频繁地出现在报纸上。沃森每年会到宴会、大学毕业典礼仪式、艺术展开幕式等各种公共场合发表演讲。"《财富》(Fortune)称沃森为名副其实的领袖。沃森全然知晓自己那神话般的能力,他甚至能辨明火车上的行李员和餐馆里的服务员是否可能破坏自己的名誉。一旦确认,沃森就会给他们小费,一般有 10 美元之多,这在当时可不是一笔小数目。他曾解释道:"这世上总会有人说你的坏话,除非你能对他们好。这些人可能是服务生领班、普尔曼火车售票员、行李员、司机。他们会窥探你的私生活,摧毁你的名声。"

沃森通过向慈善机构与大学慷慨解囊,大力赞助艺术事业,设置各种会员组织、荣誉学位和奖项,进一步发展了自己和 IBM 的人造神话。

同时,大量标语开始涌入 IBM 大家庭,他们高呼:"我们原谅深思熟虑后犯下的错误,没有什么是永远停滞不前的。放下烦恼,因为沃森先生在这里。"

IBM甚至还有专门的歌曲。自员工从进入IBM文化圈的第一天，就会接受这些歌曲的洗礼，而这种洗礼会延续员工的整个任期。根据不同的用途，IBM共创作了100多首歌曲。有些歌曲专门为沃森而作，其中就包括《IBM赞歌》(*IBM Anthem*)：

> 每个人都会无比兴奋，
> 因为我们将要为代表着我们的公司举杯。
> 我们在此为每个开拓者呼喊，
> 还要自豪地夸赞，
> 身为"人上人"的董事长。
> 托马斯·J.沃森这个名字意味着前所未有的勇气，
> 我们很荣幸能在此为IBM举杯。

复兴式的会议让IBM员工无法自拔。员工们用和声演唱着歌曲来奉承这位领导，他们会在唱歌时左右摇摆，兴奋地鼓掌。他们对这位领导充满了崇拜之情，将自己的家庭和命运与公司紧密交织在一起，并为了IBM的荣光勇往直前。沃森这位领导者似乎周身都围绕着不可抗拒的魔力，无论是他醉人的命令，还是超凡的掌控力。

埋在敌国的投资种子

沃森与德国存在的联系使他可以与第三帝国建立起技术和经济联盟。在美国加入一战后不久，沃森便开始与第三帝国合作。当时，德国政府以"敌国公民所有"为名，没收了CTR在德国为数不多的财产。碰巧，沃森很庆幸CTR的资产能够在破产管理期间得到保护。这在沃森于1937年写给纳粹经济部部长亚尔马·沙赫特（Hjalmar Schacht）的一封信件中得到了很好的体现。

沃森写道："战争结束后，我来到德国，发现贵国的外国财产保管人把我的公司保护得很好，还一丝不苟地经营着这家公司。后来，我在德国建立公司时，与贵国的合作是一次令人十分满意的经历。我也见证了德国在战后遭受的苦难与挫折。因为这一切，我深深担忧着德国的命运，也越来越依赖那些与我做生意的德国人,无论是国内,还是国外。我与德国的联系让我公开表达了对德国的坚定支持,尽管我的国家以及其他地区都在反对德国。世界人民一定要理解阿道夫·希特勒领导下的德国人民,以及他们所拥有的愿景与目标。"

沃森对德国不仅是简单的同情。1933年,沃森在德国还拥有一项不同寻常的投资项目。这项投资始于20世纪20年代早期。当时,一战后的德国正处于恶性通货膨胀的高峰期,严重贬值的德国货币被装在独轮车上,不断从一个地方转移到另一个地方,看上去就像用来燃烧的纸张,而不是用来消费的货币。1922年,海丁格尔的德霍梅格还是霍尔瑞斯机器的特许经销公司。由于沃森的CTR已获得了霍尔瑞斯机器的专利权,所以德霍梅格需向CTR支付专利费及其他款项。然而,德国的货币危机使德霍梅格举步维艰,债台高筑,欠下了10.4万美元的债务,这相当于4500亿马克。德霍梅格根本无力偿还。

沃森来到德国后,无情地向海丁格尔抛出两个选择——要么宣布破产,要么将德霍梅格的大批股权交给沃森。一开始,沃森只要求获得51%的股份,但随着德霍梅格经济状况进一步恶化,沃森突然将份额提升到90%。海丁格尔别无选择,只得将德霍梅格转让给沃森。1924年,当CTR改名为IBM时,德霍梅格也随之成了IBM的子公司。由于海丁格尔仍持有德霍梅格将近10%的股份,因此,德霍梅格可以继续象征性地宣称其德国身份,以便在德国公开亮相。

讽刺的是,留给海丁格尔股份是一个诡计,因为他只有留在德霍梅格时,才有权享有这些股份。即便如此,海丁格尔也无法实行控股。一旦海丁格尔离开德霍梅格,他就不得不将股份卖给IBM,而且只能是IBM。此外,海丁格尔的股份还被用作其巨额贷款和奖金制度的抵押物。所以,IBM几乎完全控制了这家德国公司。

IBM收购德霍梅格后的十年里,沃森一直在紧盯这家德国子公司的运营,他会为德霍梅格布置销售配额,并从德国工程师改进的霍尔瑞斯系统中获益。最终,IBM通过在多个国家创立子公司或代理机构,扩大了海外影响力,而且这些子公司或代理机构都有着自己的名字。鉴于沃森的个人形象比IBM这个名字更加高调,许多子公司都以沃森的名字为基础来为公司命名。例如,IBM位于比利时的子公司名为"沃森比利时"(Watson

Belge）；位于意大利的子公司名为"沃森意大利"（Watson Italiana）；位于瑞典的子公司名为"瑞典沃森"（Svenska Watson）。在很多地方，"沃森"与"IBM"这两个商业名称是同义而不可分割的。

德霍梅格的收益比其他子公司都要高。在采用霍尔瑞斯系统时，部分欧洲国家显得慢半拍，但德国却十分愿意接受这些穿孔卡系统。实际上，虽然IBM在世界各地的子公司与分支机构约有70家，但IBM一半以上的海外收入都来源于德霍梅格。1933年，德霍梅格达成了惊人的财务业绩，完成了规定销售配额的237%，而威利·海丁格尔也因此成为百分百俱乐部会议中的明星。

战略前奏：陷入疯狂的两个帝国

希特勒于1933年1月上台后，公开承诺要创造一个由优等民族统治的欧洲，并计划大批杀害欧洲犹太人。于是，不计其数的地方性或全国性种族法律覆盖了整个德国。犹太人再也不能在电话簿上刊登广告，也不可以在市场上租用货摊。许多犹太人被终止了雇用合同，甚至连犹太人开的公司也被迫解雇自己的犹太雇员。

迫害法令只是纳粹屠刀的钝边，而其锐边则是暴力。道德败坏的纳粹分子很快就对犹太人及其他"不良分子"肆意施暴，而且这一切暴行都在新闻工作者和摄像师的眼皮底下发生。纳粹分子砸坏了犹太人的房子或杂货店，将犹太人拖到大街上游行，还在他们的脖子上挂上羞辱性的指示牌。有些犹太人甚至被迫用牙刷清洗街道。被纳粹团伙劫持、折磨的犹太人也不在少数，但他们并不满足于此，而是想出了更多方法折磨犹太人。1933年3月20日，在距离慕尼黑北面约10公里处的田园小镇——达豪，一个用于关押政治敌人的集中营建立了起来。随后，其他集中营也相继成立。埃森市和明斯特市里无数犹太商人被分批送往这些声名狼藉的集中营。在法兰克福市，成千上万的纳粹冲锋队队员一面在街道上游行，一面反复呼喊着："杀死犹太人！"实际上，伦敦的一家报社还出版了一份柏林街道地图，上面标出了纳粹用来折磨囚犯的十几幢建筑物。

纳粹行动的第一步，就是在经济上和社会上快速排挤犹太人。截至1933年4月，约6万名犹太人被关押起来，1万名犹太人逃离德国，成为滞留在欧洲其他地区及美国的难民。德国各大专业协会也忙着驱逐犹太人。旅馆、餐馆、海滩，甚至是市镇边缘都吊起了"这里不欢迎犹太人"的指示牌。西方国家通过各种报纸与广播电台向大众声明，希特勒对世界和平，乃至世界文明都是一种巨大的威胁。整个世界联合起来抵制德国，针对希特勒的抗议活动也四处兴起。纽约与伦敦的犹太人领导了这些抵制与抗议活动，他们大声疾呼，确保所有人都知晓发生在德国的暴行。

1933年3月27日，约2万名抗议者聚集在宽广的纽约麦迪逊广场花园举行示威活动。几天内，类似的集会和支持活动相继出现在巴黎、伊斯坦布尔、多伦多、孟买、华沙与伦敦。在希腊的萨洛尼卡，7万名希腊裔犹太人聚集在一起，发起了"反希特勒运动"。

国际性反希特勒运动渐成规模。无论是在布加勒斯特、安特卫普、芝加哥，还是在贝尔格莱德，民众都不会袖手旁观，被动地看着犹太人成为纳粹分子的攻击目标。反德抗议活动在全球相继出现，参与这些抗议活动的人员会识别出进口德国商品的商人，并迫使他们屈服于公众压力，放弃这些交易。无论是销售德国瓷器或德国胶卷的小商人，还是乘坐德国轮船横渡大西洋的旅客，愤慨的抗议者都会要求对方做出改变，否则他们就会遭受报复性抵制。

给予反德运动有力支持的不单是个体。当时，这个颇受经济萧条折磨的世界迫切想抹杀第三帝国的经济地位。各地的商业利益团体和工会都觉得有必要积极参与这次反纳粹运动，不管是出于道德考虑还是商业考虑。

1933年5月10日，超过10万名游行者、商人、工会成员、犹太教徒和基督教徒不分彼此，聚集在曼哈顿中城区。架在演讲台上的新闻摄影机拍下了令人回味的场景：那些反德标语牌，在许多收拢着的美国国旗中高悬着；还有那些激愤的群众，高喊着以人道的名义，要求所有企业停止与阿道夫·希特勒做交易。

1933年，世界各地的商人面临着一个问题，他们是否应该冒着经济风险和道德谴责与德国做交易。IBM的沃森也面临着同样的问题，不过，IBM的商业处境很特殊。

一方面，虽然沃森和IBM享誉美国的商业舞台，但IBM的海外业务却处于大众的雷达之外。IBM并没有进口德国商品，它只出口美国技术。纽约那些重要的抵制组织在演讲档案中积累了成千上万张索引卡，但IBM

这个名字一次都不曾出现。此外，穿孔卡这种自动化工具的力量在当时还未得到普遍认识。因此，于 IBM 而言，它因显眼的交易而引发经济报复的风险很小，尤其是德霍梅格这个名字，更加不会让人怀疑 IBM 或沃森。

另一方面，与德国交易的预期回报相当可观。沃森很早便知道，重组中的政府，尤其是紧紧监视着社会的政府，对 IBM 来说是个福音。大萧条时期，富兰克林·D. 罗斯福（Franklin D. Roosevelt）政府创建了一个庞大的官僚机构来帮助大众控制商业，而 IBM 将这个机构的规模扩大了一倍。一名 IBM 的高级职员回忆道，1933 年出台的《国家复兴法案》（*National Recovery Act*）意味着"突然间，企业不得不向联邦政府提供大量信息"。企业需要向政府提供各类附加表格和出口报告、额外的登记项目与统计资料，而 IBM 却在这些繁文缛节中蓬勃发展起来。

纳粹德国给沃森提供了一个机会，以人类历史上从未有过的强度，来帮助德国实现政府控制、管理、监视与组织化。希特勒计划将第三帝国的疆域扩展到其他国家，而这只会加大 IBM 的预期收益。用商业术语来说，这就是账户增长。这项技术几乎完全由 IBM 提供，因为该公司控制了穿孔卡与分类机 90% 的全球市场。

至于道德困境，IBM 根本不需要考虑。于它而言，向德国提供其所需的技术是一件无需争论的事。这家公司的第一次海外人口普查是为沙皇尼古拉二世而做，它的创立基于霍尔瑞斯的德国形象，又借大发战争财的弗林特之手将自己推向全球；而它的发展则建立在托马斯·J. 沃森那起伏不定的道德顾虑上。因此，IBM 注定会视阿道夫·希特勒为重要的商业伙伴。

的确，第三帝国将会为霍尔瑞斯机器开辟一个从未有过的，甚至难以想象的统计场所。在希特勒统治下的德国，统计处与人口普查领域到处充斥着奉行教条主义的纳粹分子，他们吹嘘自己的设备即将在人口统计上实现重大突破。可是，IBM 为德国执行的统计任务中涉及的一切，都与种族政治、雅利安人的统治、犹太人的身份认同与迫害有关。

希特勒掌权后，德国知识分子就陷入了疯狂。纳粹运动不只是一帮小流氓拿石头砸窗户、大喊口号；引导褐衫党[①]，号召民众的是由伪科学家、腐败的专业人员、被利益蒙蔽双眼的实业家组成的"精英"团体。纳粹

[①] 又称纳粹褐衫党，鼓吹和推行法西斯主义的纳粹党徒们身穿褐色制服，因而被称为"褐衫党"。——译者注

法学家、医师、科学家,这些人虽然拥有受人尊重的学术资历,却都背叛了自己的科学素养和崇高使命,转而协助希特勒实现雅利安人统治与种族迫害。

站在希特勒"知识分子突击队"前面的是统计学家。统计局和人口普查局也自然成了德霍梅格的头号客户。在杂志上,纳粹统计学家吹嘘自己期待这门发展中的科学所能做到的一切;他们的宏大期望有赖于IBM穿孔卡与制表机技术的持续创新。唯有德霍梅格才能设计并执行相关系统,以识别、分类、量化人口,从而将藏身于雅利安人中的犹太人区分出来。

巴伐利亚统计局局长弗里德里克·赞恩(Friedrich Zahn)的话最能阐明纳粹统计学家扮演的角色。他在德国统计学会的官方杂志《统计档案》(Allgemeines Statistisches Archiv)中写道:"政府的元首和帝国总理阿道夫·希特勒都热衷于统计学。"赞恩还强调,希特勒的政府"不只需要体魄强壮、性格坚强、严守纪律的士兵,也需要有用的知识;不仅需要政治与经济上的战士,还需要科学上的战士"。

赞恩是统计学界的巨人。他是德国统计学会的主席,于1931—1936年担任国际统计协会的会长。由于赞恩巨大的国际声望,他还成了美国统计协会的名誉会员。自希特勒掌权之日起,赞恩就是党卫军的有力支持者。在将犹太人快速赶出德国统计学会时,赞恩就是其中的关键人物之一。

德霍梅格紧跟《统计档案》(以及类似的科技刊物)的步伐,因为这份出版物实质上是一个路标,清晰指明了纳粹统计阶层的需求,活跃在统计界的人都会阅读这份刊物。IBM办事处,甚至是IBM在美国的办事处,都不敢漏订一次。德霍梅格的管理层和工程师略翻几页《统计档案》或类似的科技刊物,便可复查已经证实的统计方法,并按部就班地将犹太人鉴别为"不良分子"。《统计档案》会与德霍梅格的专家合著一些文章,用来描述某种IBM设备冗长的技术运作方式。但更重要的是,这些文章还会介绍IBM设备如何使用,或如何被用于帝国的政策和计划。

希特勒统计突击队中的科学战士从一开始便公开发表了他们的宗旨。身为教授、图林根统计局局长的约翰尼斯·穆勒(Johannes Müller)博士在《统计档案》1934年的一期杂志中写道:"最重要的是,我们要记住有几个非常重要的意识形态问题正需处理。其中一个就是种族政治问题,必须从统计学的角度来考究。"

大约在同一时间，卡尔·凯勒（Karl Keller）博士在一篇题为《种族统计学问题》（The Question of Race Statistics）的文章中明确指出，要尽可能追溯犹太血统。他写道："我们在统计学上区分雅利安人与非雅利安人，本质上也是在区分犹太人与非犹太人。无论如何，我们不会只着眼于人们的宗教背景，也会考究其血统。"与其他纳粹分子一样，凯勒也希望德国能早日统治欧洲。凯勒补充道："我们不仅需要对种族的定义达成一致，还需要进一步确定不同种族的数量，至少在欧洲范围内……实际上，犹太人并不是一个种族，而是许多种族的混合体。"

在德国，种族科学研究正如火如荼地进行着。凯勒借助新兴的伪学术概念，催促医生检查人口以确定人种性状，并如实记录相关信息。"然而，不是每个医师都有能力执行这些检查任务，"凯勒警告说，"他们必须得受过人类学方面的专门训练。"

"若想消除一切错误，唯一的办法就是对所有人口进行登记。但我们该如何去做？"凯勒坚称，"我们必须强制构建起表格系统来记录每个人的出身与履历……什么也阻止不了我们利用这些表格，来登记任何能为种族科学家所用的重要信息。"

赞恩在文中直言不讳地指出消灭下等族群的必要性。例如，在《统计档案》1937年的一期杂志中，赞恩发表了一篇题为《通过基因-生物盘点来发展德国人口统计学》（Development of German Population Statistics through Genetic-Biological Stock-Taking）的文章，他详细阐述道："基于种族卫生原则下的人口政治学，必须不断完善有价值的基因库资源。它必须遏制低等生命体与退化基因的泛滥。这需要我们选定并增加高等生命体的数量，并根除不良人口。"

在其他文章以及统计学会议上的主题演讲中，赞恩强调："在德国，人们生活的方方面面都受到国家社会主义工人党思想的熏陶……统计学领域也是如此。统计学已成为帝国的无价之宝，无论是和平时期还是战争时期，帝国都授予了统计学以新任务……这不足为奇。就其本质而言，统计学与国家社会主义运动十分接近。德国的统计学是数据的见证者……也是这些重大事件的参与者。"

确实，从种族政治办事处及相关的合作机构，再到纳粹党卫军本身，这些希特勒的政策推动者与执行者都与纳粹统计学家组成了同盟。不过，识别犹太人只是毁灭德国境内犹太人的第一步。

希特勒的科学战士从未公开声明，让德霍梅格或 IBM 纽约总部退出与第三帝国的合作。相反，两者正不可避免地、强烈而且紧密地合作着。实际上，IBM 所采用的方法是，先预见政府机构的需求，再为其设计专用的数据解决方案，并训练政府职员使用机器。当客户要求时，IBM 甚至还会以分包商的身份为其实施相关方案。

IBM 的机器在板条箱中发挥不了作用。不像打字机、加法机，甚至是机关枪，制表机与穿孔卡并不是一到货就可以使用。每个霍尔瑞斯系统都必须由德霍梅格的工程师专门设计。纳粹德国空军的飞机备用零件库存系统、帝国铁道部的铁路时间表跟踪系统、帝国统计局的纳粹人口登记系统，这些系统都由德霍梅格的工程师分别设计，以便其中的任何一个系统都能完全区别于另一个系统。

当然，卡上的孔洞也不是随意打出来的。每张卡片的列与行都经过专门设计、准确穿孔，这样读卡机才能读取信息。帝国的工作人员只有在接受训练后，才能使用这些卡片。而德霍梅格则需要了解卡片预期用途的最详尽细节，之后才会设计卡片，制造代码。

由于要发动这场种族兼地缘政治战争，希特勒需要大量制表机；因此，当 IBM 纽约总部看到纳粹主义带来的美好前景后，即刻做出了热烈回应。其他美国商人出于恐惧，或因遭受斥责，要么缩减，要么干脆取消了与德国的交易；而沃森却开始了德霍梅格的历史性扩张。就在希特勒上台后的几周内，IBM 纽约总部便投资了 700 多万马克，相当于 100 多万美元，来大幅度提高这家德国子公司的能力，以制造更多机器。

毋庸置疑，德霍梅格的经营者与希特勒的科学战士一样，热切地投入到纳粹运动中。IBM 从一开始就知道这一事实。海丁格尔是狂热的纳粹分子，他将德霍梅格向帝国提供大量人口信息的独特能力视为上帝赋予的使命。面对德霍梅格那突如其来的新角色，海丁格尔欣喜若狂。德霍梅格在柏林开办新厂时，他便表达了自己的狂喜之情："我觉得，这近乎一项神圣的事业。我恳求天堂的祝福能降临到这片土地。"

当时，许多纳粹党官员也出席了工厂开幕式，海丁格尔站在这个代表着沃森和 IBM 的新厂前宣布，德霍梅格的事业与纳粹种族科学家的行动是多么一致，因为后者也将人口统计学视为关键性因素，认为它在根除社会中不健康的劣等成分时,扮演着重要的角色。

在一大群纳粹军官前,海丁格尔断言:"医生在检查人体后会确认……是否所有器官的运作都有益于整个机体。我和德霍梅格就像医生,会解剖德国文化这个身体,然后检查它的每一个细胞。我们会将人的各种特征记录在……一种小卡片上。这些卡片并不是死的,当它们被依据某些特征,以每小时2 500张的速度分类时,它们便活了起来。这些特征如同德国文化的器官;而后,我们只需借助制表机,就能进一步对其计算和裁决。

"我们很自豪能为这项任务提供帮助,这项任务会为祖国的医生阿道夫·希特勒提供所需资料,以便他进行检查。然后,我们的医生就会计算那些信息是否与人民的健康协调一致。这也意味着,如果情况不符,我们的医生就会通过手术来矫正病症……由于我们的特性深深根植于种属中,因此,我们必须像对待圣殿一样去珍爱我们的特性,并保持它们的纯洁性。我们深信我们的医生,也会不顾一切地追随他的指引,因为我们知道,他会带领人民走向更美好的未来。向人民与元首致敬!"

海丁格尔演讲的大部分内容,连同受邀纳粹党军官的名单,均被加急送往曼哈顿,传入沃森耳中。这位IBM领导立即给海丁格尔发去贺电,表扬他的出色工作,并深深表达了自己的感激之情。

就在这个时期,沃森决定将自己最爱的五个单词,雕刻在通往纽约恩迪科特销售培训学院的五大台阶上。该学院是沃森向重要门徒教授销售艺术、工程学和技术支持的地方。而这五大台阶则是每个人进入校门的必经之路,上面分别雕刻着:

揣摩

倾听

讨论

观察

第五个,也是最重要的一个台阶上,则刻上了这家公司热烈拥戴的主题——"思考"。

"思考"无处不在。

第3章

犹太人识别计划

纳粹分子歌颂着他们的领袖。他们手臂相挽，身体跟随着歌曲左右摇摆；他们那充满了谄媚和期待的男性嗓音不断升高，以纳粹的名义，满怀激情地歌颂着对领袖的赞美和崇拜；他们沾沾自喜地碰着啤酒杯，心想着他们的理想即将实现。纳粹冲锋队到处歌唱《霍斯特·威塞尔之歌》[①]（*Horst Wessel Lied*），既视其为纳粹的誓言，又将其看作一种预言。

首战纳粹人口普查

> 号角最后一次被吹响，
> 我们都已准备好去战斗。
> 很快希特勒的旗帜将飘扬在所有街道上，
> 我们被奴役的日子将不会再持续很久。

无论是待在酒吧、运动场，还是神气十足地走在大街上，遍及第三帝国的褐衫党都欢快地吟唱着这首最受欢迎的赞歌。这很

[①] 于1943年后成为纳粹德国的一首非正式国歌。1945年，纳粹政权倒台后，这首歌便被取缔。——译者注

正常。对于纳粹冲锋队而言，阿道夫·希特勒的登台是一个天大的喜讯，因为希特勒就是他们摆脱贫困和不幸的救星，能保证他们重获那些因境遇或性格而被长期剥夺的权利。不过，纳粹冲锋队需要替罪羊，于是，他们将所有不幸都归咎于犹太人。他们宣称，犹太人密谋了经济大萧条，奴役了德国民族，控制了社会并玷污了雅利安血统。因此，希特勒的追随者便通过向犹太人复仇来维护那所谓的正义。

更确切地说，纳粹分子视犹太人为异类，并企图将犹太人驱逐出德国，无论是在商业还是文化领域。混杂着许多社会渣滓的纳粹冲锋队满是愤怒的青年，他们认为很快就能抢占犹太邻居的经济地位和职业地位。通过不断创建法规来清除、迫害犹太人，剥夺对方在德国从事工作及商业活动的权利，强制没收财产，监禁犹太人的方式，纳粹冲锋队得以篡夺犹太人的生存空间。而后，纳粹分子会接手犹太人的工作，没收犹太人的公司，夺取犹太人的资产，不择手段地将他们完全驱逐出德国社会。一旦纳粹分子搞定德国犹太人，便会将种族战争迅速扩展到欧洲德占区，并最终延伸到整个欧洲大陆。

但纳粹分子只有在识别出犹太人后，才能毁灭犹太人。那么，在德国 6 000 万人口中，哪些才是犹太人？而且，又该如何定义"犹太人"？更麻烦的是，在欧洲犹太人中，德国犹太人的同化程度非常高。

纳粹分子编织的神话将犹太人贬为德国社会的异己因素。但实际上，犹太人自公元 4 世纪起便定居德国。中世纪时期，与其他欧洲犹太人一样，德国犹太人的言行甚至衣着都受到了严格限制。一波波迫害频频折磨着犹太人。更糟糕的是，反犹暴徒还经常组织绞刑和献祭火刑来处罚犹太人。德国犹太人只能出现在隔离区，被一连串禁令管制。

曾几何时，为了躲避中世纪时期的迫害，处在压力之下的德国犹太人将其犹太身份隐藏于庞大的基督教社会中，由此形成了一个非常特殊的欧洲犹太人社群。"同化"变成了一剂理想的解药，尤其是对启蒙运动时期的犹太知识分子而言。19 世纪早期，拿破仑攻克了德国的部分地区，并准许解放当地犹太人。但当拿破仑战败后，一切又恢复原状。然而，那些品尝过自由滋味的、富裕而聪明的犹太阶层却集体同化。理论上讲，这些同化主义者不再认为自己是住在德国的犹太人，他们自视为德国人，只是碰巧有着犹太祖先的血统而已。

许多犹太人屈于德国的压力改信基督教,其中包括经济、政治与知识领域中的许多顶尖领袖。不过,仍有很多犹太人坚信,虽然应当否认自己犹太民族的身份,但不能放弃摩西戒条的核心价值观。为此,这些犹太人开展了一场宗教运动,这场运动被视为"犹太教改革派"(Reform Judaism)的先驱。然而,这个团体中的许多人最终也改信了基督教。

1869—1871 年,德国部分解除了对犹太人在公民权利、经济与政治方面的禁令。德国犹太人抓住这个机会,努力为自己争取与德国人同等的地位。他们改变了姓氏,通过革新犹太教的方式接纳了宽松的宗教信仰,还与非犹太人通婚,并将孩子抚养成基督教徒。同时,直接改变宗教信仰的情况也变得十分常见。某些具有犹太血统的人,甚至不知道或者不在乎自己拥有犹太身份。

截至 1871 年,近 55 万名犹太人在德国得到解放。至 1930 年,这一人数又增长了 6 万名——包括那些放弃了原有信仰的人;因与异族通婚,在没有犹太身份的情况下长大的孩子;以及那些直接放弃犹太身份的人。即使有人自愿留在有组织的犹太"社区"中,也会自动忽略自身所残留的犹太身份。20 世纪,德国犹太人与其基督邻居一样,更乐于接受国民身份,而不是宗教身份。德国犹太人心中首要的观念就是,他们是"101%"的德国人。

不过,纳粹分子则持有相反的观点。他们认为犹太人遭天谴并非源于其宗教行为,而是出于其犹太血统。因此,纳粹分子决心以某种方式鉴定出拥有犹太血统的人,并将其毁灭。

识别德国犹太人是一个巨大的技术挑战,将会耗费数年时间,来不断磨炼计算程序与登记技术。从希特勒被委任为帝国总理的那一刻起,恐惧便笼罩了整个犹太社群。没有一个犹太人愿意站出来表明自己的身份,因为这会使他们成为被迫害的对象。许多人甚至认为自己的犹太血统已远不可究,应该不属于这个被鄙视的群体。事实上,不少受到惊吓的犹太人还试图加入谴责犹太群体的队伍中,以此来强调自己是一个忠诚的德国公民。但这并没有用。

第三帝国成立伊始,希特勒政权就宣布全国人口普查搁置已久,必须马上执行。1933 年 4 月 12 日,犹太人识别项目启动。帝国统计局(Reich Statistical Office)的负责人弗里德里克·伯格多费尔(Friedrich Burgdörfer)

对此郑重表达了感激之情:"政府已经下令执行人口普查了!"伯格多费尔是恶毒的纳粹分子,不仅主管着纳粹党种族政治办公室(Nazi Party's Race Political Office),还是德国种族卫生学会(German Society for Racial Hygiene)的领军人物。伯格多费尔欢呼雀跃,因为他知道,德国若不能识别出犹太人,便无法对犹太人实行大清洗,因此无论花多少时间,德国都会竭力将犹太人识别出来。

纳粹分子想立即获知德国人口的组成,从而弄清哪些是犹太人。长久以来,德国人口普查考查的都是一些无关紧要的宗教问题。一战后,欧洲人口四处迁徙,其他欧洲国家的大批犹太人移居到德国,其中以波兰犹太人居多。没人知道德国犹太人究竟有多少,住在哪,以及从事什么工作。最关键的是,也没人知道他们叫什么。纳粹分子明白,先前的人口普查受困于耗时 3~5 年的人工分类程序,在颁发一些需立刻执行的社会政策时,这一繁琐的程序使得普查结果几乎派不上用场。纳粹分子希望至少能获得德国境内最大的邦国——普鲁士内 4 100 万德国人的信息,这占了 3/5 的德国人口。厘清这些信息需要花多少时间?纳粹规划师想在有史以来最短的时间——4 个月内处理完这 4 100 万普鲁士人的信息,并获得初步结果。不过,普鲁士政府完全没有能力完成这样一项艰巨的任务。

但德霍梅格有。德霍梅格为德国政府提供了一个解决方案,即签订合约,让德霍梅格一手包办。德霍梅格会设计一套人口普查系统来计算并分类居民,还会招募、训练,甚至养活所需的数百位临时工,以完成这项以德霍梅格标准来执行的人口普查任务。如果政府能够收集信息,那德霍梅格则会处理好一切其他事项。为了拿下这份合约,德霍梅格找到了公司的特别顾问——专攻政府合约的卡尔·科克(Karl Koch)。

科克长久以来都和纳粹党及德国政府维系着良好关系。在沃森的帮助下,科克前往 IBM 纽约办事处,进一步了解公司的技术能力,并学习了在商定棘手的政府合同时能派上用场的技巧。1933 年 5 月下旬,科克高兴地向沃森报告,他已拿下一份价值 135 万地租马克[①](Rentenmark,简称 RM)的普鲁士人口普查合同。这份合同的签订是德霍梅格与纳粹德国良好关系的见证。科克在给沃森的一封信中写道:"现在,我们有机会大施拳脚了。"

---

① 又称地产抵押马克,是德国在1923年推出的货币,代号为RM。地租马克的出现取代了当时因通货膨胀而变得不值钱的纸马克(Papiermark)。——译者注

科克小心翼翼地将功劳归于此前在美国接受的训练："这次鼓舞人心的美国之旅给了我更多的知识与经验。这样，我才能够进行这次漫长的谈判，并完成这项困难的工作。"

沃森给科克回了一封感谢信，他在信中写道，他希望自己明年能有幸造访德国。

组织人口普查是一项艰巨的任务。德霍梅格雇用了900多名临时职工，为他们开展了为期两周的沉浸式数据处理课程，每天培训70~75人，每次4个小时。其中，大多数职工都由柏林职业介绍所（Berlin Employment Office）提供，后者已被德意志劳工阵线（German Labor Front）所占领。德霍梅格与德意志劳工阵线这个激进的纳粹主义先锋队也维系着良好的关系。与柏林职业介绍所的合作，更是赋予了这次人口普查一个"爱国义务"的美名。因为，缓解失业问题是希特勒对德国人民的允诺。

统计大军冉冉升起。柏林职业介绍所为培训活动安排了宽敞明亮的大厅。站在大厅后面，可以看到一片茫茫脊背，那是扎着简练发髻的主妇，她们将身体倾向普查表格和穿孔机。这群受训人员挤坐在一排排木制长凳上，有些人还被挤到柱子后面，挡住了视线。不过，她们都在小本子上勤快地记着笔记，仔细检查着偌大的普查表格。受训人员有条不紊地学着提取并记录重要的个人信息。"禁止吸烟"的巨幅标志贴在墙上，强调着这里的严格戒律。身穿白大褂的教员站在黑板前，解释着如何根据调查问卷上的手写数据准确穿孔，如何分拣、制表，如何校准机器，以及如何处理其他杂务。

1933年6月16日，50万名具备"国家主义意识"的人口普查员开始挨家挨户收集信息。纳粹冲锋队干部和党卫军军官也加入这一队伍，使之成为名副其实的"调查大军"。在部分地区，当调查大军需要招兵买马时，便会强迫民众加入。调查大军会向受访对象提问尖锐的问题，例如，户主的宗教信仰，是否与异族通婚。

本质上而言，卡片的数据储存量取决于孔与列的数量。员工通过记录不同的孔位组合，就能提取出一系列数据。为了加大数据存储量，德霍梅格放弃了标准的"45列"卡片，转用"60列"卡片：每列有10个孔位，共600个孔位。一列代表一种特征，而每列上的每个孔位就代表了该种特征的具体类别。这600个孔位可通过随机排列产生无数种排列组合，然而，德霍梅格的要员还在琢磨，这种"60列"卡片是否能容纳下第三帝国所需的数据。因此，他们在内部通讯中宣布，如果有"政治"需要，德霍梅格愿意采用"80列"卡片。很快，第三帝国便可以开始识别过程，即确认谁是雅利安人，谁是犹太人。

至此，人口统计已跨过难以逾越的界限，从研究匿名大众的科学变成了针对个体的调查研究。

IBM：科学战士的培养者

1933年9月中旬，在柏林的亚历山大人口普查综合大楼，6 000个纸箱毫无征兆地被送到这个洞穴般的地方。每个纸箱都塞满了用钢笔或铅笔填写的调查问卷，不过，它们很快就会被一种前所未见的自动化操作系统处理。当监督员在普鲁士统计局卸下这些贵重货物后，一名职员便用调查对象的姓名首字母标记每一张调查问卷（一个家庭共用一张调查问卷），然后分堆处理，转移到楼下。"楼下"即地下一层，是德霍梅格为这个项目专门租用的一间面积达2.2万平方英尺（1平方英尺≈0.0929平方米）的大厅。

信息员需要走下封闭的楼梯，才能将一摞摞调查问卷从统计局送往德霍梅格大厅。当他们走过这段不长的楼梯时，会听到键盘的敲击声越来越响。走下楼梯后，他们再向左走几步，推开一扇门，就能看见一片天花板极高，类似飞机棚的旷阔场地，里面回响着霍尔瑞斯机器发出的金属音乐。数台"405"型穿孔机就安放在窄窄的穿孔台上，前端立着高高的插接板，刚好盖过那些超大尺寸的调查问卷。

信息员再次左转，然后右转，便会看到一排排小桌子。人口普查表就堆积在这些小桌子上。员工们将这些表有条不紊地分发到各个工作区域中央的桌子上，随后，又放进小推车再次送走，这次是送到每个员工的工作台上。每个工作台都配备了一台机器，看起来就像脱了节的打字机，它们实际上是用来输入数据的机器。

穿孔工作为两班制，必要时会加到三班，班与班之间没有间隔。每班7.5个小时，中间有一个小时给员工呼吸新鲜空气和享用公司的工作餐。德霍梅格职员以每小时150张的速度，夜以继日地将4 100万普鲁士人口的信息输入机器。德霍梅格热切希望在4个月内完成任务，因此，即使考虑到假日和可能发生的旷工,德霍梅格还是给全体员工定下了每天完成合计45万张卡片的工作定额。公司会提供免费咖啡,让员工保持清醒,还请了一位体操运动员来示范优雅的有氧运动。除此之外,公司还想出了其他方法来缓解员工的疲劳。职员吹嘘道,如果将这4 100万张卡片堆起来,那将比2.5个楚格峰①还要高。而德霍梅格则希望它能准时登上这座"山峰"的顶点。

当公司职员低头观看办公地点的平面图时,他们会发现,纵横交错的工作台就像一张放大了的三维穿孔卡。实际上,公司为这个项目制作了一幅海报——一群小如蚂蚁的人在穿孔卡上努力攀登着。所以,这幅超现实的艺术作品不只具有象征意味。

卡片一旦被打上孔,就有了各种各样的信息:国籍、所属社区、性别、年龄、宗教信仰、母语、孩子数量、现有职业、第二职业(如果有的话)。

"谨慎!"——每群数据录入员面前都有这样一块指令简明、清晰的巨型标志提醒着他们。在卡片第22列宗教中,孔1是新教徒、孔2是天主教徒、孔3是犹太教徒。在第23、24列国籍中,孔10代表波兰语使用者。

卡片在打上孔后,会被送到大厅的另一个地方。那是一台台又扁又长的霍尔瑞斯计数器,平均每小时可计算2.4万张卡片数量。这种计数系统能自动记录进程,因此,德霍梅格可以实时判断工作是否能在预定时间内完成。计数完毕后,卡片便被转移到校样部门。校样机器会以每小时1.5万张的速度制表并校正,在这里,任何错误都不被允许。

一旦在人口数据中发现了犹太人,员工便会单独处理这些犹太人计数卡。他们会用一种名为"犹太人计数卡"(Jewish Counting Card)的特殊卡片来记录其出生地。

接下来就是令人惊叹的分类和再分类程序。员工会通过交叉索引并过滤包括职业、住所、国籍在内的35项特征,以便分类25个类别的信息。分类获得的信息会与土地登记信息簿、社群信息表,以及教会当局提供的信息联系起来,构成一个不可思议的新数据库。这样,纳粹分子就能通过职业、城市甚至街区来辨识犹太人。

帝国统计局的一份报告称:"维尔默斯多夫区是犹太人最密集的地方

---

① 德语名为Zugspitze,属于阿尔卑斯山脉,位于德国和奥地利边界地带,是德国境内最高的山峰,高达1万英尺。——译者注

（就柏林而言）。严守教规的犹太人约为2.6万，占该区人口的13.54%。"报告还提到，该区有1 200名"皮草犹太人"（Fur-Jews），他们完成的皮草交易额占皮草行业总交易额的5.28%，而这1 200人中有近3/4出生在国外。报告进一步指出，截至1936年年中，基于反犹迫害活动而引发的移民风潮，帝国内部将只会剩余41.5万～42.5万名犹太人。

德霍梅格提供的宝贵信息将推动"伪科学"与"种族仇恨"迅速发展。在缺乏真实统计数据的情况下，纳粹分子就已经在大肆讨论种族卫生、种族政治以及一系列相关的反犹法律等事宜。现在，反犹法令如雨后春笋般迅速出现，在学术、职业、政治和经济等领域全面限制犹太人的行动。穿孔卡第22列孔3显示的是"犹太教徒"，第23、第24列孔10显示的是"波兰语使用者"，通过同时检索这两条信息，第三帝国便可以辨识出需要最先打击的犹太人。在纳粹分子辨识出这些犹太人后，便可以实施没收财产、逮捕、监禁和驱逐等政策。而这些所谓的"东方犹太人"（Eastern Jews）主要来自波兰，是第一批被驱逐出德国的犹太人。

对此，《统计档案》的出版人弗里德里克·赞恩倍感欢喜地写道："运用统计学，政府就拥有了将知识转化成行动的路线图。"

德霍梅格完成的人口普查是IBM的一项空前成就。自卡尔·科克拿下合同的那一刻起，沃森甚为感动。毫无疑问，IBM将在纳粹德国大捞一笔。当其他外国企业忙于逃离第三帝国的暴力、压迫和反犹主义，无法在德国获得收益时，沃森却能迅速扩展IBM在德国的运营规模。这是为何？

首先，沃森想合并德国境内的IBM子公司。于是奥普蒂玛（Optima）、德格梅格（Degemag）、霍尔格梅格（Holgemag）以及德霍梅格便整合成了一家新公司，名称仍为"德霍梅格"。尽管IBM在德国收获的利润额屡创新高，但并没有向第三帝国上交多少利润税。因为IBM调动了这4家子公司的亏损和利润，然后将总利润以"欠款"的名义归到IBM纽约总部名下，狡猾地避开了第三帝国本要征收的税款。而后，IBM纽约总部会直接将这些收入纳入捏造的贷款款项中，IBM马里兰分部就是这些"贷款业务"的中转机构。一位IBM会计人员写给马里兰分部出纳员的一封信就详述了这一切："合并4家子公司，是为了用赢利子公司的利润来抹平奥普蒂玛和（老）德霍梅格的净亏损，从而降低新德霍梅格的净利润，这样便可以减少利润税的额度……用此方法，每年能省下约3万美元。"

海丁格尔专门向沃森报道了这一消息:"德格梅格、(老)德霍梅格以及奥普蒂玛已成功合并……利润税已不是问题……因为新德霍梅格还需要向 IBM 偿还贷款,所以新德霍梅格并没有获得利润,只是减少了损失。"

其次,IBM 加大了对德霍梅格的投资,金额从 40 万马克上涨至 700 万马克,相当于美国经济大萧条时期的 100 万美元。其中有 100 万马克用于在柏林购置土地,并在德国建立起第一家 IBM 工厂。IBM 为第三帝国这一重要客户做出了很多努力,IBM 为其配置设备,从而与第三帝国构建起一张巨大的经济关系网。当时的美国正处于经济大萧条时期,国内失业人口飙升,IBM 选择在德国扩建生产基地,不仅没能缓解美国国内的失业现象,反而将更多的就业机会转移到纳粹德国,因为霍尔瑞斯机器将会在德国生产。

沃森决定去德国视察生产情况,这似乎很合情理。于是,1933 年 10 月 13 日,沃森启程前往德国。尽管美国国内高度宣扬对德国远洋客轮的抵制,但沃森无视抗议,仍乘坐德国轮船"不来梅号"前往德国。

柏林给沃森留下了深刻的印象。在柏林,沃森一家和海丁格尔一家多次联谊,度过了欢快的时光。沃森太太甚至向海丁格尔请求一张肖像画,以纪念两家人在一起的美好时光。海丁格尔给了沃森太太两张。

沃森还去了亚历山大广场,参观了德霍梅格对大型人口普查的操作情况。数排办事文员站在整齐排列的指示牌前,忙碌地输入数据,留意着穿孔卡的第 22 列第 3 个孔,因为这个孔代表着犹太教徒。周边黑亮的分类机正在快速消化穿孔卡,发出"咔哒咔哒"的声响。沃森见到这一幕时颇有感触,决定用 IBM 的经费请所有职员吃饭。他还托人给统计局人口调查部的所有成员买了糕点。参观结束后,海丁格尔写信告诉沃森,沃森为 900 名员工准备的"慷慨的礼物"共计 6 060 份,总费用还不足 4 000 马克。

沃森来此参观,不仅是为了给员工提供餐点,他还想确认德霍梅格是否在高效地运作。沃森甚至派遣尤金·哈特利(Eugene Hartley)——IBM 人口统计专家兼统计部主管常驻德霍梅格,以便提供咨询服务。哈特利监管着德霍梅格的资金运行状况,并逐渐知悉其人口普查的所有细节。他会专门用一本小册子来记录这些详细资料,且只此一本。德霍梅格的高层给沃森打了一份电报:"您派遣哈特利先生到德霍梅格是一个很有远见的举动,我们很欣赏。我们将执行的服务性工作的规模,大于任何其他 IBM 下属机构，哈特利先生这样一位人口普查专家会为我们提供极大的帮助。"

1933年10月初，当沃森在德霍梅格视察时，与海丁格尔定下了一个秘密协议，而这一协议会令德国人大为欣喜。那时，希特勒政府正宣传着自己要在欧洲发动战争的意图，而沃森应许的协议让海丁格尔及德霍梅格获得了独特的经济实力，可以在德国之外大施拳脚。虽然IBM的代理处和子公司遍布欧洲，但沃森允许德霍梅格绕过，甚至取代这些机构将穿孔卡这一技术解决方案直接兜售给IBM的客户。这相当于给了德霍梅格一张通行证，使它可以直接接触欧洲大陆上的大型外企、铁路局和政府机构。虽然布鲁塞尔、巴黎和华沙等城市的IBM子公司还在正常运营，但已纳粹化的德霍梅格有能力篡夺这些子公司的客户，甚至是生产基地。

这项特别安排让德霍梅格成为"IBM欧洲"。IBM纽约总部虽监管着德霍梅格，却给予了德霍梅格极大的自由，让它可以培养起一个专业品牌，为德国的周边国家提供统计服务，尤其是奥地利、捷克斯洛伐克、波兰、比利时、法国和荷兰等国。任何还没执行过人口普查和人口登记等人口统计活动的地方，或那些无法及时更新系统以跟上德国反犹战线的国家，都会吸引德霍梅格前往。实际上，在第三帝国真正跨过帝国边境侵入他国领土前，它的科学战士就率先吹响了战争的号角。

德霍梅格的高层喜出望外，因为他们发现德霍梅格有望借用以德国为中心的统计技术，来影响整个欧洲大陆。为此，1933年11月，公司高层联合签署了一份电报，并发送给沃森，他们声称："您的来访不仅鼓励了德霍梅格，也鼓舞了德国人民。"

"推聋作哑"的冒险家

考虑到自己与海丁格尔的协议在对德霍梅格获得商业霸权具有深远意义的同时，也无疑会令其他IBM子公司不安，于是，沃森决定不将这份秘密协议公之于众。这种推聋作哑的方式，正是他惯用的伎俩。

显然，沃森深谙"推聋作哑"的价值。在此前的NCR案中，沃森曾因共谋罪而遭到起诉。当时，检察官试图给沃森定罪，并已找到沃森亲手书写的大量信件，比如摧毁竞争对手和创建虚假公司的指令。有了上次的教训，沃森不会再重蹈覆辙。此外，美国司法部的反托拉斯分部还在以"秘密参与垄断活动"和"不正当竞争"的罪名控告 IBM，其中牵涉到 IBM 的穿孔卡技术。

沃森逐渐锻炼出一种独特的能力——书写信件时巧妙地使用各种隐晦的词汇。更多时候，沃森会闭口不言，让下属或管理人员代他写信。不过，那些下属或管理人员十分推崇 IBM 的准则——不写信。在是否写备忘录①或通信信件的问题上，会尽可能多地自行裁量。对于纳粹德国这个在当时最具争议的商业伙伴，IBM 在与其通信，或在通信中涉及它时，就更会使用这种手段。

例如，沃森离开德国几周后，指派常驻巴黎的 IBM 管理人员 M.G. 康纳利（M. G. Connally）紧密监管德国四家 IBM 子公司的合并情况。1933年 10 月 18 日，康纳利给海丁格尔写了一封信，在信的结尾，康纳利带着伤感之情写道："我真希望，我们这里也能有人像你们在德国那样做事。"不久，康纳利复印了这封信，并将复印件发给沃森等 IBM 纽约总部高管。康纳利难为情地写下最后一句话："现在想想，我当时不该说这样的话。"

无论沃森是否想对外隐瞒扩大德霍梅格的协议范围，但很显然，海丁格尔无法获得任何凭证，来光明正大地侵入其他子公司负责的领域。对此，他感到十分苦恼。在其他欧洲国家，人口普查局等客户一般是由当地子公司负责处理，如果洽谈业务的对象突然变成了德霍梅格的代理商，他们会感到十分惊奇。而其他子公司的管理人员也肯定会因客户被"偷走"而向德霍梅格发起挑战。

海丁格尔苦等了好几个月，仍未见沃森有任何举动，便开始向沃森索求书面证明。

1934 年 8 月 27 日，海丁格尔在发给沃森的电报中写道："我们迫切需要您亲自通过电报或信件，来明确授权我们为整个欧洲市场生产机器……这项权利并不强制要求您的欧洲子公司给我们下订单。"

沃森屈服了。第二天，即 1934 年 8 月 28 日，沃森往柏林发去无线电报："在柏林会议上，我们已达成了协议。我们将扩大德国子公司权力，今后德霍梅格有权将 IBM 专利机器售给欧洲各国。随后我会邮递正式合同。托马斯·J. 沃森。"

---

① 本书中，备忘录指甲乙双方对某项目进行协商讨论，双方达成共识，然后用书面形式记载谈判内容，且对双方有法律约束力。——译者注

但是，德国子公司并不接受邮寄的合同。海丁格尔极度厌恶与沃森谈判，每当想起沃森是如何在战后的通货膨胀时期掠夺自己的公司时，他心里就很不是滋味。现在，到了希特勒时代，沃森希望德霍梅格能将穿孔卡技术传遍欧洲大陆。不过，销售金额会流入当地的子公司，而不是归入德霍梅格那被冻结的银行账户。海丁格尔只能无奈地同意了这个规定，但仍信不过沃森。海丁格尔认为这份扩张合约并不是最近签订的，而是在一年之前就已确立下来，因此，他坚持让沃森提供书面证明，以表明自己是正确的。

1934年9月11日，沃森再次给海丁格尔发去电报："1933年10月，我们已在柏林达成协议。根据这一协议，我们扩大了贵公司权力，贵公司有权批量生产霍尔瑞斯机器，并向欧洲各国出售。"随后，沃森又给海丁格尔发去一封签名信，确保海丁格尔知道自己确实发了电报，并在信中一字不差地引用了电报中的内容。于是，信和电报被送往纳粹德国。在美国，沃森的亲信兼IBM财务副主席奥托·E.布雷特迈耶（Otto E. Braitmayer）将信件复本小心地保管在档案中。一张手写的字条清楚说明了保管这些信件的位置："1934年9月11日，沃森先生给海丁格尔发电报，称德国子公司有权生产IBM机器，并售给欧洲各国。当日，沃森先生又写了一封信以确保海丁格尔知道电报已发。这封信保存在布雷特迈耶的档案中。"

面对无可争辩的事实时，IBM高管必须具备独特的思维模式才能继续否认。在IBM与阿道夫·希特勒关系发展的每一个环节中，沃森等IBM纽约总部高管都不得不面对四个无可争辩的现实：

第一，在德国境内，作为犹太人毁灭计划的一部分，残暴的反犹行径和全面镇压无处不在。

第二，在世界各地，包括美国，大众和政府都在抗议希特勒政权，而且这些抗议高度公开，任何与德国做生意的企业都会受到打击。

第三，即使某些企业无视道德上的不适感和公众的大声疾呼，选择与第三帝国做生意，也必须接受一个赤裸裸的现实：难以捉摸且无处不在的纳粹分子和纳粹法规、没收性税金、只能在德国境内使用的冻结收益，该企业及其员工不得不成为纳粹游戏的棋子。

第四，谁帮助了德国，就等于在帮助希特勒备战。

德国境内的反犹行径和暴力镇压是无法否认的,所有美国公民都清楚这个事实,对于那些会阅读《纽约时报》(New York Times)头版新闻或前几页新闻的人,以及收听广播电台或观看新闻短片的人而言,更是如此。在1933年2—4月这影响重大的三个月里,沃森及其同事接触到的《纽约时报》文章不可能只有几篇,相反,每周都会有大量详细报道反犹暴行的文章供其阅读。有时候,纽约的报纸还会用大量篇幅来报道纳粹暴行,对众多暴行的描述甚至布满了报纸的整个版面。

1933年3月18日,《纽约时报》详述了纳粹分子在职业领域毁灭犹太人的计划。报道称,纳粹分子每年都会强制大量犹太律师辞职,直到德国境内没有犹太律师。而且,受株连的不仅是法律从业者,数周内,各个行业的德国犹太人都会遭到驱逐。

1933年3月20日,《纽约时报》头版头条刊登了一篇文章,名为《德国的逃亡者讲述纳粹分子的暴行》(German Fugitives Tell of Atrocities at Hands of Nazis)。虽然德国那些"严格的审查制度"隐瞒了大部分真相,但这篇文章还是列举了纳粹分子的一系列暴行。例如,在普鲁士统计局综合大楼对街的柏林亚历山大广场上,褐衫党闯入一家备受犹太人欢迎的餐馆,他们在餐馆门口排成两纵列,手里挥舞着一张名单,挨个叫出名单上的犹太人。那些犹太人走到门口后,就会受到夹道攻击。这些冲锋队队员会"猛击犹太人的脸,并用厚皮靴重重地踩踏犹太人"。最后一名走出门的犹太人则受到了极其严重的暴击。"他的脸肿得像牛排。"该文章写道。

1933年3月21日,《纽约时报》以大标题的形式发表了一篇文章,指出:"今天,德国国会会议准备让希特勒成为一名独裁者,并给他至高无上的权力。"在这篇文章的下方,是从慕尼黑发来的一篇特别的双栏报道:"今天,慕尼黑的警察总长希姆勒(Himmler)通知新闻界人士,第一批集中营将在这座城市附近建立。"

到了1933年4月20日,当IBM决定接手此次人口普查项目时,《纽约时报》的头条报道称,约有1万名犹太人在面对没日没夜的强闯入屋、折磨和绑票后,逃离了德国;另有约3万名受害者已被囚禁在营地或拘留所中;再者,已有约1万名受害者几乎身无分文,忍饥挨饿。1933年5月10日,就在IBM为此次人口普查与第三帝国进行协商时,发生了一件震惊世界的事:纳粹分子首次公开焚烧天主教弥撒书(Mass Book)。5月底,当德霍梅格拿下与第三帝国的合同时,《纽约时报》及其他媒体不停刊登着详细清单,以记录那些被纳粹分子赶离工作岗位的犹太人:法官只能离开法院,律师被推出了办事处,医生被赶出了诊所,教授被轰出了教室,零售商被赶出了门店,科学家也不得进入实验室。

1933年6月11日,在这次大规模人口普查开始的前一天,《纽约时报》报道称,德国政府正在搜查35万多名政府员工的背景,以便识别那些"需要解雇的犹太人"。同一期的《纽约时报》还特立篇章,刊登了希特勒的争议之作《我的奋斗》(Mein Kampf)的摘要,解释希特勒的犹太人灭绝活动是何等尽人皆知。《纽约时报》报道了希特勒在该书第344页的言论:"假使在战争之初(一战),有1.2万或1.5万名人类的腐坏者(犹太人)能被投到毒气中……那么前线数百万名战士的牺牲就不会被白白浪费……在合适的时机清除这1.2万名无赖,也许能拯救100万名体面的德国人。"

1933年8月29日,当沃森计划乘坐"不来梅号"前往德国时,《纽约时报》在某个版面刊登了一篇文章,指出德国的65座集中营内关押了约4.5万名囚犯,其中有犹太人也有非犹太人;同时,还有相同数量的囚犯被拘留在其他地方。由此,囚犯的总人数就达到了约9万人。

关于德国对犹太人的毁灭活动,各种通栏的大标题、引人驻足的广播电台和极为详尽的新闻影片报道似乎没完没了。IBM中的任何一个人在面对这些嘈杂的媒体报道时,都无法否认自己知晓发生在第三帝国的情况。不过,让IBM与第三帝国的技术结盟变得更为不易的是:美国的每一个地方都在强烈抗议希特勒的犹太人毁灭活动。在这个时候与德国结盟就意味着违抗了一个愤怒的国家,甚至是一个愤怒的世界的意愿。

在世界各地,抗议游行、抵制活动、纠察行动,以及制止纳粹暴行的大声呼吁等反德行动已全面展开,纽约的空气中弥漫反德的躁动情绪,没人能比纽约商人更有机会接触到这些反德行动。社会上各类人士,从工会成员到商业领袖,从天主教的主教到新教的执事,再到愤怒的拉比①,都团结一致,喊着口号——人道主义一定会打击经济不景气的德国,使其放弃反犹行动。各种布告和传单都宣传道:"就在这个冬天,德国会瓦解。"

1933年3月27日,麦迪逊广场花园爆发了一场大型示威游行,可以

---

①原意为"圣人",是犹太人中的一个阶层。主要指接受过正规犹太教育,系统学习过犹太教经典的学者,或担任犹太人社团或犹太教教会精神领袖的人。——译者注

说是人们反德情绪高涨的典型体现。当时，各种高度公开的谴责活动以及纽约、新泽西州的抗议游行活动已经到达顶峰，而麦迪逊广场花园发生的事件可能会让整个纽约瘫痪，结果也确实如此。

1933年3月27日中午，企业、工厂停止营业，大纽约地区的商店和学校都关了门，因为这一天，所有雇员都不用上班。集会于下午8点开始，不过，大批群众早已在麦迪逊广场花园外排起了长队。大门打开后，抗议者即刻涌进麦迪逊广场花园。这场抗议活动持续了数小时。因为人数过多，还有成千上万的抗议者没能进入麦迪逊广场花园，他们滞留在大街上，奋力想挤进麦迪逊广场花园。示威游行的队伍一直延伸到地铁口，有600名身穿蓝色制服的警察排在人行道上，形成一条通道，以便行人行走。

最后，只有2万人进入了麦迪逊广场花园，约3.5万名情绪高昂的市民被挤在场外。因此，人们匆忙架起了广播喇叭，以便场外的人能够知晓场内的情况。警察和抗议活动负责人还将数千名群众转移到附近的哥伦布圆环，以便他们在那里展开第二轮临时集会。不过，这还是不够。于是，越来越多的集会便在各个十字路口召开。

同一时间，来自各行各业的人聚集在芝加哥、华盛顿和休斯敦等70多座美国城市。每一场集会，成千上万名群众围着广播喇叭，密切关注着麦迪逊广场花园内发生的事情。这一天，全美至少有100万名犹太人参与了抗议活动，也许还有100万名美国人跟他们肩并肩一起抗议。这次活动引起了无数欧洲人民的共鸣，后者也准备进行示威游行、禁食行动和抵制活动。

纽约从未有过如此大型的活动，托马斯·J.沃森也从未见过如此庞大的场面。IBM的办公楼坐落在百老汇270号，在窗外发生的大规模示威游行清楚传递了一个信息：不要跟希特勒做生意。不仅如此，抵制活动的领导人还承诺，将会严厉打击所有与第三帝国来往的美国企业。

3月27日过后，欧洲及美国各地又陆续发生了多次大大小小的抗议活动。实际上，在整个第三帝国时期，这种抗议活动从未停止过。

美国国内的抗议活动风起云涌，世界人民也大声呼吁要从经济上孤立德国。如果沃森仍对此视而不见，那么他的公司必定要承担极大风险。不过IBM仍想与纳粹德国结成联盟。数日后，沃森就开始行动，以争取拿下普鲁士人口普查的合约。

德国人将沃森视为第三帝国的朋友。麦迪逊广场花园事件发生后，德霍梅格的高管给这位公司领导人发去了一封联名信件。这群高管在信中恳求沃森制止"'德国犹太人受到压迫'这种残忍传闻的传播……因为这是不真实的"。信中用的是"jews"，而不是"Jews"。海丁格尔无法强迫自己打出"Jews"，因为这个词的前面是"German"一词。他们还在信中写道："您是尊贵的朋友和商业伙伴，我们恳求您不要相信那些毫无依据的谣言，还恳求您制止这些谣言的传播，这不只是因为我们之间的合作关系，还出于对真理的捍卫。"

沃森没有让柏林的同事失望。1933年3月下旬，世界各地又举行了多场示威集会，但不久后，德霍梅格董事会会议最终确认"董事长沃森和副董事长布雷特迈耶完全同意，我们应继续根据自己的标准自行决定在德国生产其所需的商品"。因此，在德国修建工厂的计划如期执行，尽管某些重要零件仍需从美国进口。几天后，沃森收到了董事会会议记录的翻译文件。

沃森无视美国境内反纳粹运动的巨浪，冒着被发现与第三帝国交易的风险，不留余力地扩展IBM在德国的业务规模。不过，他的这一做法意味着他将要承担不可避免，且一目了然的经济风险。简言之，在德国做生意就是一场冒险。

纳粹分子从根本上认为外国企业是德国的敌人。外国企业的收入无法转移到海外，只能储蓄在德国银行的冻结账户上。这些钱可以使用，不过只能在德国使用。同样，德霍梅格赚取的每一分钱也只能在德国使用。纳粹分子以这种绑架外国企业的方法来促进德国的经济发展。此外，那些外国企业还时常被迫将收益投资到第三帝国的公债中。许多人认为，希特勒采取这种货币举措，只是为了控制美国企业的在德业务。但有些人也明白，一旦外国企业撤离德国，第三帝国就会"被迫"下令，将这些企业留下的资金收为己有。

IBM巴黎办事处会定期收到德意志银行和贴现公司的报表，其以IBM的名义将德霍梅格的利润归为"冻结资金"。比如，一项存有188 896马克的账户结余忽然增加了9万马克，而这些钱将无法转移到美国。

纳粹几乎每天都会发布各种法规来抑制外国企业的自主性，有些地方性法规会由当地的纳粹党领导人直接颁布。此外，法规还规定企业有义务解雇自己的犹太雇员，转雇纳粹党党员，并向国家捐献特殊款项。企业甚至被迫延迟公司进行机械化生产的进程，因为德国政府考虑到某些机器会让工人失业。意见不一的权威机构颁发相互矛盾的法规，也是常有的事。

更重要的是，德国政府还明确警告所有外国企业服从"一体化"（Gleichschaltung），即与德国步伐完全协调统一。希特勒执政后不久，德国就开始了"一体化"政策；政治、组织和社会的各个方面都开始整合进纳粹运动中，服从于纳粹党的目标和指令。"一体化"同样适用于企业。外国企业很快就认识，并接触到这一点。

1933年4月7日，《纽约时报》一篇以《纳粹党控制商业，美国企业大为惊慌》（Nazis Seize Power to Rule Business; Our Firms Alarmed）为大字标题的报道在开篇写道："已自立为德国政治独裁者的阿道夫·希特勒，如今也成了德国的商业独裁者……德国商业的每个方面都已彻底重组，纳粹党已通过控制商业机构，获得了对方所代表的利益。"

1933年4月28日，《纽约时报》刊登了一篇题为《德国给外国企业的警告》（Germany Cautions Foreign Business）的文章，突出报道了第三帝国经济部副部长保罗·班（Paul Bang）下达的指令："德国政府……必然会要求外国企业毫无保留地参与到德国的经济复苏中。"

大街小巷都在谈论即将爆发的战争，到处都弥漫着令人不安的恐怖氛围。许多人认为，希特勒政权的经济补给只是序曲，接下来还会上演一场可怕的军事冲突。华盛顿的官员、伦敦和巴黎的外交官，以及世界各地的商业领袖都诚惶诚恐，害怕希特勒的出现会使人类重新陷入全球大战之中。新闻媒体不断报道德国重整军备的消息。德国也通过媒体公开宣称要夺回协约国在一战获胜后所侵占的大片领土。其中最能引起世界各国警惕的，是希特勒颁布的"就业计划"（Employment Program）。

依据《凡尔赛和约》（Versailles Treaty）的规定，德国必须维持非武装状态。但是，纳粹以招聘劳工为名征募新兵。用工单位要接受征兵、穿戴制服、参加准军事化训练。1933年5月21日，《纽约时报》刊登了一篇以《第三帝国给新用工单位下达了指令》（Reich Issues Orders for New Labor Units）为主标题，以《征兵条例中的军事口吻一目了然——颇有冲锋队的风格》（Military Tone Is Evident in the Conscription Regulations—Storm Troops Favored）为副标题的文章，就是对这个事实的反映。

纳粹德国发誓要消灭犹太人，征服欧洲，控制所有犹太企业。对于这样一个国家，这位美国著名商业家及其首屈一指的企业为何会不顾一切地参与到德国的经济活动中？原因只有一个，那就是 IBM 与纳粹德国的经济联盟还不为公众所知。很少有人能理解穿孔卡技术所带来的深远影响，也很少有人能真正明白德霍梅格其实就是 IBM 的全资子公司。

抗议运动进行得如火如荼，抗议者希望能通过抵制德国的进口产品来摧毁希特勒主义。犹太人反纳粹联盟和反纳粹团体形成网络，竭力整理出了一张较为完整的企业名单，来追踪那些与德国有来往的企业——从进口德国玩具和鞋子的企业，到销售德国瓷器和药物的企业。不过，IBM 和沃森还是成了漏网之鱼。那些主要的全国性和地区性抗议团体保存着无数电话本和手写索引卡文件，但并没有任何一个电话本词条或文件提到 IBM 或沃森。看来，这些反纳粹活动的领导人根本不了解跨国公司是如何运作的。

此外，IBM 并没有从德国进口商品，而是向德国出口机器。实际上，IBM 在柏林的新工厂一旦建成，出口数量也会下降，涉及的文件也会相应减少。因此，在 1933 年，IBM 被暴露的可能性几乎为零。

不过，所有关于授予希特勒技术而带来的担忧，都让位于某种难以抵挡的意识形态。希特勒计划建立法西斯新秩序，在新秩序之下，"大德国"(Greater Germany) 会控制全欧洲。对于希特勒的这一计划，沃森并非无法接受。实际上，他十分欣赏法西斯主义，也完全接受法西斯观念，甚至希望自己能以美国资本家的身份参与到这次席卷欧洲大陆的法西斯主义大浪潮中。最重要的是，法西斯主义有利于沃森的商业交易。

美德政府"座上宾"

数十年来，托马斯·J. 沃森和 IBM 或独立或联合，运用各种生财之道来揽财。在此期间，规则被打破，阴谋应运而生，血腥战争成为商业良机。对一家超国家公司而言，赚钱就相当于部分商业达尔文主义[①]（Commercial Darwinism）、某些团体中的神职人员（Ecclesiastics）、大国沙文主义[②]

[①]指在商业竞争中，不择手段以提升自身竞争力的行为。不惜使用一切可以使用的手段打击对手，目的是使自己在商业竞争中永远处于不败的地位。这一术语来自达尔文的"物竞天择"，故被称为"商业达尔文主义"。——译者注

[②]指在国际关系中，较大国对较小国所表现出来的"沙文主义"现象，如不尊重小国的独立地位，干涉对方内政等。——译者注

（Dynastic Chauvinism）和贪婪的唯我主义（Solipsistic Greed）。

沃森不是法西斯主义者，而是一位纯粹的资本家。不过，政治和经济总是难分难舍。一位被沙文主义和英雄崇拜激励着的强大独裁领导正统治着德国，而对于这样一个国家，沃森很希望能够通过与其合作来牟取暴利，积累财富。毕竟，沃森也希望那些身穿统一制服、咏唱赞歌的员工能对自己所领导的公司绝对忠诚。

法西斯主义是一种中央独裁政治制度，最先由意大利独裁者贝尼托·墨索里尼（Benito Mussolini）提出。这个词源自古罗马时期的"束棒"（Fasces），"束棒"是权力的象征，由一捆木棍和一把被木棍围在中间的斧头组成。实际上，纳粹的图标和仪式有很大一部分都是借于墨索里尼，包括高抬手臂的罗马式敬礼。但可笑的是，意大利法西斯主义并不推崇种族主义和反犹主义，是德国国家社会主义加入了这两个重要因素。

墨索里尼令沃森神魂颠倒。在1937年的一次销售会议上，沃森为墨索里尼辩护："我想要向他致敬……伟大的领导者，墨索里尼。从他成为领导者开始（1922年），我就一直紧密关注着他的每一项工作。他的领导力随处可见……墨索里尼是一位开创者……意大利将受益匪浅。"

多年来，沃森一直都将墨索里尼的签名照安置在自家客厅的大钢琴上。沃森解释了自己为何着迷于这位独裁者的作风，甚至观察到他与自己公司的管理模式有着相似之处。沃森承认道："关于墨索里尼的领导力，有一个方面令我印象深刻，那就是人们对他所表现出来的忠诚。对国家或私人企业而言，能获得每个人的忠诚和合作就意味着进步、成功……所以，我们应该向墨索里尼致敬，因为他确立了这种支持和合作的精神。"

当沃森为法西斯主义辩护时，他说："不同的国家需要不同的政体，我们应该小心，不要让人误以为我们想在世界范围内将政体模式标准化。"

在希特勒掌权几年后，沃森给第三帝国经济部部长亚尔马·沙赫特写了一封私人信件，指出："我们应该理解阿道夫·希特勒领导下的德国人民，以及他们所拥有的愿景与目标。"沃森将希特勒对他国的恐吓描述为"动态政策"（Dynamic Policy）。在提及"德国人民的英勇献身和德国领导层的巨大成就"时，沃森说："我和无数德国朋友都真诚希望德国人民的牺牲能有所回报。新德国付出大量心血才取得这些成功，我们诚挚希望你们能尽情享受这份硕果……向希特勒本人、他的国家和人民表示最崇高的敬意。"

法西斯主义者，尤其是德国的法西斯主义者，也同样欣赏和钦佩沃森。纳粹分子在德国进行反犹运动时，会受到民主政府和民众运动的干扰，因此十分重视这个意料之外的重要盟友。对纳粹分子来说，沃森的支持是对其行径的默许，是一个微妙的通行绿灯。因为在他们眼里，沃森不仅代表了一个美国企业，还代表着富兰克林·D.罗斯福总统，甚至是美国本身。

　　沃森，这个在世纪之交驾着马车四处兜售商品的小商贩，已晋升为美国头号国际政治家。他用慈善捐款来彰显自身的重要性，各种代表着权力和威望的荣誉称号纷至沓来，令人羡慕不已。这一时期，沃森成为卡内基和平基金会的主席、纽约大学的理事、美国商会的主席，此后他还会获得更多金光闪闪的荣耀。实际上，就在第三帝国将人口普查活动交给德霍梅格负责的前几天，沃森就顺利获得了美国联邦储备银行董事的提名，并被任命为哥伦比亚大学的理事。

　　沃森能频繁接触到美国国务卿科德尔·赫尔（Cordell Hull），更为重要的是，他也能经常拜见美国总统富兰克林·D.罗斯福，这在美国历史上都难得一见。1932年，当埃德加·胡佛（Edgar Hoover）的司法部对IBM的"反托拉斯"调查活动达到最高潮时，沃森捐献了大量资金帮助罗斯福参加竞选活动。最终，罗斯福以绝对优势打败胡佛，成功当选美国总统。因此，沃森获得了白宫的入场券。

　　沃森小心翼翼奉承着罗斯福，时常公开支持罗斯福某些备受争议的政策。很快，沃森就向这位总统呈递了自己的政策建议。从那时起，他们就开始定期通信。能收到总统的来信，沃森十分自豪，他甚至会将它们放在西服口袋里随身携带。这些信件代表总统，沃森逮到机会就要拿出来炫耀。

　　不久，罗斯福对沃森产生了依赖，希望能从他那里获得更多建议。白宫职员经常会向沃森索要日程表，以防总统突然想咨询他。沃森多次前往海德公园享用茶点，甚至会留在白宫过夜。最后，罗斯福主动提出任命沃森为商务部部长或驻英大使。不过，沃森不愿离开IBM，拒绝了这一任命。

　　沃森的儿子回忆道："他成了罗斯福派驻纽约的非正式代表。如果有国外要员造访纽约，白宫就会请他安排一场午宴款待他们。父亲所要做的就是按下按钮，他有一个专门安排宴会这类事务的部门……费用全由IBM负责。"事实上，罗斯福确实说过："我负责款待来华盛顿的贵客，沃森则负责款待来到纽约的贵宾。"

沃森借助他在罗斯福政府的地位，频繁接触国务卿科德尔·赫尔、大使和领事。他与国务院的关系也很密切。数月以来，披上官僚大衣的沃森在开设私人宴会前总能从罗斯福、赫尔或其他政府高官那里收到正式的问候信。这些信通常是没有必要的，却向那些在大洋彼岸默默关注着他的人，尤其是那些信奉极权主义的帝国人士，传递了关于权力的信息。

难怪纳粹德国会将沃森视为一位强大的朋友。1933年10月，当德霍梅格依据"扩张协议"想从美国进口更多IBM机器时，进口税却突然大幅上涨，于是，海丁格尔给第三帝国海关官员写了一封十分露骨的威胁信。海丁格尔在信中写道："我们的同伴——IBM董事长沃森先生是一位相当杰出的美国人。抛开其他事项不说，罗斯福总统手下有25位著名的私人顾问，身为纽约商会董事长的沃森就是其中之一……他在美国国内还享有很多荣誉职位。他始终与德国保持着良好的关系，到目前为止，他竭尽所能做的一切都为德国带来了利益。我很确定沃森先生也无法理解……为何他的机器会被要求征收额外的关税。"海丁格尔补充道："如果关税确实增加了，我真不知道这位名人对我们的态度将会有何转变。"最后，海丁格尔总结道："我希望负责此事的两位绅士（海关官员）能知晓上述情况。"

沃森竭尽所能地巩固了自己在德国人心中的形象——友好而有势力的美国人。驻纽约德国领事曾拜访沃森，并留在他家过夜。沃森坚持赠予这位领事以IBM乡村俱乐部中的相关特权。沃森与这位德国大使密切来往，确保能定期特邀德国外交官与他共赴午宴或晚宴；他偶尔也会接受这些外交官的邀请，或对不能出席而表示抱歉。

在美国，沃森想继续否认IBM与德国之间那有利可图的关系，但他也想满足接近第三帝国并成为对方贵宾的私欲，最终，他成功在这两者间找到了折中方案。不过，德国境内那家发展中的企业也难免受制于沃森有名的微管理之下。而其间会牵涉到太多的东西。

20世纪30年代，沃森会定期造访德国，以获得有关纳粹德国局势的第一手信息。当沃森不在德国时，他会派出私人代表加强监督。这些代表每次到德国，都会待上好几个月来监管德霍梅格。德霍梅格内部的大量备忘录和信件，甚至是日常表格或申请表在被翻译后，会被送往纽约，供沃森检查与评估。

沃森此前就创办了IBM欧洲办事处，总部最初设在巴黎，随后迁至日内瓦。欧洲办事处是纽约总部设在欧洲的耳目。当沃森的私人代表不在德国时，瑞士办事处或者巴黎办事处就扛起了监督德霍梅格的任务。这样，沃森才能不间断地监督德霍梅格。瑞士办事处不仅要监督德霍梅格的日常运作，它还是一个重要的中转机构：为总部传递指令、汇总利润，并协调德霍梅格在整个欧洲大陆的技术活动。通过沃森的远程微管理以及瑞士办事处持续不断的审查，IBM 可以时刻掌握德霍梅格的每一项运作细节，小到银行账户中出现的数美元偏差，大到德霍梅格与纳粹政权之间的关系。

从一开始，IBM 就让希特勒政权自由使用自己的技术，使其可以更方便地实施毁灭犹太人并侵占他国的计划，这一过程贯穿了第三帝国的整个12 年。反犹主义并非由 IBM 创造，但从 IBM 自愿为第三帝国提供解决方案起，它本质上就已经把自己和纳粹主义捆绑在了一起。正如任何技术变革一样，IBM 的每一项解决方案都会推动邪恶观念的传播，助长残忍手段。

当德国想要通过名字识别犹太人时，IBM 则会向其展示操作方法。而当德国想要利用这些信息将犹太人驱逐出境时，IBM 仍会为其提供所需技术。假若来往于城市，或集中营之间的火车想准点进出站，IBM 也会提供解决方案。总而言之，面对第三帝国这样一个愿意为所需服务买单的国家，无论什么样的解决方案，IBM 都会为其设计。于是，一个方案又一个方案被设计出来。在 IBM 眼中，没有任何方案是无法设计的。

随着时间一分一秒流逝，穿孔机在穿孔卡上"咔哒咔哒"作响，德国犹太人看到自己正在渐渐消失，而其他人却看到他们的公司积累着财富。即使躲在家中的德国犹太人因绝望而哭泣，即使整个世界因恐惧而发抖，却有人仍旧吟唱着歌曲。此时，纳粹忠实的信徒激动不已，着了魔一般歌唱着他们的领袖。他们的歌声嘹亮，散布在大西洋两岸。

唯一区别是，有的信徒穿着棕色制服，有的信徒穿着蓝色制服。

第4章

IBM—纳粹战略联盟

威利·海丁格尔憎恨托马斯·J.沃森。海丁格尔愤愤不平，视沃森为不幸的化身，认为沃森给一战后的德国带来了经济灾难。1910年，海丁格尔就想过将霍尔瑞斯的奇妙装置引进德国。于是，海丁格尔着手建立了一家公司，即德霍梅格，从而将数据处理技术带到德国。如果没有一战后德国政府操纵货币汇率、《凡尔赛和约》的勒令，以及随之而来的恶性通货膨胀，海丁格尔仍然是这家公司的主人。

好战的海丁格尔，失败者的不断挑衅

1922年，严重缩水的德国货币还在不断贬值。当时，海丁格尔欠下CTR（IBM的前身）近10.4万美元专利费，相当于数万亿马克，海丁格尔根本无力偿还。沃森利用德国的通货膨胀危机占有了德霍梅格，两人的谈判很有争议。沃森一开始提出，海丁格尔可以用德霍梅格51%的股份来抵债。海丁格尔也觉得，与其让公司破产，还不如拥有一家赢利公司近一半的股份。但后来，沃森突然将比例从51%增加到了90%。海丁格尔走投无路，毫无选择。沃森提出的新条款意味着海丁格尔要么还能拥有10%的股份，要么一无所有。总而言之，沃森用策略击败了海丁格尔。

虽然这件事已过去十多年，但海丁格尔仍不能释怀。在余下的职业生涯中，海丁格尔一直在寻找机会回击沃森。

沃森算得上是一名铁石心肠的商人。对于接管德霍梅格，沃森认为这只是一个有利可图的机会，让他可以几乎不用成本，就拿下一个回报丰厚的业务。这种事对沃森而言，再自然不过了。他不会把因商业交往而结下的怨恨放在眼里，他只想追求利益，至于海丁格尔，那不过是他需要控制的一个因素而已。

不过，海丁格尔很喜欢据理力争。他表情严肃，颧骨很高，眉头紧锁，外人一看便知这是个好争辩的人。海丁格尔曾向与IBM谈业务的纳粹监督小组写过一封信，海丁格尔在信中谈到自己对沃森的厌恶："我会是最后一个向IBM霸业屈服的人。我不允许别人对我指手画脚，这是原则问题。"

海丁格尔是商业上的好战分子，乐于与其他公司对抗，还不厌其烦地参与各种法律诉讼。海丁格尔会因商业上的小问题与其他公司对簿公堂好几年，也会在最后时刻喊停某个重要项目，直到他拿到自己应得的东西。像霍尔瑞斯一样，海丁格尔的作战对象不仅包括对手，还包括同僚。IBM的一份评估报告称："海丁格尔是坚强的生存者，他的生活注定不会平静。他会在战斗中繁荣起来。"

海丁格尔反复无常，行踪不定，因此IBM中没有一个人信任他。IBM高管时常怀疑海丁格尔骗取了IBM的资金，还阻挠他们执行日常的审计。1934年春，IBM审计员想核实德霍梅格的税务，却被海丁格尔阻止了。这位审计员写道："海丁格尔非常自私。"几乎在同一时间，巴黎的另一名IBM审计员往纽约发回了一份报告："为了避免不必要的误解，针对库存记录和账目信息的情况，建议我们不要了解现在发生了什么……"IBM那些身穿古板蓝色西装的会计人员变得不愿接近海丁格尔，害怕激起他的暴脾气。同年春，另一名审计员在一封信中抱怨道："我们几乎不可能通过来往信件处理业务，我担心这样会过度刺激我们的德国友人。"

即便在希特勒掌权前，IBM就已经从德霍梅格获取过巨额利润。而到了1927年，IBM从德霍梅格获取的利润额已超过当年收购价的400%。现在，作为第三帝国产业链上的重要一环，德霍梅格的未来不可估量。纳粹需要大量穿孔卡，这就意味着，德霍梅格将能从中收获巨额利润。合并后的 IBM 德国子公司的业务遍及欧洲市场，再加上新开了一家工厂，无疑在预示着一个强大的新德霍梅格诞生了，它的收益将随着第三帝国的兴起而不断上涨。但是，谁将真正繁荣起来？是德国人民？是雅利安人？还是海丁格尔？都不是。会繁荣的是沃森和他的 IBM。一想到这儿，海丁格尔就愤愤不平。

通常，沃森不会容忍别人对自己的管理有任何异议，更不用说蔑视了。但事必躬亲、以自我为中心的沃森在与德国子公司的高层发生冲突后，仍能忍耐下来，这也从侧面证明了德霍梅格对 IBM 达成全球目标的重要性。同样，足智多谋且精力充沛的海丁格尔也能轻易击败任何不讨喜的国外企业，从而获得商业上的垄断地位。事实上，这两个人都极度需要对方。

一方面，沃森需要海丁格尔与纳粹党联系，以便将纳粹计划转化为利润；同时，他也需要海丁格尔协助自己巧妙地绕过第三帝国的延期偿付方案。IBM 会要求德国子公司支付"专利费"。这样，IBM 的这些收益就成了德霍梅格的"必要支出"，而不是母公司的利润。德霍梅格的款项偶尔会以这种方式转移给 IBM。1934 年，IBM 的欧洲负责人在信中向纽约管理层表态道，德霍梅格的管理人员赫尔曼·罗特克（Herman Rottke）承诺"会竭尽所能持续支付专利费"。

另一方面，海丁格尔需要沃森来武装第三帝国的统计大军，让第三帝国迎接即将到来的战争——消灭欧洲犹太人并占领欧洲领土。目前，霍尔瑞斯机器仍需从美国进口。然而，即便海丁格尔立即启用新厂，柏林可以自主生产机器，但那些根据严格标准精心制作而成的宝贵穿孔卡还是只能从一个地方购买，那就是美国的 IBM。

他们两人隔着大西洋，表达彼此的态度并实施着各自的计策。这一边，海丁格尔在努力地扩大德霍梅格与第三帝国的合作规模；那一边，沃森想方设法地截取德霍梅格的所有利润，并经常将海丁格尔排除在外，不让他分得一杯羹。

为达成各自的目标，两人不得不在国际商业活动中携手合作，这样，无论是德霍梅格还是 IBM，都可以最大限度地推卸责任。事情的发展往往取决于环境与听众。德霍梅格可以被当作一家由美国人控制的公司，近乎是 IBM 的全资子公司，只是由德国股东来装点门面，并让当地的德国管理者来协助运营。它也可以被描述为一家忠诚的德国企业，接受了纳粹思想的洗礼，坚信雅利安民族至高无上，只是借用美国人的投资来扩大希特勒帝国的荣光。实际上，海丁格尔和沃森都愿意根据实际情况来挥动其中的任何一面旗帜。这两个故事都是真实的。沃森也一直抱有这种态度。

德霍梅格那"雅利安"的一面是精细构建的。纳粹刚控制德国时，许多正派商人故意避而不见，唯恐那些面无表情、戴着"卐"字臂章的纳粹分子有一天会敲开自家大门，要求他们宣读"反犹效忠誓言"，强迫他们捐款，并最终通过党务专员全面控制他们。不过，在同一时间，有些商人和企业则迫不及待地想参与到纳粹运动中，德霍梅格便是其中之一。IBM则保持着"无所谓"的态度。

海丁格尔早前就已经在想办法，试图获得纳粹党统治集团的资助。他想让德霍梅格插手当局事务，不仅是德国政府，还有纳粹党本身。不过，在纳粹党决定与德霍梅格结盟前，大权在握的政治与经济部于1933年12月要求德霍梅格回答几个尖锐的问题。纳粹党想确认这家公司由谁控制，是否亲德、亲纳粹，是否能在策略上接受纳粹党的指示。

海丁格尔做了明确的书面回复，虽然这个回复并不可信。海丁格尔坚称："我的公司是完全独立的企业，已从美国方面获得了相关专利权，只需支付相应的'专利费'。"他指出没有必要担心会有大量资金流出德国，因为大部分专利费都会被冻结在德国的银行账户中，直到政府批准解冻。

纳粹党质问德霍梅格为什么要出售美国产品，而不是出售纯粹由德国制造的机器。海丁格尔解释说，没有霍尔瑞斯制表机，第三帝国便无法达成目标。他坚定地补充道："除了德霍梅格，德国境内没有其他企业能生产这种机器。德霍梅格的机器不可能被其他机器所取代，因为这些机器要完成的工作是其他机器无法做到的。"

海丁格尔在书信的结尾处提醒纳粹党的审查官："德霍梅格受托负责……编译普鲁士人口普查的统计数据。"他以一种在当时十分常见的、预示着不祥的口吻，特意补充道："此外，目前柏林正在进行的商谈活动，目的就是使我们公司与柏林冲锋队最高指挥部之间达成协议，从而让我们公司为纳粹党做一些必要的统计工作。"就这样，德霍梅格通过了审问。

纳粹党的提问及海丁格尔的回答被一字不差地翻译后，连同德文原件，在几日内便被送到了IBM纽约总部，供沃森和IBM的高管检阅。

IBM纽约总部同意隐藏身份来获得纳粹党的信任，以取得更多合约。

为了获得纳粹的支持，IBM甘愿减少自身在德国的曝光度。纽约的高管们得知了德霍梅格提出的要求："今后，在所有运送给他们（德霍梅格）的机器中，以下名称应省略——1. IBM公司名称；2. 国际。"1934年，IBM的法国管理人员甚至在备忘录上提到，不希望IBM就德国子公司的一小笔注册费开列账单，他解释说："在德国使用、宣传IBM这个名字时，我们一定要非常小心谨慎。"然而，沃森本人却保持着高曝光率，频繁出访德国。不过，沃森并不是以德霍梅格海外操控者的形象示人，而是用纳粹德国的IBM技术支持员的身份出现在德国。

海丁格尔宣称会遵循纳粹的道德标准，并断言德霍梅格不会受到外界影响。对此，IBM纽约总部表示完全可以接受，因为IBM的人都知道，沃森仍大权在握。为了确保沃森能全面控制德霍梅格的活动，IBM纽约总部坚决要求德霍梅格执行以下几项条款。

第一，德霍梅格的规章必须保证，IBM纽约总部有权随时替换其董事会成员。德霍梅格规章的第5条与第6条称，本公司不仅有股东和董事会，还有另一个特殊的组成部分："代表及律师，总之……一切取决于股东。"这第三个组成部分可能是IBM的会计师、管理人员，也可能是律师，他们代表着沃森，体现了沃森的权威。第5条规章还提到："股东有权废除董事会。"第7条规章则要求："如果有必要，众代表，即沃森的律师和会计师，应该听从股东和董事会的指示。"

第二，海丁格尔只有留在德霍梅格，才能享有那10%的小额股份。此外，第4条规章规定，没有股东的允许，这些股份不得出售。

很明显，真正掌控德霍梅格的是股东。沃森和IBM纽约总部拥有德霍梅格90%的股份。这使沃森及其律师有权否决德霍梅格的一切活动，即便是海丁格尔的决策也不例外。

沃森还想在德霍梅格董事会安插人手来牵制海丁格尔。于是，沃森派出了自己的两位亲信，一位是经营IBM巴黎办事处的沃尔特·迪克森·琼斯（Walter Dickson Jones），另一位是经营IBM日内瓦办事处的约翰·E.霍尔特（John E.Holt）。海丁格尔虽已默许了外方控制，但仍旧怨恨沃森的介入。很快，第一次考验就来了。这次事件涉及一位名叫卡尔·赫梅尔（Karl Hummel）的销售经理。

沃森与赫梅尔私交甚好。沃森安排赫梅尔进入地处纽约恩迪科特的销售培训学院,他还在家中款待了赫梅尔及其妻子,而且赫梅尔一家和沃森一家还会定期交换礼物。这很正常,因为沃森知道如何培养下属的忠诚度。沃森希望赫梅尔能在德霍梅格的董事会中占据一席之地。1933年12月15日,沃森开始行动。他给德霍梅格的总经理赫尔曼·罗特克发了一份无线电报:"为了让德霍梅格在德国更好地代表IBM经营业务,我请求任命卡尔·赫梅尔为副经理……请知悉。"然而,沃森并没有事先告知海丁格尔。

海丁格尔大怒。就在新工厂即将举行盛大开业仪式的前几天,罗特克通过电报回复沃森:"根据德国的法律,只有股东大会和董事会才能让卡尔·赫梅尔晋升到更高的岗位……建议您以电报的方式直接通知海丁格尔。"

1933年12月20日,海丁格尔急忙给沃森发出警告,他在信中挖苦并威胁了沃森:"我并没有感到非常害怕……今后在商谈德霍梅格的重大事宜时,你也会把我撂在一边。但我十分沮丧,因为我对这个重要决定的意见……你并不感兴趣……这种沮丧之情……让我感到自己无足轻重。不过,我接下来要告诉你的事也许会更重要。"

海丁格尔继续写道:"如你所知,你我都认为,当务之急是证明德霍梅格这家公司是由德国人管理……是不受美国人影响的……如果德国当局怀疑自己上当受骗,就会变得很敏感。"海丁格尔在暗示,纳粹党可能会觉得有必要在德霍梅格董事会中安插两名委员。在纳粹党总部的最近一次会议上,海丁格尔再次向纳粹高级军官保证,德霍梅格的运转不会受到美国人的影响。海丁格尔称,任命赫梅尔这件事与沃森的承诺完全相反。他补充说,沃森的举动会惊动纳粹党内的坚定分子,从而给公司带来危机。

沃森开始亡羊补牢。在收到海丁格尔的信函后,他虽然十分恼怒,但仍给罗特克发了份电报:"赫梅尔的事,先别轻举妄动。纽约会面后,再做决定。"赫梅尔不久后便乘船前往纽约开会。

虽然很难,但沃森还是放下了身段。他写了一封冗长而含糊的信,且出现了很多拼写错误。沃森在信中再三道歉,懊悔让海丁格尔感到不痛快,承认自己辜负了德国人的友谊。他回想了一番自己在柏林的美好时光,枚举了自己和德国大使共享的晚宴,并向海丁格尔保证:"你一点也不用担心。只要我和德国还有业务来往,你与德国政府的联系就不会断。"沃森解释说自己并没有不尊重海丁格尔,并将这一切归罪于一个简单的书写错误。沃森声称,在要求任命赫梅尔的原版电报中,"有一处被错误引用了,我在口述的时候，说的是'建议'，但秘书写成了'要求'……我的处事原则一直都是如此……我会建议，而不是要求"。

建议，而不是要求。

沃森的信并没有起到安抚作用，海丁格尔变本加厉地回击了他。"收到您的信，我真是非常高兴……您说问题的主要原因是您将'建议'错用成了'要求'……这似乎很好地解决了问题……看到您在解释电报中的错误措辞时，那友好的态度……我几乎无法表达自己有多开心。"海丁格尔不无讽刺地回应道。

海丁格尔的信通过电报发给了罗特克，随后，罗特克乘坐"罗斯福总统"号跨越大西洋，前往纽约。罗特克通过电报，重新将信的内容打在了信笺上，他一到纽约就将信交给沃森。沃森最后决定将赫梅尔提升为高级管理人员，而不是董事会成员。这场冲突告一段落。之后，沃森将12月的那份电报的原始文件发给了罗特克。文件的第二行就打着"要求"一词。沃森将"要求"画掉，但经过一番考虑过后，他又把"要求"写了回去，并签了名。而"建议"二字从未出现在文件中，一直都是"要求"。

联盟！联盟！

1934年1月8日。

巨大的卡斯塔德豪斯（Karstadthaus）人口普查综合大楼位于柏林亚历山大广场，大楼内有一个偌大的穿孔卡操作室。在这个操作室的一角，早晨的阳光透过一排排大窗户，在人们身后流动，数十位普鲁士统计局官员、身穿军装的纳粹党领导、穿着上好西服的德霍梅格要员齐聚一堂，共同见证即将到来的数据处理新革命，并正式与IBM结成联盟。

他们双手交叉，或背在身后，或放在皮带扣上，心中满怀虔诚与敬畏，因为德国要正式启用新厂，来生产霍尔瑞斯机器了。普鲁士统计局的主席霍普克（Höpker）博士发表了简短的讲话，用了一些模棱两可却浅显易懂的委婉用语："德国工人党遇到的不可抗力……要求我们以前所未有的速度得出人口统计结果。"他补充道："德国统计学家最能理解这种急躁的心情。"随后，他又明确说明了穿孔卡是如何工作的：根据人种与宗教等特征来编写德国民众，让我们可以知晓这些匿名者的信息。

相邻的大厅里发出嘈杂的"咔咔"声和"呼呼"声，就像蝗虫成群结队地飞过草地。海丁格尔走上台前开始讲话。他将要向德国呈递一个无所不能的礼物，并实现个人毕生的梦想，他带着顽固理论家的激情，将人口统计学比作德国人口所需的"外科手术"。

海丁格尔对着一大群纳粹军官讲道："医生在检查人体后会确认……是否所有器官的运作都有益于整个机体。我和德霍梅格就很像医生，我们会解剖德国文化这个身体，然后检查它的每一个细胞。我们会将人的各种特征记录在……一种小卡片上。这些卡片并不是死的，当它们按某些特征，以每小时 2 500 张的速度被分类时，便活了起来。这些特征如同德国文化的器官；而后，我们只需借助制表机，就能进一步对其进行计算和裁决。"

海丁格尔说："我们很自豪能为这项任务提供帮助，这项任务会为祖国的医生阿道夫·希特勒提供所需资料，以便他进行检查。然后，我们的医生就会计算那些信息是否与人民的健康协调一致。这也意味着，如果情况不符的话，我们的医生就会通过手术来矫正病症……由于我们的特性深深根植于种属中。因此，我们必须像对待圣殿一样去珍爱我们的特性，并保持它们的纯洁性。我们深信我们的医生，也会不顾一切地追随他的指引，因为我们知道，他会带领人民走向更美好的未来。向人民与元首致敬！"

随后，这群人从这幢巨大的建筑物中鱼贯而出，驱车前往柏林郊区安静的里希特菲尔德区，准备参加 IBM 新厂的开幕仪式。上午十点半，德霍梅格的员工为了见证这一重大仪式，都放下了手头的工作，聚集起来。当时的柏林正值冬季，新厂周边的高大树木还是光秃秃的一片。在四层高的新厂前，那个用"卐"字旗装饰的广场被数百名居民挤得水泄不通，其中有单纯看热闹的，也有衷心祝福的。

临近中午，纳粹冲锋队队员整齐列在德霍梅格新厂前门走道的两边。冲锋队第九团的乐队开始奏响纳粹的胜利之歌。在歌声中，纳粹党的高管迎面走来。

德霍梅格还邀请了相关部门的要员出席这次仪式，这些部门对 IBM 与第三帝国的合作有着重大影响。德意志劳工阵线的代表人是鲁道夫·施梅尔（Rudolf Schmeer），德意志劳工阵线领导人罗伯特·利（Robert Ley）博士在紧要关头时的替身。德意志劳工阵线是一个好战的组织，负责调动数百万失业中的纳粹分子，让他们得到新的工作，或原属犹太人的工作，此外，德意志劳工阵线还会征召德国人进入军队。毋庸置疑，利博士和德意志劳工阵线对德霍梅格十分重要。当德霍梅格负责人听闻利博士抱恙时，还特意将开幕式推迟了两天。利博士确认在短时间内无法康复，便急忙将这件事交给施梅尔负责，让施梅尔带上一群大有来头的随行人员。至此，德霍梅格才正式启动开幕仪式。

站在施梅尔身旁的是A. 格利策（A. Görlitzer），他代表纳粹冲锋队，一个粗暴而完备的队伍，也是希特勒武装力量中的一把利刃。当约瑟夫·戈培尔（Josef Goebbels）成为宣传部部长后，他在纳粹冲锋队中的职位便交由格利策担任。格利策穿着战斗军服、黑亮的皮靴出场，这就证明了，在希特勒的后续计划中，德霍梅格将会起到重要作用。

受邀的纳粹军官缓缓走过仪仗队，褐衫党徒向斜前方绷直了手臂，行纳粹礼。施梅尔、格利策等领导人也以纳粹礼回敬。不过，这敬礼却十分随意，他们的手臂并没有伸直，手掌也是张开的，而且只是略高过肩膀，这恰好显示了他们自负的心理。

德霍梅格的接待厅里花团锦簇，纳粹党的合唱队奏响了慷慨激昂的音乐。一个硕大的"卐"字图案占据了演讲台的前方，后墙上还悬挂了一幅更大的"卐"字旗，几乎覆盖了整面墙壁。为了记录这个重大仪式，一个环形的高大麦克风在旁边随时候命。

德霍梅格的重要客户也出席了开幕式。海丁格尔的宾客名单上有包括德国国家银行在内的金融机构、警察部门、邮局、国防部、帝国统计局等重要机构的主管，还有德国铁路的一支高管团队。

未来就在眼前，届时将会涉及各种名字、警察档案、集中营、银行账户及资产转移、战争事务及武器生产、源源不断的统计与登记活动，还有不计其数的火车。总之，此时汇集在一起的人和组织，将会用一些全新的方式极大地改变未来。

沃森的个人代表沃尔特·迪克森·琼斯同样出席了仪式。琼斯是巴黎办事处的管理人员，负责统筹欧洲业务，是IBM加拿大子公司的董事长。

被包围在"卐"字旗之中的琼斯深受触动，他第一个登台发言。他用德语宣布："能代表IBM的总裁托马斯·J. 沃森先生出席仪式，并跟大家一起参加这座壮丽工厂的开幕式，我倍感荣幸……这将是德霍梅格新的、永久的家。"

琼斯演讲时，他反复使用了纳粹流行语来谈论德国的经济复苏。他还表示，沃森先生十分赞同建立这所新工厂："因为他认识到，贵机构快速发展，现有的场地已不够用……现在的时机也正合适……这将能启用闲置的工人，从而帮助那些……失业者。"在整场演讲中，琼斯多次提到沃森的名字，并称赞道："贵国政府从事的伟大事业，旨在让每个德国公民都能拥有一份工作。"

海丁格尔走上演讲台时，偷偷瞥了一眼西服外套口袋上那条装饰用的小手帕。他的情绪显然非常激动："我能在此刻，在这里参加开幕仪式，对我而言是个近乎神圣的举动。"他回顾了德霍梅格的动荡历史，描述了这家小公司是如何在资金短缺、一战和战后的恶性通货膨胀等一系列困境中坚持下来。

海丁格尔还在因是否任命赫梅尔而与沃森斗争，但在这个代表着纳粹主义蓬勃发展的时刻，他向沃森表达了感激之情。海丁格尔在讲述IBM对德霍梅格的收购时，没有再说这是一次恶意接管，而是将它看作德国人民的慷慨朋友提供的一次经济援救。海丁格尔说道："我期望，德霍梅格的贷方IBM显示出的高贵精神永远不被超越。我对这种高贵精神表示最衷心的感谢……是IBM的总裁托马斯·J.沃森管理着这家伟大的公司……在德霍梅格的危难时期，IBM本可以宣布德霍梅格破产，进而全面接管德霍梅格……但IBM不仅没有这么做，反而选择购买德霍梅格的股份。"

海丁格尔不断提到"再就业"这种陈词滥调，他还允诺说，德霍梅格会为德国公民提供"面包与工作"。他以同样的语调继续说道，IBM将节省下一次大型开幕宴会的费用，向"冬季补贴"①（Winter Subsidy）捐献1万马克。

之后，海丁格尔揭开了一块纪念新厂成立的牌匾，并指出这一切都是"为德国民族的觉醒"以及"为德国人民的未来"而做。最后，海丁格尔祷告道："愿天堂的祝福能降临此地。"

施梅尔代表强大的德意志劳工阵线做了最后的陈词："女士们，先生们！尽管许多人对德国的现状表示怀疑，其中不仅有德国的敌人，也有那些愿意勤勤恳恳工作的德国公民。但实际情况是，德国正在希特勒的领导下走

---

① 纳粹组织的一个项目。旨在为那些因国际反纳粹抵制活动而失业的人士提供救助资金与食物。——译者注

向辉煌。启动这家工厂……表明了，希特勒在去年规划并踏上的这条路是正确的，因为这条路让人们对德国的经济有了信心。过去，人民并非不愿意投入工作中，而是对德国经济缺乏信心……在场的员工会留在这个工厂，并永远在这里工作……这个工厂的产品将会助我们的人民一臂之力，让他们更好地前进。"

说到这里，施梅尔心中泛起一股崇敬之情，他将手臂向前伸直，并大声叫嚷："现在，我请求大家收起我们的欢愉，大声喊出'元首阿道夫·希特勒，胜利万岁'！"人群也大声回应："胜利万岁！"而后，合唱队唱起了国歌——《德意志高于一切》（Deutschland über Alles）。

酒足饭饱之后的褐衫党出场了，他们满怀激情与信心，沉浸在这美妙的时刻，唱起了《霍斯特·威塞尔之歌》。

> 很快希特勒的旗帜将飘扬在所有街道上，
> 我们被奴役的日子将不会再持续很久了。

对IBM和德霍梅格而言，这是不同寻常的一天。两天后，琼斯将这些演讲的详细译稿寄给了沃森，还附上了一份热情洋溢的信件，他在信中写道："我作为您的代表，出席了这次开幕仪式……我从未见过比这更有趣的仪式。"琼斯在信中附上纳粹人员的出席名单，甚至表明"接任戈培尔管理纳粹冲锋队的格利策"也在场。他还很自豪地提到"纳粹冲锋队和合唱队也随同纳粹高管出席"，并允诺IBM的领导人，会寄回大量的照片。

沃森亲自给海丁格尔发了一封信件，告诉他："琼斯先生给我寄了一份文件，是关于您在柏林新厂开幕式上的讲话……我饶有兴趣地读完了……您表达想法的方式，是您应该为之自豪的。"德霍梅格对这次开幕仪式感到十分得意，于是打印出照片和演讲文字稿——包括工厂工作人员和人口普查综合大楼人士的演讲，以纪念这次活动。

现在，没有回头路了，IBM已和纳粹党紧密相连。"卐"字旗和企业口号找到了共同的立足点。不久后，IBM的机器就会根据犹太人居住的城市和从事的职业，夜以继日地发出"咔哒咔哒"的响声，将他们的名字筛选出来，而且速度越来越快。德霍梅格是第三帝国的信息传递员；同样，在纳粹规划师的眼中，德霍梅格也占据了一个特殊的地位。对德霍梅格和

IBM 来说，这是一个令人敬畏的职责，它们二者也都以教条主义般的热诚接受了这个职责。

纳粹党控制下的一家报社《德意志》（*Der Deutsche*）特意派出一名记者去报道里希特菲尔德的庆典。这家报社准确描述了德霍梅格的感受，并引用了海丁格尔在解释德霍梅格本质时说的话。海丁格尔说："父母决定了孩子的品质。同样，创造者也决定了公司的品质。"

德国正在悄无声息地制表。

当希特勒的花言巧语在阅兵场和广播电台中肆无忌惮地播放时，当纳粹冲锋队在大街上驱赶着受辱的犹太人时，当第三帝国颁布的法令和地方性政策将犹太人赶离岗位、赶出住宅时，当吵闹而令人发指的迫害活动在震惊整个世界时，一个程序正悄无声息地进行着——德国实现了自动化。

霍尔瑞斯系统不仅可以计数，还可以制表、分析和计算。这一切都在它的控制之下。

当前已有数十套霍尔瑞斯系统为德国的一小部分工业公司和政府机关所用。不过，希特勒的第三帝国发现，在实现霸权的过程中，可以通过大范围使用霍尔瑞斯系统的自动化功能，来组织并控制私人生活和经济生活的方方面面，大到企业联盟，小到地方商铺。就像纳粹会根据最细微的特征来分类和管制德国人一样，纳粹也会事无巨细地分析德国企业，然后要求这些企业遵守自己创造的规则。德国经济可能会复苏，人们也能再次回到工作岗位。不过，这都是为了实现一个全面协同的纳粹目标。

一场声势浩大的全球性活动阻碍了德国实现经济复苏，延长了德国的低就业状态，抵制了德国的贸易活动。它意在破坏德国经济，并推翻希特勒专权。但是 IBM 却调用了经济与工业力量来阻止这一切。总经理罗特克在里希特菲尔德工厂开幕式上已表明了 IBM 的态度："我们能以此来协助政府解决失业问题。""工作和面包"是 IBM 和德霍梅格在描述这次与第三帝国的合作时一再强调的，二者都表示会全力支持纳粹党实现目标。就像海丁格尔所说，"集体利益大于个人利益"。

霍尔瑞斯系统成了德国的行政管理工具，监管着德国人的生活。穿孔卡使得整个第三帝国一直处于备战状态。而对 IBM 而言，这是一个积累财富的机会。

德霍梅格的客户名单可谓金光闪闪，有电气集团企业，如柏林的西门子公司和奥格斯堡的莱赫电力公司（Lech-Elektrizitätswerke）；重工企业，如杜塞尔多夫的曼内斯曼公司（Mannesmann）和法兰克福的法本公司（I.G. Farben）；汽车制造商，如吕塞尔斯海姆的欧宝公司（Opel）和斯图加特的戴姆勒-奔驰公司；连锁零售企业，如柏林的沃尔沃斯（Woolworth）和赫尔特（Hertie）；光学材料制造商，如耶拿的蔡司公司（Zeiss）和德累斯顿的蔡司依康公司（Zeiss Ikon）；巧克力制造商，如唐格明德的巧克力工厂（Schokoladenfabrik）；咖啡制造商，如不来梅的A.G.咖啡贸易公司（Kaffee Handels A.G.）。

航空发动机制造厂：10位客户；煤炭开采行业：7位客户；化工厂：18位客户；电器产业：10位客户；汽车行业：11位客户；造船业：2位客户；铁路、公共汽车、电车等交通业：32位客户；保险公司：26位客户；银行：6位客户；公用事业：16位客户；钢铁业：19位客户；涡轮机、发动机和拖拉机等制造厂：7位客户。

除上述行业之外，还有制革、洗衣机生产、烈性酒、涂料和油漆、香烟、香水、轨道车装配、滚珠轴承、橡胶、石油、鞋、人造奶油、石棉、炸药等行业。国家邮局、国家铁路、养老基金会和海军等也在名单之中。

德霍梅格巧妙地掌控着整个第三帝国的数据运算。工资表、库存调控、材料强度计算、人事管理、金融管理、行程安排、产品用途、生产监控，几乎没有行业不受益于穿孔卡技术。

此外，每一名客户都需要很多台霍尔瑞斯机器。霍尔瑞斯系统涉及一整套相互关联的设备，而这些设备又能通过一系列不同的配置制造出来，包括穿孔机、打样机、校样机、分类机、制表机、字母排序器、倍增器和打印机。法本公司在奥芬巴赫、比特费尔德、柏林、赫斯特等地安装了一大批霍尔瑞斯机器；戴姆勒-奔驰公司则在柏林、斯图加特、格莎根等地使用了霍尔瑞斯机器；容克（Junkers）飞机制造厂在马格德堡、利奥波德霍尔（Leopoldshall）、克滕、德绍等地配备了霍尔瑞斯机器。德国的各个自治市都用上了霍尔瑞斯机器。单法兰克福的公共工程部就使用了大量穿孔机、校样机、制表机、倍增器和分类机。无论是联邦、地区还是地方统计局，都无法租用到足够的霍尔瑞斯系统。

纳粹德国的"一体化"政策，要求相关人员必须把数据清单陆续交给政府机关、纳粹化的贸易协会以及统计机构。相关官员和政府法规都要求企业安装霍尔瑞斯机器,以确保能够准时、快速、统一地处理各种报告,并绘制成表。帝国统计局 I 部正式受命,负责协助企业使用精细的霍尔瑞斯系统。统计部门也雇用了成千上万名员工来处理大量的统计数据。

在德霍梅格的协助下,德国开始以意想不到的效率进行人口统计。第三帝国的铁道部是德霍梅格的重要客户,而且,埃森市、科隆市、纽伦堡、美因茨、法兰克福、汉诺威等,几乎所有重要城市之间的铁路都配置了德霍梅格的全套系统或部分系统。每年都有约 1.4 亿名乘客通过德霍梅格的卡片分类系统订票。穿孔卡使火车能按时运行,甚至可以在火车拉货物的时候,估算火车引擎的运行效率。这大大提高了铁道部门的工作效率,过去,部分铁道部门此前需要 300 个员工花费 6 个月完成的统计量,现在 15 个员工在一周内就可以完成。

得益于德霍梅格的系统,克虏伯公司(Krupp)、西门子和德意志银行等客户能够将运营成本和办事人员的数量降低一半之多,并把节省下来的人力与财政资源投入到可出售的商品与服务中。公司还可以根据需要在不同的工厂间转移劳动力,德意志劳工阵线也能在不同的城市里部署劳动力。

德霍梅格为满足快速增长的需求,给里希特菲尔德工厂配备了 1 000 多名新员工。在工厂的每个角落,那些新安装的机床都配备了霍尔瑞斯机器。贝林格 & 卢伯克(Beling & Lübke)的精密车床、永诺(Jung)的平面磨床、博利(Boley)的铣床、希勒(Hille)的高速钻机、奥尔巴赫 & 沙伊贝(Auerbach & Scheibe)的三轴钻床、蒂尔(Thiel)的金属锯片、卡尔格(Karger)的螺纹车床以及环球(Universal)的磨床,这些机器在车间里嗡嗡作响。金属刨花、油罐、铁棒、锡制线圈、滚珠轴承、合金板材、橡胶滚筒,以及弯曲的胳膊肘、眯起来的眼睛、不断拾取零件的双手和用工作服袖子擦拭过的眉毛,汇集成了一个制造业上的奇迹。IBM 员工的激情和纳粹分子的忠诚融为一体,迅速让第三帝国恢复元气并强大起来。

里希特菲尔德工厂里的一切都井然有序。工厂成立了一个"冲击部门"(Shock Department)来快速生产备用配件,并翻新 IBM 的一家废弃工厂,将其整修为工作车间。此外,德霍梅格每年耗资 1.2 万美元,在工厂外租用了一间约 1 200 平方米的仓库。拥挤不堪的里希特菲尔德工厂连走廊的空间也变得十分有限,而工人还需不断来往于工厂与仓库之间,装货卸货。海丁格尔就此在一份报告中向 IBM 纽约总部诉苦:"我们的生产规模快速增长，但工厂的每个角落都塞满了人和机器，空间不足的问题日趋严重。"

德霍梅格能够快速发展，不仅是因为霸道的商业管理模式，还得益于纳粹德国境内的全新领域——种族科学（Race Science）。通过证明调查对象是否有雅利安血统，或通过揭露其是否有犹太血统来鉴别种族，这项活动一夜间成了一门大生意。只有霍尔瑞斯系统拥有能大量鉴别犹太人的技术，因此，也只有德霍梅格能够有效地解答纳粹种族科学家渴求的答案。

绝育计划：精英崇拜者的武器

长久以来，起源于国际优生运动①（International Eugenics Movement）的种族科学在纳粹文化的背景下，一直都是一门伪科学。在两个因素的共同作用下，该学科领域在德国便从"值得商榷的问题"转变成了"有利可图的现实"。当第三帝国制定了大量反犹法令与限制条款来驱逐犹太人，净化雅利安血统时，这场种族科学运动便开始了。但是，其最初的成果不尽如人意，因为德霍梅格在1933年进行人口普查时发现：一次普查并不能辨识出所有犹太人。

德霍梅格编译的数据显示，在德国的犹太人只有50万左右，不到德国总人口的1%，比1925年全国人口普查鉴定出的犹太人少了6.5万人。第三帝国的统计学家认为，数据下降证实了"新的政治秩序引发了一股猛烈的移民之风"。然而，纳粹分子仍认为，这50万犹太人仅是最易辨认的那一部分，即他们所说的"虔诚的犹太教徒"（Practicing Jews）。

纳粹分子在定义"犹太性"时，依据的不是简单的宗教信仰，而是血统。那么，他们需要从多久前追溯一个人的犹太出身？纳粹理论家就此展开了激烈讨论。有人建议考究调查对象的祖父母是不是犹太人；有人则建议，必须追溯到四代之前。还有部分人坚持要追溯到1800年，即犹太人被解放，并受德国社会同化以前。

第三帝国的统计学家在研究了1933年的人口普查后，根据调查对象的职业分布得出了一个结论："在脱离犹太教的独立从业者中，还存在着相当多的犹太人。1933年的人口普查没能够将这些犹太人记录下来。这意味着，

---

①即在北美和欧洲兴起的一种歧视性运动，对在竞争中处于劣势地位的人，以及弱智、伤残人士进行绝育、驱逐等行为。——译者注

虔诚的犹太教徒只是德国犹太人的一部分,实际上,犹太人对我们文化生活的渗透很可能要深得多。"

纳粹分子估计,居住在第三帝国的犹太人,无论受洗与否,其真正的数量远远比原先认为的60万要多,但没人能确切知道他们的数量。为了解决这个问题,纳粹的种族科学家设计了一条怪异的数学公式来将犹太人分成不同级别,比如犹太人、1/2犹太人、1/4犹太人等,划分依据是取决于这些人的父母和祖父母辈中犹太人的数量。然而,一旦考虑到其他的变化因素,如再婚和离婚,这条公式就完全违背了逻辑。

不管是否合乎逻辑,这种追溯几代人、通过何时出生、何时去世、是否受洗等数据的交叉索引来鉴定血统的需求还是在德国流行起来。种族法令强制规定,某些行业只能由雅利安人任职。于是,个人、公司、学校、教堂,以及各行各业都忙于证明自身具备纯正的雅利安血统,并驱逐非雅利安人。此外,在鉴定种族血统时,身高、身材、金发、蓝眼睛等外在特征也都是需要考虑的因素。

语言在此时起着推动作用。公共卫生、医药、国籍、外来者、家族与家谱、遗传特征,甚至德国人,这些词都带上了"反犹"的寓意。犹太人被统一归为外来者,还时常被视为疾病的携带者。纳粹将种族的不纯洁看作公共卫生方面的问题,且认为只有雅利安人才有资格当德国人。于是,"德国人"这个词开始具备了"排他性"。

伴随着不断增加的人名、管辖区域和赞助商,政府机关、私人机构与伪学术组织形成了一个既相互竞争,又相互交叠的混乱网络。这些组织或直接,或间接地受益于霍尔瑞斯发明的高速技术,它们利用这种技术分类大量手写或手动输入的族谱资料,从而构建起家族树。霍尔瑞斯机器一般不会被安置在这些组织内部,而是在其他地方,例如第三帝国统计局的统计部,由统计部职员将经过分类的表格加工成种族统计数据。最初的几年里,霍尔瑞斯机器的管理状况十分混乱,没人知道有多少机构在哪个地方使用了哪台机器。不过,有一个信息是明确的:德霍梅格的霍尔瑞斯系统是让第三帝国将个人信息加工成表的唯一方法。

德国复杂的种族科学最终有了自身的官僚系统,元首办公室开始管理种族政治办公室的事务,德国司法部授权其下级法院裁定关于遗传健康的问题。约瑟夫·戈培尔的宣传部则授权Ⅱ部处理犹太政策、大众健康及人口等问题。德国劳工部的劳动与失业办事处则制定了鉴定外来者（即犹太人、非雅利安人）的标准。

内政部建立了德国血统保护委员会，这是种族科学开始维护德国血统的标志。其中，Ⅰ部负责处理种族法律与政策；Ⅳ部负责研究人口政治学、遗传卫生、医药统计学；Ⅵ部则负责处理德国境内的外来群体。

隶属内政部的帝国卫生部也设立了两个特殊的单位：L部，负责遗传健康与种族卫生；M部，负责监督遗传研究。此外，为内政部提供咨询的帝国公众健康委员会还管理着一个负责处理遗传及种族卫生的分支机构。

在完全依赖IBM设备与技术支持的第三帝国统计部，Ⅳ部不仅要负责处理人口普查、家庭成员与家族记录等传统数据，还要负责处理国籍、人种等统计数据。科学与教育部设立了专门的办事处来进行种族与遗传研究，并负责监督德皇威廉二世人类学、人类遗传学和优生学协会的工作。

纳粹党也建立起大量有组织的、非正式的特殊咨询机构，向相关人员提供种族卫生与公众卫生方面的信息。

致力于种族科学事业的各大办事处不仅会研究有据可依的档案，还会参考谣言、恶意匿名信和报复性言论。某个人的雅利安出身受到质疑，是很常见的事。不论是出于国民责任感，还是仅仅由于恐惧，每个人都被迫面对自己的种族成分。致使种族等级活动达到巅峰的是一个附属于内政部的组织。该组织早在1933年之前就已经存在，起初名为"纳粹信息部"。几经更名后，该组织最终取名为第三帝国家族部，持有判定谁是犹太人或雅利安人的最终决定权。

经过统计得出的数据表格往往是分散的，再加上它们需要经常交换和更新，会显得十分混乱。为了满足当局对穿孔卡数据的需求，内政部的高级官员想出了一个异想天开的提议，即修建一座25层高的环形信息塔来综合处理所有的数据表格。鉴于修建信息塔和储存信息要花费多年时间，这个提议被驳回了。不过，这个极其新颖的观念却拓宽了第三帝国规划师的视野。这个构想中的信息塔有25层，每层楼有12个圆形房间，每个房间储存着某个特定月份的信息，12个房间便是完整的一年。此外，每个房间里都有31个储藏柜，对应着每个月的每一天，而每个储藏柜中又分别包含了7 000份人物名单及档案。之后，从人口普查局送来的登记记录与最新信息就会按部就班地放进相应的储藏柜。无论德国那6 000万人口是否更换了住所，只要通过交叉索引，就能通过相关信息进行定位。约1 500名通讯员像被磁场吸引了似的，在不同房间之间来回奔跑，拿取文件，以获得需要的数据。

名单确实无处不在。警察局、职业介绍所、专业协会、教堂、纳粹地方机关、党卫军国家安全部（SD）等机构都留有非德国人的名册。而掌管党卫军国家安全部的人，便是外号"刽子手"的莱因哈德·海德里希（Reinhard Heydrich）。

隐藏在海德里希所掌管的柏林办事处深处的研究部，在共济会（Freemasons）成立了登记处。1934年，在共济会内部，党卫军国家安全部那些默默无闻的专家对工作表现出了极大的热情。其中，有一位刚从达豪集中营调来的下士，他在登记处工作时十分忠心，且乐于付出，于是被重新指派到犹太部Ⅱ部门第112分部工作。在那里，他接触到了更多的名单。这名下士便是阿道夫·艾希曼。

随着德霍梅格设备的交叉索引能力变得越来越强大，其分类程序也变得愈加精细，因此，种族研究人员能不断挖掘出更多关于犹太人或者具有犹太血统的人的深层信息。对德霍梅格而言，这些统计学上的成就既是其科学研究的成果，也是竞争优势。而培训客户也就成了德霍梅格的家常便饭。

1934年8月，德霍梅格的内部出版物《霍尔瑞斯新闻》（*Hollerith Nachrichten*）刊登了一篇题为《利用霍尔瑞斯穿孔卡处理程序改良统计相关性分析》（*An Improved Analysis of Statistical Interdependencies via Hollerith Punch Card Process*）的文章，赞扬了先进的数据处理优势。该文章阐述了如何更好地解读繁琐的统计数据，并计算出相关的可能性。作为论证德霍梅格观点的重要例子，该文章引用了"医药领域、遗传学与种族科学"的内容。该文章表明，可以根据"父亲及其孩子的体格，子女数量和父母的状况和年龄，以及不同的种族特征，甚至是否罹患白喉"来制作复杂的表格。文章进一步解释道："尽管向工商企业采集的数据正在稳步增长……行政档案的数量也在增多，但是由于人口普查和其他调查工作的干扰，数据分析工作的速度并没有明显加快。因为缺乏人力……在整理已取得的数据时……总会受到限制。这远远不够……要收集大量信息，而且只有获得大量信息才能得出结论……并确保能对未来和现在的情况做出可靠估计。"

在纳粹分子心中,"种族纯洁性"不仅是一句流行语,更是一种痴迷。纳粹分子不只想让雅利安人统治德国,还想让雅利安人成为高等种族——高大强壮、金发碧眼,智力和体魄都胜人一筹。在德国,优生学变成了一种精英崇拜。纳粹分子设法清除德国人口中最脆弱的一部分,不管这些人的出身如何,也不管他们是不是德国公民。精神病患者、病残者、同性恋、犹太人、吉普赛人以及一群被贴上"反社会标签"的人,在未来的德国中均没有容身之所。

1934年夏,第三帝国又采取了下一步行动。借助从医疗机构和保险公司等组织机构收集而来的信息,第三帝国开始了"绝育"计划,其指导方针一开始就明确要求,相关人员要辨识出那些被视为疯子、智障、癫痫患者、躁郁症患者的人。

1934年,第三帝国颁布了两条法令。一条是1934年7月颁布的《健康系统简化法规》(*The Law for Simplification of the Health System*),要求医生详细填写病人的健康报告。随后,这些健康报告会送往第三帝国的卫生部,并最终由帝国统计局及其分部利用霍尔瑞斯系统进行处理。经过处理的信息,在与医疗保险调查问卷中的内容相比对后,就可以得出一份完整的优生学档案。第二条法令是《遗传病预防法》(*The Law for the Prevention of Genetically Sick Offspring*),于1934年1月生效。德国的优生学理论家设计了一套令人费解的规则来确定某些人是否有缺陷基因,进而决定这些人是否该被消灭。

随后,优生学伪学者和纳粹统计学家又萌生了新的想法。他们认为一个人是否有生存权利,取决于他能给纳粹社会带来多少净价值。1934年,巴伐利亚统计局局长弗里德里克·赞恩在德国统计学刊物《统计档案》发表了一篇文章,题为《统计学目标之人的经济价值》(*The Economic Value of Man As an Object of Statistics*),指出:"统计学的直接目标,人的唯一价值就是经济价值……和劳动生产率。我们利用统计学所做的事情完全符合国家社会主义工人党的理念。"

赞恩呼吁:"我们得记录下威胁生产率的因素……疾病、残疾、失业,以及没有完成工作任务的因素。"他表示,人口工程将依赖大量数据分析,包括所有卫生机构、处理残疾的责任保险公司、处理失业问题的政府部门所提供的统计数据,甚至还包括学校里的实验数据。

纳粹遗传学专家担心，如果一个人显示出某些不良的特征，那么其父母或孩子很可能也带有这些污染基因库的特征。某位统计理论家猜想，每个病患的父母污染基因库的可能性可以达到25%。因此，一旦发现拥有劣质基因的人，他们自身连同父母以及后代，包括新生儿，都需要"绝育"。

很快，"绝育"的对象从身体素质层面扩大到社会行为层面。此时，被称为"反社会者"（Anti-socials）的人群，即不适合劳作的人，也成了攻击目标。一位种族科学家认为"反社会者"的"个人行为、社会行为和民族行为都出现了问题。这些人因性格问题而无法达到最低限度的社会要求"。官方则称："每个人都会遗传到不可更改的精神状态。有些人的行为会不断与政府机关和法院的理念产生冲突，因此威胁到全人类的生存。其中就有卖国者、出卖民族的人、性变态者以及'神秘的犹太人'。不过，数量最多的还是'不愿工作的寄生虫'。"

强制性的"绝育"计划主要针对那些在身体上或精神上低人一等的人，并没有考虑这些人属于哪个种族或哪个国家。但是，根据新的反犹太主义条款规定，"绝育"标准不仅适用于具有低等特质的人群，也适用于德国境内的所有犹太人。

在德国境内，医药、健康和福利行业几乎都利用德霍梅格系统来统计数据（这些数据会由使用机构或第三帝国统计部处理）。《霍尔瑞斯新闻》不断向新客户推广人口工程技术。德霍梅格在一篇题为《霍尔瑞斯穿孔卡处理系统在福利与社会安全领域中的使用》（*The Hollerith Punch Card Process in Welfare and Social Security*）的文章中自夸道："霍尔瑞斯机器能快速而有效地分类数据，福利管理局的主管因而可以自如应对一大堆问题。每一个有趣的统计特征……都能通过一个基本工具被概括起来。这个工具就是霍尔瑞斯穿孔卡。"

调查表虽是由人填写的，但它们还得由德霍梅格的工程师以及研究残疾或福利的纳粹专家合作设计，因为最终数据都会录入霍尔瑞斯穿孔卡里。德霍梅格提醒用户说，所有的调查表都必须符合霍尔瑞斯系统的技术要求，这是毋庸置疑的。表格的左下角一般会印有几个大字——"由穿孔卡片办事处"，以说明处理表格的场所，而这个地方一般都是内部机构。

坐在医生办公室里的患者和排队领取福利的穷人永远都不会知道，他们填写的常规个人信息将会决定自身的命运。如果对方是外国人，工作人员就会在第 11 个问题上打"✓"。之后,相应的穿孔卡就会在第 29～30 列,即国籍区域,记录下这个信息。

对许多职员和医生来说,编码是一项全新的工作。《霍尔瑞斯新闻》曾多次刊文来教读者正确填写表格,以便霍尔瑞斯系统解读。其中,就有一篇文章提醒职员要在某些列中,将人们的不同特征编进不同的孔位:在某一列中,"反社会者"会被编入孔 1;而在另一列中,"失明"被编为孔 1,"有精神疾病"为孔 2,"跛脚"为孔 3,"聋人"为孔 5。已被"绝育"的父母的表格上会标有"s",因父母染有疾病而被"绝育"的孩子的表格会标有"as"。

制服上的编号则是为区分不同职业而设立的。工厂劳工是孔 19,酒店和旅馆的工作人员是孔 23,剧院的工作人员是孔 26,无业人士是孔 28。这些编号都会被填写到表格的第 8 列上。

疾病也要编号:流感,孔 3;狼疮,孔 7;梅毒,孔 9;糖尿病,孔 15。这些编号被填写在第 9 列上。

随后,表格上的信息就会被打到穿孔卡上,再由机器分类。

如果某个机构没有足够的人力来登记信息,或没有充足的资金购买机器,德霍梅格就会代它处理数据。例如,保险公司就会将季度资料送往德霍梅格进行处理。"量"是一个很重要的因素。德霍梅格曾在广告中说:"德霍梅格为您服务,'员工人数超过 1.5 万人'的保险公司都可尝试德霍梅格的服务。"

德霍梅格发行的图表、组织表和工作流程图进一步增加了它在数据处理领域的成就。任何机构都可以根据繁琐的工作流程图来处理机构内部的重要人事档案。这些手写的表格与调查问卷经过分拣、校样、再分类、制表等十几个步骤的处理后,才能获得最后结果。看着这种用钢笔或铅笔填写的普通表格,你也许无法知晓这些文件需要经历怎样的曲折过程。

许多德国城市都在利用霍尔瑞斯系统研究种族科学,汉堡就是其中之一。汉堡的医生将大量病人的资料上交到中央健康护照档案部(Central Health Passport Archive)。后者在需要时便可检索这些资料,也可以与其他登记处交换信息。例如,档案部的官员会用信息来换取"各种健康与福利机构、经济福利、青年和教育福利、法院判决、特殊寄养、'绝育'手术……以及其他机构或判决中所涉及的人格评估信息"。

种族学变得前所未有的强大。统计学家赞恩称赞道："我们能对接受登记的对象进行持续追踪，通过与统计部门的合作……其他的人口统计问题也能得到解决和调控。"他提议："要建立一份涵盖全部人口的档案，这样才可以用人种的生物诊断将今天的理论转变成明天的行动。这样一份档案会有利于实际行动，也有利于科学理论的发展。根据人口中的遗传病数量所制定的详明图表……为科学带去了新动力，让科学研究得以更顺利地开展……这些研究会促进优良族群基因的产生，而不是低劣的族群基因。"

依据轶事证据[①]和霍尔瑞斯数据，遗传健康法院（Genetic Health Courts）负责裁定遗传诊断和日常评估。被告包括不幸的父母，只因他们生下了患有先天性缺陷的小孩；无辜的新生儿，只因他们的信息在统计数据上有些可疑；茫然无助的人们，只因他们被这个发了疯的世界谴责为抑郁患者或精神紊乱者。除此之外，甚至那些无法适应纳粹大环境的人也被囊入其中。

1934年，即德国开始绝育行动的第一年，遗传健康法院处理了84 600个案件，并对62 400人执行了强制绝育。1935年，该法院共处理88 100个案件，并对71 700人执行了强制绝育。

然而，现实最终证明，绝育行动不过是全面清洁第三帝国的前奏。赞恩在统计学杂志上写道："根据种族卫生提出的原则，人口政治必须提高基因库存的质量，阻止低等生命的繁殖。这也就是说，我们既要筛选出优等个体，又要清除有害基因。而种族生物诊断是执行这项任务时不可或缺的工具。"

败落的人性，经济战最大的助力

赫尔曼·霍尔瑞斯在设计第一张穿孔卡时，就将其设计成了1美元纸币的大小。

对IBM来说，信息就是金钱。德国的政府机关或企业需要处理的数据越多，就意味着对机器的需求越大。同样重要的是，一旦一台机器被租借出去，就不可避免地需要大量穿孔卡。通常，制一次表就会用到数千张

---

① 指这个证据来自轶事事件，由于样本比较小，没有完善的科学实验证明，因此，这种证据有可能是不可靠的。——译者注

穿孔卡，而且每张穿孔卡只能使用一次。尤其在德霍梅格设计了更为全面的数据处理程序后，人们对穿孔卡的需求进一步增大，以至于每周需要数百万张穿孔卡！

当穿孔卡穿过第三帝国那些呼呼作响的机器时，会发出轻微、急促的机械声，就像一个人急促的呼吸声。霍尔瑞斯机器是复杂精密的工程仪器，在理想状况下，它能通过精细的穿孔卡，制造出精准的信息表格。穿孔卡上的四方形孔洞是通过电流感应的，因此，即使是极微小的误差也能让穿孔卡作废。

因此，IBM对生产的要求相当严苛。以穿孔卡用纸来说，在针叶树树皮经碾磨、化学处理和熏蒸三个步骤后得到纸浆，纸浆允许含有的灰分不得超过5%，不能含有木头渣子、纤维、化学残留物、泥炭等会导电的杂质，因为"这些物质会导致机器无法准确感应到穿孔卡上的孔洞"。即使是少量的残留物也会因为在机器里慢慢积累，最终导致机器故障和系统瘫痪。因此，IBM强制要求通过电测试筛查出不合格的纸张。此外，纸张不能弯曲或起皱，必须坚硬、光滑，在折断纸张时，要能听到"清脆的咔嚓声"。

穿孔卡的允许误差极小，因此制作环境必须达到实验室级别。卡片厚度为0.0067英寸，允许误差仅为正负0.0005英寸；宽度为3.25英寸，正误差不得大于0.007英寸，负误差不得大于0.003英寸。它的长度则有两种规格，分别是5.265英寸和7.375英寸，允许误差为正负0.005英寸。卡片的4边切完后必须形成直角，之后再切出4个60度的角；工人会在卡片顶端留出1/4英尺的空间，侧边则会留出3/8英尺的空间。为了避免刀切形成褶皱，还需要工人用压纸机碾压整张卡片。自始至终，都需要将卡片制作间的相对湿度保持在50%左右，温度保持在70 ℉①～75 ℉，即使在运输和存储时也不例外。

卡片上印刷的客户名字或项目名称要非常清晰，但又不能使用过多的墨水，还绝不能让卡片产生凹痕或改变卡片的平面结构，因为这样会改变卡片的厚度。此外，工人必须用穿孔装置和标尺在卡片的特定位置打上竖直排列的文本或数字。IBM称："一定要按严格规格来生产，因为任何差异都可能扭曲穿孔的结果。"

---

① ℉指华氏度，世界上绝大多数国家都使用摄氏度，仅5个国家使用华氏度。1 ℉约等于 −17.22℃。——译者注

只有 IBM 有能力制造并出售这种特别的穿孔卡。事实上，穿孔卡也是一种用于数据处理的宝贵通货。在市场上，IBM 通过销售穿孔卡获得的利润占公司总利润的 1/3。在海外市场，穿孔卡带来的利润更为可观。穿孔卡的利润足以证明，美国联邦政府以反托拉斯的名义起诉 IBM 是合理的，毕竟，它的目的就是打破 IBM 对穿孔卡生产与出售的垄断。

赫尔曼·霍尔瑞斯在 19 世纪即将结束之际发明了这项技术。由于理解持久商业策略非常重要，因此他决定快速推广一套通用的硬件系统，并确保只有自己才能生产与之兼容的软件产品。霍尔瑞斯将穿孔卡设计成 1 美元大小的意义在于，IBM 垄断了穿孔卡市场就无异于获得了印刷钞票的许可证。

在第三帝国成立的第一年，德国使用的所有穿孔卡都需要从 IBM 纽约总部进口。里希特菲尔德工厂开始生产机器后，若德国不从美国进口穿孔卡，这些机器也就毫无用处。德国后来也有了卡片印纸机，但德霍梅格还是需要不断从美国进口大量穿孔卡，因为，德霍梅格客户所需的穿孔卡数量每周多达数百万张。为了预防突然出现穿孔卡短缺的现象，德霍梅格预留了 6 个月的卡片量，足够装下 55 节火车车厢。它将其中一半放置在工厂外那个租来的仓库里，另一半则放置在工厂中。

1943 年 5 月，由于生产穿孔卡至关重要，因此第三帝国经济部试图建立法规来规范工厂的生产活动。经济部出台了一条相关法令，规定在没有获得第三帝国特别准许的情况下，任何建立、关闭或扩大造纸厂的活动都要暂停 18 个月。德霍梅格希望在限令失效前就能开始运转卡片印刷机。

虽然 IBM 在德国赚取了丰厚的利润，但这也给它带来了麻烦。截至 1933 年底，IBM 已从德国获取了约 100 万美元的利润，而当时，整个德国工业几乎都因国际反纳粹的抵制活动而严重受挫。1933 年，德霍梅格史无前例地完成了配额量的 237%，超过了 IBM 海外总业务量的一半。不过，纳粹分子十分反感那些大肆牟利的企业，尤其是外国企业。这不难解释，为何一名紧张不安的 IBM 审计员会向 IBM 总部坦言："德霍梅格现在处境堪忧，这不仅关乎征税问题，还关乎德霍梅格可能被视为垄断企业，而这个企业在很大程度上并不属于德国人。德霍梅格也许会因不良的外界宣传而受到重创。"

对海丁格尔来说，IBM 能获得巨额利润是个好消息。海丁格尔的个人奖金——以股利发放，有近50万马克。海丁格尔想获得这笔红利，但沃森却不愿支付。第三帝国根据货币政策强制扣押了IBM的在德利润，并将这些钱转成银行里的冻结存款，只能在德国流通。这意味着，海丁格尔可以获得报酬，沃森却不能拿到自己的钱。此外，新法令还大幅度提高了利润税。因此，沃森认为，要是自己都拿不到钱，其他人也没理由拿到。于是，作为头号股东的沃森在公司内部通过投票决定不发分红。

沃森从海丁格尔的手上夺走德霍梅格时，海丁格尔就已无法容忍，而现在，沃森又要谋取他应得的红利。海丁格尔认为，德霍梅格的飞速发展是缘于他与纳粹之间的和谐关系，因此，他有资格获取应得的经济报酬。随后，一场围绕"IBM的在德利润"而展开的战争便升级了。

1933年，IBM在德国的几个子公司总估值达数百万美元。而当IBM宣布将这些子公司和新工厂合并起来时，海丁格尔和沃森之间就产生了冲突。海丁格尔拥有其中一家子公司的一小部分股份，他希望沃森能将这些股份买下。虽然这些股份只值2 000马克，即500美元，但沃森还是拒绝了海丁格尔。

1933年12月25日，IBM欧洲经理沃尔特·迪克森·琼斯亲自向沃森陈述了这个问题："海丁格尔想让IBM收购他那价值2 000马克的股份，他要求将这个问题反映给您。"纽约的一位审计员代表沃森宣称，IBM确实需要海丁格尔的股份来促成这次合并，那位审计员说道："不过，这些股份已经没有价值……因为那家小公司已经耗光了运营资金……因此我们认为要IBM付钱给海丁格尔，对IBM来说不公平。"

海丁格尔明白这些股份已一文不值，但这都是沃森为了避税而造成的。

于是，海丁格尔予以回击。他直接来到第三帝国的税务局，将IBM的整个合并计划简要地告知对方，并请求税务局的长官裁决IBM的违规行为。如果海丁格尔拿不到那500美元，IBM会为此付出惨痛的代价。IBM立马醒悟过来，知道要对抗着了魔的海丁格尔，成本实在太高。

税务官评估后决定向IBM索取一笔巨款——50万美元。于是，IBM同税务委员开始了漫长的磋商。一封封信件、电报不断穿梭于大西洋两岸，大大小小的数据在IBM各个办事处间传播。不过，海丁格尔自视为"挽救大局"的人物，他通过与税务局协商将金额降至原先的1/4。而IBM也开始了解这到底是怎么一回事了。IBM审计员M.G.康诺利（M.G.Connolly）

一度轻描淡写地描述了这次困境："他（海丁格尔）在引起恐慌之后，出于大局考虑又平息恐慌，对此，我不会感到很惊讶。"

柏林与纽约之间的经济战斗好似没有尽头。海丁格尔一直想获得所有补偿金，连极小的金额也不放过。IBM则利用财务主管、管理人员和律师来阻止海丁格尔。随后，海丁格尔就会通过"咨询"第三帝国的相关部门来予以反击，而这总能给IBM带来更大的损失。康诺利曾在信中公开询问，如果没有海丁格尔向德国争取许可，德霍梅格是否能继续运营。

1934年6月10日，在德霍梅格董事会议上，冲突爆发了。海丁格尔要求IBM偿付因合并而产生的股利税，还抱怨IBM审计员每个月都要向其索要详细的财务报告。不过，沃森拒绝偿付这笔股利税，审计员也不愿降低对德霍梅格的监督强度。在董事会议上，海丁格尔怒气冲冲地威胁道，德霍梅格若不能按他的设想运行，那就不再是独立的德国企业，而成了外国企业，而他会将这个信息告知德国当局。假使事情到了那般地步，第三帝国不仅会向德霍梅格多索取25万美元的特殊税额，还会禁止德霍梅格在相关文件中使用"德国"一词，因为这个词只有雅利安企业才能使用。海丁格尔警告说，没有了"德国"这个词，德霍梅格就会失去大批商业合同与政府合约。虽然德霍梅格故意不将此次会议的内容记录在案，但是，这次会议的细节摘要却被写在一封送往纽约的信上。

讽刺的是，海丁格尔在资金投资的问题上却采取了截然相反的态度。有一次，海丁格尔需要IBM纽约总部投入大笔资金扩建工厂，便告知IBM纽约总部的人员："德霍梅格的管理层只是提交了建议，至于要不要扩建工厂，还是公司的所有者说了算。"

经历战争后，IBM和海丁格尔总会一次接一次地达成和解，不管这种和解多么脆弱。无论海丁格尔多么无礼，给IBM造成了多大损失，沃森都不愿切断与海丁格尔的联系，因为沃森不想让IBM失去纳粹德国这个大客户。实际上，沃森还决意在德国部署更多的律师、会计和管理人员，他本人也会尽可能多地造访德国，以确保IBM拿到所有利润，不管这些利润冻结与否。德霍梅格的战争还会继续。沃森这样做，并非想在第三帝国的技术联盟中占领支配地位，而是想让IBM能持续在德国运营，并独享利润。

沃森明白，紧跟德国的事态发展十分必要。1934年，沃森两度拜访德国。此前因税务协商而被延误的4家子公司的合并计划终于步入最终阶段。

在同年6月下旬的一次简短拜访中，沃森亲自监管了这一流程。此外，沃森还需要为新德霍梅格确定新的管理层，并和海丁格尔商定新的参股合同。总之，沃森清楚地认识到，他必须在现场，以便处理与海丁格尔之间的突发矛盾。

沃森于1934年6月拜访德国时，第三帝国的强制绝育行动正进行得如火如荼。犹太人受难之景随处可见。褐衫党闹哄哄地在大街上破坏、封锁犹太人的商店，他们还将失业的犹太人赶出家门。商店和小餐馆外也贴着"不招犹太人"的告示，很是显眼。不过，沃森并不关心纳粹向犹太人及其他非雅利安人发动的战争，他只关心IBM是否赢得了德国市场，以及IBM与潜在对手之间的战争。而IBM唯一的潜在对手就是鲍尔斯记账机公司（Powers Company）。

德霍梅格的穿孔卡并没有彻底占领整个德国市场，它的市场占有量为95%。自赫尔曼·霍尔瑞斯在20世纪之初签订各种人口普查合约以来，IBM及其前身就一直在与鲍尔斯记账机公司竞争。这种竞争并不局限于美国，凡是鲍尔斯记账机公司想要扎根营业的地方，IBM都不会放过。

鲍尔斯记账机公司的创始人詹姆斯·鲍尔斯是一位定居美国的苏联移民，于1905年发明制表机，帮助美国人口普查局摆脱了霍尔瑞斯的束缚。为此，鲍尔斯和霍尔瑞斯两人因争夺专利权而官司不断。1914年，当沃森的垄断罪还处于上诉期时，运转不周的鲍尔斯记账机公司请求沃森的CTR授权它使用穿孔卡技术。鲍尔斯承认道，没有CTR授权穿孔卡技术，公司就会破产。沃森考虑到联邦政府以后可能仍会以垄断罪来指控自己，于是同意将技术授权给对手鲍尔斯，不过，沃森向鲍尔斯记账机公司索取了高额的专利税——营业额的25%。这样不仅能确保鲍尔斯记账机公司在穿孔卡市场以一个小公司的身份生存下来，还能让IBM免除联邦政府的垄断指控。25%的专利税也意味着鲍尔斯机器的售价会更高，从而大大降低了它的市场竞争力。此外，IBM也能从鲍尔斯记账机公司的利润中分得一杯羹。

当联邦政府撤销了对沃森的指控后，沃森又不愿意让鲍尔斯记账机公司继续存活下去。沃森借鉴自己在NCR时用过的策略，起诉鲍尔斯记账机公司以多种形式侵犯了IBM的专利权，挖走了鲍尔斯记账机公司在国内外的重要管理人员，并开始向鲍尔斯记账机公司的客户施压，从而让这群客户转用霍尔瑞斯系统。

20世纪20年代，鲍尔斯记账机公司确实在德国的某些行业安装了少量机器，这主要是因为鲍尔斯记账机公司是出售而不是出租机器，而且它发明了一些高度专业化的机型。此外，某些机器虽已老化，但还能运转。对沃森来说，"一些"所代表的数量太大了。德霍梅格继承了IBM的传统，继续在德国控诉鲍尔斯记账机公司。不过德霍梅格并没有起诉鲍尔斯记账机公司侵犯专利权，而是控诉该公司不够"雅利安"。

此时，纳粹德国的商业环境高度紧张。在这种环境下，某些词会具有特殊的含义。同其他公司一样，鲍尔斯记账机公司也急忙宣布自己是"由德国人管理"。不过，情绪高昂的海丁格尔在法庭上控告说，鲍尔斯记账机公司的内部有两名美籍管理人员。尽管鲍尔斯记账机公司董事会已辞掉了这两名美国人，但海丁格尔依旧声称该公司受到了外国人的秘密控制。海丁格尔称，鲍尔斯记账机公司想要在第三帝国开发市场，且利用虚假宣传与德霍梅格争夺市场，而他的德霍梅格则拥有纯正的德国血统，没有外国人插手。最终，控诉成立。

1934年4月下旬，法院规定鲍尔斯记账机公司永远不能宣传自己是"德国企业"。不仅如此，法院还判定，鲍尔斯记账机公司每次违规，都会承受不限额罚款或6个月的监禁。

沃森特批了此次起诉计划，并时刻跟进案件的进展。更甚者，沃森还试图找出鲍尔斯记账机公司的客户，让这群人转用IBM的设备。德霍梅格的推销员一直保存着鲍尔斯记账机公司所有客户的详细资料。一接到纽约总部的指令，里希特菲尔德工厂便立即制作出鲍尔斯记账机公司的客户清单。这份清单按字母、年份和地理位置来提取客户信息，上面排列着那些客户购买机器的年份、购买或租用了哪种机器、机器用于何处，以及附近的德霍梅格销售处是哪一个。

精细的霍尔瑞斯监控系统是不受限制的。德国从未忘记自己最重要的目标——消灭犹太人和其他不良分子。在这场战争中，随着IBM系统的改良、纳粹登记活动的快速扩散和纳粹网络的精密化，德国境内将发生一次曲折的、历经多年的技术提升。不过现在，第三帝国才刚启用德霍梅格的解决方案。

截至1934年底，养老院、疗养院，以及越来越多的德国医疗从业者也和医疗、福利和保险机构一样，加入了穿孔卡统计行列。一场统计反社会人士的活动正式启动。党卫军头目海因里希·希姆莱正式使用了《党卫军统计年鉴》(SS Statistical Yearbook)，而由知名统计学教授设计的关于种族卫生的"继续教育"课程也得到大肆宣传。

此外，制定全国性《工作手册》(Work Book)的准备工作也已经完成。雇主需将每个雇员的信息填在一本小册子上，然后上交给劳工局。最后，354所劳工局在德国境内建立起来。显然，纳粹分子可以利用《工作手册》来分辨并监管第三帝国境内的每一位从业者。从业者信息表的右上角会问及该从业者是"外国人"还是"无国籍者"，依据标准由纳粹分子制定。这种根据穿孔卡信息制成的《工作手册》，将成为愈演愈烈的人口审查活动的基础。当然，犹太人不被允许从事工作。一旦发现仍在工作岗位上的犹太人，纳粹分子就会将其赶走。那些丢掉工作的犹太人只能挨饿度日，雪上加霜的是，由于他们的名字不在《工作手册》上，因此无法获得粮票来购买食物。

最终，通过一张张卡片，一层层分类，纳粹分子会按部就班地清理掉德国境内所有具有犹太血统的人，无论这群人藏身何处。

1934年，统计学家卡尔·凯勒博士宣称，家谱追踪技术会定位出所有犹太人。凯勒在《统计档案》中信誓旦旦地写道："要想确定某个人是否具有犹太血统并不难，因为在犹太人被解放前，信奉犹太教的人和接受犹太文化的人几乎是对等的。这样，我们可以通过查询教堂登记处的资料来确认在这过去的130年中，犹太人宗教信仰的变动。"

借助霍尔瑞斯系统，第三帝国将统计范围覆盖到洗礼记录、出生与死亡记录以及其他的教堂记录，这不仅是为了确认雅利安人，也为进一步隔离犹太人。德霍梅格的客户包括慕尼黑的天主教葬礼协会和爱森纳赫的教堂委员会。有些教会组织会用自己的设备来处理信息，有些则将相关的数据交给其他监管机构处理。最后，福音机构会汇编出非德家庭的洗礼记录，罗列出在过去的一个世纪中，改信基督教的成千上万个犹太人。

德霍梅格掌握着这项检测整个国家的技术，自豪地宣告它的系统不会出现任何差错。为此，德霍梅格制作了两张超现实主义的宣传海报。其中一张海报上画着一张巨大的穿孔卡，穿孔卡盘旋在工厂上方，发出X光似的探照灯光，照射着每层楼、每间房。海报上还附有一段说明文字："霍尔瑞斯会照亮你的公司，为你提供管理和组织服务。"另一张海报上画着一只

令人讨厌的巨大眼睛，它悬浮在空中，从穿孔卡中凸现出来，注视着下方的一切。一旁的说明文字写着："用霍尔瑞斯穿孔卡观看万物。"

对人类来说，这是个新事物，给人类带来了深远的影响。众多人口被如此详细、安静且迅速地准确识别出来，没人能逃得了。

信息时代来临，人性开始败落。

第 5 章

沃森的纳粹勋章

纽伦堡明媚的阳光下，数千面"卍"字旗随风摆动，排着长队的纳粹冲锋队队员肩并着肩，踏着正步。戴着"V"形标志的钟琴手和鼓手，欢快地敲打出军事歌曲的节奏，摇曳的军旗下是 10 万名国家社会主义者那上下起伏的肩膀。众多目光坚定的劳动者穿着准军事化服装，像扛着来复枪一样用锁骨支撑着铁铲，踏着重步走过 50 英尺长的"卍"字旗大道。5.6 万名穿着长筒靴的信徒卧倒在地，匍匐爬过一片空旷田野，直至消失在远处。这是 1935 年 9 月 15 日——纳粹党的建党节（Party Day）。在进行了一周的精心展示后，纳粹终于在这一天迎来高潮。这可谓史诗级的场景。

定义犹太人

在鹅卵石铺成的街道上，在砖石铺成的市集广场上，在柏油道路和嵌入式电车轨道上，人们的脸上开始流露出对元首的崇拜。矩形人群走过检阅点时，纳粹党和德国政府官员立正，绷紧手臂，向前伸出手掌。各处喇叭大呼："胜利！"人们则回应："万岁！胜利！"

为了能让纳粹党顺利庆祝节日，德国的炮兵部队和空军在纽伦堡四周拉起警戒线。大炮、防空炮、轻型坦克和骑兵旅在一队队制服军队旁缓缓前行；战机在上空做着各种特技动作，随后戏剧性地轰炸了一个在空旷地搭建起来的假村庄。数百英里之外，德国的U形潜水艇突然从波浪中浮起，执行了各种海军军事演习，并配合着展示军事实力的陆空演习。

虽然还未正式入侵他国，但第三帝国已处于战争状态，而入侵活动很快就会开始。目前，德国只想让世界知道，它已经做好了进行区域防御和征服他国的准备。对此，世界各国心知肚明，惊恐万分。根据一战结束后签订的《凡尔赛和约》，魏玛共和国[①]（German Republic）必须保持非武装状态。然而，德国如今却重组军备，公然违反了《凡尔赛和约》。各国新闻媒体和外交信件都在公开讨论，揣测着新的世界大战会在何时发生。同时，反纳粹的抵制活动和抗议集会在世界各地风起云涌，抗议者要求文明国家挫败德国的经济命脉，从而阻止德国侵略他国、迫害犹太人。

德国还未发动领土战争，反犹战火却已在熊熊燃烧。因此，在1935年9月15日这一天，德国虽然向世人展示了自身的强大军队和武器，但其边境冲突还不是最大的问题，真正可怕的是纳粹分子狂热的反犹情绪。

自1933年起，第三帝国就立法驱逐德国犹太人，这一举措覆盖了德国工商界和社会生活的方方面面。在雅利安人的控制下，犹太人被完全隔离，只能彼此做些小买卖以求生存。不仅是成年犹太人苦不堪言，犹太儿童营养不良的状况甚至引起了国际援助机构的注意。但是，许多犹太人仍抱有不被纳粹分子发现的想法，认为在那些归犹太人所有或以犹太人为主导的公司中，他们可以不被识别、不受干扰；他们以为只要自己能隐藏起来，就不会被发现。

纳粹理论家还在七嘴八舌地讨论着一个人拥有多少犹太血统才算作"可驱逐"的犹太人，以及应该从哪个年代追踪血统。在确认雅利安血统时，穿孔卡根本无法记录那无穷无尽的人口学和地理学变量，因此识别过程变得十分复杂。无论是个体还是公司，在回答调查问卷上的问题时，他们都会紧张不安，因此倾向于给出小心谨慎的答案；再加上个人住址和公司地址的变更，这一切都在延误血统鉴定的进程。此外，身份可疑的居民会匆忙赶到附近教堂，站在圣洗池或坐在教堂长椅上，以塑造基督徒形象。

[①] 指在1919—1933年统治德国的共和政体。1933年，因阿道夫·希特勒上台，魏玛共和国名存实亡。——译者注

为此，自 1933 年起，纳粹分子执行了成千上万次种族纯度检测活动。

有时候，模糊性可以拯救犹太人。45 万登记在册的犹太人中有 1/3 仍住在德国的小城市或小城镇上，这些人通常不会受到纳粹分子的骚扰。部分地方性或政府性机构发现，继续与可靠的犹太公司交易，比重新找一个不知来头的替代者要方便得多。资金紧张的家庭主妇也会在死板的丈夫上班后，偷偷溜到犹太人经营的零售店，设法买点折扣商品。

最终，顽固的纳粹分子回击了。在家庭主妇的夜校课程上，纳粹分子会教导如何以及为何避免与犹太人做生意。法院曾下令，对于妻子在犹太商店购买的物品，丈夫不需要承担支付相关款项的法律责任。在变本加厉的反犹活动中，巴登市的市长因被发现与犹太人做生意而下台。反犹主义者朱利叶斯·施特赖歇尔（Julius Streicher）在色情周刊上子虚乌有地描述了犹太人所从事的杀人祭神习俗和猖獗的性变态活动，并鼓动所有忠诚的德国人抵制犹太人的商品。褐衫党用杂物堵住犹太公司的大门，还在外墙上涂鸦。但是，很多德国人仍然不愿意或不遵循这些复杂而混乱的限令。最重要的是，很多德国人根本不了解到底哪些才是犹太人。

可是，犹太人无法躲过那数以百万计的穿孔卡。那些卡片嗖嗖地穿过霍尔瑞斯机器，对比着几代人的姓名、住址变迁、族谱结构和个人资料。表格和调查问卷可能是用漏水钢笔和没削尖的铅笔填写的，不过这并不重要，重要的是，这些东西随后会由 IBM 的精密技术来制表和分类。

当希特勒的狂热信徒在纽伦堡踏着雷鸣般的正步时，霍尔瑞斯机器正在柏林以极快的速度处理着一堆堆穿孔卡。那些经过处理的穿孔卡会被放进储存器里，用来识别敌人，并制定下一轮严厉的措施。

整个 1935 年，在人口统计技术和各种表格的支持下，种族科学家不断提出他们对"犹太性"的最佳定义。有些种族科学家提出的定义十分彻底，认为一个人只要拥有一丝犹太血统，就可以被定义为"犹太人"。不过，大部分种族科学家还是试图通过某种伪科学来对犹太人进行分级。这类科学家认为，犹太人不仅包括信奉犹太教或祖父母、外祖父母是犹太人的全犹太人，还包括所谓的 3/4 犹太人、半犹太人和 1/4 犹太人。

阿道夫·希特勒本人也清楚，在早先的人口普查中只有约 50 万人被登记为"犹太人"，至少有百万流着犹太血液的人还未被识别出来。希特勒想要解决这个问题，他最担心的就是这群隐藏起来的犹太人。为此，元首已翘首以盼，希望能得到关于犹太人的种族定义，不过那些可实施的计算公式仍具有不确定性。

1935年9月10日，希特勒乘坐飞机从柏林来到纽伦堡参加建党庆祝活动。当希特勒的汽车在新闻采访车的伴随下缓缓行驶在大街上时，伴随着教堂的钟声，狂热的群众向他们最敬爱的元首扔花。但在繁华之下，隐藏着希特勒的急躁情绪，因为他希望加大毁灭犹太人的力度。

1935年9月13日，希特勒突然下令，要求在48小时内敲定一份定义犹太人的法令，以确保他在国会大厦前亮相时，能用这个法令将建党庆祝盛典推向高潮。于是，内政部的高级种族科学家火速飞往纽伦堡接受任务。草案不断来往于希特勒的住处和警察总部之间，不久后，这群种族科学家终于制定了两条剥夺公民权的法令——《保护德国血统和德国荣誉法》(The Law for the Protection of German Blood) 及附属法令《帝国公民权法》(Reich Citizenship Law)。这两条法令剥夺了犹太人的德国公民身份，并规定用"明确的犹太人"而不是"非雅利安人"来称呼他们。此外，法令还规定，禁止犹太人与雅利安人结婚或发生性关系；犹太雇主不能雇用年龄低于45岁的雅利安妇女，考虑到施特赖歇尔对犹太人性变态的歇斯底里的描述，这条法令可算是一种让步。不仅是全犹太人，1/2犹太人和1/4犹太人同样适用于这两条法令。至于某个犹太人究竟有多少犹太血统，则需由复杂的种族数学公式来计算。

尽管有了以上两条法令，但关于犹太血统的精确算法仍没确定下来。例如，如何从混血儿中区分出1/2犹太人，或者如何处置那些混合了雅利安血统和犹太血统的人。实际上，在经过数月的起草、改写后，这些问题才最终得到解决。

通过搜索文件来追踪某个人的族谱可以实现，但这既费时又费力，每次都需要经过数月的密集研究。对纳粹分子来说，这进程太过缓慢。希特勒想要一次性鉴别出所有犹太人。《纽伦堡法案》(Nuremberg Regulations，即上述两条法令的总称) 一旦草拟，就会完全依靠霍尔瑞斯系统来快速、大量地追查犹太人族谱。自动化的霍尔瑞斯系统让第三帝国不仅可以识别出1/2犹太人和1/4犹太人，甚至还可以识别出1/8犹太人和1/16犹太人。

随着建党庆祝盛典渐渐进入尾声，德国人对犹太人数量的看法发生了变化。秘密警察头目海德里希总结说："很明显，德国境内的很多犹太人最近都接受了福音教派和天主教的洗礼。他们认为在更换了住址后，登记处就不会以'犹太人'来记录他们的身份。"

1935 年初，纳粹党的种族政治局就估算了犹太人的总数量。在德霍梅格人口统计技术的帮助下，纳粹分子总结道：只辨识出 50 万犹太人的 1933 年人口普查现已不再受用。此外，对于曾被广泛引用的"德国境内约有 60 万犹太人"这一说法，纳粹分子也指出，"60 万"（接近 1925 年德国人口普查的结果）只占德国犹太人总数的一部分。内政部的种族科学家莱昂纳多·康蒂（Leonardo Conti）宣称，这 60 万犹太人只是"虔诚的犹太教徒"。康蒂一口咬定，德国境内的犹太人已超过 150 万。不久后，康蒂成为卫生部秘书长，负责审查有关种族的问题。在纳粹官员奉希特勒之命匆匆制定《纽伦堡法案》时，康蒂便是这群官员的重要助手。

种族科学家在政府接待厅和雅致的豪宅中埋头苦作，撕毁了一张又一张草稿，最后连纸都耗光了。9 月 15 日凌晨两点半，在最新统计信息的帮助下，法令才勉强汇编成形。至此，舞台已建成，希特勒当晚便宣布了法令。

9 月 15 日早上 9 点，600 名议员聚集在一间豪华的大厅里。大厅内部装饰着各种横幅，天花板也点缀着各类织物，这里就是议员的临时国会大厅。这些议员齐聚在此的唯一目的，就是批准元首即将公布的法令。希特勒表面上看来仍像往常一样富有魅力：身穿笔挺的骑马裤，脚踩一双光亮的长筒靴，左手肘戴着一个红色的"卐"字袖章，脖子上的领带整整齐齐地摆在整洁的军人夹克下。希特勒的头发规规矩矩地梳在一边，鼻唇之间是一撮小胡子，这构成了纳粹主义世界中最具代表性的脸庞。不过，至少有部分人看出，因在定义犹太人的问题上经历了一段漫长的争辩过程，元首显得有些疲倦。这时，希特勒从讲台旁的座位上站起来，步上三级台阶，走上讲台中央。若从讲台俯瞰这个规模宏大的会议厅，你会看见一排又一排虔诚的信徒笔直地站在那里，中间那条长长的过道已被清空，只留下奉命拍摄的一名摄影师和一名新闻摄影记者。在大厅的最后方，安静地坐着一支管弦乐队和一名风琴演奏者。此时，他们都放下了手中的乐器。成千上万人静静地望着希特勒，满心期待，全神贯注。

希特勒的演讲稿直到最后一刻都在修改，而演讲却只持续了 12 分钟。希特勒的声音充满激情，透着一股狂热，但有时听起来有点无力。他东拉西扯，不断从一个话题跳到另一个话题。元首从头到尾都在抨击这个冒犯德国荣耀、抵制德国商品的国际社会。如同以往，他将这一切怪罪于第三帝国的首要敌人，并控诉道："我们必须注意到，大多数犹太元素还没被消灭。"他严斥犹太人在国际上的煽动行为，还声称："是时候将犹太人利益和德国利益对立起来了。"

希特勒在演讲时提到了种族科学家提供的人口统计数据，不过，他将数目去零存整地讲了出来。他呐喊道："一个拥有6 500万国民的国家有权要求其尊严不受那200万肆意妄为之人的影响。"希特勒第一次舍弃了"德国有40万~60万犹太人"这种老套说法，并宣布了霍尔瑞斯制表机得出的最新数据。

希特勒承诺道，新的种族法会立即剥夺德国犹太人的公民权，更严格地限制犹太人的行动，并禁止犹太人升德国国旗。希特勒再次抱怨："这条法律只是一次尝试，如果效果不好……如果德国境内或境外的犹太人还在猖獗，我们会重新审视局势。"

在作结语时，希特勒疯狂地摆着各种手势，并警告说："这个新法律只是一次调整，如果不成功，纳粹党会全面接手，并制定最终解决方案。"

空气中回荡着"胜利万岁"的回音，天空突然下起了雨，冲刷着这个夜晚的愉快气氛。在回宾馆的路上，希特勒那张在拍照时经常露出的笑脸消失不见，尽管道路两旁的人都在为他欢呼呐喊。

一时之间，公式化的犹太人毁灭方案充斥了各大媒体的头版。《纽约时报》刊登了一篇大字标题的文章，很好地反映出绝大部分美国人当时的情绪："今晚，纳粹德国明确地向西方文明发出挑战……制定了一系列法令将犹太人赶出德国的法律和社会之外。"《纽约时报》继续阐述了血统分数的法律意义。相关信息不胫而走，任何人都无法忽略。

国际联盟难民事务高级专员向所有成员国的政府发送了一份冗长而详细的报告，严斥第三帝国的决定——通过血统纯度以一种空前规模来迫害犹太人。报告在第一页警告道："更令人不安的是，这位德国总理宣布'这个新法律只是一次调整，如果不成功，纳粹党会全面接手，并制定最终解决方案'。"

可笑的是，虽然每个人都知道第三帝国执行了反犹行动，但几乎没人清楚是什么技术在支持着第三帝国。事实上，这项技术并非秘密，而是公开透明的。

1935 年，全世界人民在看到重新武装起来的德国准备发动战争，来征服欧洲并毁灭所有犹太人后，都为之一惊。而与此同时，有一个男人却没有从中感到厌恶，而是看到了机会；对他而言，这场战争不是恐怖和毁灭，而是利润和分红。托马斯·J.沃森和 IBM 确实加快了与纳粹主义之间的危险联盟。现在，沃森因为 IBM 而成了德国的商业代言人，前所未有地拥护第三帝国，尽其所能帮助希特勒对抗敌人，并协助元首在军事、政治、经济领域完成反犹事业。沃森仍是美国的政治家、国际商业的支柱，但他也成了纳粹德国的英雄，无论是德国的平民百姓还是阿道夫·希特勒，都认为如此。

一场永不停息的战斗

纳粹德国是 IBM 的第二大客户，仅次于美国。

对 IBM 而言，生意就是一切，而希特勒刚好需要霍尔瑞斯系统。纳粹分子想要控制民众的商业生活与社会生活的方方面面，因此，他们不得不接触无穷无尽的档案报告和监视活动。此外，经济上的孤立窘境和战争准备迫使德国进入了一场狂热的自给自足活动，这让第三帝国必须监管并干涉各个行业的每个细微之处。纳粹规划师希望能让日常生活中出现的每一件事物，从卡车到回形针，都能编上码、列成清单，并受到严格管制。但无论经济和军事情况如何，第三帝国在执行每一个项目时，都不会忘记它最初的疯狂愿望：毁灭犹太人。

IBM 的指导准则是：了解客户，满足需求。沃森经常造访德国，不仅是为了维持与纳粹之间的亲密关系，也是为了不间断地对 IBM 在德业务进行微管理。

1935 年，一个信息在美国和德国的街头巷尾清晰地传递着：识别和驱逐犹太人只是一个开端，接下来将是没收他们的财产，并对这些财产进行雅利安化[①]。此前两年，大多数雅利安化行动都是无组织的。那时，犹太人被迫放弃公司或职位，并以极低的价钱将公司卖给雅利安人。还有成千上万犹太难民因为太过慌忙，只能将轻便物件塞满手提箱后逃离德国，被

[①] 纳粹实施的最重要的反犹政策之一，指把犹太人的私有财产国有化，使之变为纳粹政府的财产。——译者注

迫把房子和汽车等资产留在身后，而德国则会捏造司法处罚令，或直接以"废弃财产"的名义来接管这些资产。

德国小城镇上的犹太人也开始危在旦夕。犹太人一旦被识别出来，就无法继续工作，甚至无法购买食物和药物。附近街区的反犹义务警员会管束当地店主，而当地店主则会在店面显眼处贴上告示，禁止犹太人入店购物。街头流氓的恐吓和半夜来访通常会让某个犹太家庭下定逃离的决心。1935年，数十个小城镇在经过一番努力后，终于可以在郊区张贴告示，称本镇已无犹太人，或犹太人无权购买土地，甚至无权进入本镇。犹太人被一步步赶出了原住地，只能在无奈中前往大一点的城市投靠朋友或家人。他们在慌乱中留下了房子以及大多数财物，为此，无人看管的犹太资产日渐增长。

若某个城镇将犹太人彻底驱逐，就会衍生出一场宣传活动。在德国，各城镇的行政部门和当地的纳粹组织都乐于宣传这类成果。那些实时跟进纳粹压迫行动的外国报刊和广播也经常报道进展情况。例如，《纽约时报》在1935年5月28日刊登了一篇题为《犹太人逃离黑尔斯布鲁克》(*All Jews Quit Hersbruck*)的文章，称："位于纽伦堡附近的黑尔斯布鲁克，有一所房子的屋顶被插上了一面'卐'字旗。这所房子的原主人是留在该地区的最后一个犹太人。"

沃森不需要翻阅报纸就能获悉德国发生的雅利安化行动，因为他可以亲自去了解。1935年7月，沃森造访德国。当时，纳粹暴徒在柏林的大街小巷横行霸道，沿街砸碎那些生意火热的犹太商店的玻璃窗。沃特海姆一家的百货商店就遭了殃。沃特海姆一家与沃森一家是世交，沃森一家了解到，沃特海姆先生为保护商店，起初将商店转交给了身为雅利安人的妻子，但他最终还是决定以"几乎白送"的价格卖掉商店，并逃往瑞典。在另外一次出访柏林的过程中，沃森一家和IBM高管受邀参加了一次在日本大使馆举行的盛大招待会。当沃森在大使馆花园里抿着茶时，一名德国外交官吹嘘道，这幢雅致的房子之前属于一名犹太人，而这位犹太人已经逃离德国。此时，这种以超低价格购买房屋的现象在柏林随处可见。

至1935年底，纳粹分子还谋划了一套更系统化、中央化的程序来剥夺犹太人的资产。《纽伦堡法案》通过后不久，纳粹分子就提议建立一家票据交易所，以便用微薄的费用吞噬犹太人的资产。这项不可思议的计划并非秘密，相反，纳粹党的经济信息部在德国广泛宣传这项计划。1935年9月24日，《纽约时报》刊登了一篇报道：《纳粹计划买下所有犹太企业，重压之下的交易产生于抵制活动》（*Nazis Plan to Buy Out All Jewish Firms; Stress Bargains Resulting from the Boycott*）。报道称："该计划要求由某个中央企业收购犹太人的公司，并将这些公司分配给雅利安商人。有人建议可以低价购买这些公司……负责此项'犹太问题解决方案'的纳粹机构对购价做了令人瞠目的估测。该机构称，'一些规模宏大的公司可以以4万马克的价格卖出'。显然……犹太人在劝说下，会急迫想要卖掉公司。"该报道还提到，在这种情形下，犹太人将会面对"要么移民，要么处于饥饿状态"的处境。

为了清算更多犹太人的资产，纳粹开始光顾犹太人的家，并将他们的护照作废。那时，犹太人若没有用其在德国持有的资产的25%来偿付飞行税，甚至连成为难民的资格都没有。纳粹的下一步便是识别犹太人的资产。

银行、金融机构和养老基金机构都是德霍梅格最重要的客户。实际上，德霍梅格还内设了一个部门专门处理银行业方面的业务。IBM为银行业设计了高度专业化的制表机器，包括BK机型和BKZ机型，这两种机型都能制作出客户结算单，并记录下具体的交易项目。1935年8月12日，德国的储蓄银行突然被要求向德意志帝国银行提供所有储户的详细信息。于是，有些银行使用了霍尔瑞斯系统，并根据德霍梅格建立的类别罗列账户信息。《霍尔瑞斯新闻》通知那些仍没配置分类机的机构，称只要上交一定费用，德霍梅格就可以为其完成分类工作。德霍梅格自诩能够根据人口普查数据对账号数据进行交叉索引，包括以"职业"或"行业"来分类信息。

让德霍梅格汇编金融数据的能力猛增的是一款名为"D-11"的新机型。这种机型能够处理大量账目信息、计算利息，并协助建立详细的客户记录。问世几个月后，这款D-11就能对银行账目数据进行高水准的快速管理。

与此同时，人口识别程序的覆盖范围也在迅速扩大。地方性统计机构会将新生儿信息记录到穿孔卡上，并仔细记下新生儿父母的宗教信仰。婚配信息也会被记录到穿孔卡上，同样，婚姻双方的宗教信仰也被记录下来。随后，这些穿孔卡会被送往当地的德霍梅格服务局。过半数的地方统计局虽配有穿孔机，但没有配备分类机，一方面是因为分类机数量有限，另一方面是因为分类机太昂贵。因此，德霍梅格会在自己的经营场地为这些机构完成分类工作，就像它在为其他机构提供制表服务时所做的那样。德霍梅格一旦完成分类工作，就会将数据送往第三帝国统计局，而后者则会将这些数据和其他数据综合起来。

德国犹太人的个人信息一直在变动，这是因为犹太人一直在遭受颠沛流离之苦。为此，自1935年起，纳粹当局要求犹太社区的领导人将报道犹太成员（以年龄和性别为基础）的频率提高，从每年一次调整到每季度一次。在希特勒的信徒用来隔离犹太人的信息洪流中，这些数据不过是沧海一粟。

最终，希特勒政权获得了足够的统计数据，并准备支持那些定义了何为犹太企业的法规。

假使某家企业的持有者或合伙人是犹太人，又或者该企业的管理层或董事会中出现了犹太人，那么该企业就会被称为"犹太人的"。倘若某家企业有1/4的股份或投票权由犹太人持有，又或者由犹太人通过名义持有人或代理人来控制，那么该企业也会被视为"犹太人的"。此项法规的出台使得那些试图隐藏物主身份的行为变得越发困难和危险。某家企业可以由不受质疑的雅利安人持有和经营，但是如果归该企业所有的某个分支机构由犹太人管理，那么，该分支机构也会被认定是"犹太人的"。

告发者如果不能知晓企业负责人的身份，也不能确定哪些人是《纽伦堡法案》规定下的犹太人，自然也就不可能证明企业是"犹太人的"。不过，很少有犹太人能躲避IBM帮助第三帝国搭建的这一搜索网。这种情况下，企业即使不情愿，也要快速识别并解雇企业内部的所有犹太管理人员，甚至是企业所有者。

某家企业如果依据特定法规的规定，被视为"犹太人的"，那么这家企业的库存和资产都将被登记在案。霍尔瑞斯系统能够登记人口，也能够登记商品。德霍梅格的重要客户包括汉堡的贸易统计办事处、帝国邮政以及各种国家性和地方性的税务办事处。1936年开始，帝国经济部的价格控制专员下令要求德国的重要行业上交相关报告。多数情况下，纳粹会强制要求各机构安装IBM设备，因为只有这样，才能达成纳粹的统计目的。德国政府的统计学家和德霍梅格已设计出编码系统来登记几乎所有的原料和成品。最终，这种编码系统让纳粹分子能以极高的精准度没收犹太人的资产。

德国的每一个统计项目都来之不易，均依赖于持续不断的技术创新。

此外，每一个项目都需要用到专门设计的应用程序：德霍梅格的工程师会精心设计穿孔卡的每一纵列以及每一纵列上的孔，以便让其承载既定信息。德霍梅格的工程师会先用钢笔和铅笔设计出模型卡片，确保所有的类别和位置能同时为德霍梅格和需要上报数据的机构所接受。除非信息能符合德霍梅格的标准，否则无法输入。为此，第三帝国会调整数据采集以和霍尔瑞斯系统相匹配。此外，第三帝国只能从一个地方购买穿孔卡，即德霍梅格。德霍梅格通常会分批出售这些穿孔卡，每批为1万张，且会预先在上面印好项目名称。当然，德霍梅格一旦批准通过卡片的版式，就会开始训练各机构的人员来执行任务。总之，德霍梅格就是德国的数据大师。

德霍梅格疯狂地扩张着与纳粹之间的贸易规模，促使越来越多的第三帝国项目走向自动化，并给第三帝国迫害犹太人以不可或缺的支持。然而，沃森从未想过要限制德霍梅格的行动。他既没有制止，也没有警告德霍梅格。实际上，在沃森看来，抗议德国讨伐犹太人，就等同于批评公司的第二大客户。IBM越来越多地参与到这次反犹之战中，虽然中途有多次机会可以中断或减少这种涉入，但它始终没有退出。实际上，IBM采取了截然相反的策略。

对于德国子公司的成就，沃森倍感自豪。1935年11月下旬，在《纽伦堡法案》生效两个月后，以及各大媒体争先报道第三帝国根据《纽伦堡法案》对"何为犹太人"做出明确定义数天后，沃森前往柏林参加德霍梅格的25周年纪念日。德霍梅格于11月27日在阿德龙酒店举办了一场豪华宴会，发出150多份邀请函。纽约、瑞士、意大利、法国和挪威的IBM办事处均派出高管出席宴会。美国驻德国大使威廉·E.多德（William E. Dodd）、希特勒的新闻官恩斯特·汉夫施丹格（Ernst Hanfstaengl）、德国驻纽约前领事奥托·基普（Otto Kiep）和第三帝国经济部部长亚尔马·沙赫特等达官显贵受到邀请。工业界的重要人物也在邀请名单上。虽然有些人，如沙赫特，并没有到场，但大多数人还是出席了。

沃森精心布置的宴会满是丰盛的食物。海丁格尔一家、罗特克一家和沃森一家为成功而举杯。即便是那些宝贵的水晶器皿和珍贵的银器在宴会中闪闪发光的时刻，里希特菲尔德工厂里的机房，以及德国各地的数据处理机构仍在忙碌地执行着统计学任务。机器永远不会停歇。

并非每个人都像阿德龙酒店里的狂欢者那样欢呼雀跃、神采奕奕。犹太人蜷缩在家中，害怕自己的身份曝光，因此你看不见他们的身影，也听不到他们的声音。戈培尔曾警告犹太人："我们对犹太人已经很仁慈，假使犹太人觉得自己可以像什么事都没发生过那样走在库达姆大街上，那么，我说的话就是他们能听到的最后的警告。"在另一次警告中，戈培尔要求道："犹太人必须学会摆脱过去的行为习惯，将德国的公共场所还给德国人。"这些言论不是在隐蔽的党派会议上发出的低声评论，而是公开向世界宣告的威胁。《纽约时报》曾就此发表了一篇题为《纳粹警告犹太人留在家中》（*Nazi Warns Jews to Stay at Home*）的文章。

现在，沃森急切地启动了一项计划，旨在扩大德霍梅格的营业能力。十几箱机器已在1935年11月通过党卫军的汉莎航空从纽约运到了汉堡。同样，还会有数以百万计的穿孔卡穿过大洋被运往德国，直到德霍梅格能够在德国生产穿孔卡为止。德霍梅格在第三帝国各地开办了分支机构，扩大了里希特菲尔德工厂，还建立了另一座工厂来生产备用零件。

1935年11月，当沃森还在柏林时，曾试图联系费尔斯（Fels）博士——一位曾参与组织了1933年人口普查的知名统计学家，希望能从他身上获得相关的技术信息。不过，沃森了解到，费尔斯尽管拥有宝贵的专业知识，但最终还是因其犹太身份而丢掉了职位。德霍梅格往沃森所住的酒店写了便笺，向沃森解释说，费尔斯现在是一名无业难民，和家人住在纽约，且生活堪忧。沃森还在便笺中提到，IBM拒绝在美国给费尔斯安排职位。然而，沃森需要费尔斯的专业知识，因此他一回到美国，就安排与费尔斯见面。1936年2月3日，费尔斯在沃森位于曼哈顿的办公室里见到了他，并向他介绍了各种情况，包括像德国这样的大范围人口普查，以及如何在其他地方执行类似的项目。至于费尔斯的工作着落，沃森则向费尔斯保证，他会多加留意，看看IBM的合作机构是否可以为费尔斯提供职位。

在费尔斯向沃森汇报之后，大西洋两岸的交流变得频繁起来，IBM纽约总部的推销员和技术员与德霍梅格的推销员和技术员进行了密切交流。这些交流经过了精心规划、仔细思考，是对未来工作的一种高昂投资。德霍梅格甚至派了几十名推销员、工程师和管理人员前往美国接受培训、交流专业知识。IBM专门在纽约的恩迪科特成立了销售培训学院，主要培训德国和其他欧洲国家的IBM职员。销售培训很有必要，因为政府人员会仅因不了解这项精密的新技术而拒绝推销员。在恩迪科特销售培训学院，推销员能够学会如何激发官僚人员的想象力，让他们相信 IBM 的技术能够为任何政府项目提供解决方案，无论这种项目有多罕见。

IBM 纽约总部培养了 4 名拥有日耳曼血统①的杰出工程师兼管理者，并将他们从美国调派到柏林：1936 年，沃尔特·沙尔（Walter Scharr）前往柏林；此后的几年，奥托·豪格（Otto Haug）、埃里希·佩尔施克（Erich Perschke）、奥斯卡·赫尔曼（Oskar Hoermann）陆续被调往柏林。拥有几十项宝贵专利的奥地利籍发明家古斯塔夫·陶舍克（Gustav Tauschek）提出要和 IBM 签订一份为期 1 年的合约，并希望 IBM 准许他各花半年时间在美国和其挚爱的奥地利时，IBM 欣然同意。IBM 对发明家十分宽容，实际上，IBM 纽约总部为实现德霍梅格的扩展计划，还在多个欧洲国家提出专利诉讼来保护德霍梅格的发明。

IBM 的新设备层出不穷，比如用于多重穿孔的 501 型复穿孔机（Gang Punch），用于分析的 550 型电气解释器（Electrical Interpreter），用于区域穿孔的 400 型电动式会计机（Electrical Accounting Machine），以及用于累计信息的 516 型总计穿孔机（Summary Punch）。此外，德霍梅格还研发了可以高速处理数据，由电机驱动的 016 型复式印刷穿孔机（Duplicating Printing Punch），以及 621 型和 623 型计算穿孔机（Calculating Punch）。多倍穿孔机（Multiplying Punches）能够合计一张卡片上双穿孔的数量，减少分类时间。高速复制机（High-speed Reproducers）、字母制表机（Alphabetic Tabulator）、数字字母解释器（Numeric and Alphabetic Interpreter）和水平分拣机（Horizontal Sorter）等一系列金属制品也陆续被采用。许多设备无疑会被用来同时完成两个目标，既帮助德国建立商业、社会和军事基础设施，也加强了纳粹在统计学上发动的攻势。

值得注意的是，有些设备在德国，如 IBM 的指纹选择分类器（Fingerprint Selecting Sorter）只能由纳粹的安全部门使用。

1935 年，德霍梅格终于安装了专业化的印纸机来生产穿孔卡。通常，在一个典型的八小时轮班制前提下（允许停下来换版和上墨），一台印纸机可以制作出 6.5 万张穿孔卡。两年内，IBM 将在德国装上 59 台这样的印纸机，其中 52 台来自该机器的唯一欧洲生产商，7 台来自美国，其中包括了

---

① 希特勒掌权后，宣扬拥有金发碧眼的日耳曼人是雅利安人的典范，并将其定义为最纯种的雅利安人。——译者注

几台速度高于欧洲型机器 5 倍的高速印纸机。

1936 年，德霍梅格开办了第一所全日制客户培训学院。新入学的穿孔员通常要先接受为期两周的深入学习；而要学会操作精妙的分类机和制表机，他们还得参加更多的培训。每一种新设备的出现都意味着更多的培训。为此，德霍梅格又创建了一间配有 10 名工程师的研发实验室。该研发实验室的第一批项目包括高速穿孔机和 D-11 自动送纸装置。奇怪的是，尽管已经扩大了工厂，也从 IBM 美国总部获得了更多技术支持，甚至获得了更多资金，但因客户需求过大，德霍梅格仍无法及时完成与日俱增的订单。在长达两年的时间里，德霍梅格的生产水平低于供应水平。毫无疑问，供应霍尔瑞斯系统是一场永不停息的战斗。第三帝国迫切需要这些设备。

日进斗金的男人

自希特勒掌权之日起，IBM 就不断从德国业务中大笔捞金。我们无法确认 IBM 到底赚取了多少钱，因为它会将利润隐藏于匪夷所思的公司内部交易中。即便如此，IBM 表现出来的成长和繁荣，以及它公布的"被承认的利润"（Admitted Profits）也会让一个正努力从经济大萧条中恢复过来的国家大吃一惊。

在 1934 年初的一次会议上，沃森夸耀道："1933 年 12 月是公司历史上营业额最高的一个 12 月。"他又补充道，1934 年 1 月也是公司历史上营业额最高的一个 1 月，1934 年 2 月也比去年 2 月多收入了 10.3 万美元。沃森预测这个趋势会持续整个 1934 年。虽然 IBM 想方设法地将收益划分进无需缴税的、复杂的公司内部交易中，但这些数据最终还是在会议上被公布出来。IBM 称，包括海外子公司的收益在内（甚至合计了德国银行中的冻结资金），IBM 在 1933 年的净收益为 573 万美元。但最能说明问题的是，在 IBM 高达 5 540 万美元的资产中，有 1 620 万属于现金盈余。

即便在 IBM 将五花八门的公司内部账目做出调整后，它在 1934 年上半年的净收益也有 340 万美元，高于 1933 年上半年公布的 293 万美元。仅 1934 年的前 9 个月，IBM 的总收益就上涨到了 500 万美元，股价上升到了每股 7.18 美元，远高于之前的每股 6.22 美元。因此，除了常规的季度股利，IBM 还额外添加了一笔 2% 的分红。

同样令商业媒体眼前一亮的是 IBM 1935 年的账目数字。1935 年初，沃森就预测 IBM 的业绩在新的一年会持续增长。他信誓旦旦地说："我们的海外业务形势大好，1934 年前 10 个月的出口额较之 1933 年的前 10 个月，上涨了 35%。工业复苏的一个主要原因可能是政界、商界、工业界和金融行业的领导人之间的合作越来越密切。"1935 年，IBM 的利润保持着持续上升的趋势，股价飙升至每股 9.38 美元。

在希特勒掌权的最初几年里，无论将 IBM 的资金如何归类，仅德霍梅格一家公司就向 IBM 偿付了近 450 万美元的股利。

赚得盆满钵满的 IBM 宣布会在曼哈顿第 5 大道第 32 街新建一幢大楼。在那之后，IBM 又给在 1933 年 1 月前后入职的 6 900 名员工购买了总价值为 1 000 美元的人寿保险。1934 年圣诞节前夕，IBM 为恩迪科特工厂扩建的建筑落成，沃森在致献词时还赠予该工厂一个极其昂贵的圣诞礼物——将 7 000 名工人的最低工资上调 37%。不久后，有媒体报道称，沃森已成为美国薪酬最高的管理者。他还被媒体称为"日进数千美金的男人"。沃森收取了 IBM 全球总利润的 5% 作为分红，年薪高达 364 432 美元，相当于克莱斯勒和通用汽车两家公司董事长的薪水之和。带着特有的沉着，沃森为自己获得的超高薪资进行辩白。随后，IBM 又在曼哈顿买下一块建筑工地，这次是在麦迪逊大道 57 号。

1935 年年中，美国国会通过了一项对 IBM 影响重大的新法案：《社会保障法案》(*Social Security Act*)。没人能确定美国国会在官僚体制下创造的这项法案能否实施，因为《社会保障法案》需要用到一份涉及 3 000 万美国人的中心档案。当时，霍尔瑞斯系统仍不具备足够的技术能力来创建一个集中化的登记处。这就是统计机构需要频繁地执行并更新一大批重复性的分类活动的原因。

《社会保障法案》通过后，美国政府在实施过程中并没有为法案的执行提供预算和基础设施，因为官员们确信，"做此项工作……的设备……并不存在"。第一批社会保障官员认为，一套新兴系统不可能将近 3 000 万美国人的信息进行快速的穿孔记录、分类、编号，最后按字母排序。同样，也没人相信通过名字和数字就能从如此庞大的记录中检索出一个人。

在政府看来，当时的霍尔瑞斯机器只能进行加法计算、减法计算、制表以及合计穿孔卡的数目。然而，执行《社会保障法案》还需要整理数据。

正如政府技术人员所说,数据整理就是"获得两套数据并(同时)将其匹配起来,以确定……这两套数据是否相关"。

然而,让政府官员感到惊愕的是,IBM已经准备好了。不久后,IBM发布了一款名为"排序器"(Collator)的机器,能帮助政府达成目标:在单次任务中,对比并交互参照两套数据。因此,政府就没有必要自行研发设备了。IBM会为政府提供解决方案。

华盛顿方面授予了IBM一份可观的长期合同,促使IBM的企业地位升至更高的层次。沃森的手下吹嘘社会保障计划是"有史以来最大的统计活动"。但实际上,社会保障计划只能位居第二。1933年,德国就上演过类似的戏码。人们永远无法获知这种排序器是发明于德国还是美国,又或者是IBM跨大西洋开发项目的合作成果。然而,排序器在美国出现后不久,又在德霍梅格的仓库里登场。德霍梅格被这种强大的机器所折服,因此,在公司内部部署了几十台,并计划再生产或进口5万台。

从华盛顿方面任命IBM参与社会保障计划起,IBM的收入在几年内就迅速增长了5倍。IBM不仅取得了社会保障计划的合约,还和劳工部、战争部等各种政府部门签订了利润丰厚的合约,这让IBM跻身为联邦政府的合作伙伴,它也因此变成了半官方企业。当IBM在研究和开发穿孔卡登记、识别、信息存储以及检索系统等项目时,会同时得到美国政府和纳粹德国的资助,IBM的技术得以迅猛发展起来。值得一提的是,正是在美国纳税人的资助下进行的大规模研究,才使IBM向希特勒政权提供了升级版,从而可管理更多人口的穿孔卡技术。

沃森不留余力地促使IBM继续在纳粹德国获取利益。不过,资金短缺的纳粹德国会不断出台法规来限制企业的行动。一方面,纳粹德国的财政紧缩政策要求持续加大对各个行业的控制;另一方面,海丁格尔一直都想要从德霍梅格的利润中获得属于他的奖金。沃森能够应对第三帝国的法规,但海丁格尔则是难以对付的角色。

几乎每一天都有各种各样的行动报告、合同草案、法律意见和解释性备忘录在日内瓦、巴黎、柏林和纽约的IBM办事处之间传送,以便让沃森在同海丁格尔的利润战中保持优势地位。然而,每当火焰将要被浇灭时,新的火苗又蹿了出来。

例如,在1934年末,IBM面临着一个难题,即如何处理德霍梅格赚取的120万马克。沃森不想缴纳税金，无论是在德国还是在美国。这两处的公司都在赢利，而欧洲地区的审计员想将这部分利润隐藏起来，于是，沃森在1935年2月下旬决定："德霍梅格在支付1934年的120万马克的股利后，只需要在账单中写明，截止到1934年12月31日，公司还存在亏损。这笔亏损会由公司在1935年最初几个月的利润来填补。"这笔股利当然会被视为"专利费"，让它看起来像是一笔偿付费用。就在此时，利用"专利费"避税的方法开始不受用了。会计人员向IBM报告："不能再以支付'专利费'的名义向纽约支付费用。"德霍梅格在1935年第一季度面临着因技术条件而无法转移利润的难题，于是，他请求柏林当局暂时减轻税收，并自称公司处于困境之中。

问题在于海丁格尔非常想让德霍梅格的利润被公众知晓，因为只有这样，他才能名正言顺地获得本应属于他的奖金。然而，没有证据能显示德霍梅格的利润，海丁格尔也就无法获得他的奖金。在德国子公司合并之前，海丁格尔已习惯于每月领取1万马克的奖金。然而，新协议在使IBM从专利费和其他"报酬"中获取巨额收入的同时，让海丁格尔的收入不翼而飞。因此，在再次申报德霍梅格的收益前，海丁格尔向IBM纽约总部高管提出要以"贷款"的名义（实际为分红的预付款）向他们索取每个月5 000马克，以维持基本的生活开销。

只有沃森才能批准海丁格尔的"贷款"申请。沃森的确同意了，但事实上，他将海丁格尔严格地把控起来。"贷款"只会持续到1935年8月，到那时，IBM会重新审查全局。

1935年3月3日，海丁格尔在得知自己获得了短期的小额"贷款"后，立即给IBM纽约总部的副董事长奥托·E. 布雷特迈耶寄去一封谄媚的感谢信："我很荣幸能收到……您于2月21日发出的信件。您在信中准许我从德霍梅格今年前8个月的收益中取得每个月5 000马克的'借款'……而不是随后会申报的股利……非常感谢您能在我60岁生日之际如此友好地照顾我……这差点让我变得跟您一样年轻了。"

然而不久之后，第三帝国又出台了一项法规，大幅削减了企业的意外利润①（Windfall Profits）。新法规严禁企业将利润中超出原投资额8%的

---

① 指由于外界条件发生变化，企业在没有预料的情况下，获得了超出计划的那部分利润。它不是企业经营所致，而是意料之外的收益。——译者注

部分以股利的形式发放出去。鉴于德霍梅格那飙升的利润已经远远超出了IBM的原投资额，其股利必然也超过了最高限额。尽管IBM纽约总部从德国提取现款的计划变得越发困难，但高管们仍不打算申报利润。似乎不管发生什么，德霍梅格那些发展迅速的业务都会带来金钱，但利润永远不会被申报。

IBM财务总管在分析报告中坦言，通过不断修改亏损额，"可以确认，如果申报，海丁格尔大约能领取总股利的40%"。这意味着IBM只能够获取其中的60%。

最终，海丁格尔了解到IBM的亏损和收益同样重要：要是无法依靠IBM的利润来获得奖金，他仍可利用IBM的亏损达到同样的目的。可笑的是，IBM的管理人员无法否认海丁格尔的想法有道理。IBM的内部备忘录中有这样一段话："海丁格尔先生要求将其他分部的损失纳入考虑，这在一定程度上是合理的……因为……盈余减少了。"

IBM允诺根据亏损额给海丁格尔发放一笔奖金，但执行这一计划很有难度，因为德国税务局从不相信实实在在的亏损也能产生奖金。为了安抚海丁格尔，IBM最终同意先申报一笔虚拟的分红，并以该数额的10%作为奖金发放给海丁格尔，然后再将这笔钱改为亏损来避税。

不过，那些冻结资金又该如何处理？1935年7月，沃森参加了德霍梅格的董事会会议，沃森在会上指示："这笔钱应该继续投资到公司，并存入缴费证（专利费）中，因为直接汇款已经不可能了。"IBM还给予了海丁格尔额外的鼓励，比如保险金和一大笔养老金。这位争强好胜的德国人接受了，但这只是推迟了下一轮经济纠纷的到来。

与此同时，沃森为了变现冻结利润，便用资金来购买有形资产。沃森扩建了德霍梅格的里希特菲尔德工厂；翻新了一座位于辛德芬根（接近斯图加特）的旧工厂，这座旧工厂在合并前就已经存在。现在，那里装上了许多用于制作穿孔卡的印纸机。沃森在购置印纸机和扩建工厂时必须快马加鞭，因为第三帝国不久后就会勒令德国公司不能再向美国进口产品。因此，IBM无法继续用公司内部的账目来制造亏损的假象；德霍梅格也无法继续将那些在IBM各子公司中传送的设备装饰成"合法费用"。这家德国子公司不得不自力更生。

罗特克向德霍梅格董事长骄傲地宣布，他带领公司成功躲过了这项新法规，因为在法规生效前，他已经从IBM纽约总部进口了足够的商品。囤积了IBM设备和零备件，并可以生产新设备和穿孔卡，这意味着德霍梅格可以在不向纽约偿付任何款项的情况下提高生产力。而这只会进一步丰富德霍梅格的资产负债表，让其成为IBM中更强大的组成部分。

然而，冻结在德国的现金盈余甚至超过了德霍梅格的需求。沃森需要将一部分资金投资到能保值的德国资产中，计划以后再将其卖掉。于是，IBM委托普华会计师事务所[①]，携手IBM管理人员一同制定投资建议。IBM拿到了一份内容多样的书面报告，报告指出，德国股市不稳定；投资林地则值得商榷，因为第三帝国不太可能批准他人投资这项宝贵的自然资源；购买一家私营造纸厂也行不通，因为第三帝国正在严管纸张的生产。

欧洲地区的一名IBM管理人员写信建议沃森："需购买出租房产，最好是在柏林。"当然，做决定的还是沃森。最终，他选择购置公寓大楼。这些公寓大楼可以移交给当地的代理商看管，通过出租这些公寓，IBM能从中获益。在当时的柏林，廉价的房产遍地皆是。

很快，IBM开始购置公寓大楼。与在黄金地段购买房产的投资商不同，IBM选择了那些能稳定收取租金的地段。第一幢大楼坐落在舒层大街15/17号，第二幢大楼位于马克格拉芬街区25号。律师康拉德·马茨道夫（Konrad Matzdorf）负责管理这些房产，他的办公室就位于其中一幢大楼附近。根据IBM的评估报告，马茨道夫"已积累了大量的租金收入"。

IBM将一大笔马克投资于硬资产[②]（Hard Assets）的同时，也准备着扩展欧洲业务。1935年，沃森把IBM的欧洲总部从巴黎转移到一个金融环境对其更有利的城市——瑞士的日内瓦。随后，普华会计师事务所的一份报告指出，虽然IBM本该流向美国的股利和利润的确会被德国冻结，但是"以上援引的法规并不适用于丹麦、比利时、荷兰、瑞士和意大利等国家的资金转移，因为这些国家已就利益和股利的转移和德国达成了特殊协议"。早在报告提出前，IBM就在丹麦、比利时、荷兰和意大利持有业务，而现在，业务也已扩展到瑞士。

---

① 原全球六大会计师事务所之一，规模较小，但声望最高。后与永道会计师事务所合并，组成普华永道会计师事务所，成为全球四大会计师事务所之首。——译者注

② 指切实存在的，具有一定耐久性，不易受经济周期、自然周期等因素影响的资产种类。硬资产概念一般与软资产（Soft Assets）和纸面资产（Paper Assets）相对。软资产一般耐久性比较弱，而纸面资产一般指证券或现金，是虚拟资产，并不切实存在。——译者注

虽然在 1935 年，IBM 同意根据亏损额偿付海丁格尔一笔奖金，但是与德霍梅格创始人的这份协定是经过数月的争吵才最终成形的。当时，IBM 惊讶地发现海丁格尔并没有提交 1934 年的全部合并协议，因而获得保留原公司的部分甚至是全部赔偿金的权利。此外，海丁格尔在拟定合并协议时使用的语言十分令人费解，IBM 的翻译人员都没能理解它的内容。1935 年末，IBM 的一名管理人员向 IBM 纽约总部坦言："译稿至今混乱不堪，我们很难弄清楚这份合并协议的内容。你们一定会对我将要说的内容感兴趣，那就是，来自这家德国公司的罗特克先生和齐默尔曼（Zimmerman）先生同样也无法理解这份文件的确切意思。"

在奖金得到调整前，海丁格尔是不会确认那些合并协议的。从 1933 年底开始，他就在这一问题上没完没了地拖延。而如果没有德霍梅格的这些文件，IBM 旗下的许多子公司将无法合法运营。

无论如何，IBM 都想一劳永逸地理清与海丁格尔在合同上的各种纠葛。1936 年春，双方经过洽谈后，最终同意在合并协议中就海丁格尔的奖金问题添加附加条款。1936 年初，海丁格尔前往纽约参加百分百俱乐部——IBM 为那些完成或超额完成年度配额的海内外高管举办的盛会。在 IBM 的海外利润排行榜中，德霍梅格总是名列榜首。由于海丁格尔来到了纽约，因此，他有充足的时间与沃森进行面对面的交流，以敲定关于合并和奖金问题的合约的最终细节。柏林的一名律师精心拟定了一封信件，称这份合约只是德霍梅格两位股东之间的私人协议，因为沃森并不是以 IBM 董事长的身份参与的。如此一来，IBM 就能继续制造出德霍梅格未受国外掌控的假象。

然而，他们双方互不信任，甚至各自雇用了律师。IBM 副董事长布雷特迈耶致信日内瓦的一名管理人员，他在附言中写道："我希望能避免任何不必要的法律支出，这您应该能明白。但最关键的是，IBM 的利益能够受到全面保护，这样，您在处理海丁格尔先生于 1934 年拟定的合并协议时也不会惹上任何麻烦。"他补充道："我希望您在处理这件事时可以正确判断，明智行动。我也希望您能理解，这封信只能由您一人阅读。"

1936 年 10 月 6 日，在翻译了各种文件，咨询了大批律师并签署了大量文件后，一份附有 8 套文件的合约终于生效，就此，德霍梅格在 1933 年递交的合并协议得到确认，海丁格尔的奖金也得以确保。为了进一步牢固德霍梅格的德国身份，IBM 最终安排了所谓的"贷款"给德霍梅格的两位主管——赫尔曼·罗特克和卡尔·赫梅尔，准许他们购买德霍梅格的少量股份。这笔贷款的抵押物就是二人的股份，而且这两个人都无权将任何股份出售或转交给第三方。事实上，资金并没有转手。因此，即便 IBM 完全控制着德霍梅格，但在第三帝国看来，它仍是由 3 名德国人掌控。

毫无疑问，在审阅了一大批被签署、公证、确定并登记在案的最终文件后，沃森这位最有权势的商业家认为，IBM 与德国的利润战终于结束了，海丁格尔可能也得到了安抚。然而，沃森错了。

非德国人的"最高荣耀"

对于第三帝国如何识别、围捕德国犹太人，并有组织地剥夺他们的生命尊严，德国犹太人自己并不清楚，第三帝国却心知肚明。

1936 年，没收犹太人财产和雅利安化在德国境内不断升级，暴虐行为也是如此。1936 年 9 月 8 日，《纽约时报》刊登了一篇报道，题为《第三帝国窃取了 25% 的犹太财产》（*Reich Seizing 25% of Fortune of Jews*）。该报道指出："德国地方税务局要求犹太人在 8 天内存进保证金，作为支付给德意志帝国的逃跑税（Escape Tax）……这些保证金占据了犹太人全部资产的 1/4。受到波及的犹太人坦言，突然从他们的资金中撤走 25%，意味着他们的企业会垮掉，最后倒闭。"

1936 年 9 月 17 日，《纽约时报》刊登了一篇题为《纳粹加重处罚力度》（*Nazi Penalties Heavier*）的文章，称："由反犹主义者朱利叶斯·施特赖歇尔创办的周刊《先锋报》（*Stürmer*）宣布，帝国司法部已指示公诉人要更加严厉地处罚'亵渎种族的犹太人'，即那些因和德国妇女发生关系而被定罪的犹太人。定期刊登德国境内每周被判决的犹太人名单的《先锋报》一直在抱怨德国法院太过仁慈。"

就在前一天，包括《纽约时报》在内的多家报社报道了施特赖歇尔的尖锐言论。一篇副标题为《解决问题的方法就是消灭他们》（*The Way to Solve Problem Is to Exterminate Them*）的文章称："信奉反犹太主义的纽伦堡大祭司声称最近的分析证明，灭绝是解决犹太人问题唯一可行的方法。施特赖歇尔先生已经明确表示，这个问题不只局限于德国……这是一个世界性问题。他说,有些人认为'不见血'就可以解决犹太人问题,但他们完全错了……要取得一个最终解决方案,就必须走上一条血路。施特赖歇尔先生称这些措施是合理的,在他看来,犹太人一直都是通过大规模屠杀来达成自己的目的,且对战争和屠杀也负有责任。所以,为了保证世界的安全,必须消灭他们。"

全世界无可避免地获知了纳粹主义带来的悲惨结果。人们即使不能从报纸上读到,也能感受到纳粹主义的可怕,因为满世界都是难民。

火车哐当哐当地驶进巴黎、布拉格、华沙、布鲁塞尔、日内瓦和马德里;轮船在波士顿、纽约、墨西哥城、伦敦和约翰内斯堡的港口放下了舷梯。每当火车或轮船抵达目的地,人们总能看到成批的难民。一个个犹太人穿着他们最好的衣服,拖着塞满了回忆的行李箱和床脚柜,带着勉强收集起来的自尊困惑地踏上了陌生的国土。难民中有手拿成捆书籍的教授,有拖着破旧公文包的医生和律师,还有拿着宝贵的皮革制分类账簿的商人。并非所有人都是犹太人,有些人甚至不觉得自己是犹太人,其中还有许多信奉不同宗教的知识分子和持不同政见的人。孩子听父母讲述了为何他们要匆忙离开家园;父母则琢磨着接下来的夜晚将会给他们带来什么。因为,并不是每个人都持有通行证。极少数人带着偷运出来的金银珠宝,试图重新安排自己的生活;不过大多数人囊中羞涩,难以维持生计。严酷的政策在将他们扫地出门后,要么让他们身无分文,要么将他们严重缩水的资产冻结在那个充满敌意的第三帝国里。

各种杂乱无章的救济活动正在进行。国际联盟、犹太人组织、犹太复国主义组织(The Zionist Organization)、教会团体、政府委员会、工会和临时市政机构都在努力地向难民提供住房、工作和实时救助。然而,虽然有几十个机构都在筹集资金和资源,但由于每个国家都在饱受经济萧条的折磨,因此他们的救助愿景基本无法实现。这个世界的援助能力脆弱不堪,正在逐步瓦解中。截至1935年末,超过12.5万人逃出德国。荷兰和捷克斯洛伐克各接收了5 000多人;波兰接纳了3万人;法国也接收了3万名难民,但其中有2万人被转移到其他国家。此外,还有近3.7万人逃到了美国、巴勒斯坦和拉丁美洲。

国际联盟看到这次危机影响了如此多的国家,便任命詹姆斯·G.麦克唐纳(James G. McDonald)为德国难民事务高级专员。麦克唐纳遇挫后,辞去职务，并发布了一份令人信服的报告，描述了这次日渐恶化的大灾难："也许这是历史上最为棘手的国际问题，它让人不知所措。"世界正慢慢关闭大门。犹太复国运动领导人哈伊姆·魏茨曼（Chaim Weizmann）称，这个世界被一分为二，一块是犹太人不能留的地方，一块是犹太人不能去的地方。

就在犹太人正遭受苦难时，沃森证明了自己是纳粹帝国的特殊朋友。他不仅投资了德国企业，还与德国外交家和实业家进行了策略性交流。不过，在德国人看来，沃森的作用远不止于此。纳粹认为在复苏经济并通过战争提高经济地位的过程中，沃森是一位盟友。他从未批评纳粹德国这位客户，还试图摧毁孤立第三帝国的势力。沃森奋战的会场包括国际商会及其美国分支——美国商会。

国际商会是由国际联盟创建的一个非政府组织，旨在促进国际贸易和研究管理国际贸易的条约的硬机制，如邮政、海运、货币、银行业、专利等方面的法规。美国商会由美国最有势力的产业大亨和企业高管组成，在美国具有强大的政治影响力。其外事部相当于国际商会美国分部。沃森当选美国商会外事部主席，这也让他成为国际商会美国分部的主席。实质上，这一职务让沃森晋升为代表美国官方的商人。

有了这项新职务，沃森便抓住机会迅速安排第八届国际商会两年一度的代表大会，将日期敲定在1935年6月，地点敲定在巴黎。不久，沃森的安排获得了美国政府的正式批准，这进一步提升了他的社会地位和知名度。为了达成目的，沃森与美国国务卿科德尔·赫尔及其下属多次通信。国务院官员受到邀请，可以以随行团队的身份与沃森及其他国际商会代表一同坐轮船前往巴黎。驻欧洲各国的美国大使、领事和专员同样受到了邀请。在沃森的再三要求下，赫尔本人向国际商会相关理事会会议发出祝贺，提到了"世界和平"。赫尔的祝贺词被印在议程表的显眼处，展示给了重要的与会人员，这将提升沃森的政治形象，提升他在罗斯福政府中的政治推动力。

在做了一番小改动后，赫尔终于把一堆不连贯的单词联结成句。他准许沃森公示部分无关紧要的话，以示美国政府对此次巴黎会议的认可，更重要的是对沃森领导能力的认可。赫尔通过电报称："我在此表示，我对此次会议的宗旨很感兴趣，您在此次会议上将会谈论如何让商业组织达成最高效的协作，从而为实现世界和平提供一个更全面、更可行的策略。这次会议非常及时，期待您在回国后将会议成果告知于我。"

在国际媒体的注视下，沃森召集各国（甚至包括第三帝国）重要的企业领袖，来商讨如何解决当下最为紧迫的经济问题。会议的议题有：避免竞争性货币贬值、各国对外企的待遇、国际债务的偿付，以及发明、商标、专利和模型的国际保护问题。会议前的浮夸演讲、各工作组间的争论、给政府领导人的详细公报和仓促组织的新闻报道无不耀眼地显示在此次代表大会上。

然而，在这次著名的秘密会议中，一项十分紧迫的经济议题却未被提起。这个问题并非属于国际经济理论中某个不受注意的领域。相反，这是一场严重的金融危机，由它引发的不幸和经济困难可能会压垮西方世界的政府。这，就是难民问题。

事实上，沃森不仅避而不谈希特勒给世界带来的威胁，还鼓励各国对德国采取"照常贸易"的态度。第三帝国非常希望国际舆论对帝国经济的冲击有所缓解，而沃森尽其所能地帮助第三帝国。纳粹分子认为，只要能够出口产品，而且在增强军事实力的过程中不受掣肘，德国就会占据上风。在纳粹分子看来，只要德国能在国际贸易中正常运作，就等于获得了一份暂时的通行证。

在巴黎会议期间，沃森被选为国际商会的下一任会长。于是，他无可争议地成为国际贸易的代表人物。下一届国际商会代表大会将在 1937 年 6 月举行，届时沃森将正式就任国际商会会长。如此一来，他便可以自豪地宣布自己选定的代表大会主办地。也许全世界一直在孤立德国；也许每一个西方国家正承受着纳粹德国带来的经济压力，因为难民会从德国逃往它们的城市；也许希特勒入侵他国的威胁正在激化紧张局势，法西斯主义输出也引发一场昂贵的军事竞赛，但沃森仍坚定地催促所有人加入有史以来规模最大、最华丽的国际商会代表大会中。

沃森不会批判希特勒。相反，他在接受各种采访和发表各类公开演讲时，似乎都会设法强调一些支持第三帝国的理念。在历史上的任何时期，人们可能都会觉得沃森的话很有远见，但在这种特殊时期，他的话只会引起第三帝国的强烈共鸣。

沃森在 IBM 和国际商会发表演讲时，经常恳求公平地再分配自然资源，并表达了对重新武装后的德国的支持。当沃森再三表述这些观点时，第三帝国正在重建违背《凡尔赛和约》的战争机器，并计划以入侵邻国土地的方式来获取应得的自然资源。

在一次重要会议上，沃森明确表明了自己的立场。当时，他让国际商会的同事借助他们与政府官员之间的联系，敦促各自国家的政府"在限制军备的问题上能给予充分的理解"，他坦言道："我们说的不是解除军备。"像往常一样，沃森补充说，若想在这件事上取得进展，有一点不可避免，即更公平地分配原材料。在提到德国遭遇的严酷抵制时，沃森又搬出了他那套老生常谈的话："我们相信只要各国之间的贸易往来能够顺利进行，那么让士兵穿过边界，也就显得没有必要了。"

即使是在沃森面前批评希特勒政权，沃森也会充耳不闻。1937年4月26日，在为柏林国际商会代表大会预热的宴会上，曾担任《凡尔赛和约》法律顾问，同时是美国著名国际法专家的特邀发言人约翰·福斯特·杜勒斯（John Foster Dulles）准备登台演讲。杜勒斯演讲的题目为《战争的根本原因》（The Fundamental Causes of War）。沃森对这个标题很不满意，试图在杜勒斯登台前说服他更改话题。沃森甚至对他说"没人想听战争，给我们讲讲和平吧"。对此，杜勒斯公开讽刺沃森，他将自己的回答告诉了与会人员："我说，'那好吧，要是换我来写演讲稿，那你（沃森）就来确定题目。不过在我做完演讲之前，我想你可能会希望……是我确定了题目，而另一个人写出了演讲稿'。"

杜勒斯痛斥德国，称沃森考虑的所有事宜都不应被允许。当时，沃森就站在杜勒斯身旁。杜勒斯说："以德国为例，无法获得外汇（由于反纳粹抵制活动）使德国受到了封锁，这跟战争期间同盟国的舰队和军队对德国的封锁一样有效。食物和原材料短缺，以及被敌对势力包围的感觉……事实上，假若一个国家具备各种设施，那么，就极可能在自己的国界之内大力发展……或许通过逻辑就可以推断一切。不过逻辑治愈不了精神病。"

杜勒斯讥讽德国及其聪明的盟友散播的"和平"标语已是一面破烂不堪的幌子。他坚称："国家想要和平，就必须给人民工作的机会，以及享受劳动成果的权利，每个人都不该承受过分的压制……每当大规模镇压活动出现，和平就会受到威胁。这极有可能导致内战，又或者是国际战争。"

在杜勒斯结束漫长的演讲后，沃森甚至不愿意鸣谢杜勒斯的讲话。沃森不再表现得那么热情,而是直接介绍了下一位演讲嘉宾——美国农业部部长。几分钟后,沃森号召企业同仁支持在德国举行的国际商会代表大会,试图以此来抵消杜勒斯的演讲所带来的不良影响。"在柏林的会议上,"沃森要求道,"我们希望在座的各位能尽量到场,因为各位能在现场,并协助我们顺利召开会议,对各位的祖国是至关重要的。"

对任何诋毁德国的言论,沃森都会痛斥,由他发给美联社的一条评论就能说明问题。这条评论的部分内容与希特勒支持者频繁援引的构想十分契合。《纽约时报》报道称:"沃森先生对再一次爆发世界大战的说法嗤之以鼻,他说,'当世界各国专注于自己的问题,给人民安排好住房后,世界和平就会到来'。"

一旦受到质疑,沃森就会坚称自己是乐观主义者。之后,沃森的朋友和家人为了给沃森开脱,将他的举动解释为"天真"。然而,没人能比沃森更精明了。沃森会雕琢言辞,就像工匠一般:在反复衡量后,才会下手。

不久,沃森致信第三帝国经济部部长沙赫特,向他袒露了自己的感受。沃森写道:"我深深担忧着德国的命运,也越来越依赖那些我接触过的德国人。这促使我公开表达了对德国的坚定支持,尽管我的国家以及其他国家都在反对德国。"

事实上,沃森知道战争即将来临,海丁格尔也有同样的预感。1936年10月,早在沃森向杜勒斯摊牌前,海丁格尔就给IBM纽约总部发去一份备忘录,详述了以防战争爆发,为德霍梅格修建防空洞的计划。"德国政府找到我们,"海丁格尔说道,"要求我们留心保护工厂和经营场所,以防遭到空袭。考虑到公司靠近铁路,这些要求似乎很合理……为了工人和员工的生命安全……我们认为应该马上修建防空洞……必须立即行动。"

德霍梅格在备忘录中指明了所需设施的具体尺寸,这些设施包括两个大型防空洞——每个防空洞可以容纳950人与一大批设备,还有一个地下通道——用来连接里希特菲尔德工厂的厂房。沃森随后批准了这两个防空洞的修建。IBM需要保证希特勒的穿孔卡设备将不会受到同盟国的袭击,即便其中包括美国的轰炸机。

沃森不只是出售物品给第三帝国的商人,他还像普罗米修斯[①]一样将

[①] 在希腊神话中,普罗米修斯是最具智慧的神之一,也是最早的泰坦巨神后代。他盗取火种给了人类,还教会后者许多知识和技能。——译者注

穿孔卡技术赐予第三帝国，让第三帝国在重整军备和迫害犹太人时获得了意想不到的效率。沃森拒绝加入反纳粹大军，反而打开了一条和第三帝国互通的商业大道。他愿意将世界性的商业峰会带进柏林；他是罗斯福政府的密友，是一个金光闪闪的传奇人物。正是因为这一切，希特勒授予了托马斯·J. 沃森一枚勋章，这是他能给予非德国人的最高荣耀。

纳粹德国设计了一款星形德意志雄鹰勋章[①]，并将之授予托马斯·J. 沃森，以表彰对德意志帝国做出贡献的外国人士。这种星形勋章的分量仅次于大十字德意志雄鹰勋章。

对此，沃森感到十分荣幸。在接下来的国际商会代表大会上，他不仅要就任国际商会会长，还要接受元首颁发的勋章。戈培尔将在1937年柏林国际商会代表大会上担任舞台监督，而沃森会在戈培尔的协助下让此次代表大会变成商界对德国的献礼。反过来，希特勒也会让此次代表大会变成德国对沃森致敬的舞台。

1937年6月24日，95名美国高管及其家人乘坐拥有2.4吨排水量的巨型邮轮"曼哈顿号"来到汉堡。在汉堡重新整装后，他们搭乘火车前往柏林参加国际商会代表大会。沃森照例为国务院安排行程，受沃森邀请参加会议的国务院大使、领事及其他使节有2 500多名，来自42个不同国家，其中有900人来自德国。阿德龙大酒店、布里斯托尔酒店和欧陆大酒店的套房已准备就绪。阿德龙酒店是沃森组织此次代表大会的会议中心。

沃森已宣布，在柏林的代表大会结束后，他会前往意大利和墨索里尼参加一个秘密会议，并声明1939年国际商会代表大会的举办地计划设在东京，即德国的盟友。在那时，IBM在日本的业务发展也卓有成效，甚至帮助日本发展了空军和航空母舰。

向柏林代表大会发来祝贺的不仅有赫尔，还有罗斯福总统。罗斯福总统亲自发来正式且毫无恶意的贺词，这些通信再次强调了沃森和此次会议的重要性。罗斯福在电报中称："我衷心地祝贺您当选国际商会会长，多年来，我一直关注着您如何努力地促进国际商会的工作……您在柏林组织代表大会时，许多严重的问题也正需要经过明智、成熟的协商……在这个至关重要的时刻，我向您和代表团致以最好的祝福，望此次商议能顺利进行。"

[①] 由希特勒特别设立，是一种外交勋章，主要授予对德国友好的外国人。其设立之初共分6个等级，最高级为大十字德意志雄鹰勋章，其次是星形德意志雄鹰勋章。——译者注

1937年6月28日，沃森会见希特勒。帝国总理府的角落里摆放着一张小餐桌。餐桌旁，沃森和希特勒安逸地坐在雕有花卉图案的扶手椅上，细细品味着装在雅致瓷杯中的热茶。他们终于能面对面谈话了。与他们坐在一起的是希特勒的护卫，还有两名全力支持希特勒的国际商会代表大会与会人员。没人能确切知道希特勒在那次谈话中对沃森讲了什么。随后，沃森向《纽约时报》解释道："不会有战争。没有国家想要战争，也没有国家能够承担得起战争。"但无论希特勒说了些什么，有一点是明确的，那就是沃森受到了鼓舞，并为希特勒而着迷。

随后，成千上万的国际商会代表聚集在兼作国会大厦的德国歌剧院。在歌剧院的阳台上，纳粹旗帜招摇地摆动着，一支大型管弦乐队演奏起了贝多芬的《蕾奥诺拉第三序曲》（*Lenore Overture #3*）。《纽约时报》称："有时……这看起来就像一场纯粹的纳粹党集会。"

突然，希特勒身穿棕色纳粹党制服出现在歌剧院门口。随后，他径直走向装饰着"卐"字旗的主席台。这时，熟悉的口号响彻天空："胜利！"

1937年的这一刻，这群与众不同的商业家，包括几十名美国商人，都沉浸其中，情绪十分高涨。他们在一片咆哮声、欢呼声和激烈的掌声中，在托马斯·J.沃森的带领下站了起来，伸出手做了忠诚的敬礼，并大喊"胜利"。而沃森直到将自己的右手举到一半时，才意识到自己是多么情不自禁。随后，沃森的一名同事在接受《纽约先驱报》（*New York Herald*）的采访时，否认沃森的手势是真的敬礼。

赫尔曼·戈林（Hermann Goering）是第一批重要演讲人之一。戈林点明了纳粹德国永恒的主题，声称第三帝国"大力重整军备"只是为了保卫德国的边境线，捍卫德国的荣耀。戈林要求让德国受到公平对待，获得其应有的原材料。时任德国国家银行总裁的亚尔马·沙赫特在讲话时也强调了"公平的原材料分配"。

更多的纳粹发言人登上演讲台为德国辩护。他们宣称，如有可能，希望避免战争；但如有必要，他们也会坚定地征服他国。就连平时少言寡语的沙赫特也讲述了因"根据种族来合理划分国家"而产生的种族特权。

会议终于结束，管弦乐队在指示下奏响了纳粹冲锋队的主题曲《霍斯特·威塞尔之歌》，接着又演奏了德国国歌《德意志高于一切》。每一位商业家都深陷这场催眠般的活力中，忍不住和忠实的褐衫党放声高歌起来。

接下来，一场狂欢轰轰烈烈地展开。柏林已经很久没经历过如此盛大的招待会了。约瑟夫·戈培尔夫妇在歌剧院招待了沃森一家；沙赫特一家邀请沃森一家和其他代表到柏林宫参加了一场有数百人的隆重派对；戈林一家在气势恢宏的夏洛滕堡宫中为沃森一家和其他代表举办了豪华宴会；柏林市长则为众代表安排了奢华的晚宴。

但比起戈培尔一家在孔雀岛精心筹划的威尼斯之夜，之前那些豪华聚会都逊色了几分。很多人认为，这次狂欢是纳粹时代最大型的聚会。孔雀岛拥有绝佳的田园风光，距离柏林只有一小段车程。为了这个特别的夜晚，戈培尔耗资 400 万马克，将腓特烈·威廉三世（Friedrich Wilhelm III）建于 18 世纪的城堡改建成了一栋充满魔幻色彩的建筑。当沃森和其他客人走过一段狭窄的浮桥来到岛上时，他们看见了长长的道路旁站着一排迷人的柏林女学生。这群女学生穿着白色衬衫、白色丝制马裤和白色皮革鞋，手中挥舞着一根像仙女棒似的东西。当沃森和其他宾客走近时，这些天使般的女孩纷纷弯腰，向他们鞠躬。

3 000 名宾客，也有人认为是 4 000 名，被邀请到一间巨大的"酒吧"。酒吧里，80 个调酒师正精心将上等干邑、优质葡萄酒和强劲的啤酒调制成鸡尾酒。打开香槟软木塞时的砰砰声接连不断。之后，给人留下一种"气派"印象的豪华晚餐被配送到了数百张桌子上。大厨、服务员和厨房帮工匆匆带着一碟又一碟覆有圆顶盖的特色佳肴来回地穿过草地，构成一幅颇为壮观的景象，显示了何为精准的餐桌服务。迷人的普鲁士瓷器雕像也作为小礼品赐给了在座的每一位太太。而后，芭蕾舞者和歌手在巨大的圆顶大厅中载歌载舞。没过多久，这个圆顶大厅就成了一个热闹的舞池。

不过，任何宏大的场面都比不上接下来的辉煌时刻——授予沃森勋章。当沙赫特为沃森颁发勋章时，一旁的新闻摄影机纷纷转向沃森，在座的政府官员全体立正，直视前方。那是一枚由白色珐琅制成的勋章，有八个角，周边镶金，上面装饰着德国雄鹰和纳粹标志。这枚勋章由一条以红色为主的红黑白三色绶带系着，还搭配着一颗六角星。在沃森看来，这枚勋章十分华丽。当他戴上这枚勋章时，身上就有了两个"卐"字符，一个朝左，一个朝右。

柏林在 1937 年展示出来的雄伟把沃森和 IBM 卷入了一种更加错综复杂的联盟中，这种联盟并不局限在德国，而是涵盖了每一个欧洲国家。霍尔瑞斯机器发出的金属音很快会响彻欧洲大陆。到那时，会出现更多令人瞠目的穿孔卡使用现象。而法国、波兰、意大利、保加利亚、捷克斯洛伐克、荷兰、罗马尼亚和匈牙利等国家很快就会熊熊燃烧起来。

　　自始至终，歌声从未在德国停歇。人们都穿着颜色一样的制服，热情地摆动着身体，近乎狂热地喊出歌词。随着纳粹追随者唱出歌曲，恩迪科特回荡着人们的愿望。

　　　　　　就是这种精神赐予了我们声望！
　　　　　　我们很强大，但会变得更强大。
　　　　　　　我们不能失败，
　　　　　　因为每个人的眼睛都是明亮的。
　　　　　　　　……
　　　　　　　我们会战斗着前进，
　　　　　　必定会占领新的领域。
　　　　　　为了勇往直前的IBM。

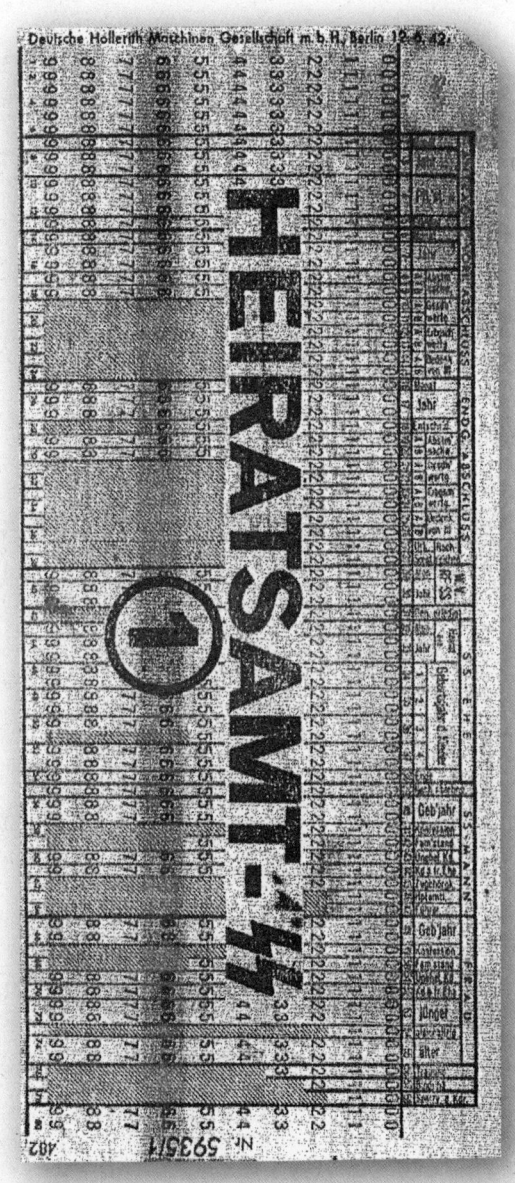

IBM霍尔瑞斯穿孔卡，大约产于1942年，为党卫军婚配办事处专门设计。穿孔卡边缘可以看到IBM德霍梅格的标记。（埃德温·布莱克收集）

Der Gründer und Aufsichtsratsvorsitzende General-Direktor Willi Heidinger hält die Festrede

vollem Vertrauen auf deren stets bewährte Arbeitsfreude. Anschließend enthüllte er die in das Gebäude einzumauernde Gedenktafel und erflehte den Segen des Himmels für diese Arbeitsstätte, die in allen Zeiten ein Hort bleiben möge für Arbeit in Frieden und Freude.

16

威利·海丁格尔,IBM德国子公司的总经理。1934年1月,他为一座新工厂举行开幕仪式,并视其为纳粹企业,以协助希特勒继续迫害犹太人。这张照片被附在1934年的一份特殊报告中,送往IBM纽约总部。(埃德温·布莱克收集,美国大屠杀纪念馆,汉堡大学图书馆)

IBM AND THE HOLOCAUST

第二部分

纳粹战争机器	第6章
统计，是死亡的前奏	第7章
战时投机：IBM 退居幕后	第8章
危机！动荡的德霍梅格	第9章

第 6 章

纳粹战争机器

1937 年 7 月 5 日
阿道夫·希特勒阁下
柏林

在离开柏林前,我想就勋章一事向您表达谢意。感谢您授予我这一崇高荣耀,这让我无比自豪。我十分珍视这份荣耀代表的友谊,并保证,我会像过去一样继续尽自己所能,在我们两个国家之间搭建更亲密的联系。我的妻子和家人也向您祝好。

托马斯·J. 沃森
IBM

1938 年 7 月 4 日
托马斯·J. 沃森先生
纽约

尊敬的先生:

冒昧给您写信,我对此深感抱歉。我希望能在一些问题上得到您的帮助。像许多犹太人一样,我正面临着生命中一个非常糟糕的时刻，我不得不离开这个国家，到另一片土地上谋生。我出生于1906年6月17日，在这个国家接受了中小学教育。到1933年，这八年来，我一直是柏林帝国统计局的霍尔瑞斯穿孔机操作员。

我已经和柏林霍尔瑞斯公司的经理德里纳（Drines）先生谈过了在国外找工作的打算。德里纳先生建议我写信给您，告诉您我的计划。我希望您能帮我在国外找到一份工作。想必您一定清楚这里的生活境况，我也没必要多说移民的原因。若能获得您的帮助，我一定会非常感激。请您先接受我的谢意。

希望能有幸收到您的回复。

您最诚挚的朋友

伊尔丝·迈耶（Ilse Meyer）

柏林

大德意志帝国追捕网络

德国犹太人的处境更加严峻了。截至1937年，已有成千上万名犹太人逃离德国，沦落为贫穷的移民。不过，那些仍留在第三帝国的犹太人的处境更令人忧心，他们的"存在感"逐渐被抹杀，只剩下一个个暗淡的影子。犹太人在被驱赶出小城市后，开始涌入柏林，试图在这里找回曾经熟悉的文明生活，哪怕只有一星半点。生活琐事变得重要起来：咖啡馆里的一杯咖啡、公园里的一次散步、周末的一场电影、一场午后音乐会，这些都是德国犹太人依附着的珍贵文物。但是，纳粹分子绝不会允许犹太人有片刻安宁。在不断被边缘化的过程中，犹太人的人格遭受了无休止的侮辱。这场羞辱犹太人的全国性暴行并非只发生在德国境内。美国的报纸和广播不断报道着相关消息，其中也包括《纽约时报》。

纳粹分子会走进电影院，命令犹太人起立，然后将他们赶出电影院；款待犹太人的咖啡馆会被勒令关闭，客人也会遭到拘留；各地权威机构解散了几乎所有的犹太运动队、犹太音乐社团和犹太社交俱乐部。实际上，纳粹不允许同一个地方聚集的犹太人数量超过4个。公园凳子上贴着告示：犹太人不能坐在此处。犹太教堂不仅被迫关闭，往往还会被夷为平地。位于慕尼黑的大犹太教堂则被改建成停车场。

数百名被剥夺了公民权的中产阶级德国犹太人从其他地区来到柏林后，开起了小型零售店，希望能重启生活。曾经的靴子制造商又出现在了鞋店里；变卖了资产的服装生产商，又以男装店店主的身份开店营业；遭到驱逐的教授则开起了书店。纳粹分子一旦发现这些小公司，就会立即吓走他们的客户，并没收公司的资产。犹太人商店的外墙被涂上了各种侮辱性语言，如"犹太猪"或"犹太人滚蛋"。武装的纳粹冲锋队会经常堵住犹太人的店门。有一天，全世界各大报纸的头条都报道了一场大规模种族主义行动：在柏林一条蔓延数英里的商业街上，3英尺高的粗糙指示牌遍布大街，它们明确指明了哪些商店的店主是犹太人。纳粹暴徒似乎总能知道店主是不是犹太人，不管这些店有多新。

然而，对希特勒政权来说，毁灭犹太人的行动还不够迅捷和彻底。在德国，虽然已有大批犹太人被辨识出来，但成千上万名拥有犹太血统（可追溯到19世纪）的"种族犹太人"（Racial Jews）仍未被标记。1937年，第三帝国又一次下令执行全国人口普查，以便为德国的军事动员，以及犹太人的最终识别做准备。德霍梅格急忙接受了这个项目。

此次人口普查设置了一些关于种族的问题，旨在根据《纽伦堡法案》查明拥有犹太血统的人，确保第三帝国的反犹运动没有漏网之鱼。除了常规问题，调查人员还会用一张特别的卡片来记录受访对象的祖父母和外祖父母是否为犹太人。那些受访对象填完的卡片会被单独放进一个信封中，之后再由人口普查机关以及安全部门处理。

该人口普查项目原定于1938年5月，这对IBM来说是一项巨大的工程，需要动用大量人力、机器和大片处理数据用的场地。为了履行这份价值350万马克的大合同，IBM还需配备70台分拣机、60多台制表机、76台乘法器及9 000万张穿孔卡。日内瓦、斯德哥尔摩和纽约办事处的主管都明白这是IBM面临的一次巨大挑战。IBM欧洲工厂的管理人员J.G. 约翰斯顿（J.G. Johnston）给身处瑞典的IBM纽约总部高管发去备忘录，表示第三帝国选择分期付款，但需15个月才能付清全额，不过他们已经筹到可观的资金来为这个价值350万马克的人口普查合同融资。约翰斯顿在备忘录中写道："各位应该考虑到……这次德国人口普查合同将帮助IBM登上巅峰。这种机会是不可能重复出现的。IBM的其他高管似乎也意识到这次即将到来的人口普查意义深远，因此，他们纷纷提出增加投资金额。"

纳粹德国的当权派欣喜若狂,因为他们深知此次人口普查会对德国犹太人产生重大影响。由纳粹党掌控的重要报纸《人民观察家报》(*Völkischer Beobachter*)吹嘘道:"明年 5 月,将会有一场最大型、最全面的人口普查。这次人口普查会比德国,甚至其他国家进行过的任何一次人口普查都广泛、全面……翔实地回答每一个问题是每位同志的责任……这样,元首及各领导人才能获得必要的数据基础,以便为德国在未来的 5～10 年制定律法。"

一名纳粹官员热情洋溢地说:"1938 年综合人口普查意在确定德国人口的血统组成……这些结果同样会被记录在警察局的技术登记卡上。如此一来,警察就可以清楚地了解到其管辖区域内人口的种族结构。秘密警察总部也能借此达成目标。"

不过,这次备受期待的人口普查还是被推迟了。1938 年 3 月 13 日,第三帝国吞并奥地利,组成"大德意志帝国",总人口达 7 300 万。希特勒称之为"德奥合并",又称"政治联盟"。几乎在一夜之间,数年来在德国境内不断演化的反犹行动迅速蔓延到奥地利。首先发生的是暴力事件。在奥地利,犹太商人被围捕起来,受到公开殴打,他们的商店也遭到了洗劫。犹太人被迫跪在地上擦洗街道,在他们身后,是用枪托殴打他们的士兵,而维也纳的民众却在欢呼雀跃。

《纽约时报》立即在头版头条上谴责了"对犹太人的肆意迫害"。文章描述了残酷的暴行是如何强迫犹太人立即移民他处,致使他们身无分文。《纽约时报》称:"在维也纳,没有一丝残余的尊严和人性来阻止'政治联盟'毁灭犹太人的意图。这里持续发生着肆意迫害犹太人的活动。这是自中世纪那些最黑暗的日子以来,欧洲大陆上最恐怖的日子。"

接着,这个"政治联盟"开始对犹太人实施拘捕。无数犹太人被士兵从家里或办公场所中赶出来,装上货车,运往集中营,如达豪集中营。在集中营里,这些犹太人将遭受虐待、忍饥挨饿、做常人无法忍受的苦力活。这些集中营也用来说服犹太人离开奥地利,当然,前提是他们还有机会被释放。事实上,只有那些立马同意移民的犹太人才能拥有被释放的资格。

如果移民的速度不够快,奥地利犹太人就会在没有得到通知的情况下被直接赶出家门。奥地利布尔根兰州的 3 000 多名犹太人(其中包括许多几个世纪前就扎根于此的人)在被装上货车,运到维也纳的犹太人区后,又被一股脑地从车上倾倒下来。居住在维也纳的犹太人会尽可能地藏匿到犹太教堂或一些隐蔽的建筑中，不过，由于当时天气异常寒冷，许多孩子受寒挨冻，食不果腹，几近饿死。

1938年6月30日，奥地利境内近1万家犹太商店被勒令立刻解雇犹太雇员（近3万人），并雇用雅利安人来取代犹太人。随即，便出现了令人心痛的场景：维也纳各地的忠实犹太雇员，甚至是将自己的小半生奉献给公司的老员工，在没有收到通知或赔偿金的情况下被突然赶离工作岗位。

驱逐、排斥、没收财产等活动在维也纳迅速蔓延。犹太公民被剥夺了尊严、财产和法律地位。且犹太人一旦被识别，那么他们在奥地利的生活也就宣告结束。中产阶级犹太人，从西格蒙德·弗洛伊德①（Sigmund Freud）到无名的普通受害者都被迫登上驶离奥地利的船只、火车或巴士。除了能随身携带的物品，他们几乎一无所有。

自杀也是一种选择，而且时有发生。德国合并奥地利后的前10天里，就有96名犹太人自杀。越来越多的犹太人在知道自己会被驱逐出境，或者被送到达豪集中营后，便订下了自杀协议，甚至成立了自杀俱乐部。

纳粹分子能辨别出哪些奥地利人才是犹太人，而且准确度令人震惊。《纽约时报》禁不住评论道："许多巡逻队都在进行围圈，他们会根据列表中成千上万名犹太人的名单，来聚拢那些应该受到监禁和惩罚的犹太人。在德国控制奥地利之前，纳粹分子就已经年复一年、悄无声息地汇编着这些名单，以便为德国掌权做准备。"

IBM也来到了奥地利。希特勒掌权前，IBM在奥地利只拥有一家代理机构——富尔特公司，由斯蒂芬·富尔特（Stephan Furth）经营。而当希特勒宣布第三帝国成立后，沃森便在奥地利创办了一家IBM全资子公司。随后，富尔特前往美国纽约总部接受IBM的销售培训，并成为这家IBM全资子公司的联席经理。这家子公司受益于天赋过人的穿孔卡工程师古斯塔夫·陶舍克及管理精英富尔特。曾在德霍梅格接受培训的管理人员伯特霍尔德（Berthold）后来也加入该子公司。1934年，IBM为奥地利执行了人口普查，两年后，沃森批准在奥地利修建一家制卡厂来生产穿孔卡。

1938年初，就在德奥合并前数周，阿道夫·艾希曼以"犹太事务专家"的身份受遣来到维也纳，组织犹太人移民。阿道夫·艾希曼一踏上维也纳，

---

① 奥地利精神病医师、心理学家，精神分析学派创始人。他开创了潜意识研究的新领域，奠定了现代医学模式的新基础。——译者注

就在当地修建了一座大型的穿孔卡工厂，让其夜以继日地运作。德国于德奥合并之前所做的一切准备工作，都会用霍尔瑞斯系统来更新和取代。

艾希曼回忆说："在德奥合并前的几周，他们把能找到的任何身体健全的人，都派到了三班倒的工作岗位，让其在巨大的环形卡片档案库里撰写档案卡。这个环形档案库的直径有几码长，多亏了一种穿孔系统，工人们只需坐在一张钢琴凳上就能处理任务，找到任何想要的卡片。关于奥地利人的所有重要信息都会被记录到这些穿孔卡上，这些数据来源于年度报告、手册、所有政党的报纸、成员档案。简言之，它们来自于任何你能想象得到的东西。卡片承载的信息有名字、地址、党籍，是否为犹太人、共济会会员、虔诚的天主教徒或新教徒，是否活跃于政坛等。在那段时间，我们的日常工作都被搁置了。"

原定于1938年5月执行的德国人口普查被推迟了一年，以便让德霍梅格起草新计划来将人口统计范围扩展到奥地利。为了应对新增的工作，德霍梅格在大德意志帝国增设了一些分支机构。最终，有25个办事处将会着手处理7 000万德国人与奥地利人的信息。

希特勒对犹太人的恐怖统治贯穿了整个1938年，也让全世界一直处于不安之中。1938年4月27日，"没收财产"活动进行到最后阶段，第三帝国下令让犹太人将他们的所有财产都登记在案。之后，霍尔瑞斯机器忙碌地运作起来，将财产信息绘制成表。

纳粹德国的法令变得让人越发害怕起来。不可上诉的人民法院以"砍头"作为一种新的惩罚措施，令人心生恐惧。这个人民法院对犯人的裁决是秘密进行的，但对犯人的处决则会向世界各大媒体公开，以警告那些被第三帝国视为特殊敌人的人。大批令人毛骨悚然的集中营也相继在大德意志帝国建立起来，每个集中营都因其酷刑和败坏的人性而臭名昭著。当时的新闻媒体和杂志也会描述这些行径：白天的暴力事件、夜晚的可怕敲门声、羞辱性的公众运动以及让犹太人进一步陷入饥贫的无数法令，这些恐怖的情绪化成了雨点，洒落在大德意志帝国的土地上。

全世界都对德国深恶痛绝，不仅因为纳粹分子的反犹暴行，还因为纳粹分子不断以高度公开的手段来压迫那些让其感到不适的人士，如天主教教徒、新教教徒和知识分子。希特勒一开始便将战争的矛头直指捷克斯洛伐克。占领波兰和法国则似乎是纳粹德国的第二步计划。许多人认为，欧洲重新陷入战争不过是时间问题，而美国到时也不得不参战。接下来，美国人，乃至世界人民迎来了一个转折点：水晶之夜①。

1938年11月10日，一战20周年纪念日这一天，德国爆发了一场全国性的大屠杀活动，以前所未见的大规模暴力活动迫害犹太人。第三帝国将之归咎于某个绝望的犹太难民刺杀了一名驻巴黎德国领事。这条消息曝光后的几小时内，训练有素的突击部队便搭乘多辆卡车，在几名身穿制服的纳粹冲锋队领导的指引下，被部署到了第三帝国的每一个城镇。同时，希特勒统治下的德国爆发了一场满是"碎玻璃"的暴风雨。商店的玻璃橱窗、展示柜、固定设施、办公室大门以及平常人家的窗户，只要是玻璃，纳粹分子就要砸碎。教堂、咖啡馆、学校、办公场所、住宅，哪里有没被清除干净的犹太人，哪里就会有褐衫党的存在。

犹太人的财物被褐衫党撕毁、抛掷、掠夺。褐衫党将画作、书本和窗帘撕毁，把《摩西五经》②（Torahs）扔在地上，并踩在上面跳舞；他们将家具扔到街上，把珍贵的"战利品"装上马车运走。

然后，褐衫党给地板、窗帘泼上煤油。对于犹太教堂里的《摩西五经》、晨祷披巾、宗教经典、诵经台等物品，褐衫党也会兴奋地将它们用煤油浸透，或丢上火柴，或滚进燃烧弹，或扔进汽油弹。霎时间，几乎所有属于犹太人的物品都燃烧起来。熊熊火焰不只燃烧了柏林，也不只燃烧了维也纳，而是蔓延到了第三帝国的每一个城镇。

超过1.5万名犹太人被拖出家门，在欢呼雀跃的旁观者前遭受虐待后，被赶上火车送往监狱和集中营。消防员面带笑容地看着凶猛的火焰，确保附近的雅利安财物不受波及。警察则细心疏导交通，以便掠夺者放开手脚。

大火遗留下的废墟不仅反映了犹太人在德国的生存境况，也预示着犹太人在欧洲的悲惨命运。无论身在何处，对犹太人的鉴别结果已在世人眼前展露无遗，他们的生活也会被烧成灰烬。无论这个世界对希特勒政权的意图有过怎样的疑虑，当无数座犹太教堂和办公场所升起浓烟时，这些疑虑也随之烟消云散。

---

①又译为"碎玻璃之夜"，指发生于1938年11月9—10日凌晨的事件，希特勒青年团、盖世太保以及党卫军袭击了德国和奥地利的犹太人。这一事件标志着纳粹德国正式对犹太人进行有组织的屠杀。——译者注

②《圣经·旧约》中最初的五卷经典。其英文为Torahs，犹太人称之为"妥拉"，在希伯来语中意为"律法"。——译者注

世界各地的新闻报纸和电台广播纷纷谴责希特勒帝国的野蛮与残暴。《纽约时报》在首页刊登通栏大字标题的文章以斥责纳粹德国的做法,称:"纳粹分子在摧毁犹太人的商店和教堂,掠夺财物后,竟付之一炬。"该报纸还明确指出,维也纳只有一处犹太教堂未被烧毁,"当局保护了这座教堂……因为教堂里存有维也纳犹太社区的记录,而这些记录无法被取代"。

华盛顿召回美国驻柏林大使,西方外交家则呼吁采取一致行动来遏制纳粹德国的反犹暴行。富兰克林·D. 罗斯福总统发表了一封措辞严厉的谴责信,表示:"我难以相信这种事情会发生在20世纪的文明世界中。"

希特勒说除了捷克斯洛伐克,他并没有野心去侵占其他地区。盖洛普民意测验[①](Gallup Polls)对此进行调查,试图弄清大众是否相信希特勒的话。92%的受访美国人和93%的受访英国人都称希特勒不可信。在民权法令的支持下,希特勒在美国的追随者已受到起诉,并被公开惩罚。"纳粹拥护者"一词也被广泛使用。与纳粹合作或鼓吹纳粹主义的人会被视为"十足的危险分子"和"反美国者",需接受美国国会委员会的调查。

希特勒并不在意美国对这场暴乱的反应。水晶之夜后,犹太人被要求在几天内搬离公寓。之后,希特勒的信徒们排着长队住了进去。在慕尼黑,所有犹太家庭都被勒令在48小时内永远离开这座城市。这条命令很快被撤销,因为纳粹分子认为犹太人无法在如此短的时间内完全撤离。然而没过多久,这条命令又被重新启用。纳粹以"煽动水晶之夜"的罪名向犹太人征收了10亿马克的罚款。"没收并登记犹太财产"的最后阶段正式启动。

德国政府发布一个又一个恐怖警告,宣称情况会越来越糟。1938年11月14日,《纽约时报》在一篇专题文章中提到一个问题:"除了没灭绝德国犹太人,纳粹分子能对德国犹太人实施的暴行已无所不包,这不禁让人猜测那些源源不断的警告到底在暗示什么。"1938年11月30日,这个疑问得到解答。《纽约时报》发表了一篇题为《德国犹太人受到灭绝威胁》(*Jews in Germany Get Extermination Threat*)的文章,引述党卫军官方报刊《黑色军团》(*Schwarze Korps*)的话:"纳粹可能会大规模毁灭犹太人。"

1938年,沃森两度造访德国,一次是在5月下旬,即德奥合并后不久;另一次是在10月上旬,即纳粹在紧锣密鼓地筹备水晶之夜之时。

---

① 美国民意调查机构,创立于1935年。盖洛普民意测验每年会进行20~25次,采取抽样调查法,经统计、分析调查结果,并将之提供给用户。——译者注

德国每天都计划着入侵他国,其备战行动不再是秘密。第三帝国的宣传家遍布世界,确保"战争"一词能及时登上各大头条,成为辩论的焦点;指挥官加强了边界防卫;战争动员计划也在四处散播;飞机工程师因研制出新型轰炸机和战斗机而受到特别表彰;火车受到严格监管,以便有足够的车厢来运输军队;家庭主妇也被要求大量减少生活支出,以便第三帝国拥有充足的资金,去购买生产武器时所急需的原材料。总之,空气中弥漫着战争的气息。

整个 1938 年,沃森激情满满地为德国下达的指令做辩护。无论是在国际商会会议、大学毕业典礼,还是在剪彩仪式、新闻发布会上,沃森都在重申他的陈词滥调:这个世界在重新分配原材料,并减少了所谓的贸易壁垒①,以此通向和平。尽管大众媒体定期发布的文章和广播已经说明,德国迫切需要这些原材料是因为要武装战争机器,但沃森仍一如既往地四处游说。在许多人看来,沃森的宣言纯粹是为了帮助纳粹进行接下来的行动,不过,沃森仍坚守着自己的信条。不仅如此,每当沃森从欧洲大陆回到美国时,总会在码头边热情洋溢地表达对整个欧洲的乐观态度。他表示即便这个世界正酝酿着一场全面战争,并见证着纳粹对犹太人的掠夺,但欧洲人始终保持着乐观心态,就连生活水平也在稳步提高。

许多知名作家和人士都反驳了沃森的理念。《纽约时报》一名驻外记者的话就很好地反映出公众的看法:"我们必须记住……世界各地因对德国国内政策深怀怨恨而发起的一系列抗议活动……这些活动与贸易壁垒的作用一样。"1938 年 5 月,即水晶之夜后、沃森前往德国前,沃森回应了公众的意见。在国际商会的一次集会上,沃森告诫其他实业家:"对商业的不公正指责是一种贸易壁垒,对政府的不公正指责也是一种贸易壁垒。"

无论希特勒对犹太人等第三帝国眼中的敌人做了些什么,都不会妨碍沃森继续通过执行德国的项目来赚钱。在某次德国之旅结束后,沃森对同事说:"你知道吗,就算无法相信对方的一言一行,你还是可以和这样的人合作。如果你无法同意对方所做的一切,那么就选择你自己确信的东西与对方合作。"还有一次,沃森再次展示了他的铁石心肠:"我是美国公民,不过在 IBM 时,我就是世界公民,因为 IBM 正在与 78 个国家做业务,每

---

① 即贸易障碍,是对国外商品劳务交换所设置的人为限制。它指的是在世界贸易中,一国对外国商品劳务进口所实行的各种限制措施。——译者注

个国家在我看来都是一样的——每一个都是如此。"

1938年11月10日，当沃森乘坐的远洋班轮在纽约沿海抛锚靠岸时，一切都变了样。这位IBM领袖终于意识到美国人民对纳粹德国的反感情绪已达到顶峰，他现在必须远离这个自己曾经公开称赞的政权。

> 1938年11月25日
> 亚尔马·沙赫特先生
> 德国国家银行总裁
> 柏林，德国
>
> 亲爱的沙赫特先生：
> 　　大概十天前，我从欧洲返回美国。现在，我认为自己应该告诉您和德国人民：因为德国在处理犹太民族的问题上所颁布的最新政策，人们对德国的好感度严重下降。我认为，倘若我不呼吁贵国政府公平地对待犹太人，将犹太人视为人类，并尊重他们的财产权，那么我对自己的犹太朋友就有失公允了。正如您所知，多年来，我一直致力于促进德国和美国之间的贸易关系。我还想让您知道，我真的认为，犹太人的处境如果得不到改善，德国和美国的贸易往来将会受到严重影响。
> 　　　　　　　　　　　　　　　　　　　　　　　你最忠诚的朋友

沃森从秘书手里接过打印出来的信件，经过一番审阅后，在上面画了一条贯穿整张纸的对角线，并坚定地画掉了"你最忠诚的朋友"这几个字。沃森没有寄出这封信。不过，他将下面这封信直接寄给了阿道夫·希特勒。

> 1938年11月25日
>
> 阁下：
> 　　1937年，我作为IBM的董事长，接受了您的星形德意志雄鹰勋章。这枚勋章由沙赫特先生颁发给我，以表彰我对维护世界和平、改善德国和其他国家之间的经济关系做出的努力。

在向您表达谢意时，我说过自己会像以前一样，继续与您合作来处理这上述两个重要的问题。这是我十分渴望去做的事，但在离国数月后，我发现我国公众情绪有所改变，人们失去了对贵国的好感。除非能够让我们国家的人民对贵国持有一种更友善的看法，否则我认为，要想在我们之间的贸易关系中获得令双方都满意的结果，将会变得异常艰难。

公众情绪的变化是由贵国政府对少数族群的决策引起的，我真切地恳求您在处理这些少数族群的问题时，可以考虑遵循黄金法则①（Golden Rule）。

我已饶有兴趣地阅读了贵国政府的一项声明，该声明称，贵国秉着善意和黄金法则的原则，准备与一个由重要的贵格会②教徒（Quakers）组成的委员会达成协定，以便帮助德国犹太人。因此，我认为这就是您愿意更宽宏地对待少数族群的表现。假如阁下能够发扬这一人道主义精神，以此来制定政策，那么在我看来，这会吸引那些想要交换商品和服务，以及交流崇高理想的人，让他们帮助德国重获宝贵的贸易机会和好感。

托马斯·J. 沃森

现在，沃森可以将这封直截了当的抗议信展示给任何人看，以表明自己强烈反对希特勒的反犹主义。鉴于沃森会浮夸地显摆各国领导人写给他，或他写给各国领导人的信件，还时常将一部分信件随身携带，也许，沃森同样会向他人炫耀这封抗议信。无论如何，1938年11月25日这一天，这封信公开表明了沃森"坚定不移地反对纳粹运动"。不过，不知出于何种缘由，这封写给希特勒的详明信件竟写错了地址。沃森可以向世人宣告信已寄出，但实际上，邮局将信退了回来，这封信再未被打开。4个月后，沃森的秘书又一次将信寄了出去。

无论在世界的哪一个角落，只要是有良知的人，就会对希特勒政权感到非常愤怒。此时，德国即将把霍尔瑞斯系统的使用规模扩展到一个前所

---

① 指你希望别人如何对你，你就先如何对别人。——译者注
② 又称教友派，没有成文的信经和教义，直接依靠圣灵的启示，指导信徒的宗教活动和社会生活。——译者注

未有的程度。因此，无论是在第三帝国还是在美国，沃森都必须采取行动来自保。现在，他会采用一种奇怪的公众立场，其本质是用了一种同时为德美双方辩解的策略。沃森巧妙地将拥护第三帝国领土及经济霸权的微妙言论与支持爱国主义者进行抗议活动，以及对德国野蛮的反犹主义的警告相融合。他总能取出自己言论中的部分内容，然后脱离上下文进行解释，以满足两国听众。与此同时，对于德国在IBM的海外运作中扮演的关键角色，IBM在向新闻界发表声明时却只字未提。

例如，水晶之夜后不久，沃森从欧洲返回美国时，依旧在码头向新闻媒体发表讲话。其间，沃森列举了此行拜访的国家——希腊、意大利、罗马尼亚、葡萄牙、土耳其和法国，却唯独没提到德国。自希特勒掌权起，沃森在得意扬扬地详述自己的旅程时，就已将"德国"排除在外。IBM会让外籍雇员来恩迪科特销售培训学院学习，而某篇文章在报道此事时，虽提到这些外籍雇员来自于24个国家，却并未列出"德国"。第三帝国在IBM的国际业务中第一次被忽略了，尽管德国代表正在该学院学习。

沃森摒弃了以往的各种陈词滥调，在为IBM与纳粹德国的贸易往来做辩解时，"通过国际贸易来实现世界和平"成为沃森的正式说辞。面对笼罩着德国犹太人的无情虐待与剥夺，沃森示意希特勒"遵循黄金法则"的信号苍白得像小学生要遵循的训诫一样。不过，沃森精于为各种麻烦的话题策划公开演讲。在刚掌管IBM时（这可以追溯到沃森还在CTR时），他就安排了一次集会，他在会上饱含感情地对自己的推销大军说："你们不能做任何有碍销售的事情……或者任何会被说成是不公平竞争的事情。"具有讽刺意味的是，当沃森的这一套说教式指示在大肆传播时，与他有关的一项起诉程序正到了最紧要关头——因沃森在美国一个极其恶劣的反竞争案件中所扮演的角色，司法部门重新起诉了他。

所以，这位IBM领袖也开始提倡"黄金法则"。沃森致信各国政府，呼吁他们忽略各自持有的理想和观点，共同合作来避免战争。在国际经济论坛上，沃森宣称"每个人都享有选择政府的神圣权利"，并要求"做出调整，让每个国家都有机会分享世界资源"。沃森说的话正好契合纳粹党的路线，因为纳粹党同样要求让德国分享欧洲所有的自然资源，从而为第三帝国带来更大的荣光。

沃森的公众立场并没有阻止他扩大德霍梅格的营业能力，事实上，只要 IBM 能与希特勒保持适当的距离，且沃森本人不直接插手项目过程，德霍梅格就能在这片欧洲大陆上持续地为希特勒服务。1938 年 5 月下旬，德国合并奥地利后不久，沃森便造访柏林，视察德霍梅格。沃森要求德霍梅格管理层将业务范围延伸至奥地利，取代由 IBM 纽约总部控制的奥地利子公司。此时，德霍梅格正打算依据强大的新 D-11 机器开发一些独特的制表设备，这些设备是针对特殊的应用程序而设计的，能给 IBM 带来丰厚的收入。不过，这些事情也会影响利润分红、税收、奖金、综合补偿金等一系列沃森想要好好协商的事宜。

沃森越发频繁地通过中间人来插手德霍梅格的业务。直到沃森离开德国，德霍梅格才开始协商扩大业务的事宜。1938 年 6 月 24 日清晨，德霍梅格召开股东大会，两名驻日内瓦的 IBM 高管代表 IBM 纽约总部出席了此次大会。沃森虽远在千里，但他还是授权欧洲区总经理约翰·E. 霍尔特投票。鉴于沃森拥有公司 85% 的股权，他自然有权力控制相关决策。备忘录的第 6 项要求写道："要尽快展开协商。"

接下来，IBM 纽约总部的董事会成员奥斯卡·L. 古贝尔曼（Oscar L. Gubelman）代表沃森敲定了德霍梅格业务扩展的细节，并商定了相关的贷款条款，用认股权①吸引德霍梅格的主管罗特克和赫梅尔。古贝尔曼同意将这两位主管的贷款条款和认股权并入一份正式聘约中，不过，"将德霍梅格业务扩展到奥地利"这件事本身只能以口头协议的形式，由公司备忘录记录下来。1938 年 7 月 6 日，罗特克和赫梅尔给身在柏林阿德隆酒店的古贝尔曼写了一封信，确认了这个口头协议。这封信中有三个要点：1. 新产品；2. 新的销售区域；3. 降低股票回购价格，以便为提前辞职、离开德霍梅格做准备。

在这封联名信上，二人着重强调了 IBM 纽约总部的首要地位，明确指出："IBM 拥有无限权力来处理这些新产品。鉴于 IBM 在德霍梅格内部的地位，它有绝对权力为德霍梅格的新业务制定条约，即使我们没有明确表示同意。"

只有 IBM 纽约总部可以授权德霍梅格开发新产品或在奥地利扩大业务范围，但在获得 IBM 的正式授权后，这些新业务所产生的收益将不会被记

---

① 又称股票期权，指公司授予高级管理人员在某一时期内，以一定的价格购买公司一定数量的股票的权利。——译者注

录在普通账簿中，而是单独保存，以"贷款"或"奖金"交易的方式出现。德霍梅格高管在确认信中谨慎而生硬地对这一规定表示理解。而对于产品，这封信引述道："已达成口头协议，我们以书面形式确认了这一情况。假如IBM委托德霍梅格销售或生产不属于德霍梅格现有业务范围，也未遵循德霍梅格与IBM之间许可协议的新产品，那么我们同意在IBM的要求下，完全或部分地清除这些新产品的业务所得。根据我们和德霍梅格之间达成的贷款协议和附加协议，这些业务所得会以'奖金'的形式存在。"

对于新的销售区域，这封信指出："倘若IBM想要将德国之外的区域转移给德霍梅格，那么我们也同意。只要IBM要求，我们可以完全或部分地清除这些新产品的业务所得。根据我们和德霍梅格之间达成的贷款协议和附加协议，这些所得也将以'奖金'的形式存在。"

信件补充道："您在深思熟虑后，认为第一点（新产品）和第二点（新区域）只需通过这封信件来处理，而第三点则需纳入附加协议中。"罗特克和赫梅尔在信的结尾表达了对沃森（帮助第三帝国）的感谢："我们深信这封信能说服沃森先生……让沃森先生相信我们将现在的工作视为我们一生的职责，并相信我们会在今后的时光中，为促进德霍梅格的发展而努力。对于您在这个问题上对我们的大力相助，我们十分感激。"

沃森虽是通过中间人来处理德霍梅格的扩展业务，但还是把控了每一处细节。1938年8月2日，沃森给欧洲区总经理约翰·E.霍尔特发去一封信，批准了聘约中关于增加借款的协定，以及特殊信件中关于扩大业务的事项。沃森写道："古贝尔曼先生已经将罗特克和赫梅尔的修正合约的最终草案交给了我，罗特克和赫梅尔写给古贝尔曼先生的信已经在我手上，落款时间是1938年7月6日……现在，我授权您来为IBM签署合约。"

德霍梅格已准备就绪，只要经过IBM的批准，它就可以随时将业务扩展到每一个受纳粹控制的国家。奥地利只是开始，IBM对此心知肚明。1938年8月4日，负责监管德霍梅格的驻日内瓦监督员J.C.米尔纳（J.C. Milner）给IBM纽约总部外贸部经理J.T.威尔逊（J.T. Wilson）写了一封信："罗特克已经达成协议……包括为7~8个国家提供相关设备来完成客户订单。"这封信补充道，德霍梅格因库存问题无法完成所有订单，所以我们应当把"5~6套瓦尔塔特（Valtat）设备……（从美国）送往日内瓦自由港"。

德霍梅格机器的重大使命就是为德国的周边国家执行人口普查。1938

年 8 月 4 日，米尔纳在信件中确认道："1940 年，会有多个国家需要执行人口普查，我们将有望拿下一批订单。不过，目前的一大难题是，我们需要专门的设备来完成这些人口普查项目……因为恩迪科特已经不再生产打印计数排序器（Printing Counting Sorter），我们似乎没有可以执行人口普查工作的合适机器。如您所知，德国方面确实设计了一种人口普查制表机（Census Tabulator），而我们也一直希望能够引进这种机器来完成即将到来的工作。"不过，由于第三帝国的货币限制政策使生产这种机器变得异常昂贵，所以德国方面迟迟未能大批生产。

为此，米尔纳想知道，恩迪科特是打算自行开发能够高速计数的制表机，还是继续依赖德国制表机，又或者是在另一个欧洲国家制造制表机，再以德霍梅格的名义运输机器。1938 年 8 月 4 日，米尔纳在信中写道："如果恩迪科特不打算开发制表机，那我们很可能会去查看法国的状况，并搞清楚在法国设计一种与德国制表机类似的机器是否划算。"此后，IBM 纽约总部将欧洲的多个子公司视为德霍梅格运作的助手。

此外，IBM 纽约总部还想严格控制德霍梅格的每一份租约。除非得到 IBM 纽约总部的批准，否则德霍梅格不能加大给第三帝国的回扣或折扣力度。1938 年 8 月 25 日，J.T. 威尔逊向 IBM 欧洲总部发去一份备忘录，题为《德国设备在德国境外的转运》（*Shipment of German Machines Beyond Germany*），他要求获知日内瓦的财务总管是否在"为运出德国边界的机器设定价格"。威尔逊想确保这些机器的价格能够适当提高。当天，威尔逊还给 IBM 纽约总部的另一位管理者、调解专家哈里森·昌西（Harrison Chauncey）写了一封信，他在信中解释道："在德国生产机器的成本比在恩迪科特要高得多。例如，在德国生产一台分类机需要 292 美元，而在恩迪科特则只要 220 美元。"

霍尔特在给威尔逊的回信中称："我们是固定收费的……并不会考虑机器是来自美国、德国或其他工厂。不过，对于某些特殊的机器，比如（德霍梅格）D-11 设备，我们的定价会比美国境内的定价更高……德国子公司会给某些客户一定的折扣，至于是哪些客户，您再清楚不过了。鉴于此，我们在向德国之外的国家收费时，总试图将价格提高到折扣前的水平，再用官方汇率换算成当地货币。也就是说，如果有一台机器供给荷兰……我们会在将原有的价格提高 25% 后，再提高 10%。"不过，霍尔特明确表示

IBM 纽约总部有权决定所有德国机器的定价,"无论如何,定价的是我们,而不是德国"。

1938 年秋天,第三帝国又下达了一条货币法令,IBM 通过德霍梅格在欧洲大陆的业务来获取利润的计划也因此变得复杂。当时德国几近破产,反纳粹活动严重破坏了因对外贸易而一度繁荣的帝国经济。尽管德国孤注一掷地用非现金交易来促进对外贸易,提高未经核实的贸易统计数据,但能让其通过出口商品赚取货币的对象几乎只剩下美国。不仅如此,德国许多商业部门的出口额下降了近 95%。在 1937 年国际商会代表大会上,沙赫特向沃森坦言了德国的现状:第三帝国下令禁止德国企业出口商品,除非能收取现金。对此,IBM 并未感到惊讶,因为如果德国失去了对外贸易,希特勒便无法再重整军备。这意味着,德霍梅格再也不能将机器运往德国境外,IBM 纽约总部也无法以"偿还债务"的名义将销售收益收入囊中。

1938 年 8 月上旬,日内瓦的米尔纳给身在纽约的威尔逊发去一封信,他在信中写道:"正如您所知,多年来,IBM 纽约总部一直能够通过向这些商品收费来索要欠款。现在,德国政府却收回了这项准令。"米尔纳补充道,连 IBM 审计员都对这个安排感到惊奇。"身在柏林的普华会计师事务所的工作人员……认为这种情况异乎寻常,他们从未见过其他外国企业能有这样的特权。"

接着,米尔纳以伤感之情写道:"很抱歉告诉您,罗特克先生已经建议,我们不能再将制表机等设备从德国运送到各个国家,除非德国子公司能收到相关款项。"因此,不仅德霍梅格的收益会被冻结在德国银行账户中,作为德霍梅格中转站的其他子公司也不得不将外币转汇柏林,以便完成交易。

不仅如此,除非 IBM 能设法隐藏德霍梅格在欧洲的收入,否则纳粹德国也可能会对这些收入征税,进而使 IBM 的总纳税额翻一番。沃森对"双倍税收"倍感不适,因为他多年来一直都在设法逃税。1938 年早期,身在日内瓦的德霍梅格核心审计员 M.G. 康诺利向美国国务院的某位官员表明了德霍梅格的态度。M.G. 康诺利在无意中说出了这样一番话:"有些企业真的会虚假地利用专利费来避税。"不过,他立刻补充道,在 IBM 中不存在这种虚假信息,它的专利费都是根据详明的合同计算的。

IBM 不仅能控制将哪些机器从德国送往欧洲各国,还能敲定这些机器的价格,至 1938 年秋天,它甚至知道自己已成为纳粹战争机器不可分割的一部分。1938 年 8 月 25 日，威尔逊将亲笔写下的备忘录送往 IBM 纽约办事处，供高层管理人员传阅。他指出："正如各位所知，黄铜、铜以及合金对 IBM 所有机器至关重要，不过德国紧缺这些金属资源，有人告诉我，金属已被德国人征为军备物资。"

事实上，到了 1937 年，第三帝国断定穿孔卡技术对德国的"欧洲计划"极为重要，因此对其严加管制，将穿孔卡机器定量供给那些获得军方批准的用户。1937 年，帝国战争部的军事经济办事处创建了一个秘密部门，该部门有着一个安全无害的名字——自动化报告办事处（Maschinelles Berichtwesen，以下简称 MB），它只专注于一项任务：监管穿孔卡技术。在帝国军备与战时生产部的指导下，该部门经历了几次官僚主义变革。不久，MB 完全控制了大德意志帝国所有霍尔瑞斯系统的订单、销售、使用、报告和协作。该部门通过在德占区设立一些"地方办事处"（Field Offices），与希特勒在欧洲开展的各项工作紧密联合起来。

在第三帝国看来，要想发动战争，穿孔卡技术不可或缺。1938 年 2 月，一份机密的军事报告指出，用技术武装国防军很有必要。报告认为，若要对普通大众、劳动力和军事人员进行持续的管理、追踪和调动，霍尔瑞斯系统是最好的方式。"我们必须引进一种穿孔卡系统来统计、调动劳工，这样才能创建出一份完美的人员规划表。"

随后，军事经济办事处发出一份备忘录，要求得到一套通用的穿孔编码系统。这份备忘录回顾了德霍梅格此前的许多工作，例如人口普查、劳工统计以及《工作手册》，提到"这些工作都存在一个不足之处，那就是只能完成一项任务，无法互相兼容"。备忘录明确表示："想将和武装相关的工业需求与总体的工业需求分开，似乎是不可能的。不过，穿孔卡适用于解决这个问题，它并不能取代人们的思考、判断与决策，但能让事情变得更易处理。"

显然，德国正在为即将到来的战争做准备。而同样显而易见的是，第三帝国正声势浩大地利用统计学和穿孔卡技术来追踪和灭绝犹太人。1937 年 7 月 4 日，《纽约时报》发表了一篇来自柏林的报道："今天发布的统计数据显示，去年有 12 094 名犹太人离开德国前往巴勒斯坦、英国和美洲。德国当局声称，这一统计数据仅限于'以宗教信仰区分的犹太人'（Jews by Faith），然而，只有'以血统区分的犹太人'（Jews by Race）才能被纳入这一数据。"通讯社定期报道纳粹德国的人口追踪行动、基于人口普查数据而来的"不同宗教信仰的人口比例"、犹太人可以购买的商品量。1938年8月17日，法规要求那些名字"听起来不像犹太人"的犹太人，必须在名字里添加"伊斯雷尔"（Israel）或"萨拉"（Sara）。

1938年5月15日，有报纸列出了截止到1937年底，在柏林以外的一些大城市中犹太人减少的具体数量。例如，纽伦堡在1933年拥有7 502名犹太人，而1937年只剩下了4 000人；沃尔姆斯的犹太人从1933年的1 016人降至1937年的549人；哈根的犹太人则由1933年的508人降至1937年的299人。

在德国的大街小巷及各种机构内，纳粹种族学变得无处不在。1938年6月22日，《纽约时报》在报道中指出，有26所研究机构已在第三帝国的各个地方相继建立，用来挨家挨户地鉴定血统。通讯社消息称，德国医科学生的课程已被修改，新课程纳入了种族科学和人口政治学等必修科目。德国的地方检察官有权勒令犹太人和雅利安人离婚，同时，纳粹人口学家还要求成千上万名居住在城市中的雅利安女性嫁给"健壮、基因优良的"德国农民；随后，德国一些官方机构开始四处搜索工厂和办事处，以便为那些在国家强制性政策下产生的新娘提供工作岗位。在美国，除了IBM的内部人员，很少有人知道这些高度透明的种族政策是由德霍梅格人口办事处、德国卫生部和劳工办事处制作的表格所推动的。

某些机构由于没有配置霍尔瑞斯系统，无法将手写卡片、表格或副本上的个人信息绘制成表，因此，他们会将这些信息转交种族办事处和安全部门进行穿孔和排序。教堂就是这类信息的一大来源。教堂数据多存储在年代久远、装饰华丽的书籍中，而这些书籍通常十分笨重，难以索取数据。于是，与之合作的供应商设计了一系列不同规格的索引卡片，以便对血统进行追踪。然而，这项艰巨任务仍进行得十分缓慢。

位于布劳恩拉格的一座小教堂就是一个典型案例。牧师斯蒂克（Stich）给第三帝国最重要的种族学机构——帝国家谱研究所（Reichssippenamt）写了一封信，他在信中抱怨道："当采用这些索引卡片统计数据时，我们意识到这些卡片都太小了⋯⋯对于我们这类负责这项工作并承担着费用的人而言，最重要的是，这些卡片不仅可以记录信息，而且可以记录所有信息。我们要求每张卡片都能承载完整的血统数据⋯⋯如果在用上这些卡片后，我们仍得一页页去翻看那些厚重的书籍,那我们就没有得到好的服务。"斯蒂克要求获得规格更大的索引卡片,并表态道:"我们很高兴能为这项事业服务……也希望能将这项工作做好。"

很快,斯蒂克收到了帝国家谱研究所的回信:"在梳理教堂书籍时,卡片的主要作用是让这一过程变得更简便,同时保存教堂书籍……如果您遵从我们的指导,用字母表来搜索名字,那教堂书籍的使用频率就会减半。"

杜塞尔多夫地区的纳粹领导人正盘算着是否将这些卡片按照发音或字母次序归档。但不管怎样,帝国家谱研究所都认为,给卡片填上色码是明智之举。当地的一名官员写道:"一旦发现'全犹太人',就在卡片中标上一条红线,若发现'犹太混血',就标上蓝线。不过,这两种卡片都得贴上标签。在完成分类后,若没有标签,工作人员将难以辨识出红线或蓝线。"

纳粹当局还明确下达指令来收集洗礼记录,以确保犹太人无法通过改变宗教信仰来隐藏身份。相关指令如下:"在登记犹太人的洗礼记录时,除了常规卡片,还要填写两张双面卡片,一张交给帝国家谱研究所,另一张交给柏林中央办事处,并归档在记录外国血统人口的文件中。对于更换姓名的人(如犹太人伊斯雷尔会因接受洗礼而获得"莱贝雷希特"这个姓氏),其基督教名或犹太名都要填在卡片中的'姓氏'一栏里。"随后,该名犹太人的姓名会被编上"R",其职业和地址信息则会写在卡片背面。

为了规范梳理方法,登记处事务出版社甚至出版了一本名为《如何将教堂书籍记录在卡片上?》(*How Do I Card Church Books?*)的指导手册。

表格使信息变得十分精准。在德国某些地区,当局甚至能辨识出所谓的"1/16 犹太人"。例如,1937 年 12 月 5 日,包岑(德国东部)当局在总结一项大型种族追踪任务时吹嘘道,在过去的两年半里,当地的种族政治局已将雇员数量从 4 人增加到 21 人,就连当地的政党办事处和妇女协会也部署了额外的种族科学家。包岑的官员信誓旦旦地说:"我们拥有一份关于犹太人、1/2 犹太人、1/4 犹太人和 1/8 犹太人的详尽档案。档案上记载着以下信息:姓名、住址、职业、出生日期、出生地、公民身份、宗教信仰……配偶、孩子、祖先。"借着这份档案,当地官员鉴定出了 92 名犹太人、40 名 1/2 犹太人、19 名 1/4 犹太人、5 名 1/8 犹太人以及 4 名 1/16 犹太人,还将对他们的旁系亲属进行持续观察。

德国各地的种族机构成了一个互助网络,不断交换并更新数据。例如,包岑当局在收集信息时就得到了多个州卫生局的协助，因为这些卫生局配有霍尔瑞斯系统。1938年6月，德国339个劳工局联手执行了一项"劳工人口普查"计划，涉及分属247个职业团体的2 230万名德国劳工。在这项计划中，劳工局与德霍梅格交换了信息；艾希曼的中央安全局犹太部 II 部门第112分部与帝国家谱研究所交换了犹太教堂和教派的信息表，这两个部门都配有霍尔瑞斯系统。

德霍梅格的服务需求量飞速增长，促使沃森鞭策德霍梅格全面运作，鼓励它打破生产纪录，让德霍梅格能快速生产出更多德国机器。1937年6月中旬，沃森同意为德霍梅格添置设备并扩大工作场地，条件是德国子公司能将生产量扩大一倍。IBM巴黎的管理人员监控着德霍梅格每个月的生产进程，并要求它提供详细的生产数据。1937年底，罗特克向IBM报告称，穿孔卡的月生产量达7 400万；横向分类机（Horizontal Sorter）的生产量也将翻一番，从最初的每月15台上涨到每月30台；制表机将从每月18台增加到每月20台；而计数器则会从每月200台增加到每月250台。

为了加快生产，IBM批准为德霍梅格的装配车间购置生产工具，包括3台倾斜式印刷机、1台坐标镗床、5台六轴钻床、4台垂直钻床、5台台式钻床，以及各种铣床、锯片、磨床、车床和螺旋压力机。

1938年6月上旬，IBM又催促德霍梅格提高产量。霍尔特向IBM巴黎的欧洲工厂管理者J.G.约翰斯顿提醒道："沃森先生表示，您去年告诉他……有可能将辛德芬根工厂的零件产量翻倍……罗特克先生告诉我们，辛德芬根工厂目前只生产了60%的零件。"收到通知后，约翰斯顿立即前往柏林，并转达提议中的扩展计划，事无巨细地解释了哪些改进措施已得到沃森批准，哪些改进措施还在审核中。即便是工厂布局中最微小的改变，也要获得沃森的同意。例如，约翰斯顿写道："如果关于新建筑的计划能获得沃森先生的授权，那我们有望将新建筑物的面积扩大1 386平方米……近期，扩建后的场地足以满足我们的需求。"

约翰斯顿向霍尔特保证："虽然辛德芬根工厂目前只生产了60%的零件，但这一数据在后期会大幅提升。"约翰斯顿还强调说，许多新购机床即将送到工厂内部，并加入生产线。很快，会有更多的机器被制造出来，而这些机器运作更快、性能更好、价格更便宜。

欧洲正疾步迈向全面战争，德霍梅格也整装待发。

下一站,捷克斯洛伐克

希特勒的下一个目标是捷克斯洛伐克。

1938年,希特勒要求将捷克斯洛伐克的苏台德地区交给第三帝国。这不仅是因为苏台德地区居住着300万名讲德语的居民,还因为捷克斯洛伐克拥有希特勒觊觎已久的原材料。为避免战争,英、法、意三国与希特勒达成了协定。

1938年9月30日,在经历了戏剧性的波折后,英、法、德、意签订了《慕尼黑协定》(Munich Pact)。按照协定,苏台德地区将于次日割让给德国。这一协定所体现的政策被称为"绥靖政策"①(Appeasement)。为避免战争,欧洲列强无视捷克斯洛伐克的国民,并强迫其政府接受协定。

1938年10月1日,德国军队按计划入驻苏台德地区。不过几个小时,苏台德地区的每一个城镇就发生了翻天覆地的变化,街道和建筑物都装饰了纳粹旗帜和"卍"字旗。接下来的几个月,高度组织化的苏台德纳粹分子作为"镇压活动"的先锋队,烧毁了犹太人的住宅,并抵制犹太人的商品。虽然在镇压活动刚开始时,这群纳粹分子只是将犹太人的商店涂满白色油漆。不过,对于接下来会发生什么,每个人都心知肚明。

至1938年10月2日,已有成千上万名犹太人或驾车,或乘坐火车,或步行穿越新形成的国界,逃往捷克斯洛伐克的剩余领地。

留下来的犹太人逐渐意识到,尽管他们已经彻底融入了捷克斯洛伐克社会,但纳粹分子仍能识别出他们的身份。纳粹分遣队按部就班地出现在犹太人居住的街道,将他们拉出家门,赶上火车。这些身无分文的犹太人,要么被送往集中营,要么被倾倒在与捷克斯洛伐克接壤的新边界上。许多妇女和儿童虽然已经被殴打得鲜血淋漓,但还是被强迫趴下,用双手和双膝爬过这条新边界。很快,大量犹太人相继出现在新边界(总人数达4万人,这些犹太人要么是自己逃离至此,要么是被驱逐而来)。捷克斯洛伐克人无法接受如此众多的犹太人,也害怕被德国认为自己为犹太人提供避难所。于是,捷克斯洛伐克也开始拒绝犹太人入境。

成千上万名犹太人在被逐出苏台德地区后,又遭遇了(领土缩减后的)

---

① 指在面对侵略时,采取姑息纵容、不加抵制的方式,以牺牲小国为代价,妥协侵略国的政策。二战期间,英、法、美等国积极推行这一政策。——译者注

捷克斯洛伐克的阻挡，滞留在国境线上那些无人看管的狭长地带。他们一无所有，只能居住在路边的沟渠里，暴露在各种恶劣的环境下，没有食物、水源，也没有卫生设备。他们无法理解自己是如何被识别出来的，又为何会遭受这种命运。救济协会试图将食物运到此处，但捷克斯洛伐克士兵、德国战士和政党中坚分子总会出面阻止。接踵而至的暴雨加重了这群人的磨难，让他们的噩梦变得更加浑浊不堪。

这些寄居在沟渠中的人所遭受的苦难，暴露在各国媒体的眼前。由于一些穿越边境的过客无视"禁止协助"的法令，他们会出于同情向这些犹太人施与少量食物，让他们勉强存活下来。然而，受困的犹太人最终被迫迁回德国管辖的领土。邪恶的纳粹暴徒带着讥讽的笑容，又开始虐待他们。

希特勒的野心不止是控制苏台德地区。1939年早期，第三帝国向捷克斯洛伐克施压，要求后者展开反犹活动，驱逐犹太人，包括那些逃离了德国、奥地利和苏台德地区的犹太人。捷克斯洛伐克害怕第三帝国侵略自己的领土，于是满足了它的要求。然而，1939年3月15日上午6点，第三帝国还是入侵了捷克斯洛伐克。德国部队迅速挺进，全面占领了摩拉维亚和波希米亚。随后，希特勒任命多位管辖者，让他们用铁腕手段来统治捷克斯洛伐克，并宣布整个捷克斯洛伐克为第三帝国的保护国。从此刻开始，捷克斯洛伐克犹太人将遭到大批杀害。登记、驱逐、剥夺财产等反犹活动很快会降临到这片原属于捷克斯洛伐克的土地上。

此后几天，各大媒体不断报道着捷克斯洛伐克犹太人的悲惨命运。犹太医生和商人被赶出工作岗位和专业协会；犹太教堂被烧毁；禁止犹太人进入的告示也被张贴在商店门口。

自杀事件开始发生。在布拉格，每天有大约30名犹太人自杀。而在芝加哥，一群获得临时签证的捷克斯洛伐克难民组成了"自杀群落"（Suicide Colony）。卡雷尔·兰格（Karel Langer）是"自杀群落"的一员，她在国会酒店结束了一家人的生命。首先，她将两个年幼的儿子，一个6岁，一个4岁，从酒店13层的窗子边扔了出去。几秒之后，她紧随着两个孩子，也跃出了窗外。最终，警察在密歇根大街的人行道上找到了这三具尸体。

不仅是那些信奉犹太教的人需要登记财产信息和家庭成员信息，那些依据《纽伦堡法案》，被认定拥有3位，或2位犹太祖父母的人也要接受登记。为此，大约有20万人受到牵连。

IBM 也来到了捷克斯洛伐克。希特勒上台后不久，IBM 纽约总部便在布拉格建立了一家服务机构。1935 年，几乎就在第三帝国通过《纽伦堡法案》时，第一所用来培训捷克斯洛伐克推销员的学院正式成立。1936 年 11 月，沃森批准在布拉格附近的一座小镇上建立一家印刷厂，工厂内配置了 16 台印刷机和 2 台切纸机。几个月后，当 IBM 在紧锣密鼓地扩大运营规模时，捷克斯洛伐克海关更改了 IBM 的关税分类，将 IBM 的设备归为"统计机器"，而非简单的"机械穿孔机"。对此，IBM 提出了抗议。

1937 年，乔治·施耐德（Georg Schneider）受雇成为布拉格地区的一名推销员。不到一年，施耐德便被调往柏林的德霍梅格，以推销员的身份学习德国人如何管理公司。在柏林，施耐德遇到了沃森，以及 IBM 瑞士的多名重要管理人员。当时，捷克斯洛伐克国家铁道部每年需用 5 220 万张穿孔卡。1939 年，IBM 日内瓦办事处和德霍梅格一致同意让施耐德返回布拉格办事处。布拉格办事处有 60 名员工，主管是埃米尔·库兹采克（Emil Kuzcek），而施耐德会以共同管理者的身份与库兹采克共事。在那时，第三帝国在波希米亚和摩拉维亚保护国①（Protectorate of Bohemia and Moravia）建立了统计局，地点就安置在布拉格。IBM 虽在捷克斯洛伐克拥有子公司，但 IBM 这个名字并没有出现在捷克斯洛伐克商业登记处的记录中。相反，该子公司价值 20 万克朗②的总资产分别归到了 IBM 布拉格办事处代理人斯蒂芬·施密德（Stefan Schmid）和 IBM 欧洲区总经理约翰·E. 霍尔特的名下，其中，施密德持有 10.2 万克朗，霍尔特持有 9.8 万克朗，他们两人都是被 IBM 纽约总部直接任命的。

IBM 不担心德霍梅格会一手控制捷克斯洛伐克地区的业务，它最关心的还是老问题——谁将从中分得一杯羹。1939 年伊始，第三帝国接管苏台德地区后不久，当第三帝国对捷克斯洛伐克剩余领土的威胁达到最高峰时，IBM 开始担心海丁格尔、罗特克和赫梅尔的分红问题。

1939 年 1 月 11 日，考虑到捷克斯洛伐克也可能成为德霍梅格的控制区，沃森的私人特使哈里森·昌西给身在日内瓦的欧洲区管理者霍尔特草拟了一封信，重新评估了与德霍梅格定下的"新区域"口头协议，以确保该

---

① 纳粹德国于捷克斯洛伐克西部建立起来的一个傀儡政权。——译者注
② 货币名称及货币单位，英文为 Crown，意思是王冠。二战期间，捷克斯洛伐克使用克朗作为流通货币。1 克朗约为 0.045 美元。——译者注

协议可继续起作用。信中,昌西准确无误地引述了那次口头协议的内容:"倘若 IBM 想将德国之外的市场转移给德霍梅格,那我们也同意。只要 IBM 要求,我们可以完全或部分地清除这些新产品的业务所得。根据我们和德霍梅格之间达成的贷款协议和附加协议,这些所得将以'奖金'的形式存在。"

随后,昌西提出一个疑问:"对于奥地利和捷克斯洛伐克两国的业务,我们是否应该在这种时候决定罗特克和赫梅尔能否从中获得分红?"

为了让 IBM 在这项决策中推诿责任,昌西补充道:"考虑到当前的局势,我认为 IBM 在此时做出决定是不明智的……时机成熟时,德霍梅格会做出决定。"因此,没有沃森的同意,捷克斯洛伐克业务就不可能存在,但 IBM 纽约总部仍对外宣称,这是德霍梅格的单方面决策。

昌西还在信中提到了时间问题:"您需考虑德霍梅格方面能否立即同意这次协议,因为这将牵涉到转移 IBM 在奥地利和捷克斯洛伐克的资产的问题。"昌西在信中提到的并不是已被第三帝国占领的"苏台德地区",而是"捷克斯洛伐克",因为当时的捷克斯洛伐克虽然正面临着被强行吞并的威胁,但距离第三帝国的真正入侵还有几周时间。

IBM 高管约翰·G. 菲利普斯在这封草拟信上潦草地写道:"让昌西来见我。"1939 年 1 月 17 日,这封写给霍尔特的信经过大幅修改,终于被打印在信笺上,并再次交给高管复查。修改后的信件仍能让 IBM 推诿责任:"在当前状况下,IBM 若就区域和产品等问题做出决策,可能会不太明智。我们在考虑,罗特克和赫梅尔是否更适合写信给德霍梅格,并告知对方他们写给古贝尔曼先生的那封信的内容……您需要考虑德霍梅格方面能否立即同意这次协议,因为这将涉及转移 IBM 在奥地利和捷克斯洛伐克的资产的问题。"

不过,IBM 众高管仍觉得昌西的信过于敏感。此时,各大媒体每天都在猛烈抨击德国在捷克斯洛伐克的所作所为。十天后,这封信仍未被批准。1939 年 1 月 27 日,菲利普斯告知昌西:"建议我们对此信暂押不发。"

德霍梅格马不停蹄地进军捷克斯洛伐克,不管分红问题是否解决。虽然罗特克和赫梅尔愿意等 IBM 做出最终决定,但海丁格尔不情不愿。就在德国准备侵略捷克斯洛伐克时,海丁格尔也开始了自己的战斗计划,以期从 IBM 在德国即将占领的土地上获得利润。

利润与股份的抉择

德国正面临着经济崩溃，因此，开始对纳税人和投机商施压。自 1934 年以来，尽管 IBM 已在德国收获了数百万马克，但沃森一直拒绝申报 IBM 的利润。为此，税务机关复查了 IBM 以贷款的名义（代替利润分红）支付给海丁格尔的 18 万马克。无论怎样掩饰，海丁格尔的这笔钱最终还是被判定为"红利"。他不得不交付 9 万马克的税金。1938 年 1 月 20 日，海丁格尔在给霍尔特的信中抱怨道，无论 IBM 如何称呼这笔钱，但"德国政府认为这就是分红，而我不得不上交税金"。除了交付正常的所得税外，海丁格尔还要承担这项额外的税款。为此，他坦言道："这是我无法承受的。这样下去，我只有通过抵押房产，或者改变自己的生活水平才能负担得起了。"

海丁格尔给 IBM 下了最后通牒：要么申报真实利润，并向他支付几年前他就应得的 25 万马克的分红；要么购回他在德霍梅格的股份。海丁格尔拥有德霍梅格 10% 的股份，现在，他打算只卖掉其中的 1%，仍保留其中的 9%。"让我看看……沃森先生更喜欢哪个选择。"海丁格尔说。

日内瓦、巴黎和纽约拉响了警报。IBM 高管并不反对股份回购，但他们明白，如果海丁格尔的股份降到 10% 以下，纳粹当局可能会重新审查德霍梅格是否具备"雅利安特性"。若事情发展到这一步，德霍梅格也许会失去使用"德意志"这个名字的权利，甚至被德国专员接管。此外，德国正处于备战状态，战争部的穿孔卡技术监察员可能会下令收购德霍梅格。

当 IBM 试图计划下一步行动时，信件不断跨越大西洋。IBM 日内瓦财务总管 J.C. 米尔纳冷静地告知罗特克，IBM 要申报股利并不难，不过德国法律规定这一分配额只能在 6%～8% 之间，这个数目并不比预付款高出多少。至于海丁格尔要卖掉股份这件事，米尔纳直接写道："对此，我们还未做出决定。"罗特克回信鼓动 IBM 纽约总部补偿海丁格尔。为了拖延时间，米尔纳回复道："在我收到总部的回应前，还无法做出最终决定。"

对此，罗特克明确回复道："我认为……IBM 并不想收购海丁格尔的股份……因为在当前情况下，为避免处于不利地位，德国绝不会允许将与其有利害关系的公司交到外国人手上。无论如何，我们得做些事情，因为海丁格尔能够，或者说将会通过其他方法获得想要的金钱。没有人可以利用合法手段阻止他卖掉股份。"

整个1938年春，信件不断来往于大西洋两岸，IBM的各个办事处举行了多次会议。沃森呼吁那些进出过德国领土的专业顾问、会计师、律师提供各种书面建议和协议草案。在某些时候，一位翻译人员对沃森来说远远不够。鉴于德霍梅格正在开展扩张计划，这场纠纷来得不是时候。当时，奥地利刚刚被吞并，德国又公然计划占领捷克斯洛伐克。尽管沃森还在为"海丁格尔的红利"奋力斗争，但他还是谨慎地商谈着德霍梅格"新领地扩张"（比如奥地利和捷克斯洛伐克）的性质，以及随之而来的奖金问题。

沃森最终让步了。在沃森的许可下，德霍梅格通过一项股东决议，确定了"1935年、1936年和1937年的最终分红"。协议生效后，海丁格尔就能获得他期待已久的红利，当然，还得从中扣除他的预付款。与此同时，沃森手下多名外部顾问会提供书面意见，以确定根据现有的德国法律，在不向第三帝国支付没收性税款和强制性贷款的情况下，德霍梅格可以申报多少利润额。沃森为了安抚神经质的海丁格尔，同意为其提供更多的"贷款"，即在1938年剩余的日子里，每个月付给他7 000马克。

然而，海丁格尔已经失去耐心。虽然他当初因税务决策问题向IBM提出申述，但他并没料到会获胜。不久后，海丁格尔就不得不支付一大笔核定付款额。德霍梅格的账簿上不断显示出一项项金额达数百万马克的记录，仅在1938年，德霍梅格公布的利润额就达到了239万马克，即便IBM动用了各种公司内部设备，但在申报利润额这件事上，沃森仍在拖延。

1938年11月下旬，即水晶之夜发生几天后，纽约与柏林间频繁的通信往来终于激化为一场对峙，如何分红的问题还是没能得到解决。

海丁格尔暗示沃森欺诈了第三帝国税务局，让这场口水战达到顶点。海丁格尔给沃森的柏林律师写了一封冗长、杂乱，而又暗含讽刺的长信，坦言自己的股份就是个幌子。海丁格尔在提到自己所持有的"德霍梅格优先股"①（Preferred Shares in Dehomag）时称："我的股份并不是真正的优先股，比如，当其余部门获得5%的净利润时，制表部门只能宣称自己没有利润。这样一来，我根本就无法通过自己的股份获得任何收益。在这种情况下，剩下的5%的股份也不是优先股，而是弱势股。"

---

①指在利润分红以及剩余财产分配的权利上，优先于普通股。优先股股东不能退股，但其股份可由公司赎回，并能获得稳定分红。——译者注

海丁格尔在信中再三强调，面对这种虚假的股份安排，第三帝国很可能会将其视为"断然逃避了法律的第三条"。海丁格尔措辞严厉，摒弃了他以往经常使用的模糊不清的词语。他还一度提到 IBM "通过不正当手段来逃避税务"，甚至毫不隐晦地指出这是"犯罪行为"。他写道："无论如何，我们绝不能让德霍梅格惹上刑事官司。"正如他一贯的华丽作风，海丁格尔在这封信的结尾写道："衷心感谢。"

沃森求助于普华会计师事务所。不过，这家赫赫有名的会计师事务所得出的结论是：德霍梅格赢利水平很高，海丁格尔有权获得红利。1938年12月30日，普华会计师事务所给出了一份长达13页的分析报告。这份冗长的报告称：现在唯一要考虑的就是给海丁格尔多少钱，以及何时给。普华会计师事务所还提醒沃森，如果海丁格尔坚持卖掉股份，那么，其所持有股份的价值，无论这些股份是否为实股，都要比1934年合并时高得多。普华会计师事务所使用严格的标准评估了德国政治与税务环境的利弊，还分析了银行冻结账户的问题。最后，该事务所得出结论："比起外国买主，德国买主拥有的股份价值会更高。"这份报告还特意在"德国"一词下画了线。对沃森而言，这意味着他的股份价值实际上低于海丁格尔的股份价值。

普华会计师事务所断言，无论以何种标准进行评估，德霍梅格都已升值。该公司的净资产实际上已翻了一倍，投资额从1934年的770万马克上升到1938年的1 400万马克。德霍梅格现今的年收入约为230万马克，净资产回报率高达16%。

与此同时，坏消息接踵而至。德霍梅格源源不断地向IBM提供机器与零部件，使之将商品转销到欧洲各地，但IBM只是将需要支付的款项归入德霍梅格的贷款结算账户中。为此，德霍梅格的管理者懊恼不堪，并于1938年12月中旬做出了一个挑衅的举措：未经IBM同意，便将上述货物记录为"出口商品"。而第三帝国规定出口商品必须支付外币，因此，德霍梅格通过IBM在德国为数不多的美元账户取出了这笔钱。

1939年1月3日，IBM日内瓦财务总管J.C.米尔纳给沃森邮寄了一封长信，详细解释了普华会计师事务所给出的那份对IBM不利的分析报告，以期找到一线希望。信中，米尔纳对海丁格尔协议中的句子做了语法分析，最后还试图找出"要么向他支付红利，要么购买他在德霍梅格的股份"这一事实中的漏洞。米尔纳无奈地承认，即便只是购买海丁格尔持有的1%

的股份，也会暴露德霍梅格的真实身份，让第三帝国了解到这是一家由美国人控制的公司。

米尔纳预想了所有的可能性，他坚称：“如果海丁格尔去世，那么根据合同的规定，IBM 会收购他的股份，而更高的账面价值加上公司的收益很可能使海丁格尔股份的价值升高。”等海丁格尔老去以后，德霍梅格可以用分期付款的方式，花费十年时间向他付清所有款项吗？或者，德霍梅格能以"内部债券"的形式，用冻结的马克购买海丁格尔的股份吗？米尔纳提供了各种选择，但没有一个可行。

对 IBM 而言，这似乎是一个无望取胜的困局。米尔纳声称，一方面，他们不可能购买海丁格尔的股份，因为谁都无法预测第三帝国经济机关或税务当局会做出什么事情。另一方面，一旦他们正式将 1935—1937 年之间的红利偿还给海丁格尔，海丁格尔还会要求获得 1938 年的分红。一年又一年，海丁格尔会不断索要分红，而不断升值的德霍梅格会让这一费用变得越来越高。

显然，"金钱"是 IBM 在此种压力下可以使用的策略。在 1938 年余下的日子里，海丁格尔每个月都可以领到 7 000 马克的津贴。就在数周前，米尔纳就提醒 IBM 纽约总部的律师：“今年 12 月是这笔账的最后一次付款时间。届时，我们有必要决定在 1939 年该怎么做。”

海丁格尔正在受到压榨。他要上缴一笔 9 万马克的税金，但由于申报延误，德国税务当局还强制德霍梅格贷款给德国政府，这笔贷款可追溯到 1934—1937 年这 3 年，总金额达 15.1 万马克。没有 IBM 的帮助，海丁格尔根本无力承担这笔费用。在沃森了解这一情况后，便不再支付海丁格尔那笔每月 7 000 马克的分红。

1939 年 3 月 13 日，罗特克写信恳求米尔纳向海丁格尔支付分红，好让海丁格尔上缴这笔强制性贷款。税款缴付的最后期限只剩下几周，这让海丁格尔绝望透顶，这些年来，他给沃森提供了许多便利。现在，轮到海丁格尔需要帮助了。

然而，沃森无动于衷。1939 年 3 月 15 日，就在纳粹分子闯进捷克斯洛伐克剩余领土的这一天，米尔纳平静地回复了罗特克，表明自己对这样一个"非常尴尬的局面"深感遗憾。米尔纳坚称，当初海丁格尔坚持要拿分红，现在，假若德国税务局强制海丁格尔借款给德国政府，那就是他自已造成的问题。此外，IBM 柏林的律师仔细研究了德国的现行法规，确认 IBM 支付的预付款实际上已超出了法律规定的上限。米尔纳断言："因此，是海丁格尔先生自己收了太多钱，他本应该将盈余投资到贷款股票银行（Loan Stock Bank）的。"

米尔纳在向 IBM 纽约总部描述困局时，颇为讥讽地指出："即使海丁格尔先生的政府不让他拿到足额的现金分红，也不能怪我们。不过，这倒增加了海丁格尔卖掉部分股份的可能性。"

与此同时，IBM 正在与德霍梅格另外两位管理者赫梅尔和罗特克商谈，以确定如何分配德霍梅格在德国之外获得的利润。1939 年 3 月 21 日，捷克斯洛伐克沦陷 6 天后，当德国蠢蠢欲动，准备进攻波兰、立陶宛等国时，IBM 欧洲区调解专家哈里森·昌西急忙给菲利普斯写了一张便条，通知他将"新领地"的分红条款交给德霍梅格。昌西问道："我想知道，如果德国政治局势进一步发生变化，那我们现在是否要仔细斟酌这个问题？"身在纽约的菲利普斯草草写下一张便条，回复道："考虑到欧洲目前的变动，你不觉得我们最好应该等一等吗？"

现在，不只是在奥地利和捷克斯洛伐克，其他国家很快也会受到德霍梅格的影响。IBM 正打算为此做好计划。

制定边缘政策①（Brinksmanship）是沃森的强项。首先，沃森指示霍尔特不要去柏林参加既定的股东会议。这样一来，对于海丁格尔的要求，股东就无法投票表决了。随着日子一天天过去，海丁格尔的经济状况越来越糟。

1939 年 3 月 31 日，沃森给霍尔特发去电报："给海丁格尔 15 万马克借款，让他缴纳贷款股账户（Loan Stock Account）；委托你投票赞成'向海丁格尔支付 8% 的股利'，并委托你将我们的股利投到不动产中。"根据德国法律，8% 的股利是法律规定的上限，超过 8%，IBM 就得支付额外的税金。和预付款一样，这笔 8% 的股利也是按月支付。8% 的股利即 3 500 马克，这只是海丁格尔所需偿还的债务的一半，同时，这也只是普华会计师事务所那 16% 的中介费的一半。海丁格尔需要的是每个月 7 000 马克，而不是 3 500 马克。为此，他对 IBM 和沃森忍耐已到了极限。

---

①指刻意进入极其危险的处境，恐吓并驯服他人。——译者注

1939年4月26日
托马斯·J.沃森
IBM总裁
纽约

亲爱的沃森先生：

如您所知，直到去年年底，我一直都会收到一笔每个月7 000马克的款项，这是因股利而来的预付款……这笔钱在今年1月就停发了……由于从那时起，再没举行过股东大会，因此，我只能通过信件来解决这一问题。

4月11日，我们召开股东会议……但霍尔特先生回复……"不方便来柏林"，但只有他代表着IBM纽约总部的股东。

4月14日，罗特克先生写信给米尔纳先生……信中提到："我非常担心海丁格尔先生会陷入经济困境……因此我恳请您能和身在巴黎的沃森先生谈一谈这件事情。"……罗特克先生今天告诉我，他收到了米尔纳先生的来信……"根据1939年的股利，支付海丁格尔先生一笔预付款，总额相当于他在德霍梅格所持资本股（Capital Share）的8%（也就是3 500马克）。这可以按月支付……并在合伙人会议上通过。"……这样看来，IBM既不像我的合作伙伴，也不重视维持我和德霍梅格的合作关系。我已没必要说出自己对这种态度有多失望和沮丧，这种态度很可能终止我和德霍梅格的合作关系……我在此将我的股份……我在德霍梅格的股份卖给IBM……请和我商定收购价格……接受将股份转回IBM。在过去的29年里，我和IBM的很多绅士都结下了友谊，如果我们的这份友谊不会因此改变，我会非常开心，也会非常感激……再次表达我深深的遗憾，请接受我的问候。

你最诚挚的朋友
威利·海丁格尔

罗特克坦言，IBM与海丁格尔之间的合约"是在不恰当的时机下签订的，这似乎成了万恶之源"。尽管如此，罗特克还是提醒沃森，如果海丁格尔把自己的股份转移到外国人手上，那么德霍梅格也许就不能使用"德国"一词，因为德国将不再视其为德国企业。因此，无论付出多大代价，都要避免这个灾祸。对于 IBM 德国子公司的那些独裁管理者而言（包括海丁格尔），德霍梅格远不只是一个营利性企业。在这些人眼中，德霍梅格的技术能够让德国战争机器自动化，加快德国夺取周边国家的步伐，并促使德国快速完成种族计划。假若这家德国子公司被视为"非雅利安的"，那么德国所有的敏感项目都会将其拒之门外。不知不觉间，希特勒的德国也会失去它迫切需要的霍尔瑞斯系统。

在沃森看来，德国不久后就会大举占领欧洲。到那时，其他子公司将会跟随德国子公司的步伐，而 IBM 也将能构建一个遍布欧洲大陆的高效企业。只要第三帝国需要，IBM 就能迅速运送零备件、穿孔卡与机器。希特勒承诺的新秩序就是为 IBM 量身定制的。

1939 年 7 月，沃森前往德国与海丁格尔进行商谈，以调停这次纠纷。看来，妥协不可避免。这次纠纷能否顺利解决对纳粹分子意义重大，对资本主义也是如此。不过，这一次德国做出了让步。最终，根据沃森提出的条款，海丁格尔的要求将在几个月后给出答复。在解决犹太人问题上，第三帝国将迈出决定性的一步，而沃森相信自己已控制了这一过程所需的一切，不仅是在德国，在欧洲其他国家也是如此。目前，高速穿孔机、制表机和分类机只能通过数字来组织信息；接着，这些信息会依据按序编号的职业种类、地理位置、人口类别来分类。

不久，沃森又拥有了一个强大的工具——字母排序机（Alphabetizers）。

第 7 章

统计，是死亡的前奏

1938 年 5 月 17 日，以志愿者为主的 75 万名人口普查员席卷了整个德国。大德意志帝国拥有 2 200 万户家庭、350 万间农场，以及 550 万家商店和工厂，而人口普查员几乎没有漏掉一个人。在柏林、法兰克福、汉堡和日内瓦等大城市，一支支由 5~8 名人口普查员组成的小队挨家挨户地调查居民信息。城镇和村落则稍有不同，每 30 户人家被划分为一片区域，而每片区域仅由 1 名人口普查员负责。在这个囊括了德国、奥地利、苏台德地区以及萨尔兰州的大德意志帝国中，约有 8 000 万名公民将会被根据血统分门别类。

所有人一眼就能看清，1939 年 5 月的这次全国性人口普查本质上是一次种族人口普查。《纽约时报》对这项浩大工程的报道表明，这次人口普查"将会得出详尽的信息，包括所有人的血统、宗教信仰、物资财产。普查表上还留出特殊的空格，以填写调查对象是否具备纯粹的'雅利安'血液。普查人员要求人们提供祖父母和外祖父母的信息，并进一步调查这些人的信息是否属实"。

1939 年 5 月，在经历了一系列相互重叠，有时甚至脱节的普查活动后，几乎每一位"虔诚的犹太教徒"都接受了多次登记、鉴定和分类。1939 年人口普查旨在识别"种族犹太人"；将所有在这个大德意志帝国新领土上被定义为犹太人的人登记在册；找出每一位犹太人，将他们聚集并加以迫害。事实上，就在当月，一条强迫犹太人集中居住的法令已开始实施。此外，德国正准备发动一场全面战争，如果没有这次人口普查，德国就无法确认在哪里可以招募士兵，也无从知道将这些士兵动员起来后，哪些妇女能替代他们的工作。因此，这次人口普查对希特勒的两线战争——针对犹太人的战争和针对欧洲各国的战争至关重要。

希特勒两线战争的关键

与1939年人口普查相比，德霍梅格此前的所有项目都相形见绌。德霍梅格招募了大批志愿者，并对他们进行了数月的高强度训练，在执行了多次调查活动后才最终完成这项艰巨的任务。政府甚至规定，当人口普查员在统计某些居民区遇到困难或存在疑惑时，警察及辅助人员需动用全部权力来支持此次统计活动。

德霍梅格增设了大批霍尔瑞斯机器：400台电气键盘穿孔机（Electrical Key Punches）、10台复穿孔机、20台总计穿孔机、300台键盘穿孔校对机（Key Punch Verifiers）、70台分类机、50台制表机、25台复印机以及50台D-11 VZ制表机。第三帝国要求此次人口普查活动在1939年11月前完成，这似乎不太可能。为了加快速度，德霍梅格工程师将多功能D-11计算制表机（D-11 Calculating Tabulator）改装成只具备计算功能的机器，并取名为D-11 VZ。这种临时装置能够以每小时1.2万张的速度处理16台计数器中的60列穿孔卡，然后将结果准确打在80列穿孔卡中。最终，此次人口普查一共使用了8 000万张穿孔卡。

在1939年人口普查中，出现了一种装有"补充卡"（Supplemental Card）的特殊信封。这种极其重要的卡片记录了调查对象的血统数据，在"种族"这一问题上起着关键性作用。每家户主都需要在调查表中填上名字和住址，并用文件证明家庭的血统。犹太人无疑对这次识别活动感到惶恐不安。为获得准确的数据，人口普查员小心翼翼，并向调查对象保证，这些信息不会被上交到财政部门。

不过，最迫切需要这些新数据的不是德国税务机构，而是纳粹党和第三帝国安全部队，因为这两个机构正设法找出新增的犹太人以及其他"不良分子"。事实上，此次人口普查的最终数据会用来帮助整个大德意志帝国构建一本全国性登记簿。每张穿孔卡都有一列用于标示血统信息，在人口普查还未开始之前，这一设计就已经出现在原型卡片上了。1938年底，秩序警察部在给内政部的一封信中解释道："等时机成熟时，登记卡上的这一列就会被填上。这个时机应该是明年5月，届时会执行一次涵盖各类人群、职业和企业的人口普查。除了常规的调查问卷，我们还会补充额外的卡片。这种卡片将记录下调查对象的祖父母和外祖父母中有没有犹太人。随后，我们会用这种卡片来评估调查结果。"

一个家庭共用一张"补充卡"，总计有2 500万张"补充卡"，这使统计文件的数量翻了一番。为处理如此庞大的数据量，并按时完成人口统计，此次人口普查的汇总工作被分成了两部分。首先，每一个装有"补充卡"的特殊信封都会被贴上标签，与目标对象的调查问卷、来源区域对应起来。其次，当地部门，一般是警察局，在找到所有犹太家庭后，就会同时在调查问卷和卡片上附上字母"J"。

每个信封上都印着"不要直接寄给柏林统计局"的字样。常规调查问卷及相应的特殊信封会被递交给地区统计局，以完成繁琐的质量管理程序。例如，信封是否与调查问卷一一对应；"补充卡"是否包含种族数据；常规问卷是否已被填满。仅准备这2 500万份调查问卷和2 500万张"补充卡"，就需要大量人力。一旦审核完毕，调查问卷与"补充卡"将被送往柏林，接受进一步分类。"补充卡"会被分为三类，即非雅利安人、高学历人群及其他人。最终，这些数据会被制成表格，而相应的种族数据就记录在内。

从未有这么多人被如此彻底和快速地统计过。帝国统计局增雇了2 000名职员来处理表格和种族卡片，这些种族卡片足以填满70节火车车厢。正如1933年人口普查，德霍梅格仍在位于柏林的统计局内建起空旷的统计室和管理处，以便将相关信息绘制成表。起初，德霍梅格统计大军的穿孔速度只有每天45万张，但后来，这一数字上涨到每天100万张。德霍梅格在规定时间内完成了任务。1939年11月10日，统计数据的初步分析已完成，这一天是水晶之夜的一周年纪念日，也是一战时，德国的投降日。

相互竞争的纳粹机关及各州政府部门和国家政府部门，都强烈要求德霍梅格计算出最终的数据。不过，无论是地方机构还是国家机构，都只能耐心等待。萨克森地区各地官员都在询问当地的统计局能否让他们一睹统计数据，以加快"聚集"和"没收"行动。但柏林帝国统计局拒绝了。不过，帝国统计局给了帝国保安部和阿道夫·艾希曼的犹太部Ⅱ部门第112分部极大的优先权，因此这两个部门都收到了所有人口普查统计表的副本。

这次人口普查得出的数据还涵盖了德国之外的地区，这正是第三帝国所需要的。数月之内，奥地利统计局的官员就编制出了一份关于奥地利犹太人的完整资料。一份交给第三帝国官员的报告在开篇解释称："1939年5月17日的人口普查首次问到了'调查对象的祖父母或外祖父母中有无全犹太人'这一问题。"这份内容丰富的报告以惊人的精确度总结道："根据今年人口普查的初步结果，我们得知，截止到1939年5月17日，维也纳有91 480名全犹太人，一级和二级部分性犹太人（Part Jews）有22 344名。奥斯马克①的其余地区有3 073名全犹太人和4 241名部分性犹太人。"这些表格将犹太人分成了全犹太人、一级犹太人和二级犹太人，而每一类犹太人条目下又都细分出男性与女性。通过这种方式，维也纳不同区域的犹太人都被圈定了出来。维也纳的内城区有116名二级女性犹太人，锡默灵区有27名二级男性犹太人，维登区有31名一级男性犹太人。其他重要地区，比如萨尔茨堡和蒂罗尔州也详细列出了犹太人数量。

德霍梅格的最终结果显示，大德意志帝国——德国、奥地利和苏台德地区存在着330 539名"种族犹太人"。1935年，当第三帝国起草《纽伦堡法案》时，就曾大胆预测德国境内有150万犹太人，而如今，这一统计结果远低于预测。结果显示，在这330 539名犹太人中，有138 819名男性，191 720名女性，由于近3.5万名犹太女性或成了寡妇，或被迫与难民丈夫分开，因此女性人数居多。如果将合并于1935年的萨尔兰州也算在内，那德国境内最初统计出的犹太人约有50.2万名。很明显，迫害、移民、监禁和死刑已让第三帝国的犹太人数量减少了近一半。不过，在占领奥地利和苏台德地区后，第三帝国发现，截至1939年，境内"新增"了96 839万名犹太人。

此外，原捷克斯洛伐克，即后来的波希米亚和摩拉维亚保护国中还居住着成千上万名犹太人，波兰等德国计划占领的欧洲国家也存在着数以百万计的犹太人。事实上，难民在逃往其他国家时，也经常被重复计算。

---

① 德奥合并时期的奥地利。——译者注

强迫移民和驱逐出境并未起效。虽然犹太难民已逃往欧洲各地，但当这些地区被德国吞并或入侵后，其又被纳入德国的控制范围。德霍梅格的数据会清楚地告诉纳粹分子，大德意志帝国境内存在着多少犹太人。随后，遍布欧洲的 IBM 子公司会出力为大德意志帝国编制这些占领区的犹太人数据。似乎大德意志帝国获得的领土越多，它所遇到的犹太人也就越多。

现在，第三帝国需要一个更好的解决方案。

至 1939 年，纳粹的种族政策已经升级，德国反犹行动不再只是清除大德意志帝国的犹太人。希特勒一直想让全欧洲"一犹不染"，为了完成这个目标，纳粹党卫军暗中在世界各地培养了各种准军事化的法西斯代理机关，从巴西的统一党（Integralite Party）到叙利亚的长枪民兵团（Phalange Militia）。当然，欧洲才是纳粹德国的成功所在。在罗马尼亚，纪律严谨的铁卫团整装待发；在荷兰，荷兰纳粹党（Dutch Nazi Party）已行动起来；在波兰，褐衫党恫吓着犹太人；在匈牙利，箭十字党蠢蠢欲动；在克罗地亚，嗜血的恐怖团体乌斯达莎已急切地采取了行动。无论他们穿的衬衫是黑色、棕色还是银色，也无论他们参与的是德国净化活动还是其他地区的反犹太主义行动，希特勒都可以依靠这些人宣传自己的思想——仇视犹太人、强调种族等级和雅利安优越性。

无论拥有德国血统的人或极端的民族主义者身在何处，第三帝国都会设法将他们组成先锋队来执行雅利安法则。身居国外的纳粹分子组成了外国组织（Auslands Organisation），它隶属纳粹党，是这场运动的主心骨。柏林方面也希望人民能帮他们实现目标。例如，德国媒体界就曾公开发表劝诫文章，勒令所有雅利安人严格遵循种族优化原则。赫尔曼·戈林也在演讲中要求侨居海外的德国人解雇其犹太雇员，成为祖国的忠实仆人。

要想在全球范围内找出德国的潜在支持者，是一项艰巨的任务。早在 1938 年夏，位于斯图加特的德国外交研究所（German Foreign Institute）就已经在编著一份名为《德意志世界移民登记手册》（*German World Migration Register*）的文件，旨在帮助鉴定德国的海外朋友。德国拥护者坚称："《世界人口移民名册》（*World Migration Book*）不仅是卡片索引目录，还代表着德意志世界……在这样一个德意志世界中，德意志精神会永存不灭。"斯图加特的信使断言，这个移民名册会提醒世界各地的德国人永远不要忘记用言语与行动维护德意志民族。

德国在忙于集结欧洲各地的纳粹军团时，也不忘向邻国施压，以入侵为要挟，强迫其站在雅利安阵线上实施反犹政策。例如，德国在入侵捷克斯洛伐克前，曾发出最后通牒，称不会冒犯捷克斯洛伐克的边界，但条件是捷克斯洛伐克必须服从以下三点要求：交出 1/3 的黄金储备；解除武装；根据《纽伦堡法案》中对种族的定义，立即实施"犹太人问题解决方案"。

在未遭到德国入侵时，许多国家就已经采取了与德国种族政策如出一辙的法律，揭露犹太人，没收犹太人财产，并将他们驱逐出境。1939 年春，匈牙利甚至通过了一系列反犹措施，包括土地征收、剥夺工作岗位和废除公民身份。对此，《纽约时报》刊登了一则醒目的大字标题文章：《旨在阻止纳粹分子》（*Aim to Head Off Nazis*）。一波又一波颇具纳粹风格的大屠杀、联合抵制和经济剥削等反犹活动持续侵蚀着波兰，尤其是那些拥有德国血统的"德意志裔人"（Volksdeutsche）所在区。1937 年，波兰重要政党"民族团结阵营"（Camp of National Unity）宣称，与德国结盟的波兰法西斯主义者充满了喜悦之情，因为大众运动已发展成一种官方运动。罗马尼亚、捷克斯洛伐克、立陶宛也在定期举行类似的迫害活动。最终，大部分欧洲国家开始以立法消灭犹太人。多国深受难以抵抗的德国反犹主义的影响。

当柏林在其他国家掀起反犹运动时，纳粹党武装力量正悄无声息地在欧洲大陆上收集犹太人的信息，为某个重要的日子做准备。当这一天到来时，由纳粹分子引发的政变或纳粹分子直接采取的侵略手段会使一个个犹太群体被快速清算，而研究纳粹种族和人口的科学家所使用的穿孔卡系统，将会成为这一行动的重要组成部分。

纳粹特工卡尔·富斯特（Carl Fust）所做的工作就能很好地说明这一点。早在 1936 年，富斯特就通过搜索大量教堂记录来获取立陶宛公民的家族信息。1936 年 6 月 29 日，富斯特将研究报告交给位于柏林的帝国家谱研究所，表示："我已登记提尔西特地区门诺派教徒社区所有的已知书籍，但要找到这些书的下落，十分困难……有些条目……可追溯到 1967 年；个人信息则可追溯到 1722 年。"帝国家谱研究所用霍尔瑞斯机器处理了福斯特的文件。

1936 年 7 月 2 日，多名纳粹分子在位于波兰布雷斯劳的一家旅馆聚首，讨论莱比锡统计学家弗里茨·阿尔特（Fritz Arlt）的职务。当时，阿尔特创建了一份交叉索引卡片文件，记录了每一个莱比锡犹太居民的信息。更令人惊奇的是，阿尔特的卡片还记录了犹太家庭的祖先具体来自于波兰的哪座城镇。在布雷斯劳的这次聚会上，阿尔特被指派协助外国组织安全局。阿尔特在统计波兰犹太人的工作上取得了关键性突破，因此受邀前往柏林，协助艾希曼的犹太部Ⅱ部门第112分部开展工作。阿尔特去柏林的差旅费，由帝国保安部全权负责。

第三帝国不留余力地将人口普查、人口登记和家谱追踪等活动扩展到欧洲各国。一旦侵占了邻国，或利用政治手段控制了邻国，德国便立刻识别"种族犹太人"和"虔诚的犹太教徒"。通过在奥地利和苏台德地区的尝试，柏林已证明这是可以实现的。如果不能获悉其他地区犹太居民的详尽信息，德国就无法在欧洲完成如此重大的人口学壮举。完成这一任务，仅有帝国统计局提供的信息是不够的，还需要在多国开展统计活动。

长久以来，遍布欧洲的IBM子公司一直在倾力合作，以利用欧洲大陆发生的各种政治与军事事件。来自IBM各子公司的推销员源源不断地前往纽约或柏林接受培训，之后又回到各自的国家，负责监管穿孔卡的生产与运用。1939年底，在获得沃森的同意后，一所用于培训IBM欧洲工程师的国际培训学院在柏林正式成立。在IBM日内瓦办事处的监控下，IBM频繁地为军事领导人和政府领导人提供讲座与操作示范。

1939年初，IBM瑞典向丹麦、芬兰和挪威分别出售了190万、130万和69.6万张穿孔卡；IBM纽约总部分别向南斯拉夫和西班牙出售了100万和70万张穿孔卡；德霍梅格则出售了26.1万张穿孔卡给匈牙利。

1939年2月16日，帝国司法部宣布，"雅利安的"在某些情况下将由另一个词替代，即"欧洲种族的"（European Racial）。新指导方针确认，其他民族团体或人种，如在德国的罗马尼亚和匈牙利盟友允许存在。但它也指出，无论是在欧洲大陆的哪个角落，犹太人都不能存在。

1939年春末，纳粹德国对奥地利、捷克斯洛伐克及立陶宛克梅默尔地区（克莱佩达的旧称）的入侵愈演愈烈，欧洲受到严重打击。德国加强军备建设，扩充边界的部署军队，对丹麦、波兰、匈牙利、卢森堡、比利时、荷兰、法国和英国造成极大威胁。灭顶之灾离欧洲犹太人越来越近。

沃森对此视而不见，全力准备着1939年的国际商会代表大会。这场代表大会原定于东京，但陷入困境的日本最终退出，于是，沃森将举办地转到哥本哈根。在哥本哈根，沃森打算奋力疾呼，申述德国还没获得所需的原材料。沃森一如既往地为自己的行为找了政治庇护。1939年6月9日，沃森照例给罗斯福总统写去一封公开信,希望获得罗斯福总统的支持。不过这一次,沃森更加小心谨慎。"对于 6 月 26 日召开的国际商会代表大会,如果国际商会的性质仍符合您的政策目标,我们希望能听到您的建议。"

自 1937 年以来,世界局势风云变幻。在沃森主导的国际商会代表大会上,德国向来是重要的参与者。在德国发动水晶之夜,并多次入侵他国后,德国与各国的外交关系变得十分紧张。此时,战争一触即发。沃森不想在代表大会上表现出他会如常与纳粹德国交易,他通过白宫职员将自己的信交给美国国务卿科德尔·赫尔,并表示"如果您同意转达这一信息,那么请准备好罗斯福的评论"。

在哥本哈根的国际商会代表大会上,沃森对轴心国的支持远远超出美国国务院的预期。沃森大力拥护一项决议,即分别从轴心国和同盟国中选出 3 位民营企业家,允许他们代表各自的国家商定出一项激进的新国际贸易政策。事实上,该政策旨在满足轴心国的需求——获得觊觎已久的原材料。随后,这些商人会游说各自政府的经济顾问接受建议,以避免战争。可笑的是,轴心国需要的这些原材料就是为发动战争而准备的。

1939 年 6 月 28 日,在沃森的领导下,国际商会通过了一项决议,再次呼吁公平地分配原材料、食物等物品……以消除军队的越境行动。为了达到这个目的,国际商会请求"法国、德国、意大利、日本、英国和美国政府与各自的商业巨头合作,考虑到国家的需求……(因此)我们应该给予世界各国平等享受全球资源的机会"。

就在沃森为德国争取原材料时,德国正肆无忌惮地掠夺着德占区的资源。《纽约时报》刊登了一篇题为《贝奈斯讲述纳粹分子的恐怖行径》(*Terrors of Nazis Related by Benes*)的文章,该文章来源于一则呼吁抵抗纳粹的国际广播,捷克斯洛伐克总统爱德华·贝奈斯(Eduard Benes)在其中详述了第三帝国自入侵(1935 年 3 月 15 日)以来对捷克斯洛伐克资源的大规模掠夺。《纽约时报》称:"贝奈斯先生说,直到几个月前,这个有着 1 000 万国民的国家还是自豪且自由的;而现在,这个国家却被奴役,被迫瓦解,并慢慢失去物质与文化资产。"文章还指出:"德国从捷克斯洛伐克夺取并转移的资产已达 350 亿克朗,约合 12.2 亿美元。"

贝奈斯称:"你们一定都听说过德国独裁政权如何摧残美丽的捷克斯洛伐克;如何破坏壮丽的森林,然后将木材送往德国;如何将公共建筑的窗框和玻璃窗户等材料掠夺得干干净净，之后又送往德国。工厂毁了，工业也陷入瘫痪，因为生产机器都被运走了，德国打算用它们为战争服务。多少个捷克斯洛伐克家庭不敢睡在自家床上，只能露宿林地，因为害怕纳粹分子会迫害他们。而德国农民却受到纳粹分子的鼓舞，从德国来到捷克斯洛伐克，挥舞着镰刀大叫'血夜来临'。"

参加1939年国际商会代表大会的德国代表称赞了沃森的提议，这不足为奇，毕竟这项通过私人协商而来的提议，目的就是将第三帝国利用武力夺取资源合法化。在为这次会议做总结时，沃森称这些痛苦和灾难仅仅是因意见分歧而来。对于通过平均分配各国资源来避免进一步侵略的解决方案，沃森总结道："很遗憾，当前的经济条件和政治局势不尽如人意，各国之间存在着巨大的意见分歧。不过，经过自由讨论和公平决策后，我们将实现互惠互利，且每个国家的国民幸福感也会倍增。"

沃森满腔热血，立即给罗斯福总统写了一封附有会议内容的信件，称企业家通过私下协商来解决贸易壁垒问题由他提出。沃森向总统指明："您将注意到，这一解决方案并不需要政治会议的介入。"沃森特意强调这是一个非政府程序，他补充道，六国可能会召开国际会议来批准他的建议。沃森在信的结尾处总结道，鉴于这件事有着"深厚的背景"，因此，他想"亲自呈交给您"。随后，他还补充了一件诱人的琐事："我还有一个十分有趣的信息转告您，是关于丹麦国王克里斯蒂安十世（King Christian X）的。"

沃森这封要求向罗斯福汇报的尴尬信件开始在美国国务院、欧洲事务部、国际关系顾问团队、贸易协定部、礼宾部、国际会议部、国际经济事务部顾问办公室和科德尔·赫尔之间传阅。礼宾部的一名负责人写道："这不是我们的事务……沃森先生是美国人，安排他和总统会面的事宜不归我们负责。"另一位礼宾部负责人则抛出了一个吹毛求疵的技术性问题：沃森已从国际商会卸任。沃森写给罗斯福总统的信是在7月5日，即他离职后数天发出的。因此，他们认为没有必要做出评论，因为沃森先生已不再是国际商会的主席，所以，这份决议并非出自国际商会。

最终，沃森收到了一封只有三句话的回信，那是罗斯福总统的评论，下面还签有十几位政府官员的姓名首字母。这封回信言辞温和，但没有实质性内容："亲爱的沃森先生，我已收到您于1939年7月5日寄来的关于第10届国际商会代表大会的信，且饶有兴趣地读完了。我知道您想亲自跟我探讨此次会议的背景及克里斯蒂安十世。很期待能在您回国后见到您。"

对于沃森精心设计的来信，罗斯福总统只给出了无关痛痒的回复。对此，美国国务院一位重要官员约翰·希克森（John Hickerson）讥讽道："在我看来，为了给沃森先生写这封充满情谊的回信，总统已尽力用了最恰当的词语。我想象不出总统该如何评论，尤其是在看到沃森的新决策——法国、德国、意大利、日本、英国和美国六国政府指派经济代表根据'各自政府的需求以及对他国做出的贡献'来与商人合作时。"

沃森也给赫尔寄去一封信，几乎和他给罗斯福总统的一样。为罗斯福总统拟定回复信的国务院团队又为国务卿拟出了类似的答复信。但这一次，他们在信中添加了一句含糊不清的答谢语："谢谢您考虑到国会的行动。"

不过，沃森不会死心。他向国务院提交了正式方案，希望获得支持来举办国际会议，从而更好地分配全球资源。一名美国助理国务卿忍不住评论沃森的建议与轴心国战备需求之间的相似性："当然，这是重大的全球性政治问题，这个问题，我们时常从德国、意大利和日本听到。托马斯·J.沃森先生作为一名美国人和国际商会主席，竟会提出这样一个决策，这是最大的不幸。我们有理由相信，这个决策会在某一天反过来伤害我们。"这条评论写于1939年10月5日。但在那时，这条评论已没有回应的必要了。

波兰遭到入侵，第二次世界大战爆发了。

"白色方案"骗局

1939年9月1日黎明前夕，德国党卫军军官阿尔弗雷德·瑙约克斯（Alfred Naujocks）正准备点燃二战的战火。多日以来，瑙约克斯的特遣队一直在候命。临近5点40分，瑙约克斯收到电码。瑙约克斯的手下按计划穿上波兰军装，有条不紊地佯攻德国电台。特遣队将被麻醉的集中营囚犯拖进德国电台放好，然后涂上血液来冒充"德国伤亡士兵"。这一骗局使希特勒找到借口，执行"白色方案"（Operation Case White）——入侵波兰。

德国的此次攻击是有史以来最猛烈、最迅速的。数百架战机持续炮轰波兰的城市，毁灭了铁道、物资储存设施和部队营地。不久，6个师的德国士兵、坦克和大炮蹂躏了华沙。据《纽约时报》等刊物报道，波兰首都饱受摧残，仅几天，多达3/4的地区变为一堆冒着黑烟的废墟。此次进攻战术非同寻常，被称为"闪电战"（Blitzkrieg）。几天后，英法对德宣战。

波兰几乎没有装甲部队，只能部署没有配备武器的骑兵团，因此，在抵抗了27天后，便投降了。屠杀、强奸、掠夺食物、驱逐及随之而来的瘟疫迅速成为新闻头条，暴露于各国民众面前。在纳谢莱克（Nasielek），约有1 600名犹太人在一个被称为"鞭打狂欢"（Whipping Orgy）的夜晚被抽打了整整一夜。某天晚上，一对犹太姐妹被人从床上拖到墓地中，施暴者强奸了其中一个女孩，并给了另一个女孩5兹罗提①，让她等下一次。战争爆发后不久，《纽约时报》发表了一篇题为《25万波兰犹太人被列入死亡清单》（250 000 Jews Listed as Dead in Poland）的文章。

犹太人占波兰总人口的10%，超过300万。虐待、强奸、屠杀并不能完全清除犹太人。于是，纳粹计划将波兰犹太人驱逐到劳工营（Labor Camps）。但在这之前，纳粹德国还需要采取更为激进的策略。德国军方对自身在波兰的特别行动做出评估，指出："将那1万名犹太人和波兰人杀掉是错误的选择……这既不能转变波兰人的想法，也无助于清除犹太人。"

1939年9月13日，《纽约时报》刊登了一篇文章，主标题为《纳粹分子暗示将清洗波兰境内的犹太人》（Nazis Hint Purge of Jews in Poland），副标题为《300万人受到牵连》（3 000 000 Population Involved），报道了第三帝国的困境，并引用德国政府的话，"要移除欧洲德占区中的犹太人……至于如何……在不灭绝犹太人的情况下移除……还不能确定"。

1939年9月9日

托马斯·J.沃森先生，董事长

IBM

麦迪逊大街590号

美国纽约

亲爱的沃森先生：

7月初，您在最近一次拜访柏林时，曾友善地提出愿意从恩迪科特调机器到德国，以缩短漫长的交货期限。因此，我请求您从美

---

① 在波兰语中为"黄金"之意，波兰的官方货币。纳粹德国入侵波兰后，为波兰制定了全新的货币，将汇率定为1马克兑换2兹罗提。如今，1兹罗提约0.2788美元。——译者注

国调了一台字母制表机和一台排序器到德国,以供我们学习。我非常感谢您能同意这一要求。您补充说,万一有紧迫需求,我还可以使用其他的美国机器。在如今的局势下,我们可能需要用到这些机器,因为我们还无法在德国生产,对此,我想您应该能理解。因此,现在我想接受您的善意,请您授权德国子公司暂时使用前奥地利的字母制表机……至于费用,我还不能马上做出具体的提议。不过,我可以向您担保,如果我们可以用到这些机器,您将会收到一笔补偿金……到德国有能力生产这种机器时,我们在此前借用了多少台美国机器,您就有权处置多少台德国机器。

亲爱的沃森先生,您的口头提议无疑会受到许多人,尤其是相关责任人的敬佩……与此同时,如果您能让您的日内瓦机构给我们提供必要的备件,以便我们维修机器,那我们将会十分感谢。

您最真诚的朋友

H. 罗特克

抄送:F.W. 尼科尔先生,纽约

抄送:IBM 日内瓦

IBM 字母制表机主要是 405 型机器,早在 1934 年就已推出,不过直到 IBM 与美国社会保障总署联手将其完善后,它才得到广泛使用。这种精密的机器是 IBM 的骄傲,405 型机器比起早期的霍尔瑞斯机器更加光滑、结实,是由多台穿孔机整合而成的高速装置。机器底部有一个总计穿孔机电缆连接器,可以加快机器运转速度,将大量制表数据快速整合到一张卡片上。机器的顶部有一个短小的送纸器和一个储卡器,连接着一个打字机模样的印刷机组,印刷机组配有自动滑动托架,可以打印出按字母排序的数据。开关、表盘、复位键、控制面板,甚至附加的阅读台,这些部件让 405 型机器成了一台十分昂贵的多功能机器。1939 年,这种矮胖的机器成为 IBM 在美国市场的主要机型。不过,在欧洲市场,这种复杂的机器就显得过于昂贵了。事实上,1935 年时,IBM 还在欧洲的商展上展览过这种机器。制造 405 型机器需要许多原材料,包括德霍梅格无法获取的限量供应的金属,因此,纳粹德国无法制作 IBM 字母制表机。

405 型机器对德国至关重要,因为这种机器不仅能让德国制作出字母排序表格，还能加快制作常规表格的速度。405 型机器在 42 小时内就可以完成 120 万次晦涩的乘法运算，相比之下，601 型机器完成同样的任务则需要 800 个小时。

美国政府部门和企业机关共配置了 1 000 多台 405 型机器，使这种机器成了 IBM 最赚钱的发明。但是，这种昂贵的机器在欧洲并非随处可见。此前，为了给德国政府机关提供 405 型机器，德霍梅格只能直接向美国总公司或间接向其他欧洲子公司购买，而这是一项成本颇高的外汇交易，需要获得沃森的特许。后来，由于德国占领波兰，战争在欧洲打响，德霍梅格无法继续从美国进口机器。不过，奥地利有德霍梅格所需的那些宝贵的字母制表机：5 台配置各异的字母穿孔机、2 台字母解释器、6 台字母打印制表机以及 1 台排序器。这些宝贵资产仍属于 IBM 的奥地利子公司。

沃森不会将这批机器白白转移或送交给德霍梅格。当海丁格尔威胁说，若他不能拿到应得的分红，就卖掉自己的股份时，这项交易便开始了。沃森试图平息这场冲突，于是同意向海丁格尔预付红利。沃森致信罗特克："最近我在德国和海丁格尔谈了一次，他告知我，他需要一笔钱来支付生活费。作为德霍梅格的股东，我写这封信是想告诉您，如果您能借些钱给海丁格尔，那我们将会非常高兴。这笔数目由您来定，只要您觉得这足够满足海丁格尔的生活开销。"信中，沃森必然是以德霍梅格的股东，而不是支配者的身份来批准这笔资金，因为他需要继续制造德霍梅格不受外国控制的假象。

就在沃森口授这封信时，德国正在全面攻占波兰。二战已然打响，沃森也变得更加谨言慎行。他既没有在这封写给罗特克的信上注明日期，也没有将信直接寄往德国。相反，他只是将这封授权信交给秘书，再由秘书邮寄给一名 IBM 审计员——身在日内瓦的 J.C. 米尔纳。秘书在信旁附上了一张便条，上面写道："沃森先生已经指示我转寄这封信给赫尔曼·罗特克先生，现在我寄给您，希望由您转交给赫尔曼·罗特克先生。"信件的复印件在沃森的办公室里，这原本没有注明日期，不过，为了方便归档，最后还是添上了邮戳——1939 年 9 月 13 日。

然而，海丁格尔并不想得到更多的预付款，因为这只会加重税务负担。海丁格尔想要字母制表机，他将这一想法告知了 J.W. 斯科特（J.W. Schotte）。斯科特是 IBM 日内瓦的欧洲区新任总经理，在字母制表机的问题上充当着沃森的中间人。1937 年 9 月 27 日，即波兰正式投降之时，斯科特致电柏林，遗憾地告知罗特克和德霍梅格管理层，沃森拒绝将奥地利的字母制表机转到德国。沃森只同意向德霍梅格提供 34 台破旧的字母制表机。这些机器原归苏联使用，如今闲置在汉堡的仓库里。也许在整修后，这些机器还可以派上用场。

罗特克愤愤不平，断然拒绝了这次提议："我们对这些垃圾丝毫不感兴趣。"罗特克想要更多。斯科特表示，沃森这样做是想让德霍梅格接管整个苏联市场。罗特克认为，这种计划总体上很有吸引力，因为德霍梅格可以从中收取外汇。可他转而想到，如果德霍梅格仍旧被迫向 IBM 纽约总部缴纳 25% 的专利费，那么，即便德霍梅格能在苏联得到利润，似乎也没多大用处。罗特克并不想透露这一想法，于是便对斯科特说，任何关于苏联市场的事宜，请以书面形式呈现。

在提到字母制表机时，罗特克再三请求斯科特致电沃森，希望斯科特能建议沃森让他们使用几台字母制表机。斯科特没有退让，说这些机器已经征用于紧急事宜，但罗特克并不认同这一说法。在他看来，这些机器就在被纳粹合并的奥地利，而奥地利市场如今归德霍梅格所管，所以，沃森根本就不打算让德霍梅格调用这些现有的机器。罗特克为此非常气愤，他威胁道："IBM 十分强大，应该服务于任何有需要的客户，如果不让我们使用这几台机器，那 IBM 将会非常后悔。"斯科特知道罗特克已忍无可忍，于是保证会再次致电沃森，并传达柏林人员的想法。

次日早上，即 1939 年 9 月 28 日，斯科特友善地给罗特克打了电话。斯科特高兴地说，这只是沃森犯的一个错误，因为他一直以为这些机器从未送到奥地利。这一次，沃森又让步了。罗特克向海丁格尔写信确认：德霍梅格可以持有我向上级申请的机器，除非有进一步通知。

很快，相关的文件也批复下来：

字母总计穿孔机……
序列号 #517-10674-D9　　　　　　　*转移到德霍梅格
字母总计穿孔机……
序列号 #517-10072　　　　　　　　*转移到德霍梅格
字母复式印刷穿孔机……

序列号 #034-11722-M8　　　　　　　　　*转移到德霍梅格

字母复制穿孔机（Duplicating Punch）……

序列号 #034-11252　　　　　　　　　　*转移到德霍梅格

字母复制穿孔机……

序列号 #034-11253　　　　　　　　　　*转移到德霍梅格

字母解释器……

序列号 #552-10494-C9　　　　　　　　*转移到德霍梅格

字母解释器……

序列号 #552-10495-C9　　　　　　　　*转移到德霍梅格

字母印刷制表机（Printing Tabulating Machine）……

序列号 #405-13126-D9　　　　　　　　*转移到德霍梅格

字母印刷制表机……

序列号 #405-13127-D9　　　　　　　　*转移到德霍梅格

字母印刷制表机……

序列号 #405-13128-D9　　　　　　　　*转移到德霍梅格

字母印刷制表机……

序列号 #405-11332　　　　　　　　　　*转移到德霍梅格

字母印刷制表机……

序列号 #405-11000　　　　　　　　　　*转移到德霍梅格

字母印刷制表机……

序列号 #405-10206　　　　　　　　　　*转移到德霍梅格

排序器……

序列号 #077-10577-D9　　　　　　　　*转移到德霍梅格

就在一周前，即1939年9月21日，希姆莱掌控下的帝国保安部首领莱因哈德·海德里希在柏林召开秘密会议。海德里希总结了IBM的决策，发出一封绝密快信，供那些在不同德占区执行任务的特别行动队（Einsatz Gruppen）首领相互传阅。特别行动队是一支特殊的机动部队，散布在不同的德占区，能快速、大量地屠杀犹太人。特别行动队经常将犹太人聚集起来锁进犹太教堂，再点上火。大火中，绝望的犹太人四处逃窜，最终葬身火海。特别行动队更常见的做法是，将一个个犹太家庭押到战壕里，让他们像流水线上的物品一样整齐地排成一排，再无情射杀他们，许多大人的手中还抱着孩子。然后，特别行动队会将一具具尸体倒进坑里。但是，对第三帝国而言，这些方式太过零散、低效，无法快速灭绝数以百万计的犹太人。

9月21日，海德里希写了一篇备忘录，名为《占领区的犹太人问题》(The Jewish Question in the Occupied Territory)。他在开篇写道："关于今天在柏林的会议，我想再次指出，计划总方案（即最终目标）要保证绝对机密。"他在"计划总方案"和"绝对机密"这两个词下面画了线。括号里，海德里希在写"最终目标"时用的是德国单词"Endziel"。

备忘录中还写道："我们需要区分出以下两个问题：第一，最终目标（需要花费较长的时间）；第二，执行此目标的步骤（可以在短时间内完成）。为了完成这些步骤，我们必须在技术与经济两方面做好最充分的准备。毫无疑问，我不能对这些任务做详细说明。"

备忘录解释道，下一步就是"人口控制"。首先，犹太人会从家中迁移到所谓的"集居镇"(Concentration Towns)。在不足500人的犹太群体被解散后，他们会融入更大的犹太群体中。海德里希写道："注意，被选择的城镇必须在铁路枢纽站旁，或至少靠近铁路。"海丁格尔向特别行动队一队下达指令："在管辖区内，只需执行一次临时的人口普查来调查犹太人。剩余工作就交由犹太人长老委员会（Jewish Council of Elders）处理。"特别行动队一队的管辖区从克拉科夫东部一直延伸到波兰－斯洛达克的旧边境。

按照计划，每个犹太区（Jewish Ghetto）或集居镇都必须选出长老委员会，一般由拉比（Rabbi）和其他杰出人物组成，长老委员会成员需要高效率地管理犹太区的居民。海德里希在备忘录中指示手下的部队："犹太居民委员会将执行一次临时犹太人人口普查，如有可能，希望能根据性别（年龄；a.16岁以下，b.16～20岁，c.20岁以上）和犹太人所在地区的主要职业来整理结果，并尽快完成报告。"

指令宣布，一旦进入犹太区，犹太人将被禁止离开犹太区，而且晚上某个时间点过后，他们也不能外出活动等。

海德里希要求："特别行动队各支队的负责人必须持续向我报告管辖区内的犹太人人口普查情况。犹太人的数目应分成两类，一类是将移出波兰的人数，另一类是已在集居镇中的人数。"

在一系列突如其来的"重新安置"过程中，大约有 300 万波兰犹太人会被分类，以便纳粹德国执行后续的大型活动，如人口普查、人口登记和物资库存清查。这样，各种各样的纳粹规划部门和军事占领办事处就能迅速获得最新信息。例如，犹太人需要多少食物？有多少奴工可供军工厂使用？他们能提供哪些有用的技能？在新的饥饿式管理下，每个月会有多少犹太人死去？在战时条件下，这些人口登记活动将会带来一次统计学奇迹。纳粹分子绝不浪费一分一秒。

第三帝国已做好准备。1939 年夏天，军事经济规划局在获得霍尔瑞斯系统的使用权后，便开始研究波兰境内的少数民族。到了 1939 年 11 月 2 日，调查过莱比锡犹太人，并追踪这些犹太人源于波兰哪些城市的统计学奇才阿尔特，被任命为人口和福利管理局（Populationand Welfare Administration）的负责人。该机构归属于波兰总督府——这是第三帝国占领波兰后，为波兰政府起的新名字。阿尔特致力于人口登记、种族科学问题和人口政治，还在克拉科夫汇编了自己的统计学出版物《波兰总督府的政治信息服务》（*Political Information Service of the General Governmen*，以下简称《政治信息服务》）。《政治信息服务》提供了每平方公里犹太人人口的详细数据，并指出犹太人数量正随着强迫劳作和饥饿式管理等策略而逐渐减少。阿尔特否决了永久移民政策，因为这样只会让犹太人继续存在。《政治信息服务》中有这样一段内容："我们可以通过灭绝某些被征服的群体来达到目标。这群人包括婴儿、超过 65 岁的老人以及其他年龄段中的体弱多病者。"只要灭绝了 150 万犹太人，就可以将犹太人的人口密度下降到每平方公里 110 人。

1939 年 10 月，第二轮统计活动开始。

罪孽深重的受害者

与德国、奥地利和捷克斯洛伐克的情况不同，波兰的犹太人并没有被同化。波兰犹太人非常虔诚，且长期居住在独立社区，与世隔绝。东欧人依据某些外貌特征，就可以轻易辨识出波兰犹太人。例如，波兰犹太人具有标志性的黑色络腮胡和面部特征，很容易与其他波兰人区分开。此外，在某些地区，他们还会穿着犹太传统服饰。通过建立教育机构，以及统一的企业公共团体，犹太人和意第绪语①文化在波兰逐渐繁荣起来。波兰犹太人还会在公开场合用意第绪语和日耳曼方言交流，这使他们更加显眼。即使没有人口普查，没有穿孔卡，纳粹分子也能辨识出大多数波兰犹太人。

不过，在希特勒看来，统计波兰犹太人的数量与登记波兰犹太人的财产仍是有必要的。此外，纳粹分子还要辨识出那些外貌和社会习惯与大多数波兰犹太人不符的犹太人群，他们或许有成千上万名，早已远离犹太公共团体或犹太社区，接受了洗礼，或是成功融入了整个波兰社会。

德国入侵波兰后，生气勃勃的犹太生活与文化便立马被抹杀了。首先，根据海德里希的指令，纳粹部队在波兰各地创建了犹太居民委员会(Judenräte)。华沙有100多万居民，其中有1/3是犹太人。在那里，一位名叫亚当·切尔尼亚科夫（Adam Czerniakow）的工程师突然被任命为当地的犹太居民委员会主席。除了切尔尼亚科夫，该委员会还选出24名长者，这25个人负责管理包围圈中的犹太人事务。第三帝国快速瓦解了一度繁荣的华沙犹太群体，让那37.5万名犹太人无家可归，而华沙犹太居民委员会也不得不严格遵守纳粹分子下达的一条条压迫性指令。华沙犹太居民委员会委员在处理这项棘手的任务时，他们的一举一动都受到了盖世太保、党卫军和特别行动队等纳粹机构的严密监管。有时，纳粹军官会潜伏在切尔尼亚科夫办公室附近，通过窗户察看切尔尼亚科夫在做些什么。

在接下来的日子里，切尔尼亚科夫及其他委员会成员全身心地投入到统计、登记和人口普查等活动中。

1939年10月4日，切尔尼亚科夫受命来到位于苏查大道的特别行动队办公室。按照指示，切尔尼亚科夫立即着手制作统计调查问卷。接下来，他每一天都要与纳粹军官见面，每次被传唤时，切尔尼亚科夫都得接受几乎没有商量余地的要求与指令，而且一次比一次过分。1939年10月7日，关于统计数据的问题再次被提及。1939年10月12日，切尔尼亚科夫在一次会议上向党卫军提及了许多问题，比如犹太社区的资产、受迫劳工队伍，以及用来记录数据的表格。1939年10月13日，在与党卫军的多次会议上，切尔尼亚科夫又一次谈到德国想要的统计资料和相关表格。

快速将华沙的犹太人赶出他们的家园，并塞进一个监狱般的地方，无

---

①属于日耳曼语族，大部分使用者为犹太人。"意第绪"一词本身可用于代表犹太人，或德国犹太人。——译者注

疑是一项浩大的工程，这需要纳粹分子进行详细规划。纳粹分子指派"庭院指挥官"（Courtyard Commandant）挨家挨户地搜集居民信息。从表面上看，这样做是为那些在供水、供电和通讯几乎全部中断的居民提供食物，而事实上，纳粹分子借此机会获得了相应的居民数据。此外，犹太居民委员会还要将华沙地区16~60岁之间的犹太人绘制成表。

目前，这项任务的进展不够迅速，调查得也不够彻底。1939年10月14日，特别行动队军官勒令华沙犹太居民委员会以区域为单位，执行一次全面的犹太人人口普查。华沙犹太居民委员会还需识别出那些已经接受洗礼，不再属于犹太社区的犹太人。纳粹分子命令切尔尼亚科夫计划并执行此次人口普查。

波兰曾于1931年执行过一次综合人口普查，所以，德国统计官员已经获取了其中的犹太人数据。此次人口普查会以"宗教"和"母语"来登记居民信息，因此，纳粹分子可以轻易估算出约有35万名犹太人居住在华沙。不过，在闪电战直指波兰心脏（即华沙）以及二战前的反犹风潮发生时，许多犹太人已逃离了华沙。柏林需要准确的数字，至于如何获得准确的数据，他们并不在意。

次日，切尔尼亚科夫在为此次任务做准备时，特别行动队官员以及出生在波兰的随行人员来到犹太区巡逻，他们开始不断虐待犹太人。这一幕就发生在切尔尼亚科夫的办公室外。这些施暴者最喜爱的项目是，突然扑向毫无防备的犹太人，当众剪掉他们的胡须。其他时候，他们会逼迫部分犹太人匍匐在地，命令另一些犹太人将趴着的犹太人当驴骑，以观看"骑驴"比赛。在犹太教的圣日（也称安息日），或者临近圣日时，纳粹分子对犹太人的暴行最为残酷。他们会将猪肉和黄油胡乱地涂抹在犹太人的嘴唇上，让其违反犹太戒律。纳粹士兵还会在一旁没完没了地拍照，以记录下欢乐时刻。当暴徒在窗外横行霸道时，切尔尼亚科夫却在埋头苦干，规划着此次人口普查的后勤工作。

1939年10月16日凌晨5点，切尔尼亚科夫着手准备后勤物资以及调查问卷。1939年10月17日，天一亮，切尔尼亚科夫便整装待发，因为这一天他要到各处参加会议，汇报自己的工作进程。其中一站是波兰统计局，而切尔尼亚科夫需要与波兰统计局的成员进行协商。1939年10月19日，波兰统计局再次举行了会议。

第二部分
第 7 章 | 统计，是死亡的前奏

　　1939 年 10 月 20 日，特别行动队的一名官员来到犹太社区中心（Jewish Community Center）。当天下午 3 点，这名官员要与切尔尼亚科夫开会。犹太居民委员会主席切尔尼亚科夫认为会议地点是在秘密警察总局，因此，在这名官员来到犹太社区中心时，切尔尼亚科夫就已经在秘密警察总局。不知是谁弄错了地点，但这名官员最终威胁切尔尼亚科夫说，如果他不能赶紧回到犹太社区中心，就要他好看。下午 5 点，切尔尼亚科夫又被叫去开会，这一次是和党卫军，不过，对方同样让他重述人口普查计划。考虑到同时有好几个相互竞争的纳粹机关占领华沙，党卫军决定让自己的团队来发布人口普查公告。

　　1939 年 10 月 21 日，从中午到下午 2 点，切尔尼亚科夫一直在与波兰统计局的人员开会；之后，从下午 3 点到下午 6 点，切尔尼亚科夫又和党卫军开会，以敲定人口普查计划。在第二场会议中，切尔尼亚科夫试图将这次统计行动推迟到 1939 年 11 月 3 日，但纳粹分子等不了这么久。随后，切尔尼亚科夫又要和另一名官员开会，而这次漫长的会议让切尔尼亚科夫倍感压力，最终，会议决定让切尔尼亚科夫在 10 月 28 日前执行人口普查，而且普查费用得从犹太人的口袋里掏。时间紧迫，切尔尼亚科夫根本来不及调用人口普查员。于是，犹太人便被要求到当地指定的人口普查点填写相关表格。切尔尼亚科夫被派往货币管制办事处，在那里，工作人员解冻了犹太人的部分账户，用来支付人口普查的费用，如打印调查问卷的成本等。随后，切尔尼亚科夫在匆忙和一名印刷商见面后，又急忙前往印刷厂，以确定德国人要求的问卷的最终格式以及公告此次统计活动的海报。那天晚上，他还需要驾车到华沙的各个地方悬挂海报，以便让公民在第二天早上就能看到这一新的公告。到深夜，切尔尼亚科夫带着疲倦的身躯和郁闷的心情，默默地向上帝忏悔，终于回到了家中。他吐了。

　　第二天早上，切尔尼亚科夫继续做着准备工作，包括任命 26 名专员来审查人口普查计划是否彻底，是否可靠。党卫军需要他人服从时，总会扣押人质。如果出错，这些人就得负责。

　　1939 年 10 月 23 日，党卫军军官来到犹太社区中心，检查犹太居民委员会制定的人口普查计划是否周全。1939 年 10 月 26 日下午 1 点，切尔尼亚科夫巡查了华沙市内的所有人口普查站。第二天，切尔尼亚科夫开始做最后的准备工作，包括与 26 名普查专员协商事宜，以及处理最后的细节。

华沙犹太人哈伊姆·卡普兰（Chaim Kaplan）是一名口才极好的文人。作为教师、诗人兼新闻工作者，卡普兰在二战爆发前的几年曾去过美国和巴勒斯坦。1939年10月21日，卡普兰在日记中写道："不久前，我曾说我们的未来将一片黑暗。现在，我发现自己错了，我们的未来逐渐变得明朗起来。"他补充道："公正的审判者祝福你。"这是一句传统的祈祷语，在葬礼上或听到有人逝世时，人们就会念这句话。

卡普兰目睹了拉比被人暴打，胡子被人剪掉；也目睹过年迈的妇女被人用马鞭套住下颌拖着走。无辜的人被迫在桌子跳舞，一连几个小时。在人口普查正式启动的这一天，卡普兰写道："这群人肯定是精神病患或虐待狂，因为正常人做不出这种令人发指的举动……他们说，执行人口普查是为了收集数据以便管理。这说来轻巧，实则是一个大灾难……我们确信他们执行此次人口普查是为了驱逐'非生产元素'。现在，我们中的很多人都被视为'非生产元素'……我们被困在网中，注定要毁灭。"

对此次人口普查感到恐惧的不只是卡普兰一人。很多人都向切尔尼亚科夫问起这次统计活动的目的。深受《塔木德》①（Talmudic）影响的犹太社群（当时已所剩无几）深知"人口普查"在犹太人历史上象征着不幸。《圣经》也教诲，除非上帝明确下定指令，否则人口普查活动就是邪恶的，因为这会让敌人知悉你的力量所在：

>编年史第1卷第21条：为了对抗以色列，撒旦鼓动大卫执行人口普查来统计以色列人……在上帝看来，这一指令也是邪恶的……然后大卫对上帝说："做出这种事，我罪孽深重。我恳求您带走您仆人身上的罪恶。我做出了愚蠢至极之事。"

1938年10月28日，对生活在华沙的犹太人而言，世界停止了转动。因为在这一天，他们要接受人口普查。这一天，成千上万张调查表格被送到犹太社区中心。负责送表格的一般是犹太人住所的大楼管理人。

大约在48小时后，所有的表格就已填写完毕，这近乎神速。1939年10月31日，切尔尼亚科夫从统计结果中得知，华沙大约有36万名犹太人，

---

① 犹太古代法典，地位仅次于《圣经》。该书主体部分成书于2世纪末至6世纪初，为当时犹太教有关律法条例、传统习俗、祭祀礼仪的论著和注疏的汇集。——译者注

具体数字是 359 827。不仅如此，统计结果还全方位揭露了犹太人人口的具体组成，其中，0～15 岁：男性 46 172 人，女性 45 439 人；16～59 岁：男性 104 273 人，女性 131 784 人；60 岁及以上：男性 13 325 人，女性 16 933 人；待定：男性 537 人，女性 1 364 人。在职人员有 155 825 人，其中技工有 73 435 人；无业者，包括婴儿和病弱者，有 204 002 人。德国通过对比此次统计结果和此前地方当局颁发的技工许可证数目，得知了无证操作的技工人数。

次日，切尔尼亚科夫收到通知，要在两周内上交一份完整的人口普查报告。1939 年 11 月 2 日，当工作人员忙着埋掉那些因环境肮脏而染上斑疹伤寒症的患者，以及那些因患痢疾而死的大批受害者时，切尔尼亚科夫正在处理账目，他发现自己并不能完全付清此次人口普查的附加费用。

1939 年 11 月 20 日，人口普查的所有事项都已完成，纳粹分子计划着扩大犹太区，将其范围延伸到早已拥挤不堪的奈拉斯奇区边界。奈拉斯奇区边界上的告示写道："小心！流行病，禁止进入。"现在，纳粹分子已准备好夺取犹太人的财产了。不过，他们还想找出受洗犹太人的数据，这是切尔尼亚科夫需要解决的问题。1939 年 12 月 6 日，切尔尼亚科夫上交了一份改信基督教的犹太人名单。1939 年 12 月 9 日，纳粹当局将华沙犹太人数量改成 36.6 万人，这新增的 6 000 人明显就是所谓的"种族犹太人"。

第三帝国知晓了管辖范围内犹太人的具体数量，也清楚了需要分配多少食物（每人每日允许摄取的热量低至 184 卡路里）。现在，他们可以将华沙混合区（Mixed Districts）中的犹太人以及从附近村落中找出的犹太人合并起来。卡车陆续到来，绣着大卫之星的白色臂章也分发下来。根据规定，无论老少，所有犹太人都必须将臂章佩戴在手肘上，因为这样才比较显眼。华沙－马基尼亚铁路正好经过这块犹太区。这一切都遵循着海德里希在 1939 年 9 月 21 日写下的那份备忘录。很快，犹太区就被带刺的铁丝网圈起来。最后，一堵坚实的墙壁平地而起，将犹太区的居民与外界隔离。不久后，火车站将会成为犹太区里最令人害怕的地方。

在华沙，甚至在整个波兰，纳粹分子对犹太人统计数据的量化与系统化程度令人惊叹，那近乎是个难以置信的壮举。受害者处境恶劣，与外界隔绝，没人能弄清纳粹分子是如何在短短的 48 小时内，将 36 万人的交互索引信息绘制成表的。

不过有一点众所周知：第三帝国用来制表的工具只有一个，那就是德霍梅格的霍尔瑞斯系统。此外，IBM 也来到了波兰，将总部设于华沙。事实上，穿孔卡的印刷厂离华沙犹太区——里曼尔斯卡街 6 号，仅数码之远。就是这个印刷厂生产出了 2 000 万张穿孔卡。

IBM 波兰计划

直到 1934 年，沃森才真正打算占领波兰市场。原因在于，鲍尔斯记账机公司侵占了 IBM 在波兰市场中的业务，这是沃森无法忍受的。

希特勒上台前，IBM 在波兰并没有多少潜在的穿孔卡客户，甚至未在波兰成立子公司。在波兰，代表 IBM 的只是一个名叫布洛克－布朗代理公司（Block-Brun Agency）的独立机构。在这个不受 IBM 控制的市场里，处于困境之中的鲍尔斯记账机公司不断搜寻着客户。也正因如此，鲍尔斯记账机公司得以自由经营业务。1934 年，鲍尔斯记账机公司经过努力，终于说服波兰邮政局放弃使用霍尔瑞斯机器，转用鲍尔斯生产的同类型设备。

正如帕特森认为所有收款机业务都"属于"NCR 一样，沃森也认为所有穿孔卡业务都"属于"IBM。因此，IBM 在失去波兰邮政局这个客户时，沃森就立马出手了。首先，沃森建立了一个名叫"波兰霍尔瑞斯"的成熟子公司来取代原先的布洛克－布朗代理公司。但是，该由谁来运作这家新子公司？沃森心中的人选是 J.W. 斯科特。

J.W. 斯科特于 1896 年出生在阿姆斯特丹，差不多在同一时间，赫尔曼·霍尔瑞斯成立了制表机公司。J.W. 斯科特适合管理 IBM 穿孔卡的国际业务，他拥有土木工程学背景，也曾服过兵役；他能讲一口流利的荷兰语、法语和德语，也能讲些罗马尼亚语和马来语；他曾游遍欧洲，在商界和政界都有广阔的人脉；他在荷兰驻明斯特（德国）领事馆工作过一段时间，之后又依次受雇于纽约、旧金山和东印度群岛等地的荷兰进出口公司；他了解制造业，曾在比利时管理过一家工厂。此外，斯科特适合这项工作的另一个原因是，他是鲍尔斯记账机公司欧洲区的销售经理。就是斯科特将鲍尔斯记账机公司的机器卖给了波兰邮政局。

在鲍尔斯记账机公司内部，斯科特步步高升，从美国子公司的工厂巡查员一路升为鲍尔斯记账机公司在全欧洲的维修监督员和指导员。作为强悍的销售对手，斯科特灵巧地经营着鲍尔斯记账机公司在巴黎、日内瓦和柏林的办事处。最重要的是，他了解鲍尔斯记账机公司在欧洲大陆的所有客户和潜在客户。

在1934年还发生了另一件事。德霍梅格在德国彻底压榨了鲍尔斯记账机公司，包括起诉鲍尔斯记账机公司伪装成"雅利安企业"，斯科特无奈承认"无处可走，只能退出"。在斯科特回到纽约后，他约见了IBM纽约总部海外贸易部主管J.T.威尔逊，希望能成为IBM的欧洲代表，以挽救自己的职业生涯。对此，威尔逊有些犹豫。虽然斯科特带来了鲍尔斯记账机公司的大量内部消息，但不可否认的是，他在很长一段时间里都是IBM的竞争对手。于是，威尔逊决定只暂时雇用斯科特，随后又打电报向各个IBM子公司寻求意见，以确定是否长期雇用他。

IBM子公司的领导人对此事十分冷淡。例如，海丁格尔直接否决了这一提议，并将斯科特称为"无耻的削价者"。IBM日内瓦办事处对斯科特也不感兴趣，但沃森不这么认为，他觉得斯科特正是IBM在"新欧洲"需要的人。沃森在办公室召开了一次会议，并画出一张图来解释IBM在欧洲的规划。这张图让斯科特兴奋不已，因为他在这一规划中扮演着重要的角色。会议结束后，斯科特走到沃森办公室的门口，带着一副被人们形容为"敬畏"和"走出了愁云"的神情。但他的兴奋还是打了一些折扣，因为沃森突然宣布："斯科特先生，IBM是否会雇用您，取决于您能否将IBM的机器再次卖给波兰邮政局。"

斯科特乘船回到欧洲，按照沃森的要求，说服波兰用回霍尔瑞斯机器。这标志着沃森又再一次打进波兰市场。

希特勒也觊觎着波兰。长久以来，纳粹分子都想要占领波兰领土，让波兰人民沦为次等公民，并毁灭波兰境内300多万名犹太居民，这是欧洲最大的犹太群体。此外，第三帝国计划抢夺波兰的重要自然资源和工业资源，包括木材、焦炭、煤和上西里西亚出产的钢铁。上西里西亚紧邻苏台德地区，有许多德裔人居住在这里。为此，希特勒认为这块土地就是德国的领土。

1935年，即《纽伦堡法案》生效的那一年，波兰霍尔瑞斯公司在华沙建立了一家穿孔卡服务局。次年，IBM在上西里西亚的卡托维兹市开办了第二家波兰办事处，随后在华沙修建了一座穿孔卡印刷厂，每年向客户提供 3 600 万张穿孔卡。1937 年，波兰霍尔瑞斯公司和波兰铁道部签下合约，同年，IBM 将波兰霍尔瑞斯公司更名为"沃森商业机器波兰责任有限公司"，并任命一名拥有波兰血统的 IBM 推销员雅努什·扎波罗斯基（Janusz Zaporski）为公司的临时管理者。颇为可笑的是，尽管 IBM 出于一贯作风完全控制着这家子公司，但沃森没用"IBM"来登记股份归属，而是用上了多位日内瓦管理者的名字，他们是 IBM 欧洲区总经理约翰·E. 霍尔特、IBM 日内瓦审计员 J.C. 米尔纳以及一名波兰公民，这名波兰公民名下只有价值 200 美元的象征性股份。当时，IBM 在波兰的客户只有 25 个。不过，其客户名单包括了波兰境内一些最重要的工业巨头，比如贝登炼钢厂[①]。更重要的是，当时该子公司已经开始管理波兰的铁路货车和机车，还能通过邮政局掌握波兰境内的每一位犹太人的地址。

　　1939 年 9 月，希特勒入侵波兰后，IBM 纽约将油水丰厚的上西里西亚工业区市场交给了德霍梅格，并与德霍梅格协商如何处置那里的机器。紧接着，沃森将波兰子公司重新注册为德国企业，还起了个德语名字——Watson Büromaschinen GmbH[②]，即沃森办公设备责任有限公司。这样，沃森就可以将波兰子公司重塑成一家"雅利安"企业。新子公司将办事处从饱受战争践踏的波兰搬到了克罗伊茨 23 号，并任命了一位德国管理员——亚历山大·冯·德恩（Alexander von Dehn）。冯·德恩只负责管理波兰剩余领土上的市场，也就是已被德国征服但并未并入德国的波兰领土——希特勒口中的"波兰总督府"。在这里，冯·德恩只剩下两名客户，其他客户都已消失，因为原属波兰的基础设施如今都归德国人所有。

　　不过，波兰子公司在顺应战争的变化做出调整后，竟在残暴的纳粹政权下昌盛了好几年。德国军方的穿孔卡机构一直在变动，最后定名为简称 MB。通过 MB，IBM 的德国子公司和波兰子公司或单独，或协力来为纳粹分子服务。MB 在波兰的波兹南、克拉科夫、什切青、但泽等地设立办事处，每个办事处一般都配有 1 台字母制表机与复印机、10 台字母穿孔机与校样机、8 台磁性穿孔机与校样机、1 台带有总计功能的 D-11 制表机以及 2～3 台分类机。此外，每个办事处通常会雇用几十名员工，由 1～2 名德国国

---

① 位于波兰卡托维兹地区，是波兰境内主要的炼钢厂。——译者注
② 其中的"GmbH"为 Gesellschaft mit beschraenkter Haftung 的缩写，是德国、奥地利、瑞士等国家的一种公司组织形式，类似于美国的有限责任公司。——译者注

防军军官和 1～2 名霍尔瑞斯专家监管。MB 所有办事处的人员培训、机器租赁、特制穿孔卡和程序的设计，都由德霍梅格亲自负责。MB 的项目众多，甚至包括马匹普查（Horse Census）。后者旨在统计波兰境内所有马匹和骡子的数量，因为马匹和骡子可以在严冬中帮德国从波兰运送物资，比如煤。马匹普查于 1940 年春执行，IBM 日内瓦办事处的高管对此感到十分自豪，在给 IBM 华盛顿办事处发送特别报告以描述各个欧洲子公司如何大发战争财时，他们就提到了此项目。

纳粹分子肆虐波兰期间，"推诿搪塞"仍是 IBM 的重要手段。IBM 纽约总部继续通过中间人、名义持有人和日内瓦管理人员来运营公司。它总有理由推说自己对子公司在波兰的行动毫不知情。事实上，也没有文件能证明 IBM 在背后运作。

例如，IBM 波兰子公司在华沙商业银行注册了一个编号为"4B"的账户，这实际上就是受日内瓦控制的 IBM 账户。某位管理人员后来描述道："这样一来，IBM 的账户同时也是波兰子公司的商业资本，因为冯·德恩先生有权从账户中提取资金以投资波兰子公司。"德国侵入波兰后，尽管华沙市内发生了许多令人毛骨悚然的事，但 IBM 仍严格控制着这个账户。1940 年 2 月 10 日，IBM 给了冯·德恩一份书面授权，批准他收取客户的付款，这意味着，"收取"付款的是冯·德恩，而不是 IBM。但事实上，真正的指令是：冯·德恩在"收取"付款后，须"扣除必要的管理资金"，再将剩余的部分存入 IBM 的账户中。当然，这一指令由 IBM 口头下达。

1940 年夏，希特勒已入侵多个欧洲国家，也封锁了华沙犹太区。此时，沃森正设法保证波兰子公司能正常运营。1940 年 7 月 29 日，IBM 日内瓦办事处的要员 P. 泰勒（P. Taylor）在给冯·德恩的信中转达了沃森的指示：由于德国入侵波兰后颁布的经济法令和劳工限令导致员工没能拿到 1939 年的圣诞节奖金，因此沃森决定，所有在德国入侵前加入波兰子公司的人，只要是已婚男士，都可以获得家庭补助，补助金由公司账户支付。符合条件的员工能获得相当于 2 个月工资的补助，而这笔资金是以"贷款"的名义登记的。正如某位管理人员解释，为了做出"贷款"的样子，员工每个月都只会收到极少的薪资。

冯·德恩同样享受了这次福利，这论证了 IBM 的信条：关怀公司的人。即便是在战争时期，这种资助也能提高员工对公司的忠诚度。此外，IBM

还批准员工通过贷款购买食品。不久，贷款政策也润泽了未婚人士。此前，沃森在其他欧洲国家也启动过类似的员工贷款项目。最终，这次项目花费了13.5万兹罗提，约合2.7万美元。此外，IBM日内瓦办事处还向受战争连累的供应商提供小额贷款，总金额达8000兹罗提。

IBM的设备遍布波兰总督府，其中包括德军带进波兰的2台字母制表机及辅助机器。德霍梅格将设备租给波兰客户，租金的25%归德霍梅格所有，余下的75%则归沃森办公设备责任有限公司所有。该公司为数不多的客户分别是波兰铁道部和克拉科夫统计局。

IBM波兰子公司在波兰使用的设备是在美国投保的。1940年，鉴于二战已经爆发，冯·德恩请求IBM提高投保金。由于这一举措涉及各种文件，所以被IBM拒绝了。

IBM在波兰扩大商业规模时，将曾经的代理机构布洛克-布朗代理公司几乎彻底排除在外。为此，布洛克-布朗代理公司转投鲍尔斯记账机公司。然而，鲍尔斯记账机公司只是IBM在穿孔卡领域仅存的小对手，其业务规模简直微不足道。因此，布洛克-布朗代理公司又渴望成为IBM的第三方，作为当地供应商来销售IBM设备的控制配件。最终，布洛克-布朗代理公司和IBM谈妥了此事。之后，有一名行政人员试图找出相关的书面合同，却以失败告终，因为双方达成的合作关系似乎只是一种口头协议。根据模糊不清的协定，IBM同意让布洛克-布朗代理公司销售IBM设备的控制配件，不过布洛克-布朗代理公司得向波兰子公司购买这批进口商品，并承担销售风险。这些零部件并非由德霍梅格售往波兰，而是由纽约总部或欧洲直接销售到波兰，IBM想让布洛克-布朗代理公司支付进口费。布洛克-布朗代理公司只要下了订单，拥有了机器的所有权，那么，IBM就不再承担其他责任。不过，IBM准许布洛克-布朗代理公司在卖掉商品后，再将相应的费用汇入IBM在华沙商业银行（Bank Handlowy）的账户，汇款日期通常是在布洛克-布朗代理公司拿到发票后的6~15个月内。纳粹入侵波兰后的数年里，IBM一直都在收取这笔费用。

布洛克-布朗代理公司代表IBM出售配件，不过这种销售活动经常被错写成"寄售"①（Consignment）。这意味着，直到售出前，IBM都拥有

---

① 委托代售的一种贸易方式，区别于代理销售。它是指委托方先将货物运往寄售地，再由代销方销售，由代销人向货主结算货款的一种贸易方式。——译者注

这些配件，且需要立刻向政府交税，并承担战争引发的所有风险。但是，IBM并不愿意按照"寄售"的方式来承担责任。例如，1939年，一批价值12 134美元的货物严重受损，于是布洛克-布朗代理公司与IBM协商，希望IBM能收回这批配件，然而直到数年以后，IBM才同意通过瑞典办事处将之收回。因为战争，这批机器并没有被送回纽约。

纳粹德国入侵波兰后，IBM继续在里马斯卡大街6号印制穿孔卡。这家工厂只雇用了两名员工来操作3台印刷机和1台切纸机，印刷用纸则从德国购买。据统计，在纳粹德国占领波兰期间，这家印刷厂每年印刷的穿孔卡多达1 000万张。

1939年，里马斯卡大街6号位于一条林荫小道旁，正对面的广场喷泉距离当时的犹太人集居地仅几码，至1940年，这片集居地成为华沙犹太区的一部分。长久以来，这条街满是犹太风情。1928年，在IBM还没入驻时，里马斯卡大街6号曾举行犹太艺术沙龙，这里曾是希尔斯菲尔德①（Hirszfeld）兄弟的住所。除了一家画廊，这条街最为人所知的地方就是多家印刷店了。例如，里马斯卡大街8号就是一家印刷店，而数门之隔也有一家印刷店——联合印刷店。不过，当纳粹分子占领这条街后，雅利安或波兰公司便没收了犹太人的财产。1940年，华沙犹太区外筑起了围墙，在经过多次调整后，其边界正好切过里马斯卡大街。但奇怪的是，这条边界绕过了印刷店，最终形成了一个U字形。里马斯卡大街1~5号，以及里马斯卡大街11~20号属于华沙犹太区，而里马斯卡大街6号和其他几个印刷店则不属于华沙犹太区。因此，在很大程度上，印刷穿孔卡的工作并没有受到影响。

类似于华沙人口普查的统计活动开始在波兰各地的犹太区展开。在纳粹分子的无情压迫下，犹太居民委员会持续不断地统计着人口，保存了大量卡片数据。但这些重要的统计数据还不是最终结果，它们仍需获得犹太区大墙之外那些设备完整的统计局的批准。后来，犹太区内部也建起了运转周密的统计部门。有时，这些统计部门还须发布自己的统计年鉴。例如在1940年，波兰南部的琴斯托霍瓦犹太区统计部门就公开了3份统计简报，总计近400页，详细分析了人口数据及其生存情况。

---

① 波兰微生物学家，曾在华沙建立路德维克沙希尔斯菲尔德研究所，是ABO血型系统遗传性的发现者之一。——译者注

波兰并不是第三帝国实行统计计划的唯一焦点。1939 年，纳粹德国在布拉格建立了一家统计局，旨在统计分析波希米亚和摩拉维亚保护国的人口。此外，上西里西亚和瓦尔塔河地区也建起了数据服务机构，而这两个地区的管理权已由 IBM 转交给了德霍梅格。

1939 年，当纳粹德国入侵波兰后，帝国保安部首领海德里希于 9 月 21 日发出了一封重要的快信。随后，他又立即给占领了波兰、上西里西亚和捷克斯洛伐克的德国军队发去电报，概述了如何在 1939 年 12 月 17 日执行人口普查。海德里希指出，这次人口普查会把"识别和归类"上升到"驱逐和处决"，因为大量人口已迁入波兰犹太区，是时候计划下一步了。

海德里希写下备忘录，题为《东部新省份的人口撤离》(*Evacuation of the New Eastern Provinces*)，他在其中下了一道命令："秘密警察负责转移东部新省份的波兰人和犹太人……人口普查文件是此次行动的依据。新省份的所有人都须带有一份普查表格充当临时身份证，只有拥有这种身份证的人才可以留下来。因此，所有人在被驱逐之前，必须交出这张临时身份证……一旦发现那些没有临时身份证的人，应当立刻处决……这次普查活动计划在 1939 年 12 月 17 日执行。"

仅在瓦尔塔河地区，就有超过 50 万人被驱逐出境。海德里希指出："德国和波兰方面提供的统计信息（人口普查表等）、安全警察和保安部的调查结果……这些资料将构成驱逐活动的基础。"

在 1939 年 12 月 17 日的人口普查完成后，纳粹分子需要多少时间来量化统计结果，进而将东欧多个地区的数百万人口驱逐出境？海德里希十分信赖霍尔瑞斯机器的闪电速度，因此，他信誓旦旦地说："这意味着我们要在 1940 年 1 月 1 日左右开始这场大型的驱逐活动。"

最后，这次人口普查从 1939 年 12 月 17 日持续到 1939 年 12 月 23 日。年满 12 岁的人都需要填写统计登记表，一式两份，并按上手印。其中一份表格会盖上章，由填表者保管，充当临时身份证。没有这张表，人们将遭到枪杀；而有了这张表，他们就会活着被驱逐出境。

对 IBM 德国子公司而言，12 月既是一个繁忙的月份，也是一个收益丰厚的月份。在德国国境内以及德占区，德霍梅格发疯似的加快步伐，以进行永无止境的人口与财产普查、登记和分析。此外，德霍梅格还要提供设备来协助德国开展军事行动，帮助相关机构维修机器、处理卡片。为满足客户需求，德霍梅格每周要印刷几百万张穿孔卡。因此，我们不难理解，为何罗特克在沃森拒绝将字母制表机转移到德国时会突然变得愤怒不堪。不过现在，所有的不愉快都烟消云散了。

> 1939 年 12 月 6 日
> 托马斯·J. 沃森先生，董事长
> IBM
> 麦迪逊大街 590 号
> 美国纽约
>
> 亲爱的沃森先生：
> 　　圣诞节渐近，我想向您和您的家人献上最真切的祝福，祝愿你们圣诞节快乐。我的太太和两个儿子也表达了他们最真诚的祝福。借此机会，我想再次衷心感谢您，感谢您在过去这一年里对我提出的要求表现出的体谅。我希望欧洲国家所遭遇的困难时期不会持续太久。我和我的家人都身体健康，我相信您和您的家人肯定也是如此。
> 　　致上最美好的问候。
>
> 　　　　　　　　　　　　　　　　　　　您诚挚的朋友
> 　　　　　　　　　　　　　　　　　　　赫尔曼·罗特克

1940 年早期，IBM 日内瓦向沃森递交了德霍梅格 1939 年的利润清单。较之 1938 年，德霍梅格 1939 年的利润额几乎翻了两倍。即便将所有专利费的收入以及其他隐性收入排除在外，这笔钱也高达 3 395 721 马克。这份利润清单还显示，其中近一半的利润，即 180 万马克，都是在 12 月获得的。

与希特勒结成的战略联盟为 IBM 带来了持续收益，无论是在城镇，还是在犹太区。而 IBM 设备也将在欧洲地区的铁道部和集中营中展现出特殊的价值。很快，犹太人就会变成霍尔瑞斯机器里的数字。

第 8 章

战时投机：IBM 退居幕后

在 1940 年的头几个月中，希特勒的军队不断挺进欧洲各国。第三帝国的军队利用空前绝后的军事机器屠杀了所有反对派。"闪电战"不只是一个新词，它还意味着希特勒军队的迅猛攻击将会导致无数人死亡。大规模空袭、大型海上袭击和由 10 万人部队发动的地面进攻即将来袭。已没有什么可以阻挡纳粹德国了。

沃森的"和平"宣言

纳粹欧洲，以及以柏林为中心的世界新秩序慢慢变成现实。1938 年 3 月，纳粹德国吞并奥地利；1938 年 10 月，纳粹德国控制苏台德地区；1939 年 3 月，纳粹德国分割捷克斯洛伐克，得到了立陶宛割让的梅默尔地区；1939 年 9 月，纳粹德国侵占波兰。截至 1940 年 1 月，已有近 4 200 万人处于德国的野蛮统治之下。疾病、饥饿、支离破碎的生活和恐惧已成为欧洲大陆上的残酷现实。

即使是避难所，也容不下犹太人。他们瑟缩在避难所里，却在不知不觉中陷入了熟悉的噩梦——人口登记、没收财产和强迫性集中居住。每当"卐"字旗在纳粹德国新占领的地区展开时，反犹法令就会立马出台。还未被德国征服的东欧国家纷纷效仿罗马尼亚、匈牙利和意大利这些德国的支持者和代理者，服从柏林的指令，开始消灭国内的犹太人。

随着寒冬消退，第三帝国准备展开新一轮的侵略行动。1940年春，纳粹德国开始分割位于斯堪的纳维亚半岛①和低地国家②。1940年4月9日，德国国防军入侵丹麦和挪威。几天后，疆域狭小的卢森堡也沦陷了。1940年5月15日，德国粉碎荷兰大军，迫使荷兰全面投降。1940年5月28日，比利时投降。仅仅两个月，德国奴役的欧洲人口增至6 500万。

整个欧洲的城市都在废墟中燃烧着。华沙被严重摧毁，一片狼藉。1940年5月14日，鹿特丹在投降后仍遭到了无情的炮轰。对此，柏林宣传家解释说，荷兰官员宣布投降时已经超过最后期限约20分钟。纳粹德国精心制作了一段新闻短片，让数位摄影师乘坐降落伞，拍下了当时几乎完全陷于火海的鹿特丹。此外，纳粹德国还出动几百架战机，轰炸了布鲁塞尔和安特卫普的机场。

在纳粹分子霸占了欧洲各地的火车站后，便将抢来的煤炭、废弃金属、食物、机械等柏林渴求的必需品运回德国。当火车不用运输原材料或军队时，就会将劳工运送到需要他们的地方，或将犹太人送往集中营。

报纸、电视和广播电台都在报道纳粹德国的大屠杀、组织性掠夺和入侵事件。媒体在头版头条和专题文章中大力谴责纳粹德国，称它是杀人不眨眼的野蛮国家，根本不在乎会有多少人惨死，一心只想毁灭并占领欧洲。1940年4月2日，波兰共和国流亡政府③（Poland's Exile Government）宣布，除了有100万囚犯和受迫劳工被送往德国各地从事劳动，还有250万人因军事行动、处决行动及饥寒交迫而死去。《纽约时报》言过其实地报道了德国在1940年5月10—14日期间对荷兰的入侵，声称纳粹德国摧毁了1/4荷兰军队，死亡士兵数超过10万（实际人数是2 200人）。

此外，依据希特勒的压迫性政策，数百万犹太人已被明确地指定为"死亡"。1939年11月，《纽约时报》发布从巴黎发回的报告，称有150万名困在波兰的犹太人正面临着被饿死的危机。1940年1月21日，世界犹太

---

① 欧洲最大的半岛，包括挪威和瑞典及芬兰北端一部分。——译者注
② 位于欧洲西北沿海地区，是荷兰、比利时、卢森堡三国统称。——译者注
③ 指第二次世界大战时，被德国与苏联占领后的波兰政府。其长驻英国伦敦，领导波兰人民进行抗战活动。——译者注

人大会①（World Jewish Congress）主席纳胡姆·古德曼（Nahum Goldmann）向1 000名芝加哥群众和多名新闻通讯社记者发出警示：若战争再持续1年，将有100万名波兰犹太人会被饿死或杀死。当时，世界各大媒体都在报道惨无人道的犹太人迫害活动和令人惊骇的集中营实况，然而，这些被公布出来的可怕行径只是纳粹德国实施的一小部分。

舆论界在报道犹太人所遭受的迫害时，总会将持续不断的登记和普查视为纳粹德国的第一步。但是，人口普查所涉及的方法、技术，以及IBM在其中扮演的角色还隐藏在公众的视野之外。不过，某些细节已初现端倪。例如1940年3月2日，《纽约时报》刊登《克拉科夫的犹太人迁往犹太区》(Jews in Cracow Move to Ghettos) 一文，描述了8万犹太人如何被驱赶到资源匮乏的肮脏市区，挤在狭窄的房子里。报道称："标有蓝色大卫之星的白色臂章随处可见，政府下令所有犹太人都必须佩戴这种臂章……（这表明）他们的信息已被登记到政府的卡片档案中。"

除非有万分的把握，否则沃森绝不会公开为希特勒的行动做辩护。对于纳粹支持者或合作者，甚至看起来是纳粹支持者或合作者的人，大多数美国人都无法容忍。所以，沃森延续了自水晶之夜以来的做法，即在表面上与在德所有子公司的业务保持一定距离，但在私底下，他仍会监管子公司的运作。现在，沃森更频繁地通过他信任的中间人来向欧洲子公司传递信息了，这些中间人遍布欧洲各地。沃森会让律师和雇员担任名义持有人，以此控制欧洲子公司的运营，就像他在捷克斯洛伐克和波兰所做的一样。

1940年5月，美国意识到它与希特勒的战争已不可避免，因此做起了作战准备。同一时间，沃森开始塑造自己的公众形象，热烈地呼吁和平，反对战争。

1940年5月4日，沃森对记者说："今天，世界和平是各国人民最希望得到的，也是最有价值的一大理想。这个理想不能让一小帮散落在世界各地的群体所售卖。然而，若要实现这个理想，我们需要一个由饱含热情、奋发向上的个体组成的世界性组织，来向全世界传递和平福音。"在这次讲话中，沃森就将IBM宣传成这样一个世界性组织。

4天后，即1940年5月8日，沃森向记者透露，IBM在纽约恩迪科特

---

① 是一个旨在为犹太人争取权益的国际性组织，代表着全球100个国家和地区的犹太社区和机构。——译者注

开设的最新课程将用于培训来自 24 个不同国家的 IBM 销售代表,以此让学生们通过国际贸易为世界和平事业做出贡献。

沃森对和平的呼吁似乎永无止境。1940 年 5 月 13 日,IBM 在纽约世界博览会上宣布,将 1940 年 5 月 13 日正式定为"IBM 日"。"IBM 日"是一场精心设计的盛宴。为此,IBM 包租了几十列火车,载着 7 000 名 IBM 员工和他们的妻子,从全美各地的 IBM 工厂来到纽约参观 IBM 展览馆。每位 IBM 员工都佩戴着红丝带,以表示与 IBM 团结一致。此外,有 2 000 名幸运儿被选中到华道夫-阿斯多里亚酒店[①](Waldorf-Astoria Hotel)享用豪华晚餐。和往常一样,罗斯福总统和纽约市长等重要政客也祝贺了 IBM。为了突出戏剧性,沃森委托一支管弦乐队为 IBM 创作了一首交响曲,旨在歌颂这家公司令人振奋的精神。

然而,让"IBM 日"达到高潮的还是沃森的"和平"演讲。在弧形美国展馆前,沃森向聚集在巨大的"和平法院"里的 3 万名特邀嘉宾做演讲。互动广播公司在全国各地报道了这次活动。

"和平"就是沃森想要传达的信息。每当逮到机会,他就会宣称战争是错误的,除了能证明国家的军事实力,便再无其他意义,而且还会白白牺牲人民的性命,浪费宝贵的资源。沃森指出,在解决各国所面临的问题时,战争实际上是最糟糕的手段,所有能够正确思考的人都应该远离战争。作为卡内基国际和平基金会[②](Carnegie Endowment for International Peace)的负责人,沃森四处宣传自己的核心信条:"国际贸易通往世界和平。"在大众眼中,沃森必定是一个和平捍卫者和冲突反对者,但具有讽刺意味的是,沃森和 IBM 恰恰是战争掠夺者。

硝烟下的信息战

当沃森在四处宣讲和平的必要性时,IBM 则在为其取得的成就兴奋不已。这些成就彻底改变了参战国的战事,不仅是第三帝国,连同轴心国以及那些未被希特勒征服的欧洲国家也是如此。1940 年春,IBM 欧洲区总经理 J.W. 斯科特从 IBM 日内瓦办事处给美国的 IBM 高管发去一份机密报告。

---

① 位于纽约曼哈顿中城的豪华酒店。启用于1931年,现属希尔顿酒店。——译者注
② 建于1910年,研究范围包括非洲政策、世界安全、全球经济、环境能源等。——译者注

斯科特的报告不仅描述了德霍梅格的行动，也陈述了 20 多家欧洲子公司和代理机构的运营情况，这些分支机构都与纽约总部紧密相连。

斯科特这份饱含激情的机密报告名为《我们与欧洲各国战争部的往来》（*Our Dealings with War Ministries in Europe*）。他在开篇写道："大约在一年半前（临近 1938 年的水晶之夜），位于日内瓦的 IBM 欧洲总部与 24 个国家的战争部进行协商，然而，并没有取得很大的成功。这是由多方面因素引起的，但主要还是因为军事界认为，对国家防御而言，行政管理是一件不重要但不得不做的事。"

斯科特还在机密报告中透露，IBM 最终获取了能接触到敏感的军事项目的内部渠道，因此，IBM 工程师得以设计出合适的穿孔卡应用程序供战事使用。斯科特解释说："在过去的几年里，欧洲军人一直不愿意将他们的问题和计划透露给平民，但我们一直忽略了一个事实，那就是，知道存在哪些问题并使用哪套系统是一回事，知道这套系统需要使用哪些数据则是另外一回事。"因此，斯科特对以下两件事情作了一个明确的理论区分。第一件事情是：IBM 获得了哪些军事行动的具体细节，比如需要统计的人数或德国的炮轰计划；第二件事情是：如何根据这些信息做出行动。

斯科特称，1938 年底，德国军方对霍尔瑞斯系统的态度发生了巨大转变。"当时，德国需要执行一次行动……目的是为组织第二战线做准备。"斯科特详细说明道，"军事文献和媒体称，在后方以闪电速度执行一次完整的、涵盖生活各方面的行动的重要性和必要性……已经显示出来。我们宣称多年却无果的事情突然间就实现了。"

斯科特还在报告中说明，只有 IBM 主动出击，那群军国主义者才会理解霍尔瑞斯系统能够创造怎样的奇迹。他指明："IBM 的代表为各个国家的军事参谋开设讲座，以便他们了解穿孔卡系统如何使用。我们的人员也开始研究一些日后会派上用场的应用程序……不过，计划进展得十分缓慢，直到八九个月前（1939 年夏），欧洲局势逐渐严峻起来时，欧洲军人才意识到战争似乎不可避免。于是，我们的计划才顺利展开。"

1939 年夏以来，IBM 将设备租给交战双方，不断增加利润。斯科特说："南斯拉夫、罗马尼亚、匈牙利、波兰、瑞典、荷兰和法国（这是我清楚记得的国家）的战争部向我们订购了穿孔卡设备，一部分早已经被安装，一部分安装于战争开始时，剩下的设备要么尚未安装，要么正在运输途中。"

第三帝国是 IBM 最重要的客户，给 IBM 带来持续增长的收益。不过，斯科特称自己还没掌握具体的销售数据："我们还没有得到有关德国的具体数据，但我们能确定，德国战争部使用了大量的穿孔卡设备。"斯科特补充道，在入侵波兰前后的几个月里，第三帝国开始征用大批设备。实际上，自 1937 年起，MB 已逐渐控制穿孔卡技术。斯科特写道："1939 年下半年，我们的大多数设备都已被'夺取'，用于补充那些已在运作的设备。"

一旦战争爆发，急需 IBM 设备来处理军事事务的国家就不仅限于德国了。斯科特在报告中提到，那些还未实现自动化的国家开始匆忙向他们下订单。大多数 IBM 子公司完成订单的速度远落后于客户下订单的速度（有的甚至拖延了两年），为此，多国的战争部都在催单，希望 IBM 子公司能先处理他们的订单。斯科特写道："为了尽快获得所需的机器，荷兰和法国甚至下了空白订单①（Blank Orders），预订了大批量的机器设备，虽然我们在当时还未完成对某些功能的测试，也还没生产出大批量的机器。直到 1940 年 2 月，法国战争部才真正购得一大批机器。"

斯科特澄清，在战争期间，并非所有应用程序都由战争部直接处理，有些穿孔卡设备也会被送往私人企业，不过这些设备仍由战争部使用，并归其所管。因此，虽然会有某家煤矿公司或保险公司被列在账目名单上，但相关机器仍由军方支配。这些机器要么仍放置在公司的营业场所，要么被运送到了更安全的地方。事实上，根据斯科特的报告，至 1940 年春，很多设备已被重新安置在重点保护区。

战时征兵阻碍了部分国家对穿孔卡系统的使用，也限制了穿孔卡系统的迅速推广。不过，军方官员最终豁免了重要的穿孔卡设备操作人员，并允许他们继续留在岗位上。斯科特说："这能将监督人员和不可或缺的技术人员从服兵役的痛苦中解放出来……虽然很多国家增设了大量 IBM 设备，但也面临着极大的不便，因为国家缺乏足够的专业监督人员和打孔机操作员。招聘广告在报纸上四处可见，操作员见到更高的薪资，总是从一个地方跳槽到另一个地方。为解决这个问题，我们迅速开办了培训学校，以培训出更多打孔机操作员和监督人员，当然，还有那些因年龄或身体状况而免于兵役的技术人员。"

---

① 即预先提交的订货单。通常情况下，预先定下空白订单意味着订货方比其他人更迫切需要货物。——译者注

斯科特夸耀道，欧洲的军国主义者终于认识到霍尔瑞斯系统给现代化战争带来的绝对性优势——解放人力。斯科特引用了一个典型的案例："在匈牙利，一套设备加上几个操作员就能抵过60个人。"斯科特还指出，这些机器"能全天不休。工作场所也不成问题，它们就安放在防空洞里……此外，它们具有极强的灵活性与适应性，能够处理大量数据"。

斯科特强调，最重要的是，霍尔瑞斯机器保证了处理海量记录和数据的速度，这是人工方法无法达到的速度。

斯科特的报告包含一份清单，列举了IBM为饱受战争蹂躏的欧洲军队做出的非凡贡献。霍尔瑞斯系统记录了每一位军官和军人的信息。例如，在法国，"给每位军官下达的动员指令实际上是由我们的机器印刷到穿孔卡上的"。在军工厂里，无论是军人还是平民，所有的工资单都由霍尔瑞斯机器处理。

IBM欧洲区详细记载了德国及其敌人的数据，因此，斯科特能在报告中声称：穿孔卡保存了每位共产党员和纳粹党员的记录。

斯科特还表示："为了把控战争物资的生产水平，穿孔卡还会记录下各行各业技术人员的详细信息。"

关于劳工数据，斯科特在备忘录中只提到了三言两语，但这些数据对希特勒而言至关重要。这些自动化报告让第三帝国可以统筹德国境内的技术人员以及从德占区运来的奴工和应征工人。这是一项令人望而却步的挑战。截至1940年底，德国境内的应征工人以及奴工总量已接近250万。随着第三帝国的需求不断改变，以及霍尔瑞斯技术的不断改进，自动化报告格式也在不断改善。最终，自动化报告的内容囊括了全部人力，从企业主到成熟工人再到非技术人员，以男女区分。随着时间的推移，各种各样的交叉索引报告进一步将各种人力划分为第三帝国居民、外国平民、囚犯和犹太人等。德国的穿孔卡监督机构MB则负责汇总这些报告。MB重视对劳工数据的调查，一名官员在后来解释道："毋庸置疑，MB最重要的任务就是对其所部署的人员进行统计调查。对所有参与其中的办事处而言，这是一种重要的工具，能够帮助协调和监控就业，无论是在私人领域还是在第三帝国。为了保证军备生产工作顺利进行，政府每个月都会针对劳动力分配的问题进行协商，而这项工具的成果为此奠定了基础。"

三年后，斯科特坐在IBM纽约总部的办公室里，向一名政府官员详述了这套人员跟踪系统如何在德占区运作。在听完斯科特的汇报后，这名政府官员写道："以驻扎波兰的地方长官为例，如果他们想要找到一批会讲波兰语的非波兰人，技术人员只需将穿孔卡放进分类机，并设定机器参数，就能够找到符合条件的人员，甚至包括准确的名字和确切的位置。等到被搜索出的人数与设定的数目相等时，分类机就会停下来。"

事实上，人并不是IBM统计与追踪的唯一对象。1940年，在写给IBM的备忘录中，斯科特十分自豪地提到，IBM也能够统计动物。

斯科特只是随口提到了动物普查，但这实际上是一项复杂的后勤工作。1940年初，纳粹德国下令在波兰执行第一次"马匹普查"。由于波兰有很多养马场和马匹公司都由犹太人经营，因此，作为犹太人财产的一部分，纳粹德国没收了这些马匹。德国军队常调用这些马匹来装载物资、囚犯，甚至是尸体。在寒冷的冬天，人们经常会看见一辆辆马车穿梭于被大雪覆盖的波兰乡村和城市。通过没收马匹，纳粹侵略者切断了犹太人逃生的重要方式。派驻德国警察到波兰各地的指令也反映出马匹普查的重要性，该指令宣称："为了完成国防军的马匹普查，为了防止有人偷偷转移马匹，我要求你们协同波兰农民和负责此次马匹普查的所有国防军，部署警力（尤其是在晚上），确保马匹不会被人从相应的统计区秘密运到其他地区。如果有马匹被移走，那马匹主人将受到惩罚；不仅如此，这些马匹一旦被找回，就会立刻被收归公有。"英国情报员监视了这次马匹普查，将其形容为一个巨大的项目，而在一份机密报告中，他惊叹此次普查"准备得十分彻底"。

1940年春，被德国占领的比利时开始统计牛的数量。统计后，每头牛都得戴上身份卡。英国情报人员也跟踪了这次惊人的牲口统计。

斯科特在1940年春的报告上列出了不同寻常的物资控制项目，包括多种多样的库存物品，如武器、服装和飞机零件，以及五花八门的原材料，如橡胶、燃油、钢、铁。斯科特还记录了每个工厂配备的机器型号和类别，以及这些工厂是已经投入战斗，还是被列为潜在供应商。

纳粹德国也会统计和登记德占区的物资。例如，纳粹德国在丹麦组织了一次统计黄油的活动，以便找出丹麦人储存的大量黄油。当火车装载着原材料和商品从他国进入德国时，穿孔卡也会跟踪这批物资。随着时间的推移，德占区在不断扩大，卡片跟踪系统也在不断升级。斯科特后来向一名政府官员描述了这一不断进化的系统的运作机制。之后，该政府官员总结道："某个国家原有的库存物资会登记在库存卡片上。在 10 天内，德国会用穿孔卡记录这批物资的进出。通常在最后一天时，德国会以商品类别和库存卡片来分类这些穿孔卡……（因此）库存时长永远不会超过 10 天。"

斯科特还提到了对汽车（军用车，有时也包括私家车）的记录情况。纳粹德国入侵他国后，经常会夺取私家车，一开始只向犹太人下手，后来连其他居民也不能幸免。每当纳粹德国占领了他国领土，统计汽车和火车就是优先执行的一项统计活动。

根据斯科特的备忘录，我们得知，霍尔瑞斯机器也处理了大量战争记录。例如，霍尔瑞斯机器会准确记录德国空军执行的任务，以便研究空战中的各种细节。斯科特在备忘录中吹嘘道，穿孔卡系统保存了军事飞行员的每一次飞行记录，那是飞行员的个人记录，也可以计算相关费用。此外，复杂的霍尔瑞斯系统还能分析德国士兵在作战时受到的损伤，柏林战争医学中心档案馆（Central Archive for War Medicine）的规划员便可以用其分析结果来执行复杂精细的医学研究。在一战期间，正是借助霍尔瑞斯机器对军人头部损害的分析，奥地利军方才设计出保护性能相当优良的头盔。

在 1940 年春上交的报告中，斯科特还将破译敌军文件列为霍尔瑞斯系统的一大应用。

随着时间的推进，霍尔瑞斯机器越来越多地参与到德军的每一项行动中。最终，纳粹德国的每一项战斗指令、每一次子弹运送，以及每一次部队转移都受到了 IBM 穿孔卡系统的追踪。

1940 年，IBM 纽约总部通过更新机器，获悉了每一台 IBM 设备在第三帝国的具体位置。没有这些追踪数据，IBM 就无法审计欧洲子公司的账目，也无法折旧 IBM 设备。IBM 曼哈顿办事处就存放着这样一份具有代表性的机器清单，该清单的标题为《IBM 纽约总部》（International Business Machines Corp. New York），旁边附有一张德文标签——1940 年 9 月 30 日的机器。这份 13 页长的库存清单详细记录了每一台 IBM 机器的信息，包括使用者、位置、类型、序列号和价格。例如，5 台 405 型字母制表机安置于德国陆军最高司令部，序列号分别 10161、10209、11316、13126 和 13128，价格在 8 705 ~ 116 75 马克不等。

这份清单还显示了已安置字母制表机的各类机构，包括多个军事视察区、穿孔卡监督机构、人口普查局、帝国统计局的各个分支机构，以及克房伯公司和容克飞机制造厂等战略武器制造商。同样，每个地方的字母制表机也标出了相应的型号、序列号和价格。

荷兰和波兰等国的军事部门在国家还未遭到入侵时，曾匆忙购买过霍尔瑞斯机器，讽刺的是，如今这些设备已为第三帝国所用。纳粹分子在侵入这些国家后，便会夺取所有的霍尔瑞斯机器。随后，IBM 子公司就可以立即动用这些机器来为纳粹德国服务。向德国的敌人出售机器从来不会让 IBM 那些高度敏感的帝国赞助商感到困扰，实际上，某些纳粹高层甚至将这种销售行为视为机器在邻国的"预先部署"，因为纳粹德国可能很快就会占领这些欧洲和美洲国家。以波兰为例，1939 年，在德国入侵波兰前，波兰军方曾向 IBM 租借了霍尔瑞斯机器；当德国侵占波兰后，纳粹当局立即在波兰成立了一家子公司（总部设在柏林），并将波兰德占区的客户一并转移给德霍梅格。再比如荷兰，1940 年初，IBM 在将霍尔瑞斯机器租给荷兰军方后，便计划于同年 3 月，即德国入侵前几周，在荷兰开设一家全新的子公司，最终，这家荷兰子公司在德国入侵后正式成立。

IBM 几乎是单枪匹马地将现代战争带入信息时代。通过不懈努力和大胆进取，IBM 实质上已将"闪电战"融入了纳粹德国发动的战争中。简言之，IBM 是纳粹战争的组织者。

IBM 与纳粹德国的行动联系越发密切，为此，在外界与纳粹德国保持适当的距离比以往任何时刻都显得更为必要。尽管数十年来，IBM 一直在否认与纳粹德国之间的关系，但它必须承认的是，无论是 IBM 纽约总部，还是 IBM 日内瓦的欧洲总部或各个子公司，都在某个时间或某个地点与纳粹所使用的应用程序息息相关。而能揭示这种联系的，就是一种无处不在的书面证据：穿孔卡。这些多达数十亿张的卡片，几乎只能由 IBM 来生产。

战争是不可多得的商机

赫尔曼·霍尔瑞斯在 19 世纪即将结束之际发明了制表机，此后，这位好斗的发明家就参与到各种技术战和法律战中，以确保只有自己的公司才能印制出与复杂的分类机相兼容的卡片。客户一旦购买了霍尔瑞斯机器，就会与霍尔瑞斯的公司紧密联系在一起，否则，就无法再获得穿孔卡。这种排他性无疑确保了霍尔瑞斯可以垄断该市场，从而获取大额利润。

沃森细心维护着霍尔瑞斯的遗产。希特勒掌权期间，美国司法部曾起诉 IBM 涉嫌垄断，认为 IBM 与其他潜在生产商签订的秘密协议影响了穿孔卡市场的良性竞争。无论是在世界的哪个角落，任何 IBM 子公司想要印制穿孔卡，都必须具备以下条件：独特的印刷机、特殊纸张、医院级别的存储环境、严格的规格，以及沃森的特许。如果 IBM 以外的机构打算进入穿孔卡市场，沃森就会向德国法院申请判令来让这些机构关门大吉。例如，当德国造纸商欧拉（Euler）和鲍尔斯记账机公司合作，试图生产与 IBM 机器相兼容的穿孔卡时，沃森就通过获得法院的强制令，制止了这一行动。此外，IBM 还在合同上添加了特殊的条款来禁止德国客户——无论是一般的保险公司还是纳粹党使用其他机构生产的穿孔卡。简言之，只有归 IBM 所有，并由 IBM 运作的印刷厂才有权生产霍尔瑞斯穿孔卡。

1935 年以前，纳粹德国只能从 IBM 纽约进口穿孔卡。后来，沃森为德国购进了多台高速印刷机，德霍梅格因此能够自主生产穿孔卡，并将部分穿孔卡出口欧洲。在接下来的几年里，沃森又将 IBM 印刷机的使用权相继授予奥地利、波兰、荷兰和法国，还进一步加强了德国子公司的生产能力。至 1942 年，当战争进入白热化阶段时，IBM 还在芬兰和丹麦增设印刷厂。欧洲各地的工厂相互合作，形成了一条跨国界的补给线。例如，在 1939 年初，IBM 瑞典办事处分别向丹麦、芬兰和挪威出售了 190 万张、130 万张和 69.6 万张穿孔卡；IBM 纽约总部分别向南斯拉夫和实行法西斯主义的西班牙出售了 100 万和 70 万张穿孔卡；德霍梅格则向匈牙利出售了 26.1 万张穿孔卡。这些出售项目都得接受 IBM 日内瓦办事处的持续监管，而 IBM 日内瓦办事处则需要不断向 IBM 纽约总部汇报情况，因此，欧洲区总经理斯科特会定期来往于瑞士和美国。

IBM 每年都会为欧洲客户印制数十亿张电子敏感卡片（Electrically Sensitive Cards）。不过，每次印制的规格都不尽相同。每来一位新客户，IBM 就要精心设计一套新的穿孔卡，并满足客户的特定要求。不过，设计过程不是一个死板的机械过程，而是一个紧密的合作过程。首先，IBM 员工会进行长期调查，以弄清特定项目所需的数据，以及需要制成表的人、物品或服务项目的信息。这需要 IBM 子公司的现场工程师（Field Engineers）进行实地考察，仔细研究待测项目。无论是人、牲口、飞机引擎、养老金付款还是劳工，每种类型的应用程序均需要不同的数据和卡片布局。

IBM一旦全面了解了某个项目需要解决的问题，就会将霍尔瑞斯技术与该具体项目进行匹配。这个过程需要IBM子公司技术人员不断地与客户交流，因为穿孔卡模型是由双方共同设计的，这是为了确保穿孔卡与登记表格相符，并能通过调整制表机上的刻度盘来获取信息。只有经过IBM技术人员和客户仔细审核，卡片才会投入生产。

在每套定制的穿孔卡印刷出来后，都会有与众不同的外观，以体现其高度专业化。每套穿孔卡都有特定的布局，每一列都是定制的，每一列上方还会预先印好独特的标签。只有IBM的印刷厂才能生产这些卡片，并预先打印出以下主题：种族、国籍、集中营、金属桶、因战争而腿部受伤、火车离站和火车到站、马种、银行账户、亏欠的工资、拖欠的财产和种族外貌特征等。

为一项任务设计的穿孔卡绝不可能应用到另一项任务中。例如，党卫军为了找出每个家庭的种族身份，需不断检查与之相关的家庭背景，但他们绝不能用某个工厂的薪金核算卡来处理这项任务。服务于不同任务的卡片差异显著。比如，德霍梅格在1942年为伯勒尔沃克公司（Böhlerwerk Company）设计统计卡时，便在卡片中间添上了该公司名称。这种卡片只有14列，第8列上方预先印上了"工作时长"，第9列上方预先印上了"生产件数"，第11列上方预先印上了"建议处理时间"，最右侧的3列则是空白的。

不同的是，德霍梅格为党卫军种族办事处设计穿孔卡时，会在卡片上印制一个显眼的党卫军种族办事处徽标。这种卡片的各列也具有特定的分类，例如，第7列上方标有"婚配年限"，第47列上方标有"身高"，第48列上方标有"坐姿高度"，第49列上方则标有"体重"。不仅如此，某些单独的列还可以组成一个大类，如"种族类别"包括了第50列的"北欧人"、第57列的"东方人"、第59列的"蒙古人"以及第60列的"黑人"。相比于伯勒尔沃克公司的穿孔卡，党卫军种族办事处的穿孔卡从左到右都挤满了分类名称。

德霍梅格为1939年普鲁士人口普查设计的穿孔卡带有一个巨大的"普鲁士统计局"标志，总共只有48列。卡片同样预先印着不同的统计主题，比如第24列为"宗教"、第28列为"母语"、第49～60列为空白。此外，还有许多不同类型的卡片，如煤矿调查卡片列出了"来源""级别"和"汽车荷载量"等；德国空军卡片列出了执行轰炸行动的飞行员名单；犹太区统计卡按不同的街区列出犹太人；铁道部卡片列出了"火车经过的城市""时间表"和"火车运载的货物"（无论这批货物是什么）。

每张穿孔卡上都印有对应子公司的许可标志以及发行的年份和月份。这些信息会以小字体印在狭窄的卡片边缘上，一般是红色。每张 IBM 穿孔卡只能使用一次，所以每过几个月就会有成堆的废弃卡片被销毁。大德意志帝国及其盟友每年都要订购数十亿张穿孔卡，这需要一个由 IBM 授权的纸浆厂、纸片供应商和库存转运商组成的精密物流网络。销售卡片获得的利润正通过各种途径，如作为中转枢纽的 IBM 日内瓦办事处，源源不断地流入 IBM。

制作奴工卡是一个相当复杂且耗时的工作。伴随着边界的不断扩大，以及新占领城市和地区名称的德国化，第三帝国对劳工的需求也越来越大。在制作这种穿孔卡时，技术人员需要手工制作多张模型卡片，并再三修改。例如，MB 奴工项目"3090"和"3091"使用了多张模型卡片，而每张模型卡片的边缘都印有"德霍梅格"。模型卡片上是手写的项目任务："根据商业部门的需求来安排战俘和囚犯的工作。"卡片左边，有一列被手工标注为"当月的受雇人数"，旁边一列则写有"月底的受雇人数"，而卡片中间和右边的列也都被潦草地写上了标题：法国人、比利时人、英国人、南斯拉夫人和波兰人。

与奴工卡同系列的另一种卡片名为"男性和女性工人或雇员的登记"，手写列标题逐条记录着德占地区，譬如比亚韦斯托克省（波兰）、荷兰、波希米亚和摩拉维亚保护国（捷克斯洛伐克）和克罗地亚等。卡片的底部，最左边的一行上显示着用钢笔写的特别指示："在第 56～69 列，波兰民族的成员要打进孔 1""在第 56～69 列，乌克兰民族的成员要打进孔 2"。

执行 MB "3090"项目时，德霍梅格还使用了另一种模型卡片，其手写标题为"男性和女性外国工人或雇员的登记"。潦草的列标题分别为道路工人、矿工、纺织工人、建筑工人、化学家和技术人员等。

制作卡片只是第一步。为了使后续工作，如数据记录、制表、分类信息等顺利进行，霍尔瑞斯的工程师需要预先确定具体给卡片的哪一列、哪一行打孔。卡片的信息必须被正确读取，因此需要对 IBM 的分类机进行特殊设置，而这项工作只有 IBM 的工程师才能完成。IBM 工程师需要检阅机器的原理图，以确定怎样调整才能读取信息。一旦 IBM 子公司或获得授权的当地经销商接到订单，就会立即训练纳粹分子或相关人员使用 IBM 设备，无论是打孔机、分类机还是制表机。这些精细的机器在不间断地运作后很容易出毛病，因此需要定期维修。无论这些机器是被安置在毛特豪森集中营（Mauthausen Concentration Camp）的登记中心、达豪集中营的党卫军办事处，还是被安置在欧洲各国的人口统计局，IBM 通常每月都会派技术人员去维修一次。如果没有大量的精密规划、辅助和系统供应，IBM 的霍尔瑞斯机器将无法运作，而 IBM 赚钱的愿景也就无从谈起了。

毫无疑问，IBM 的利润会在战时激增。1940 年 2 月，IBM 日内瓦办事处给 IBM 纽约总部发送报告，逐月列出了德霍梅格在 1939 年下半年增长的利润额。例如，6 月份比 5 月份增长了 96 680 马克；7 月份比 6 月份增长了 123 015 马克；8 月份继续攀升，较 7 月份增长了 98 006 马克，此后的每一个月都有所增长。

1940 年 4 月，IBM 日内瓦办事处和 IBM 纽约总部的高管都对德霍梅格空前的利润增幅感到震惊，尤其是在看到德霍梅格 1939 年 12 月的利润额增长了近 180 万马克时，IBM 审计员迫不及待地想要获知相关细节："我们已给柏林发去电报，希望能获得更详细的信息。"

我们永远无法确切知道 IBM 究竟在全球范围内收获了多少利润，因为 IBM 子公司会不断分类和再分类利润，以逃避税收，IBM 也不会将所有的利润都上报。然而，在 1940 年中期，虽然 IBM 纽约总部已竭尽全力修改了会计账目，但还是被迫上报了 1940 年上半年的利润记录。IBM 只承认在这 6 个月内赚取了 600 万美元，而实际上，这个数目并没有包括冻结在德国及其他国家的 100 万美元。不过，1940 年上半年的利润仍比 1939 年上半年增长了近 50 万美元。自希特勒掌权之日起，IBM 的收益就在大幅上涨。很明显，战争有利于 IBM 扩大金库。

诚然，从许多方面讲，这次战争在沃森眼中都是不可多得的商机。就像许多商人一样，沃森一心盼望着德国能践踏所有欧洲国家，进而创造出一个新的经济秩序。在这个新的经济秩序中，IBM 将会统治数据领域。就像许多商人一样，沃森也希望美国能置身于战争之外，不仅如此，若战争结束，像他这样的商人将能捡起战后的经济碎片。

事实上，在战争刚刚爆发的时候，沃森就已经为战后的繁荣和世界经济系统的重组做起了准备。1940年4月下旬,沃森召集世界经济重组委员会（Economic Reconstruction）的成员开会,该委员会由两个受沃森掌控的组织——国际商会与卡内基和平基金会共同赞助。与会人员计划重写关于国际贸易和经济主权的规章,本质上是打算在战后将资源分配给各国。1940年4月29日,在华盛顿举行的一次国际商会晚宴上,沃森向在场的实业家同仁介绍了这一计划。沃森称:"我们希望各个国家的全国委员会在研究问题时能从以下立场出发——他们想从其他国家那里获得什么,又能给其他国家提供什么。"多年来,沃森一直都在宣传这个像是从希特勒嘴里说出的口号。这两个男人都相信,一些国家就是有权享有另一些国家的自然资源,如果这些国家能提前交出资源,就可以避免战争。

众人马不停蹄地制订着计划。在1940年4月29日的会议上,沃森的密友,国际商会美国委员艾略特·沃兹沃思（Eliot Wadsworth）宣称:"在制订计划时,我们要假设现在并没有发生战争,我希望你们能这样去思考,但你们应该不会这么做。此前已有两场会议在国际商会的数个成员国之间展开,尽管这些国家正在交战……英国、法国和德国已经允许各自的代表前往海牙（荷兰中央政府所在地）进行友好交流,以便研究……未来的规划。"

国际商会晚宴刚结束,希特勒就闪电般侵占了卢森堡、荷兰和比利时。如果人们没有看到新闻和报纸头条反复播报的纳粹暴行,也许还不会感到愤怒至极,然而,与难民、流亡政府、外交官和新闻记者等有关的恐怖故事从未消停。虽然民众对于"美国参加二战是否明智"这个问题意见不一,但许多人认为美国很快就会加入这场对抗德国的战斗中。1940年春,第三帝国发动攻势后不久,美国便进行了一次盖洛普民意测验,结果显示,只有2%的美国人认为希特勒入侵比利时和荷兰的行径是合乎情理的。

退还的勋章

随着民众的反纳粹情绪逐渐高涨（开始反感一切与纳粹有关的事物）,让沃森不得不面临一个重大的公关问题——他的勋章。

第三帝国肆无忌惮地执行着各种迫害、残害、掠夺和侵略活动,而沃森仍自豪于能在1937年的柏林国际商会代表大会上获得元首授予的勋章。

希特勒的勋章是一种非常公开的信号，而面对着没日没夜的入侵活动，拿着勋章就等同于认同希特勒的行径。

与此同时，沃森仍遵守着自己的黄金法则，除了说一些无关痛痒的格言，他从不会批评纳粹政权的所作所为，甚至将"德国入侵波兰"视为"意见分歧"产生的结果。原因很明显，一方面，纳粹德国是IBM的第二大客户，且在不久后就会成为欧洲的新独裁者，沃森得罪不起；另一方面，沃森也绝不想让自己在美国的传奇地位和爱国形象受到损害。

这一切使沃森焦头烂额。

1940年5月16日，荷兰投降后的第二天，沃森秉承一贯作风，向白宫和国务院中的朋友寻求政治掩护。当日，沃森向美国国务卿科德尔·赫尔传信，询问美国政府是否想让他将勋章退还德国。这样，无论退还与否，沃森最后都可以将这件事说成是赫尔的建议。然而，沃森忽略了一点——美国政府已公开反对纳粹。

赫尔根本不愿插手这件事。赫尔的秘书回信道："我认为，这件事的决定权完全在您手上，美国政府做不了主。"在信的空白处，赫尔写下了一行字，表达了自己的遗憾："如果我能为他人提供建议，那么，您会是我选择的第一个人。"

1940年5月24日，沃森迈出了第一步，公开同情纳粹暴行下的受害者。沃森同意主持一次紧急委员会，集资300万美元来救济荷兰难民。

现在，与纳粹德国之间的联系让IBM不得不接受外界的监督。实际上，IBM早已成为一处虚拟中转站，一些德国人会通过它到纽约接受培训、参加会议，之后，再通过它返回德国。一些人甚至会随同被称为德国杀人机器的先锋队，在奥地利、捷克斯洛伐克、波兰和荷兰等国家展开行动；一些人则转移到南美洲。此外，还有一些德国侨民留在了IBM在美国的办事处，其中一部分人还在美国公开反犹，支持纳粹分子。这一时期，人们即使只是公开支持纳粹，也会被视为"反美国"。为此，虽然IBM用那些眼花缭乱的宣传噱头伪装自己，但IBM与纳粹的结盟关系已在不知不觉中显现出来。

1940年5月底，联邦调查局（以下称FBI）局长J.埃德加·胡佛（J. Edgar Hoover）对IBM与纳粹之间的联系产生了兴趣。FBI怀疑IBM为纳粹骚动提供了温床，于是，在5月下旬，FBI对至少4名受雇于IBM的德国侨民展开调查，以弄清这些人是否参与了间谍活动或其他破坏性活动。FBI虽没有起诉这群人，却持续监控着他们，时间达数年之久。助理国务卿阿道夫·伯利（Adolf Berle）被任命为美国国务院的特派员，负责调查IBM内部人员是否涉嫌参与间谍活动。伯利和胡佛开始定期交流关于可疑人员的信息。不久后，联邦探员和地方警官受遣到IBM位于曼哈顿、恩迪科特、奥尔巴尼、辛辛那提、密尔沃基的办公室进行调查。

最后，FBI在办公室里询问了IBM的高管，其中包括行政秘书、销售经理、教育部门主管，甚至连IBM执行副总裁兼总经理F.W.尼科尔也不例外。接受现场调查的对象很快就扩大到IBM的多名客户。FBI向客户询问是否从密尔沃基的多名IBM推销员那里听到了支持纳粹的言论。此外，FBI还向康涅狄格州达连湾邮政局局长询问了关于IBM某位杰出的德裔技术人员的流言，流言称这位技术人员是某个反犹社团的成员，曾发表了支持第三帝国的言论。

当沃森得知FBI对IBM产生兴趣后，便迅速行动起来，那时，FBI甚至还没组织起正式的调查队伍。1940年6月6日，沃森和尼科尔拜访了美国副国务卿萨姆纳·威尔斯（Sumner Welles），自愿为其提供在美国和拉丁美洲工作、有嫌疑的IBM员工的详细信息。沃森明确表示，自己愿意全力配合政府的工作，对于政府认为有问题的员工，他会立即中断与他们的雇用关系。威尔斯将沃森提供的信息送交给伯利，后者又转送给了J.埃德加·胡佛。

颇为可笑的是，沃森和尼科尔于1940年6月6日在美国国务院会见威尔斯时，这两位IBM高管却忘了上报一位名叫卡尔·格奥尔格·露特（Karl Georg Ruthe）的特别推销员。

很快，IBM就注意到了出生于德国的露特，因为有报道称，露特曾在IBM办事处，甚至在IBM客户面前，多次发表支持希特勒的言论。FBI内部一份广为流传的档案提到了露特拜访过的一名客户，密尔沃基布拉茨啤酒厂的一名会计员评价道："露特曾强烈表达了他对德国的感情，认为希特勒做的一切都事出有因，因为德国在一战后遭受了不公正的待遇。"

FBI的另一份档案则记录了密尔沃基的某位IBM管理人员的言论："露特很喜欢自吹自擂，常预测那些发生在欧洲大陆上的战争会如何收场，甚至一直谈论希特勒及其对欧洲国家的举措，让办公室里的同事倍感不安。"

根据 FBI 档案，露特很可能隶属于由德裔美国人组成的纳粹社团——德美协会[①]（Bund）。

自 1936 年 IBM 雇用露特以来，就几乎没人能理解为何他能继续留在 IBM，因为露特根本不符合"IBM 模式"。IBM 档案描述露特是个"醉鬼""烂透的推销员"。据说，在恩迪科特销售培训学院里，露特的表现也很糟糕。事实上，当露特从 IBM 纽约总部调到密尔沃基办事处时，他的上级就被要求密切监视露特。

沃森和尼科尔在 6 月 6 日的那次谈话中忘记将露特上报，但几天后，两人还是想起来了。于是，尼科尔给威尔斯写了一份标示着"严格保密"的信件。尼科尔写道："6 月 6 日周二，我和沃森先生在跟您交谈时，忽略了一个叫卡尔·格奥尔格·露特的人。以下是他的信息。"接下来，尼科尔详细列出了露特的出生年月、出生地、毕业院校、他会说的 4 种语言、家庭住址及其公民身份——美国公民。

之后，尼科尔补充了露特的另外一些背景资料："我们在 1936 年 12 月 1 日将露特先生招入公司，命他为纽约的推销员。他在纽约恩迪科特销售培训学院里学习了 3 个月后，仍以销售员的身份被分配到密尔沃基。在为我们公司服务之前，露特先生是纽约市的现代语言教师，在斯克内克塔迪有自己的学校，名叫斯克内克塔迪语言学校；他还是斯克内克塔迪联合大学的德语教师。我们知道露特先生是美国公民，也了解到他的父母现在仍居住在德国。就在上周，我们辞退了此人，因为他作为一名销售员，却无法完成一个订单。"以上就是尼科尔提供的所有信息。

颇为荒谬的是，FBI 想查询为何像露特这样的人可以在 IBM 工作，却发现沃森故意遗漏了相关细节。FBI 援引了 IBM 销售经理弗雷德·法韦尔（Fred Farwell）的说法，在档案中记录道："若不是因为与 IBM 董事长沃森有着密切关系，仅凭露特自己的课程成绩，是永远无法从恩迪科特销售培训学院毕业的。事实上，对于那些身居管理岗位的人员来说，课程成绩一直是个麻烦事。不过，考虑到露特与公司董事长的关系，只要他在学校的出勤率达标，就可以成为员工。"法韦尔补充说，露特已经和沃森的侄女结婚了。

[①] 美国的亲纳粹德国组织，出现于20世纪三四十年代。德美协会成立于1933年，最初有3个分支机构，分别在威斯康星州的密尔沃基、洛杉矶和纽约。——译者注

1940年6月3日，无疑是让沃森神经紧绷的一天。那天，3 200架德国战机在巴黎投下了1 060枚高爆炸弹和61枚燃烧弹，最终摧毁了超过97幢建筑物，包括2家医院和10所学校，造成了45人死亡。仅在一所被摧毁的学校里就有10名儿童不幸身亡。驻法美国大使威廉·布利特（William Bullitt）也差点丢了性命。当时，布利特正在和法国空军部部长用餐，突然，一枚炸弹砸向屋顶，玻璃碎屑猛地掉向了在座的每个人。幸运的是，这枚砸进餐厅的炸弹并没有爆炸。

第二天，《纽约时报》在头版刊登了一则故事，描述了一名到访阿根廷布宜诺斯艾利斯的德国外交官与电梯服务生的对话。当时，这位外交官询问电梯里的年轻人是否会讲德语，年轻人回答说不会，于是外交官反击道："这样啊，你最好还是学一学，很快你就会用到了。"

1940年6月6日，包括《纽约时报》在内，美国各地的新闻报纸都在报道，盖世太保手持列有"德国敌人"的名单，正在阿姆斯特丹（荷兰）四处搜索着。各大报纸不约而同地指出，"遭到围捕的人会被清除……几乎所有人都会受到行刑队的攻击"。此外，德国和美国的报纸上还报道着这样一件事：荷兰境内所有犹太人的姓名与住址都已转交给纳粹机构。同一天，大约2 000辆坦克挺进法国国土，标志着法兰西战役正式打响。同时，第三帝国的轰炸机袭击了英国海岸。也就是在这一天，沃森向美国副国务卿威尔斯保证，IBM会清理公司内部所有的纳粹支持者。

拖延已久的时刻终于到来。1940年6月6日，沃森万般无奈地致信阿道夫·希特勒。这次，信件没有寄错地址，而是真正寄了出去。这封信会以挂号信的形式寄出，并向报界公开。沃森决定退还希特勒亲自授予的勋章，并且选择在媒体的注视下做出这一举动。沃森在信中称："贵国政府的现行政策与本人一直奋斗的事业，以及获得这块勋章的缘由背道而驰。"

德国正沐浴着荣光，沃森的举动无疑会被视为对元首的最大侮辱。而沃森选择公开表态，让这种侮辱的性质变得更加恶劣。这将会改变一切。

在柏林，德霍梅格顿时乱作一团。

第 9 章

危机！动荡的德霍梅格

1940 年 6 月 10 日
给威利·海丁格尔的备忘录
回复：沃森先生

我正在为此事建立机密档案……我现在就给您发一份昨天的《人民观察家报》(*Völkischer Beobachter*)。报纸说沃森先生已经退还元首授予的勋章……沃森先生的这一愚蠢举动可能会带来一连串不可预知的后果。现在，我们决定按兵不动，看是否会有人来接洽我们。沃森先生的举措很可能会对 IBM、对我们所有人，造成巨大的伤害。这是迟早的问题，因为这被视为对元首的羞辱，而对元首的羞辱就是对德国人民的羞辱。

赫梅尔先生一直在琢磨，鉴于沃森先生对元首的露骨羞辱，我们是否还能继续经营德霍梅格……我一直以来都认为，我们的首要任务和责任就是竭尽全力管理好这家企业，因为它对战争的顺利进行起着巨大的作用。这家公司应当完成德国经济体系要求下的所有任务，这不容分说，尤其是在战争时期。但是，仅仅由于某个美国人的怨气和愚蠢，就让德霍梅格及其员工受到伤害，这简直毫无道理可言。

看来，沃森先生身边围着一群从欧洲逃到美国的犹太人……这群犹太人，以及反德犹太人和报纸上提到的其他犹太人，已开始影响沃森先生的思维，让他无法做出正确的判断。就算沃森先生以前都在假装对德国友好，直到现在才表达出自己的真实想法，但是，即使只是出于经济上的考虑，这种举动也显得愚蠢至极。沃森先生似乎在虚荣心的驱使下，想要侮辱德国人民的元首，不过他却没有认识到这种行为只能导致一种后果，那就是，沃森先生的个人经济利益会受到损害。

然而，沃森的举动也反映出了美国国内强烈的反德情绪。可以看出，美国可能很快便会参战，届时出于对新局势的审视，我们有必要考虑是否将德霍梅格从IBM分离出来。当然，经济部还是会仔细检验，是德国从美国那里收取了更多的专利费，还是情况截然相反……德霍梅格和IBM之间的专利费协议若能一次谈妥，那就再好不过了。在与IBM完成专利权的转让后，我们与IBM之间应该停止相互出资……以后，如果我们不再接受IBM纽约总部提供的任何资金，那么，我们也就不用再向IBM支付任何专利费了。因此，IBM在德霍梅格的利益就会以某种方式转移到德国人手中……省下来的专利费也可以转为战争经费。在未来的一段时间里，我们还可以下调机器的租金，而这被降低的金额就相当于现在的专利费。

无论如何，我觉得沃森先生是在拆自己和IBM的台。

赫尔曼·罗特克

IBM跌落云端，反叛因子落井下石

沃森引发的"战争"爆发了。

最受纳粹分子欢迎的资本家已经从第三帝国的云端坠落。退还勋章的做法，意味着沃森打击了元首，辱没了德国人民；也预示着IBM不再是第三帝国的可靠盟友。整个纳粹德国都在辱骂沃森。希特勒的私人报纸《人民观察家报》称沃森为"贪婪的秃鹫闻到了油炸食品的味道"，并遗憾地表示："本以为……托马斯·J.沃森的眼光会比那些让仇恨蒙蔽了双眼的犹太编辑和记者更开阔一些。"

第9章 | 危机！动荡的德霍梅格

纳粹对沃森的苛责不限于德意志帝国，事实上，德国的无线广播和新闻报纸也在德占区内不断播报着沃森的"罪行"。在捷克斯洛伐克、波兰、挪威等被纳粹德国占领的国家，IBM管理人员很快就获知了沃森对希特勒的冒犯。他们也很快感受到这一举动所带来的冲击，因为德国顾客、企业和政府机构都向他们表达出了不满的情绪。其他轴心国的法西斯主义者同样认为自己被冒犯，他们也对IBM抱怨连连。

德霍梅格压抑已久的怨恨情绪如今汇集起来。IBM纽约总部代表外来统治势力，站在了国家社会主义的对立面。这家美国公司向德霍梅格收取高额专利费、获取巨额利润，并不断剥削着德国。最重要的是，海丁格尔恨透了沃森。这一切最终演化成一股动力，使德霍梅格得以反抗沃森。

一系列反抗活动接踵而至。在德霍梅格位于里希特菲尔德的办公室里，沃森的画像被员工们从墙上移走。斯图加特、汉堡、法兰克福和维也纳的办公室（最终会蔓延到IBM德国子公司的所有办公室）里，沃森的画像也被移除。不过，这只是一个开始。

在个人野心和狂热的纳粹情绪下，海丁格尔与罗特克开始策划彻底清除IBM纽约总部在德霍梅格的痕迹。他们两人向IBM施压，要求IBM要么将德国子公司卖给德国人，要么降低该子公司的外资所有权，减少其外资成分。显然，撵走沃森在德霍梅格董事会的私人代表，意味着沃森无法继续管理德霍梅格的业务。现在，海丁格尔、罗特克和赫梅尔将沃森和IBM纽约总部视为外国敌对势力，一个他们决定要战胜的敌人。

为了发动这次政变，海丁格尔仔细研究了德国的企业法。1940年7月1日，海丁格尔向IBM日内瓦办事处发去一封挂号信，要求召开一次特殊的董事会来解决因沃森对希特勒的羞辱而引发的危机，并协商将IBM纽约总部的代表——IBM日内瓦办事处的约翰·E.霍尔特逐出德霍梅格的三人董事会。

在会议中，海丁格尔以锋利的言辞宣布，地方委员会已决定要进行投票来开除霍尔特，因为他是一位经常缺席的董事，无法执行法律义务。针对这一挑战，IBM做出了冷静的回应。IBM日内瓦办事处向德霍梅格的代表艾伯特·齐默尔曼发去一份电报，授权齐默尔曼处理这一问题。毫无疑问，齐默尔曼会在是否开除霍尔特的投票活动中，代表IBM纽约总部投出多数票以反对这一计划。

这显然无法扰乱海丁格尔的计划。他知道,根据德国的企业法,授权书必须是宣过誓的书面文件,一通授权电报并不具有法律效力。1940年7月15日,海丁格尔召开了一次董事会会议,否认了齐默尔曼的代理权,从而驳回了齐默尔曼投出的反对票。随后,剩下的两名董事会成员——海丁格尔及其连襟古斯塔夫·福格特(Gustav Vogt)博士投票将霍尔特赶出了董事会。这个决计要反抗的德国董事会宣称:"在座的人一致同意,整顿这些问题是可取的……将霍尔特先生请出董事会……考虑到当前的情形……在座的人会提出一位能够替代霍尔特先生的人选,当然,被选中者必须是德国当局尊重的人。"严格来讲,既然齐默尔曼没有资格成为IBM的代理人,那么投票人数便达不到法定人数。因此,虽然董事会可以通过投票开除霍尔特,但仅凭德国现有的法律,董事会无权找人取代他。只有公司的全体股东才有这种权利,而持有85%股份的IBM就是最大的股东。

由于德霍梅格知道沃森会雇用律师认真研究法律细节来进行辩护,所以德霍梅格严格遵守着明确的法律条文。海丁格尔计划在两周后,即1940年7月29日,再召开一场会议,以选出"被开除的霍尔特的替代者"——他的措辞便是如此。海丁格尔指出,在德国现有法律的规定下,倘若IBM在第二次会议上没有提供正式的书面授权书,那么只持有15%的股份的少数股东,也就是海丁格尔、罗特克和赫梅尔将有权选取任何人取代霍尔特。这样一来,沃森就无法插手德霍梅格的事务了。

在1940年7月15日的会议结束后,德霍梅格立即向IBM日内瓦办事处寄去了一封唐突无礼的信。德霍梅格通过援引德国法律、公司条例以及子条款,称IBM日内瓦此前用电报授权齐默尔曼的方式是无效的。德霍梅格在信件中直截了当地发出警告:无论IBM纽约总部是否批准,于7月29日举行的第二次会议将会处理沃森引发的危机,以及这一危机最终给德霍梅格带来的后果,还有解决选举霍尔特先生的继任者的问题。

多年以来,沃森都是通过向日内瓦发送电报的方式对德霍梅格进行管理,这对德霍梅格而言已是再正常不过的现实。不过,这都是沃森在退还勋章之前的事了。现在,海丁格尔有了自行其是的契机。为了达成目标,他将严格利用法律为自己辩护,并加快实行由他规划的企业策略。

7月15日,海丁格尔在写给IBM日内瓦办事处的信件中发出警告,IBM纽约总部若无法为7月29日的会议提供合适的授权书,或不想接受柏林选出的董事会成员，那么，因而导致的僵局将会带来灾难。"一切束缚着德霍梅格的决策都是无法接受的，"海丁格尔补充道，"我们想说的是，根据……（德国）法律，董事会成员至少要由三个人组成。"霍尔特被请出董事会后，德霍梅格的董事会就只剩下两名成员：海丁格尔及其连襟福格特。董事会不足三个人，德霍梅格就是不合法的，也就无法作为一家公司来正常运行。

德霍梅格在严峻的战时环境下设定了一个"不合理的"最后期限，海丁格尔深知这一点。因此，为了确保沃森无法因此事起诉德霍梅格董事会，海丁格尔并未将7月29日会议的地点设在德霍梅格的柏林总部，而是选择其在慕尼黑的分支机构。比起柏林，慕尼黑距离IBM日内瓦办事处要近得多。"这减少了交通时间。"海丁格尔写信告知IBM日内瓦办事处。

这一次，IBM立马做出回应。在当时的国际局势下，沃森的日内瓦代表们对进入德国感到不安，他们害怕遇到激动的德国政府官员。不过，他们确实向常驻德国的代理齐默尔曼发去一份有效的授权书。1940年7月29日上午10点，董事会正式在慕尼黑召开，双方在会议上解读了相关法规和章程，废弃了以前的资产负债表，该资产负债表显示德霍梅格的净收入是负值，这使海丁格尔无法获得分红。海丁格尔强烈要求公司上报真正的利润总额：1938年的近240万马克和1939年的近400万马克。罗特克和赫梅尔被批准获得近40万马克的分红，海丁格尔则将自己的红利留到以后再索要。

随后，与会人员激烈讨论了勋章危机，因为这个问题亟待解决。海丁格尔要求用两名德国主管来填补董事会的职位空缺。在柏林商会的建议下，海丁格尔提名了埃米尔·齐格勒（Emil Ziegler）。第二位被提名的人员是一位重要的纳粹官员——厄恩斯特·舒尔特－施特拉特豪斯（Ernst Schulte-Strathaus），他是副元首鲁道夫·赫斯（Rudolf Hess）的重要咨询员。

德霍梅格将会彻底纳粹化。它计划扩大霍尔瑞斯机器的使用范围，满足第三帝国几乎所有的迫切需求。一些计划十分敏感，不能与外方谈论，因此，由最高级的纳粹党官员和政府人员来控制德霍梅格就尤为重要了。海丁格尔与纳粹高层和政府高层关系密切，在希特勒时代，这种关系使德霍梅格受益匪浅。

早在一战期间，海丁格尔和赫斯就因同在部队当兵而成了朋友。而在

1910年，海丁格尔在德国创建霍尔瑞斯公司时，舒尔特－施特拉特豪斯家族就帮助过他。一战结束后，海丁格尔仍与舒尔特－施特拉特豪斯家族保持着紧密联系。后来，厄恩斯特·舒尔特－施特拉特豪斯成为纳粹最高领导层中的神秘人物，除了这一身份，他还是一位遵循教条主义的占星家，会为赫斯分析星象。

在7月29日举行的董事会上，海丁格尔提出让施特拉特豪斯成为董事会成员。事实上，海丁格尔早已邀请过施特拉特豪斯，而对方也同意了。因此，对于这一提议，海丁格尔希望能全票通过。

然而，沃森不想让海丁格尔决定谁能坐到董事会的宝座上，即便海丁格尔提议的人是副元首赫斯的私人咨询员。齐默尔曼称，按照指示，他要投票反对施特拉特豪斯成为董事会成员。因为IBM拥有德霍梅格的多数股份，所以，海丁格尔的提议被否决了。沃森更倾向于选择罗特克或赫梅尔（这两个人只拥有少量股份），抑或齐默尔曼进入董事会。不过，海丁格尔坚决反对，甚至不对沃森的提议进行投票。他坚称，德国企业法规定，公司员工没有资格成为董事会成员。无论如何，海丁格尔坚持让施特拉特豪斯作为副元首赫斯的代表出任这一职务。

随着局势的僵化，海丁格尔结束了会议。但是，他已下定决心，要么将公司的股权变现，要么迫使IBM不再插手德国子公司的业务。这一步对德国影响重大。

想与德霍梅格全力合作的不只是赫斯的部门。不久，元首办公室的其他重要党务顾问相继出场，他们对IBM设备另有打算。不过，第三帝国与IBM结成的战略联盟已根深蒂固，要想切断，并非易事。自第三帝国诞生以来，德国几乎实现了整个经济体系，以及大多数政府行动和纳粹党活动的自动化运行，而这都得益于一项技术：霍尔瑞斯系统。精细的数据统计充斥着德国及德占区。这让德国突然发现，自己已过度依赖于IBM设备，无法脱身。

德国每周都需要数百万张穿孔卡来维持分类机的运转，仅德国军方就需要雇用大约3 000人来操作霍尔瑞斯机器。无论何时，军方、政府和商业客户都需要成千上万名工作人员操作霍尔瑞斯机器。沃森名下的印刷机印刷着这群客户时刻都需要的卡片。IBM的纸片和纸浆供应厂遍布世界各地，而IBM又持有这种特殊纸片的专利权。与此同时，由于供给不足，再加上部分纸浆原料被用于战争，所以，德国军事工业长期面临着纸片和纸浆短缺的危机。德国境内只有4家专业造纸厂有能力生产霍尔瑞斯卡片所需的纸张，而这4家造纸厂都与IBM签订了合同。法国境内为数不多的造纸厂则缺乏煤炭和纤维素，且他们供应的每批货物根本无法满足客户的需求。因此，IBM会从全球各地汇集纸片资源来满足不断增长的需求，其中就包括具有丰富资源的北美供应商。第三帝国无法挤进这一重要的北美纸片市场。可是，没有IBM提供特殊纸片，霍尔瑞斯机器就无法运行，而沃森一手控制着原材料的供应。

卡片印刷是一个启停过程，在理想状态下，一台机器可以在8小时内生产6.5万张穿孔卡。第三帝国以难以置信的速度消耗着卡片。1938年，仅德国消耗的卡片就超过6亿张；1939年，这一数字几乎翻了一倍，达到11.18亿张；1943年，第三帝国境内的预计使用量达到了15亿张。德霍梅格的客户一般只会预留30天的穿孔卡。没有卡片，霍尔瑞斯机器便无法运行，而沃森一手控制着卡片的供应。

有成千上万台机器在每个月都需要精心维修，因为灵敏的传动装置、栓、齿轮很容易出故障。在欧洲，这些机器每周的运转次数总计达数百万次。在新工厂建成后的6~12个月，第一批机床才能从专业机床厂运送到新工厂，因为设备生产所需的漫长时间是不可避免的。1937年，IBM订购了3台倾斜式印刷机来扩大工厂规模，需要10~11个月才能交货；3台六轴钻床，需要8~12个月交货；1台三轴钻床，需要16个月交货；1台摇臂钻，需要12个月交货；2台普通铣床和1台立式铣床，需花费24个月才可交货。即使同时动用德国、奥地利、意大利和法国新开的IBM工厂，也无法满足纳粹对分类机、制表机和校对机的需求，这一需求缺口长达24个月。没有机器和零备件，霍尔瑞斯系统便无法运作，而沃森一手控制着机器和零备件的供应。

要取代沃森在穿孔卡领域的垄断地位并非没有可能，不过得花上好几年的时间。即使第三帝国强占了德占区的每一座IBM印刷厂，并夺取了每一台机器，但卡片和零备件会在几个月内就被耗光。这样一来，整套数据系统会很快陷入瘫痪。至1941年夏，纳粹德国境内的IBM业务几乎无法独立操作，事实上，这一业务有赖于IBM纽约总部及其70家海外子公司在全球调动资金、技术和物资。而这一切也全都掌控在沃森手上。

如果纳粹德国失去穿孔卡技术，就会失去自动化操作的能力。它无法想象重新采用人工方式进行操作的情景。党卫军管辖下的种族与安置办事处（The Race and Settlement Office）代表了那些因没有霍尔瑞斯机器而倍感困扰的机构。种族与安置办事处只是一个为党卫军军官处理婚配问题的小机构，无权获得霍尔瑞斯机器。对此，种族与安置办事处的主管在统计报告中抱怨，没有穿孔卡系统，他们根本无法及时完成庞大的种族学任务。报告坦言："至少有7 000名符合（种族）条件的结婚申请人已经等了好几年，但党卫军首领仍没有为他们提供批准证书。此外，还有5万名申请者在等着进一步的文件审核；10万名申请者被党卫军暂时批准，但要想得到正式批准，仍需等种族与安置办事处将他们的家谱追踪到1800年前。"

"我确定，"党卫军种族与安置办事处的统计负责人写道，"帝国统计局、帝国铁道部、帝国邮局和帝国银行等一系列研究机构所使用的霍尔瑞斯穿孔卡系统……是必需品，能给我们带来最大的好处。"

这位负责人言简意赅地总结了霍尔瑞斯系统的作用："想利用现有的人工方法来快速有效地进行调查活动根本不可能。仅解答一个（种族）问题，我们就要用几个月的时间去浏览每一份档案。每当有一项新任务，我们也要花几个月的时间来确认新增（种族）申请书的数量和种类。如果我们这里配备了穿孔卡系统，那这个过程就会变得容易一些，我们就能快速获得想要的数据……总之，卡片索引不可或缺。"这位党卫军统计学家总结道，IBM设备索价高昂情有可原，因为这一设备可监控一切事务，巨细无遗。

经过一番努力，党卫军种族与安置办事处终于得到了霍尔瑞斯机器，不过那得等到1943年，即在提出婚配数据自动化需求两年半以后。

穿孔卡技术对德国至关重要，也难怪帝国规划师在得知沃森张扬地退还希特勒授予的勋章后，会突然对整个霍尔瑞斯基础设施感到担忧。柏林正在努力实现自给自足，包括军备以及原材料，比如橡胶。愤愤不平的纳粹领导人计划要用一套能受其控制的穿孔卡系统来取代IBM技术，这关乎纳粹的利益，也关乎纳粹的自尊心。

1940年6月中旬，即沃森退还勋章数天后，德国在法国占领区悄悄展开了这项计划。纳粹工程师和受过德霍梅格培训的专家从柏林来到法国，立即动手偷窃IBM法国子公司的机器，并将这些机器运回德国，用于执行紧急任务。由于第三帝国不再将沃森尊为商业伙伴，它现在可以放开手脚，将 IBM 的机器视为可以任意掠夺的战利品了。

接着，赫尔曼·戈林的手下购买了鲍尔斯法国子公司的大部分股份，希望将其整合成一家德国化的垄断企业。当时，法国还有一家刚刚起步的公司，名为"公牛"（Bull），是 IBM 的竞争对手。在支离破碎的法国市场上，公牛公司占有 25% 的市场份额。纳粹代表甚至购进了一台由公牛公司生产的机器，以便研究。纳粹德国正计划购买公牛公司的多数股份，虽然该公司没有生产大量设备，但它仍可以提供一套设计方案，有了这套方案，纳粹德国便可以自行生产大批机器。长久以来，沃森都想打垮这家小公司，他试过专利诉讼，提出过收购该公司的计划，还攻击过该公司的员工，甚至直接购买了公牛公司在瑞士的业务。不过，尽管就规模而言，公牛公司在 IBM 面前有些相形见绌，但市场上已有许多公牛公司的机器在运转。不仅如此，公牛公司的机器可以跟任何一台霍尔瑞斯机器相媲美。

然而，对下一步该实施什么计划，柏林有些不知所措。纳粹分子通过在法国偷取 IBM 设备，控制鲍尔斯子公司以及引进公牛公司的设备，试图构建一个全新的企业联盟，但这一切仍然无法协调。纳粹德国必须采取措施，以减少对 IBM 的依赖。

在第三帝国看来，沃森和 IBM 对德国所有的事务，甚至是规划，都了若指掌。第三帝国认为必须遏制这种现象发生。为此，尽管 IBM 纽约总部的要员竭力解释，并强调只有 IBM 的非美员工才能接触到第三帝国最敏感的秘密，却仍无法说服纳粹官员。沃森派驻柏林的律师海因里希·艾伯特（Heinrich Albert）致信沃森，总结了问题所在。艾伯特写道："对此事感到担忧的，不只是那些配有 IBM 设备的军事机构或办事处，军事当局也不例外。IBM 拥有德霍梅格的绝大多数股份，也控制着德霍梅格，所以他们担心美国会通过 IBM 获取德国行动的详细信息。这样一来，不仅德霍梅格本身，就连德国的大型军备工厂，甚至是德国的整个经济构架都会暴露。德霍梅格的商务组织模式是他们担忧的根源，从一开始，这种担忧就并非像其表面显示的那样来得毫无缘由。"

"德霍梅格不出售设备，而是出租。"艾伯特继续写道，"在签订租赁合同之前，德霍梅格会全面研究那些需要设备的机构或企业，查看他们对机器的使用是否符合预期系统，是否能为其带来收益，以及确定如何组织业务让机器发挥最大作用。毫无疑问，这种方法……能让德霍梅格拿下合约，并深刻了解德国的大计划，这是其他企业无法企及的。"

艾伯特补充道，军事当局根本不相信IBM的辩解。艾伯特写道："虽然IBM可以声明，没有美国公民插手这部分业务……或者告诉军事当局相关资料会根据最严格的法律和规章，接受最机密的保护，但这并没有用。军事当局所有的担忧都凭想象而来，毫无现实依据。以上就是困难所在，对此，我们应该好好考虑。"

IBM绝不愿轻易放弃与纳粹德国之间的盟友关系。一方面，IBM为建立IBM－纳粹联盟已倾尽心血；另一方面，如果这种盟友关系能维持下去，IBM将会继续收获相当丰厚的利润。此外，沃森绝不会容忍任何竞争对手侵入IBM辛苦赢得的市场。当沃森还只是一名坐着旧式马车外出推销的NCR员工时，就已学会了不与竞争对手竞争，而是直接将其消灭。无论竞争对手有多么不起眼，只要能达到目的，沃森就可以不择手段。

1940年8月，IBM日内瓦办事处的调解专家P.泰勒（P. Taylor）致信IBM纽约总部，坦言了自己的担忧：即便需要花上数年的时间，第三帝国也有可能会改进公牛公司的机器，或研发出混合型机器取代现有的IBM设备。泰勒写道："真正的威胁是，公牛公司的机器也有字母排序机和印刷机的部件，这让它能够轻易取代德霍梅格的机器。"

1940年8月15日，海丁格尔获准出游一周，于是前往IBM日内瓦办事处拜访了泰勒，威胁着提出自己的要求。海丁格尔向来心直口快。

"德国企业中的外国合伙人并不十分受待见，"海丁格尔对泰勒说，"尤其是那些占有多数股份的外国合伙人。此前，IBM在德霍梅格的身份虽然没有助益，但也没造成伤害。但现今的局势已不同往日，因为沃森退还了勋章，并就此事向元首寄去一封公开信。沃森的举措被认为是对元首的极大侮辱，更是对每一个德国人的羞辱。这将导致每一位客户和潜在客户拒绝从一个对德国怀有敌意，或看似怀有敌意的公司那里购买穿孔卡设备。因此，让一家现有的德国公司或成立一家新的德国公司来接管相关设备的生产和销售是很好的选择。但这样一来，德霍梅格的业务将不复存在。"

海丁格尔夸张地描述了新对手的出现轻而易举，并称："专利问题很容易解决，如有必要，我们可以拿到强制许可来让IBM获得合适的专利费，但专利费不会是每台机器售价的25%（德霍梅格现在给予IBM纽约总部的专利费），而是5%。此外，针对这样的系统，想招到合适的技术人员——

工人、工程师、销售员和管理者，也并不困难。"

海丁格尔扬言要举行一次投票活动，让忠实的德国员工决定是继续留在 IBM 子公司，还是到一家新成立的德国公司上班。"IBM 应该认真考虑，如果在德霍梅格内部举行投票活动会有什么结果，"海丁格尔的语气中饱含威胁之意，"谁想留在德霍梅格，这家由对德国怀有敌意的 IBM 控股的公司？又或者，谁想离开德霍梅格，为一家新的德国企业工作？"

事情远不止于此。当时，谴责德霍梅格是"德国人管理的美国企业"的不满呼声愈加强烈。IBM 的这家子公司已被揭去面具，暴露了"非雅利安企业"的身份。与此同时，许多德国人都在等着美国加入英国阵营，共同对抗第三帝国的那一天。海丁格尔解释说，在这种情况下，德霍梅格会被视为敌国财产，德国当局将指派一名监护人来管理德霍梅格，包括制定所有决策。"这位受托人将成为公司唯一的管理者，"海丁格尔继续说，"而公司原先的管理者和董事会的权利将被剥夺。如果上述情况变成事实，德霍梅格就要遭殃了……其中一个灾难是……这位受托人会发现德霍梅格收获的利润和对机器的定价都太高了。他很可能会立马削减机器的价格，而在战争结束后，我们几乎不可能调回价格。即便德霍梅格度过了这次危机，股东的收益也会大打折扣。"

"无论美国参战与否，"海丁格尔强调，"德霍梅格都将面临近在咫尺的崩盘危机。我想，董事会和管理层中，没人会被动地等待风险来临。"

海丁格尔为 IBM 提供了几个最终选择。第一，商定价格，将整个子公司出售给德国人。第二，存有德霍梅格盈余利润的冻结账户里有几百万马克，IBM 需用这笔钱让德霍梅格的投资金额增加一倍。此外，还要增发新股，新的投票权也全部归德国人所有，他们可以是德霍梅格的管理人员，也可以是某个雅利安委员会。IBM 仍保有过半数的股权，但没有实质控制权。第三，IBM 纽约总部在买下海丁格尔、罗特克和赫梅尔三人持有的股票后，再转卖给德霍梅格的员工。

海丁格尔坚称，无论沃森做出哪种决定，德霍梅格都必须获得更大的控制权。"我现在给你的建议比以往任何建议都有用。"海丁格尔对泰勒说。然而，海丁格尔不会给善于拖延决策的沃森太多时间。他当场要求泰勒发电报给沃森，转述自己提供的选择以及威胁。海丁格尔则留在日内瓦，等待沃森的答复。

面对态度强硬的海丁格尔，泰勒只能发电报给 IBM 纽约总部，转述了他的话，并附言："现已有设立新德国公司的计划。"沃森骑虎难下，无论是选择增加德国管理人员的数量，还是选择让出控制权，IBM 最终都会被赶下王座。但 IBM 的人都知道，IBM 无可取代。沃森派驻柏林的私人特使哈里森·昌西在与一名高级纳粹官员商谈后，汇报道："他们要挟说，德霍梅格也许会因竞争而被消灭，而这次竞争将会由德国当局发起。"昌西随后反驳道："德国政府现在还需要我们的机器。很显然，军方已将机器运用到各个领域。德国仍处于战争状态，没有哪家公司或机构能与 IBM 抗衡，除非他们用上公牛公司在法国的工厂。"IBM 派驻柏林的高级审计员 W.C. 利尔（W. C. Lier）称，对于 IBM 的法国子公司，德国可能不会提供制造机器所需的原材料。利尔写信告诉昌西："问题的关键在于，德霍梅格在接下来的一两年里将无法交付机器，那谁会负责生产机器，以填补市场空缺？"

自 1933 年以来，沃森就一直不愿放弃任何控制或联系德霍梅格的机会，他甚至不愿取消 IBM 向第三帝国快速扩张的危险计划。然而，时局已变。1940 年 8 月，沃森遇到了最后一次机会，但也可能是最关键的一次机会来与第三帝国撇清关系。

假如沃森允许因勋章事件而愤怒的第三帝国推翻 IBM 在纳粹德国的技术统治地位，假如沃森允许柏林开建自己的穿孔卡工厂，那么，希特勒的数据自动化规划也许会走向毁灭。没人能预估这将给第三帝国的各种活动带来多么剧烈的影响。但有一点是显而易见的：维系着德国战事的 IBM 业务即使没有严重缩水，最终也会被减削。现在，沃森要做的就是答应纳粹分子的要求，放弃德霍梅格。倘若 IBM 失去"技术"这张能牵制德国的王牌，那纳粹分子就可以为所欲为，搜刮任何它想要得到的一切。总之，沃森必须做出选择了。

1940 年 8 月 19 日，沃森指示 IBM 总经理 F.W. 尼科尔打电话联系 IBM 日内瓦办事处的经理 P. 泰勒，表示他万分支持赫斯顾问施特拉特豪斯和德国商人埃米尔·齐格勒出任德霍梅格的董事。沃森还提议让身在纽约的德国前领事奥托·基普担任董事。沃森与奥托·基普相识多年，两人相互信任，胜似亲人；沃森的女儿还是基普之子的教母。如此一来，基普至少能缓和 IBM 与德霍梅格以及德国政府间的紧张关系。1941 年 8 月 31 日，德霍梅格在柏林举行董事会，在纽约办事处的指示下，IBM 的代表投票同意了海丁格尔的提议,此次会议的相关细节也被记在会议记录中。"全体一致表决,霍尔特先生不再是董事会成员。全体一致同意,基普、施特拉特豪斯和齐格勒成为董事会成员。"

然而,沃森不会让德霍梅格脱离纵贯全球的IBM帝国,也不会允许公牛公司和鲍尔斯记账机公司等竞争者侵入自己的领地。IBM自认在纳粹德国创造的新世界中占有正统的经济地位,因此,他绝不会将业务拱手让人。

在接下来的几个月,沃森一直都在斗争。他调用律师、特使和政府中间人保护IBM在希特勒事业中的特殊地位,以便能从中获得利益。沃森不会让任何公司取代IBM。因此,数百万张卡片、数百万条生命和数百万美元都会与希特勒帝国中嗡嗡作响的霍尔瑞斯机器联系在一起。

沃森已经同意将德霍梅格的董事职位授予3名举足轻重的纳粹分子——施特拉特豪斯、齐格勒和基普,但纳粹德国仍不肯善罢甘休,而IBM帝国所遭受的压力仍未减少。1940年8月20日,纳粹当局组织了一个特别委员会来调查德霍梅格。海丁格尔仍坚持要求IBM放弃对德霍梅格的控制,或者直接卖掉德霍梅格。海丁格尔指出,如果这行不通,IBM就得用美元购买他那已经升值的股份。

起初,海丁格尔的举动在IBM看来十分矛盾。一方面,他要求IBM回购他的股份;另一方面,他又要求IBM交出德国子公司的所有权。如果海丁格尔想让尽可能多的股份落到德国人手上,那他为何还坚持要IBM购买自己的股份?这样做只会增加IBM对德霍梅格的拥有权。不过,沃森很快就明白了,虽然海丁格尔此时在帮助德国瓦解德霍梅格,组织德霍梅格的资源来创建一个纯粹的德国卡特尔,但他实质上是想让IBM以美元购买他的股份。随着进程的深入,海丁格尔的意图变得越发明显,为此,沃森的谈判代表试图找到一种方法,以便悄无声息地摆脱海丁格尔。

1940年8月下旬,身在日内瓦的泰勒建议IBM纽约总部通过一份诱人的金钱协议——增加海丁格尔股权的比例,或一次性购买海丁格尔的部分或全部股份以制伏海丁格尔。前提是,他必须取消与IBM签订的特殊协议。泰勒知道,沃森不愿用现金偿付海丁格尔,于是建议IBM用"柏林的部分资金",并补充了一些会计手段。"如果我们以马克进行偿付,"泰勒称,"就能让海丁格尔拿到217.8万马克的卖价,加上因现金收购产生的差价,我们便能以专利费债务的名义从德霍梅格的账户里拿到这笔钱。"为防止海丁格尔转投竞争对手，泰勒还建议 IBM "每年向海丁格尔支付 4 万马克的咨询费，在海丁格尔去世后，这笔钱将继续付给他的遗孀，直到她也去世"。

一份又一份经济和政策分析报告不断在柏林、日内瓦和纽约的 IBM 办事处间传递。这是 IBM 的危难时刻，众多方案在被否定后，又被拿出来重新考虑，继而又被否定。而从头到尾，海丁格尔都坚定自若。

IBM 派驻柏林的律师海因里希·艾伯特是在第三帝国运营外国公司的权威专家之一。当然，在与第三帝国的交易中，IBM 并不是唯一的利益相关者。在军备界、金融界和服务界中，有许多美国企业都牵涉其中，且不愿放弃与纳粹德国之间的交易，因为跟纳粹德国这样的无赖国合作，可以为它们带来超乎寻常的利润。事实上，正是沃森在担任国际商会会长时，引导了这些美国企业进入德国。艾伯特曾向其中的多家公司提供咨询服务，让他们了解保护各自子公司的办法。根据以往的经验，艾伯特给沃森寄去了多达几十页的法律意见书、和解原理以及谨慎的建议。不过，大多数建议都是基于艾伯特早前的观察结果而来。"现在的局势十分严峻，"艾伯特写道，"我们应该这样来看待这个问题，即 IBM 是想在一个安全保险的公司中持有安全的少数股权……还是想控制一家危险的公司，享有烫手的多数股权。"

当时，人们普遍认为纳粹德国侵占欧洲的劲头势不可挡，以德国为中心的经济模式很快就会强加给被征服的欧洲大陆，最终，只有那些受柏林偏爱的企业才能分得一杯羹。新德霍梅格将霸占整个欧洲市场，其少数股份的价值也会比 IBM 如今拥有的多数股份更高。艾伯特强调，在不久的将来"少数股份也比现在的多数股份更有价值"。艾伯特补充说，"股东控制"在德国已成为一种过时的观念，因为第三帝国直接或间接地控制了德国经济的方方面面。艾伯特写道："多数股份并不意味着它所包含的价值高……因为德国境内的每一家公司，每一家工厂，每一项业务都要接受政府严格且彻底的监管。"显然，一家德国公司想继续运作，又不想成为帝国战时经济的一部分，是不可能的。这在几年前就已是不容辩解的现实。

无论 IBM 是成为德霍梅格的少数股东，还是维持绝对控股股东的身份，抑或任命许多重要的纳粹分子进入德霍梅格的董事会或管理层，德国评估 IBM 子公司时都已无关紧要。一切都已真相大白。德霍梅格无法以"雅利安"身份继续存在下去了。"无论是民众还是德国当局，都不再认为这家公司具备德国特性了。"艾伯特坚称。

沃森尝试了各种各样的妥协方案，以挽回自己在德国人眼中的形象。然而，这些方案都吃力不讨好。沃森给德国红十字会捐赠了一大笔钱，但罗特克立即写信发往日内瓦，称德国永远不会接受这份礼物。沃森希望这场风波能逐渐平息，却对此无能为力。尽管沃森早在6月6日就归还了勋章，但此事已过去好几个月，纳粹分子仍旧躁动不安。1940年9月中旬，在中立国瑞典，德国电台宣告沃森是"不受欢迎的人"，不再允许他踏入德国占有的任何土地。

沃森明白，若不和德国达成和解，遭殃的就不止德霍梅格了。虽然IBM在意大利、波兰、捷克斯洛伐克、荷兰、比利时、罗马尼亚、法国和瑞典，以及几乎所有欧洲国家都运营着获利颇高的子公司，但这些子公司都以德霍梅格为中心。因此，这些子公司也可能成为德国的攻击目标。

1940年9月12日晚11点左右，泰勒从日内瓦致电IBM纽约总部，追踪报道IBM子公司因沃森归还勋章一事所面临的压力。泰勒坚称，如果美国参战，那么IBM在被德国占领的挪威建立的子公司——沃森挪威，将是第一批遭殃的对象，到那时，德国会在该公司安置一位德国受托人。此前，泰勒就给IBM纽约总部写过几封信，解释了德国人如何依据德国军事法名正言顺地占领IBM子公司。为了让挪威子公司在美国宣战后仍可生存，泰勒建议沃森制造出一种挪威子公司已被卖给挪威人的假象，当然，IBM纽约总部依然对这家公司拥有绝对的控制权。泰勒说："现在，我们应该考虑是否让挪威子公司摆脱美国总部的控制了。我们得出的结论是，挪威子公司的专利费机制应该调整，且公司股东不应该是美国人。"如此一来，IBM就不会被列为挪威子公司的拥有者。该公司的相关记录会将以下4人列为所有者，他们分别是IBM管理人员霍尔特、米尔纳，以及两名装点门面的挪威人。不过，德霍梅格显然清楚霍尔特和米尔纳这两位美国人是IBM日内瓦办事处的雇员。因此，泰勒提议，再额外添加几名值得信任的挪威人充当挪威子公司的挂名负责人。泰勒强调说："我们可以支付这些新增人员酬金，并让他们持有股份，但大家都心知肚明，他们只是名义上持有这些股份而已，实际使用权仍在IBM手上。"泰勒指出，转移股份不过是大笔一挥的事情，因为，那些股份就在IBM纽约总部。

不仅如此，泰勒还建议将挪威子公司欠下 IBM 纽约总部的 40 万克朗从账面上削减，以进一步使该子公司远离美国人的控制。正如泰勒所言，倘若能通过一系列账面工作抹掉 25 万克朗，再从 IBM 账户中扣除 1940 年约 7.5 万克朗的亏损，以及 IBM 纽约总部 10 万克朗的现金汇款，那这个账户就只剩下约 10 万克朗的余款，对于这个数目，他们可以接受。

在 IBM 其他管理人员眼中，以德霍梅格为中心的 IBM 欧洲帝国正一步步走向毁灭。即使德霍梅格挺过了这次危机，一旦美国参战，德国人也会以帝国资产的名义将其没收。然而，沃森并不这样想，他并不害怕德霍梅格被德国人所指派的受托人夺取，他倒希望真能如此。

在纳粹分子的眼中，英国和美国等国家才是真正的对手。纳粹德国颁布了一条处理外国资产的奇怪律法，这条律法中，犹太人、波兰人和捷克斯洛伐克人等被德国人视为低等种族，与英国、美国等国家之间划分了十分清晰的界限。德国认为，如果美国参战，即便自己能击败它，也无法占领它的领土。无论今后德美之间发生任何战争，德国都希望自己在美国的商业企业能得到受托人的妥善保护和管理，待冲突结束，这些商业企业可以完整无缺地回到德国人手上。同样，第三帝国也会诚恳地保护和管理美国企业，并最终将其归还。在德国，这种完善的外企保管法律仍起着作用。因此，尽管纳粹德国肆无忌惮，且全方位地掠夺了欧洲，但对于像 IBM 这样的"敌国财产"，纳粹德国有一套完全不同的规则。

沃森深知德国这种奇怪的托管制度的益处。就在几年前，沃森在写给德国国家银行总裁亚尔马·沙赫特的信中表达了喜悦之情。"战争（一战）结束后，我来到德国，发现贵国的'外国资产保管者'很好地保护了我的公司，还一丝不苟地管理着这家公司……我深深担忧着德国的命运，也越来越依赖那些我接触过的德国人，无论是在国内还是在国外。"

泰勒在备忘录引用了与"德国没收外国企业"相关的军事指令，并解释称，在战争期间，任何外国企业都要接受纳粹的破产管理，其收益会被安全地冻结在账户中。对此，泰勒在 1940 年 9 月中旬的一封信中写道："我们推测，企业的所有收入都归企业主所有，在战争结束后，这些钱会归还给企业主。"

沃森咨询了艾伯特律师。艾伯特证实，破产管理条例确实没有改变。艾伯特给沃森发去了一份备忘录，他在其中详细清晰地解释道："外国资产托管条例本身不会损害 IBM，因为这条律法旨在管理敌国资产，它的做法非常保守，目的是保护外国资产，使其外国企业能继续良性运营。"

由于 IBM 可能会作为敌国资产被没收，艾伯特禁不住评论道，沃森之所以屈从海丁格尔，是因为沃森是从自身气质、品位、商业政策以及未来展望等方面考虑的。沃森可以信赖艾伯特的判断，因为后者在一战期间就是一名重要的敌国资产托管人。作为精明的商人，艾伯特已享负盛名，现在，他仍将那些在一战期间托管过的公司描述为"客户"。德国以及其他轴心国的敌国资产托管人都明白，当战争结束后，他们极有可能会与被托管方建立起有价值的商业关系。最终，意大利的敌国资产托管人乔瓦尼·法焦利（Giovanni Fagioli）亲自写信给沃森，表明自己已准备好经营 IBM 罗马子公司，并使之赢利。法焦利表示，他希望能在战后和 IBM 合作。

具有讽刺意味的是，比起和平，战争反而能给 IBM 带来更多利益。

按照当前的局势，除非战争结束，否则 IBM 的资产会一直被冻结在德国。事实上，即使 IBM 的子公司由德国托管人接手，那笔钱也仍会被冻结在德国，当然，这笔钱在战争结束后将回到 IBM 手上。正因如此，海丁格尔每天都威胁 IBM，称 IBM 如果出售或降低股权，就是要毁掉德霍梅格；此外，海丁格尔也没停止要求 IBM 用现金购买他手上的股份。然而，海丁格尔忽略了一点：如果德美爆发了战争，他和其他管理人员将会立即被解除管理职务，因为他们本质上仍代表着 IBM。在那之后，德国政府会委派一名具备娴熟商业技巧的托管人取代海丁格尔，管理德霍梅格，届时，艾伯特便可能插手选出某位值得信赖的托管人。事实上，纳粹的财产管理人会孜孜不倦地管理 IBM 在欧洲的所有子公司。一旦战争结束，IBM 就可以坐等收钱了。

托管人在竭尽所能让德霍梅格赢利的同时，也会兼顾第三帝国的利益。为此，托管人将做出一些艰难的决定，而且极有可能会与 IBM 日内瓦办事处合作。因为，在瑞典、瑞士等宣称中立的国家中，存在着许多中转子公司，它们对德霍梅格的供应线而言非常重要。在位于拉丁美洲、非洲以及沦为纳粹德国殖民地的欧洲领土上，IBM 的其他子公司也将和德霍梅格合作，但只能通过间接而纯粹的法律途径。至此，一系列看似合理的推诿现象随之而来。IBM 纽约总部不会再对外抛出问题，而 IBM 欧洲代表以及纳粹官员也不会回答问题。

那些能揭露真相的档案将不会被保存在纽约，而是被保存在欧洲，放置在 IBM 子公司办事处的档案柜里。这样一来，美国就不会发现这些档案，也无法查出 IBM 的欧洲业务。至于那些在战前的业务记录，IBM 纽约总部也选择将其销毁。任谁都无法得知 IBM 纽约总部做过的事情，没有人会知道它是如何利用霍尔瑞斯机器协助希特勒的，也不知道 IBM 欧洲代表与 IBM 纽约总部分享了多少信息。二战爆发后，美国司法部调查员在调查 IBM 与纳粹德国的勾当后无奈地写道："IBM 与纳粹德国站在一条船上，但只能通过间接证据来证明这件事。"

沃森无法获悉欧洲子公司及其管理者掌握的具体信息，不过他并不在乎，因为这些子公司会不断向纳粹政权施压，并依据措辞严谨的合同条例收取每一台机器，每一批穿孔卡，每一个备用齿轮、金属板以及每一次维修服务的费用。1940 年 8 月，当第三帝国官员将机器运出法国巴黎时，IBM 子公司便开始索要费用了。

沃森不能再像以前那样对 IBM 子公司进行全面管理了，这项任务会委托给受沃森信任的高级管理人员，而这些人将因贡献了最衷心的服务、完成了最艰难的任务而获得丰厚的薪水。随后，他们会在各自的 IBM 海外子公司中获得晋升，而这些子公司也会因他们而变得更为强大。IBM 给这些人的福利似乎无穷无尽，就连他们的子女也能从 IBM 获得好处。这些人将会以"英雄"的身份被载入 IBM 的史册。

几十年后，IBM 的计谋才为人所知。当时，IBM 通过欧洲中间人、名义持有人、企业阴谋、好战的德国管理人员和纳粹托管人管理欧洲子公司，因此，我们不可能找到证据去指认 IBM 纽约总部与德国相互勾结。尽管霍尔瑞斯机器因为参与了第三帝国十恶不赦的行径，而被放在博物馆中供人参观，但 IBM 推诿搪塞的能力仍无人能与之匹敌。实际上，在 1933—1940 年，虽然沃森一直在亲自管理着德霍梅格的每一个方面，但从 1940 年 8 月开始，IBM 纽约总部已经确保自己无法知悉霍尔瑞斯机器那些令人毛骨悚然的用途了。对 IBM 而言，这也是件好事。

现在，这个曾将"思考"奉为销售圣经的企业开始修改指导原则了。对纳粹分子罪行的指控不断出现在 IBM 纽约总部面前，因为饱受战争侵扰的子公司管理人员都无一例外地开始在电报中详述困境。然而，IBM 纽约总部却丢弃了这些通讯记录，甚至打算在必要时刻，否认自己接到过这些通讯文件。IBM 隐藏在暗中，随时都可以宣称：虽然自己在战争期间赚取了数百万美金，但并不清楚霍尔瑞斯机器到底用于何处。

现在，沃森底气十足，一旦遭遇攻击，就会毫不犹豫地回击。1940年9月30日，泰勒致电提醒沃森，称德国人可能会接管德霍梅格。对此，沃森决定与海丁格尔展开正面对抗。在此之前，沃森需要一名强大的盟友，而他早已有了人选。

沃森联系了美国国务院。

人脉：一盘精妙的棋局

多年来，IBM 一直在美国国务院里培养着人脉，美国国务卿科德尔·赫尔是其首要对象，当然，还有美国总统富兰克林·D. 罗斯福。不过，IBM 的影响根深蒂固，已渗透美国国务院的各个方面，连技术办事处负责监管海外设施的最低级职员和官员也不例外。事实上，正是这些基层职员和官员为 IBM 提供了大多数服务。

美国国务院驻外事务处的商业专员和官员负责向美国在海外的公司提供帮助。驻外事务处的普通员工在看到赫尔频繁向沃森发送信件，向他表达问候、支持与祝贺后，很快就明白了托马斯·J. 沃森不只是一位普通的美国公民，IBM 也不只是一家普通的美国企业。美国外交官和驻外事务处人员都迫不及待地想取悦这家公司及其杰出的领导人。沃森最终也似乎成为美国的非官方无任所大使[①]（Ambassador-at-large），甚至承担了更重大的职务。对 IBM 有利的事突然变成了对美国有利，IBM 的兴衰成败也逐渐上升为一种"国家利益"。因此，世界各地的 IBM 子公司在进行各种商业活动时，都会将美国大使馆和领事馆官员视为战略伙伴。

这种特殊关系产生于 1936 年底。沃森在当选国际商会会长后不久，就设法让 IBM 获得了前所未有的官方认可，并牢牢握住 IBM 的舵柄。大使、总领事和外交专员经常受邀参加 IBM 的各种活动，而 IBM 也会为他们的行程和住宿做特别安排。IBM 向来欢迎外交官和其他国务院官员登门造访，也会诚邀这些人来参加各种盛会。沃森在美国国务院内部传播了这样一种

---

① 政府中的一种专职。其职责是代表国家领导人与他国政府商谈重要事项、递交国家领导人亲笔信件或视察驻外领事馆等。——译者注

概念：沃森是赫尔最重要的私交，也是罗斯福总统主要的扶持者。当沃森举办活动时，美国国务院的官员通常要经过深思熟虑，才能确定部门代表。而每当要做出某项决策时，十多份备忘录则会在IBM多个办事处以及美国政府多名官员之间传递。

起初，美国国务院的普通官员只会向IBM提供一些简单的合作。例如，1936年秋，美国驻莫斯科第三任大使会定期与IBM办事处协商，以探讨苏维埃政府企图打破IBM垄断地位的事宜；1937年春，沃森与白宫、美国国务院之间频繁通信，商议是否在某次庆典上向法国政府发出官方祝贺。合作是双向的。沃森也会不断与美国国务院官员确定自己繁忙的行程与社交日程安排。

1937年，沃森在柏林国际商会代表大会上接过希特勒授予的勋章后，美国国务院基层官员便开始拥护IBM获得的独特商业优势。这些基层官员的首要任务就是不断帮助IBM避免或减少外贸税务。例如，1937年8月，美国驻法国大使就帮助IBM子公司降低了其在法国的关税税率。数天后，IBM又在捷克斯洛伐克寻求类似的协助。当时，布拉格的税务机关正要提高对IBM征收的关税。于是IBM外事部致信华盛顿贸易协定部请求帮助，表示希望能让捷克斯洛伐克政府将其对IBM征收的关税降回原来的标准。

美国国务院驻外事务处的基层官员有时会竭力讨好IBM。1938年9月28日，在布加勒斯特，公使馆秘书弗雷德里克·希巴德（Frederick Hibbard）发出了一份编号为543，题为《向IBM提供的帮助》（*Assistance Given International Business Machines Corporation*）的报告夸口道："大约一年前，IBM日内瓦办事处的斯科特先生对我们的一位职员表示了感谢。斯科特先生说，在公使馆的建议下，IBM罗马尼亚子公司成功避免了一次税务诉讼。若不是这位职员给予帮助，他就得向罗马尼亚补缴6 000万列伊①的税款和罚款……这次帮助将会纳入公使馆的成就表中。"

IBM高管给赫尔写了一大堆表扬美国大使及美国专员的信件，以此表达自己的感激之情，以及对其工作的嘉奖。

在欧洲，沃森如帝王一般，其一举一动常会受美国外交官的关注并被详细报道。沃森出访挪威首都奥斯陆的情形就是典型的例子。当沃森抵达

---

① 罗马尼亚和摩尔多瓦的官方货币，以狮子为图案，其辅助货币为巴罗。167.2列伊才可兑换1美元。——译者注

奥斯陆后，当地的美国大使立即写下报告："国际商会当地成员的代表团和公使馆的秘书迎接了沃森先生。沃森先生来到公使馆后不久便接受采访，回答了一些问题。他回答问题的方式在报纸上引起了相当积极的反响。"

美国国务院的基层官员为IBM提供服务的愿望似乎永无止境。实际上，当二战战火熊熊燃烧时，美国国务院的一名管理人员还抽空给IBM纽约总部的职员弗朗西丝·穆尼奥斯（Frances Muños）写了一封信，为对方在圣地亚哥的亲人转达了信息："她希望您能帮她购买鞋子。"

美国国务院基层官员如此热心地服务于IBM，也难怪IBM会向美国驻柏林商务专员萨姆·伍兹（Sam Woods）寻求帮助，希望伍兹利用美国政府的影响力对抗海丁格尔。伍兹十分崇拜沃森，很乐意成为IBM的邮差。他不仅隔着大西洋发出外交邮袋[①]（Diplomatic Pouch）和编码电缆[②]（Coded Cable），还为沃森提供了大使馆内的办公设备。更重要的是，伍兹公开加入了IBM与德霍梅格的洽谈，使这次洽谈受到了美国官方的庇护。沃森希望这种庇护能为他带来良好的效果。

1940年10月2日，沃森将一封5页长信放入外交邮袋，寄给海丁格尔。他一反常态，在外交邮袋顶部招摇地写道："承蒙美国国务院应允，将此信送交威利·海丁格尔先生，德国巴伐利亚州施塔恩贝格湖波金格56号。"

沃森在信的开头就摆出了合作的姿态："1940年8月19日，我们致电IBM日内瓦办事处，转告您我们乐于遵守您的要求，同意选任舒尔特－施特拉特豪斯先生、齐格勒先生和基普先生为德霍梅格的董事。随后，于1940年8月31日，我们被告知这三位先生已经按照计划成功当选了……一直以来，我们都热切希望能与您共事，因为我们知道，与您合作能让我们受益匪浅……我们无比尊重您的判断与决策。您对扩大董事会，并推荐以上三位先生进入董事会的建议，我们认为您完全正确。"

同时，沃森还对海丁格尔提出一个要求——除非IBM放弃绝对控股权，否则德霍梅格会有危险。沃森指出，这是一个重大问题，需呈递给IBM纽约总部的董事会全员，并在收集到所有能找到的资料后，对该问题进行仔细研究。沃森补充道："您应当认识到，目前的全球经济局势动荡不安……

[①]指在本国政府与驻外外交代表间传递文件和其他重要物品的一种密封口袋。——译者注
[②]指具有一定编码规则的专用电缆，其通信范围广，抗干扰能力强，兼容性好，适用于恶劣的环境中。——译者注

在没有获得一切可参考的事实和数据之前，对于您出于为 IBM 在德利益的考虑而提出的重大建议，我们无法迅速做出决定。"

IBM 纽约总部很想知道，如果自己不降低对德霍梅格的控股权，也不回购海丁格尔的股份，那么，德方是否真的会削弱德霍梅格的势力，转而扶持另一家企业。沃森这样一位精明的企业家深知，海丁格尔反对 IBM 德国子公司的行动背后隐藏着财政问题。就在这封长信寄出的几天前，IBM 已给海丁格尔提出了一个完全出乎意料的方案。倘若德霍梅格真的因海丁格尔的不忠行为而受到损失，这家子公司的未来价值也会受到不良影响。这样一来，海丁格尔手上的股份也会贬值。换句话说，海丁格尔做出的任何损害德霍梅格的举动，都会使其持有的股份大幅缩水，而这与他的愿望恰恰相反。海丁格尔愤怒地驳斥了沃森的这一观点。不过，在这封 5 页长信中，沃森坚定地说："在以上声明中，我们并没有默认，德霍梅格在 1940 年 9 月 30 日以后的业务不会影响股份的收购。"

沃森继续采取强硬态度，提出了一个让海丁格尔大为震惊的技术性问题。IBM 与德霍梅格在奖金问题上发生了数次争论，而在最后一轮争论中，IBM 只能无奈地签下一份有利于海丁格尔的回购协议。像往常一样，当协议内容起草完毕时，IBM 会在最后一刻决定以口头形式而不是书面形式达成最后的协议。当时，德霍梅格的报告显示其有几百万马克的持续收入流。海丁格尔猜想，如果 IBM 现在回购他的股份，那根据 1939 年的口头协议，每股股价会上涨，这无疑是一笔意外之财。沃森的审计员已估算出海丁格尔的股份价值 270 万马克，而海丁格尔本人坚持认为估值应为 380 万马克。如果能如海丁格尔所愿，以逆汇[①]（Adverse Exchange）的方式用美元收取这笔款项，那么，IBM 将损失几百万美元。

事情当然不会如此简单。沃森在信中宣称："您告知我们，您与 IBM 就价格问题已有过一份协议。很显然，您提到的这份协议是指 IBM 与德霍梅格就收购您的股票提出的协议。当时，我们身为股东，十分乐意对这个提议投票……不过您并没有接受，也没有执行协议。鉴于此，协议里的条款已不适用。"换言之，在这项具有争议的协议达成一年后，IBM 现在可以为自己辩解说，协议没有签名，IBM 不会执行这项协议。

[①] 指由收款人通过银行，委托其国外分支行或代理行向付款人收取汇票上所列款项的一种支付方式。——译者注

"我们之间唯一具有法律约束力的合同，"沃森总结道，"是那份于 1936 年 5 月 8 日在纽约生效的合同……那份合同在柏林的生效时间则为 1936 年 6 月 10 日。"

于是，沃森指出，他们之间需要再次协商，甚至可能需要经过一次持久的仲裁程序。沃森写道："我们收到必要的文件后，会尽快联系您。"

为了让海丁格尔及纳粹分子知道这封信的内容代表了美国国务院的立场，沃森特意在信中写道："德美两国和睦相处，我们相信，德国官方并不想损害美国在德国的商业利益，同样，美国官方也不想损害德国在美国的商业利益……我们相信，在任何商业问题上，双方都会公平地对待彼此。"

沃森的第一步棋下得很成功。海丁格尔意识到除了协商，已别无选择。德国自动化项目是否可行将取决于这次谈判结果。海丁格尔无法做出决定，于是联系了纳粹党中的某位神秘人物，此人熟悉德霍梅格的业务，也深知德霍梅格对第三帝国的重要意义，因此愿意在柏林与沃森派来的谈判代表会面。

1940 年 10 月 26 日，几辆汽车缓缓驶向纽约拉瓜迪亚机场。沃森亲自率领 IBM 高管代表团陪同一位大人物，这个人将会左右德霍梅格，甚至 IBM 整个欧洲事业的未来。汽车停在泛美航空公司的航空站。随后，一位名叫哈里森·昌西的 IBM 律师走出车子，准备登上泛美航空"迪西快船号"（Dixie Clipper），飞往中立国葡萄牙。IBM 内部通讯中发布了一条通告，向员工知会了这次漫长旅程的目的。通告的标题是《昌西先生代表 IBM 乘坐"快船号"出行》（Mr. Chauncey Leaves by Clipper on Trip to Europe for IBM）。这则通告丝毫没提到这群人要造访德国，其副标题也只提及"律师会拜访瑞士和葡萄牙"。

事实上，昌西在到达里斯本（葡萄牙）后，会前往战争中的柏林，以便与仍旧愤慨不已的纳粹分子进行协商。当月的报纸上满是各种触目惊心的报道，让所有想前往第三帝国的人望而却步。在罗马尼亚，随着盖世太保一声令下，美国企业中那些被视为犹太人的员工便受到了残酷折磨。英国人在柏林不断投掷着炸弹，放眼望去，柏林上空像是下起了炸弹冰雹。在维希法国[①]（Vichy France），犹太人遭遇了第一阶段的迫害行动，而在法

[①] 二战期间，纳粹德国占领下的法国傀儡政府。一直到1944年，诺曼底解放法国后，这一傀儡政权才宣告覆灭。——译者注

国之外，无数犹太人被隔离，遭受奴役。如果此时罗斯福对德宣战，那么，很难想象美国人在这片由纳粹控制的领土上会遭遇怎样的悲惨命运。

昌西是 IBM 的管理者之一，已勤勤恳恳地为 IBM 服务了 13 个年头。即便如此，昌西对德霍梅格的核心业务以及德霍梅格对其他子公司的影响力却所知不多，甚至无法正确拼写出新任股东奥托·基普的名字。不过，沃森却十分信任昌西。昌西接受了这个任务，辞别妻子，踏上旅程。昌西理性、好学，他为此次行动制订了一项个人计划，并将之放进旅行箱中。他为这项计划贴上了一张标签——方案。在这份长达 10 页的方案中，昌西像学生一样，用罗马数字和英文字母列举出自己可能面对的挑战：到了柏林，该问什么问题；该使用什么策略处理海丁格尔的财务问题；美国大使会提供怎样的协助。例如，一旦 IBM 被迫就海丁格尔的要求进行仲裁，他就会宣称德霍梅格的价值被高估了，因为该公司的部分业务因战争而来，当前利润率并不正常。

在某些人眼中，昌西就像一名穿着西装的学生。他皮肤白皙，眼神清澈，看起来十分文静。但实际上，昌西却是一位狡猾的律师，极其有耐力，会死缠着对手不放。他抛开不安的情绪，只身飞往危机四伏的纳粹德国，全身心地投入到颇具历史意义的任务中：拯救 IBM 欧洲。正因如此，沃森称赞他为"IBM 中最勇敢的人"。

卡特尔带来的一线转机

一路上，昌西途经百慕大群岛、里斯本和日内瓦，最终抵达德国，舟车劳顿并未浇灭昌西的热情。他在德国的第一站是慕尼黑。昌西在慕尼黑待了数天，一直在与海丁格尔协商。起初，昌西试图与这位情绪化的对手讲道理。面对这位满腹牢骚的德霍梅格创始人，昌西表示沃森想要他继续留在德霍梅格，不想回购他的股份，更重要的是，沃森还希望他能意识到那些可能联合起来对抗 IBM 的竞争对手。不过，海丁格尔并不愿妥协。当时，昌西还以沃森的名义为海丁格尔一家买了一个精美的小花瓶。不过，海丁格尔拒绝了这份礼物。对昌西而言，海丁格尔最引人关注的地方就是他那自相矛盾的观点，还有他为自己精心营造的神秘氛围。

然而，纳粹德国忌讳 IBM 的理由十分明确：对纳粹德国不再忠诚的

IBM 纽约总部，会看到它用霍尔瑞斯机器展开的机密计划。昌西和他在柏林的律师同事竭尽所能，不断向纳粹德国保证，他们不会问及相关问题，也不会了解任何项目细节。昌西还告知海丁格尔，他愿意向任何一位德国的政府官员证明，IBM 并没有获取任何有关德霍梅格的机密信息。同时，昌西代表 IBM 纽约总部再次表达了公司的立场：IBM 纽约总部的人与欧洲子公司的管理人员、工程师和维修人员完全不一样。

没有依据的警报、失败的开端和不胫而走的传闻使事情凌乱如麻，昌西试图用自己理性的律师作风理清这一切，却收效甚微。不过，在慕尼黑度过了漫长的几天后，昌西接到了罗特克从柏林打来的电话。罗特克神秘兮兮，一再坚持要昌西立即前往柏林。从罗特克的语气中，昌西察觉到有一些紧急的事情发生了。

当昌西抵达柏林后，罗特克在电话中提到的紧急事件突然消失了。在战时柏林，这再正常不过，因为模糊的谣言和推测非常普遍。昌西一直希望可以跟某位重要的纳粹官员会面，却一直无法如愿。于是，他找到了身在柏林的 IBM 董事会成员奥托·基普和律师艾伯特。这两人都向昌西提出了各自的想法，为 IBM 的发展提供计划。昌西记下大量笔记，并规划出多种策略来应对可能出现的困境。

昌西一边等着拜见这位神秘的纳粹官员，一边马不停蹄地安排自己与德霍梅格管理人员卡尔·赫梅尔的会议。在昌西看来，赫梅尔的观点会对 IBM 更有帮助，因为赫梅尔和沃森之间始终维系着十分亲密的私人关系。这是昌西获得第一手资料的机会，只有这样，他才能全面了解德霍梅格在战火纷飞的欧洲所执行的业务。

昌西与赫梅尔的这次交谈来得十分直接，并没有遮遮掩掩。在开始时，昌西就像一位在陈述证词的律师，用一种刻板坚硬的方式来获知情绪激动的纳粹分子的看法，为什么退还勋章会受到让他们如此恐怖的威胁，以及德霍梅格是否能平息他们的怒火。

  昌西：您在何时察觉到困境……困境是以什么形式出现的？
  赫梅尔：在战前，他们会拒绝购买我们的产品。在他们看来，德霍梅格是一家美国企业。在此之前，虽然德国政府部门需要我们的机器，但并不愿和我们有商业往来，因为他们认为，部门行动非常机密,所以无法和……美国企业做生意。战争爆发后,这些部门急需大批设备,才最终决定使用我们的设备,但对我们的态度非常差。德霍梅格有35%的业务……与德国政府部门有关。未来,即便德国制造的机器不如我们,德国政府也会使用这些德产机器,而那些私人企业也可能会有样学样。不过,这些企业如今也归政府所管,要让它们改变,也不过是一句话的事。

昌西:也就是说……这一切都只因为他们厌恶与一家美国企业有商业往来?是否有企业因此拒绝了与德霍梅格做生意。

赫梅尔:目前,德国还没制造出机器……问题在于……如果客户到时真的可以在德国机器和美国机器之间做出选择,那情况将大不一样……客户一直在说,等到德国机器出来了,他们就会购买。

昌西:战争爆发后,情况变得更糟糕了?

赫梅尔:当然!不过在我看来,我们的员工与这些客户还存在联系,这很大程度上缓解了问题。很多企业用了我们的机器,但并不情愿!他们会说,"我们不想用美国机器。这是政府下令使用的。"

昌西:他们很反感德霍梅格,但还是使用了德霍梅格的机器?

赫梅尔:考虑到工作需要,他们也没办法。政府开始意识到自己不得不依赖一家美国企业了。

昌西:这种困境开始出现时,以及在战争爆发后开始恶化时,你们没向IBM报告吗?

赫梅尔:斯科特还在公司的时候,情况还没恶化得那么快,且我们认为……这并不比以前严重多少……我们早就习惯他们会拒绝使用我们的机器,因为我们是一家美国企业!

昌西话锋一转,谈到勋章的问题。赫梅尔小心谨慎,但还是向昌西说明了许多德国人心中的愤怒。希特勒和沃森的合照,以及德霍梅格拒绝沃森对德国红十字会捐款的信件就摆在两人面前。

昌西:什么时候……这种困难才恶化到让您觉得……要做点什么了?

赫梅尔:那是在沃森先生退还勋章的时候。这就像一颗炸弹。

新闻还没出现在报纸上时，我们就通过电台广播了解到了这件事。

昌西：您说这件事使矛盾达到了一个不可调和的程度，这是您的个人感受，还是您在客户或潜在客户那里获知的情况。

赫梅尔：沃森先生有自己的立场，我们很理解，不过他的举动确实伤害到了我们。意大利的情况也跟德国一样糟糕……

昌西：对德霍梅格的反感情绪，客户只是嘴上说说，还是真的拒绝跟您做生意？

赫梅尔：您一定要记住，纳粹分子一旦认为自己受到了羞辱，必定会以牙还牙。在退回沃森先生的礼物时，他们就表明了自己的感受。

昌西：那么，他们在拒收沃森先生的礼物时，是否提到了沃森先生退还勋章的事？

赫梅尔：是的。他们说不能接受沃森和IBM的礼物。

昌西：为什么这份礼物是以沃森先生的名义，而不是IBM的名义送出去的呢？

赫梅尔：他们将IBM和沃森视为一体，就像无法将帕特森和NCR分开一样。

昌西：可是，帕特森独占了NCR。

赫梅尔：从那封信的写作风格上看，显然是在沃森先生的指示下写的。

昌西：我能做些什么澄清这一误解呢？这礼物是由IBM送出的，不是沃森先生。

赫梅尔：别试图澄清。他们会礼貌地对待您，然后请您出门，因为他们会认为您承担不起一次侮辱的代价。这是日内瓦在7月24日寄来的信，里面说，沃森先生指示将钱赠出去。

昌西：那么，您是以沃森先生的名义还是IBM的名义送出礼物的？

赫梅尔：我们不敢空口说这礼物是IBM送的，必须把这封信拿给他们看……不然……我们就会有危险。若没有这封信，我们可能已经被送到集中营去了。我们不得不将沃森先生所有的画像撤下来。如果访客或官员看到画像还在墙上挂着，那就不妙了，他们认为沃森先生侮辱希特勒就等于侮辱他们。

昌西：那么，您是在什么时候确认，IBM纽约需要放弃多数控股权？是在沃森先生退还勋章之后吗？

赫梅尔：确实如此……归还勋章让……他们觉得，对我们的厌恶更情有可原。别担心，事情解决后，他们会回复沃森先生的。美国人拒绝给德国棉花，而希特勒说，那我们就自己造棉花。现在，我们有了棉花，还有橡胶等一切不用美元就拿不到的东西。

昌西又谈起了经济问题。德霍梅格值得挽救吗？挽救得了吗？谈到这些问题时，赫梅尔总是含糊其词。事实上，没人知道德国领导人在这种不稳定的战时环境下，会做出怎样的决策。他们是会选择在一气之下将IBM踢出德国，转用那些拼凑而成的穿孔卡系统，即使这需要花费数月，甚至数年来满足第三帝国逐渐增长的需求，还是会采取某种实用的妥协方案？

昌西：那么，你们会在战后会失去大批业务吗？

赫梅尔：我认为……希特勒心里已经有了很多改进计划，现在，您可以在报纸上看到他的住宅计划。我们认为，如果德国真的出现竞争对手，我们就会失去德霍梅格。很少有企业会在战后中断使用这些设备，即便如此，他们也很可能将我们的机器换成德产机器……

昌西：您是在什么时候得知……会有一家新建的德国公司跟德霍梅格竞争？

赫梅尔：很多人都谈起这件事，海丁格尔也认为自己得到了很多内幕消息。有人说，"我们会建一座工厂，到时会让您苦恼不已的。"戈林（希特勒的副手）可能会买下公牛公司的专利权，从而进入制表机市场。您认为，到那时会发现些什么？

昌西：关于收购鲍尔斯记账机公司的事情，您了解多少？我听说，收购者可能不是西门子公司。

赫梅尔：可能是戈林。德国政府觉得进入这个行业的时机已经成熟，就会让戈林负责相关工作。您应该很清楚，这事一旦发生，德霍梅格可能无法在这个行业中生存。我们可以看看公牛公司在法国的业务。公牛公司不想被IBM收购，因为他们不想把公司卖给美国人。令我和罗特克感到安慰的是，虽然德霍梅格已经无法找到新的德国客户了，但我们还有IBM可以求助。我们真心认为应该把目前的威胁告诉你们，如果IBM纽约总部不做出反应，那就糟糕了！我们一直都在遭受非难，沃森先生获得勋章后，情况才有所缓解。这里有一张相片，看，就是沃森先生和希特勒的合照。这对我们而言就是一则很好的广告，当我们想实现什么目的时，就会拿出照片说"您无法拒绝"。无论是面向官员还是客户，这都是一个很好的卖点。而在沃森先生退还勋章之后，情况就发生了改变，甚至比没得到勋章之前更糟糕。

昌西逐步理清了德霍梅格与各个国家的协作模式，了解了德霍梅格在整个欧洲的业务安排。当时，IBM为纽约总部和德霍梅格设计了一种复杂的报酬方式，通常情况下，纽约能获得75%的利润分红，而德霍梅格能获得25%的利润分红。IBM在欧洲各子公司拿下订单后，德霍梅格或直接，或间接，即通过德占区中受其控制的子公司来提供货物——设备、零备件和穿孔卡。IBM那75%的利润分红有时会被送往日内瓦，有时会被送往柏林。而德霍梅格那25%（并非一直是25%）的利润分红则被归为欠款（买零备件时欠下IBM的款项）存入所谓的商品账户（Goods Account）中。不过，由于交战国持续推出新的战时法规，上述流程经常修改，甚至弃之不用。

为得到自己的那份钱，IBM通常会采用两种方式。第一种是通过日内瓦，日内瓦在收到这笔钱后，会将之转移到纽约；第二种是通过德霍梅格，在这种情况下，这笔钱虽然可用于扩展子公司或购买不动产，但在战争结束前都无法转至纽约。现在，昌西想确保德霍梅格仍能遵循这种支付流程。

昌西：关于"不同类型的机器收取的专利费"这个问题，你们是否已和IBM日内瓦办事处达成共识？

赫梅尔：我们有义务支付分类机和制表机的专利费。至于其他机器，外汇局不允许我们支付专利费。分类机的专利权很快就到期了，现在，德霍梅格面临一个很重要的问题，那就是他们是否会拒绝我们向过期专利支付专利费。我们只有获得德国政府的所有许可声明，才能继续支付专利费。

昌西：好吧，IBM 纽约总部想保留所有权利……

赫梅尔：奥地利。IBM 欠德霍梅格 1.9 万美元。这已是五六年前的事了，当时，你们同意用现金支付这笔钱。然而，直到现在我们也没收到这笔钱，每当我们到财务部询问时，都会遇到大问题。

昌西：您认为，有什么办法能让奥地利不受德国制定的法规所管束？维也纳子公司如何？

赫梅尔：奥地利并入德国后，德国的税务人员便声称，IBM 跟德国有商业往来，所以维也纳子公司也要支付德国制定的高额税费。德国税务当局一逮到机会，就会向 IBM 索要高额税费。而且，德国税务当局一直在谴责德霍梅格，认为德霍梅格是 IBM 的重要组成部分，因此它也要承担高额税费……

昌西：有哪些国家或地区已经并入德国？

赫梅尔：奥地利、苏台德地区、波兰、阿尔萨斯－洛林①、西里西亚。

昌西：波希米亚和摩拉维亚保护国呢？

赫梅尔：已被视为德国的一部分。

昌西：波兰的情况怎么样？

赫梅尔：客户已所剩无几，生意几乎都被毁了。波兰子公司一直在用设备租金维持开销，不过，德国政府很快就会勒令这家子公司关门，因为政府不会容忍公司一直亏钱。德恩（Dehn，IBM 波兰子公司的管理人员）说，他做不了生意，因为这个行业如今受到德国人的控制，而德国人是不愿与沃森的公司进行商业往来的。

昌西：可以让德恩来一趟柏林吗？

赫梅尔：可以。

昌西：那到时就让他来这里吧。

赫梅尔：上个月，波希米亚和摩拉维亚保护国……被迫放弃了边境。自那时起，他们就不得不购买新机器了。IBM 日内瓦办事处不能再从我们这里购买机器，即使能买到，也必须全额支付。虽然没有法律明文规定，但德国实际已控制波希米亚和摩拉维亚保护国。

---

①法国东部大区，包括今法国上莱茵、下莱茵和孚日、摩泽尔等省。第二次世界大战期间被德国占领，后又归还法国。——译者注

昌西：那里的员工还属于布拉格子公司吗？

赫梅尔：是的。

昌西：西里西亚现在的情况如何？

赫梅尔：我们已经接管了西里西亚，这地方本来就属于德国。就西里西亚的问题，我们已经跟斯科特达成协议。

昌西：那里的机器是怎么处理的？

赫梅尔：一些机器被送到罗马尼亚或匈牙利，还有一部分被留在原地。IBM不用任何开销，仍可以获得75%的设备租金。

昌西：是份书面协议吗？

赫梅尔：是的。我们还给日内瓦发去了一份复印件，外汇局也同意了这份协议。

昌西：但泽[①]呢？

赫梅尔：只剩一名客户。之前，德霍梅格和日内瓦也曾达成协议。你们在那儿没有客户，因为那些客户都由德霍梅格提供服务，而且，那里的人也不愿和波兰做生意。

昌西：瑞典呢？你们在向瑞典提供机器、零备件和补给品吗？

赫梅尔：是的，其他国家也是一样，只要IBM日内瓦办事处给我们订单，我们就会去完成。

昌西：您是如何收取这笔钱的？

赫梅尔：75%由瑞典支付，剩下的25%由"商品账户"支付。

昌西：涉及美元吗？

赫梅尔：没有涉及。

昌西：假如瑞典冻结了资金，那情况会怎样？

赫梅尔：我们将无法把货物出口到瑞典。不过……德国和瑞典已经达成明确的协议，所以这种情况不可能发生。

昌西：挪威呢？

赫梅尔：和瑞典一样。

昌西：丹麦呢？

赫梅尔：也一样。

---

① 即波兰海滨省的省会城市格但斯克，德国称之为但泽。——译者注

昌西：在挪威和丹麦这两个国家，你们有跟 IBM 的人联系吗？

昌西：当然，我们会提供零备件等货品。

昌西：那么，您是否已向 IBM 日内瓦办事处，以及挪威、丹麦的子公司开具账单了？

赫梅尔：我们向 IBM 日内瓦办事处收取了 75% 的费用。有时……德国政府不同意这种做法，因此我们只能收取全额费用。

昌西：荷兰呢？

赫梅尔：荷兰也一样。

昌西：比利时？

赫梅尔：也是如此。

昌西：法国？

赫梅尔：我们得直接向 IBM 法国子公司（法国占领区）收费，还会交换一些商品。在当前局势下，我们无法向日内瓦方面收钱。我们需要 IBM 法国子公司为我们提供字母机的零备件，然后，我们会依据零件的价值，为 IBM 法国子公司提供纸张。虽然他们想买纸，但我们不想插手这项业务。所以他们就直接向德国造纸厂购买了。

昌西：阿尔萨斯－洛林呢？你们占领这个地方了吗？

赫梅尔：还没有。但有客户曾要我们提供服务。

昌西：谁？

赫梅尔：这个客户只要求过一次服务。

昌西：是法国占领区，还是法国非德占区？

赫梅尔：我们跟法国非德占区没有联系。

昌西：你们没有向该区域供应过任何东西？

赫梅尔：是的。我们帮罗杰·维尔日勒（Roger Virgile，IBM 法国子公司的主管）弄到了购买零备件的许可证。目前，该地区由维尔日勒本人负责。

昌西：那里的工厂是否正在运营？

赫梅尔：据我所知，规模不大。

昌西：意大利呢？

赫梅尔：在 IBM 纽约总部的同意下，我们和 IBM 日内瓦办事处制定了协议，允许我们用 4 台二手美产复穿孔机换 1 台 IBM 字母制表机……我们已收到第一台制表机，第二台会在……一月份到货。他们（IBM意大利子公司的管理人员）急需这些设备。我们将机器打包后送往了米兰……12台二手美产复穿孔机可换3台IBM字母制表机。虽然IBM意大利子公司也在生产设备，但数量极少。

昌西：罗马尼亚呢？

赫梅尔：日内瓦将罗马尼亚的订单交付给我们后，我们会按同样的条件完成订单，即IBM收75%，我们收25%。我们并没有直接向罗马尼亚提供设备，有一小部分设备是从西里西亚送过去的。

昌西：你们每次送出机器，都要获得准许吗？

赫梅尔：不。我们在此前已经谈妥了。

昌西：保加利亚呢？

赫梅尔：也是一样的标准。

昌西：你们向保加利亚提供过机器吗？

赫梅尔：没有。

昌西：南斯拉夫呢？

赫梅尔：什么也没提供。

昌西：你们能够向他们提供机器吗？

赫梅尔：可以，只是运输上有点困难。

昌西继续追问赫梅尔，以了解每个国家的付款细节。自始至终，昌西在提到德占区的IBM子公司时，总是尽可能少说话，一般只会提及被占国的名字。在持续的询问中，昌西从未问及这些设备被用在何处，赫梅尔也没有提供有用的信息。在昌西记下的几十页笔记，以及他与IBM纽约总部之间的大量信件中，这个问题也从未被提及。没有人想谈论这个问题。

1940年11—12月，昌西和IBM律师忙着与德国商界、德国军方、纳粹党的各种要员进行磋商，而这些协商充斥着秘密、困惑和危机。随后，包括昌西在内的一些人开始担心起自身的安危，这使得谈判气氛变得更加紧张。

艾伯特律师撰写了一份整整9页的法律意见书。在这份意见书中，艾伯特坦言，大多数德国军方机构都依赖于IBM设备，因此，第三帝国担心IBM可能知悉机密项目也情有可原。随后，艾伯特写道，第三帝国的担忧并不像表面显示的那样来得毫无缘由，因为德霍梅格的工程师在提供并维护霍尔瑞斯穿孔卡系统时，总会接触到某些内部信息。艾伯特补充说："争辩这种担忧是否为猜想，是没有用的。"尽管如此，艾伯特却力劝沃森要阻止任何想让IBM放弃多数控股权的行为。

昌西原本打算将艾伯特的意见书连同自己撰写的一份长达6页的报告发回IBM纽约总部。但在最后一刻，昌西改变主意，折回了美国大使馆。他在美国大使馆中写下一封信，提醒IBM纽约总部："为了我的安全，请在回信时以代码的形式发送，也不要为信做任何编号。"昌西补充道，他只和大使馆的工作人员分享了信的内容。大使馆的工作人员将信件副本寄送给美国国务院的高级官员审阅，然后，信才被送到IBM纽约总部。

艾伯特没有为那份9页长的法律意见书署上日期，昌西也打算在读完后将其销毁。不过，有了美国大使馆的帮助，昌西还是选择让外交信使将它送到沃森手中。昌西附言称："随函所附的报告是艾伯特的法律意见书，我本打算将这份法律意见书退还给艾伯特，并让他销毁的。"为了避免意外状况的发生，昌西在将法律意见书放进信封之前，撕掉了意见书的首页，因为这一页上赫然印着艾伯特律师事务所的图标。昌西表达了自己的担忧："就像我们的人必须向我报道他们的通讯情况一样，在某些方面，他们也可能要接受德国军事当局的指示。"

有了美国大使馆做担保，昌西在报告中畅抒己见，概述了IBM纽约总部在维系与纳粹德国的战略联盟时可能面临的风险。他还提到IBM与第三帝国的合作可能带来的经济前景："在第三帝国，各种计划都是为了使德国经济昌盛而制订的，那些计划的纲领是'欧洲人的欧洲'，但其真正的意思很可能是'德国人的欧洲'。"

昌西的报告中有这样一段话："毫无疑问，这里的每个人都对战争结果深信不疑，他们所做的一切都是建立在这一基础上……因此，这些人认为，德霍梅格的业务将遍布欧洲，而在欧洲新经济秩序的指导下，德霍梅格将会蓬勃发展，因为届时其他欧洲国家也会广泛使用德霍梅格制造的机器，就像德国现在做的那样……我认为他们是对的……即便德国战败，这些事没有成真……IBM纽约总部也可以恢复以前的业务。"

昌西称，纳粹分子显然认识到IBM的技术对德国实现战争目标至关重要，而且IBM的技术已在德国根深蒂固，不可能被轻易丢弃。昌西指出，考虑到德国军方已"使用了大量德霍梅格设备",如今,想靠新技术取代霍尔瑞斯系统,将会是一项漫长而艰巨的任务。尽管"德国人憎恨德霍梅格,但德霍梅格依然风生水起……总之,德国当局需要德霍梅格的设备"。

事实上,德国已经在反思自己对沃森的敌对行为了,它甚至试图与IBM重归于好。昌西提到,至于那些在法国被纳粹抢夺的机器,"我认为……法国子公司会收到相应的租金"。

昌西建议IBM利用强大的技术优势,因为要想创建一个全新的公司以进入穿孔卡领域是极其困难的。IBM纽约总部若能遏制公牛公司这一竞争对手,那么它的优势会更加明显。尽管公牛机器的质量不错,但它终究只是一家小公司,且产量很低。公牛公司的小工厂永远无法向第三帝国提供足够的机器,以满足第三帝国在欧洲大陆的需求。即使以公牛公司的一家工厂为基础来加大产量,这个过程也要耗费好几个月的时间。希特勒正紧锣密鼓地侵占欧洲大陆,根本没有时间等待。在一篇名为《竞争对手真正出现所需的时间》(*Length of Time for Competition to Come in Actuality*)的章节中,昌西解释道:"除非德国当局或这家新公司能与公牛公司的工厂同时运转,否则这家新公司将要花很长时间,才能……向德国提供设备。"

实际上,沃森已准备好将公牛公司阻挡在纳粹市场之外了。IBM先发制人,在瑞士收购了瑞士公牛的专利权,这相当于合法控制了法国公牛的专利,于是IBM准备通过法律手段遏制瑞士公牛在法国的姊妹公司。它起诉公牛公司侵犯了IBM的多项专利权。此外,IBM认为法国公牛使用的80列穿孔卡也侵犯了IBM的专利权,很快,法院就会下令禁止公牛公司使用这种穿孔卡。因此,昌西估计,即便法国公牛确实试图与纳粹分子合作,但要形成真正的竞争局势,也要耗费很长时间,而且十分困难。

纳粹德国渴望能实现自给自足,也十分恼怒于沃森,但眼前的残酷现实是,它依然需要穿孔卡。不是下个月,也不是下一周,事实上,纳粹德国每时每刻都需要穿孔卡。只有IBM才能提供穿孔卡。

"我倾向于对抗。"昌西直言。然而,想打赢这场战争,困难重重。他明白,IBM面临着一场有关"精神-经济"的两线战斗:海丁格尔变现股权的要求,以及纳粹党接管德霍梅格的指令。这两者显然是有机统一的,但昌西还无法确定这是怎么一回事。

当IBM和海丁格尔争吵不休时,现实再次证明:战争能带来商机。德霍梅格的利润飞速增长，甚至超过了预期，尤其是在纳粹德国侵占比利时、波兰和法国之后。随着德占区领地的扩大，第三帝国对霍尔瑞斯机器的需求大幅上涨，德霍梅格的价值也迅速攀升。昌西表示，海丁格尔所持有的10%的股份，在短短几个月内就增长了10倍之多，估值已高达2300万马克，相当于500万或600万美元，IBM的会计员证实了这一点。昌西预计，倘若德国人同意海丁格尔让IBM回购股权的要求，那海丁格尔在德国的任何一家法院都能胜诉。

昌西提醒沃森，法院可能会没收IBM那存有几百万马克的冻结账户，将之换成美元，以购买海丁格尔高得离奇的股份。为此，昌西一直在苦苦构思对策。"我每天都在关注海丁格尔的行动。"昌西称。

至于IBM与纳粹党的斗争，昌西重申："我愿意尽全力向德国当局表明，我们的管理人员没有必要对外界透露德霍梅格客户的行动……但我连他们的一个人影都见不到。"机会很快就来了。在暗中观望数周后，埃德蒙·费森迈耶（Edmund Veesenmayer）博士终于亮相。

费森迈耶：希特勒的刽子手

埃德蒙·费森迈耶住在利歇尔费尔德奥古斯特街12号，邻近德霍梅格的柏林总部。直到1940年12月初，费森迈耶才让昌西得知自己的存在。费森迈耶是一位寡言少语的纳粹分子，但他很有权势，且令人敬畏。他协助执行了希特勒的欧洲计划以及毁灭犹太人方案中最令人瞩目的部分。费森迈耶可以近距离接触元首，经常被希特勒传唤过去进行磋商。他提出的主张极具争议性，却往往被证实是正确的。虽然费森迈耶会自豪地穿着全套制服，戴着纳粹党的军阶徽章，但他并不喜欢现身于发生暴乱和满是犹太人的场所，反而喜欢待在会议室和大使馆里。当东欧爆发最惨无人道的暴行时，一直潜伏在暗处的费森迈耶就是希特勒最有力的推动者。

1904年，费森迈耶出生于巴特基辛根县的一户天主教家庭里，田园般的巴特基辛根县就位于德国巴伐利亚州那郁郁葱葱的森林和连绵起伏的丛山之间。费森迈耶自小就对政治经济学产生了兴趣，后来，他如愿成为德国慕尼黑技术学院经济学与商业管理系教授。1932年，28岁的费森迈耶加入纳粹党。1933年，当国家社会主义大行其道时，费森迈耶成为威廉·开普勒①（Wilhelm Keppler）的私人秘书兼经济顾问。这样一来，开普勒就变成了费森迈耶联系元首和德国要员的中间人。

开普勒不仅是希特勒的私人经济顾问，还是德国与美国企业的联系纽带。由于他与伊士曼柯达电影公司（以下简称柯达公司）②有着密切的联系，因此，美国军事情报局在报告中将开普勒称为"柯达人"。事实上，开普勒能有如此了不起的成就，要归功于柯达公司。在希特勒上台前，开普勒曾在几家生产照相明胶的公司中担任管理职位，其中有一家公司会向位于美国和英国的柯达公司出口大量产品。开普勒曾创办一家专门生产照相明胶的公司，正是柯达公司资助了他大量资金。希特勒掌权后，开普勒向美国企业建议裁掉犹太员工。他不仅与美国的国际电报电话公司和NCR维系着良好的关系，还充当着希特勒与通用汽车等商业巨头的中间人。

借助开普勒的关系网，费森迈耶加入了国际电报电话公司和标准石油公司的德国子公司董事会。他游走于不同的管理圈，传播着大财阀的观念。

然而，费森迈耶不只是企业联络人，他还是德国外交部部长冯·里宾特洛甫（von Ribbentrop）最重要的调停人和先遣人员。作为希特勒反犹战争的幕后组织者，费森迈耶这位擅长灭绝犹太族群的技术专家无疑是无价之宝。费森迈耶对统计学和霍尔瑞斯系统倍感兴趣。对于他为第三帝国反犹灭绝机器的迅速崛起所做的贡献，美国军事情报局描述道："这项令人惊叹的事业使他能在东南欧地区的事务中大展拳脚，看来，东南欧要遭殃了。"

1938年3月，德国合并奥地利，而在此前的几个月里，费森迈耶一直充当着第三帝国外交部派驻维也纳的首席经济专家。1938年3月12日，第三帝国接管奥地利的前一天，费森迈耶从维也纳将海因里希·希姆莱接到德国大使馆，并协助希姆莱成立了新的奥地利纳粹政权。然而，第二天，在奥地利傀儡政府真正成立前，希特勒就已经吞并了整个奥地利。

1939年3月初，费森迈耶前往伯拉第斯拉瓦，协助第三帝国破坏捷克斯洛伐克，建立斯洛伐克傀儡政权。1939年3月11日，费森迈耶载着两名精选的斯洛伐克领导人抵达日内瓦拜见开普勒，之后，这一行人飞往柏林与希特勒见面。当日，费森迈耶发电报告知第三帝国外交部："所有犹太

---

① 希特勒的私人经济顾问。——译者注
② Eastman Kodak film company，即柯达公司，世界上最大的影像产品及相关服务产品的生产商、供应商。总部位于美国纽约罗切斯特。——译者注

人都在我们手上。"1939年3月15日，捷克斯洛伐克正式瓦解的这一天，费森迈耶留在了伯拉第斯拉瓦。很快，那里的犹太人就会被识别出来。

费森迈耶经常与外国激进分子联络。1940年初，费森迈耶受命接洽两名拜访柏林的爱尔兰共和军①。不仅如此，费森迈耶还在罗马会见了两名极端的反犹分子——来自耶路撒冷的穆夫提②阿明·侯赛尼（Amin Husseini）和伊拉克前首相拉希德·阿里·盖拉尼（Rashid Ali Gailani），随后，费森迈耶护送这两个人前往柏林与希特勒见面。

1941年4月，费森迈耶出面撮合南斯拉夫法西斯主义者和克罗地亚的民兵组织乌斯达莎达成书面政治协议，使克罗地亚在德国外交部的支持下，作为纳粹代理人继续掌权。就在这份书面协议达成的同一天，德国入侵了克罗地亚首都萨格勒布。乌斯达莎民兵组织可在费森迈耶的监管下自由行动，而联系乌斯达莎领导人巴维里契（Pavelich）的工作自然落在了费森迈耶身上。在战时的反犹暴动中，若论残暴程度，没有任何组织比得上乌斯达莎。狂热的乌斯达莎以纳粹"卐"字符为装饰，以链锯、斧头、刀子和石头为武器，残忍杀害了上万名犹太人，许多犹太妇女在遭到强暴后，甚至被肢解或斩首。更为惨绝人寰的是，乌斯达莎的领导人会戴着由舌头和眼球串成的项链在萨格勒布游行，而这些器官都是从犹太妇女和儿童身上取下的。巴维里契喜欢将装有犹太人眼球的柳条篮当作礼物送给外交访客。

1940年11月末，在处理完与爱尔兰共和军有关的任务后，正式为乌斯达莎做幕后工作的4个月前，费森迈耶致电海丁格尔和艾伯特，告知他们第三帝国对德霍梅格的看法。随后，费森迈耶与昌西见了面。

与费森迈耶博士会话的备忘录

发件人：昌西，柏林

收件人：IBM纽约总部

费森迈耶博士是开普勒博士的左膀右臂。我了解到，开普勒博士长久担任希特勒的私人经济顾问。开普勒博士是某个纳粹党机构

---

① 反英国政府的武装组织。因长期采用暴力政治活动而被多国视为恐怖组织。——译者注
② 伊斯兰教教职称谓，在伊斯兰教社会生活中具有崇高的地位。——译者注

的领导者,这个机构叫……政策与经济部。该机构并不是政府的官方组织,却拥有极大的权力……因为该机构能指示……政府做出相关的经济政策。

海丁格尔先生收到开普勒博士的邀请,或者传唤时,我刚好在场。次日上午,当看到艾伯特博士后,他告诉我,自己一夜无眠……在此之前,他一直与海丁格尔先生就德霍梅格的所有重组事宜进行激烈探讨……唯一的问题是,德霍梅格的管理者是否足够强大,能承受这次斗争,以及IBM的机器及其价格是否具有竞争优势。

艾伯特博士并没有将他与海丁格尔先生、开普勒博士的谈话内容告诉我。随后,艾伯特博士又和费森迈耶博士进行了交谈,这次,他将谈话内容告诉了我。艾伯特博士说,费森迈耶博士透露,德国政府在任何情况下都不会强迫IBM放弃多数控股权,但对IBM而言,放弃多数控股权似乎才是比较明智的做法。

费森迈耶博士要求艾伯特博士和海丁格尔先生就重组问题商定一个计划,还要求我在IBM董事会的批准下,以书面形式同意这一计划。艾伯特博士试图说服我,但我拒绝了,因为我认为这种临时协议最终会成为正式协议……如果IBM不愿批准这一协议……那IBM与德国官员的关系只会变得更加尴尬。我告诉艾伯特博士,我只能授权他转告费森迈耶博士,"哈里森·昌西已经收到了多个计划方案,之后会转交给IBM"。

艾伯特博士告诉我,费森迈耶博士当时表达了想要见我的意愿,不过不是在他的办公室里,因为他想进行一次私人谈话。一开始,我被安排在午餐时间与费森迈耶博士会面。不过有一天,艾伯特博士告知我他第二天就要去见费森迈耶博士……过后,艾伯特博士打电话告诉我,让我跟着他一起去费森迈耶博士的办公室。

费森迈耶博士对我说,美国企业和德国企业之间若能达成友好协议,会为双方带来诸多好处。他还说,想在德国拥有企业的美国公民也不在少数。我告诉他,我明白拥有一家全国性企业将会给企业家们带来怎样的好处,无论是在德国还是在其他国家。我也指出,无论IBM是部分占有德霍梅格,还是拥有整个德霍梅格,德国都可以轻易培养其他企业来与德霍梅格竞争……我询问费森迈耶博士,

IBM倘若真的放弃了多数控股权，可以获得什么保证以保护剩下的少数股份。他（费森迈耶）回答，他无法提供书面保证，不过，如果德国政府同意为德霍梅格增加资本，并将德霍梅格交予德国人管理，那IBM就不用担心少数股份得不到保障了。虽然费森迈耶的英语说得并不流利，但我还是听懂了，费森迈耶说自己在重组国际电报电话西班牙子公司的过程中发挥了重要作用。

随后，我试图通过艾伯特博士来获知费森迈耶博士还帮助重组了哪些美国企业。艾伯特博士回复说，他不能将这些企业的名字告诉我，但他可以告诉我，费森迈耶博士刚刚和另外两家美国企业商定了协议。虽然我知道已有三家已接受重组的德国企业，但我没有机会记下这几个公司的德文名字，也不知道它们与哪些美国企业有关系。

开普勒博士似乎有意让基普博士处理海丁格尔先生的事情。情况可能真是如此，但我认为，海丁格尔先生并没有亲自接触到开普勒博士或费森迈耶博士，因为在我去拜访费森迈耶博士时，他和艾伯特博士一样紧张。不过，海丁格尔先生可能通过他的朋友，让开普勒博士参与了此事。

昌西在见到费森迈耶后不久，便收到了艾伯特的便条，这张便条既没有署名，也没有附上地址，只是一张打着几行字的纸条。昌西以外交邮袋的方式将便条转递到纽约。

和您讨论了IBM事宜的人就是费森迈耶博士。他是外交部部长开普勒博士的得力助手，也是纳粹重要党员，常被授予特殊任务与责任，例如，他会处理一些政治经济问题。费森迈耶先生确认了官方态度，称不会强迫IBM将多数控股权转交给德国人，但他认为，转交控股权这种做法是可取的。他建议您立即报告此事给IBM，收到回复后，即刻将信息传回柏林，以便执行此项计划。

各种事情纷至沓来。1940年12月5日，海丁格尔突然同意降低股价，接受390万马克的股价总额。而且，他不再坚持只收美元，而是同意IBM

用冻结在德国的马克来偿付。不久后,海丁格尔拟定了一份合同,并于1940年12月13日在上面签署了自己的名字。

IBM认为自己与海丁格尔的战争可以暂时告一段落了,至少目前是如此。然而,迫使IBM放弃多数控股权的压力仍旧很大。与此同时,对于IBM设备的用途,纳粹始终守口如瓶。昌西刻意不去询问这些机器的额外用途,相反,他再三表明IBM纽约总部会是第三帝国最忠实的供应商。昌西开始组织资源来满足德国在法国占领区的需求,并宣称IBM已经准备好将波兰子公司并入德霍梅格,甚至提出让德霍梅格的市场范围扩展到苏联——德国准备入侵的国家。

一项新计划逐渐浮出水面。第三帝国希望将德霍梅格与德占区的所有IBM子公司整合成无所不包的德国卡特尔,由负责管理穿孔卡的帝国机构——MB监管。为进一步强化这个卡特尔,第三帝国计划让德霍梅格吸收鲍尔斯记账机公司在欧洲的分支机构,以及德占区的所有竞争对手,如法国的公牛公司和荷兰的卡梅特克公司。和迫击炮一样,穿孔卡设备会在饱受战火侵扰的欧洲国家之间转移,以给有需要的地方使用。一旦完成任务,设备便会转移到另一处有紧急需求的地方。在计划中,这个德国卡特尔的支柱是发展良好的IBM意大利子公司、IBM法国子公司和IBM荷兰子公司。事实上,一位名叫海因茨·韦斯特霍尔特(Heinz Westerholt)的特殊雇员(纳粹党在德霍梅格的直接代理人)已经前往法国,着手处理维希政府和法国占领区的相关事宜。德国假手法国当局,正尝试整合公牛系统与霍尔瑞斯制表机、分类机。

规划中的穿孔卡卡特尔可以帮助第三帝国独立完成各种重要的项目,既不用向IBM的管理人员发出请求,也不用接受沃森的管理。这个以IBM子公司为基础的德国卡特尔和沃森在非欧洲区的IBM形成了两强相争之势。

最终,沃森动用一切技术、法律、金融和政治手段,重挫了这个尚处在萌芽状态中的卡特尔。1941年中期,纳粹分子终于确定,从技术上整合霍尔瑞斯机器与其他系统是行不通的,而且即便整合了,其系统也会变得十分低效。尽管满不情愿,但德国仍需要与沃森签订协议,让沃森以合理的价格为自己提供任何机器,而且保证自己不会插手IBM管理人员和工程师所接触到的详细信息。讽刺的是,纳粹德国的妥协让沃森备受鼓舞。

IBM在设计程序、印刷卡片和维修设备的过程中,不可避免地了解到希特勒政权对霍尔瑞斯系统的使用细节。不过，沃森及其董事们可以在高管层的大门前竖起一道"合理推诿"之墙。从理论上讲，在IBM纽约总部的大厅内，只有那些可以直接和IBM日内瓦办事处的管理人员，如IBM欧洲区总经理斯科特联系的高层才能获取IBM欧洲的相关消息。但事实上，任何一道墙最终都会出现裂缝，墙内的景象难免让人浮想联翩。不仅如此，沃森的信息、指令、要求和批准还是如此详尽地传递到了欧洲，而这还将持续多年，直到1944年。

IBM纽约总部授权子公司的管理人员与MB等第三帝国机构商定设备租赁和维修协议。在获得IBM纽约总部的批准后，子公司的管理人员便可以着手执行相关的欧洲项目，并将设备转移到不同地区，以优先满足某些客户的需求。这些管理人员也获得了纳粹官方的准许，可以在中立国、德占区以及德国之间自由行动。他们会定期给IBM纽约总部发送信件和报告，有简单的手写便条，也有晦涩难懂的销售报告、设备状态报告，或者是周密详尽的月度总结。这些信件和报告都会经中立国，再从受轴心国控制的子公司送往IBM纽约总部。

如果时间紧迫，日内瓦高管就会直接致电IBM纽约总部。他们会用代码或暗语与IBM纽约总部交流，虽然语句模糊不清，但双方的交流总是畅通无阻。IBM欧洲区前总经理约翰·E.霍尔特在战争初期曾敦促一位IBM纽约总部的同事："当我们向斯科特发电报，获取所需信息时，请小心措辞，以便通过审查。因为，任何涉及军事行动的信息都可能让收信人和发信人惹上大麻烦。"

来自欧洲的报告、总结、电报和电话源源不断地为IBM纽约总部提供着信息，使它能实时了解IBM在法国、意大利和瑞典的经营情况。IBM纽约总部还能查到所有IBM设备的序列号和位置，以及具体将哪一台机器送往了德霍梅格或德国军方。IBM纽约总部甚至能实时追踪进入第三帝国及德占国家的所有设备和零备件，不论是最复杂的排序器，还是最简单的分类刷头。尽管德霍梅格发生了骚动，但在1940—1941年，IBM纽约总部仍可以根据最新的市场信息做出决策，例如，为满足纳粹德国的需求而建立新工厂、增加新工厂的库存量，以及逐年增订价格不菲的机床。此外，IBM纽约总部还会监控造纸厂的产量，并预估可能出现的短缺情况，以防患于未然。

IBM会定期将数以百万计的穿孔卡直接从美国，或经由瑞典与非洲殖民地间接送往受纳粹控制的波兰、法国、保加利亚和比利时。当IBM在美国的印刷机无法及时完成订单时，IBM子公司就会自行在不同国家之间运送穿孔卡。

任何报账和审计都是以法郎①和里拉②为货币单位进行计算的。子公司的管理者会诚恳地将开销项目上报IBM纽约总部，静候纽约的批准或否决。甚至连法国子公司的员工在公司食堂吃午餐时多花了1.5法郎购买果酒的事，也会被告知沃森。

1940年12月，时局突变。不过，纳粹分子试图建立MB卡特尔的热度仍然不减。此外，希特勒利用霍尔瑞斯系统完成特殊任务的计划经过不断演变，已开始成形。当昌西无意中提及与卡特尔有关的问题时，德霍梅格的管理人员会故弄玄虚地说："这里有集中营。"1940年12月13日，昌西致信沃森："我告诉赫梅尔，收购公牛公司的时机已到，他却暗示我说，公牛公司可能已经被其他企业收购了。当我想了解具体情况时，他却缄口不言。跟这些人在一起谈话的时候，他们总会说起集中营之类的事。"

1940年12月17日，昌西谈起了海丁格尔的问题，认为他可能倒戈，并摧毁德霍梅格。赫梅尔先让昌西发誓保密，然后才向他透露："海丁格尔永远都不会打击德霍梅格。"随后，昌西向IBM纽约总部报告，称他"会跟紧赫梅尔，希望他不会畏首畏尾，说一句'这里有集中营'，然后又闭口不言了"。

几乎在同一时间，奥托·基普神秘地对昌西说，最好不要让德霍梅格的主管持有股份，即便是象征性股份。基普的这一举动让昌西非常吃惊。1940年12月13日，昌西致信沃森，他在信中模棱两可地写道："基普先生认为，我们不应该给德霍梅格的主管任何股份，这是他了解到一些事情后得出的结论。"跟以往一样，他通过美国大使馆寄出了这封信。

昌西多次在信件中向沃森表示，德国在整个欧洲德占区内广泛地使用霍尔瑞斯机器将会为IBM带来巨大收益，因此绝不能放弃。艾伯特描绘了一家极具吸引力的穿孔卡垄断企业，该企业将会统治"德国未来的经济圈，不

---

①法国于2002年之前流通的法定货币单位。二战以后，法郎先后贬值5次，贬值幅度达90%。——译者注
②意大利、梵蒂冈、圣马力诺等国的货币单位，现已被欧元所取代。——译者注

仅包括第三帝国不断扩大的领土，还包含……中欧、巴尔干半岛及非洲"。

艾伯特解释说，沃森若想继续充当大德意志帝国的成员，那他不仅要同纳粹德国做生意，还得让德霍梅格成为第三帝国的有机组成部分。在一封写给沃森的 21 页推荐信中，艾伯特委婉地描述了费森迈耶博士期望看到的德霍梅格："德国现有的经济体系，要求每一家企业都必须毫无保留且忠诚地成为这个体系的一部分，这是在国家社会主义领导人的引导下形成的。重要的是……德国经济的领导精神，而不是股份在谁手上……德国企业的商业策略……必须与德国的国家利益完全统一，这是德国企业管理者所需承担的责任。当然，如果德霍梅格的利益没有得到良好的保护，不管是因为当事人在重压下变得心力交瘁……还是因为从本质上而言，每个当事人都持有截然相反的观点……那么，德霍梅格将受到极大的影响。"

沃森愿意合作，正如他在第三帝国成立以来所做的那样。不过，为何第三帝国一定要 IBM 放弃德霍梅格的多数控股权？这对沃森而言是无法忍受的退让。但无论如何，一切似乎已成定局：IBM 成了旗下子公司的少数股份所有者。

IBM 只有将自己在德霍梅格的股份降至 50% 以下，那些预期中的竞争对手才会受到压制，同时，沃森的利益才得以保全。然而，沃森并没有得到书面担保，这让 IBM 无法安心。昌西致信沃森，他指出："费森迈耶博士说……他没有权利为我提供任何书面声明，这次交易必须得到德国政府的批准，这对我们来说已经足够了。"昌西还报告了自己与德意志银行主管金姆利希（Kimlich）博士的谈话，表示金姆利希博士的观点与费森迈耶博士的观点一致。昌西写道："金姆利希博士说，他所在的机构，即德意志银行，将为我们解决所有竞争对手……但是，金姆利希博士并没有对此做详细说明，只是再三重复着以上这句话。"

放弃多数控股权也让昌西苦恼不已，因为这违背了他对原有利益的设想。"IBM 在德霍梅格的利润将会降至 50% 以下，"昌西向 IBM 纽约总部抱怨道，"在德霍梅格未来的收益中，IBM 从中获得的那部分利润也会等比例下降。" IBM 想要名利双收，既能继续充当德国在欧洲区的商业伙伴，又能保留所有的利润。

只有沃森有权决定是否放弃多数控股权。昌西向沃森和 IBM 纽约总部的高管表示，他已经答应费森迈耶，会飞回美国将相关信息告知 IBM 高管，之后再飞到柏林，亲自将IBM的回复转达费森迈耶。

现在，无论是在第三帝国的反犹战争中，还是在IBM的业务纠纷里，费森迈耶都扮演着特殊的角色。而随着人口统计和种族分类继续在毁灭犹太人的暴动中起着越发重要的作用，IBM与第三帝国也将紧密连接在一起。昌西不厌其烦地与费森迈耶等人探讨IBM在欧洲的前景，这也迫使他这位年轻的律师一直逗留在柏林和日内瓦，直至1941年3月下旬。

在昌西动身前往纽约仅数天后，费森迈耶便来到南斯拉夫处理第三帝国与乌斯达莎的事宜。1940年4月初，费森迈耶着手和克罗地亚领导人以及乌斯达莎商谈"一份关于权力交接的详细计划"。

最终，费森迈耶不再只是希特勒毁灭族群的信使了。不久后，他将作为一名技术规划员，策划出真正意义上的种族灭绝计划。

1941年秋，费森迈耶的计划拉开了序幕。当时，德国驻南斯拉夫公使弗里茨·本斯勒（Fritz Benzler）请求上级指派一名专家来处理关于犹太人的困难局势。于是，外交部派出费森迈耶。同年9月8日，费森迈耶和本斯勒提议将塞尔维亚的8 000名犹太人放逐到罗马尼亚境内的多瑙河流域，以待进一步处置。不过，由于柏林方面没有及时回应，费森迈耶及其同事在48小时后向德国当局发送了一封信件："快速而严厉地处理塞尔维亚犹太人是最紧迫的事情……这需要德国外交部向塞尔维亚的军方负责人强力施压。这样一来，塞尔维亚政府就不会反对我们的行动了。"

很快，这封信被交到了第三帝国犹太事务专家阿道夫·艾希曼的手上。他的回复简单明了："艾希曼提议射杀。"1941年9月28日，在塞尔维亚地区的德国总指挥官打算将这8 000名犹太人聚集起来，立即消灭。1941年10月上旬，德国陆军指挥官与塞尔维亚各市的市长和警察，开始快速搜集每座城市、每座乡镇的犹太人。随后，大批犹太人先被运到偏远地区，后被统一押送到一个露天采矿场。德国士兵命令他们跪在采矿场的一条沟渠上，然后在十步之外，用步枪一排接着一排地射击这群受害者的头部或胸部。就这样，成千上万名犹太人倒地而亡。

数天后，德国外交部指责本斯勒和费森迈耶过分参与了技术层面和军事层面的事宜，并提醒二人，他们只负责组织运送犹太人等事项。

1943年7月，德国外交部部长里宾特洛甫希望斯洛伐克总统季索（Tiso）加快"清除"犹太人。斯洛伐克人显得很不情愿，因为德国当前的战争局势并不乐观，而斯洛伐克领导人无法继续宣称对种族屠杀毫不知情。1943年12月，费森迈耶再次受命前往伯拉第斯拉瓦。在与艾希曼手下的专家迪特尔·威斯里舍尼（Dieter Wisliceny）的一次会面中，费森迈耶愤怒地回顾了艾希曼提供的一份详细的统计学报告，其内容关于如何处置斯洛伐克犹太人，无论是血统上的犹太人，还是宗教信仰上的犹太人。费森迈耶急不可待地想采取行动，甚至发誓要将这个问题告知季索总统。最终，季索在与费森迈耶交谈后，同意将剩下的1.6万~1.8万名未改变宗教信仰的犹太人运送到集中营。不久，1万名受洗的犹太人也被运到了那里。

1944年春，费森迈耶在元首的总部工作了一段时间后，再次东行。这一次，他作为公使前往匈牙利。费森迈耶接受的指令是在布达佩斯组建新的傀儡政府，并管理匈牙利铁路的运行。

这是费森迈耶第一次全面掌控德国在一个傀儡国家的事务。在布达佩斯，费森迈耶和艾希曼结成联盟，两人通力合作，精心策划了一个毁灭匈牙利犹太人的方案。依据费森迈耶在1941年得出的人口统计数据，共有724 307名犹太人居住在匈牙利，另有6.2万名匈牙利居民在血统上被认为是犹太人。然而，曾经狂热反犹的匈牙利领导人却不愿意继续迫害犹太人了。同盟国宣布，在战争结束后，将会设立军事法庭来处理种族屠杀问题；中立国的领导人及天主教教廷所在地梵蒂冈也不断向反犹分子发出警告；苏联部队也从东部不断挺进。对此，匈牙利人感到惶恐不安。

然而，在艾希曼的支持下，费森迈耶还是和那些无视同盟国，且听从希特勒指令的匈牙利领导人敲定了权力共享协议。为确保能紧密监控匈牙利的事务，费森迈耶还在匈牙利犹太事务办事处安插了自己手下的专家，以监督一系列反犹指令的下达与执行情况。费森迈耶指出：“在现有局势下，这个过程进展得很快。”

几周后，财产没收和强制性集中这两项任务几乎完成，驱逐计划正式启动。包括布达佩斯在内，费森迈耶将匈牙利分成了5个区域。不过，由于第一区——喀尔巴阡山区，没有足够的货车，费森迈耶需花费整整7周才能完全转移该地区的犹太人。1944年4月20日，费森迈耶向外交部抱怨说，他找不到足够的货车来完成任务。至4月底，两列火车出现在喀尔巴阡山区。随后，每列火车各自载着4 000名小陶尔乔拘留营的犹太人出发了，目的地是：奥斯维辛集中营。

费森迈耶很快学会了如何定位货车，并能有条不紊地安排这些货车驶进和驶出匈牙利。效率提升后，每个区域的犹太人只需 10 天就可被转移。1944 年 6 月下旬，所有区域的犹太人都被清除完毕，那 437 402 名犹太人不再属于匈牙利。然而，一个新问题随之而来——布达佩斯的犹太人是否也应该被逐出匈牙利。匈牙利领导人憎恶犹太人，但更害怕战后的罪行审判。不过，费森迈耶并不在乎苏联人离匈牙利有多近。就在这时，匈牙利元首、海军上将霍尔蒂·米克洛什（Horthy Miklos）使形势陷入僵局：艾希曼让一列满载着犹太人的火车开往某个死亡集中营，可当火车到达匈牙利边界时，霍尔蒂·米克洛什却命令火车停下，掉头开回布达佩斯。

米克洛什最终罢免了费森迈耶安插在匈牙利的傀儡领导人，并下令逮捕他们。对此，费森迈耶强烈抗议，并向柏林方面抱怨。里宾特洛甫致电费森迈耶："元首希望，针对布达佩斯犹太人的措施不会因匈牙利政府的事而推迟……在执行措施时，任何拖延都不可被允许。"

随后，费森迈耶警告米克洛什说，柏林方面会增派 2 支国防军武装部队前往匈牙利。不过，米克洛什仍拒绝合作。最后，费森迈耶下令绑架了米克洛什的儿子。米克洛什的儿子被人用毛毯卷走，并载到了机场，他将被带往奥地利的毛特豪森集中营。费森迈耶威胁说，如果匈牙利继续对抗德国政府，就开枪击毙小米克洛什。

几经波折，匈牙利领导人最终做出妥协，同意将 5 万名犹太人驱逐到奥地利，布达佩斯剩下的犹太人也会被送往集中营。自 1944 年 10 月 20 日起，无论昼夜，每天都有成千上万名惊恐不安的犹太人被拖出住宅。因此，托运犹太人的货车又不够了。但费森迈耶并未放弃，他在几天内聚集起 2.7 万名犹太人，迫使这群犹太人开始了一次死亡之旅——徒步走到奥地利边界。绵延数英里的犹太人队伍从布达佩斯出发，前往奥地利，一路上总有一排排倒在地上的犹太人尸体阻碍着队伍前进。费森迈耶报告说，每天都有 2 000 ~ 4 000 名犹太人加入行军队伍。这一路，千千万万名犹太人因疲惫不堪、日晒雨淋和食不果腹而死去。这是名副其实的死亡之旅。

战争期间，IBM 为欧洲德占区几乎所有的铁路部门提供了精细的霍尔瑞斯系统。要想追踪某一天里，欧洲地图上的某个特定的地点有多少列货车及多少台机车，都需要霍尔瑞斯系统强大的计算能力。穿孔卡系统可以确认每列货车的具体位置以及载货量，并规划出最高效的货车使用方案。

事实上，追踪货车的主要方法就是通过在欧洲各地铁路枢纽中安装霍尔瑞斯系统网络。有了 IBM 设备，铁道部门每 48 小时就能更新一次货车信息；如果没有 IBM 设备，要想获取货车的位置信息，至少需要两周，在战争环境下，这种延迟性信息毫无用处。仅 1938 年，欧洲各大铁路就用掉了 2 亿张穿孔卡。波兰的铁道系统是 IBM 波兰子公司的大客户，每年使用的穿孔卡超过了 2 100 万张。纳粹同盟国——罗马尼亚，其铁道部也借用了安装在通讯部的大量 IBM 设备。

在南斯拉夫这个受费森迈耶与乌斯达莎联手控制的国家，铁道部借用了位于贝尔格莱德（塞尔维亚首都）的商业部的设备。在匈牙利，费森迈耶和艾希曼会就铁道部问题进行密切协商，而这里使用的也是霍尔瑞斯机器。各国铁道部门每天都会使用大量标准表格来记录列车运行的每个细节，其中不仅包括每节车厢的乘客负载量和每列货车的燃料消耗量，还包括机车效率以及哪国政府要为货物付费。总之，霍尔瑞斯系统让整个欧洲德占区的列车都能正点运行。而这些列车，正是费森迈耶及其同伴最依赖的交通工具。

在种族大屠杀爆发的那几年，即 1942—1945 年，沃森竭力保护的德霍梅格的确毫发无损。最终，管理德霍梅格的权力被交到帝国咨询委员会手中，该委员会代表纳粹的最高阶层。德霍梅格咨询委员会取代了传统的董事会，像一般的董事会一样，咨询委员会的职责是向高级管理层提出建议，批准或否决特殊项目，并决定应优先处理哪些事务。日常决策就交由管理人员负责。必要时，咨询委员会与 IBM 日内瓦办事处或 IBM 日内瓦办事处在其他子公司的代表合作。咨询委员会有 4 名固定成员，分别是公司受托人、MB 的主管帕索（Passow）、海丁格尔和阿道夫·希特勒的私人代表。

这个私人代表就是埃德蒙·费森迈耶博士。

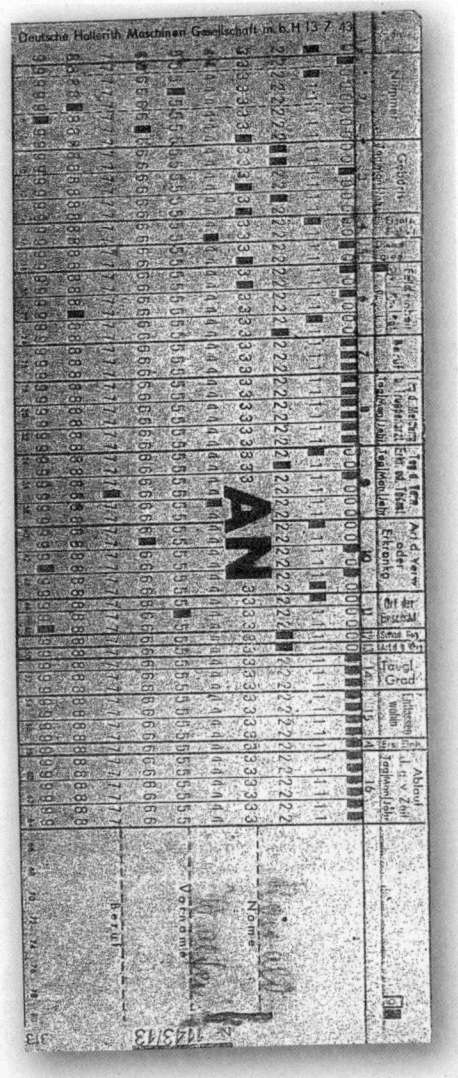

1943年，IBM霍尔瑞斯卡片，专为人口统计学家理查德·科赫尔（Richard Korherr）设计。理查德·科赫尔直接对海因里希·希姆莱负责，并与阿道夫·艾希曼共事。卡片边缘可以看到IBM德霍梅格的标记"Deutsche Hollerith Maschinen Gesellschaft"。（埃德温·布莱克收集，美国国家档案馆）

"霍尔瑞斯碉堡"(Hollerith Bunker),一个大型的防空场地,致力于协助党卫军的行动。这张照片是在二战结束后许久拍下的。(埃德温·布莱克收集,达豪集中营VI BPA)

IBM AND THE HOLOCAUST

第三部分

维系轴心国业务，沃森焦头烂额	第 10 章
法国和荷兰：是什么造就了命运差异？	第 11 章
将二战玩弄于股掌	第 12 章
纳粹的"最终解决方案"	第 13 章
种族灭绝下的赃物	第 14 章
硝烟与经济	第 15 章

第 10 章

维系轴心国业务，沃森焦头烂额

1940 年冬，当昌西在德国与纳粹分子磋商业务时，战争席卷了欧洲大陆。那时，沃森和 IBM 高管正奋力维护着 IBM 在轴心国的商业霸主地位，而数以百万计的犹太人则试图躲过遍布欧洲大陆的那些高度组织化与自动化的纳粹势力及纳粹代理人。各种报章、触目惊心的照片和新闻短片不断讲述着犹太人的悲剧。

纳粹的咆哮

1940 年 11 月 9 日，《纽约时报》发表一篇题为《第三帝国犹太人被送往法国南部；已有 1 万名犹太人被送进集中营》（*Reich Jews Sent to South France; 10,000 Reported Put Into Camps*）的文章，指出犹太难民被迫住在一间狭窄的木制营房，没有足够的水，也几乎没有食物。

1940 年 11 月 26 日，《纽约时报》又发布一篇题为《今天，一堵堵墙壁将禁锢华沙犹太人；50 万人将在纳粹分子建立的犹太区开始"新生活"》（*Walls Will Enclose Warsaw Jews Today; 500,000 Begin 'New Life' in Nazi-Built Ghetto*）的报道。报道称："德国要求所有华沙犹太人住进犹太人区……在犹太区的建筑里，每个小房间得塞进7个人。这堵不寻常的墙壁包围了100多个城市街区，封锁了200条街道。"

1940年12月5日，《纽约时报》发表一篇文章《罗马尼亚在"革命"中幸存；死亡人数接近400，受伤人数超过300——恐怖统治持续了8天》（*Rumania Emerges from 'Revolution'; Death Toll Nearly 400, Wounded Exceed 300-Terror Reign Lasted for Eight Days*），文中描述："摩尔达维亚铁卫团[①]'纯化论者'[②]（Purists）发动了一次大规模屠杀。在加拉茨、塞维林堡、朱尔朱和克拉约瓦，犹太人遭到绑架、暴打和残害……在白天的突袭中，铁卫团在布拉索夫、蒂米什瓦拉和普洛耶什蒂强征了犹太人的商店。"

1940年12月5日，《纽约时报》报道了一篇文章《在法国集中营，霍乱致人死亡》（*Cholera Killing Men in Concentration Camps in France*）。文章指出："难民会在不同的集中营之间转移……他们被装上运送牲口的车厢，没有食物、水和卫生设施，一连待上4天……1.5万名囚犯几乎无一例外地染上了霍乱，近500人丧命。"在报道中，一名被监禁的医生表示："我们找不到铁铲来挖掘坟墓，也没有棺材来装尸体，我们只能徒手挖出浅浅的墓穴，尽量把能烧掉的尸体烧光。"

1940年12月17日，《纽约时报》发表了一篇名为《阿尔萨斯的犹太人被没收资产》（*Property of Jews in Alsace Is Confiscated*）的文章："没收犹太人的资产后，纳粹分子会免费送出或低价售出……那些精美的家具……已经被装上火车送往德国。"

1941年1月14日，《纽约时报》刊登了一篇题为《必须登记荷兰犹太人》（*Netherland Jews Must Register*）的报道："今天，德国驻荷兰特派员下令，所有犹太人必须在6个月内登记完毕。"

1941年1月25日，《纽约时报》一篇题为《300名犹太人被杀》（*300 Jews Reported Slain*）的文章指明："在布加勒斯特，铁卫团中的极端武装分子驱赶犹太人……将约300名犹太人赶进地窖，并用机关枪射杀他们。"

1941年1月26日，《纽约时报》登载了一篇文章，名为《法国集中营的恐怖与死亡》（*Misery and Death in French Camps*），文中称，在某些集中

[①] 全名为"基督教徒与全国防卫同盟"，是1927—1941年间罗马尼亚的法西斯组织，曾制造了多起暴力事件。——译者注
[②] 指追求绝对完美，不带任何杂质的事物（这里指人种）的人。——译者注

营里，一种令人窒息的气氛因人们的绝望情绪而生，大多数年老的犹太人迫切希望死神的到来。在报道哥尔斯集中营的犹太人现状时，其称："他们不再抵抗，无动于衷地躺在草垫上，甚至拒绝食物，就这样等待着结局。"

尽管关于纳粹暴行的报道铺天盖地，但沃森仍无动于衷，继续进行着自己的计划。他决定保住 IBM 在第三帝国商业－工业复合体（Commercial-Industrial Complex）中的统治地位。不过，这个计划进行得并不顺利。

1941 年 1 月，德国财务部官员裁定，对于海丁格尔那价值约 90 万美元的股份，IBM 不能用冻结在德国的马克购买。昌西对此十分苦恼，因为他"不得不从头开始"。德国政府反对 IBM 提议的主要原因是，自德国子公司成立以来，IBM 就一直在向德霍梅格收取专利费；德国政府认为，专利费只是 IBM 以虚假费用的形式向德国榨取利益的幌子。批评者抱怨道，为何 IBM 的子公司需要向母公司支付专利费？

此时，纳粹党要求 IBM 放弃多数控股权的呼声并未停息。IBM 高管开始思考，是否能将部分股份卖给希特勒政府，从而与其结成同盟。IBM 高管指出："至于这份专利费协议的有效性和约束性……IBM 也一定会获得德国政府的正式认同。" 1941 年 1 月 24 日，德意志银行的一名纳粹官员与昌西会面，并再次坚称，若 IBM 放弃多数控股权，那他们会为 IBM 解决所有竞争对手。IBM 纽约总部并不介意象征性地向德国人转让部分股份，但沃森仍希望自己不用被迫转手在德霍梅格的股份，成为少数股份所有者。

1 月行将结束，疲惫不堪的昌西期待回到曼哈顿，并在 IBM 纽约总部的庇护下完成机密报告。一旦 IBM 董事会做出决策，昌西便会如约飞回柏林，再次与费森迈耶洽谈。现在，他已经学会在与其他人通电话时，婉转地称费森迈耶为"那位官员"或"某位官员"。昌西到达日内瓦后，会给 IBM 纽约总部打电话，以获得下一步指示。和往常一样，这次通话也采用了许多代码，引用了许多晦涩难懂的句子。

1941 年 1 月 31 日，下午 4 点 45 分
昌西，IBM 日内瓦办事处
约翰·G. 菲利普斯和查尔斯·R. 奥格斯伯里（Charles R. Ogsbury），IBM 纽约总部

菲利普斯：您好，昌西，我是菲利普斯……

昌西：您好。现在我有两套行动方案。我本该就这个大问题（保住 IBM 的多数控股权）向您汇报，但我在这里无法向您详细解释，电话或书面文件都行不通……或许我可以在回纽约后给您一份书面报告……之后，我得应"某位官员"的要求回到德国。

菲利普斯：您不能再多说一点吗？

昌西：不好意思，希望您能理解。时间紧迫，我答应了"那位官员"，我会马上回到纽约，办完事后，再尽快赶回德国。

菲利普斯：昌西，这件事一定需要您才能解决吗？

昌西：他是这样要求的，尽管我已经授权我们的律师去完成一切力所能及的事了，因为那个人——律师艾伯特今后也会参与商谈……现在，我要给您读一封"我们最好的朋友"写的信，这封信也寄给了沃森先生。信中写道："让具有影响力的产业利益团体成为德霍梅格的新股东，会有利于 IBM 和德霍梅格。显然，人们的不满情绪已经从对价格和其他政策的批评中得到了体现。在必要情况下，德国政府会主动或至少支持创建一家企业去与 IBM 竞争。"

昌西提到第三帝国可能合并公牛公司和德霍梅格，创建德国卡特尔，并表明自己会极力遏制这一计划。

昌西：这家法德企业（计划中的德国卡特尔）获得的利益，将会用来交换德霍梅格的多数控股权……当然，这会对我们不利。您能理解吧？我打算联系法国的人员。

菲利普斯：我有个问题。您说打算联系法国的人员。现在，奥格斯伯里先生和斯科特先生针对您可能想了解的三件事情——公牛公司的设备、公牛公司的情况及 IBM 法国子公司的主管罗杰·维尔日勒与德国就合并和购买等问题进行的谈话，已提出一些注意事项。

奥格斯伯里：昌西，您接下来会如何做？您是想到巴黎去见维尔日勒，还是想让他来见您？

昌西：他必须亲自来非占区（维希法国），他们（纳粹当局）不会让我们去巴黎的。

奥格斯伯里：显然，维尔日勒肯定和德霍梅格谈过零部件和机器的生产问题。我认为，您可以找到他和泰勒的所有通信。我觉得您应该熟悉一下这些通信的内容，看看是谁在促成这件事。看来是IBM法国子公司在促成这件事，但它并没有获得我们的同意。您明白我的意思吗？您得亲自调查……这些事我们根本没有同意……您会在那边待多久？

昌西：我愿意待在这边。虽然我想回到纽约，但我还是非常愿意待在这边。现在的问题在于，您不清楚欧洲的情况。

奥格斯伯里：如果您回到纽约，那这些问题就只能留到以后去解决了。您明白我的意思吗？我跟您说的这些事，是您可以实际操作的，也已经考虑到您要在那边逗留的时间了。

昌西：我得在日内瓦再待上两三周，然后会去里斯本拿签证……我会尽快写一份报告给你们……也已经向维尔日勒捎过信了。我们有必要去一趟意大利，并在那里再与你们联系一次。我觉得自己有必要弄清楚这到底是怎么一回事。

奥格斯伯里：好吧，希望这不会影响您应该做的其他事情。

菲利普斯：昌西，今天我遇到了一件让我忧心忡忡的事，那就是沃森先生和尼科尔先生都因感冒回家了……他们两个人很可能到周一才能回来，总之，我们这个周末什么也做不了。周一的时候我们会再发电报跟您联系，怎么样？

昌西：我会和泰勒仔细研究所有需要解决的问题。

菲利普斯：昌西，我想问您，您真的认为有必要回纽约一趟，然后再去德国吗？

昌西：是的。我已经答应"那位官员"了。

美国国务院是 IBM 的私人邮递员？

战争期间，为了能维系在轴心国的业务，IBM 竭尽全力，甚至会依赖于与美国国务院的合作，让对方充当自己的私人邮递员。当然，美国大使或公使也并非只是盲目地转送每一条讯息。事实上，这些讯息会被复制多份，然后转交给华盛顿的高级官员审阅。沃森会定期发送信件来感谢这些合作者的帮助。例如，1941年1月8日，沃森致信欧洲事务部副主任保罗·T.卡伯特森（Paul T. Culbertson）："谢谢您能竭力相助，将哈里森·K.昌西先生的信转送给我，让我们能更快地解决问题，在此，我代表我们公司的所有人员以及我本人，向您表示衷心的感谢。"

即便美国已经公开反对残暴的希特勒政权，美国国务院仍然想隐秘地帮助IBM保住商业地位。因此，对沃森而言，不做任何令美国国务院难堪的事，或惹恼美国国务院至关重要。与此同时，FBI一直在调查IBM是否是纳粹支持者的温床，这使沃森更为谨慎。考虑到IBM遍布全球的子公司与法西斯国家关系密切，而沃森又时常说一些言论支持客户的战争行动，IBM若想要避免让美国国务院难堪，会非常困难。

被亲切地称为"罗斯上校"的沃尔特·G.罗斯（Walter G. Ross）是一名极具冒险精神且随心所欲的IBM欧洲代理人，他曾为IBM拿下许多重要的商业订单。有人曾在描述沃尔特·G.罗斯时说："他是一位极具传奇色彩的人物，他的热情和奉献……以及功绩会让人们津津乐道数十年。"罗斯的主要业务对象是西班牙法西斯主义者，他将自己的销售精力都放在了西班牙铁路上。1940年，大受欢迎的罗斯到了退休年龄。他为IBM留下了一家全新的IBM西班牙子公司，并在退休后担任IBM的特别顾问。1940年8月，当罗斯回到美国后，这位爱卖弄的销售人员在《布鲁克林鹰报》（*Brooklyn Eagle*）发表了一些言论，引起一阵骚动。

罗斯预测，英国会在两周内被迫签订停战协议，从而放弃欧洲大陆。罗斯公开认可希特勒政权，并表明了自己与纳粹德国的合作关系。"他（罗斯）……与德国公使同住一栋大楼，能获得第一手资料……当抵达美国海岸，了解到美国官员对希特勒和墨索里尼的公然反对后，他感到非常恐惧与惊骇。他觉得美国官员就像'赢弱瘦小的孩子在拧暴徒邻居的鼻子'……'我是美国人，但我还是要说，你在辱骂别人之前得了解清楚——这个国家已计划向军备建设投入一大笔钱，并招募大量士兵。这是你所办不到的事，而德国已经谋划了5年'……他力争道，德国拥有更多训练有素的士兵、更多先进的设备，还有更多一流的将军。"罗斯还声称，他已经构建了一个计划，在这个计划中，沃森可以利用IBM网络给欧洲贫民提供资金。

这篇看似不起眼的文章并没有逃过华盛顿官员的法眼，后者对纳粹支持者十分警惕。美国助理国务卿阿道夫·伯利将这篇文章发送给FBI的J.埃德加·胡佛,并指出:"这些言论……跟德国在宣传活动中使用的语言如出一辙。"随后,美国国务院和 IBM 也知悉了这篇文章。沃森立即意识到这篇文章会令美国国务院非常难堪。为了尽快转移外界对 IBM 的愤怒,保护自身的利益,沃森对罗斯发起了攻击,切断了 IBM 与罗斯的联系。一瞬间,罗斯那几十年极富传奇色彩的成就便被 IBM 从历史上抹去。

1940 年 9 月 6 日,沃森给罗斯写了一封令他十分难堪的断绝信。"我面前放着一份《布鲁克林鹰报》的剪报,日期为 1940 年 8 月 28 日。那时,你以 IBM 的代表身份发表了言论。"沃森写道,"你以赚取佣金的形式成为我们的代理人,在西班牙为 IBM 服务了几年,但是 1939 年 8 月,你就已经从巴黎辞职了。从那时起,我们与你的雇用关系也就终止了……

"你宣称自己有一个向欧洲贫民提供资金的救助计划,并在计划中提及我的名字,称我愿意与你合作。可是,我从未跟你谈论过这一问题,而且我对你的任何计划都不感兴趣。我已经在美国政府的批准下,通过其他渠道扩大了公司的合作范围。

"你无权在任何言论中提及 IBM、我的名字以及任何一位 IBM 的代表。此外,对于你本人关于参战国的评论以及对美国政策的批评,你必须以个人的名义全权负责。我要求你向《布鲁克林鹰报》声明,那些言论只是你的个人观点,而不是以 IBM 代表、行政人员或成员的身份发表的。此外,你还必须申明,你在发表这些言论之前,并没有知会任何与 IBM 相关的人员,也没有获得我们的同意……

"从公司的角度来看,这个问题十分严重,我有必要建议你,我们必须切断彼此之间的任何联系。此前,我们曾讨论过在公司里给你安排新职位,但你的言论实在过分,我们只得作罢。我已在信中附上一份正式的合同终止通知函。"

1940 年 9 月 6 日,罗斯确实向《布鲁克林鹰报》的编辑写了一封辟谣信以撤回此前的言论。这封辟谣信似乎出自沃森办公室,且与沃森此前那封断绝信使用了同一台打印机。因为,在这两封信的底部,都出现了打字员姓名的首字母——LH。此外,罗斯的辟谣信与沃森在断绝信中的第一句话一模一样。"我面前放着一份《布鲁克林鹰报》①的剪报,日期为 1940

---

① 针对《布鲁克林鹰报》的名称,罗斯在这里用的是 Brooklyn Daily Eagle,而沃森在断绝信中使用的是 Brooklyn Eagle。——译者注

年8月28日。"罗斯在信中写道,"那是你们的记者对我的采访内容。我希望纠正这篇文章给大众带来的错误印象。首先,我不是IBM的代表……我只是IBM驻西班牙的一名顾问。因此,IBM一词,以及沃森先生的名字,都不应该出现在你们的文章中。我跟你们的记者所说的话只是我的个人观点,并不代表IBM及其员工的立场。我希望你们能帮助我,尽快将这封信刊登在你们的报纸中。"

就在同一天,解雇罗斯的信函以及罗斯的辟谣信在复印成几份后,由沃森亲自发送给多名美国国务院高级官员,包括美国国务卿科德尔·赫尔。罗斯引发的这一短暂而激烈的插曲终于归于平静。沃森再次证明,他想控制IBM内部的所有人,且在必要时,他会采取无情的、直截了当的手段。

另一边,IBM的工作人员不断向美国国务院催要外交邮袋。虽然使用外交邮袋能够保护美国企业在德国的投资活动,但这种可能会加深IBM与德占区联系的外交途径也时常令美国国务院担忧。1940年10月2日,在丹麦德占区,IBM的职员马克斯·博登霍夫(Max Bodenhoff)尝试通过美国公使馆给沃森发去一封信,建议雇用德国外交部部长冯·里宾特洛甫的一名私交为特别代表,以方便丹麦子公司与纳粹分子洽谈业务。美国派驻哥本哈根的临时代办①马伦·F. 珀金斯(Mahlon F. Perkins)不禁质疑,通过官方途径转送这样一封信是否妥当。

这位苦恼不已的代办在写给华盛顿方面的信中抱怨道:"马克斯·博登霍夫……是沃森先生的公司派驻哥本哈根的代表。考虑到美国国务院可能要评估这封信,以确定它是否可以被转送,因此,我并没有根据1940年8月9日制定的外交条例3 267和3 268将这封信转送出去。需要指出的是,博登霍夫先生建议沃森先生将德国外交部部长的密友奥尔拉·阿恩岑(Orla Arntzen)博士雇用为IBM的特别代表。这件事似乎涉及政治和道德方面的问题,我认为美国国务院可能会就此考虑一番。"

至少有8名美国国务院官员审阅了珀金斯的异议信,并一致认为珀金斯的判断是正确的。为此,美国国务院最终将博登霍夫的信送回哥本哈根,并附上公告:"美国国务院认为,转交这封信是不可取的,因此将此信退回哥本哈根公使馆。"

---

① 在外交代表大使或公使的职位空缺,或因故不能执行职务时,被派来代理其职务的外交人员。——译者注

美国国务院的一名官员一度通知 IBM 纽约总部："美国国务院明白，美德之间的商业电报设备是可以使用的。如果你们在通讯方面遇到困难……美国国务院十分乐意为你们转送讯息……你们可以通过付费让官方为你们转达信息，只要你们能告知我们所有相关人员和企业的名字、相关利益的性质，以及这些人员和企业是否属于美国。我相信你们能理解，美国国务院必须将设备用于合法的事务，并保护美国的利益，尤其在这种非常时期。"

尽管 IBM 偶尔也会意识到，在它扩大并维护与纳粹分子的利益关系时，美国国务院是一位不可或缺的参与者。可是，IBM 忽略了一个现实：很快，美国国务院就会超越邮递员这一角色。不久后，美国驻柏林的外交官会成为 IBM 的特殊合作者，并帮助 IBM 保住在纳粹轴心国的商业地位。

二次投资：走投无路的决定

昌西回到柏林后，继续与海丁格尔进行令人痛苦的谈判。讽刺的是，随着美国逐渐接近战争边缘，海丁格尔认为自己的选择变得越来越有限。德霍梅格一旦成为敌国资产，那么，依据德国法律，财产接管人将控制德霍梅格，而德霍梅格的所有权将会被彻底冻结。这样一来，海丁格尔兑现股份的希望会随之破灭。倘若 IBM 被竞争对手打败，那么海丁格尔的股份也会变得一文不值。

1941 年 3 月初，海丁格尔同意了一项新协议，即通过放弃自己优先股股东的身份来换取 220 万马克。海丁格尔依然持有小数额的股份，在离开 IBM 后，这些股份也只能卖给 IBM，而且必须按照账面价值进行交易。

第三帝国的经济官员批准了这项新协议，因为这项交易只是法律上的让权。海丁格尔仍可以通过多笔逾期的分红获得大笔补偿金。

费森迈耶坚持让 IBM 放弃多数控股权，并指出，IBM 若不这样做，将不得不与德国卡特尔竞争。现在，这个德国卡特尔有了名字：万德雷尔-韦尔克（Wanderer-Werke）。万德雷尔-韦尔克是德国一家老牌摩托车与工具制造商，它受第三帝国的指派，负责整合法国公牛公司和鲍尔斯旗下的各子公司，从而创建一家全新的穿孔卡企业。鲍尔斯旗下的各子公司当时正受赫尔曼·戈林控制，这些公司的董事会成员会经常重合。如今，纳粹德国已经认识到，这两家小公司——公牛公司和鲍尔斯记账机公司都不具备足够的生产力，因此，需要建造一个由德国控制的全新工厂。法国公牛公司已经将机器设计图和图纸带到柏林，准备生产新的机器，以防IBM不愿屈服。虽然纳粹德国现在还无法立即切断与IBM之间的联系，但如果沃森不能自觉遵从其指导，那纳粹德国会坚决采取一系列策略，比如给万德雷尔-韦尔克优惠的商业合同，以及强制降低德霍梅格的股价，进而让德霍梅格被迫接受收购。这些策略就是费森迈耶所说的"无压力"策略。

关于第三帝国是否会继续排挤IBM，人们的观点每天都在改变。即便第三帝国制定了一个生产新机器的紧急措施，也要花费数月才能让第一台机器真正投入生产。然而，生产机器却不生产穿孔卡，就像生产机枪不生产子弹一样。因此，费森迈耶需要小心翼翼地向IBM施压。如果IBM突然停止提供穿孔卡，那整个第三帝国的自动化工程就会彻底终止。

1941年3月10日，昌西向IBM纽约总部报告称："德国当局可能会支持相关的竞争行为，德霍梅格将面临灭顶之灾。我们与德霍梅格之间的专利权协议也可能受到非难，此外，如果我们不放弃多数控股权，我们的股价可能会大幅降低。"

昌西再三申明："费森迈耶博士……表示不会强迫IBM放弃多数控股权，但他建议IBM放弃多数控股权。他对我说，他想要的只是一个友好协议……我希望费森迈耶博士能为我们提供书面保证，确保能在我们放弃多数控股权后保护我们的少数股份。但他表示……给不了任何书面保证。"

没有理由相信，德霍梅格的管理层仍是一群独立自主的雇员或高管。这些人无疑就是纳粹党的爪牙。"海丁格尔先生和其他多位董事会成员都是纳粹党的人。"昌西强调说，"就我最近所知，他们必须执行纳粹党下达的任何指令。"

桀骜不驯的昌西仍然十分厌恶纳粹德国的这种行为，并称之为"勒索"。昌西力辩，放弃多数控股权并不能保护IBM在德国的投资活动。"放弃多数控股权后，"昌西坚称，"我们并不能保证纳粹德国不会继续觊觎IBM剩下的少数股份，甚至是德霍梅格支付的专利费。"昌西此前将德国的不悦形容为"咆哮"，因为要想创建一家卡特尔，谈何容易。现实情况依旧没有发生改变："目前，德国政府还需要我们的设备。德国军队在我们能想到的任何领域都使用了我们的设备。"

IBM 认识到轴心国无法强行将其驱逐出去，但还是担心竞争对手的出现会降低 IBM 的收益——无论对方的规模多么小，离 IBM 多么远。此前，沃森连二手收款机销售商都无法容忍，现在当然更会铆足劲儿地防止新对手的出现，以维护 IBM 的利益。颇具讽刺意味的是，在德霍梅格骚乱的整个过程中，IBM 审计员不断地证实并报告道，德霍梅格的收益从未停止过；即便是在沃森不留余力地保护自己的垄断帝国时，这群审计员也仍在不停地审查着 IBM 得到的每一分钱。

德霍梅格为它的每位客户、每张穿孔卡开具的货物清单，都必须经过 IBM 日内瓦办事处的审核及 IBM 纽约总部财政监督员的复核。这种财政流程应用于德霍梅格的各种账目，包括德霍梅格在德国境内及德占区的项目。

例如，德霍梅格在 1940 年春季开具了 4 张发票，分别为 1940 年 3 月 13 日开具的编号为 04/26469 的发票，1940 年 5 月 21 日开具的编号为 04/28499 的发票和编号为 04/28500 的发票，以及 1940 年 5 月 27 日开具的编号为 04/28612 的发票。在德霍梅格定期上交的资料中，这 4 张发票都缺失了。1940 年 12 月 23 日，IBM 纽约总部的审计员为了找到这些发票，向 IBM 日内瓦办事处发去了一份书面请求。1941 年 2 月 14 日，泰勒从日内瓦给 IBM 纽约总部写了一封详尽的双页回信，同时向柏林发去一份书面请求，让德霍梅格以一式两份的形式重新提交这 4 张发票。1941 年 2 月 26 日，德霍梅格的会计员在德国致信日内瓦，确认新的对账表已发出，并向 IBM 纽约总部转送了对账表的英文版。这 4 张发票最终被追回：第一张的账目是 525.6 美元，第二张的账目是 46.77 美元，第三张的账目是 23.44 美元，第四张的账目是 1.52 美元。在 IBM，每一分钱都必须记录在案。

1941 年 3 月 12 日，德国战时经济的崩溃进一步限制了德霍梅格的资金流通。在一年一度的德意志银行股东午宴上，第三帝国经济部部长瓦尔特·冯克（Walther Funk）提醒说，很快就会出台与企业收入有关的"严格限令"。股息超过 6% 的部分将会征收"禁止性税收"（Prohibitive Taxation）。弥补利润缩水的唯一办法就是在短暂的投资期中，自愿加大投资金额。换言之，只有那些进一步在德国投资的企业才能收获巨大的利润。冯克的话敲响了一记警钟，警报声瞬间传遍了 IBM。

1941 年 5 月下旬，IBM 意识到德霍梅格在没有得到纽约总部的准许下擅自降低机器租金来支持德国的战争行动，这让 IBM 更为警惕。

给托马斯·J.沃森的备忘录

发件人：J.C.米尔纳
主题：德国租赁价格
1941年5月23日

我从IBM日内瓦办事处了解到，德霍梅格降低了机器租金，下降幅度接近10%。这意味着，我们的专利费也会同比例缩水。虽然没有获得德国方面的数据，但我们估计，降价10%会使德霍梅格的年总租金减少近150万马克。

1941年6月12日，第三帝国颁布限制企业利润的法规。法规不仅会影响IBM的收益，还会影响海丁格尔、罗特克和赫梅尔的奖金。这些身为德国人的管理人员明白，如果IBM不加大投资金额，他们将无法从中获得足额的奖金。不过，德国法律中的一个漏洞让董事会可将其资金再投资于德霍梅格，而不必通过股东的多数票来裁决。德霍梅格已经通过未分配的利润储备了几百万马克，这笔钱被冻结在银行中，等待着重新投资。现在，由纳粹分子组成的董事会可投票决定重新投资这笔钱来增加公司股本。更多的股本意味着更多的股份。在德国现有法律下，当某家公司通过新资金增加股份时，新增股会以同等比例划分给现有股东。这意味着，每位股东的股份百分比不变，但每股的股价提高了，且这些新增股不用交税。

海丁格尔及其他董事会成员决定快速发起一次投票，利用IBM的冻结资产使公司的资金翻倍，即从770万马克增至1540万马克。他们可以在没有IBM的同意下，强行发起投票，因为德国的相关法律明确规定，董事会有权在未经股东同意的情况下进行二次投资。

对IBM而言，它所承担的风险不只是被迫对德霍梅格进行二次投资。直到现在，IBM只持有德霍梅格约85%的股份，但海丁格尔、罗特克和赫梅尔3人所持有的15%的股份是限制性股票[①]（Restricted Shares）。与其他公司的常规股份不同，德霍梅格的股份无法正常出售、抵押或转让。这些

[①] 指按照预先确定的条件授予特定对象（多为激励对象）一定数量的本公司股票，后者只有在其工作年限或业绩目标符合条件时，才可出售自身的股票。——译者注

股份只有当这3位管理人员仍留在德霍梅格时才有效，而且即使他们想售出股票，也只能卖给IBM。此外，这3人并不是通过常规途径，而是通过向IBM借用大笔贷款的方式来购进股票，而当他们"偿还"了这笔钱后，账面信息就会被抹掉。从本质上讲，他们持有的股份也受沃森控制。

如果德霍梅格的总股本增长一倍，达到1 540万马克，那么随着新增股按照85%和15%的比例分配给IBM和这3位德国人，这将给他们带来非同寻常的变化，因为这15%的新增股份并不在纳粹德国限制性法令的规定范围内。这样一来，海丁格尔、罗特克和赫梅尔可以自由地将股份出售给任何对象，包括那家新生的卡特尔。而且，IBM在分配这些新增股份时，也不能向这3位德国人收取任何费用，因此，不存在贷款，也不存在付款。

德霍梅格要求IBM申报额外的收益，以获得相应的分红，问题开始白热化。IBM采取了强硬的态度。1941年8月27日，斯科特，这位如今已回到IBM纽约总部的管理者向IBM日内瓦办事处发去电报，称IBM不会申报任何红利。当IBM欧洲区管理人员W. C.利尔打算写一封信给德霍梅格，以转达斯科特的消息时，艾伯特从柏林发来了一封令人沮丧的信件。信中，艾伯特提醒道，德国方面的董事会不只想迫使IBM申报额外的收益，还想通过冻结资金使公司股本翻倍，并赶在任何限制性法令生效前，分配这些股份。

利尔将发给德霍梅格的信搁置起来，转而向IBM纽约总部发去电报："艾伯特私下告诉我，德霍梅格会在没有IBM代表出席的情况下，举行另一场会议。据艾伯特所言，德霍梅格计划大幅增加公司的资本，这会让德霍梅格持有的部分股份摆脱IBM的控制……基普也无法起到作用，因为，董事会能够通过投票否决基普的提议。"

所有人都心知肚明，IBM会被迫投票支持，更确切地说，是投票批准股票分割①（Stock Split）。原因包括以下几点：首先，这是IBM从德霍梅格的收入中获得高达12%的股息，并规避第三帝国利润限制政策的唯一途径。IBM纽约总部想获得这笔钱。其次，艾伯特知道IBM无法左右德霍梅格董事会的投票。无论如何，这次投票活动都会顺利举行。但是，纽约方面绝不会允许德霍梅格在没有IBM的同意或参与下举行类似的投票活动，即使

---

① 又称股票拆细或拆股，指将一张较大面值的股票拆成几张较小面值的股票。股票分割一般只会使发行在外的股票总数增加。——译者注

被迫投下赞同票也比蒙在鼓里好。因为一旦有了先例，德霍梅格就会无休止地越过 IBM，做出各种商业决策。这种情况首先会出现在德霍梅格内部，之后在德霍梅格的操纵下，扩展到其他欧洲子公司。沃森绝不会允许。

最重要的是，IBM 与纳粹党的商业谈判也到了非常关键的时刻，假若 IBM 在这种时候投票反对向德国二次投资，就会加深德国人原有的看法，认为沃森对第三帝国并不友好。

德霍梅格似乎计划在 1941 年 9 月中旬举行会议。艾伯特敦促 IBM 出席会议，并建议 IBM 明确投出多数票来支持股票分割。如果想不出更好的对策，那 IBM 可以提出一项限制性协议，规定新增股份必须与原有股份一样受限，并在此基础上支持投票，这样一来，IBM 也算参与了这次股票分割。无论如何，艾伯特都需要获得代理权来代表 IBM 出席会议。1941 年春，昌西在离开德国前，就已预见这种紧急情况，提前在德国留下了一份正式授权书，并交由第三方保管。第三方是一位受昌西信任，且能遵循其指令的神秘人物，这位来自柏林的神秘人物处在纳粹分子的雷达之外。

艾伯特急需得到这份神秘的授权书，以便在德霍梅格董事会上展示。1941 年 8 月 29 日，利尔向 IBM 纽约总部发去电报："艾伯特说，第三方为 IBM 保管着一份授权书……他急需这份授权书维护 IBM 的利益。在此，我建议纽约总部发电报给第三方，让第三方将授权书交给他，并通知他参加德霍梅格的所有会议及事务。艾伯特敦促纽约总部快速做决策。请指示。"

昌西在纽约收到利尔从日内瓦发出的紧急电报时是在早上。当天，即 1941 年 8 月 29 日，周五，昌西就向柏林的神秘人物发去电报，下达指示。不过，直到 1941 年 9 月 3 日，这位神秘人物才接到昌西的电报。

> 1941 年 9 月 3 日
>
> 哈里森·昌西
>
> IBM
>
> 麦迪逊大道 590 号
>
> 纽约
>
> 亲爱的昌西：
>
> 　　我已经收到了您于 8 月 29 日发出的关于将授权委托书移交给

艾伯特先生的电报，今天早上我遵照您的指示，亲自将这份文件交给了艾伯特先生，并转达了您的信息。艾伯特先生保证会严格执行您的指示。倘若事情发展不顺利，我会打电话或写信给您，向您介绍具体情况，这是艾伯特先生给我的建议。艾伯特先生提到，海丁格尔先生在协商时会利用股息限制指令（您离开柏林后，这条指令就已经生效）来逼迫 IBM 发行新股。

您离开柏林后，我就想找机会跟您在纽约见面，但柏林这边的事务进展得十分缓慢，所以，这个冬天我仍需要留在这边。您是否还记得保罗·皮尔森（Paul Pearson）？他在下个月要休假回家时会途经纽约，假若到那时，柏林这边的情况有变，他会给您捎去信息。请代我向沃森先生和尼科尔先生问好。衷心祝您好运。

您最诚挚的
萨姆·E. 伍兹（Sam E. Woods）
商业专员
美国大使馆

尽管德霍梅格董事会中有 5 名德国成员，但他们几乎无法到柏林出席海丁格尔安排在 9 月 19 日的仓促会议。连海丁格尔也不例外，因为他居住在慕尼黑。舒尔特－施特拉特豪斯的情况也是如此。至于海丁格尔的连襟福格特博士，他虽居住在柏林，但由于身体欠佳，短期内也无法参加会议。因此，这 3 名董事会成员着手安排签订授权书的事项，以便让代理人替他们出席会议。1941 年 9 月 16 日，这 3 个人都在德霍梅格律师汉斯·马尔（Hans Mahr）准备的授权书上签下名字。这 3 份授权书规定，基普或齐格勒将根据委托方每一项详明的指令来投票，以达成最终的股票分割协议。基普忠于沃森，但这位德国驻纽约前领事仍是德国外交部的一名官员，因此在这件事上，基普承受着巨大的压力。他别无选择，只能根据海丁格尔等人的指示投票。在二次投资这件事情上，基普根本无法投出反对票，只能跟随大多数人的决定。

艾伯特持有伍兹转交的 IBM 授权书，但尚未接到沃森的指示。在新法律的规定下，纳粹德国无权直接掠夺这些企业的利润，但可以通过提供一个使企业股息翻倍的机会，要求这些企业加大对第三帝国的投资。IBM 有很多理由投票支持股票分割，这似乎是显而易见的事。艾伯特需要 IBM 迅速做出决策。假如 IBM 被旗下子公司的董事会孤立，且子公司的董事会投票反对给予德国经济支持，那德国人将确信 IBM 就是希特勒政权的敌人。

美国参战在即，沃森不确定美国会如何看待他加倍投资德国的行为。若能让这次投资看起来像是被迫做出的，那么 IBM 就能解释说，自己只是遵循了德国的法律。伍兹无法提供这种声明，因为这条法律明显具有选择性。不过，伍兹愿意将从艾伯特那得到的类似声明读给 IBM 纽约总部，以便 IBM 转录交谈内容，从而制造出一份记录，让别人误认为 IBM 是迫于德国政府的压力才做出投资决定。于是，伍兹安排了一次通话。

1941 年 9 月 17 日，纽约时间上午 10 点

沃森：您好，伍兹先生。

伍兹：您好，沃森先生。我现在要读一条从您的律师那里得来的信息，内容如下：

"如您所知，德国在 1941 年 6 月 12 日通过了一项特殊法律，规定所有接受德国法律管制的企业从现在起都必须将股息降低到 6%……依据这项详细的法规，董事会（而不是股东大会）将有权动用公司盈余来提高公司的股本。德霍梅格董事会打算利用公司盈余将公司股本提高 1 倍，即达到 1 540 万马克，而德国方面将有权享有这 1 540 万马克中 6% 的分红，相当于原先的 770 万马克中 12% 的分红。这项举措带来的明显好处是……股东不用缴纳那些众所周知的高税收……就可以转移公司盈余……这项法规基本上可以认为是强制性的。换句话说，提高投资是一种义务……我强烈建议您发送电报，批准这项提案。"

这条信息根据伍兹的话转录而来，因此，IBM 等同于获得了这位商业专员的权威支持。

和沃森一起参加这次电话会议的还有尼科尔和昌西。能和沃森本人通话，伍兹感到兴奋不已。实际上，伍兹在与沃森通完话后，立即将艾伯特的信息打在一封信上，并附言："能够听到您的声音真是太好了。下次有机会到纽约时，我很希望能去拜访您。"

谈话中，沃森告诉伍兹他基本上同意股票分割，只要董事会成员中那新增的股份同样受到限制。不过，IBM目前还不能正式批准股票分割，因为这种举措违反了"综合条例11号"（General Ruling 11）。要遵循"综合条例11号"来处理这件事，IBM需要时间。时间，正是沃森所缺少的。

随着美国离战争越来越近，罗斯福政府不久前颁布了"综合条例11号"。这是一项紧急法令，规定美国禁止任何与纳粹德国之间的金融交易，除非获得财政部颁发的特别许可证。企业在下达一些涉及金融交易的指令时，也要遵从该项法令。对IBM的纳粹联盟而言，这是一个新麻烦。现在，IBM在向那些受纳粹德国控制的海外子公司下达任何财务指令时，都必须寻求官方的批准。"综合条例11号"并不会影响瑞典和瑞士等中立国境内的IBM子公司，但该条例会严重阻碍IBM与德霍梅格的交流，还给美国政府提供了一个窗口，使其得以了解IBM许多复杂的商业交易。

那么，留给IBM的时间到底还剩下多少？

第二天，柏林方面就要举行董事会会议了。

纽约方面立刻打电报给伍兹，表示他们批准了艾伯特的建议——将投资金额翻倍，即增加到1 540万马克（约合200万美元）。不过，这是有条件的。那3名德国人因此获得的新增股份必须受现有的限制性股份协议的束缚。这至关重要。

IBM纽约总部的职员必须立刻准备一份两页长的宣誓申请表，以获得将德霍梅格的股份翻倍的批准。这份宣誓申请表需要得到IBM财务主管约翰·G.菲利普斯的签名，但菲利普斯当时并不在纽约。已没有时间可以浪费了。于是，有人将菲利普斯的名字签在了签名处，并尽职地将自己姓名的小写首字母写在了这个签名的下面，以表明是代签。

代签者只有在公证人面前签下菲利普斯的名字，文件才能生效。这不成问题。有人在纽约皇后区找到了一位公证人，后者证实签名有效，在菲利普斯的名字下方盖上了自己的名字和委托编号，并在申请表上印上钢印。伍兹和沃森谈话的简短文字记录也被附在申请表后面，以证明这次金融交易的紧迫性。在这份十分考究的申请表中，艾伯特措辞严谨、解释合理，甚至把一项有可选择性的获利管制法规说成"基本上可以认为是强制性的"。

"综合条例11号"明确规定，这份申请表只能提交给位于曼哈顿的美联储。不过，当IBM在申请表上签名、盖章后，时间已经很晚了，美联储早已关门。无论如何,与冷漠的美联储打交道只会耗费大量时间。于是,昌西前往华盛顿,打算越过美联储的负责人,直接找到美国财政部的负责人。

次日上午,1941年9月19日,昌西出现在财政部。德霍梅格董事会会议不久后就要举行,除非立即获得许可证,否则IBM将无法出席此次董事会会议,投票批准二次投资。昌西倍感压力,焦虑地催促审查员配发批准股票分割决策的许可证。昌西希望能够立刻得到许可证。

不过,美国财政部审查员吕费尔先生(Rueffer)并不着急。吕费尔先生一派官僚作风,他告诉昌西:"这种申请表处理起来需要时间,而且你必须首先将它上交给相关机构,也就是位于纽约的美联储。"昌西原本就感到有些不耐烦,在听到这些话后,更是恼怒不已。这份申请表非常重要,IBM也没有时间等待。昌西坚称,如果美国财政部不马上开出许可证,那么IBM德国子公司很可能在冲动之下自行其是。

不过,吕费尔并没有乱了阵脚。"这个问题无法立即解决。"吕费尔坚持道,他让昌西将申请表交给纽约总部。

与此同时,在柏林,德霍梅格的律师汉斯·马尔被要求为此次董事会会议的有效性作公证。这次会议的举行地不是德霍梅格总部——那个能接收纽约总部紧急电报的地方,而是位于柏林的阿德龙酒店——沃森的最爱。基普和齐格勒会如约来到阿德龙酒店,并依据海丁格尔的指示投票。这次会议将在1941年9月19日下午5点召开。

华盛顿这边,昌西已经抑制不住,无法再等下去了。他要求见美国财政部助理部长J.W.佩勒(J.W.Pehle),希望他能立即颁发许可证。然而,这并不可能。

那么,昌西能否见到美国财政部其他高级官员?

终于,吕费尔先生的上级,一位美国财政部的长官同意与昌西见面。但实际情况是,这份申请表必须经美联储审批。在沮丧之下,昌西只好向这位上级阐明了这项金融交易的细节。昌西解释,IBM冻结在德国的盈余——770万马克将会重新投资于德霍梅格,使这家德国子公司的资本翻倍。昌西强调,尽管IBM纽约总部被迫批准这次资金重组,但这并不会导致资金流出美国。实际上,这次交易成功后,IBM的冻结账户还会结余100万马克。

昌西补充道，他刚去过德国，之后，昌西的故事开始不胫而走，衍生出各种版本。据财政部长官回忆，昌西称："就算我们不批准这次决策，德国官方也会自行决定……德国利益团体将会控制德霍梅格。"

事实上，当股票分割被批准后，德霍梅格所有权的分配比例仍保持不变。那3名德国人仍旧持有15%的股份，而德国政府也无法左右这次股票分割，这完全是德霍梅格董事会的商业决策。不过，美国财政部的这位管理人还是心存疑虑，他提到："昌西的解释有点模糊不清，涉及德国的现行法律，他本人对这些法律也不甚了解。"

这位官员再次告诉昌西，吕费尔的做法是对的。在现有法律下，IBM不仅需要对此次股票分割作出详细解释，还需要将申请表上交给美联储。昌西知道，要向柏林传递指令已经来不及了，便催促这位长官至少就这件事做出表态。然而，这种金融交易会得到批准吗？关于这点，目前的说法都是猜测，这位长官也无法预知上级的态度。

昌西一再表示，这件事十万火急。但这并没有用。他即使说破了喉咙，也无法谋得一张许可证。

时间一点点流逝。投票活动即将开始，艾伯特需要授权，但沃森和昌西无法授权。没有获得美国财政部的许可证，IBM纽约总部的任何人都无法授权投票。

于是，萨姆·E.伍兹出面了。伍兹与艾伯特取得联系，并让他照常投票。艾伯特通知德霍梅格的管理人员说，IBM纽约总部批准了这次股票分割，不会投票反对二次投资。1941年9月19日下午5点，基普和齐格勒在阿德龙酒店召开了一次正式会议，议事日程上只有股票分割这一条。最终，基普和齐格勒达成口头协议，马尔律师在场，证实了二人在会议中推进的每一个步骤都具有合法性。于是，股票被顺利分割。

沃森此时肯定气急败坏。几十年来，无论是战争时期、和平时期，IBM一直小心翼翼地在多达70个国家制定的法规中迂回行事。从法西斯国家到革命政府，IBM总是能成功地避免侵犯法规。但现在看来，IBM似乎已经违反了"综合条例11号"。"综合条例11号"本质上是《对敌贸易法案》（Trading with the Enemy）的前导。因此，它相当重要。此外，作为影响这次决策的人物，昌西的名字出现在了代理人名单中。每一个争夺股份的人，都开始在备忘录或信件中谨慎措辞，为自己辩护。

1941年10月9日，艾伯特致信昌西："沃森先生表示会立即给我发送授权电报，但我至今仍未收到。后来有人告知我，这电报……发送不了，因为IBM还未拿到美国财政部下发的许可证……我没继续等……而是通知了德霍梅格董事会……告知他们已获准如期开会。"艾伯特表示，这样一来，他就可以显示出IBM愿意配合德国相关的经济政策。艾伯特指出："就这样，所有事情都得到了妥善解决，还可以阻止德霍梅格董事会做出更多令人讨厌的决策。我批准了这次会议，我也将亲自承担相关责任。"

艾伯特明白，昌西也许不得不面对美国财政部的质疑，于是他道歉说："我希望美国财政部方面不会给您带来太大的麻烦。他们一定会理解……出于显而易见的原因，我没有将IBM已经掌握的更多的细节发送过来。"

同一天，即1941年10月9日，维尔纳·利尔给沃森写了一封4页长的正式信函来解释相关情况。在将信件发出前，利尔在艾伯特的办公室里将这封信件从头到尾看了一遍。信中写道："我留意到艾伯特博士在伍兹的建议下做出的决策，即增加德霍梅格的资金……我们想提醒您关于伍兹先生致电的事情……电话中他推断出您是同意的。"利尔表示，为了"避免德霍梅格开创逾越IBM特权的先例"，这次紧急行动是必要的。

IBM不清楚下一步该如何走。此时，IBM的申请表正在美联储和美国财政部接受审核。一系列的正式信函和电报开始传递起来，以掩饰IBM并没有获得正式授权的事实。1941年9月26日，股票分割一周后，IBM向身在大使馆中的伍兹发去电报："很遗憾，我们不能就您的电话信息发电报回复您，因为我们还没有获得美国财政部的许可。"

大使馆肯定被搞糊涂了，因为它在收到IBM的电报后，立即发回了一条澄清信息。一周后，昌西回复了大使馆："代表不能在没有许可证的情况下行动……因此，许可的事项将被拒绝。"

"综合条例11号"使IBM无法像以前一样随心所欲地在各国做生意。现在，IBM的每一项指令都要得到美国财政部的批准，而且一等就是好几周，这是IBM无法承受的。德霍梅格的资金翻倍后不久，沃森的两名亲信便和IBM日内瓦办事处的利尔见了面，以讨论如何处理这笔额外的投入。然而，这只会进一步暴露IBM在批准德霍梅格加大投资这件事上的举措。1941年9月22日，美国大使馆致电昌西，为其提供了一条神秘信息："贵方的两名友人希望让瑞士代表和德霍梅格的人会面。你们同意吗？"

为了阻止利尔从IBM日内瓦办事处动身前往德国，昌西立马给日内瓦方面发去了电报。然而，为时已晚。IBM日内瓦办事处回复："利尔已经在路上。他周六上午离开了日内瓦，我们曾尝试在国界处联系他，但没能成功……只有利尔的助理巴霍芬（Bachofen）可以联系到他。"利尔抵达柏林后，开始处理德霍梅格的一些重要项目，比如将德霍梅格的机器从波兰转移到罗马尼亚，因为罗马尼亚急需这些设备来执行人口普查。

1941年10月9日，米尔纳从IBM纽约总部办公室里给昌西发去一份备忘录，旨在探讨"向不同国家运输德霍梅格机器"的问题。米尔纳担心，要和希特勒政权维持商业往来可能会变得困难重重。"如您所知，我们在1941年6月15日给IBM日内瓦办事处发去电报，传达了美国总统富兰克林·D.罗斯福的声明，指示他们在没有获得美国领事馆的保护性建议之前，不要做出任何涉及IBM资产的举措。这是为了避免他们在无意中违反总统的指令。我正在思考是否应该给日内瓦方面下达明确指示，让所有受其控制的欧洲子公司都暂时停止从德霍梅格购买设备。您觉得这种措施可取吗？当然，这是需要仔细研究的一种举措，因为某些欧洲子公司此时正在使用德霍梅格的设备，它们还需要从德霍梅格那里购得零备件。我想最好能在您方便的时候，跟您谈谈这个问题。"

IBM不会中止德霍梅格的任何业务，也不会中断德霍梅格与任何子公司的联系。于是，IBM又向财政部提出请求，让其授权IBM给所有欧洲子公司、代理机构以及日本的多个分部下达指示。该指示如下："考虑到全球局势，我们无法像正常时期那样继续参与多国子公司的事务。因此，我们建议你们自行决策，不需要向我们咨询意见或寻求帮助，除非有进一步通知。"1941年10月10日，这份指示被送至美国国务院，并附上了让美国国务院给予意见的请求。

大约过了两周，美国国务院的一名官员回复道："美国国务院很高兴能够获悉你们在这件事的动向，不过针对这一问题，我们没有特别意见。"对于这封敷衍的回信，昌西十分谨慎地回复道："能收到您于1941年10月23日发送的信件，真是感激不尽。"

最终，IBM向轴心国领土上所有子公司发送指示的请求被批准了。在1941年10月的这项指示中，沃森没有要求子公司停止向纳粹德国提供穿孔卡，也没有要求子公司终止任何业务运营，更没有说明IBM不能参加哪些项目；此外，沃森没有勒令位于中立国的 IBM 办事处停止支持希特勒，也没有限制 IBM 设备在人口普查和登记中的使用，甚至没有禁止子公司继续将机器零备件送往集中营。所有业务照常进行。这条指示只是告知各子公司管理层，不需要向总部咨询意见或寻求帮助，除非有进一步通知。

1941 年 10 月 21 日，美国财政部终于下发了股票分割的许可证，此时，离德霍梅格的股票分割已经过去一个多月。一周后，即在 IBM 上交了向子公司下达指示的许可证后，昌西再次联系了商业专员伍兹。

  昌西：我们已收到美国财政部就股票分割一事下发的许可证，正要发送电报来通知这件事。

  伍兹：这事已经解决了。我和沃森先生通电后的第二天，你们派驻德国的律师就已办好此事，因为沃森先生说了，这样做没有问题。

  昌西：那股价相应提高了吗？

  伍兹：对，你们已经拿到属于你们的全部份额了……

  昌西：股票发行了吗？IBM 是否拿到了相应的新增股？

  伍兹：对。

  昌西：我打电话是想向您解释，在批准股票分割后，我们希望能够确认其他股东获得的新增股是否也遵循了现有协议。这项协议是根据目前的环境制定的。

  伍兹：这点我就不清楚了。

  昌西：您可以请艾伯特博士安排这件事吗？还有，请艾伯特博士将我给他的授权书归还给您，因为对于某些行动，我可能要负起个人责任。以后如果我们要做什么事，我们可以发布包含具体指示的授权书，只要我们能从美国财政部拿到许可证。

  伍兹：稍后我就去见这位律师，并转告他这件事。我收到授权书后，是否要毁掉它？

  昌西：不用，您保管着就行。

  伍兹：好吧，您知道，我们可能会离开这里（如果美德开战），到那时是否就要毁掉授权书？

  昌西：是的。

伍兹：基普博士和其他人托我问候你们所有人。

昌西：我们也托您向他们问好。

1941 年的整个秋季，IBM 都需要应对各种紧急事件，以便维护自己的利益并控制规模越来越大的德霍梅格。IBM 面临的一个危机是，海丁格尔又发起投票以从 IBM 手中争夺德霍梅格的控制权力。1941 年 12 月 3 日，当美国意识到自己正处在战争边缘时，紧张不安的昌西再次出现在美国国务院，希望能获准向柏林传递一条紧急信息。当时的值班官员是罗斯林格（Luthringer）。昌西把名片给了接待员，那张名片上没有地址、头衔和电话号码，只是简单印着"哈里森·K. 昌西，IBM，纽约"。

接待员在一张印有"你想见谁？"的卡片上写下信息，并在昌西的名字上画了个箭头。最终，罗斯林格同意接见昌西。

昌西想往德国发送信息，这一次，他仍没有时间等待美国财政部的许可证。那么，美国国务院会同意发送这封信吗？如果同意，那传递这条信息的就是美国政府，而不是 IBM。IBM 打算通过 IBM 日内瓦办事处向德霍梅格传递这条信息，信息如下："IBM 董事会的行政和财政委员会决定，不同意您发起的改变 IBM 在德霍梅格持有的股份的投票。IBM 持有德霍梅格近 84% 的股份，对于任何想通过投票来改变德霍梅格控制权或其他权利的做法，IBM 都不会投出赞成票，这种情况会持续到危机结束。请知会艾伯特和基普。"

罗斯林格与昌西进行了多次谈话，并将谈话内容记在笔记本中。"前一次见面时，"罗斯林格写道，"他就提到德国军方使用了大量 IBM 的计算设备。德国明显会让这些设备与战场上的军队一起移动。从昌西先生的言语中，我隐约感觉到他有点焦躁不安，他担心他的公司以后会因与德国合作而受到指责。"

4 天后，即 1941 年 12 月 7 日，珍珠港遭到轰炸。美国终于参战，开始全面对抗德国。至此，德霍梅格以及所有受第三帝国控制的 IBM 子公司都必须由纳粹指派的托管人接管。IBM 的欧洲帝国也得以保全。

第 11 章

法国和荷兰：是什么造就了命运差异？

1940 年 5 月，德国入侵荷兰。不久，德国民政部接管了整个荷兰。就在德国侵略荷兰的这一天，荷兰境内居住着约 14 万名犹太人以及成千上万名逃避纳粹主义的难民。

相似的计划，迥异的命运

一个月后，法国沦陷。1940 年 6 月，法德签订停战协议，法国被一分为二。包括巴黎在内的法国北部被称为"占领区"，由德国军事长官统治，后者受到德国军方和党卫军头目希姆莱的盖世太保的支援；法国南部建立起了一个汉奸政权，被称为"维希政府"，得名于其所在地"维希"。阿尔萨斯－洛林则被并入德国。法国沦陷前，共有约 30 万名犹太人居住在法国境内，其中有 20 万居住在巴黎。

德国对荷兰和法国的计划几近相同，且在整个二战期间，都以相似的方式进攻这两个国家。然而，这两个国家在被占期间发生的一切，及它们对霍尔瑞斯系统的使用情况却十分不同。荷兰犹太人和法国犹太人的性质有异，因此，二者的命运截然不同。

德国常利用东欧不同民族间的种族对立，以及联合南斯拉夫、

第三部分
第 11 章｜法国和荷兰：是什么造就了命运差异？

斯洛伐克、罗马尼亚和匈牙利等国家的法西斯代理人的方式点燃反犹情绪。由于东欧犹太人多游离于主流社会群体之外，因此常遭到其他阶级的仇恨，而这种仇恨也因宗教分歧而不断恶化。利用这种狡猾的手段，第三帝国得以分裂和控制各种民主政权或君主政权。不仅如此，第三帝国还获得了当地反犹主义者的帮助，使其可以立法，并对犹太人社区进行大规模破坏。

不过，法国和荷兰的情况有所不同。

荷兰人口结构具有同质性。当然，传统葡萄牙人、殖民地居民和难民团体都有各自的特点。然而，种族对立在荷兰几乎不存在，那么利用这种对立挑起争端也就无从谈起。荷兰犹太人是一个紧密相连的共同体，不隶属于荷兰境内两大犹太团体的犹太人不足 10%——只有约 12 400 人，而信仰基督教的犹太人则少于 2 000 人。荷兰犹太人几乎完全融进了荷兰社会。在文学界、法律界、物理学界、医学界和制造业的领导人中，都可以看到犹太人的身影。随着犹太人组织的世俗化，异族通婚也变得很常见。截至 1930 年，约有 41% 的犹太人属于异族通婚。犹太人和谐地生活在荷兰，是能为荷兰做出贡献的公民。

虽然法国是一个多民族国家，但来自欧洲、亚洲和非洲的犹太教徒、基督教徒和穆斯林教徒也已彻底融入了法国社会。不过，在法国内部，由种族和宗教仇恨汇聚而成的汹涌暗流持续波动，且时有爆发。反犹主义在法国普遍存在，就像在欧洲一样。"我控诉"[①]一词便是在德雷福斯事件[②]（Dreyfus Affair）引发的公愤中诞生的。然而，法国已在很大程度上适应了种族多样性，并视之为民族文化力量。和德国犹太人一样，法国犹太人也全面融入了法国社会。法国犹太人在科学、艺术和政治等领域都有着颇高的造诣。法国人敬爱犹太画家凡·高（Pissaro）、夏卡尔（Chagall）和莫迪利亚尼（Modigliani），他们喜爱犹太演员萨拉·贝恩哈特（Sarah Bernhardt），而马塞尔·普鲁斯特（Marcel Proust）和亨利·柏格森（Henri Bergson）这类犹太文人在法国也拥有大批追随者。1936 年，莱昂·布鲁姆（Léon Blum）成为第一位当选法国总理的犹太人。不过，研究《塔木德》的犹太人在当时几乎消失。在犹太群体中，受洗犹太人或无宗教信仰的犹

---

① 法语为 J'Accuse，J 是 Jew（犹太人）的首字母，Accuse 指谴责、控诉。——译者注
② 1894 年，法国陆军参谋部的犹太籍上尉德雷福斯因被诬陷犯有叛国罪，而被革职流放，此后，法国顺势掀起了反犹浪潮。——译者注

太人很常见，而大多数犹太人也会自视为法国人。

在荷兰，穿孔卡是一种被广泛运用的统计学工具。早在1916年，荷兰的中央统计局就已经开始利用从IBM德国子公司代理商那里购得的霍尔瑞斯机器跟踪进出口数据。至1923年，荷兰产业界也采用了这项技术。阿姆斯特丹电力公司（Amsterdam City Electricity Works）是世界上首个真正使用穿孔卡作为常规客户账单的公共事业单位。荷兰的两名统计学家在出访德国，研究统计学设备如何操作后，最终选择霍尔瑞斯机器为荷兰于1930年展开的人口普查活动制表。1937年，荷兰创建了"机器园区"（Machine Park）来为各类政府客户服务。为了节省成本，荷兰政府整合了国内生产穿孔机的卡马泰克公司（Kamatec）和卡马德克斯公司（Kamadex）。

1936年，沃森在荷兰创办了一家穿孔卡印刷厂。1939年，IBM在阿姆斯特丹创建了一所培训学院，用以培训欧洲地区的推销员。同年，荷兰政府统计了国内所有的食物来源与储备情况，以应对战时乱局。荷兰政府还会定期向所有荷兰公民分发配给卡，所有信息都会被印在卡片上，并由IBM的设备分类。

自二战爆发以来，荷兰一直致力于标准化IBM设备。截至1941年，仅荷兰农业部就使用着40台机器，雇用了120名技术人员，每个月都需要使用100万张霍尔瑞斯穿孔卡；荷兰经济部使用着98台机器；荷兰中央统计局总计使用过64台机器。统计起来，荷兰政府一共向IBM租用了326台机器，其中不包括21个省级办事处、市级部门和半官方机构租借的176台机器。此外，荷兰国内的15家重要企业共使用了169台机器，中小私企使用的机器则超过320台。1941年时，IBM的穿孔卡产量已经大于自身的需求量，因此，在此后的日子里，IBM纽约总部每年都会向荷兰出口1.32亿张穿孔卡。毋庸置疑，荷兰利用霍尔瑞斯系统实现了数据自动化。

可笑的是，IBM在20世纪二三十年代并没有在荷兰开设子公司。相反，IBM会向代理商支付高昂费用来销售设备。德霍梅格通过与IBM日内瓦办事处合作，向荷兰提供了IBM设备和专业知识。在德国入侵前后，沃森在波兰、荷兰以及其他德占区建立了新的子公司。1940年3月20日，当希特勒准备侵略低地国家和西欧时，沃森火速成立了沃森商业机器公司（Watson Business Machines Corporation）。德军紧随其后，于4月9日、5月2日和5月10日分别夺取了丹麦、挪威和卢森堡。1940年5月10日，德国开始攻占荷兰，5 天后，荷兰便沦陷了。

德国在春季发动攻势期间，IBM 纽约总部从未中止向荷兰提供穿孔卡。就在德国侵入荷兰边境时，IBM 还与荷兰中央统计局签订了一份合作协议，同意向其提供足够使用一年的穿孔卡。不过，在德军进入荷兰后，德国便接手了这批穿孔卡。

1940 年 3 月，沃森商业机器公司在成立之初只归属于两名所有人，一是持有 90% 股份的纽约总部；一是持有 10% 股份的 IBM 欧洲区总经理 J.W. 斯科特。斯科特虽只是名义上的持有人，但他所持有的股份还是制造了一种"荷兰公民是管理者"的表象。尽管斯科特居住在纽约，但 IBM 最初仍打算任命斯科特为荷兰子公司的总经理。不过，IBM 纽约总部很快就改变了想法，决定将管理权授予另一名管理人员——彼得·冯·奥默伦（Pieter van Ommeren）。当时，荷兰已被德国占领，而 IBM 财务主管约翰·G. 菲利普斯却致信荷兰总领事馆，以求获得准许来规避创办公司时所涉及的规章。菲利普斯在寄给领事馆的宣誓信中，并未提及斯科特是身居纽约的 IBM 欧洲区总经理，只是将他写成"旅居美国的荷兰商人"。

沃森希望能营造出 IBM 不会与荷兰子公司联系的表象，从而使纳粹相信 IBM 不会控制荷兰子公司。作为这项行动的一部分，奥默伦于 1940 年 12 月 7 日对公司章程提出了一个不同寻常的修正方案。该修正方案废弃了"封闭式公司①需要促进交流"这条标准条例。"电报"一词也被他从"可以通过书信或电报，而不用通过会议向股东咨询"中删掉。从 1940 年 12 月到 1941 年 6 月中旬，IBM 高管一直走在探索法律程序的漫长道路上，以确保荷兰领事馆会批准 IBM 给予奥默伦的授权书。IBM 希望确保荷兰子公司的所有行动都能得到承认——不仅要获得纳粹民政部门的认可，也要取得流亡政府的认同。

IBM 在法国的业务"很有前景"，只不过在最初的几年里，它在法国的市场占有率并不高。1919 年，CTR 在法国巴黎建立营业部，这也是它在欧洲的第一个营业部。CTR 聘用了当时仍旧归海丁格尔所有的德霍梅格为销售代理商。1925 年，只有十几位客户的 IBM 在法国里昂开办了一家制造厂和一个分支机构。1927 年，IBM 为争夺法国市场，与鲍尔斯记账机公司展开了一场激战。最终，两家公司却只获得了约 30 名客户，向市场提供

---

① 指不上市的公司。——译者注

分类机和制表机约 50 台，并用了近 300 台穿孔机满足客户的穿孔卡需求。至 1931 年，瑞士公牛公司带着一种价格低廉的一体机亮相法国，其效能似乎比霍尔瑞斯机器更好。公牛公司将这批新机器安装在法国劳工部。

虽然法国公牛公司在 1931 年只拥有一位客户，但沃森认为这家新公司将会对 IBM 产生极大的威胁，所以，IBM 通过扩大生产规模打压这家新公司。沃森亲自视察了法国政府部门的公牛设备，并希望有一天能收购公牛公司。与此同时，IBM 签下了法国战争部这个将会使用霍尔瑞斯系统的大客户。至 1932 年，IBM 的法国客户数量超过了 65 个。而后，沃森和法国公牛公司持有者之间旷日持久的谈判破裂。于是，IBM 购买了公牛公司的母公司——瑞士公牛公司的所有权，令法国公牛公司大为震惊。收购完成后，沃森当机立断雇用了埃米尔·热农（Emile Genon），那位将瑞士公牛公司的所有权卖给 IBM 的公牛公司经理。法国公牛公司发起投票，希望能以"反竞争"的名义否认收购合同，甚至计划脱离瑞士公牛公司。在接下来的几年里，这场曲折的收购之战在瑞士和法国引发了源源不断的诉讼，因为 IBM 认为公牛公司已经失去出售公牛设备的权利，而公牛公司则指控 IBM 的行径为不公平竞争。

1936 年，沃森重整 IBM 法国子公司，创建了一家新子公司——法国电容公司（Compagnie Electro-Comptable de France，以下简称 CEC）。二战爆发前，CEC 已在法国安置了数百台机器，这些机器主要集中于三个领域：银行业、铁道部和军工。IBM 现已占有 65% 的法国市场，且几乎垄断了法国殖民地的市场，尤其是在南非与印度支那等地。公牛公司因财务问题举步维艰，只占有 25% 的法国市场，其客户主要集中于政府部门和银行业，同时，它又在与 IBM 进行无休止的诉讼。鲍尔斯记账机公司的市场份额更小，只有 10%。

20 世纪 30 年代末，随着法国临近战争，法国战争部的订单量大幅度增加，远超 CEC 工厂的供应量。因此，自 1937 年起，IBM 纽约总部直接接手 CEC 无法处理的法国战争部订单。1937—1939 年，IBM 纽约总部通过向法国军方出租字母制表机赚取了近 50 万美元租金，还通过出售零备件赚取了 35 万美元。在那两年里，法国使用了约 4.26 亿张穿孔卡，这些卡片部分由当地生产，部分从其他欧洲子公司购买，或者从美国进口。

然而，当法国被一分为二后，法国的自动化项目发生了巨变。沃森归

第三部分
第 11 章 | 法国和荷兰：是什么造就了命运差异？

还希特勒颁发的勋章不足三周，德法两国便签署了停战协议。当时，德霍梅格的骚乱正处于初始阶段。纳粹军队迅即夺取了 CEC 数百台霍尔瑞斯机器。熟悉 IBM 制表机的特殊"征收编队"被安排进第一装甲师，以便更高效地没收 IBM 设备。机器不断运出 CEC 的仓库和车间，甚至是 CEC 的企业客户也不能幸免。

德国总共没收了 319 台霍尔瑞斯机器，将它们偷偷送出法国，分发给德国各处需要机器的客户。几十台校对机、分类机和字母制表机被安置在 MB 及其建立在欧洲的多个办事处中。许多机器被分配给了重要的德国军工企业，以及克拉科夫和布拉格的纳粹办事处，不过，德国空军基地和德国国防军最高统帅部得到的机器最多。

CEC 职员记下了每台机器的原始客户位置、序列号和出租估价，这样一来，CEC 便可以向柏林索取赔款。记录完成后，CEC 立即将其送往 IBM 纽约总部审查。同样，德国官方详细记下了搜刮来的 319 台设备的初始位置、月租金和新地点。虽然这些机器最初是被强行夺取的，但 IBM 发现，这一行动有益于自己与第三帝国建立良好的关系，并从中获得更大的收益。CEC 管理者会向第三帝国收取每一台机器的费用，还会就每台机器的具体租金与德国当局争论不休。仅 1942 年第三季度，德国军方就向 CEC 支付了 940 万法郎，约合 10 万美元，这笔钱就是德国租用其设备，购买服务、零备件和穿孔卡的费用。

CEC 的利润飙升。较之 1939 年，CEC1942 年的成交额成倍增长，达到 1.01 亿法郎。同时，它在 1942 年的利润额几乎是 1939 年的 4 倍，达 2 660 万法郎，其中有 1 630 万法郎被归为专利费。这些款项几乎全部来自于德霍梅格和德国机构的订单。例如，CEC 于 1942 年生产的 250 台分类机（是 1938 年的两倍）便是德霍梅格下的订单。而 CEC 在法国的业务通常是印刷穿孔卡和维修那些未被没收的老旧机器。

CEC 已然转变成德霍梅格的垄断供应商，IBM 纽约总部也完全认可。实际上，1941 年，沃森为满足德霍梅格与日俱增的需求，同意建立两家新工厂，一家工厂位于巴黎近郊万塞讷，另一家工厂位于巴黎以南 20 英里处的埃松省。1941 年 3 月 24 日，CEC 管理人员向 IBM 纽约总部发去报告，解释道："客户对设备的大量需求……定会使万塞讷的工厂超负荷运作。"在新工厂建成之前，CEC 将通过外部"批发商"向客户供应零备件。

IBM通过正式或非正式的途径来持续获知CEC的进展。有时是简单的手写信，比如德霍梅格工程师奥斯卡·赫尔曼（Oskar Hoermann）就曾将一封英文信寄给恩迪科特的生产主管。奥斯卡是德霍梅格、柏林MB以及CEC三者间的IBM联络人。

> 1942年4月30日
> 法国里昂
>
> 亲爱的吉米（Jimmy）：
>
> 我在法国出差，想借此机会透露自己的行踪。我还没有进入军队，尽管我们已经变得越来越重要。现在，甚至连巴黎的CEC也得为我们服务了。我们在库亨建了一家小型组装厂，离辛德芬根50英里，之后还会在离辛德芬根100英里的地方再建一家小工厂。这样做不是因为我们认为分散工厂是可取的，而是因为我们不得不将工作转移到有工人的地方。我偶尔会去巴黎。CEC已经在埃松省购买了第二家小工厂，离巴黎30英里。总办事处也已迁至旺多姆广场。你们在恩迪科特可好？
>
> 向您和您的家人致以最真诚的问候。
>
> 您最诚挚的
> 奥斯卡·赫尔曼

1942年7月20日上午，IBM恩迪科特的办公室收到奥斯卡的手写信。

不过，寄给沃森的大多数报告比奥斯卡的手写信要详细得多。例如，1943年初，即美国参战一年后，IBM纽约总部收到了CEC寄来的1942年第四季度财务报告。这份长达32页的报告非常详细地总结了CEC在该季度的情况，并附有大量表格，分析了CEC与德国的交易能为IBM带来的财政优势或劣势。表格上还以法郎为货币单位列出了CEC每个月的收入。CEC的收益一直呈上涨态势，从1941年的1 137.7万法郎增至1942年的1 631.1万法郎。它在1942年1月的收入十分显眼，达到120万法郎，是1941年1月的2倍。此外，在一笔价值940万法郎（约合10万美元）的收益项目下面写有一行字："德国军方为被没收的机器支付的租金。"CEC

管理人员仔细地在报告中填入详明的图表，以确认德国子公司的表现是否符合利润配额——IBM 纽约总部制定的分数系统。

销售额和支出额则以"季度"和"产品"的形式来分析。该报告总结了公牛公司和鲍尔斯记账机公司这两位竞争对手的业务，无论是在法国占领区，还是在受维希政府管辖的区域。此外，行项目也被列入这份报告，包括因德国国防军最高统帅部维修机器而产生的收益——304 059 法郎，以及德国国防军最高统帅部新租机器的租金和维修费——379 万法郎。

CEC 这份报告还强调了法国国内严重的纸张短缺现状。纳粹德国曾临时授权德霍梅格的一家供应商为 CEC 提供纸张，但欧洲市场普遍出现了纸张短缺问题，因此这一授权也被迫终止。"前景很渺茫，"该报告称，"我们尝试了一切途径获取纸张。"CEC 想方设法地搜刮纸张，希望库存量能维持正常生产。在 CEC 此前存有的 262 卷纸中，有 93 卷来自 IBM 纽约总部。

CEC 报告提到，法国子公司仅存的纸张供应商芒德尔，在 1942 年夏天就已面临严重的纸张短缺危机。芒德尔提醒 CEC，如果没有制造纸浆所需的煤炭和纤维素，那么，它将无法为 CEC 提供足够的纸张。CEC 发出紧急警报，干预了纳粹当局有关配给制度的决策："我们向他们施压，迫使他们向芒德尔提供煤炭和纤维素……这可以让公司通过对客户施加最严格的限制，从而生存下去。"至 1942 年底，甚至连 CEC 的备选供应商也出现了纸张短缺危机。

为了使利润持续升高，CEC 只能寄希望于第三帝国对穿孔卡配套设备的增订了。在 1942 年的报告中，CEC 为 IBM 纽约总部列举了它在严峻的战时情况下完成的德霍梅格订单。例如，25769 号订单——50 台排序器，以每个月 50 台的速度迅速交货；55158 号订单——100 台排序器，一旦原材料到位，可以立马投入生产；52768 号订单——5 万支分类刷，以每个月 5 000 支的速度交货。

CEC 还在报告中列举了穿孔卡操作员接受的重要培训课程。例如，10B 课程培训了 45 名操作员，11B 课程培训了 45 名操作员，12B 课程培训了 36 名操作员。培训霍尔瑞斯操作员的学校也在夜以继日地开班授课，例如，131 号课程培训了 94 名操作员，133 号课程培训了 16 名操作员，134 号和 135 号课程总计培训了 86 名操作员。德国需要招募大量劳工和士兵，这让穿孔卡系统面临严重的人才短缺问题。因此，CEC 不仅要大量生产机器和穿孔卡,还要培训操作员来为德国服务。

为进一步扩大市场占有率,CEC 积极为已由维希政府控制的法国殖民地区的客户服务。CEC 有 848 名员工,其中 5 人在阿尔及利亚办事处工作,5 人在卡萨布兰卡办事处工作,3 人在印度支那办事处工作。

CEC 已然成为德霍梅格的卫星。CEC 与纳粹党有着直接联系。虽然沃森已经任命罗杰·维尔日勒为 CEC 的总主管,但是纳粹分子仍指派了自己人——德霍梅格代理人海因茨·韦斯特霍尔特充当 CEC 的专员。韦斯特霍尔特不只是德霍梅格的一名员工。1933 年 5 月 1 日,希特勒上台后不久,韦斯特霍尔特便加入纳粹党,党员编号为 2781981。同年,韦斯特霍尔特正式加入纳粹党卫军,身份编号为 272239。1934 年 10 月,韦斯特霍尔特成为德霍梅格的管理人员。

IBM 纽约总部一开始就了解韦斯特霍尔特与纳粹党之间的关系。1940 年夏天,当纳粹党忙于建立德国卡特尔之际,韦斯特霍尔特出访法国,积极参与了 CEC 的业务。昌西在查看从 IBM 日内瓦办事处送来的谣言和报道时,也持续监视着韦斯特霍尔特,并和 CEC、奥托·基普以及身在柏林的艾伯特律师保持紧密联系。昌西向 IBM 纽约总部明确指出,韦斯特霍尔特是那些意在损害 IBM 在法利益的纳粹党官员指派的德霍梅格代理人。韦斯特霍尔特十分记恨沃森当初蔑视希特勒,甚至曾公开重申德霍梅格的主流观念:沃森的观点根本不重要,因为他已经退还了希特勒颁发的勋章。

沃森派驻比利时的主管是公牛公司前主管埃米尔·热农,CEC 的主管是罗杰·维尔日勒,P. 泰勒则是沃森派驻 IBM 日内瓦办事处的调解专家。1941 年 9 月,热农给身在 IBM 日内瓦办事处的泰勒写了一份密信,描述了沃森对 CEC 的规划。该密信的副本落到了美国司法部调查员的手上,看完信后,这位美国司法部调查员总结道:"这封信有关法国的政治事务,是寄给 IBM P. 泰勒先生的信件,写信人为埃米尔·热农。此信表明,沃森先生同意了维尔日勒与德国的合作方针。"

在法国,IBM 需要通过韦斯特霍尔特与党卫军合作。实际上,IBM 纽约总部怀疑,在美国参战后,韦斯特霍尔特可能会受命成为 CEC 的托管人,毕竟韦斯特霍尔特此前就和维尔日勒激烈谈论过接管敌国资产的问题。1941 年 10 月初,韦斯特霍尔特回到巴黎,打算和维尔日勒进一步探讨相关问题。1941 年 10 月 13 日,韦斯特霍尔特与维尔日勒会面,并提醒对方,

第三部分
第 11 章｜法国和荷兰：是什么造就了命运差异？

德霍梅格准备以合法的"借口"终止与 IBM 纽约总部的合约。德国明白，公牛公司的生产力还不足以独立支撑第三帝国，不过柏林方面仍希望第三帝国能利用公牛公司的设计和专利成立工厂。为实现这一目标，许可协议已经签订。韦斯特霍尔特考虑到，若德霍梅格与 IBM 纽约总部终止合作，那么，IBM 的欧洲市场将面临极大的威胁，为此，韦斯特霍尔特计划在里昂召开紧急会议。他通知了维尔纳·利尔——沃森派驻在 IBM 日内瓦办事处最重要的职员。

利尔一面考虑着是否接受韦斯特霍尔特的邀约，一面向 IBM 发去一份详细的报告。利尔在报告中提醒道，如果美国参战，届时纳粹德国委派的 CEC 托管人会迫使 CEC 减少给 IBM 寄送报告的数量……导致 CEC 陷入与德霍梅格相似的境况。利尔将这点谨记于心，提出需要 IBM 纽约总部授权他会见 CEC 销售经理威廉·博雷尔（William Borel），并任命其为维尔日勒的代表。

3 天后，即 10 月 16 日，急不可耐的利尔又向 IBM 纽约总部发去电报："竞争事态严峻。我此前曾提到，热农获悉维希政府……绝对能与外方合作来毁掉我们的欧洲业务……与博雷尔通电后，我收到了书面报告，韦斯特霍尔特已向维尔日勒确认，我们的恐惧将会变成现实……他还威胁着向巴黎委派托管人，并计划压制 IBM 日内瓦办事处……韦斯特霍尔特想在里昂约见我……但只有获得您的批准后，我才能与他见面。请尽快指示。"

次日，利尔联系了柏林方面，希望能获取德霍梅格骚乱的最新动态。随后，利尔向 IBM 纽约总部报告道："多亏美国驻日内瓦领事馆，我们才能在 10 月 17 日上午联系到美国驻柏林大使馆。大使馆的商业专员伍兹先生不在，我们联系了他的助手，表示我们想了解更多关于德霍梅格想和我们终止合同的确切消息。当天下午，伍兹先生从日内瓦打电话告诉我们，他已经见过艾伯特博士，虽然艾伯特博士表述得很模糊，但他确实承认自己听到了关于德霍梅格意图的流言，不过……艾伯特博士无法就此问题给出明确的法律意见。"

利尔觉得与韦斯特霍尔特的会议不能再拖延，便再次向 IBM 纽约总部发去电报："竞争。我计划在周三和热农一起前往维希法国，尝试去阻止或拖延两组人员达成法律协议。" 10 月 20 日，IBM 纽约总部回复："同意您与韦斯特霍尔特见面。别做出承诺，也别轻举妄动。"利尔要即刻动身前往里昂，因为尽可能拖延公牛公司和万德雷尔－韦尔克公司达成正式协议，对 IBM 而言非常重要。

利尔和韦斯特霍尔特的会面只是一个开端。纳粹分子企图召开一次更大规模的会议，地点设定在柏林，与会人员包括 CEC 全体高级职员。同样，没有沃森的特别准许，利尔依旧无法参加会议。1941 年 11 月 17 日，CEC 向 IBM 纽约总部发送电报："11 月 21 日我们将在柏林与维尔日勒和韦斯特霍尔特举行会议……建议你们立即指示利尔参加会议，即便你们还未对基普于 11 月 6 日发给沃森的电报内容做出决策。利尔已和韦斯特霍尔特见面，一切进展顺利。随后会有更多报告。"

在柏林与韦斯特霍尔特参加的多次会议只是众多阴谋的一部分，这些阴谋旨在迫使昌西于 12 月初赶往美国国务院，绕过美国财政部，向德霍梅格下达金融指令。在美国参战对抗德国后，韦斯特霍尔特最终成了 CEC 的托管人。现在，只要纳粹分子向 IBM 付钱，他们就可以对 CEC 为所欲为。与公牛公司进行竞争的计划始终没有真正实现，与其说公牛公司是实质性威胁，倒不如称它为谈判筹码。第三帝国无法替换 IBM，便迫使 IBM 让沃森放弃使人苦恼的管理手段，这样一来，第三帝国就可以如愿采取更快、更统一的行动了。

尽管 CEC 和 IBM 能够在行业中保住统治地位，仍充当着第三帝国自动化项目的主要供应商，但在 1943 年末，法国穿孔卡市场面临的冰冷现实已变得无法辩驳。CEC 无法保证卡片和原材料的稳定供应，因此无法继续向法国市场提供机器。熟悉霍尔瑞斯系统操作技能的技术人员正被大规模地选派或转移到大德意志帝国的穿孔卡业务中。CEC 的全部生产能力，包括生产机器和零备件的能力逐渐从法国转移至德国和其他欧洲国家。尽管 CEC 当时的利润正在不断飙升，但在不久的将来，这家法国子公司将面临彻底崩盘。1943 年初，就在 CEC 还在报道销售额翻倍，利润额增两倍时，维尔日勒无奈地提醒 IBM 纽约总部："CEC 在 1942 年末的状况极不稳定，一方面是我们的技术人员随时都可能被转移到第三帝国，另一方面是我们的卡片只能维持几周了。生产严重滞后，且程度不断加重。分包商因人员征用问题不得已突然中断或减少与我们的合作。我们大部分的成熟技术人员随时可能被派走。在这种情况下，我们已失去预测未来的勇气。"

一直以来，鲍尔斯记账机公司在法国的市场占有率微不足道。德国必须将车间从德国转移到巴黎,只为让几乎奄奄一息的法国市场持续运作。而公牛公司的设备虽然很有前景,在法国各地也安装了许多机器,但无论从资金,还是从运营上,它都不具备批量生产的能力。公牛公司的一些设备也已被德国转移出法国,并由德占区的 IBM 人员维修。公牛公司同样渴求制造机器的原材料和生产穿孔卡的纸片。此前,柏林方面给公牛公司下的唯一一个租赁订单也被迫取消了,因为公牛公司没能如期交货。

德国希望法国犹太人能像其他德占区的犹太人一样,通过血统和宗教信仰等信息被识别出来,然后被洗劫一空,最后被驱逐到集中营。受到纳粹摧残的法国犹太人显得脆弱不堪,希特勒早已做好了准备。

然而在法国,霍尔瑞斯系统还未安排就绪。

荷兰:被贴上的印记

1940 年 5 月 15 日,荷兰向德国投降。在此之前,德国对其发动的猛烈进攻仅持续了 5 天。第三帝国随即计划彻底摧毁荷兰犹太人社区。纳粹专家认为荷兰境内具备犹太血统或信奉犹太教的实际人数将会比预计人数翻一番,便假定这场针对犹太人的活动要分阶段进行。纳粹专家很清楚,荷兰公民不会欢迎希特勒的军队。不过,荷兰境内狂热的纳粹分子却渴望与占领军合作。最大的问题是,荷兰公民时常公开支持受害犹太人,他们不愿意交出躲在自家的犹太邻居。压迫犹太人的举措引发了荷兰大罢工,也促使基督教徒多次要求和犹太人一起承受苦难,甚至引起了暴动。

第三帝国需要一名特别专家统筹各项围捕行动。这位专家必须熟悉统计学,擅长操作霍尔瑞斯技术,并愿意与第三帝国配合,迎击当地的抵触活动。在这个德国士兵会遭受伏击的德占国家,观众在电影院观看纳粹宣传片时会发出愤怒的嘘声,各处教堂在布道时也无一例外地谴责反犹主义,因此,柏林方面需要一位特别人选来帮助纳粹德国继续推进计划。

纳粹找到了雅克布斯·兰伯特斯·伦茨(Jacobus Lambertus Lentz)。伦茨不是纳粹分子,那些研究过伦茨的人也没能证明这个人具有天生的反犹倾向。相反,伦茨是一位富有学术气息的人口专家,总是沉浸在由比率、统计项目和咯咯作响的霍尔瑞斯机器构成的制表世界中。对伦茨而言,完善人种分类不只是一件值得骄傲的事,更像是一场漫长的斗争。

早在1936年，身为人口登记局调查员的伦茨就曾对荷兰的人口登记表和数据收集方法进行标准化管理，这项管理成就为其赢得了一块皇家勋章。同年，在德国统计学会发行的刊物《统计档案》上，伦茨描绘了个人愿景，并预测道："理论上，我们将能够收集海量而完整的个人数据，到时，我们就可以说一张纸就能代表一个活生生的人。"

我们可以想象出伦茨的那种满足感，尤其是当他一次次地以准确无误的精准度为人口数据编辑索引时。伦茨会夸耀他所获取的数据，极力维护自己做出的总结，并预测到德国人何时需要犹太人的名字，这无疑证实了他在统计学上的远见。当光线透过穿孔卡上的孔洞时，伦茨肯定看到了其他人所看不到的东西。在荷兰，几乎每个人都对入侵他国的德国人心怀怨恨。但对伦茨而言，正是纳粹分子将他从和平时期那索然无味的调查中解放出来。如今，在纳粹主义的支持下，伦茨终于能展示自己在统计学方面的真知灼见及强大的推理能力了，他会向人口学上一些模糊不清的数据宣战，并最终将荷兰犹太人交付给德国人。他的座右铭是"记录即服务"。

1941年7月3日，伦茨正式迈出第一步，开始辨识居住在阿姆斯特丹的犹太人。此前，德国人误以为阿姆斯特丹有12万~15万名犹太人，当伦茨利用当地的警察局（一般要承担统计外国人口的责任）组织了一次系统性统计后，最终得出的数量远比预期少得多，约为2 000人。

1941年8月17日，伦茨设计了一种独特的、可以防篡改的身份卡。一种无法在石英灯下显示的半透明墨水被用来打印卡片上的关键词，而卡片上的戳记则采用了可溶于丙酮的材料。此外，卡片上有一处用强力胶水固定的透明窗口，那是调查对象粘贴照片的地方，调查对象的右手食指指纹会被印在照片背后，可以通过小窗口随时显示出来。最后，调查对象还得在印有许多信息的水印纸上签名。伦茨设计的卡片是人类信息编辑领域的杰作。

伦茨在1939年便构思了这种复杂的卡片，那时，战争已在欧洲大陆爆发，而荷兰政府也曾考虑采用某种简单可靠的食物配给卡。不过，在1940年3月，荷兰政府下属的某个委员会表示应放弃设置穿孔卡的行为。他们认为，这种卡片让荷兰普通百姓就像罪犯一般，而且这与荷兰的民主传统不符。然而，现在已经无人能阻碍伦茨，他可以通过添加照片和指纹完善卡片，从而使人口分类更为精准。

伦茨将身份卡样品送至第三帝国刑事警察局的犯罪技术研究所，前者被欣然采纳。伦茨的发明比德国警察局的任何发明都要高明，显然能帮助德国警察打击当地的文件造假行为。几周之内，德国的民事管理人员便要求所有年龄在 14 岁以上的荷兰公民前来登记。待所有人登记完毕后，时间已过去近 1 年。伦茨的身份卡不只是一种先进的身份证件，在德国发行这种卡片时，还会附上一张卡片模样的独立收据。这些收据会被保留下来，用来汇编所有已登记在册的荷兰人的个人信息。

荷兰成年人必须随身携带伦茨设计的身份卡，后来，这种卡片增添了一项涉及犹太人的信息：只要一个人被判定为犹太人，那么其身份卡就必须印上字母"J"。存留下来的手工收据则成为"全面自动化犹太人登记活动"的第一块踏板。

1941 年 10 月 22 日，犹太企业被迫接受登记。纳粹德国根据《纽伦堡法案》上的定义识别荷兰犹太人，即根据调查对象的祖父母和外祖父母中共有多少名犹太人来鉴别调查对象的身份，而不是根据其宗教信仰。如果一家企业的所有者或管理人员是犹太人或具有犹太血统，那么该企业就会被视为犹太企业。这条规定效仿了早先在第三帝国颁发的相关法令。为此，第三帝国还特别设立了经济调查局，以确定在严格的血统规定下，某些可疑的企业是否属于犹太企业。掌控荷兰的德国民政部门在宣布犹太人必须进行财产登记的规定后，荷兰便爆发了抗议活动。几乎所有新教教堂的讲坛上都站着谴责德国民政部的荷兰公民，他们称纳粹德国的做法是"粗野的"（Un-Christian）。

1941 年初，德国认为自己已经准备好，可以启动驱逐犹太人之前的最后一项工作了。1941 年 1 月 10 日，纳粹党国务卿弗里德里克·维默尔（Friedrich Wimmer）发布了一条至关重要的法令——VO6/41，该法令要求所有犹太人，无论是荷兰犹太人还是他国犹太人，都要到当地的人口统计部门登记个人信息。维默尔为阿姆斯特丹之外的犹太人设定了 4 周的期限，为阿姆斯特丹地区的犹太人设定了 10 周的期限。自 1930 年人口普查以来，荷兰的人口统计部门就配备了霍尔瑞斯系统，完全实现了统计活动的自动化。通过将犹太人口的登记记录，与持有身份卡的荷兰人口的卡片索引资料进行比较，荷兰当局可以找出任何仍未登记的犹太人。

尽管荷兰公民几乎都在愤怒地谴责纳粹分子的登记活动，但荷兰犹太人都十分顺从地拿上调查问卷，完整地填好信息，并将问卷交给了附近的登记部门，少有例外。这种不可思议的顺从源自传统荷兰人对法律法规的尊重，当然，也出于恐惧。因为，如果他们不接受登记，可能会遭到政府部门的惩罚——监禁 5 年，并没收财产。犹太人很清楚抵抗毫无用处，因为他们的名字早已在荷兰各地的统计部门和登记部门中被登记为"犹太人"，伦茨在身份识别项目中创造的卡片索引更是记载了他们的详细信息。虽然部分荷兰犹太人在不久前组织了抗议活动，但是整个犹太群体依然按照规定填写了表格。最终，在花费了数月以后，纳粹当局获得了 15.7 万份调查问卷，比荷兰犹太人的实际数目还要多，因为有许多富有同情心的荷兰人自愿和犹太同胞一起登记。与此同时，伦茨的"穿孔卡部队"快马加鞭，把犹太人的信息转变成霍尔瑞斯系统上的数据。

对纳粹分子而言，这一切还不够迅速，且过程中多有耽搁。尽管法令 VO6/41 在 1941 年 1 月 10 日就已经通过，但德国行政人员直到 4 天后才向舆论界公开。之后，这条消息被世界各地的媒体报道。由于这条统计法令直到 1941 年 1 月 24 日才生效，因此荷兰的政府公报直到同年的 2 月 3 日才将详细信息公布给进行人口普查的行政人员。这导致荷兰地方人口普查部门没能及时配置统计设施。为了加快进程，地方人口普查部门不分昼夜地开展工作。每一天，都会有数千名荷兰犹太人走进当地的人口普查部门，象征性地交几张荷兰盾①，然后在精心设计的调查问卷上填写信息，为德国提供其所需的一切数据——职业、家庭成员、出身。

人口普查活动开始时，德国当局表扬了荷兰的统计部门，赞扬它提供了值得被效仿的服务。不过，当 4 月临近，普查期限即将到来时，由于统计活动远未完成，伦茨团队遭到了纳粹德国的质疑和指责。德国甚至表示，一些地区正在破坏普查活动。

纳粹行政人员担心有人在其背后施行破坏活动，这有充分的理由。义愤填膺的阿姆斯特丹工人为了对抗纳粹分子的压迫措施，自行组织了罢工。直到纳粹占领者通过扔手榴弹、开机关枪来镇压反抗者，才终于抑制了这场罢工。然而，激烈的报复行动随之而至。阿姆斯特丹因这次罢工被处以 1 500 万荷兰盾的罚款。

---

① 荷兰的货币单位。由于荷兰现已加入欧元区，荷兰盾正式退出了历史，不过部分地区如今还在使用。——译者注

当德国人指责自己的规划没有以最好的状态执行时,伦茨大为恼怒。身为人口登记局调查员,他为这场全国性行动做起了辩护,甚至谈到了地方的登记部门。3 月 25 日,伦茨在一封写给维默尔的信中直言:"政府的调查员目前已从地方登记部门收到了近 3 万份登记资料……登记活动延期,绝对不是因为统计部门不愿合作,也不是因为有人破坏,而是因为统计部门的员工任务过重,尤其是身份卡的相关法令,让他们的任务更为繁重。最重要的是,我们无法雇用到关键而可靠的雇员。这一问题是由大量可疑的案件或审问所导致的。"伦茨知道自己还需获取超过 25 万人的名字,于是保证道:"我已通过内政部向地方登记部门发去了一份通知函,再次要求加快速度。"

维默尔心存疑虑,认为纳粹可能无法在荷兰领地上统计犹太人。常规的人口普查或种群计数需要一支调查团队到各家各户拜访,并辛勤地填写表格。一方面,德国的行政人员眼下无法找到可靠的调查人员,让他们深入愤怒的群众去调查人口。另一方面,这种登记活动也需要犹太人自愿走进人口普查部门填写表格。荷兰犹太人对人口普查的反感情绪日益强烈,也愈加反对填写表格,登记活动严重受阻。此外,阿姆斯特丹地下印刷所(Underground Press)受到的攻击也使地方人口普查部门的员工感到不安。

4 月 9 日,伦茨依旧在向德国人解释行动缓慢的原因,荷兰境内的许多市长还没读到 2 月份的政府公报。

伦茨称,在荷兰,除阿姆斯特丹以外的 1 050 个地区中,有 1 019 个地区已经完成登记。为了表明人口普查人员遇到的困难,伦茨以荷兰中部城市阿陪尔顿为例,解释该城市无法统计精神病院里的犹太病人,并指出这群可怜的病人无法提供有说服力的回答。不过,在 5 月 5 日这一天,大多数地区还是完成了登记任务。有些地区不存在犹太人,所以统计任务对这些地区而言轻而易举。属于这种情况的地区就有 483 个。

至 5 月中旬,维默尔意识到,虽然荷兰地方部门获得了一系列相互交叠的登记记录,但这并不足以帮助纳粹分子完成毁灭犹太人的计划。伦茨主管的多个统计部门无法紧密合作,以识别、交叉索引和组织全国的犹太人。唯有利用霍尔瑞斯系统进行操作,才能解决这个问题。此外,维默尔还想通过按字母排列的形式组织犹太人。如果不进行排序,那么,按部就班的围捕行动和前往集中营的驱逐活动也就无法进行。

1941年5月19日，维默尔决定应该制作一本按字母排序的登记簿，且需列出在法令VO6/41之后报道的所有纯种犹太人和混血犹太人。这项新增的任务将会让伦茨超负荷工作。事实上，伦茨甚至还未上交最初要求的78 119份调查问卷。德国希望伦茨可以发挥出最大效能，但又不想过分逼迫伦茨。

几天后，维默尔的下属，犹太事务首席专家汉斯·卡尔迈耶（Hans Calmeyer）小心翼翼地通知了伦茨。"维默尔先生希望能看到一本像霍尔瑞斯系统那样的登记簿。"卡尔迈耶写道，"这本登记簿必须包括年龄、职业和性别……还需将类别（犹太人、混种I型、混种II型）归入相应的位置。我知道，制作这样一本登记簿很复杂，会为人口登记局带去很大的负担。不过，若没有这样一份按字母排序的登记簿，仅靠依据身份卡得来的登记簿和各地区现有的登记簿，我们将无法统计出完整的（犹太）人口。"

"不久后，您得准备好应对各种……让您提供具体信息的请求。"卡尔迈耶继续写道，"这些请求可能会要您提供某个人最近的住址。如果没有汇编这样一本字母登记表，这些请求会给您的部门带去极大的工作量。目前，要回应这些请求，我们不得不找遍所有的地方登记簿。当然，地方登记簿也不容忽视……请告知我们您认为哪种穿孔卡系统最有效，最容易引进。"在信的结尾，卡尔迈耶询问伦茨需要多少时间来制作这本字母登记表。

伦茨走在了维默尔和卡尔迈耶的前面。次日，伦茨带着未经掩饰的自负回复道："我饶有兴趣地拜读了您于1941年5月26日的来信，您在信中提到国务卿维默尔博士的期望，说他想要创建（另一种）穿孔卡系统。我很高兴地通知您，几周以来，我们的调查员一直在根据霍尔瑞斯系统建立这样一种穿孔卡系统。"

2个月前，伦茨已经向内政部提出申请，表示需向当地的IBM子公司再租用一台霍尔瑞斯机器。4月23日，内政部批准了这项申请。现在，伦茨正等着这台机器到货。伦茨早已做好了所有的准备，只要内政部一批准使用，他就能立马执行计划。伦茨告诉卡尔迈耶："我们已在'数据编码'方面取得了很大进展，多亏了另一个政府部门的合作，穿孔的任务也基本准备就绪。根据您提供的信息，我们增加了一种新型穿孔卡。尽管机器还未送到，但我们已做好测量，很快就能执行任务。"

然而，还有一个严重的问题困扰着伦茨：整个识别项目基于数字，而非字母。伦茨向卡尔迈耶强调:"(新)霍尔瑞斯穿孔卡系统不适合按字母排序,因为这种卡片不是以名字,而是以数字的形式穿孔的。按字母顺序穿孔可以实现,但存在各种技术难题。"伦茨自称无奈,表示只好绕开其他项目,专注于研究字母系统。"我会制作一本字母登记表,包含所有已经接受登记的犹太人和混种人的名字。"伦茨补充道。

为了进一步减少延误,伦茨宣布将任务分成两部分:阿姆斯特丹的犹太人,以及阿姆斯特丹以外的犹太人。鉴于阿姆斯特丹以外的地区已经完成登记,伦茨承诺会在6月中旬先上交已完成地区的字母登记表。不过,如果维默尔和卡尔迈耶想先获得阿姆斯特丹的数据,那么,伦茨也可以在稍晚一些的时候递交名单。"我会将阿姆斯特丹已登记的人口信息一同放入字母登记表中,"伦茨说,"6月底或7月初,我就能完成这部分任务。"

1941年5月30日,一名德国公务员向维默尔总结了重叠的霍尔瑞斯项目以及遇到的技术瓶颈,他在一份报告中写道:"除了已经构建和即将构建的登记簿,还需要构建一种特殊的字母登记表登记所有需要上报身份的人,这可能会用到霍尔瑞斯穿孔卡系统。"不过,没有一套精心设计的数据,就无法印刷与这份新字母登记表相对应的穿孔卡。因此,这位官员补充道,他的部门会先确定需要分配穿孔卡的哪些列,以获取所需数据。只有霍尔瑞斯的工程师才能解决这个问题。同样,只有IBM才能印刷这种穿孔卡。

"中央登记处(Central Register)已发出请求,希望能拿到构建这套霍尔瑞斯系统所需的材料和设备。"该官员继续说道,他向维默尔重申了伦茨的忠告,"不过,中央登记处指出,现有的霍尔瑞斯穿孔卡系统虽然能为每一张加工过的表格及登记过的人分配编号,但它并不适合用来汇编字母登记表。字母打孔涉及各种各样的难题,想要立刻将现有的系统转化成字母处理系统几乎不可能。我无法否认,对那些有义务提供信息的阿姆斯特丹居民(超过85 000人)进行排序处理,会大大增加中央部门的负担,也会延迟字母登记表的完成时间。"

然而,维默尔没有时间可以浪费。维默尔下令,无论目前遇到了什么困难,所有与字母排序有关的项目都要全速推进。这是当务之急。终于,伦茨的努力有了回报。1941年6月14日,针对"所有具有犹太血统的人"的初步调查,维默尔的办事处收到了10份完整的文件。很快,字母索引表也将准备就绪。"很快,"这份给维默尔的报告承诺道,"我们就可以利用霍尔瑞斯系统对某些特定的族群进行分类了。"如果所有犹太人都能按字母顺序被排列出来,那人口结构就可以被交叉索引、分类,然后按年龄、性别和职业等信息列表调出数据,当然,这些数据也是按字母顺序排列的。

这套系统很快就完成了。1941年6月初,反纳粹的荷兰抵抗组织在阿姆斯特丹引爆了两枚炸弹。在报复行动中,德国攻击了300名荷兰犹太人,以及一批年龄在18～30岁之间的德国犹太难民。纳粹分子需要用犹太人名单围捕年轻的犹太工人。英国情报组织在一份报告中称,如果没有得到足够的犹太工人,德国就会围捕更多犹太人质。一名英国情报员指出:"盖世太保手持登记处提供的名单,按照上面的字母登记表挨家挨户地搜寻出那些符合特定组别的犹太人。有一次,他们带走了字母登记表上所有名字首字母为S～V的犹太人。"该报告还记录道,囚笼中的所有受捕犹太人最终会被转运到毛特豪森集中营,大多数人在几周内便死于非命。

1941年6月16日,伦茨在报告中指出,除了少数"掉队者",他的部门几乎将法令VO6/41要求下的所有犹太人登记完毕。伦茨补充道,他的调查人员会利用霍尔瑞斯方法登记不同组别的犹太人。他想知道,德国人是否想先获得从事特定行业的犹太人的相关信息。"我能处理并上交相关信息,"伦茨写道,"以免警务部或德国的一些服务部门会急需特定的群体,比如艺术家或牙医。"

1941年7月26日,伦茨通知卡尔迈耶,他的检查员已经确定了优先事项。通过"年龄"来处理数据的计划已在进行中。接下来,伦茨将追踪那些曾在荷兰军队服役的犹太人。他表示:"根据我们确定的优先事项,在完成这些工作后,下一步就是控制霍尔瑞斯穿孔卡的穿孔流程,以加快对'职业'这一类目的编码。贵方若同意这项提议,请尽快来信告知我。"一旦伦茨计划的工作流程得到批准,他将会花费几周时间完成任务。

不到一个月,几乎所有的"掉队者"都被发现。1941年9月5日,维默尔准备审读那些记载着各类犹太人具体数目的总结报告。伦茨对118 455名荷兰犹太人、14 495名德国犹太人、7 295名其他国家的犹太人,以及19 561名混血人种,总计159 806名犹太人进行登记、分类。在这些人中,包括700名信奉罗马天主教的种族犹太人、1 245名隶属于新教教会的犹太人,以及12 643名无宗教信仰的犹太人。

伦茨在日记中草草写下了这项伟大成就。在这篇题为《登记犹太人,回忆录 1》(*Memoires I, Registration of Jews*)的日记中，伦茨提笔写道："我租到一台霍尔瑞斯机器，并用这台机器完成了专业的统计调查，这让德国人甚是欢喜，也让他们相信我的观点是正确的。"

伦茨还向纳粹的监督人员表达了谢意，感谢他们认同他的技术成就。他致信维默尔的办公室："我想感谢，感谢你们给我和我的员工以信任。有了你们的支持和合作，人口普查部门得以找到执行这项困难任务的方法。这也鼓励着我们尽心竭力地践行我们的口号——'记录即服务'。"

IBM 在荷兰的弗雷德里克广场 34 号匆忙建立的子公司——沃森商业机器公司，列出了 1940 年 1—8 月的数据。

现金：180 088 美元，

应收账款：495 692 美元，

工厂、办公室设备、出租机器和零备件投资：965 803 美元。

这家子公司在 1940 年前 8 个月就上报了 116 651.9 美元的毛利。然而讽刺的是，这笔利润在被整合到 IBM 纽约总部的账簿中时，其中一笔价值 522 709.03 美元的款项被描述为"其他因素"。通过删除和调整，IBM 报告称荷兰子公司净损失 122 668.7 美元。

1941 年，IBM 从美国向荷兰运输 1.32 亿张穿孔卡。当时，荷兰子公司穿孔卡的年生产量已达 1.5 亿张。这些卡片的总售价为 106 920 美元。

这次在法令 VO6/41 要求下进行的人口普查经过汇编、穿孔和分类等一系列工作结束后，纳粹当局便勒令犹太人必须在衣服上佩戴大卫星[1]。这项指令引起了部分荷兰人的暴怒和抗议。英国外交官报道，在荷兰的某个城市，当市长命令犹太人戴上大卫星时，许多非犹太人也戴上了大卫星。

然而，真正将荷兰犹太人标上记号，并驱逐到集中营的，不是这些在街头随处可见的大卫星，而是那些由霍尔瑞斯工厂印制的 80 列穿孔卡。德国人深谙此道。1941 年 10 月 2 日，驻阿姆斯特丹的重要纳粹官员 H. 博·默克（H. Bo Merck）致信德国驻荷兰专员亚瑟·赛斯－英夸特（Arthur Seyss-Inquart），欢欣鼓舞地称："多亏法令 VO6/41，犹太人已是囊中之物。"

---

[1] 又名大卫之盾、所罗门封印或犹太星，是犹太教和犹太文化的标志。以色列建国后将大卫星放在以色列国旗上，大卫星因此成为以色列的象征。——译者注

法国：统计被迫延期

法国在许多方面都很出色，而其穿孔卡自动化却不值得称道。尽管因军事、铁道业和银行业庞大的需求，IBM 此前已在法国安装了几百台霍尔瑞斯机器，但大多数机器已被第三帝国的军队没收。法国与荷兰和德国等欧洲国家不同，它有许多行业暂时不需要穿孔卡系统。IBM 很早以前就知道，它的技术变革只会慢慢渗入某些市场，法国就是一个典型的例子。

狂热的人口登记员策划着荷兰人口普查及统计项目，他们指挥着数百台先进的霍尔瑞斯机器，还拥有由 IBM 纽约总部和 IBM 欧洲子公司提供的数以千万计的穿孔卡。此外，荷兰几十年来对当地居民进行的宗教信仰和个人信息的登记记录，在落到伦茨手上后，将被整合成一张紧密的社会网络。

法国并没有执行人口普查的惯例，因此，也没能以宗教信仰划分人口。1941 年 3 月 4 日，法国统计局主任亨利·班莱（Henri Bunle）向维希政府的通敌者解释道："法国统计局无法修正发布过的数据，我们国家最近的一次宗教普查是在 1872 年执行的。从 1872 年起，我们用于统计的个人调查问卷再未接触到宗教问题。"随后，在 1941 年 4 月 12 日，班莱告知成立不久的犹太问题委员会（General Commission for Jewish Questions，以下简称 GCJQ）："在欧洲只有法国不知道本国的犹太人口数量，更别提犹太人的年龄、国籍、职业等。"要说没人真正知道有多少犹太人生活在法国或巴黎，也是件很正常的事。

错综复杂的识别活动是由地缘政治现实汇集而成的拼凑物，令人困惑不已。自希特勒于 1933 年掌权以来，已有大批难民涌入或离开法国。有时，流亡家庭中的部分成员会留下来，其他成员则迁移他处。据估计，德国在 1940 年入侵法国时，法国境内有成千上万名非法难民和在外国出生的犹太人。当法国被一分为二，即被分为包括巴黎在内的北方占领区和维希政府控制的南方非占领区后，大批犹太人从北方占领区涌向南方非占领区，以寻求庇护。实际上，在某些情况下，在北方占领区的德军会将犹太人驱逐到维希法国。这是一项初步的措施，正如第三帝国在入侵之前，将犹太人驱逐到波兰一样。1940 年春夏之交，法国北方逐渐稳定，一些犹太人偷偷回到被占区，以照看商店、财产或留在当地的家人。至 1940 年 11 月，仍有犹太人陆续返回巴黎。1941年5月，专用列车甚至将8 000名犹太人从维希法国带回北方。犹太人不断往来于法国的这两个区，他们的住址也在不断发生变化。没有人知道有多少犹太移民在本国出生，又有多少犹太移民出生在国外。

无论是在占领区还是在非占领区，许多犹太人并不信奉犹太教，也没有遮掩自己的宗教背景。犹太人怀疑，在第三帝国关于犹太祖辈的法令下，自己在血统上是否为犹太人。谁又能追踪或识别他们的祖辈血统，尤其是那些在法国之外的祖辈？虽然有许多犹太人公开出席犹太教会堂，对那些即将到来的反犹措施做出回应，但法国犹太人的身份始终模棱两可。总之，没有方法统计法国犹太人的数量或特性。

由于法国被分为两个管辖区域，因此增加了血统追踪的难度，住址更换带来的不确定性问题也变得更为严峻。有时，反犹措施只会在一个区域执行；有时，反犹措施在两个区域的执行时间相隔几个月，或者以截然不同的方式执行。例如，在北方占领区，雅利安化犹太商业的法令在1940年10月24日颁发；而在维希法国，类似的法令直到1941年8月27日才正式颁布。在摩洛哥和阿尔及利亚等法国殖民地，纳粹增加了法令以追踪犹太人，无论是商业人士，还是社会人士；在巴黎，纳粹也针对其独特性制定了特殊条款，这种分离无疑进一步削弱了纳粹德国颁布法令和执行行动的能力。

柏林方面若能与管辖区合作，无论这种合作意愿是热切的，还是无奈的，都将改善法国在地理和民族上的混乱状态。不过，维希政府的许多领导者与第三帝国的合作均受到法国右翼思想的限制，这种情况与纳粹运动早期的情况相似。在纳粹主义萌芽时期，德国境内的外国犹太人，即"东方犹太人"（Eastern Jews）成了第一批被纳粹盯上的犹太人。起初，那些在一战中为帝国奋战的德国犹太人还享有特殊地位。同样，法国右翼势力也将外国犹太人，尤其是犹太难民，视为"法国的祸根"。不过，根据法国极端的爱国主义思想，受到迫害的不应是已在法国落地生根的犹太人，尤其是那些因对法国有贡献而享有盛名的犹太人。退伍犹太军人，甚至是那些为法国文化界和科学界做出贡献的犹太人都值得被保护。无礼对待享有特殊地位的犹太人会被法国右翼分子视为"对某些法国特权的侵犯"。

维希政府中支持法国犹太人的领导者不止一位，监管反犹部门的维希政府副总理、海军上将阿德米拉尔·弗朗索瓦·达尔朗（Admiral Francois Darlan）就曾告诉内阁："我对那些在过去15年里闯入我们国家的无国籍犹太人不感兴趣。而其他的犹太人，那些善良的法国犹太人，他们有权得到我们的保护。我家里也有这样一些犹太人。"为此，一长串特殊的豁免名单悄然出现在法国官方的反犹法令中，无论是在法国的哪个管辖区。

法国两个管辖区的领导人很快得知，法国解放后，他们会因协助纳粹德国执行反犹活动而受到处置。早在1940年11月11日，自由法国①领导者夏尔·戴高乐（Charles DeGaulle）就曾警告维希政府的纳粹代理人："一定要知道……直指法国犹太人的残酷法令不会在自由法国生效，现在和以后都是如此。这些法令是对法国荣耀的一种打击，对法国的犹太居民也十分不公……法国自身犯下的错总有一天会得到纠正。"戴高乐在失而复得的法属赤道非洲②广播了这些言论，随后还请求在卡耐基音乐厅举行的美国犹太人大会上公布这些言论。

纳粹统治者本可以通过下达压迫性指令向所有不愿合作的法国官方部门传达自己的强硬态度，并在其两个管辖区内使用霍尔瑞斯系统解决法国犹太人口中的不确定因素。这正是霍尔瑞斯系统所擅长的，即让混乱变得有序，并精确制表。纳粹分子本可以像在其他地区一样，将法国犹太人的信息放进穿孔卡，并有效地执行大屠杀计划。可是，在遭受MB的抢夺后，法国的穿孔卡基础设施已无法支持德国完成这一大规模项目。机器或许可以重新收集、转移或生产，但CEC却没法取得穿孔卡。

CEC曾向IBM纽约总部坦言，在整个1941—1942年，它都无法找到一家可靠的纸张供应商。尽管CEC的客户量有所减少，但CEC每个月仍需要50吨纸才能满足客户需求。通常情况下，这家法国子公司的每月交货量仅为15吨，只能满足其客户10天的需求。第三帝国不断将需制成硝化纤维素的大部分纤维素转移到法国工厂。1942年1月1日，CEC的穿孔卡库存量为318吨。一年后，CEC告知IBM纽约总部，其现有库存已缩减至222吨，其中，只有71吨是由一家可靠的造纸厂生产的，可以为制表机所用的高质纸片，而其余的151吨则来自于一家没有经过测验的新供应商。

---

①第二次世界大战期间戴高乐领导的法国反纳粹德国侵略的抵抗组织。——译者注
②法属赤道非洲是1910年到1959年期间法国在非洲中部的殖民地联邦政权。疆域范围从刚果河向北延伸到撒哈拉沙漠，总督设在布拉柴维尔。——译者注

劣质纸张只会堵塞霍尔瑞斯机器，使情况变得更糟。

难怪 CEC 会向 IBM 纽约总部坦言："前景一片渺茫……我们尝试了一切可以获取纸张的途径。"只有彻底搜刮替代供应商，CEC 才能生存下去。

1940 年 9 月，德军从法国转移了几百台霍尔瑞斯机器到大德意志帝国。不久后，纳粹德国下令在被占法国执行第一次人口普查。

在接下来的几个月以及整个二战期间，"究竟要执行哪些人口普查"和"由谁来执行以及用什么办法执行"等问题汇集成一个神秘的迷宫，让陷入其中的德国人和法国人晕头转向。登记活动和人口普查活动在启动、策划之后，又被迫延期、再策划。这些活动会持续几个月，但其最后期限通常都会被延长，因为统计结果并不完整。有些统计活动只在维希法国执行，有些只在北方占领区执行，而有些则会在两个地区同时执行。有些活动只统计犹太人，有些则统计法国人口。大多数统计活动杂糅了各种各样临时安排的统计手段，有无用的，也有有用的。不完整、不准确和不一致的数据贯穿始末。有时，需要登记的只是一家之长，家中其他成员不用登记，儿童经常不在登记范围内。遗漏家庭住址的现象也不少见。困惑不已的官员最后不得不承认，自己并不清楚法国的犹太人身在何处。

塔恩省的省长在 1941 年 12 月 22 日寄给 GCJQ 的信中抱怨道，几个月前下令执行的人口普查的结果已经无效了，因为所用的方法都没能系统地记录住址变化。

一名人口普查员在总结一份涉及 8 个省份的大型人口普查报告时说："这次人口普查的价值，就是证实了在 1941 年 6 月 2 日法令规定下的这次人口普查不尽如人意……因此，很有必要再进行一次新一轮的人口普查。"

德国迅速增长的劳工需求加剧了这次统计学上的浩劫。截至 1942 年，随着第三帝国战时工作需求发生改变，柏林方面依据严格的招募规程，下令征召 60 多万名法国劳工。1942 年 10 月，第三帝国要求法国输送 3.5 万名铁路工人前往德国作业。此前，法国曾提议用 15 万名熟练工人交换 5 万名法国战俘。若想启动招募程序，就必须统计出特定年龄段的工人。因此，法国开启三项普查活动。一项普查要求年龄在 18 ~ 50 岁的法国男性和女性，以及每周工时不足 30 个小时的工人登记信息；一项普查的对象是年龄在 21 ~ 35 岁的未婚女性工人，目的在于统计其职业类别；还有一项普查快速统计了某大型青年运动中的所有男性青年——年龄都在 21 岁以上。这三项普查活动都执行于 1942 年秋，前后相隔不过数周。

在被占期间，法国还执行了几十项同样杂乱无章的普查活动。前一项普查活动还未完成，后一项就启动了。德国当然已习惯于执行相互交叠的多个普查与登记项目，但这仅仅是因为德国可以利用由 IBM 供应的"穿孔卡大军"和霍尔瑞斯队伍来组织活动，而这些条件法国都不具备。

德国在力图统计法国犹太人和其他群体时，经常面临混乱的局面。毋庸置疑，这种混乱状态不仅会让这些繁杂的人口普查和登记工作在战争期间被误报、误解和错误地操作，还会让其在法国解放后的几十年里被曲解。

归根究底，让法国在统计领域呈现出一种混乱状态的原因是，这个国家的登记基建是分散的，几乎处于一种无政府状态。执行登记活动的不是专业的统计员，也不是有经验的人口普查机构。由于没有合适的人选，德国就将这份工作交给法国地方行政区的警察部门负责。这似乎合乎情理，因为多年来，警察部门已习惯于登记那些进入他们辖区的犹太难民。每个地方行政区都会以自己的方式和诠释方法来统计人口，而且即使是两个相邻的行政区，他们所使用的表格也并非相同。他们没有使用穿孔卡，而是使用一种着色的小纸张和索引卡。他们使用的机器也不是高速运转的霍尔瑞斯机器，而是一种按键会时常断裂的雷明顿打字机。他们随时配备着钢笔和铅笔，以便在打字机无法工作时使用。

1940 年夏，法国境内一直有谣传称，纳粹分子将首次系统性地对法国犹太人进行统计。当年 9 月下旬，这一计划被公之于众。按照字母登记表的先后顺序，北方占领区的犹太人被要求在特定日期前往警察局登记他们的商业信息。整个过程持续了 18 天。

包括巴黎在内的塞纳河流域得出的犹太人口统计数字为 149 734 人，其中有 85 664 人为法国公民，64 070 人为外国人口。北方的犹太商业群体共登记了约 1.1 万家企业。而在巴黎以外的地区，另有 2 万名犹太人被统计出来。这些数字仅属于北方占领区。

统计犹太人数目是一回事（即便这种统计结果并不精确），要追踪犹太人每月的流动情况并将之集中起来送进犹太区或驱逐出境，则是另一回事。若用上霍尔瑞斯系统，就能对这些犹太人进行分类、记录和总结，最终得到想要的结果。不过，法国没有使用自动制表以获取简明结果、汇编信息，而是将信息分别列入一系列传统的纸质表格中，这些黄色、浅褐色、白色和红色的表格，常被用来整编个人档案。1941 年 1 月，这种表格在法国正式使用，被称为"蒂拉尔档案"（Tulard Files），得名于驻扎巴黎的维希法国警方官员安德烈·蒂拉尔（André Tulard）。很快，蒂拉尔档案及其配套系统便在法国专制圈受到热捧。在当时，这种表格似乎是追踪犹太人最有效的工具。起初，它被投用于北方占领区，不久后被维希法国所采纳。

与通过校对和核查信息来杜绝错误的霍尔瑞斯系统不同，蒂拉尔系统无法自动删除重复性信息。1940 年 10 月，当北方占领区的统计活动结束后，法国某些报纸开始以此为据，推断整个法国的情况。1941 年 3 月 4 日，法国统计局负责人班莱主张再执行一次全国性人口普查。"最近，报纸上刊登了对法国犹太人数量的预估。"班莱写道，"这些预估值严重失真，比该地区犹太人的实际数量高出好几倍。"

因此，第二次大型人口普查于 1941 年 6 月 14 日启动了。此次人口普查将覆盖法国的两个区域，共计 287 962 名犹太人。德军对北方占领区的统计活动进行了全面监管，维希政府则在法国南部自行统计。

各地方行政区需要一份长达 6 页的操作指南，以制作犹太人目录簿。每一份个人档案中都包含多张卡片，上面均标有各种各样的字母：J 代表犹太人，NJ 代表非犹太人或已被证明没有犹太血统的人，N 代表国籍，D 代表住宅信息，P 代表职业详情。各种手动制作的目录簿也构建起来，用以记录在外国出生的犹太人与在法国出生的犹太人。这种方式费时费力，仅记录一位女性的娘家姓氏，就需要用掉一整张卡片。

混乱不清和准备欠妥的现象随处可见。GCJQ 在 1941 年 5 月 15 日写给总检察长的信中反复声明："犹太商人如果在作业过程中使用了未经申报的设备，就构成了财产未申报罪。" 6 月 24 日，GCJQ 又写了一封信，向一名政府官员证实人口普查并不适用于部分殖民地。7 月 9 日，GCJQ 告知委员会主席，人口普查的最后期限原定于 6 月 14 日，现已被推后，因为"地方行政区没有足够的时间准备"。新设立的最后期限最终被刊登在报纸上。同一天，一位人口普查人员匆忙记下记号，标出自己已收到的人口普查表，指出："一旦内政部招募到了必要人员，这些表就会被立刻处理。"

1941 年 12 月 1 日，一名省级行政人员致信警察局的行政长官，表示只有在法国拥有住宅的犹太人才须登记。这就漏掉了住在旅馆或与另一个家庭同住的犹太人，以及许多难民。一项关于法国各省份人口普查的报告列出了普查表中缺失的一系列数据：有些表格遗漏了"性别"，有些表格遗漏了"职业"或"国籍"，有些表格甚至同时遗漏了这三种信息。此外，许多表格还出现多处拼写错误和重复信息，导致一些名字和住址难以辨认。

内政大臣在向法国的各个地方行政区传达一长串指示时，提醒道："由于卡片价格高，数量有限，所以当你们用完卡片后，请准确告知我哪种卡片还有剩余。这样我就可以将它们分配给卡片短缺的行政区。当然，他们也会告知我缺少哪些卡片。"

法国启动人口普查项目后，并没有使用穿孔卡记录任何数据以实现自动检索。GCJQ在预算报告中列出了7台雷明顿打字机和安德伍德打字机所耗费的每一笔租金、色带费和维修费，没有1法郎花在穿孔卡系统上。

尽管法国各个地方行政区和GCJQ都在努力地跟上登记活动的浪潮，但德国人总是无休止地索求更精细的数据，迫使这些行政区不得不将自身的手工能力发挥到最大限度。法国某个地方行政区的遭遇就很典型。1942年1月29日，一位德国官员要求厄尔省上交当地犹太人的个人申报单以及财产清单。同日，该官员又向厄尔省行政长官索要犹太人的住宅信息。1942年3月14日和4月2日，厄尔省先后两次向处理犹太问题的警察部门提交了相关的人口信息。1942年6月5日，厄尔省又向该部门上交了按年龄、性别、国籍和职业等信息分类的犹太人表格（一式两份）。1942年7月3日，警察部门又向厄尔省索要年龄在16~45岁、佩戴大卫星的犹太人数量。根据纳粹的要求，即使有些犹太人已经嫁给或娶了雅利安人，那些处于16~45岁的犹太人仍须佩戴大卫星。事实上，年龄大于45岁的犹太人也是如此，甚至连那些因国籍身份而没有佩戴大卫星的犹太人，现在都得佩戴。所有犹太人都会按照性别进行分类，后面还会列出相应的住址。

为了将所有信息整合成一本方便检索的目录簿，10万张表格被送到了设在维希法国苏联酒店的一个特殊的警察局中。1941年12月，警察部门终于想出方法来处置数量巨大的普查登记表了。警察局告知GCJQ主管格扎维埃·瓦拉（Xavier Vallat），这项任务无法完成。1941年12月19日，瓦拉也承认这项任务难以完成，他解释道："这份档案本该由你们警察部门来编录，但在和你们部门多次交谈后发现，我们明显没有足够的人力和设备来完成这项任务。考虑到这一点，我们想我们应该寻求帮助。"

瓦拉出人意料地找到了能为他提供帮助的人：法军总审计长勒内·卡

尔米耶（Rene Kalmier）。多年以来，卡尔米耶一直是穿孔卡系统的忠实支持者。此外，卡尔米耶在法国政府的人口部门中控制着数台穿孔卡设备。卡尔米耶自告奋勇，愿意为法国统计活动提供帮助。卡尔米耶许诺，他的机器能使法国犹太人无所遁形。

未制成的名单："马可波罗网"下的筹谋

1940 年 8 月，当德国搜刮大军在法国四处抢夺霍尔瑞斯机器时，勒内·卡尔米耶这位神秘的法国军事技术专家却保住了自己的制表机。在夜幕的掩护下，卡尔米耶将这些宝贵的机器从自己的军事财政办公室转移到一处车库里。为此，法国军事界使用穿孔卡的能力得以保留。距北方占领区进行第一次犹太人人口普查仅过去几周，1940 年 11 月 14 日，卡尔米耶独自在维希法国建立了法国人口服务处。在纳粹看来，这个新机构的性质完全符合柏林方面在劳工和种族项目上的需求。维希政府将社会学统计项目全权托付给法国人口服务处。该机构开设了至少 20 个办事处，分布于法国的两个管辖区。

法国人口服务处成立后，卡尔米耶开始小心谨慎地扩大自己的制表机工厂的规模。他手上不仅有霍尔瑞斯机器，还有一台公牛机器，以及一台鲍尔斯机器。1941 年，尽管谁都拿不准公牛公司是否能利用里昂新工厂来交付货物，但卡尔米耶仍与公牛公司签订了一份价值 3 600 万法郎的合同，以期拿到公牛公司出产的新机器。他还与 CEC 签订了一份价值几百万法郎的合约，要求 CEC 按照严格的时间规定交付一系列功能强大的机器。如果 CEC 无法按期交货，就要向他支付一笔数百万法郎的罚款。

卡尔米耶在法国人口服务处刚成立时，并没有与 GCJQ——这个协调犹太人登记活动的维希反犹机构结盟。当然，他希望能吸引 GCJQ 的注意。1941 年 3 月，卡尔米耶告知 GCJQ 的主管瓦拉，对方关于犹太学者的统计数据并不正确。

几个月来，卡尔米耶一直在研究一种全国通用的个人识别码（Personal Identification Number，以下简称 PIN），这种号码不仅是一串序列码，而且具有说明性信息。内含 13 个数字的 PIN 是一种人工的"条形码"，可用来描述个体的完整资料和专业技能。例如，第一个数字表示"金属工人"，用于修饰的第二个数字表示"黄铜",用于修饰的第三个数字表示"窗帘杆"。接下来可以设定制表机,让制表机在数百万张卡片中快速筛选,直到定位出在加工"窗帘杆"方面有经验的、专攻"黄铜"的法国"金属工"。同样,这种条形码还可以定位法国任何一个区域的金属工。这套系统类似于同一时期第三帝国研发的编码系统——给德国每个产品和零部件以条形码(具有描述性的数字)。卡尔米耶发明的 PIN 最终会演变成法国的社保号。

1941 年春,卡尔米耶着手准备 1941 年 7 月的人口普查,旨在找出所有年龄在 14～65 岁的法国公民。这次普查高度公开,比如,普查表第 11 个问题让犹太人同时回答其宗教信仰和祖父母、外祖父母的身份,以此显示身份。活动启动几周后,《纽约时报》就报道称:"这次人口普查采用了特别的登记设备。它借由某套系统——每位居民收到一串由 13 个数字组成的条形码——就能获得逐个区域的人口信息。"普查表上还有一个耐人寻味的问题,即调查对象的农业技能。而后,《纽约时报》针对此次人口普查又发表了第二篇文章,认为这次普查实际上与某项农业运动有关,不仅会识别包括农业劳动者在内的工人,还会鉴定出混杂其中的犹太人。维希政府的官员和纳粹德国派驻法国的代表无疑都会同意进行这样一次人口普查。

1941 年 6 月中旬,维希政府启动了第二次大型犹太人人口普查活动,涵盖了法国的两个管辖区。如何加工普查表是关键问题。是用人工处理,还是利用霍尔瑞斯系统的自动化功能?

1941 年 6 月 18 日
里昂
收件人:扎维埃·瓦拉
主题:犹太人人口普查

颁布于 1941 年 6 月 2 日的法令,于同年 6 月 14 日刊登于《政府公报》(*Journal Officiel*),要求执行人口普查以鉴别符合该法令要求的所有犹太人。

贵委员会即将进行的普查活动得到了人口普查部门的关注,而人口普查部门受命负责涉及法国人口的所有统计活动……

人口普查部门不久前成立于法国占领区,第一次人口普查活动调查了年龄在 14～65 岁的所有居民的职业活动。此次活动收集的信息，以及随后在占领区和非占领区执行的普查活动所获取的信息，都可用来制作和维护一份可实时更新的文件，这份文件将记录法国公民所有的活动，帮助我们在任何既定时刻获知法国的人口概况。

现在，在我看来，这次于 6 月 14 日开始的犹太人人口普查项目可能会带来一些有趣的补充信息，因为这些调查不只涵盖了人，也涉及财物。考虑到这一点，我恳求您告诉我该如何执行调查，调查问卷中包含哪些问题，以及随后会得出何种结果。

假使犹太人普查表还未最终确定，我愿意为您研究一种可帮贵委员会和人口普查部门汇总犹太人所有有效信息的方案。这会让我们发现那些还没公开身份的犹太人，进而，我们可以组织调查犹太人的财产现状和可能的搬迁情况……从而彻底厘清犹太人问题。

我打算派遣一名行政人员向您说明法国人口服务处的组织架构、工作方式及利用制表程序管理个人档案后获得的结果。该行政人员也会与您一起探讨我们应该采取何种合作方式才对您有利。

勒内·卡尔米耶

像许多法国官僚一样，瓦拉不愿接受卡尔米耶的奇特装置。瓦拉担心，重新执行一次穿孔卡活动会推迟得出报告的时间，且在他看来，蒂拉尔系统更为可靠，即使这个系统是手动的。事实上，也许正因为蒂拉尔系统是手动系统，才让瓦拉感到放心。1941 年 6 月 21 日，瓦拉给卡尔米耶回了信："我考虑过将贵部门的业务整合进此次普查项目中，但细想之后觉得似乎不太可能。这会延长整个过程。一方面，我们现在迫切需要统计出犹太人及其财产；另一方面，我们需要获得特定的信息。我迅即下令使用了蒂拉尔系统，这套系统在法国占领区已被证明行之有效，下周我就会将这套系统分发给各地的行政长官和市长。我乐意为您提供我们获得的任何信息。"

瓦拉的下属只有在面对一大堆需要归类的表格时，才意识到卡尔米耶的策略是高效鉴别犹太人的唯一方式。最终，瓦拉将信息处理任务转交给卡尔米耶。1941 年 10 月 11 日，卡尔米耶组建国家统计服务机构（National Statistical Service），将法国统计局和人口服务局也归入其中。卡尔米耶指出："国家统计服务机构会设立一个新的起点，为每个人建立档案。我们所做的不再是宽泛的人口普查，而是真正地追踪每个个体……新部门必须采取一种全新的思考方式，即不断获取新信息。这意味着我们必须严格监管信息的更新情况。"现在，卡尔米耶就是为法国提供霍尔瑞斯系统的最大的希望。

1941年12月2日，瓦拉通知卡尔米耶："依据1941年6月2日颁布的法规，占领区的犹太人人口普查已经完成。我们收集了约14万张普查表。"1941年12月19日，瓦拉向内政部抱怨道："这份档案本该由你们警察部门来编录，但在和你们的办事处多次交谈后，我们发现根本没有足够的人力和设备来完成任务。考虑到这种情况，我们想要寻得人口普查部门的帮助，以确保这项任务能顺利完成。人口服务局已经同意，也提议移交任务到人口服务局设立在克莱蒙费朗和利摩日的制表车间里。"

随后，瓦拉向内政部申请了一大笔制表服务费——40万法郎，还请求将材料送到卡尔米耶的办事处。内政部同意了。现在，犹太人的普查表由卡尔米耶一手掌管。

最初，表格的数量与瓦拉报出的数量并不匹配。瓦拉总共需要寄出14万份普查表，但截至1942年6月3日，卡尔米耶的办事处声称："迄今为止，我们只收到了109 066份普查表，且其中的20%（具体数字是17 980）是在1942年5月4日才收到的。"进程比预想的要慢得多。

CEC也无法如期交货，这进一步推迟了进程。CEC无法按照约定生产机器，因为德霍梅格正蚕食着CEC的资源。1943年初，CEC通知IBM纽约总部："与国家统计局之间的交易……导致我们需要赔款……鉴于这些交易的规模和重要性，这笔赔款可能高达400万法郎。公司没能力依照合同来交付机器……交货时间会推延1年，并需要偿还巨额赔偿金。"

另一边，柏林方面已抑制不住，开始利用效能较差的蒂拉尔卡片聚拢巴黎的犹太人。1941年5月上旬，柏林展开第一次突袭行动。6 494张传票被张贴在被推测为犹太人——主要是外国犹太人的住处。收到传票的人需在5月14日手持身份证明前往某个站点（共7个站点）报告他们的身份。那些与纳粹分子沆瀣一气的官员无法知晓这些人的住址是否正确，或是否最新。当时，卡尔米耶还没准备好制表系统，因此从本质上讲，德国人仍依赖于犹太人自报身份。最终，调查结果只是纳粹分子预期数额的一半。1941年5月14日，当截止期限到来时，有3 400~3 700名犹太人——多为波兰裔，上报了身份。这群犹太人立即被送往集中营。

第二次突袭发生在1941年8月20日。这一次，位于巴黎11区①的法国激愤人士，包括许多专业人员成为目标。蒂拉尔档案提供了详明的名字和住址列表，甚至标示了许多犹太人家的楼梯井。警察封锁了重要的十字路口，甚至围堵了地铁出口，以逮捕任何年龄在18~50岁的犹太男人。不过最终，警察只逮捕了3 022名犹太人。之后3天，德国当局试图找出更多犹太人。这次行动的效率依然很低。8月21日，警察只网罗了609名犹太人；8月22日，只有325名犹太人被捕；8月23日，警察只抓到了122名犹太人。由于抓捕行动不胫而走，第11区的犹太人想方设法地藏了起来。在这4天的行动中，共有4 078名犹太人被捕。随后，这些犹太人被送往德朗西中转集中营。巴黎方面既震惊又愤怒，因为突袭活动中被抓的犹太人不仅有出生在国外的，也有在法国出生的。但对德国而言，这远远不够，此次活动只是证明了蒂拉尔系统的效率极低。

第三次突袭发生在1941年12月12日，纳粹希望能捕捉1 000名身在巴黎的专业人员。然而，过时的蒂拉尔档案只提供了743个正确的住址。为了尽可能找齐这些人，警察竟然在巴黎大街上逮捕外国犹太人。

卡尔米耶身在何处？他的霍尔瑞斯系统又在哪里？

在1941年即将结束之际，众多维希官员已经得出结论，1941年6月在法国两个管辖区执行的人口普查全然无用，需要再执行一次人口普查。这一结论遭到了维希政府财政部部长的强烈反对，因为这会带来严重的财政负担。1942年1月13日，财政部部长向内政部抱怨道："全面的犹太人人口普查已经完成，如果我们在当时就获得了所有想要的信息，那么几个月后再执行一次人口普查就显得多余。我恳求你们在没有咨询国家统计服务机构之前，不要执行任何人口普查或其他类似的举措。国家统计服务机构在这方面的经验能够帮助我们避免信息漏洞和重复信息，从技术视角和经济视角来看，信息漏洞和重复信息都是严重的问题。"

但此时，卡尔米耶又在哪里？

1942年2月，阿道夫·艾希曼派驻法国的办事处报告说，各行政区上交的名单完全不够。"我们不断地要求各行政区更新信息。"该办事处坚称。现在，必须采取一些措施了。

---

① 巴黎20个分区中的一个，位于塞纳河右岸，是巴黎人口密度最高的区域。——译者注

德国官员开始向法国犹太人委员会（以下简称 UGIF）索要名单。很快，UGIF 成了盖世太保获取信息的重要来源。UGIF 是负责管理犹太人福利事务及协助法国占领区的犹太人与德国当局通讯的唯一官方机构。因此，犹太人会前往 UGIF 的办事处登记，领取福利并递交探访受捕亲人的申请书。法国犹太人甚至会向其支付特殊的公共服务费。德国人授予 UGIF 极大的权力，允许它随意查阅维希法国的人口普查表，并批准 UGIF 的员工手动更新数据。随后，UGIF 会将这些新数据移交纳粹分子。事实上，UGIF 还专门成立了一个向纳粹当局提供犹太人信息的部门，即"第 14 服务部"。

当一份名单未得到及时更新时，德国便会一次又一次地要求 UGIF 修改，直到德国满意为止。更多时候，纳粹特工们只是静静地等候着那些冒险来到 UGIF 办公室的犹太人，并将其一网打尽。

尽管许多生活在巴黎的犹太人不敢冒险向 UGIF 寻求救助，但是在经济、情感或家庭受到严重压迫的情况下，部分犹太人仍愿意铤而走险。多数时候，这种联系只会让他们面临被捕的危险。UGIF 遵从德国的要求持续为其更新名单，可以说，这种行为着实冷酷无情。

例如，在 1942 年 7 月，针对那些父母受到逮捕的犹太儿童，UGIF 在简报上刊登了一则告示。通常，那些惊恐不安的孩子都会躲藏在父母的朋友或亲戚家。"我们正在编撰一份重要名单，"该告示指出，"是关于那些父母被捕的犹太儿童的名单。如果你们知道有任何一家私人机构或家庭收留了这些孩子，请立即通知我们。"该告示也属于 UGIF 福利事务的一部分，因为 UGIF 原本就有责任向犹太弃儿或犹太孤儿提供经济救助。

然而几周后，一个犹太组织开始强烈反对 UGIF 的措施，它表示："如果给无家可归的孩童提供福利救助，还需要弄出一份关于这些孩童家庭情况的名单，那么，UGIF 就没必要操心来做这件事了。"

之后，为了资助一项全新的人口普查项目，UGIF 试图征收一笔人头税。这一举措随即遭到了地下印刷所不留情面的谴责。

来自犹太地下组织的告示

为了分担 UGIF 的开销，弥补不足的捐款……所有犹太人……都要上缴人头税，占领区为 120 法郎，非占领区为 360 法郎……这个由盖世太保创建的……搬弄是非的机构缺钱了，还厚颜无耻地向受其迫害的人征收捐款,"捐款"不足——理由很充分……人们都知道UGIF是如何帮助不幸者的。在巴黎,UGIF会将他人托付的孩子交给盖世太保;在马赛,来领取救济金的犹太人会突然遭到盖世太保的攻击。这个叛国组织会提前通知盖世太保……团结一致的是犹太人……而不是这些叛国者,他们只希望通过人口普查,让维希和柏林的主人为他们分配薪水。这才是他们征收捐款的原因……抵制人口普查!不要给UGIF一分钱!不要给德国人一分钱!

1942年7月,艾希曼带着希姆莱亲自下达的指令抵达巴黎。根据指令,法国所有的犹太人,无论出生于国外还是国内,都将被送往集中营。艾希曼亲自监管这次驱逐犹太人的行动。柏林方面已下令向法国占领区调派3.7万节火车车厢、800辆客车和1 000台机车。不过,地方当局经常无法完成配额。

1942年7月15日,有一列火车没能准时出发。艾希曼暴跳如雷,表示鉴于制定班表时所付出的心血,这种延误无疑是可耻的。不久,一位纳粹官员回顾了这件事的始末:"艾希曼威胁说,也许他应该将整个法国倾倒一空。"这名纳粹分子惶恐不安,答应艾希曼不会再出现火车延误的情况。同时,慌乱的当地官员也竭尽所能满足艾希曼提出的针对犹太人的过分要求。因此,法国极端保守主义者想让部分犹太群体(如女性、儿童、法国国民或退伍军人)免受迫害的努力很快就被侵蚀殆尽。

一名法国警察于1942年9月12日潦草写下的便笺,展现了当时出现的疯狂景象:"我们必须在周一驱逐1 000人,一定要包括……患病儿童的父母,我们会劝告他们,虽然他们被驱逐了,但他们的孩子仍可留在医院。"

在整个1942年,德国人一定都想知道,为何卡尔米耶迟迟没有行动。GCJQ主管瓦拉已经向内政部担保,卡尔米耶会"利用完善的制表程序来对各类档案进行日常维护……我们的部门将获得最新的数据库,以便完成工作计划"。为此,卡尔米耶还获得了内含12万张卡片的档案。档案只此一份。

卡尔米耶的下落仍是个谜。

1943年10月,卡尔米耶用假名前往瑞士边界的阿讷马斯镇,与IBM比利时办事处的主管埃米尔·热农的亲属进行了一次秘密会议。当时,热农长驻日内瓦,并受 IBM 纽约总部之命维护所有欧洲子公司的实时信息。这些子公司已由德国任命的托管人接管。热农想了解韦斯特霍尔特——党卫军委任的 CEC 受托人的优势和劣势。卡尔米耶欣然提供了这些信息,因为他希望 IBM 能继续为他提供穿孔卡系统。事实上,在战争结束后,沃森还指派私人特使兼助手 J.J. 肯尼(J.J.Kenney)前往巴黎的乔治斯第五酒店,会见卡尔米耶的遗孀,转达沃森对卡尔米耶的谢意,感谢其向 IBM 提供的大量信息。

卡尔米耶显然掌管着一套有效的制表系统。但他为何没有及时制作出犹太人名单?

1942 年 11 月 8 日,美国人和一些英国军队登陆阿尔及利亚。正如许多人所期望的,法国本土的武装力量站在了同盟国一方,共同对抗希特勒。1942 年 12 月 5 日,法国武装力量夺取了国家统计部在阿尔及利亚首都阿尔及尔的分支机构。戴高乐的手下利用卡尔米耶的穿孔卡制表系统,迅速组织了一次不可思议的运动,将成千上万名法国人或外国人划分成多支特别部队。1943 年 1 月 17 日,忠于法国的阿尔及利亚人已然成为一支团结高效的军队,随时准备加入战斗。

这支在阿尔及利亚迅即动员起来的法国武装力量在阿尔及利亚和突尼斯边界与德军展开了激烈的战斗。这是希特勒派驻北非的军队的末日序曲。这些法国部队还会挺进意大利,继续作战,直至二战结束。

德国人无法理解阿尔及利亚的法国军队为何能如此迅速地集合起来。卡尔米耶的办事处一直以来都只是追踪了犹太人、农场工人及其他劳务人员。

就在阿尔及利亚的法国军队快速集合后数日,纳粹分子便发现是卡尔米耶这个秘密代理人协助了法国。卡尔米耶并不打算帮助纳粹德国鉴别犹太人,事实上,他之前所做的一切都是幌子,最终目的是为了给法国动员做掩护。

III F 部门
德国情报

本部门从巴黎收到一份档案,其显示:里昂有一个特殊机构,以执行人口普查为名义,实质上是秘密的动员机构。

我们已得知,该机构几乎所有管理人员都是秘密抵抗组织的将军或高级军官,且可利用特殊的卡片快速找出各种专业人员,包括飞行员、坦克驾驶员和机械工……甚至包括军官和应征人员,他们是组织中必不可少的构成要素……这不是一个人口普查机构,而是一个动员机构。

沃尔特·怀尔德(Walter Wilde)
特工

卡尔米耶成功瞒过了纳粹分子。实际上,自1911年以来,卡尔米耶就一直在与法国的反情报机关合作。在维希法国最暗无天日的那段日子里,卡尔米耶也一直被视为法国秘密抵抗组织最高价的特工,该组织隶属于"马可波罗网"(Marco Polo Network),由破坏者和间谍组成。卡尔米耶曾伪造约2万张通行证,不仅如此,他还花费数月整合出内含80万名战士信息的法国人民数据库。正因这一数据库,法国人民才能迅速动员,精心武装成多支部队,为自由而战。

根据卡尔米耶的精心策划,最终至少有30万人准备就绪,随时应战。卡尔米耶持有这群士兵的名字、住址,也知晓他们的军事特长及专业技能。他了解哪些人是专攻"窗帘杆"的"金属工",也知道哪些人是可以上战场的军人。

至于卡片的第11列,那个用来标示犹太人身份的地方,卡尔米耶从未在上面穿孔,也没有将其绘制成表。超过10万张犹太人卡片就一直静静地待在卡尔米耶的办公室里,从未上交给纳粹德国。卡尔米耶遏制了这项识别犹太人的行动。

有人偷偷弄到两张穿孔卡,并将之送到了巴黎鲁特西亚酒店的盖世太保总部。卡尔米耶的行踪暴露。德国军官要求立即逮捕卡尔米耶以及国家统计部的其他14名高级员工。不过,德国情报官员怀尔德表示,国家统计部需要有人运行制表机,只有这样,那些重要的工作才能继续展开,成果才能被送往德国。毕竟,卡尔米耶统计出的职业信息确实是最新的。因此,卡尔米耶得以继续工作。然而,纳粹分子已无法插手那些自动化的犹太人信息了。

卡尔米耶虽疑心自己遭到怀疑,但仍大胆地为巴黎理工学院1943届毕业班的学生做演讲。他的这些言论很容易传到外人耳朵里:

世界上没有哪种势力，能阻止你铭记，你是那些保卫着法国的战士的继承者，是那些站在布汶桥①上的勇士的后裔……也是那些在马恩河②上战斗的先驱的传人。请铭记！

世界上没有哪种势力能阻止你铭记，你继承了笛卡尔③的思想、帕斯卡④的神秘主义和数学逻辑、16世纪作家的清晰头脑，以及19世纪思想者长盛不衰的成就。这一切都发生在法国。请铭记！

世界上没有哪种势力能阻挠你铭记，你的国家为这个世界培养了伟大的思想者……自由思想永不朽……顽强而坚韧。请牢记！

世界上没有哪种势力能阻止你知晓这条用金色大字刻在文体馆上的箴言："为了国家，为了知识，为了荣耀！"这伟大遗产是祖先呕心沥血建造而成，是引导你走上正确道路的绝对命令。请记住！

这一切都镌刻在你的灵魂中，没人可以控制你的灵魂，因为你的灵魂只属于上帝。

1944年初，党卫军安全处官员下令逮捕卡尔米耶。2月3日午时，卡尔米耶在里昂被捕。他被带到终点酒店，受臭名昭著的里昂屠夫克劳斯·巴赫比（Klaus Barbie）审问。巴赫比擅长严刑拷打，曾逼供法国秘密抵抗组织的多名成员。卡尔米耶在巴赫比的魔爪下待了整整两天，但未曾放弃。

"旅程"的终点——集中营

1942年6月11日，德国下令将1.5万名荷兰犹太人驱逐出境，艾希曼的手下使用了"疏散"一词。然而，这趟"旅程"的终点将是奥斯维辛集中营和索比堡集中营。

根据纳粹当局的指标，法国的两个管辖区需驱赶10万名犹太人出境。不过，艾希曼在巴黎的助手西奥多·丹勒克尔（Theodor Dannecker）意识

---

①发生于1214年7月27日，是中世纪法兰西国王王权扩大的一次决定性战役，标志着英国国王约翰在法国的统治结束。——译者注
②发生于第一次世界大战西部战线，英法联军合力打败了德军。——译者注
③法国著名的哲学家、物理学家、数学家，被誉为近代科学的始祖，创立了著名的平面直角坐标系。——译者注
④法国数学家、物理学家、哲学家，是西方科学界和思想界的代表人物。——译者注

到这一指标无法完成，于是在1942年6月22日，这个数字突然被更改了。

法国的指标降至4万人，而荷兰的指标涨至4万人。

荷兰的霍尔瑞斯系统在伦茨的掌控下高效运转着。1944年3月，荷兰海牙的武装党卫军甚至下令为伦茨的人口登记局修建了防空设施，用来保护霍尔瑞斯机器和珍贵的穿孔卡。穿孔、制表和字母排序等活动被安排在不同的房间里，这些房间依次排列在一个大型冲压池周围。此外，还有一间专门处理"遗失卡"的办公室，以及行政管理办公室。

纳粹德国轻而易举地识别出荷兰犹太人，之后，便将他们困在类似于犹太区的地域，并对他们进行持续追踪。现在，德国人需要做的，就是快速有效地将这群人驱逐到集中营。纳粹德国可以通过人口统计区域、年龄、地理位置等信息有序地调出名字，当然，名字通常都是按照首字母排序的。

1941年7月，驱逐活动正式启动。纳粹从中央部门的卡片目录中获取了犹太人名单。阿姆斯特丹统计局配备了按区域识别犹太人的人口统计地图，红色数字代表"犹太人"，蓝色数字代表"非犹太人"。一些统计地图还标有"小点"，形象地描绘了各区域犹太人人口密度——"小点"越多，该区域的犹太人就越多。1942年7月，一辆又一辆载着犹太人的货车开往名为"威斯特伯克"的荷兰中转集中营。荷兰犹太居民委员会从内部人员中选出代表团前往威斯特伯克。在那里，该代表团组成威斯特伯克集中营的登记部门。犹太人抵达威斯特伯克集中营后，便被指引到登记大厅，大厅里配有60名登记员，负责接收这些犹太人的身份证件和定量配给卡等个人档案。

英国情报机构在一份报告中称："人变成了数字……营房号码卡的副本也被收入卡片目录……这个集中营保管着一份特殊的卡片目录。随后，遭到驱逐的犹太人的身份证件会被送往海牙人口登记局总部。最后，海牙人口登记局将会得到一份名单，其中几乎囊括了所有需要从威斯特伯克驱逐到波兰的犹太人。"抵达威斯特伯克的犹太人会被进一步运转到奥斯维辛等死亡集中营。自1942年7月15日起，一辆辆装着犹太人的火车出发了。

在荷兰，由于识别犹太人的速度很快，因此，纳粹分子会不时增加驱逐指标。例如，纳粹分子最初只要求在1943年1月11—31日运送3 000名犹太人，但最终，纳粹在荷兰多抓捕了600名犹太人，并用5列火车将这3 600人运往集中营。接下来的4列火车则载走了4 300名犹太人。

1942年末，荷兰基本完成了指标——驱逐4万名犹太人。不过，驱逐活动还在继续。这一次，住在精神病院和疗养院的8 000名犹太人成了目标。阿陪尔顿附近的一所医院收纳了许多犹太人，在那里，病人们无法正确回答出精细的人口普查问题。1943年1月22日和23日，党卫军的多支分遣队先后来到这所医院，接下来，便发生了触目惊心的一幕：党卫军暴打这些困惑不已的病人，并将他们（包括儿童）赶到牛车中，运往火车站。

在荷兰，这种驱逐活动从未中断。人口登记局不断制表，提供犹太人的名字；火车则继续向前行驶。

在法国，纳粹也尽其所能地将犹太人驱赶到集中营。

卡尔米耶被遣送到达豪集中营，成为囚犯76608号，并于1945年1月25日死于劳累过度。卡尔米耶在死后被尊称为"爱国者"，尽管他在减少犹太人死亡人数方面扮演的角色并未被人们所知，甚至在某种情况下还遭到质疑。卡尔米耶到底拯救了多少条生命，这永远无法被制成表，显示出来。战争结束后，伦茨解释自己只是公务员。最终，伦茨接受了审判，但只是因一些不相干的指控，被判处了三年有期徒刑。

荷兰有伦茨在从中协助，而法国有卡尔米耶在从中"捣乱"。荷兰备有根深蒂固的霍尔瑞斯基础设施，而法国的穿孔卡基础设施则一片混乱。

最终结果如下：

荷兰约有14万名犹太人，超过10.7万人被驱逐出境，其中有10.2万人惨遭毒害——死亡率接近73%。

法国有30万～35万名犹太人，约8.5万人遭到驱逐，其中有3 000人存活——死亡率接近25%。

第 12 章

将二战玩弄于股掌

托马斯·J.沃森栽培了一批遍布 IBM 帝国的忠实员工，也培植了一群对他钦慕不已的高管。美国民众深深陷在沃森的魅力中，美国政府官员也对他敬佩万分。不仅如此，沃森和富兰克林·D.罗斯福总统、第一夫人以及国务卿科德尔·赫尔的关系非常密切。几个大洲的国家领导人和皇室也对沃森所掌管的公司表示欢迎。民众对沃森构建的跨国技术统治知之甚少，因此，虽然这种技术统治让人不适，还引发了令人难堪的奇闻，但沃森的国际声誉总能消弭大众心中的疑虑。事实上，即使美国外交官和华盛顿金融领域的官员不愿批准 IBM 那些明显有损美国利益的边缘行动或不正当行动，他们的这种不情愿也是克制而谨慎的。美国这位最尊贵的实业家享有优待，总能获得官员们的尊重，并与之合作。

但是，当 IBM 向美国财政部申请许可证，以求与纳粹德国和法西斯意大利进行商业合作之时——无论是直接交易，还是通过西班牙、瑞典或瑞士等中立国间接地交易——有一个人在留心着这一切。他既不是政客、公司高管，也不是为沃森的光芒或 IBM 的企业声望所倾倒的上层人士。相反，他只是位普通人。当美国军队在海外作战时，他在国内发起了一场战争。这个人就是哈罗德·J.卡特（Harold J. Carter）。

卡特只是一位不起眼的调查员,他所在的部门也很少被人们关注。该部门通常被称为"经济战争部",它是一个附属于美国司法部的部门。经济战争部负责收集经济情报并扰乱敌国经济,而卡特则负责调查与"通敌贸易"有关的罪行。卡特明白,摧毁轴心国的经济、技术基础设施和部署坦克、军队等军事行动一样重要。他明白,这场战斗不仅需要卡宾枪和手榴弹,也需要传票和起诉书。1942年,卡特开始调查IBM。

"通敌贸易"疑云

在下曼哈顿地区百老汇大街30号14楼办公的卡特深知自己不过是一个小人物,而他调查的对象却是一家由大人物掌管着的巨型企业。沃森甚至可以拿起电话直接致电白宫、财政部部长或高级军官。尽管如此,卡特并没有被沃森的权势吓倒。事实上,在IBM与纳粹的勾结活动所营造出的烟雾与迷宫中,卡特看到了一些异乎寻常的东西,他决心拨开"迷雾",穿越"迷宫"。

在审阅了来自美国财政部的许可申请、媒体报道、金融档案、从瑞士拦截的情报,以及其他材料后,卡特得出结论:IBM构建了独一无二的跨国卡特尔。IBM客户就包括了纳粹德国。纳粹德国建立起不同寻常的穿孔卡工业,大范围地为商业、侵略和迫害活动提供服务。卡特推断,IBM构建的卡特尔、IBM提供的特别租赁方针,以及IBM对运作霍尔瑞斯系统所需的穿孔卡的全面控制,意味着IBM实质上已垄断了穿孔卡技术。此外,IBM几乎支配着霍尔瑞斯系统所有的日常运行进程。因此,对于纳粹德国能否顺利策划并发动战争,IBM一直起着重要作用。

在卡特看来,IBM并不是一家伟大的美国企业,而是一个肆虐全球的怪物。沃森也不是杰出的资本家,而是与纳粹分子同流合污的投机分子。若想起诉IBM及其高管,卡特需要获得实质性证据,而唯一的办法就是走进IBM总部,搜寻出足以给IBM定罪的文件。不过,在此之前,卡特需要获得一张传票。

卡特准备了一份长达18页的报告,并附上了拦截的情报、CEC和IBM日内瓦办事处通话内容的摘要、日内瓦的维尔纳·利尔和柏林的海因里希·艾伯特律师通信的翻译件,以及IBM与德霍梅格进行拉锯战时发出的企业通讯。卡特在整理案件时十分谨慎，但在描述这次调查的严重性以及解释深藏其后的大人物时，卡特则直截了当地发表了看法。他这份没有标明日期的报告题为《商用机器的操纵行为》(Control in Business Machines)。

商用机器的操纵行为

这是一起特殊的卡特尔案件。此前谈论过的卡特尔，一般起源于德国或其他轴心国。这种卡特尔已渗透美国，旨在依据纳粹经济战的详细计划缩减关键材料的生产。此前，像I.G. 法本或西门子这样的商业恶棍已经将罪恶的触角伸入美国产业界，通过专利、许可协议等手段削减美国产业的生产力。本案件还会牵涉到一家美国企业，这家美国企业通过限制供应，不仅剥削了美国公民，还剥削了世界公民。托马斯·J. 沃森和IBM在全球范围内抑制生产并抬高价格，将美国人和德国人玩弄于股掌之中。此案件中的垄断控制起源于美国，现已扩散到全球。希特勒在经济战争中对我们的所作所为，这家美国企业也做过。这个为过半参战国提供物资的"民主兵工厂"(Arsenal of Democracy) 限制了生产活动，而限制生产就是我们最大的敌人。因此，IBM和纳粹分子同属一个阵营。

此外，我们能看到一种特殊的利益冲突。这（世界战争）是好战的民族主义国家引发的冲突，每个国家都有自己的利害关系。不过，我们经常发现，这些利害关系与那些国际企业之间的利害关系迥然不同。事实上，国际企业的利害关系会比国家的更为巨大、更为强大。这些企业的职员并不只是某个国家的公民，而是世界各国的公民，这群人只为公司的利益着想，并忠诚于公司。从这类利益冲突中，我们可以清楚地看到一种文化上的分裂，即我们的国家和某家国际企业之间存在着文化差异……

1880年，霍尔瑞斯博士受雇于美国人口普查局，且经常要耗费大量时间进行常规的加减运算。为了节省时间，霍尔瑞斯博士发明了靠电流运作的制表机以供美国人口普查局使用。随后，他将专利权卖给IBM的前身制表机公司，而后者便利用这些专利权构建了合法的垄断集团。虽然这些专利权在后来慢慢失效，但IBM通过改进和优化霍尔瑞斯机器获得了一大批新的专利权,这不仅使其立足于技术领域,还使这个合法的垄断集团得以不断扩大。这个垄断集团至今存在,归根究底,是因为IBM在原来的霍尔瑞斯专利上进行了多次小型的技术革新,从而获得了一大批专利权。在此,有一个问题值得一提,那就是最初的专利是属于霍尔瑞斯博士,还是属于美国政府的?考虑到霍尔瑞斯博士是政府机构的雇员,而他的计算工作和他的发明之间存在着必然的联系,我们可以这样思考这一问题:这项专利是否属于霍尔瑞斯博士,霍尔瑞斯博士是否有权卖出这项专利,以及这项专利是否属于美国政府。因为这项专利是通过政府拨款才获得的……

毫无疑问,这些垄断集团(IBM本身以及IBM利用美国的鲍尔斯记账机公司和雷明顿兰德公司建立起的垄断机构)确实存在。这些企业合谋,最大限度地限制生产、控制价格,并遏制竞争。美国最高法院已经宣布这一事实。我们看到了一个让美国人民深陷水火之中的垄断集团。我们现在应该想办法揭示这个垄断集团对这个世界的影响:国际性卡特尔协议。

这是一件只有间接证据支持的案件。几乎找不到文件或直接证据以证明这个卡特尔的存在。不过,一个接一个的间接证据都指向了这一最终的结论。这些间接证据频繁出现,以致成为几乎不可否认的事实……

这些国际企业已经发展得如此庞大,其利益与其所在国家的利益时常不一致。IBM的员工,虽说名义上存在着美国公民,但实际上包括了世界各国的公民。他们对公司的忠诚并没有因国籍而受到限制。托马斯·J.沃森先生,IBM的董事长,是领导这场国际和平运动的领军人之一,然而,沃森先生并非是出于利他的动机。IBM的商业帝国扩张得非常顺利,不易受到战争的侵扰,而沃森先生的目标就是利润……

可以肯定的是,沃森先生的企业不是美国企业,而是国际企业……这家企业不仅让美国人吃了苦头,也让德国人吃了苦头。这家世界性垄断机构不断扩大,且让德国人承受了诸多负担,为此,希特勒政府想对其进行干预……全世界的公民都受到了一只"国际怪物"的限制，而这些接连出现的间接证据对我而言已经足够有力，凭借这一点，我足以获得许可来全面调查这家企业的文件，并获得直接证据。

被公布的黑名单

1942年，一批美国企业因与纳粹德国有密切的商业往来而遭到曝光，这些企业的名称陆续被记录在一份"被公布的名单"（Proclaimed List）上。结果显示，上榜的企业从1941年夏的1 800家上涨到了1942年1月中旬的5 000家，遍及欧洲和拉丁美洲。这些遭禁的企业要么归纳粹所有，要么与纳粹存在着联系。它们有的建立在欧洲德占国家，有的建立在葡萄牙、西班牙或瑞士等中立国。毋庸置疑，这些企业与德国和意大利的任何直接交易都不被允许。甚至只因为被视为"轴心国的支持者"，一些企业就被列入黑名单。

例如，1942年1月14日，美国财政部下令让美国第三大染料生产商苯胺与薄膜公司（General Aniline and Film Corporation）的5名高管离职。这5人都是美国公民，但均出生在德国。多年来，他们一直被质疑与德国企业集团I.G.法本的关系密切。调查人员怀疑，I.G.法本要么秘密收购了苯胺与薄膜公司，要么就是通过这5名德裔美国人控制了这家公司。

1942年3月26日，美国国会委员会对新泽西标准石油公司进行了严厉批评，指责其将合成橡胶工序移交给德国海军，并向美国和英国军队隐瞒了技术信息。调查人员援引了该公司的通讯信件及其在"珍珠港事件"之前与I.G.法本达成的贸易协议，该协议规定："无论美国是否参战，仍会在战争期间设法寻得某种方式来继续运作。"当时领导着一个特殊国防调查委员会的参议员哈里·杜鲁门（Harry Truman）公开痛斥新泽西标准石油公司，将其与I.G.法本的协议谴责为"叛国"和"暴行"。美国助理司法部部长将该协议描述为"通过战争延续阴谋的策略"。《纽约时报》随即也报道了这一丑闻，刊登了一篇题为《标准石油的人员没有回应指控》（Standard Oil Men Silent on Charges）的文章。

更多秘密文件显示，新泽西标准石油公司试图与法国占领区的纳粹企业合作，甚至要在占领区建设一座航空燃料炼油厂。在对新泽西标准石油公司的指控中，美国司法部一再强调，大批美国企业一直在与纳粹德国联系，并从中获得利益。美国司法部称，仅与 I.G. 法本签订了合约的美国企业就超过 100 家，而他们通过捆绑专利与资源，严重延滞了美国备战的时机。

确实，大批美国企业常利用国际关系与敌人进行贸易往来。只需一个利润动机，这些企业就会做出具有叛国色彩的决策。这些企业中有许多人都是国际商会引以为自豪的成员，在沃森任职期间，国际商会还曾大力支持美国企业与希特勒政权的贸易活动。

可笑的是，IBM 所有子公司都未被列入"被公布的名单"，因为它们拥有双重身份：虽然直接管理人员是外国人，但它们本质上属于美国财产。这种情况适用于轴心国所控领土上的任何一家 IBM 的子公司。因此，尽管 IBM 纽约总部不被允许联系轴心国控制下的所有子公司，但这些子公司仍然因被视为美国财产而受到了保护。此外，由于 IBM 只出租机器，因此，德霍梅格的每一台机器，无论是被安置在达豪集中营的武装党卫军办公室里，还是罗马的保险事务所里，也均被视为美国财产，且受到保护。

这样一来，德霍梅格能够同时拥有两个身份，它既是美国的财产，也是纳粹分子的工具。而正是与纳粹分子合作的 I.G. 法本和西门子公司，才使其他的美国企业遭到了大力谴责，甚至被起诉。

当"IBM 子公司是敌是友"的问题被提及时，都会让人清楚地察觉到一种混乱感和不一致感。例如，1942 年 6 月 16 日，美国驻伯尔尼领事请求不要将 IBM 瑞士子公司——沃森 A.G. 列入黑名单。"这是美国企业，"该领事写道，"倘若将它列入黑名单，美国的利益将可能受损，轴心国的企业会从中得益，因为据说这些企业囤积着大量办公机器；这些机器生产于德国，并出口到被德国和意大利占领的其他国家……这些机器已经进入瑞士市场，并准备按照各种语言版本的操作指南，如西班牙语、南斯拉夫语、罗马尼亚语等，进行组装，并展开使用……且总领事馆同意……沃森 A.G. 不应该被列入黑名单。"

难怪英国外交部会对美国在黑名单这件事上表现出的前后矛盾感到心烦意乱了。一份由英国大使馆寄出的，关于黑名单的机密备忘录上写有一条旁注："很明显，美国的商业利益牵涉其中，这些利益会凌驾于'半球防御'（Hemispheric Defense）之上，甚至……比与我们的合作更重要。"

由于法律的规定是如此模糊，而 IBM 又是一家如此重要的美国企业，卡特无法在短时间内完成任务。要指控 IBM 这样一家地位显赫的企业,以及证实沃森这种与白宫联系如此紧密的领导者参与了欺瞒国家的商业活动,仅由美国政府的一个机构,是不可能轻松就解决的。

卡特没能获得传票,却获准于 1943 年 7 月中旬视察 IBM 总部并采访相关人员。在视察 IBM 总部之前,卡特打印了一份大纲,在其中罗列了 9 个话题。卡特最关心的是为何 IBM 不仅可以出租机器,还可以控制客户,这一问题涉及 4 个话题:

话题 1:在高效管理德国战争机器时,德霍梅格工厂的重要性。
话题 2:美国每年出口的穿孔卡数量。
话题 3(卡特在此做了特别标注):针对原材料的来源,特别强调了生产穿孔卡时所需纸浆的供应情况,如其可能出现的瓶颈。
话题 4:IBM 通过租赁机器及出售穿孔卡来控制客户。

卡特还打印了一张列表,在上面列出了 10 个问题,均是关于德霍梅格在辛德芬根和里希特菲尔德两地开办的工厂。卡特想知道"字母打印机……为什么突然变得如此重要"。他还想知悉与德霍梅格合作的铁道部有哪些、德霍梅格生产了多少张穿孔卡,以及它这些年来从 IBM 纽约总部进口了多少张穿孔卡。

卡特于 1943 年 6 月 14 日开始采访,第一位采访对象是 J.W. 斯科特——采访地点是 IBM 总部。斯科特是荷兰公民,也是 IBM 欧洲区总经理,却长久驻扎纽约。斯科特坐在 IBM 纽约总部的办公室里,定期联系 IBM 在纳粹领土上建立的子公司,如斯科特的祖国荷兰以及比利时等。

这次采访持续了 3 天,卡特如愿从斯科特那里获取了大量信息。其间,卡特匆匆记下了详细的笔记,有 IBM 客户的信息、霍尔瑞斯机器的用途、纸片供应商、IBM 和德霍梅格重要人物的生平,以及霍尔瑞斯的使用条款。卡特代表美国司法部,因此在他提出要检查成百上千页的材料时,IBM 也只能遵从。

通过仔细阅读大量文件,卡特猜测存在着一项非比寻常的全球性事业,一项以纳粹德国为中心的事业。这项事业由 IBM 纽约总部全权管理。卡特查看了打印或手写信件、详明的销售额、安装的设备、德霍梅格的骚乱以及 IBM 为保住自己在轴心国的地位所做的努力。机床订单按厂家、下单日期、预期交货日期逐条列举在文件中。敌方领地上的 IBM 子公司的季度财务报告和月度呈报表也未受"珍珠港事件"的影响，照常上交给了 IBM 纽约总部。这一切都传达了 IBM 最新的商务进展和竞争对手的情况。最新的客户账目信息枚举了一长串机器名称和相应租金，以及用于战争的特别应用程序。穿孔卡销售数据按"生产国"和"进口国"分类，都以"年"为单位一一罗列起来。最重要的是，任何人都能从中看出 IBM 频繁地联系了自己的海外子公司。

毋庸置疑，IBM 纽约总部藏匿着众多关于海外业务的详尽信息，从 CEC 到德霍梅格，再到遍及巴尔干半岛的部门。根据这次为期 3 天的采访，卡特写下了一份长达 25 页的笔记。这份笔记中最重要的部分为：一是 IBM 对欧洲铁道业各个方面的管理，从货物的鉴别到发车时间的安排；二是 IBM 对穿孔卡不容置疑的控制。

卡特了解到，没有霍尔瑞斯穿孔卡，纳粹分子便无法使用铁路按时发货，也无法定位货车车厢或机车。卡特写道："德国政府目前减少了部分货运……他们依赖 IBM 的设备，如果 IBM 的穿孔卡系统遭禁，那么德国铁道部将无法准确算出德国政府依照合约需要承担的那部分费用……货物在铁路转运过程中的费用数据有赖于穿孔卡系统。要想确认货物运输于不同国家的铁道系统时的运费，穿孔卡系统极有价值。穿孔卡系统还能确认某个特定区域可用火车的数量，这种数据只需两天便可获得。唯一的替代方法是抽样检测，但这需要两周才可获得结果。当然，对任何具有大流通量的铁道系统而言，两周的延期将意味着所得信息毫无价值。"

关于穿孔卡，卡特指出："生产穿孔卡需要专门的设备。只有 IBM 的附属机构有权生产穿孔卡，因为 IBM 在德国签订的合同中有一项条款，规定德国客户不能使用非 IBM 生产的卡片……当前情况下，由于卡片短缺，库存很可能支撑不过一个月。IBM 客户对穿孔卡的需求是巨大的。"

卡特甚至能够理解 IBM 那颇具争议的"专利费"协议。"德霍梅格这家德国公司出现了特别的情况，"卡特写道，"IBM 几乎拥有该公司的全部股份，该公司除了要支付常规的股票分红外，还得向 IBM 支付专利费……不过，真正的原因可能是股票分红方面的法律限制致使 IBM 无法从这家德国公司获得想要的分红，因此 IBM 才设计了'专利费'以获得额外报酬。"

在卡特看来，若只是一次简单的搜查就能获得如此多的信息，那进行全面的搜索必不可少。于是，卡特再次来到IBM纽约总部，以求系统地对其文件进行搜查。不过，他仍没得到传票，这让他感到举步维艰。现在，卡特只能盼望着那些受调查的人可以自愿与他合作了。

在曼哈顿穆雷大街75号的IBM库房里，卡特找到了10个文件柜。那些文件按照国家名称的首字母排序，记录了1934—1940年的信息，包括涉及穿孔卡生产的通讯、机器和零备件的库存情况、关税文件、维修记录、客户投诉以及访客名单等。

不过，那些罗列了每台机器对应着的"客户、位置、业务类型、所有者……卡片消耗量和销售员姓名"的文件在哪里？最重要的是，那些对每台机器进行专门分析、记录任务完成情况、提高性能的"应用研究"又在何方？斯科特的回答是：所有记录都在IBM日内瓦办事处的办公室里。

那么1933年的记录在何处？斯科特的回答是：它们已被销毁。

在麦迪逊大道590号的IBM全球总部，卡特首次要求斯科特允许自己查看IBM总部的文件。但在当时，IBM与德国的合作业务已大幅缩减。卡特并未获准检查IBM总部的文件柜。相反，斯科特将文件拿到办公室供卡特审阅。同样，这些文件也是按照国家名称的首字母排序，涵盖了IBM从1940年直到最近的通讯。文件包含子公司的月度陈述报告、IBM设备的详情及其用途。不过，卡特找不到任何关于德国、法国或日本的"应用研究"。

那么，斯科特与IBM子公司的私信又在哪里？斯科特的回答是：都没留在美国，而是保存在各个子公司中。

因此，若卡特想查看斯科特下达的指令，就必须前往欧洲各国的首都。

卡特还征求了IBM执行副总裁兼总经理弗F.W.尼科尔的档案。尼科尔是IBM的副指挥官，地位仅次于沃森，他经常联系哈里森·K.昌西、W.C.利尔等欧洲管理人员，且多年来一直监督着欧洲的日常业务。尼科尔的档案按时间排列，记录了他从1936—1942年的信息。不过，卡特仍无法审阅完整档案。他指出："我不能拿到完整的材料，但是他们会选取部分材料给我看，这些材料都包括了海外子公司的完整文件。"

尼科尔的档案包含销售业绩和销售配额的分析、人事业务、海外分支的营业效率、业务额的综合记录和国外访客（如亲善大使）的详情。和上次一样，卡特仍无法获得IBM在德国、法国或意大利等国的业务情况。

卡特还想查阅沃森的档案。同样，他无法到档案存放地查看文件。涵盖 1938—1942 年的 26 份档案夹被带到斯科特的办公室。斯科特称这些就是"完整的档案"。其中包括了沃森担任国际商会会长时所参与的行程、顶级销售精英的名单、海外子公司讯息的副本、涉及税率和子公司关于股权投票的来往书信、从欧洲迁移到美国的朋友信件以及他们的相关信息，此外，还有节日问候信。

沃森的业务通讯在何处？斯科特的回答是：沃森遍游欧洲，因此多数业务都是口头达成的。如果有书面材料，那也只会在日内瓦。

卡特所获不多，只能离开了 IBM。随后，他写下了一条短笺：

> 鉴于所查档案只能提供少量信息，欧洲子公司方面的信息更是少之又少。因此，我有理由猜测，那些重要的档案真的存放在 IBM 于日内瓦和瑞士建立的欧洲总部，否则就是 IBM 隐瞒了信息。

"忠诚"的投机资本家

在希特勒掌权之后，"珍珠港事件"之前，沃森表面上一直在呼吁美国不要参战，但他仍旧在为美国进入这场战争做准备。早在 1940 年 8 月，战争部就向沃森表示，希望他能将 IBM 的生产力投入战争。不过，战争部需要 IBM 生产的不是制表机，而是机关枪。

1941 年 3 月 31 日，早在美国遭受攻击之前，沃森就创办了一家子公司——军需品制造公司（Munitions Manufacturing Corporation）。一位长期与 IBM 合作的供应商的总裁被沃森任命为这家子公司的董事长。沃森还以 201 546 美元收购了两幢原本用来生产罐头的工厂。1941 年 12 月，在珍珠港遭袭后的 2 个月内，沃森为一家装备齐全的制造工厂举行了揭幕式，这家工厂面积达 14 万平方英尺，配有 250 名员工。该工厂的第一件产品是 20mm 防空高射炮。军需品制造公司最终产出了约 32 种武器及其他军需品，包括勃朗宁自动步枪、防毒面具、轰炸机瞄准器、90mm 防空射击指挥仪和 30 口径 M1 卡宾枪。大多数产品都被贴上了 IBM 的徽标。至 1943 年，IBM 有 2/3 的生产力已经从制造制表机转移到军需品上。

IBM 不仅制造武器，它还对 99 项精细的军事战略项目进行了深入研究，包括弹道轨迹研究、飞机设计、自动化库存管理、运输路径、飞机火灾控制系统和一种先进的无线技术，名为"Radiotype"①的无线数据传输装置。

IBM 还涉足一项特殊的国防项目，牵涉到美国陆军航空队所需的实验系统。该系统需要一种装置来读取电报纸上的孔，并将结果转化到穿孔卡上。

此外，IBM 还发明了强大的霍尔瑞斯移动装置，这种装置由拖车承载，内部带有 30 英尺长的橡胶垫，需要由能负重 2.5 吨的拖拉机牵引。1942 年春，首批移动装置（16 台）按时交货，在随后的战争期间，还有超过 260 个类似的装置被投入使用。太平洋战争期间，霍尔瑞斯移动装置频繁在太平洋的各个环礁转移。欧洲战场上，装载霍尔瑞斯的货车，以及其他所有的移动设备都被转移到突尼斯和西西里亚的海岸。德国国防军最高统帅部深知这些移动设备的战略价值，因此下令优先夺取一台这样的移动设备，如有可能，也顺带俘获一名技术人员。不过，德军的这一计划始终未能实现。

机器记录部队（Machine Record Units，以下简称 MRUs）无异于 IBM 培训出来的军事部队，主要负责调配 IBM 设备。机器记录部队也受命协助夺取在欧洲战场和太平洋战场上发现的霍尔瑞斯机器。一列 MRUs 分遣队一般由 29 名士兵和 3 名精通穿孔卡运作的军官组成。为了炮制大批 MRUs，IBM 的恩迪科特销售培训学院摇身一变成了军事学院。在战时条件下，约有 1 300 名士兵接受了训练，学习如何操作霍尔瑞斯系统。而在这些培训课程中，负责指挥和提供服务的人主要是 IBM 前雇员。这群人组成了一支团结紧密的部队，被亲切地称为"IBM 士兵"，他们对 IBM 和沃森非常忠诚。当到达 IBM 在欧洲各处创办的工厂后，这群"IBM 士兵"就会起到特殊作用。

为了协调 IBM 为美国所做的数十个战争项目，沃森特意在公司内部建立了后勤部门。该部门有助于 IBM 将资源投入美国最重要的军事项目。沃森任命 IBM 总经理尼科尔为部门主管，讽刺的是，尼科尔同时也监管着 IBM 在纳粹欧洲的海外事务。对此，沃森解释道："尼科尔很适合这项工作，他具备丰富的管理经验和军事知识，深知国外的工业模式和工业资源。"

---

① IBM 的 Radiotype 系统，使美国陆军能够以电子邮件的速度发送手写的消息，且该系统比电子邮件的发明要早 30 年。——译者注

事实上，IBM 及其先进技术还渗透到了同盟国最机密的行动中。恩尼格玛①密码破译员也使用了 IBM 授权的英国公司——英国制表机公司提供的制表机。英国布莱切利园②的 7 号房间就是制表机部门。1941 年 1 月起，英国制表机公司便向布莱切利园，及英国派驻新加坡和开罗的情报部门提供机器和穿孔卡。

1942 年 5 月，IBM 员工开始参与美国本土的密码破译工作。这项工作的关键人物是史蒂夫·邓韦尔（Steve Dunwell），他在离开恩迪科特的商业研究部门后，加入了华盛顿特区的电码破译组织。该组织使用 IBM 和雷明顿兰德公司生产的穿孔机器破译来自轴心国的信息，被截获的敌方电码本是由 50 位数字组成的交叠字符串键入穿孔卡上产生的。之后，该组织会对这些穿孔卡进行分类。每一个被破译的单词都会替代原有的单词，直到某条信息的内容和意义被分析出来。有一次，邓韦尔需要一种带有机电式继电器的特殊机器，这种机器能够快速计算出某些单词在某个理想文本中出现的概率。于是，邓韦尔请求沃森批准在 IBM 组装这样一台机器。沃森批准了。后来，沃森为表彰邓韦尔对美国的贡献，准许邓韦尔到 IBM 乡村俱乐部的私人套房中度蜜月。

交战双方都在使用 IBM 设备进行编码和解码，这就是这场战争的可笑之处。

同盟国于 1944 年 6 月 6 日登陆诺曼底时，IBM 随之而至。在此之前，美国陆军航空队的气象部门一直使用霍尔瑞斯机器来监视和预测可能侵扰英吉利海峡的剧烈风暴。在盟军部队终于登陆诺曼底，并建立起滩头堡后，MRUs 也迅即加入了盟军部队。

战争一向有利于 IBM。在美国，IBM 因战争获得的收益空前巨大。"珍珠港事件"后不久，沃森就可以向媒体界宣称，IBM 通过军需品合同和其他国防项目合同，已获益超过 1.5 亿美元。战时，IBM 的总销售额和总租金收入增加了两倍，从 1940 年的近 4 600 万美元增至 1945 年的近 1.4 亿美元。

IBM 设备不仅是战场上的必需品，也用来追踪人口。随着战事的推进，

---

① 又称哑谜机，由德国人发明，是一种用于加密和解密文件的密码机。——译者注
② 又称X电台。在二战期间，布莱切利园曾是英国政府进行密码解读的主要地区。——译者注

数百万人应征加入军队，霍尔瑞斯系统将这些人的信息都汇编起来。在行动中失踪的同盟国士兵，以及轴心国战俘的相关记录也由霍尔瑞斯系统进行编目。从乔治·S.巴顿（George S. Patton）将军到无名士兵，世界上每一位军人的位置，都可以通过穿孔卡经由霍尔瑞斯系统确认出来。所有的军事支出都由 IBM 制表机进行自动化管理和持续发放。列有科学家和专业人员姓名的国家花名册也被汇编出来，以协助 IBM 执行战时项目。

IBM 设备之所以能在美国拥有非比寻常的人口追踪能力，得益于这类设备在 1940 年人口普查中的广泛使用。那次人口普查问及若干详细的私人信息，而一场全国性游说运动也在和风细雨中展开，以便说服广大民众回答私密的问题。第一夫人埃莉诺·罗斯福（Eleanor Roosevelt）在一次讲话中称赞 1940 年的人口普查"收集了史上最重要的事实，将会影响民众的幸福"。虽然她承认"对于某些问题的合理性，很多人都持有怀疑态度"，但她进一步补充道，设计这些问题是为了得出一些事实，为那些已变得紧迫的问题提供一些具有启发性的数据。

1941 年 12 月 7 日，周日，日本突袭珍珠港。不到 48 小时，美国人口普查局便发布了第一份关于日裔美国人的报告，名为《美国的日本人口、分布地区和资产现状》（Japanese Population of the United States, Its Territories and Possessions）。次日，美国人口普查局又发布了一份报告，题为《美国特定城市日本人口的出生地和公民身份》（Japanese Population by Nativity and Citizenship in Selected Cities of the United States）。1941 年 12 月 10 日，美国人口普查局发布了第三份报告，名为《太平洋沿岸诸州日本人口的性别、出生地、公民身份和区域》（Japanese Population in the Pacific Coast States by Sex,Nativity and Citizenship, by Counties）。美国人口普查局之所以能迅速做出反应，得益于 IBM 设备，它根据日裔美国人在 1940 年人口普查中提供的信息，追踪了他们的种族血统。

美国人口普查局主管 J.C. 卡普塔（J.C.Capt）指出："我们不会等到 12 月 8 日，即美国宣战的那个周一的下午。周一上午，我们就会投入人员处理与日本人相关的事务。"美国境内只有 135 430 名日裔美国人，所得结果很快就被制成表格。在这表格上，有一类信息必不可少。那就是人种。

泄露公民的具体住址是不合法的，因此，美国人口普查局只提供了特定人口普查区的日裔美国人的人口密度。这里的特定人口普查区是指居住着 4 000～8 000 名日裔美国人的地理区域。必要时，美国人口普查局可以提供更详细的信息，即所谓的"人口统计街区"。有了这些信息，即便没有确切的姓名和住址，美国政府也能集中力量在美国西海岸的特定地区进行搜索。

美国人口普查局的一名官员在向某个联邦委员会表态时说，他很高兴能制作"一份详明的交叉表，为其提供数据。换言之，在某些城市的人口统计街区……制表机产出的表格会被送到战时公民控制管理部门（Wartime Civil Control Administration，以下简称 WCCA），后者主要负责此次的扣留活动……这构成了 WCCA 统计活动的基础"。

显示日本人口密度的地图也被标上圆点，每个圆点代表 10 个人。1943 年，美国人口普查局和荷兰人口普查局同时使用霍尔瑞斯系统制作种族"点图"（Dot Maps），以便将相关人员转移到集中营。致力于此类项目的霍尔瑞斯专家，无论是在太平洋的哪一边，似乎都是根据某个既定章程来展开工作的，就像他们有着相同的顾问一样。伦茨及其同事针对所负责的登记项目，发表了多篇详尽的文章。这些文章不仅出现在荷兰的统计学期刊上，还被翻译成德文刊登在德国统计学会的杂志上，随后，又被翻译成英文，登载于美国统计协会的杂志上。美国统计学界以及 IBM 的工程师和顾问都会定期翻阅《美国统计协会期刊》（Journal of the American Statistical Association）。

如果以人口统计街区来定位日本人的方式还不够有效，那么，美国人口普查局会乐意再迈出一步，提供部分人的名字和具体住址。"依照法律，我们需要保护个人信息，"美国人口普查局主管卡普塔说，"不过，如果到了最后，国防当局发现有 200 名日本人不见了，并想得到这些日本人的名字，那我会为他们提供进一步搜索个人信息的方法。"

1942 年 2 月 19 日，罗斯福总统签署 9066 号总统行政命令[①]，批准收押美国西海岸的日裔美国人。1942 年 3 月 22 日，疏散活动在洛杉矶启动。美国最高法院随后确认，这一项只基于血统的措施是合法的。

讽刺的是，1945 年 4 月 29 日，同盟军正是因一支由日裔美国人组成的军团的协助，才解放了达豪集中营。

---

① 由美国总统颁布、具有法律效能。其主要内容是驱赶在美国的危险分子。最终，约12万日裔美国人被强制迁离居住地。——译者注

托马斯·J.沃森不只是美国最具战时价值的企业领袖,他还抓住机会,成了美国工业界最受重视的爱国者。沃森在20世纪30年代及二战初期(美国参战前)不厌其烦地呼吁和平,现在,他更是化身为忠诚的资本家战士。早在1941年1月,沃森就向记者担保:"那些受托执行国防项目的政府、商业和工业领袖会得到美国每一位商人的忠诚合作。我们愿意做出牺牲来实现共同的目标,因为我们为自己是美国人感到自豪,也会齐心协力保卫我们的政体和美国人的理想,同时,我们也会和全世界所有正义人士合作,尽力协助他们。"

1941年美国独立日①当天,沃森称自己在过去的6周里,已经在60个地区安排了约65万名美国士兵和海员观看戏剧表演。作为美国海军和陆军市民委员会(Citizens Committee for the Army and Navy)主席,沃森向美国的实业家筹集资金来为军队提供娱乐。当然,沃森本人也捐赠了大笔资金。

1941年7月15日,沃森宣称:"我们是一个爱好和平的民族,我们深爱和平,也愿意为之而战。我们珍爱这个国家的文明胜过一切,定会做好十足的准备去保护它,发展它。"

1941年10月,在沃森领导下的市民委员会协助埃莉诺·罗斯福在华尔道夫酒店组织了一场茶会,主题是"为国防而编织"(Knit for Defense)。在茶会上,沃森将第一夫人介绍为"第一编织者"。

1941年,沃森在宣布强硬外交声明和组织爱国活动时,仍不忘开展私人斗争——与德霍梅格对抗。然而,虽然沃森在轴心国战争机器市场上难保优势,但他继续动员美国的计划并没有受到阻碍。

1942年,沃森买下了各大重要报纸的整版广告来宣告他那令人瞩目的"我们一体"(WE-ALL)计划。大标题"我们一体"下写着几行醒目的大字:"我们现在的口号是'我们一体',这代表着美国每一位忠实的人民。我们面临着一项漫长而艰苦的工作,在美国决定为某项事业而奋斗时,我们就是一体,任何事情都不能阻止我们。罗斯福总统,我们的总司令可以放心地依靠'我们一体',而'我们一体'也会支持他,并下定决心保卫我们的国家、政体以及自由。"广告还用加粗字体印刷着托马斯·J.沃森的签名,以及他的名号——IBM董事长。

---

① 又称美国国庆日,是美国主要的法定节日之一,定在每年的7月4日,目的是为庆祝脱离英国殖民地。——译者注

沃森发动的爱国运动从未在激情中消失。这不只是一种企业行为，更是一种个人行动。

1943年，当哈罗德·J.卡特坐在曼哈顿大道590号的IBM办公室里时，他的调查对象并不只是一家强大的企业。卡特永远无法获胜，因为他面对的是一家对美国各类战争事务（包括了美国一些最机密的行动）至关重要的企业，而他反对的那群高管则站在了为美国国防而战的辉煌顶点上。实际上，沃森甚至谢绝了民主党提出的让他竞选纽约州州长的建议。如此看来，也难怪斯科特可以决定卡特能获得哪些文件了。IBM和沃森是不可侵犯的。卡特数个月前写下的一段话就透露了这一不可改变的事实：

> 这（世界战争）是好战的民族主义国家引发的冲突，每个国家都有自己的利害关系。不过，我们经常发现，这些利害关系与那些国际企业之间的利害关系迥然不同，事实上，国际企业的利害关系会比国家的更为巨大、更为强大。

从某些方面讲，IBM比这场战争本身的影响力更大。交战双方都离不开这家公司至关重要的技术。希特勒需要IBM，同盟国也是如此。

1943年底，卡特意识到，无论自己怎样努力，IBM都不会被视作一家与敌方合作的企业，它仍会被视为同盟国解放事业中一项宝贵的战略资源。现在，IBM迎来了一个全新的阶段。既然整个纳粹欧洲都在使用霍尔瑞斯系统管理事务，那么，对于在战后控制欧洲的行政和经济基础设施，IBM就显得十分重要。简言之，IBM持有打开欧洲大门的"钥匙"，更确切地说是"卡片"。现在，IBM在穿孔卡技术上的任何专业知识都会被用来有序地征服和解放欧洲大陆。

卡特所在的经济战争部开始定期向IBM求助，以了解德国和意大利两国在使用霍尔瑞斯系统时运用的复杂技术。这不是为了罪行检举，也不是为了收集罪证，而是为了获取军事情报，维护同盟国的胜利成果。

1943年12月，卡特拟定了一份题为《轴心国及轴心国占领区对机械化会计系统的使用》(*Use of Mechanized Accounting Systems in Axis and Axis Occupied Territory*)的备忘录，内容均取自斯科特和其他IBM高管所提供的信息。卡特的关注点已经改变，他开始致力于记录被纳粹占领的荷兰、德国和意大利的霍尔瑞斯系统的部署细节，包括大型穿孔卡处理机构和存储库所在的街道位置。例如，卡特在这份备忘录中指明，罗马委内特大道的建设部保管着"意大利工商企业、交通企业和涉农企业用穿孔卡记录的所有数据，包括这些单位的人员雇用数据。用该地的穿孔卡和商业设备，就能够准确而快速地得到一系列业务情报，以便控制战后的意大利"。

卡特还在备忘录中列出了荷兰和德国重要的数据统计部门。卡特强调，敌方所有的霍尔瑞斯机器都由IBM子公司提供并协助管理。他的结论是："为了利用上述政府机关所存有的数据，建议采取特别措施，以便和军事当局协力夺取并保护这些办事处的穿孔卡和商业机器。可行的措施包括组建一支深谙商业机器和穿孔卡应用的特别部队……以及提前制订好行动方案。"

卡特的同事哈罗德·昂加尔（Harold Ungar）也拟定了一份机密的备忘录，进一步描述了这一行动方案。昂加尔写道："德国政府通过大范围使用标准化的统计模式和统一的商业机器，严格控制了德国以及德占区的金融和工业活动。这种控制高度集中，假若德国政府倒台，其经济极可能变得混乱不堪，以至于在战后，同盟国若想对德国经济做出任何管理举措都会变得极其困难。因此，无论军事当局打算采用何种系统，一个急需优先采取的行动就是提前夺取并控制德国现有的经济调控设施。"

兜兜转转，IBM又回到了原处。在这场对抗第三帝国的战争中，IBM已然成为美国的战略伙伴，即便它仍然一如既往地通过海外子公司向敌人提供服务。卡特的调查已经结束，而保护IBM设备的行动还在继续。

卡特拟定了一份又一份备忘录，累计多达数百页，他在其中详述了德霍梅格、沃森意大利的内部运作情况，以及第三帝国是如何利用穿孔卡在欧洲各国进行交通运输和组织军事行动的。纳粹德国关于霍尔瑞斯系统的完整蓝图已被美国记录在案。卡特的调查报告也被整理成作战手册，为入侵部队和随部队来的文职人员提供信息。1944年6月，卡特所在的经济战争部从某位IBM高管那里获知，纳粹党重要的经济政策文件已被编码在穿孔卡上，只要能够获得这些卡片，信息就可以重构。IBM知道这些文件的下落：费森迈耶的办公室里。

对同盟国而言，IBM的帮助来得正是时候，但对欧洲的犹太人而言，一切都太迟了。希特勒通过部署霍尔瑞斯系统来打压犹太人已近十年，几百万名犹太人在受到IBM技术的识别和处理后，就要承受它所带来的后果了。

第三帝国在对犹太人进行了长达十年的迫害后，终于准备进入最后阶段了。1942年1月，一次重要会议在柏林郊外的万湖召开。这次会议由第三帝国统计学家和霍尔瑞斯系统专家提供技术支持，将在会议上勾勒出犹太人问题的最后解决方案。霍尔瑞斯系统再次派上用场，不过这一次，犹太人不会被赶出办公室，他们被迫聚集到犹太区。事实上，德国已经准备好用于射杀犹太人的埋尸坑、毒气室、火葬场，以及一项由霍尔瑞斯系统推动的野心计划，即"劳动灭绝"——犹太人会被组织起来，劳作至死，就像燃烧殆尽的火柴一般。

这是欧洲犹太人与德国自动化体系的最后一次照面。

第 13 章

纳粹的"最终解决方案"

几乎每一个纳粹集中营都经营着一个霍尔瑞斯部门。由表格、穿孔卡和制表机这 3 部分构成的霍尔瑞斯系统在不同的集中营和不同的年份之间也会有不同的变化，这取决于具体情况。

集中营管理系统

一些集中营，如达豪集中营、施托尔科集中营内各安装了 24 台 IBM 分类机、制表机和印刷机。一些集中营只为卡片穿孔，然后将卡片送往中心地区，如毛特豪森集中营或柏林；而另一些集中营则会将空白表格交给其他地方来编码和处理。通常情况下，集中营会自行操作霍尔瑞斯系统——无论是表格、穿孔编码还是穿孔卡的处理，而这项任务常被委托给集中营内的一个特殊部门——劳务分配办公室。劳务分配办公室负责发布至关重要的日常任务，处理所有囚犯卡及劳动力转移名单。这项任务需要不断地更新列表、穿孔卡和可编码的文件，以便管理和追踪囚犯的一举一动。

第三帝国建立的集中营遍布欧洲各地，但不尽相同。有些集中营，如德国的福洛森堡集中营是一种劳动营，该营里的囚犯会被迫劳作至死。有些集中营，如荷兰的韦斯特博克集中营是一种中途营——多作为临时中转站，那里的囚犯会由此转移到其他地区。有些集中营，如波兰的特雷布林卡灭绝营，其唯一的目的是利用毒气室快速毁灭犹太人。有些集中营，如奥斯维辛集中营，则综合了上述3种功能。

若没有IBM的设备以及配套的维修服务和穿孔卡，无论这些设备是安装在集中营内部，还是外部，纳粹当局都无法管理数量庞大的囚犯。

主要的集中营都备有相应的霍尔瑞斯代码：奥斯维辛集中营为001；布痕瓦尔德集中营为002；达豪集中营为003；福洛森堡集中营为004；格罗斯－罗森集中营为005；黑措根布施集中营为006；毛特豪森集中营为007；纳茨维勒集中营为008；诺因加默集中营为009；拉文斯布吕克集中营为010；萨克森豪森集中营为011；施图特霍夫集中营为012。

代码为001的奥斯维辛集中营并不是简单的拘留营，它是一个庞大的建筑群，由运输设施、奴隶工厂、奴隶农场、毒气室和火葬场组成。在大多数集中营里，劳务分配办公室不仅要列出每个人的工作任务，还要为政治部的营地医院索引、死亡数据和囚犯数据等制表。不过，奥斯维辛集中营的书面数据很可能会被外送出去以接受进一步处理，接收方可能是另一个集中营，如毛特豪森集中营。

1943年8月，波兰本津市的一名木材商成为奥斯维辛集中营400名囚犯中的一员，囚犯多为犹太人。集中营会按照以下三个步骤对囚犯信息进行登记：第一步，医生粗略地检查了这位木材商的身体，以确定他是否适合劳作。这位木材商的体检信息在被填入病历后，被放进了营地医院索引中。第二步，他的详尽资料被加入囚犯信息，以构成完整的登记档案。第三步，纳粹在政治部的索引中仔细核对了他的名字，以确定他是否会受到特定的酷刑。最终，这位木材商经霍尔瑞斯系统登记在霍尔瑞斯部门的劳工索引中，并获得了一个专有的5位数霍尔瑞斯号码——44673。这个号码将随着霍尔瑞斯系统持续追踪这位波兰商人，并在他从事不同劳务工作时测算他的劳动能力。之后，劳务分配办公室会把他的信息报告给DII部门，而DII部门则会将信息放入"中心囚犯档案"。奥拉宁堡的党卫军经济管理部DII部门负责监管所有囚犯的劳务分配。

1943年夏末，分配给这位木材商的5位数霍尔瑞斯号码——44673，被文在了他的前臂。之后，奥斯维辛集中营的所有非德国人都被文上了类似的号码。

此前，文身在奥斯维辛集中营已得到迅速普及。但很快，文身就与霍尔瑞斯系统的兼容性没有关系了，因为霍尔瑞斯号码追踪的是还能工作的囚犯，而不是已经死亡的囚犯。一旦死亡率快速攀升，基于霍尔瑞斯系统的编号方式就会过时。由于囚犯死后，他们的衣服会立刻被纳粹分子扯掉，这使得霍尔瑞斯系统在管理死亡名单时遇到了困难。于是，集中营统一将号码印在囚犯的胸部，但依旧很难在成堆的尸体中看到囚犯胸前的号码。接着，号码转而印在更容易查看的位置——前臂。不久后，奥斯维辛集中营便出现了一些特别的编号系统——各种字符串，一般带有字母，会按递升序列分配给囚犯。曾操作了许多怪异实验的约瑟夫·门格勒[①]（Josef Mengele）博士就在病人身上文过一些独特的数字。然而，作为奥斯维辛集中营特有的识别系统，文身编号最终呈现出了一种混乱的不协调感。

然而，数字仍是柏林用来识别和追踪奥斯维辛集中营囚犯的主要手段。例如，1943年末，党卫军计划让大约6 500名仍具劳动力的健康犹太人进入毒气室。这场恐怖谋杀被延迟了两天，因为政治部接到指令，暂时不处决任何带有雅利安血统的犹太人，所以它需要利用卡片索引来仔细核对这群犹太人的号码。

西吉斯蒙德·盖达（Sigismund Gajda）就是由三步式霍尔瑞斯系统处理的犹太人。盖达出生于波兰凯尔采。1943年5月18日，40岁左右的盖达抵达奥斯维辛集中营。标有囚犯个人卡[②]（Personal Inmate Card）的表格记录了盖达所有的个人信息。他信奉罗马天主教，有两个孩子，是一名机械工。囚犯个人卡的背面列出了盖达从事过的9项劳务。在卡片正面的底部，有一栏罗列了可对盖达执行的每一项体罚，如鞭打、捆在树上或殴打。当盖达的卡片被处理完毕后，一枚刻有纳粹哥特式字体的大邮戳便印在了卡片底部，上面刻有"霍尔瑞斯登记"。在欧洲各地的集中营里，无数张经过处理的囚犯个人卡都被印上了哥特式字体的"霍尔瑞斯登记"几个大字。

奥斯维辛集中营的印刷厂会为大多数集中营生产囚犯个人卡，以便各个集中营操作霍尔瑞斯系统。奥斯维辛集中营的生产效率有时会跟不上消耗速度。例如，1944年10月14日，拉文斯布吕克集中营的霍尔瑞斯部门

[①] 人称"死亡天使"，是一名德国纳粹党卫军军官，也是奥斯维辛集中营的医师。——译者注
[②] 一种用来记录囚犯信息的表格。——译者注

主管向福洛森堡集中营的霍尔瑞斯部门主管写信确认，200 名女性劳工已被派遣到黑尔恩布雷希茨的威特公司从事劳务。"这群犯人的囚犯个人卡和霍尔瑞斯转移名单正在提交。"拉文斯布吕克集中营的霍尔瑞斯部门主管写道，"现在无法从奥斯维辛集中营印刷厂获得囚犯个人卡，所以需要制作临时卡片来完成部分转移工作。"

奥斯维辛集中营里的所有囚犯，无论是活着、死亡还是已被转移，其信息都会被收录进霍尔瑞斯系统。每个集中营的霍尔瑞斯部门每天都会将制表汇总的数据通过电报告知党卫军经济管理部。霍尔瑞斯追踪系统是监督各个集中营在转移人口时使用的唯一系统。

党卫军经济管理部存放着的"中心囚犯档案"只是一份纸质档案，但所有信息都会被放进一种特殊的卡片，并保存在位于柏林和奥拉宁堡的中央霍尔瑞斯存储库中。只需一张卡片，纳粹就可以追踪对应的犯人。这种卡片的顶部标有 Häflingskarte[①] 字样，意为"囚犯卡"。卡片上满是手写的个人信息，这些信息都被填进相应的霍尔瑞斯编码中，并最终打进了 IBM 设备。档案中，鉴别囚犯时使用的不是名字，而是霍尔瑞斯编码，该编码通常是 5 位数，有时会是 6 位数，每串编码还配有一个集中营编号。从理论上讲，每个集中营可以登记 999 999 名囚犯。

例如，一位没有显示名字的囚犯被分配到一串 6 位数的号码——057949，该号码会被填进囚犯卡的第 22 和 27 栏。该囚犯的出生年月日，则会被填进第 5 栏。秘密警察将这名囚犯关押在梅茨镇，因此，"秘密警察"将被编入第 2 栏，并被记上标记"1"，"梅茨镇"则另起一行。1943 年 11 月 11 日是该囚犯的受捕日，因此会被填入第 3 栏。囚犯 057949 是西班牙共产主义者，会被标记在第 4 栏，并标入标记"6"。囚犯是男性，卡片第 6 栏的第一个方框被打上钩。由于他没有结婚，第 7 栏的第一方框也被打上了钩。他有一个孩子，因而，第 8 栏也需要做上特殊标记。囚犯 057949 最后被转移到达豪集中营，所以第 21 和 26 栏上被写入了"003"。

057949 的囚犯卡底部还有一系列空格，用以填写该囚犯去过的每一个集中营。空格的最右侧是题头为 Holl. Verm（是 Hollerith Notation 的缩写，意为霍尔瑞斯符号）的两列方框，左方框标有"进"，右方框标有"出"。

[①] 这类囚犯卡上的信息会被打进穿孔卡，卡片上的编号与穿孔卡上的部分区域对应。——译者注

每张囚犯卡的右下角都有一个特殊的复选标记，可用来处理部分标记。复选标记分三部分：

编码日期

编码

已有穿孔卡核实

为了确保信息的有效性，穿孔卡操作员的编号还会被印在"已有穿孔卡核实"这个方框内。数百万张有着统一格式的囚犯卡均通过这套系统产生，全部配有编了码的数据字段、独特的"霍尔瑞斯符号"方框，以及为验证穿孔卡处理细节而设置的方框。在号码的所有者死去后，号码会被重新发给另一个人。二战期间共生产了数百万张这样的卡片，最终，超过10万个卡片所有者幸存下来。

霍尔瑞斯追踪系统十分高效，因此，党卫军经济管理部可以对他们在任何一天收到的劳工报告提出质疑。例如，1943年下半年，党卫军经济管理部曾向奥斯维辛集中营索要可以调派到军工厂劳作的囚犯人数。1943年8月29日，奥斯维辛集中营回复称，只有3 581人符合条件。然而，党卫军经济管理部高级官员格哈德·毛雷尔（Gerhard Maurer）从DII部门处得知，有2 5000名犹太人可以调用。4天后，毛雷尔盛气凌人地反驳了奥斯维辛集中营的指挥官鲁道夫·霍斯（Rudolf Hoess）。"剩下的21 500名犹太人在干什么？"毛雷尔质问，"你们弄错了一些事情！请再次仔细检测相关程序，并向我报告。"

1945年1月，一批苏联囚犯被送进奥斯维辛集中营，并被划分为"夜与雾"①。这群囚犯被视为"秘密囚犯"，在奥斯维辛集中营的档案中，他们的信息通常被写在囚犯卡第14栏。

集中营内的霍尔瑞斯部门无论使用的是编码的表格、卡片还是机器，均不能由杂工操作。霍尔瑞斯部门急需大批受过IBM子公司培训的霍尔瑞斯专业技术人员。在奥斯维辛集中营里，管理卡片索引系统的关键人物是

---

① 德文为Nacht und Nebel，即"姓名不详的人"。1941年，希特勒颁布了《夜与雾法令》，旨在进一步屠杀犹太人。在集中营内，纳粹则按照这一法令对囚犯进行划分。"夜与雾"通常指政治犯，需佩戴红色三角。——译者注

爱德华·穆勒（Eduard Müller）。穆勒是一个肥胖、年迈且不修边幅的人，有一双棕色的眼睛，一头棕色的头发，人们形容他臭如臭鼬。穆勒是狂热的纳粹分子，在集中营中担任要职，喜欢虐待囚犯，并从中获得一种变态的愉悦感。

编号为002的布痕瓦尔德集中营成立于1937年7月。对于政治犯、惯犯、耶和华见证人[①]、同性恋和犹太人等不受德国社会欢迎的人群而言，布痕瓦尔德集中营在建立伊始就代表着一种残酷的命运。该集中营建立后不久，便开始使用霍尔瑞斯机器进行编码和区分不同类型的囚犯，以确保这些囚犯承受其应该遭受的虐待和剥夺。

可笑的是，许多犹太人、同性恋和耶和华见证人在布痕瓦尔德集中营登记身份时，被勒令在囚犯个人卡的职业一栏中填上"罪犯"。该集中营将之视为一种"欢迎仪式"，以此来羞辱囚犯。囚犯的真正职业则被记在卡片背面。那些不愿把自己写成"罪犯"的囚犯总会遭受一顿毒打。

布痕瓦尔德集中营及其附属集中营使用霍尔瑞斯机器处理了无数张IBM卡片，卡片的边缘全都印有德霍梅格独特的红色徽标。这些卡片在被使用后，会被切成两半，背面可用作便笺本。例如，茨维伯格附属集中营用来记录生产明细的卡片就用来下达了一则调工指令。该附属集中营的指挥官在卡片背面草草写下："请将阿尔弗雷德（Alfred）和斯奈德（Schneider）调到第一小组。他们会转移到……12区。"

布痕瓦尔德集中营的死亡人数难以被统计，医护人员只能将死人的详细资料记录在用过的IBM卡片背面。通常，死亡囚犯对应的5或6位数霍利里斯号码（有时连同囚犯的营房号），会被写在囚犯名字和国籍的旁边；号码旁边还写着两个日期：入院日期和死亡日期。比如，德国囚犯52234于4月11日入院，4月12日死亡；法国囚犯71985于4月14日入院，4月15日去世；法国犹太囚犯93190于4月14日入院，4月16日离世。这些四四方方的废弃卡片总能清晰显示着一串暴露了原主人身份的孔洞。

编号为003的达豪集中营是第三帝国建立的第一个集中营，组建于1933年3月。当时，希特勒政权才成立数周。建立过多个拘留营，距离慕尼黑仅10公里的达豪集中营是纳粹分子用来惩戒共产主义者、残害犹太人

[①] 1870年末，查尔斯·罗素在美国发起的圣经信仰。耶和华见证人认为其信仰是对耶稣时期纯正基督教的继承，指出宗教是唯一的，且由上帝耶和华创立。——译者注

的第一个集中营。该集中营至少有 4 套 IBM 设备，包括德霍梅格最先进的设备。武装党卫军是武装化的党卫军部队，通过这些设备，积极参与了一些血腥的杀戮活动。

达豪集中营起初只用于关押德国人，不过，在第三帝国占领欧洲各国后不久，这所集中营的霍尔瑞斯机器便开始用于处理外国囚犯的信息。达豪集中营囚禁了大批巴黎的中产阶级。囚犯 072581，法国商人，在巴黎被秘密警察逮捕，霍尔瑞斯操作员 8 号接手了他的卡片；囚犯 072850，厨师，也是在巴黎被秘密警察逮捕，处理卡片的是霍尔瑞斯操作员 8 号；囚犯 072833，园丁，同样是在巴黎被秘密警察逮捕，仍是由霍尔瑞斯操作员 8 号将其信息打进卡片；囚犯 072834，面包师，在巴黎被秘密警察逮捕，为卡片穿孔的是霍尔瑞斯操作员 9 号。

达豪集中营的设备由多名霍尔瑞斯专家和多位监督人员共同管理。不具备特定专业知识的艾伯特·巴特尔斯（Albert Bartels）——达豪集中营党卫军机器记录部门的主管，就是其中一位监督人员。赫伯特·布莱特尔（Herbert Blaettel）是德霍梅格的前经销商，后服务于德霍梅格的培训部，因此具备管理霍尔瑞斯系统的技术知识。布莱特尔受海贝尔（Heiber）协助，而后者是一位狠毒的党卫军队员。布施（Busch），另一名技术专家，自 1932 年以来一直是德霍梅格的经销商，于 1943 年加入党卫军，帮助党卫军操作机器。达豪集中营距离威利·海丁格尔的家乡（靠近慕尼黑）以及德霍梅格分支机构仅 10 公里，因此，该集中营一直与霍尔瑞斯自动化发展的中心紧密相连。例如，达豪集中营曾接收了德霍梅格第一台先进的字母机——DII-A。

编号为 004 的福洛森堡集中营是德国于战前在境内建立的集中营。这处修建在弗洛斯镇附近的大营地，不断驱赶囚犯到附近的花岗石采石场和梅塞施密特飞机制造厂中劳作，直至死亡。当一批批虚弱不堪的囚犯因营养不良和筋疲力尽倒地身亡后，他们的尸体很快就被焚烧。

福洛森堡集中营是一个劳动营，因此非常依赖霍尔瑞斯机器来协调工作，以更好地将劳工移出或移进其他集中营。福洛森堡集中营体制成熟，可以通过名字和号码追踪劳工。1944 年 9 月，福洛森堡集中营从附属集中营转入数千名囚犯。例如，在 1944 年 9 月 1 日，福洛森堡集中营的霍尔瑞斯部门收到了编号为 1049/44 的秘密通知，并附有"霍尔瑞斯转移名单"，该通知称，与转移名单相对应的 2 324 张卡片正从 6 个附属集中营中转移过来。新罗莱集中营：561 人；兹沃多集中营：887 人；克拉斯利采集中营：150 人；霍利绍夫集中营：603 人；黑尔恩布雷希茨集中营：100 人。另有 17 名妇女被转移到了一个特殊的福洛森堡附属集中营。这份秘密通知表示：囚犯档案此前一直保管在当地的营地中，截止时间为 8 月 31 日。

1049/44 指出，虽然霍尔瑞斯转移名单附有 2 324 张卡片，但在过去的几个月里，已有 6 名妇女逃离。"这些囚犯逃离后，她们的档案也被当地营地从记录中删除，"该通知指示，"这几名妇女的记录必须添进档案，并附上说明，指出她们已经逃离。"最终，这 6 名妇女被以名字和霍尔瑞斯号码的方式列了出来：

22941，埃莱娜·巴拉内卡（Lena Baranecka）；
23021，黛安娜·爱德沃基缅科（Diana Edwokimenko）；
30279，莱娜·巴拉内卡（Lena Baranecka）；
28803，瓦伦丁娜·克尔拉尼施（Valentina Krlanisch）；
29306，纳迪娅·萨甘亚茨（Nadia Saganjatsch）；
34434，格特鲁德·希尔丁贝格（Gertrud Hildinberg）。

福洛森堡集中营的霍尔瑞斯部门在转移和追踪劳工时所使用的文件不仅能处理多达上千人的大型转移活动，也能处理人数极少的小型转移活动。1945 年 1 月 24 日，福洛森堡集中营的劳务分配办公室从另一个集中营的霍尔瑞斯部门得到通知："我们正在上交 200 名转移到黑尔恩布雷希茨集中营的囚犯和 200 名转移到德累斯顿集中营的犯人的'囚犯个人卡'……也包括霍尔瑞斯名单。"几个月前，即 1944 年 9 月 1 日，福洛森堡集中营的劳务分配办公室还收到了类似的通知，不过仅涉及 100 人。1944 年 9 月 4 日的通知写道："在这里，我们附上了 100 名于 1944 年 8 月 31 日转移到黑尔恩布雷希茨威特劳动营的囚犯的'囚犯个人卡'及霍尔瑞斯名单。"

即使人数极少，霍尔瑞斯名单也依然能派上用场。

1944 年 11 月 13 日，福洛森堡集中营的劳务分配办公室收到了一份只列有 4 名妇女的清单："4 名女性犯人的囚犯个人卡已于 1944 年 11 月 9 日转交到黑尔恩布雷希茨的威特劳动营，并附上了编号为 123 的霍尔瑞斯转移名单。希望能尽快收到这 4 名囚犯的个人档案卡。"

在执行穿孔卡活动的各个集中营里，要数毛特豪森集中营的霍尔瑞斯部门最为活跃。这个坐落在奥地利的大型集中营是一个由采石场和工厂组成的建筑群，这里的管理人员疯狂而残暴地压迫着劳工，逼迫这群囚犯不停劳作直至死亡。恶劣的工作条件和难以言喻的日常暴行致使数千人惨死。众多附属集中营也与毛特豪森集中营采用了类似的运作方式。此外，由于在战争后期，多个附属集中营与毛特豪森集中营合并，因此毛特豪森集中营得以接收其他地方的囚犯。霍尔瑞斯操作员所在的劳务分配办公室对面就是政治部，因此，操作员可以看到集中营的整片场地，也能看到每一辆载着囚犯的汽车驶进集中营。

毛特豪森集中营的霍尔瑞斯部门由一名低级党卫军军官监管，然而，负责日常分类与制表活动的是战俘让－弗雷德里克·法伊特（Jean-Frederic Veith），出生于苏联的法国陆军中尉。1943 年 4 月 22 日，法伊特来到毛特豪森集中营，此时距他 40 岁生日不过数日。不久，法伊特受命管理制表活动，负责处理从其他集中营送来的各种霍尔瑞斯名单。他不仅要为那些新囚犯分配工作任务，还要为那些被错误地转移到这里的囚犯安排任务。

法伊特汇编了大量死亡名单和新囚犯名册，并将每天的"劳动力人数"（Strength Numbers）上报给柏林方面。法伊特所在的部门会为每一份文件盖上印有"霍尔瑞斯登记"的邮戳，再将数据整合进毛特豪森集中营急剧增长的数据库里。法伊特在操作霍尔瑞斯机器时，毛特豪森集中营的滔天罪行也不断印刻在他的脑海中。

毛特豪森集中营的"离营名单"（Departure Lists）就是死亡名单。一份手写的"离营名单"一般有数页，每页 30 行。死亡名单不会使用囚犯的姓名，只会使用包含 5 或 6 位数组成的霍尔瑞斯号码，霍尔瑞斯号码按序排列在纸张的左侧，以便将相应的信息填进囚犯卡的第 22 栏，并打进为统计死亡人数而设计的霍尔瑞斯卡片的相应区域；受害者的出生日期会填进卡片第 5 栏的空格内；死亡日期则填进卡片右侧的第 25 栏。

死因会填写在"囚犯卡"的第 24 栏。通常，被列在死亡名单上方的遇害囚犯会被编码为 C-3，这在霍尔瑞斯系统中代表着"自然原因"。为避免重复标号，其他因"自然原因"而死亡的囚犯会被记上"同上"字样，就标在囚犯号码的旁边。不过，这种死亡原因是伪造的。达豪集中营的看守人为了娱乐，会让囚犯站在采石场悬崖上名为"跳伞点"的区域，强迫囚犯跳下悬崖。有时，疲惫万分的劳工甚至会被塞进毒气室，那里的一氧化碳会使他们窒息而亡。不受欢迎的人会在"K行动"中被射杀，"K行动"指的是：囚犯会被一颗子弹近距离虐杀。特殊情况下，有些囚犯可能会被反手捆起来，然后吊在半空中，直到这种酷刑将其折磨至死。最后，这些凶杀案几乎都会被记录成C-3，即自然死亡。

纳粹德国建立的集中营遍布欧洲，穿孔和制表活动无处不在，而奥斯维辛、布痕瓦尔德、达豪和毛特豪森集中营的霍尔瑞斯装置只是这个巨大网络的一部分。编号为012的施图特霍夫集中营坐落在波兰德占区，其霍尔瑞斯部门使用的6位数登记号码以"0"开头。在噩梦般的古森集中营，霍尔瑞斯卡片不仅会记录囚犯的个人经历和工作任务，也会记录囚犯遭受痛苦惩罚时的可怕细节，比如鞭打和吊在树上。在荷兰的韦斯特博克中途营，霍尔瑞斯机器被用来组织火车发车，以将囚犯运送到奥斯维辛集中营的毒气室，然后将相关数字报道给韦斯特博克中途营的登记处。

在贝尔根－贝尔森集中营，那些侥幸活下来的囚犯被解放者描述为"挤在小木屋里的麻木、虚弱的稻草人"。霍尔瑞斯卡片被保管在一间名为"狮穴"的营房中，那里即劳务分配办公室。为了清除霍尔瑞斯系统留下的大屠杀证据，希姆莱下令在同盟国到来前摧毁该集中营里所有的卡片索引。

在拉文斯布吕克集中营，繁忙的霍尔瑞斯部门会使用"拉文斯布吕克"橡皮印章来节省书写时间。拉文斯布吕克集中营的穿孔卡操作员经常利用字母辨识囚犯，而不是数字。一连串霍尔瑞斯名单会跟随拉文斯布吕克集中营的劳工转移到大大小小的工厂和集中营。劳工若能工作，就有存活的机会。拉文斯布吕克集中营的妇女心知肚明，当某位模范囚犯突然出现，并取回其他囚犯的卡片时，那些被取回卡片的人很快就会被消灭。一位英国籍囚犯在当时写下了一封密信："被挑选出来的人会站在营房前等候……而已经记下她们号码的模范囚犯会走进劳务分配办公室，取出她们的卡片（只有囚犯离世，卡片才能撤除）。一小时后，模范囚犯带着卡片和一辆卡车回来了，而那些被挑选的人就这样走了，再也没有回来。"

党卫军地区总队长奥斯瓦尔德·波尔（Oswald Pohl）领导下的党卫军经济与管理部，对霍尔瑞斯系统的使用并不局限于追踪囚犯。IBM的设备帮助党卫军管理着整个集中营的后勤工作。在成千上万个不同的设施里，尽管每天都有数百万名有着不同宗教信仰和国籍的囚犯在等待处理，但集中营每天只能处理 50 万～70 万名囚犯。因此，集中营需要管理人口。来自欧洲各地的犹太人源源不断地被送往集中营，而集中营内的一批批劳工也在死去或已对第三帝国毫无用处。没有了日常的劳力报告，在不同国家的各个城市和犹太区间有效地转移囚犯，分配日常的劳务，或安排灭绝活动的时间表等繁琐工作也无从谈起。集中营内可关押的囚犯数量已达到上限，这让营地变得拥挤不堪，因此，柏林方面发出指令，要求降低人口密度。这些由党卫军经济与管理部定期发布的指令，是基于集中营内部或集中营的管理总部精心打磨的统计数据而来。

最终，纳粹德国于 1944 年 1 月建立了一个特殊的统计部门，以协调不同集中营之间的活动，并将所有新增的登记名单、死亡名单、日常的劳力报告、不同地区的囚犯转移名单制成表格。这个几乎无人知晓的特殊部门被称为中央研究所，坐落在柏林腓特烈大街 129 号 F 街区一条安静的街道上。每天，各个集中营都会将多份劳力报告转交给中央研究所。

虽然腓特烈大街 129 号 F 街区十分安静，但交通十分繁忙。每周，通讯员都会来此上交各个集中营的"离营名单"。例如，毛特豪森集中营 1944 年第 37 周的名单长达 6 页，记录的都是死亡囚犯；第 40 周长达 7 页；第 41 周长达 6 页，记录了 325 名死亡囚犯；第 44 周长达 7 页，列出了 369 名囚犯。1944 年 10 月 17 日，毛特豪森集中营的霍尔瑞斯部门递送的囚犯卡包含了 6 969 名男性和 399 名女性的信息。

得益于处理了最隐秘的数据，中央研究所能够描绘出整个集中营系统的运作图。例如，1944 年 1 月 2 日，掌管毛特豪森集中营霍尔瑞斯部门的党卫军官员向掌管福洛森堡集中营霍尔瑞斯部门的党卫军官员提到了 3 名刚被转入毛特豪森集中营的囚犯。这 3 名囚犯有各自的姓名和编号，其中一人死于转移途中，另外两人被投入一项秘密项目。鉴于这 3 人并未在毛特豪森集中营登记过，毛特豪森集中营的霍尔瑞斯部门便建议，在将这 3 个人的信息上交给中央研究所时，把他们登记到"离营名单"中。

中央研究所构建了精密的霍尔瑞斯数据库，这是花高价向德霍梅格购买的系统。不过，党卫军可以肆无忌惮地花掉这笔钱，因为党卫军经济与管理部会通过出售劳工，谋得大笔利润。无论是像法本那样的大型重工企业，还是运作精细的酒店，抑或小型的地方商店，都会定期和负责劳工分配的 DII 机关签订合同来购买奴工。例如，1942 年 7 月末，乌兹尔伯兰的农夫亚当·贝尔（Adam Bar）因缺少农工打理甜菜地，便向 DII 部门申请并购买了福洛森堡集中营的两名劳工。

党卫军经济与管理部一手控制着所有集中营的运作，能够通过设置霍尔瑞斯系统来提供所需的技工，并将他们转移到不同的集中营与工厂。霍尔瑞斯系统储存着所有囚犯的卡片信息，而要实现劳工的分配与转移，有两种重要的囚犯卡必不可少。第一种是囚犯个人卡，这种卡片用于集中营内部，每张卡片对应着集中营中的一名囚犯。而 DII 部门统一使用的卡片则为囚犯卡，由 DII 部门的中心囚犯档案保管着，囚犯卡上编号为 10 的一栏会填上犯人的职业。例如，西班牙囚犯 30543 为 "伐木工人"，经诺因加默集中营分配，成为某项劳工事务中的 "助手"。囚犯个人卡反面的最上方就提供了之后会放进囚犯卡第 10 栏的职业信息。

第三帝国中央穿孔卡机构携手德霍梅格工程师研发了劳工穿孔卡。穿孔卡会以国籍和职业对囚犯进行分类。DII 部门首先会从私人企业或公共工程那里获知各种各样的劳工需求，然后根据需求在数以百万计的劳工和应征工人中检索。接受检索的人可能来自集中营，也可能来自外国劳动营。总之，通过这种方法，DII 部门便能在有需要的时候将劳工部署到相应的工作地点。从这个意义上来说，DII 部门就是一个劳工调配机构。

DII 部门利用德霍梅格精密的时薪卡，轻易就能将 "工人收费" 制成表格，并迅速得出销售奴工应收取的费用。梅塞施密特公司因飞机工程而向福洛森堡集中营购买了劳工，DII 部门于 1944 年 12 月 1 日为此开出了一张月度费用发票 #FLO680：

◎ 50 778 名技术成熟的全职劳工，每人每天 5 马克。
◎ 5 157 名技术成熟的兼职劳工，每人每天 2.5 马克。
◎ 53 071 名全职助手，每人每天 3 马克。
◎ 5 600 名兼职助手，每人每天 1.5 马克。

1944 年 11 月，梅塞施密特公司因雇用劳工共支出了 434 395.5 马克。尽管梅塞施密特公司在 1942 年 11 月雇用的劳工数量多达 114 606 人（均来自福洛森堡集中营），但在 11 月结束后，DII 部门便在 24 小时之内逐条列出了各项费用，随即向梅塞施密特公司索要了款项。

1942 年，大大小小的集中营通过出租劳工赚取了 1 320 万马克。这项逼迫囚犯劳作至死的项目还有名号，第三帝国称之为"劳动毁灭"。在许多集中营入口处的铁门上方，都竖着一条令人费解的标语：劳动带来自由。

承载着命运的数字

每处地狱都有等级制度，每一条霍尔瑞斯编码都承载着命运。在集中营内，不人道、痛苦和折磨并非监禁时发生的偶然事件，而是由霍尔瑞斯系统带来的无法改变的命运。虽然许多不幸的群体被运到集中营，并遭到了迫害，但是犹太人，那些被编了码的犹太人会被挑选出来，承受更为严酷的暴行，被迫承受更悲惨的生活，或以一种更痛苦的方式死去。

囚犯们若想逃避霍尔瑞斯编码，是绝无可能的。大多数集中营会将囚犯分为 16 类：

政治犯，1；圣经研究者，2；同性恋，3；不忠诚的退伍人员，4；神职人员，5；西班牙共产主义者，6；外国工人，7；犹太人，8；不合群者，9；惯犯，10；重刑犯，11；吉卜赛人，12；战犯，13；隐蔽的囚犯，14；被拘苦工，15；外交领事，16。

囚犯一抵达集中营，就得接受登记，并领取霍尔瑞斯编码以及条纹衫，这种条纹衫的胸前缝有三角形补丁，补丁上标有颜色和编号。守卫可以从远处看到这块补丁，从而确定囚犯属于哪一类。政治犯一般配红色补丁；同性恋配粉色补丁；重刑犯配绿色补丁。编码为 8 的犹太人被迫配上两个三角形补丁，组成六角形的大卫之星。大卫之星上的多种附加标记和颜色会进一步指明该囚犯是种族污染者，还是犹太政治犯。

任何人见到集中营都会惊恐不安，而带编号的犹太人还必须经受难以言喻的噩梦。犹太人因衣服上的补丁而变得十分显眼，每每会被人辱骂为"犹太猪"或"犹太垃圾"，除了承受侮辱性的言辞，犹太人通常还会受到一顿拳打脚踢。没人能够摆脱身上的代码。

编码这一虐待行为也意味着犹太人会被赶进隔离区，并在更恶劣的环境下工作。例如，在布痕瓦尔德集中营，犹太人通常会被关进所谓的"小营房"。在小营房里，16名犹太人挤在一个边长为12英寸的三层"架子"上。新来的囚犯一般会在小营房里度过一段时间，因为纳粹分子希望他们的体重能快速减少40%，再把他们送往其他营房。但是，这些犹太人并不会被释放。那些"活了够久"或还未精神崩溃的瘦骨嶙峋的犹太人会被当即宣判死刑。

一旦做出屠杀决定，架子上的16名犹太人便会立即被押到布痕瓦尔德集中营焚尸炉旁的一扇小门前。这道门向内打开，门外是一条只有3英尺长的过道。犹太人被推搡着往前走，直至走完过道。过道尽头有一处洞口，通过一个13英尺深的混凝土井后，就到了绞刑室。集中营的一名工作人员回忆道："当他们到地面后，就被党卫军守卫绞死了，然后挂在侧墙的挂钩上，离地约6.5英尺……如果有人还在垂死挣扎，就会被木槌敲晕……电梯……会载着尸体向焚尸炉升去。"

在光明节①，有一个集中营会特意挑选出犹太人。集中营守卫命令犹太人聚集起来，并从中挑选出8个人，用绳子将他们捆绑后，倒吊起来。剩下的犹太人被迫向悬挂着的犹太人泼上油，然后逐一点燃。燃烧着的犹太人放声尖叫，而被迫围观的群众不得不欢快地唱着圣诞圣歌——《平安夜》(Silent Night)。

即便只是触犯了最微不足道的规矩，比如站姿不直或言语不当，犹太人通常也会因此遭受鞭打——这是柏林管理人员规定的官方形式。这些犹太人会被绑在木板上，接着，兴高采烈的守卫会对着犹太人的臀部鞭打25下。有时，守卫会跳起来以增加鞭打的力度，而犹太人若是高声喊叫，就要再多挨10下鞭子。因为他们是犹太人，也只因为他们是犹太人，如果守卫兴致来了，可以随意将鞭打次数增加到60下。

许多任意妄为的暴行，如鞭打、脚踢、击打下体等都折磨着犹太人。集中营守卫还常要求其他囚犯虐待犹太囚犯，似乎这种残忍行径只是一项运动。在一些集中营里，犹太人即便遍体鳞伤或鲜血淋漓，也不能进入医务室。一名囚犯回忆称，犹太人只被分为"健康的"或"死去的"两类。

---

① 又称哈努卡节、修殿节、献殿节、烛光节、马加比节等，是犹太教节日。该节日为纪念犹太人在马加比家族的领导下，从叙利亚塞琉古王朝国王安条克四世手上夺回耶路撒冷，并重新将耶路撒冷第二圣殿献给上帝。——译者注

不仅是犹太人会遭受霍尔瑞斯编码的折磨，那些处于集中营底层的受害者也不例外，如编码为 2 的"耶和华见证人"。被称为"圣经研究者"的耶和华见证人克制自我而不愿参与德国的募兵活动，信奉基督而拒绝反犹，因此成了迫害的目标。除了编号为 8 的犹太人，在剩余囚犯中，耶和华见证人受到的虐待最多。耶和华见证人若想缓解每天需要承受的殴打之痛或被杀之苦，只需签署一份公告来抨击他们的教堂，并服从军事征兵。然而，他们坚决反对这样做。因为勇气和良知，耶和华见证人惨遭折磨和屠杀。

遭受监禁的特定群体都将面对随各自的编码而来的恐怖虐待。编码为 3、配有粉色三角形补丁的同性恋就会被挑选出来，承受毫无人性的虐待；被视为"不愿工作的"或"不合群的"传统德国人，即那些只是不符合纳粹模式的德国人，也会发现自己成为特别虐待活动的对象，这些虐待活动是其他囚犯不用承受的。囚犯个人卡的底部写有"Strafen im Lager"字样，意为"在营地中执行的惩罚"，该区域记载着囚犯所遭受的折磨。除了肆意的日常暴行，各集中营还经常根据柏林党卫军经济与管理部的指令来执行官方规定的惩罚措施。党卫军经济与管理部可以迅速获得囚犯的违规史和受罚史。奥斯维辛集中营犯人 11457 的囚犯个人卡就很典型："在营地中执行的惩罚"这一区域的上方印有一个能说明问题的印章——霍尔瑞斯检测。

当一名囚犯被转移到另一个集中营时，其编码身份绝不会被遗漏，中央研究所的霍尔瑞斯转移名单总能将相关信息纳入其中。纳粹魔爪下的受害者即使身亡，也要接受编码。位于中央机构（Zentral Institut）的霍尔瑞斯卡片印有 4 个与死亡相关的主要代码：

自然死亡，C-3

死刑，D-4

自杀，E-5

SB 或特殊对待，F-6

大多数死亡报告会被编码为 C-3，即便受害者接受了公开处决。不过，第 4 项死亡代码则是一个机密。F-6 代表 SB，是德语 Sonderbehandlung 的缩写，意为"特殊对待"。编码为 F-6 的惩戒措施实质上就是灭绝指令，那些囚犯不是被送进了毒气室，就是遭受了枪杀。

将众多的分栏与编码打进霍尔瑞斯卡片中，并快速分类，得出结果，这是一项耗资巨大且永不停歇的工作，旨在执行希特勒为解决"犹太人问题"制定的各种措施。从1933年德国执行第一次人口普查，到对职业生活和社会生活的彻底清算，到血统追踪网络，到1935年《纽伦堡法案》对犹太人的定义，再到没收财产，最后到强迫性集中居住，在这一过程中，都是编码给人们烙上了各种烙印，决定了他们的命运。每条编码都是一块砖头，构成了一面没有出口的数据之墙。犹太人被身上的编码困住，只能无助地等待被分类，进而承受德国的迫害。德国在境内建立的这套系统也随着征服和破坏他国，进而延伸到其他地区。随着战争席卷欧洲，这片大陆上的犹太人都发现自己在不同程度上被编号、分类。

1942年初，一个更具破坏性的变化出现了。纳粹德国不仅想残杀犹太人，还想毁灭犹太人。这是希特勒反犹战争中以数据为驱动力的最终阶段。

霍尔瑞斯代码、数据汇编和快速分类使纳粹德国得以完成一次史无前例的飞跃——从针对个人的毁灭上升到种族的毁灭。"毁灭"和"消灭"这种模糊的概念不再出现在演讲和法令中。1942年起，新闻报章上公然出现了一个预示着不祥未来的新纳粹词汇——灭绝。正如欧洲以及全球媒体界广泛报道的那样，这个新词汇只隐含着一个目的：大屠杀。系统性的屠杀活动将为欧洲犹太人问题提供一个难以想象的新措施。这一最终阶段被称为"Endlösung"，译为：最终解决方案。

成批次大屠杀

1942年1月1日，希特勒正式启动最终解决方案，多股势力将会扮演重要角色。

第三帝国一如既往地执行剥夺与奴役欧洲犹太人的政策。不过，"移民犹太人"几乎不复存在，取而代之的是一场场屠杀：劳动毁灭，或将犹太人赶进犹太区，让他们忍饥挨饿，再对他们实施坑杀。不过，仍有许多犹太人足够强壮，经受住了纳粹无人性的强迫劳动，或足够幸运，逃进了森林。

纳粹运动的长远目标——彻底灭绝犹太人，正在成形。多来年，纳粹一直在辩论如何解决犹太人问题，包括物理性毁灭等。1939年，希特勒已公开预言，倘若这个世界再次陷入战争，他会彻底毁灭犹太人。在希特勒

第三部分
第 13 章 | 纳粹的"最终解决方案"

看来，1941 年 12 月，美国因珍珠港遭到轰炸而参战后，这次欧洲冲突才升级成"世界大战"。正因如此，元首决心发动一场酝酿已久的系统性自动化种族灭绝活动，以便让这个世界永远摆脱犹太人。

在美国参战对抗德国后不久，纳粹德国加快了两项相互联系的运动：劳动灭绝和利用最快捷的方法灭绝犹太人。1942 年 1 月 20 日，希特勒的重要官员在柏林近郊万湖路 56～58 号的一栋豪华别墅里召开了一次绝密会议——万湖会议，目的是探讨出快速灭绝数百万名犹太人的方法。只有高级纳粹领导人才有权参与这次会议，包括莱因哈德·海德里希，以及秘密警察首领、盖世太保总负责人海因里希·穆勒（Heinrich Müller）。不过在许多方面，这些与会者都依赖于 3 名级别较低的专家。第一位是罗德里希·普拉特（Roderich Plate），种族人口普查专家；第二位是理查德·科赫尔（Richard Korherr），希姆莱特选的统计学人才；第三位是阿道夫·艾希曼。普拉特是科赫尔的助手，两人都是著名的霍尔瑞斯系统专家。

会议期间，海德里希拿出一份关于犹太人人口的长名单，以地区或国家的形式标示出来。艾希曼则提供了一份基于科赫尔汇编的数据的名单。在德霍梅格专家的协助下，与会人员充分分析了这些统计数据。这次会议最终形成了一份草案，概述了后勤工作在人口学和地理学上面临的巨大挑战。实际上，这份草案的核心内容源于一个项目得出的统计数据：

德国：13.18 万人；奥斯马克①：4.37 万人；东部地区②：42 万人；波兰德占区：228.4 万人；比亚韦斯托克：40 万人；波希米亚和摩拉维亚保护国：7.42 万人；拉脱维亚：3 500 人；立陶宛：3.4 万人；比利时：4.3 万人；丹麦：5.6 万人；法国占领区：16.5 万人；法国非占领区：70 万人；希腊：6.96 万人；荷兰：16.08 万人；挪威：1 300 人。

其他国家的人口数据也被统计了出来，甚至包括英格兰和爱尔兰。

该草案一共涉及 1 100 万名犹太人，包括不列颠群岛及苏联的近 500 万名犹太人。与会人员获悉："该草案提及的外国犹太人只包含了那些仍旧信奉犹太教的犹太人，部分国家还未根据相关的种族法定义犹太人。"

科赫尔提供的预估人数倍增。毫无疑问，帝国专家已为大德意志帝国和大多数德占区制定了详明的人口列表。不过，在当时，纳粹分子还缺少

---

① 奥斯马克即德奥合并时期的奥地利。——译者注
② 东部地区即德国合并的波兰地区。——译者注

部分国家的详细信息,尤其是苏联。对这些齐聚一堂的纳粹领导人而言,无论数据是否精确,都为其所面临的种族灭绝任务提供了依据。这项任务无比艰巨。

万湖会议还提出了两种不同的屠杀方案,即"劳动灭绝"和"应急有效的大屠杀"。该草案记录道:"即执行最终解决方案的过程中,犹太人将被发配到东部地区从事合适的劳动。体格健壮的犹太人会以性别为类,被纳入劳动大队,前往相关地区修路。毫无疑问,由于自然因素的影响,劳作过程中会有大批犹太人被消灭。不过,总有一些顽强抵抗的犹太人会幸存下来。这批人必须妥当处理,因为他们是自然选择的产物,一旦被释放,就会成为复兴犹太种族的种子。"

"执行最终解决方案时,会从西至东对欧洲进行疏离……已经撤离的犹太人会经由犹太人中转区转移到东部。"波兰犹太人被认为是流行病携带者,而在约250万名波兰犹太人中,大多数人无法胜任劳作。按照万湖会议上的说法,这些无法胜任劳作的人将很快被处死。

声势浩大的驱逐行动令人闻风丧胆,而纳粹却坚持遵循纽伦堡种族理论。为此,一份复杂的强制性或选择性免责名单出台了。它指出,与具备德国血统的人结婚的第一级混血人本质上将被视为德国人。

许多人认为,万湖会议和会议草案是纳粹德国在解决欧洲犹太人问题上迈出的重要一步。尽管最后废弃了大多数奇怪的公式化免责条款,且欧洲犹太人的实际数目也被极度夸大,但有一点是明确的:最终解决方案需要大量的统计数据。在普拉特的帮助下,科赫尔已准备好了相关数据。

普拉特是一位经验丰富的霍尔瑞斯专家。在帝国统计局从事了一段时间的行政助理工作后,普拉特于1935年加入了纳粹党种族政治办公室。不久,他协助著名的种族学家弗里德里克·伯格多费尔对德国所有犹太人进行统计。之后,普拉特又协助发起了第二次统计活动,调查对象是全世界的犹太人。在接下来的几年里,普拉特担任着帝国统计局的联络人,负责联系艾希曼的犹太部 II 部门第 112 分部。普拉特的同事称其擅长解决人口普查、宗教和种族统计学、犹太人统计、外来者统计和少数人口统计中的所有重要问题。普拉特,这位万湖会议上的专家在会议召开前3天便受命签署了保密宣言,而在会议结束后的第5天,便应征入伍。

科赫尔是纳粹统治阶级中最重要的统计人员,多年来,科赫尔一直在开发以种族为主导的穿孔卡项目。这位种族学家兼统计学家向来易怒、戒备心强,对自己的霍尔瑞斯机器有着强烈的占有欲。他也非常激进、勇于冒险,早年曾谴责法国"黑人化"(Niggerization),呼吁保护"白色人种"。

科赫尔曾服务于帝国统计局,后来成为纳粹党副元首赫斯的人口政治与统计部主任。直到 1940 年 12 月 9 日,科赫尔才正式成为纳粹统计学界毋庸置疑的代言人。这一天,希姆莱亲自签署并公布了两项明确的指令。第一项指令任命科赫尔为党卫军和德国警察局局长的统计检查员。第二项指令阐明了科赫尔的重要职责。无论如何解读,这两项指令对一位统计人员而言,都无疑是巨大的权力与威望。现在,科赫尔不仅是一位钻研数字的人,更是一位秘密看守人,将替纳粹德国保管大量种族屠杀的罪恶秘密。

"这位检查员会直接向我汇报工作,也会直接从我这里得到指令。"党卫军全国领袖希姆莱在确认科赫尔的地位时指示道,"这位检查员只负责统筹我管辖范围内所有部门和单位的统计资料。他的工作会得到各方支持,考虑到应用统计资料的……必要性和重要性……这位检查员是帝国、各行政区和纳粹党在统计学上的唯一联系点。"

科赫尔乐于严守霍尔瑞斯系统这一专业领域,即便这意味着自己需与纳粹帝国的高级将领纠缠在一起。譬如党卫军中将奥托·霍夫曼(Otto Hofmann)就迫切希望得到霍尔瑞斯机器。霍夫曼主管着党卫军种族与安置办事处,但由于该办事处只是一个协助党卫军军官处理婚配问题的小部门,因此在等待了两年后,霍夫曼才得偿所愿。此前,霍夫曼就曾建议大幅整改统计活动,还提议在德国的各个地区建立种族登记机关。不过,他的构想遭到科赫尔的公开嘲讽,科赫尔称其多此一举。

万湖会议后不久,科赫尔写信给一位同事:"我们可以理解党卫军种族与安置办事处欠缺足够的统计知识。不过,在知识匮乏的前提下,该部门仍迫切希望配备霍尔瑞斯系统,以构建统计办事处和党卫军人口卡片档案,这使得(最近的)磋商变得困难重重。在统计学家看来,最能证明一个人是外行的证据,就是这个人想用卡片索引来启动和结束他的统计学工作……党卫军全国领袖希姆莱委任我为帝国统计学界的唯一联络员……我认为霍夫曼有意……贬低我的职位。"

科赫尔不无嘲讽地补充道:"帝国统计局的负责人对霍夫曼的计划非常惊讶,并问,既然如此,那为何党卫军全国领袖雇用的是我和普拉特博士。

我们二人对使用霍尔瑞斯系统来调查（德国的）这一全国性行动的想法感到好笑……我建议延续（现有的）数据，而不是采用一套新的霍尔瑞斯系统……我会宣传这种做法的。"

科赫尔拥有无价的专业知识，希姆莱选择站在科赫尔这一边，即便另一边是一位重要的纳粹党军官。最终，希姆莱向科赫尔下达了一项额外的指示："为了避免管辖冲突，并提高工作效率，现在，你将负责处理霍夫曼的党卫军种族与安置办事处的所有统计事宜。"

科赫尔作为希姆莱的全权代表，担负起第三帝国的统计事务，既能协调各个机构的数据活动，也能召集那些在德霍梅格培训过的霍尔瑞斯专家，以及德霍梅格在战争时期调给或借给政府机构的员工。艾伯特·巴特尔斯便是其中之一。巴特尔斯是党卫军机器记录部门的主管，同时监管着武装党卫军在达豪集中营设立的霍尔瑞斯机器。巴特尔斯的办公室位于腓特烈大街129号的综合大楼。他给科赫尔送过一套资料，写道："这是我的部门所使用的工作进度表和穿孔卡。请您……为我评估。"巴特尔斯的助手是布施，曾是一名出售霍尔瑞斯机器的经销商，如今管理着党卫军安装在施托尔科集中营里的霍尔瑞斯机器。赫伯特·布莱特尔是德霍梅格培训部的资深员工，当时服务于达豪集中营的霍尔瑞斯部门。德霍梅格派驻慕尼黑的经销商赫尔·阿斯米斯（Herr Asmis）向达豪集中营的霍尔瑞斯部门出租了首批机器。直到1944年8月，阿斯米斯才离开德霍梅格，开始处理政府项目。而MB是穿孔卡技术的信息交换所，在那里，有丰富的专家资源。

1943年1月，科赫尔接到命令，需向希姆莱提交最终解决方案的进度报告。他发疯似的工作，以确认不同国家分别有多少名犹太人已被消灭。科赫尔一直以来都会向艾希曼负责的各个犹太区及其他地区索要数据。艾希曼记得自己向科赫尔提供了所有的绝密资料。"这是命令，因此所有犹太人的资料都必须提交上去。"艾希曼称，"这位统计学家（科赫尔）和我在我的办公室里待了一两周，他每天都在做调查，还会四处发送电报。"

科赫尔最终写出了一份长达16页的报告草案，然而，上级要求科赫尔精练数据以便希特勒能够审阅。科赫尔完成这份报告，身为完美主义者的他仍不满意。"付出了这么多汗水，依然无法得出精确数据。"不过科赫尔坚称，他确信这份报告的确提供了有用的线索。1943年3月23日，科赫尔将进度报告上交给希特勒。

事实上，报告中的数据比以往更精确，科特尔按不同的犹太区以及不同的地区枚举了欧洲各地的犹太人人口。"疏散"一词用以指代那些在特雷布林卡灭绝营和索比布尔集中营等执行的"用毒气杀害"犹太人的行动。苏联东部：1 449 692 名犹太人；德占波兰的集中营：1 274 166 人；波兰西部瓦尔塔河地区的集中营：145 301 人；法国占领区：41 911 人；荷兰：38 571 人；比利时：16 886 人；挪威：532 人；斯洛伐克：56 691 人；克罗地亚：4 927 人。包括被"特殊处理"的人在内，被"疏散"的总人数高达 1 873 519。迄今为止，记录在案的人数已逾 250 万。

希姆莱对这份报告以及科赫尔随后的表现十分满意，最终委任这位统计学家来管理一个特别的机构，即党卫军全国领袖统计科学研究机构（Statistical Scientific Institute of the Reichsführer SS）。该机构同样坐落于腓特烈大街 129 号 F 街区。现在，科赫尔所在的办事处能够获得中央机构内部任何关于集中营的最新信息。1944 年初，他向艾希曼报告称，已消灭了 500 万名犹太人，主要为自然死亡者、集中营囚犯、犹太区囚犯，以及被直接处死的人。

在德国境内的办事处中，位于腓特烈大街 129 号 F 街区的办事处保留了最多关于欧洲犹太人大屠杀的信息。腓特烈大街 129 号 F 街区的霍尔瑞斯综合大楼并不只是一个统计机构，实际上，这个机构还协助希特勒、希姆莱、海德里希和艾希曼等人规划、安排和管理着一项看似不可能完成的任务，即为涉及 20 多个国家和地区、数十个城市的种族灭绝提供后勤服务。它不仅要管理那些被统计、驱逐的人，还要依据错综复杂的火车时刻表来协调货车车厢，让火车顺利穿过战火纷飞的边界——这一切都是在一场双线战争下执行的。霍尔瑞斯技术使纳粹德国能够毫无遗漏地谋杀数百万人。

在最终解决方案中，遭遇种族灭绝的犹太人失去身份，沦为无名无姓的数据。每一位惨遭杀害的犹太人甚至不会被视作"个体死亡"，而会变成一个数据群里的组件。这些数据群在累积起来后，就构成了这场大毁灭。

在犹太人被迫劳作至死的过程中，囚犯卡、霍尔瑞斯转移名单、穿孔卡和无尽的分类活动始终跟随着他们。虽然耗资巨大，但在纳粹看来，这是必要开销，因为第三帝国得以追踪并管制犹太人的一举一动。只有当劳动营中的犹太人将被杀害时，这些卡片才会被纳粹拿走，因为死去的犹太人已不再需要它了。

隔离区的犹太人在遭到驱逐，并被由霍尔瑞斯系统规划的列车送往波兰的集中营时，并没有收到卡片。这群犹太人的名字也不会出现在任何霍尔瑞斯转移名单中，当他们抵达特雷布林卡灭绝营、索比布尔集中营和贝尔赛克集中营等为毁灭犹太人而设置的场所时，医生会简略地扫一眼从他面前依次走过的犹太人。医生若向左挥手，则意味着眼前的囚犯要到营地出口报道，这些人也许能够劳作数天，甚至一个月；但大多数人永远无法到任何部门登记，他们已经失去了利用价值。于是，这大多数人会在指引下匆匆来到他们命运的终点站：淋浴间①（The Showers）。

同步性精妙无比。从犹太人踏上犹太区火车站台的那一刻，到他们抵达终点站并被粗暴地推出车厢，迈向死亡的那一刻，中间不存在任何耽搁。在这个过程中，精确的定时和调控不可或缺。纳粹已经不想在这些犹太人身上浪费任何一颗子弹，因而选择将他们成批毒死。在奥斯维辛集中营，被毒死的人每次可达2 000名。一种名为"齐克隆B"（Zyklon B）的氢氰酸颗粒被投入水中，用来完成屠杀活动。15分钟后，夹杂着古犹太咒语的叫喊声、铁门刺耳的叮当声便停息了。通常情况下，在一批犹太人走下列车后一个小时内，纳粹就能将其彻底消灭。

不需要转交死亡记录，只需通知中央机构：犹太人已上车。这样一来，霍尔瑞斯机器只需对"疏散"总人数制表即可。坐上火车的犹太人无法逃脱，所以不需要追踪。他们没有利用价值，因此，没必要在他们身上多花一分钱。待到这些犹太人死亡的那一刻，他们不值得浪费一颗子弹，也不值得浪费一张穿孔卡。

唯有在被灭绝的那一刻，欧洲犹太人才终于摆脱了希特勒的霍尔瑞斯系统。

犹太人仅存的武器

纳粹德国建立了犹太居民委员会，以此逼迫犹太人毁灭犹太人。构成犹太居民委员会的会员一般不是犹太社区领导，而是被随意选出来的犹太人，通常是工程师。工程师之所以容易被选中，是因为他们懂得如何处

---

① 在集中营里，所有被认为不适合劳作的人会被送到伪装成淋浴间的毒气室里"洗澡"，而淋浴喷头会流出毒气。——译者注

理数据。例如，比亚韦斯托克的犹太居民委员会负责人伊弗雷姆·巴拉什（Ephraim Barash）和华沙的犹太居民委员会负责人亚当·切尔尼亚科（Adam Czerniakow）都是工程师。艾希曼也自视为工程师。

犹太居民委员会成员如果不合作，或者合作时稍有迟疑，就会被立即杀掉——经常是就地处决。在一片谴责声中，处在枪口下的犹太居民委员会无从选择，只好尽其所能与纳粹合作。当隔离区的犹太人食不果腹，腐化的尸体因缺少停尸间而高堆于街头时，犹太居民委员会成员希望自己能尽可能地挨过残酷的隔离区生活，哪怕只是多活一小时。铁路轨道尽头的毒气室故事在四处流传，但犹太居民委员会仍不得不协助纳粹开展人口普查、统计项目和精心策划的"疏散"活动，有时还会自行选出犹太人填满火车。正是在犹太居民委员会的帮助下，纳粹犯下了滔天大罪。

犹太居民委员会的成员很快得知，纳粹迫使他们执行人口普查以及其他统计项目，不是为了让犹太人在残酷的占领时期存活下来，或将犹太人疏散到其他定居点，而是为了按部就班将其灭绝。从本质上而言，犹太居民委员会的成员计算自己死亡的步调与纳粹的时间表基本一致。在这些人中，有一些人能够经受这种可怕的噩梦，并听命做出行动，直到生命的最后一刻；但另一些人则忍不住反抗，然而，他们能阻碍纳粹机器的唯一手段就是自杀或等同于自杀的"拒绝合作"。

格罗德诺犹太区统计部门的主管阿里耶·马尔德（Arye Marder）于1942年11月上交辞职信，而德国的计划是不可变更的。于是，马尔德的名字便出现在了霍尔瑞斯转移名单上。不久后，马尔德自杀，他的家人接替了他的工作。

摩西·克拉马日（Moshe Kramarz）拒绝签署一份文件，因为文件声称明斯克犹太区正在自行选择那些应被"驱逐"的犹太人。克拉马日当众将文件撕成碎片，并用所有人都听得到的声音响亮地警告道，无论是"重新安置"还是"疏散"，实际上都是"消灭"。盖世太保官员立即殴打了克拉马日及其同事，然后将他们拖走，并一同处决。

在武库夫犹太区，犹太居民委员会的成员戴维·利伯曼（David Liberman）从居民那筹得捐款，认为这是能救居民一命的赎金。当利伯曼得知那只是居民前往特雷布林卡灭绝营时的车费后，他对着一名德国军官怒斥道："这就是你给我们的路费，你这个残忍的暴君！"利伯曼撕毁纸钞，

将它们甩到这名德国军官的脸上。乌克兰的警卫就地处决了利伯曼。

别列赞－卡尔图斯卡犹太区的犹太居民委员会接到命令，要求给出一份关于"需要在 1942 年 10 月 15 日前往市场集合的犹太人"的名单，以便将这些犹太人派往苏联从事劳作。犹太居民委员会的成员明白，这些被选出来的人将踏上一条不归路。犹太居民委员会的成员不愿提供这份名单，他们选择聚集起来，在委员会办公室里自杀。

在普鲁扎内犹太区，该地犹太居民委员会的 41 名成员进行马萨达①行动。这 41 名成员及其家人不愿死于纳粹的毒手，便聚集起来。他们将毒药分发出去：孩子先吞下，然后是妇女，最后是男人。一名男子留到最后，在确保其他人都死了以后，才吞下毒药。不过，穷困潦倒的犹太居民委员会弄不到足量的毒药。因此，有些人只是昏了过去，并没有死去。于是，那些人起身堵上烟囱，封上窗户，然后打开烤炉。次日清晨，人们发现了尸体。最终，只有一个人活了下来，他仍然没有逃过被送往集中营的命运。

华沙犹太区的犹太居民委员会主管亚当·切尔尼亚科，这个不知疲倦地组织人口普查的男人逐渐意识到，他所做的一切不过是在帮德国屠杀自己的同胞。一天，纳粹分子勒令切尔尼亚科将转移人数从 6 000 增至 1 万，遭到切尔尼亚科的拒绝。他选择用自杀的方式终止自己犯下的错误。

犹太居民委员会的抵抗并不能有效地阻止德国在犹太区的行动。每周都会有几十名犹太人死于饥饿和疾病，而集体自杀和集体处决也成为这个地狱的常态。然而，这群人的自我牺牲也使一件事变得清晰起来：即使他们从未了解过这一活动所涉及的复杂技术，他们之中的大多数人也从未见过穿孔卡，但是他们的确认识到，那些登记活动以及没完没了的名单给他们带来了可怕的命运。他们开始回击，用他们仅存的武器：自我毁灭。

---

① 马萨达是犹太人的圣地，联合国世界遗产之一。——译者注

第 14 章

种族灭绝下的赃物

没人能够确切知道有多少台 IBM 机器在犹太区、火车站和集中营里运作，也没人能够证实欧洲或纽约的 IBM 是否知道这些机器的位置或用途。无论 IBM 知情与否，其设备都会被频繁地转移，从德国的商业客户和政府客户转移到纳粹在另一国家建立的机构，最后再转移回来。

无关纳粹，无关反犹，关乎金钱

哪台机器在哪个死亡营内使用，这对 IBM 而言无关紧要。IBM 在乎的是，一旦硝烟散去，就可以大笔捞金了。

实际上，战火侵袭下的欧洲大陆出现了一种普遍的模式。在美国参战前，IBM 纽约总部和 IBM 子公司会直接与德国、意大利或两国的占领军合作，而作为战略联盟的一部分，IBM 也会和罗马尼亚、南斯拉夫及匈牙利等国家的德国支持者和盟友合作。不仅如此，沃森也会要求在德占区建立子公司，以配合纳粹德国的行动。即便在美国宣战后，世界各地的 IBM 子公司也依然公开与这些客户和其他子公司进行交易，直到"综合条例 11 号"将矛头指向 IBM 所管辖的领域。欧洲战火蔓延，"综合条例 11 号"的影响范围也随之扩大，直至欧洲德占区普遍受到限制。美国禁止通敌贸易，为此，IBM 纽约总部对欧洲业务的直接管理似乎也要告一段落了。但事实上，IBM 纽约总部的高管们仍通过建立在中立国家的 IBM 子公司监管各类事务，下达各项命令。因此，IBM 的海外机构一直都处在 IBM 纽约总部的监管之下。此外，IBM 纽约总部及其子公司还会经常向美国当局的官僚寻求特殊的豁免权，以继续或扩大 IBM 在欧洲德占区的业务。不仅如此，IBM 还时常无视美国当局让其减少业务的指令。

美国一旦参战，轴心国便会任命本国的托管人为德占区 IBM 子公司的主管。不过，托管人并未掠夺 IBM 子公司，他们会积极保护 IBM 子公司的财产，不仅能提高子公司的生产力，而且还能增加子公司的盈利。IBM 高管依然处于子公司的管理岗位，监管着子公司的业务，甚至受命成为代理托管人。例如，在法国，党卫军军官海因茨·韦斯特霍尔特在成为 CEC 的托管人后，转而委任德霍梅格的奥斯卡·赫尔曼为代理托管人。CEC 的罗杰·维尔日勒则继续担任总经理，以便让 CEC 保持生产力，继续赢利。在比利时，纳粹托管人 H. 加布雷希特（H.Garbrecht）置身事外，让 IBM 管理人员路易斯·博斯曼（Louis Bosman）和 G. 沃尔特·加兰（G. Walter Galland）留在原来的岗位，而这两人才是真正的指挥官。在德国，德霍梅格的董事会已由托管人赫尔曼·费林格尔（Hermann Fellinger）取代。费林格尔取代了海丁格尔，但仍委托罗特克和赫梅尔等 20 多位管理人员继续创造利润。无论监管人员是纳粹指派的托管人还是沃森委任的代理人，IBM 欧洲帝国都会蓬勃发展。

战争后期，同盟军向东西双线逐步挺进，多个已被解放或即将解放的地区不再受到"综合条例 11 号"的限制。实际上，该法规的适用范围几乎随时都在变动。IBM 纽约总部和 IBM 日内瓦办事处会一直与美国当局协商，以求得到准许，能够与之前受到"综合条例 11 号"限制的子公司交流或交易。美国当局欣然答应，甚至在 IBM 无法直接接触子公司时，美国领事馆还会帮 IBM 转达信息。

当 IBM 持续进行着自己的战时商业活动时，全世界都深知德国占领区的设备正在大量消灭犹太人。铺天盖地的新闻报道，以及同盟国于 1942 年夏所证实的情报都揭示了这一事实：德国的目标是在肉体上彻底毁灭欧洲犹太人。1942 年 7 月，同盟国终于宣布，战后将定下"战争罪"以审判和处罚残暴的纳粹分子。同盟国警告称，所有协助希特勒执行种族灭绝行动的人，都必须接受国际正义的审判。在国会上，议员们均沉默不语，突然，一名国会议员说道："现在还有很多人……天啊……可能还留在犹太区和集中营里。"

同盟国关于种族灭绝罪的联合宣言广播于世界各地，并以超过23种语言刊登在各大报纸的头版。这份联合宣言重点指出了纳粹分子精心策划的挨饿惩戒、集体毒杀、集体枪杀、惨绝人寰的犹太区景象，以及通过铁路对犹太人进行的高密度驱逐活动。作为对这一宣言的回应，《纽约时报》刊登了一篇文章，主标题为《同盟国描绘犹太人遭受的暴行》（Allies Describe Outrages on Jews），副标题为《令人闻风丧胆的灭绝计划》（Extermination Is Feared）。在文章开篇，有这样一句话："欧洲德占区那500万名犹太人遭遇了什么？他们正面临着灭绝。"IBM的商业活动从来都与纳粹主义无关。它无关反犹主义，只关乎金钱。即使是在欧洲犹太人被霍尔瑞斯编码束缚之前，IBM在乎的也只有金钱。毋庸置疑，IBM也确实获得了梦寐以求的金钱。

被冻结在账户里的数百万马克散落在欧洲大陆，正等着IBM将之收入囊中，同时还有新近购买的不动产、希特勒时代的大量工厂和印刷机，以及成千上万台霍尔瑞斯机器。IBM之所以能收益斐然、工厂遍布全球，大都得益于几近破产的第三帝国，因为这个帝国会通过买卖劳工、大规模掠夺和进行具有成本收益的种族屠杀来资助自身的疯狂运作。那么，希特勒的德国是从何处获得资金来购买服务、穿孔卡和机器租用费的？事实上，纳粹德国获得黄金和货币的方式有很多，它既可以用货车到布拉格银行搬运，也可以从犹太人尸体的牙齿上撬下来。就这样，第三帝国利用掠夺而来的资产，购买了最好的工具。

管理海外分支机构，并在混乱的战时法规的约束下处理业务，本身就是一项劳神费力的工作。欧洲大陆上的各家IBM子公司频繁联系各大官僚机构，可信件的时间跨度长达数月，甚至数年。在比利时、捷克斯洛伐克和意大利等欧洲国家，由于IBM员工和霍尔瑞斯技术随着纳粹德国一同到来，生存与死亡的拉锯变得稀松平常。

1945年8月15日，二战终于落下帷幕。几乎在同一时间，IBM匆忙收回了位于敌国领地的IBM设备和银行存款。IBM的致富故事可能需要大幅篇章才能说得清楚，但有一点十分明确：没有哪个国家不想与 IBM 进行商务往来，也没有哪个国家的机器是 IBM 无法收回的。相反，IBM 会逐个国家地将其收回。

受难的欧洲，致富的 IBM

受刺激的罗马尼亚

1940 年秋，罗马尼亚全面开展反犹运动。在布加勒斯特，德国已栽培了残暴的反犹政权。罗马尼亚最强大的元帅，马歇尔·扬·安东内斯库（Marshal Ion Antonescu）的法西斯政权已然复制第三帝国的反犹法律，正大力驱逐各个岗位的犹太人，并没收他们的财产。1940 年，罗马尼亚通过一场广为人知的活动致使成千上万名犹太人迅速沦为穷人。不久，强迫犹太人劳动的法令和发生在罗马尼亚各地的屠杀活动不断登上新闻头条。

例如，1941 年 1 月，恶毒的铁卫团[①]好战分子侵入布加勒斯特，残杀了大量犹太居民。约有 120 名犹太人遭到残忍的鞭打和金属棒的击打，部分犹太人被迫从血淋淋的水池中取水喝。在当地的屠宰场里，这群恶魔还残忍地肢解了数名犹太人。

就在布加勒斯特等地发生大屠杀之后，驱逐活动随之而来。犹太人被赶到不同地区，并被囚禁在集中营里。据猜测，仅 1941 年夏天，罗马尼亚沿海地区的省份就有超过 10 万名犹太人被残忍地杀害。有时，艾希曼等纳粹分子甚至会限制罗马尼亚这位盟友的行动。第三帝国认为，这种随意的暴力行为是无计划、不成熟的。第三帝国更喜欢使用更有序、更全面和更科学的方式逐步灭绝罗马尼亚的犹太人。

罗马尼亚的犹太人数量被严重夸大了。罗马尼亚最近一次人口普查执行于 1930 年，当时得出的统计结果显示，有 756 930 人自视为犹太人。原定于 1940 年执行的人口普查因缺少资金而延迟。而到了 1941 年春，德国专家估计，近半数犹太人已经被杀害、驱逐，或沦为难民逃离了罗马尼亚。

然而，罗马尼亚的新闻界仍宣称滞留在国内的犹太人多达 200 万。这

[①] 出现于1927—1941年的罗马尼亚法西斯组织，又称"钢铁禁卫军"等，曾在罗马尼亚制造了多起暴力事件。——译者注

种估测是受到了 1930 年人口普查的误导。据 1930 年人口普查的总结报告，罗马里亚有 756 930 名虔诚的犹太教徒；728 000 名自视为种族犹太人——尽管没有宗教信仰；519 000 名以意第绪语①为第一语言的人。罗马尼亚人将这三类数字相加，得出了一个错误的数字——200 万。只有再执行一次人口普查，才能解答纳粹种族学家口中的罗马尼亚"犹太问题"。

最终，人口普查计划于 1941 年 4 月执行。这不是一次普通的家庭人口统计，而是一次涉及罗马尼亚每一个人、每一家企业、每一块农田、每一只动物、每一幢建筑、每一种职业和每一份财产的大清查。仅统计本身就要耗费 10 天。德国统计学家和 IBM 将全力为此次人口普查提供帮助。此外，巴伐利亚统计局局长弗里德里克·伯格多费尔受邀担任官方观察员，由德霍梅格专家路德维希·许默（Ludwig Hümmer）陪同。

W.C. 利尔致信身在纽约的昌西，他写道："关于这次人口普查……我们和德霍梅格都无法获知布加勒斯特所需机器的规格。我特准许默先生前往布加勒斯特，和德国统计局的一名代表共同分析整个形势。"

负责罗马尼亚业务的并不是德霍梅格，而是 IBM 纽约总部。沃森已经为罗马尼亚的人口普查筹划多年。J.C. 米尔纳于 1938 年致信 IBM 纽约总部时就指出："1940 年，人口普查将在多个国家执行，我们预计将得到一批订单。"米尔纳希望恩迪科特方面能及时研发出特殊的制表机。

在罗马尼亚这场为期 10 天的统计活动中，人口区域的划分被安排在 1941 年 4 月 6 日展开。统计指令的第二项条款指出，要在 4 月 11 日和 12 日执行一次特别的犹太人人口普查。罗马尼亚全国上下都被动员起来。邮局、旅馆和公共建筑在显眼处张贴相关海报；广播节目、社论和总统演讲都在鼓励公众踊跃合作。为保证统计结果的准确性，当局决定不借助自愿参与普查的人，而是雇用 2.9 万名专业的人口普查员，为他们提供佣金，让他们每个人负责 120 户家庭。被雇用来给霍尔瑞斯穿孔卡穿孔的女性多为高中毕业生，当局认为这能提高卡片处理的准确性。此外，还有 1 000 名巡视员负责监督整个过程。帝国统计局的负责人弗里德里克·伯格多费尔也在一篇期刊文章中坦言，罗马尼亚的中央统计研究所的配备异常精良。

犹太人人口普查问卷和常规普查问卷中包含一系列旨在精确定位"种

---

①意第绪语属于日耳曼语族，大部分的使用者是犹太人。"意第绪"也有"德国犹太人"的意思。——译者注

族犹太人"的问题。有关宗教信仰的问题不仅需要调查对象答出当前的宗教信仰，还必须说出其在出生时的宗教归属，调查对象的父母也要提供这方面的信息。在"种族"和"母语"这两种类别下，调查对象也需要回答类似的问题，其父母也不例外。农业普查和职业普查中也问到了与种族相关的问题。在调查商业所有权时，人口普查员会向商人询问其同伴或雇员中是否有犹太人。大量相互交叠的数据能够让IBM制表机得出想要的结果：找出任何有犹太血统的人，即便当局并不知情。

受过特训的人口普查员会逐一询问调查对象，以获得正确的种族信息。有报告显示，当吉卜赛人[①]拒绝承认自身的种族身份时，满腹狐疑的人口普查员便会说："快写上吉卜赛人。"

罗马尼亚这次人口普查意在找出本国的所有犹太人，无论是逃离在外的难民，还是被拘留于集中营的囚犯。为此，穿孔卡甚至设计了相应的孔位来记录"暂时不在"和"在集中营里"等信息。伯格多费尔在一篇文章中总结道，这次人口普查是"一次广泛（也许是大型）的登记项目……极精细地处理了犹太人问题"。

此次人口普查的对象不仅是人，还有牲畜、资产、职业、企业，几乎涵盖了罗马尼亚人生活的方方面面。为此，纳粹需要更多的霍尔瑞斯机器。1941年夏，昌西在德霍梅格骚动最激烈的时候离开德国，不久之后，利尔代表IBM纽约总部来到柏林。利尔想要确认罗特克和赫梅尔是否靠得住，以便授命二人执行IBM在欧洲地区（除德国以外）的业务。昌西让利尔询问制表机是否已被送往罗马尼亚，而赫梅尔漫不经心地回复道："我们还没有向罗马尼亚提供过制表机。"赫梅尔似乎是在等候直接的指示，他补充说："如果日内瓦将罗马尼亚的订单交给我们，那我们会完成的。"

在利尔眼中，罗马尼亚显然是需要优先考虑的客户。利尔于1941年10月10日向昌西报告称："首要问题就是罗马尼亚人口普查以及执行人口普查时要用到的机器，而那些机器还滞留在波兰。"就在前一天，利尔向沃森发去一封正式信函，以减轻沃森的担忧："此次拜访柏林，我解决了许多悬而未决的事项，如滞留在波兰的机器和罗马尼亚的人口普查……我将立即向各位纽约高管发去报告。"

[①] 著名的跨境民族，吉卜赛人自称罗姆人。英国人称其为吉卜赛人，法国人称其为波西米亚人。——译者注

利尔意识到，只要能联系到罗马尼亚大使馆，那里的外交官就可以利用他们与德占波兰的帝国机构的关系，将机器运出波兰这一交战区。于是，利尔联系了 IBM 在柏林的最佳联络人——美国商务专员萨姆·伍兹。"多亏了伍兹先生，"利尔向 IBM 纽约总部报告称，"我得以见到罗马尼亚的商务专员，后者随即与外汇局和德国官方机构沟通，以争取将 17 台滞留在波兰的机器运送出来……他向我担保说，在这件事上我会得到满意的结果。"不久后，利尔确实成功将德霍梅格的机器转移到 IBM 的罗马尼亚子公司。

罗马尼亚于 1941 年 6 月 22 日参战，此前数天，安东内斯库元帅向统计局索要各个地区所有犹太人、共产主义者及其支持者的名单。此外，在罗马尼亚的边界，锡雷特河和普鲁特河交汇处的城镇里，所有 16～60 岁之间的犹太人都将被围捕起来，然后由事先准备好的列车运往某个集中营。这一切都必须在 48 小时内完成。东部雅西县的 10 万人中有半数为犹太人。若想通过一次闪电行动辨识出他们，几乎是一项不可能完成的任务。不过，安东内斯库负责监管不同的民族团体的第二情报机关（Second Section Intelligence，以下简称 SSI）可以借助罗马尼亚的 3 个统计机构对犹太人进行追踪，其中之一就位于雅西县。于是，罗马尼亚人获得了名单和住址。一名情报官员回忆道："在做雅西县大屠杀的基础工作时，SSI 起到了关键性作用。雅西县 SSI 管理人员尤尼乌斯·莱卡（Junius Lecca）也在这里扮演了重要的角色，他提供了许多关于犹太居民和犹太聚居区的信息。"

雅西县成千上万名犹太人被拖出家门，他们中有许多人还穿着睡衣。一连数天，德国和罗马尼亚的警察、士兵以及暴民，向被识别出来的犹太人施加了残酷的暴行。犹太人被金属棒、步枪和石头无情地残害，尸体堆积于街头，婴儿也没能幸免于难。接着，施暴者郑重其事地在他们身上吐唾沫。还有数千名犹太人被装到了死亡列车上，在途中惨遭杀害。多达 1.3 万名犹太人在痛苦中失去了生命。

1940 年末，统计资料显示罗马尼亚仍幸存着 375 422 名犹太人。1942 年 1 月，万湖会议草案给出的数字是 34.2 万，这个数字包括比萨拉比亚地带的犹太人，但不包括其他地区。

于 1942 年春执行的一次犹太人口普查显示，还有 30 万名罗马尼亚犹太人存活于世。1942 年 8 月 31 日，安东内斯库元帅审阅的并不是 1942 年春季的数据，而是 1941 年末的数据。当安东内斯库元帅看到 375 422 这个数字时，写道："这可是个大数字。"在"比萨拉比亚有 6 900 名犹太人"这条信息旁边，安东内斯库元帅写下了一句话："不可能！我的指令是驱逐所有犹太人。"即便布科维纳的犹太人中有 60 708 人只是 1 岁左右的婴童，但愤怒不已的安东内斯库元帅仍在这个数字上胡乱画了几笔："不可能。请核实。我的指令是布科维纳只能留下 1 万名犹太人。请核查。这真是不可思议！这座城市真是完全地犹太化了。"

1942 年 9 月，艾希曼已经做好计划，打算借助罗马尼亚的铁路将 28 万名犹太人送往贝尔赛克灭绝营的毒气室。但在当时，安东内斯库元帅仍不愿与其进一步合作。像东欧的其他纳粹代理人一样，安东内斯库因苏联人的攻击及战后有关战争罪的流言而担惊受怕。犹太人的贿赂，包括给安东内斯库元帅的私人医生的 1 亿列伊也起了作用，火车并没有启动。

1943 年 11 月 17 日，安东内斯库元帅及其手下的将军再次审阅了人口普查数据。根据当时最新的统计数据，德涅斯特河沿岸的犹太人约为 5 万。再加上多罗霍伊等地区的 1 万名犹太人，安东内斯库元帅合计总人数为 7 万~8 万。针对这一估值，康斯坦丁·瓦西卢（Constantin Vasilu）将军反驳道："该数值有误。我们已经同执行过人口普查的勒杜列斯库（Rădulescu）上校谈过了。现在犹太人总人数应该是 6.1 万。"

德国和罗马尼亚联合执行了一系列死刑、剥夺等刑罚。直至二战结束，超过 27 万名犹太人被残忍杀害或饿死，另有大量犹太人死在了罗马尼亚的边境地区。

1938 年 3 月 4 日，IBM 在罗马尼亚首都布加勒斯特成立了子公司——沃森电子会计公司（Compania Electrocontabila Watson），该子公司拥有价值约 24 万美元的设备、穿孔卡和可租用的机器，并很快就开始赢利了，其主要客户是通讯部、人口普查局、统计局和铁道部。沃森在决定成立这家子公司时，罗马尼亚正处在备战状态。罗马尼亚因战争需要，向 IBM 订购了大量霍尔瑞斯机器和穿孔卡。布加勒斯特需要租用大批机器，而 IBM 欧洲无法完成所有订单，因此加大产量以满足需求。IBM 纽约总部始终关注着子公司在罗马尼亚的发展状况。

战争初期，IBM 罗马尼亚子公司的高管就和罗马尼亚军事委员会合作，查看了罗马尼亚的每一台 IBM 设备，并确认哪些机器可以供罗马尼亚战争部征用。战争爆发后，这些机器被转移到了更安全的地方。IBM 与罗马尼亚战争部达成了特殊协议，后者批准 IBM 的管理人员和工程师免服兵役，这样一来，IBM 罗马尼亚子公司得以在战时正常运营。

利尔将那 17 台机器从波兰运到布加勒斯特后数月，美国宣战了。不久后，根据"综合条例 11 号"，罗马尼亚被视为敌国领土。此前，位于布加勒斯特的意大利银行已向 IBM 提供保证金，现在 IBM 需要偿付这笔款项。1942 年 6 月 18 日，利尔写了一封信——信笺上标有 IBM 纽约总部和 IBM 日内瓦办事处字样——试图从驻伯尔尼美国商务专员那里取得特别的许可证来向该银行支付款项。利尔称："去年年中，IBM 罗马尼亚子公司与罗马尼亚统计局签下一份订单，即统计罗马尼亚的人口。罗马尼亚政府在将订单交给 IBM 罗马尼亚子公司前，要求我们向布加勒斯特的意大利 & 罗马尼亚商业银行（Banque Commerciale Italienne et Roumaine）申请银行担保，以确保货物准时交付……因此，我们请求您发放许可证，授权我们通过位于日内瓦的瑞士银行以法郎的形式来支付这笔价值 111 348 列伊的款项。"

美国公使馆拒绝了利尔的请求，并建议他联系美国财政部。利尔请求 IBM 纽约总部通过华盛顿方面直接处理。

1944 年 1 月，身在纽约的斯科特告知美国司法部调查员哈罗德·J.卡特，他知道中央统计机构的穿孔卡包含了与人口普查、人口趋势和"针对罗马尼亚少数群体的研究"的相关信息。斯科特还坦言，罗马尼亚的铁道部持有大批机器，它们被安置在通讯部里。仅铁道部的统计部门每年就会使用 170 万张卡片，而铁道部的动力部门使用的卡片数量高达 334 万张。这些卡片来自布加勒斯特一家繁忙的工厂，使用的制造机器是 IBM 的手动烫画机（Swift Press）。若该工厂全力以赴，每年能生产 2 000 万张卡片。

1944 年 8 月末，苏联占领罗马尼亚，也解放了罗马尼亚。1944 年 9 月 2 日，IBM 罗马尼亚子公司致电 IBM 日内瓦办事处："公司运转正常。请根据当前环境下达指示。请尽快制定对资产和人员的保护措施。"1944 年 5 月 10 日，IBM 罗马尼亚子公司又发去一份简报。不过，由于"综合条例 11 号"仍在起效，IBM 无法给予回应。1944 年 9 月 18 日，利尔请求位于日内瓦的美国公使馆，希望获准回复罗马尼亚方面的来信。实际上，IBM 是第一家申请批准以继续业务的公司。美国商务专员裁定："依据'综合条例 11 号'，罗马尼亚仍是敌国领土……在'综合条例 11 号'明确废除或为罗马尼亚做出调整之前，IBM 在没有获得许可证的情况下，不能与该国通讯。"

最终，利尔的请求经由驻伦敦美国大使馆递送给了美国国务院。IBM还是获得了准许。IBM随即与罗马尼亚通讯："您于10月12日发来的电报似乎表明您那边的情况一切正常，并且您正在尽全力工作。"

随后，IBM要求罗马尼亚子公司对其所有财务报表进行综合报告，包括1942—1944年的收益、亏损以及租金收入情况。IBM还要求罗马尼亚子公司尽快分析经战火蹂躏之后的罗马尼亚的前景，并上交分析报告，此外它还需要向IBM报告可租用的机器、所需人员和所需备用零件。IBM还想了解这家子公司是否完成了销售配额，因此向其索要了"最新的安装点和非安装点"。这样一来，罗马尼亚子公司就能因其突出表现而在IBM百分百俱乐部占得一席之地。

罗马尼亚负有偿付战争赔款的义务，包括美国的200万美元、英国的100万美元和苏联的300万美元。

1945年7月末，IBM也提出索要战争赔偿，总计151 383.73美元，包括37 946.41美元的机器损坏费。IBM还请求美国国务院保护IBM在罗马尼亚的银行账户。对IBM罗马尼亚子公司而言，战争已然结束。

保加利亚抗争记

1941年3月，保加利亚被迫加入轴心国集团。作为交换，德国给予保加利亚军事支持，以满足其对巴尔干半岛的统治野心。在德国的帮助下，保加利亚军队成功占领了毗邻希腊的色雷斯和马其顿。不过，保加利亚各社会阶层，从牧师到政府官员，皆因国内4.8万名完全融入社会的犹太人而反对德国的反犹主义。保加利亚在德国的重压之下发布了犹太法令，却故意在法令中掺进各种条款，甚至修改法令来减轻对在职犹太人的驱逐力度和对其财产的没收程度。

保加利亚竭尽所能地阻挠德国针对保加利亚犹太人的计划。有一次，当保加利亚政府迫于德国的压力颁布了法规，命令犹太人戴上大卫之星时，保加利亚教会立刻阻止了这一举措，大主教宣称任何人都没有折磨犹太人的权力，并让那些"受洗的犹太人"免于佩戴大卫之星。不仅如此，保加利亚政府还切断生产大卫之星的工厂的供电设备，并将之归因为电力短缺。

艾希曼的部门从一开始就想要驱逐犹太人。保加利亚人民却极力反对驱逐计划，甚至有农民威胁要卧倒在铁路轨道上，以阻止列车前行。不过，德国外交部部长冯·里宾特洛甫在与保加利亚外交部部长波波夫（Popov）举行的会议上宣布，所有犹太人都会被移出欧洲，这是元首做出的不可更改的决策。保加利亚收到指示：作为"中间步骤"，保加利亚那4.8万名犹太人会被集中在波兰，用火车驱逐出境。

1938年3月17日，IBM在保加利亚首都索非亚成立子公司，名为沃森商业机器有限责任公司（Watson Business Machines Corporation, Ltd.），最重要的客户是保加利亚的铁道部。自19世纪末20世纪初以来，欧洲铁路几乎都在使用穿孔卡。穿孔卡使铁道部可以高效安排火车的运行、计算出火车数量和调动货车车厢。没有霍尔瑞斯系统，欧洲任何一家铁路公司在和平时期都需要耗费两周来定位货车车厢；而在战争时期，想要快速调动车辆就难上加难了。铁路当局在每个重要站点都配置了霍尔瑞斯系统，这样便能在48小时内安排好各项事务。因此，无论是战争还是种族灭绝计划，一切需要使用铁轨的活动，都高度依赖于IBM。

穿孔卡需要用钱购买。1942年春，保加利亚政府在切断生产大卫星的工厂的供电设备时，也冻结了铁道部支付给IBM的款项，迫使这笔钱进入了冻结账户。当时，沃森商业机器有限责任公司濒临破产，除非它能立刻拿到这笔钱，否则就只能倒闭。到那时，保加利亚的铁道部将无法获得穿孔卡、备用零件和维修服务。

1942年5月2日，索非亚的IBM管理人员帕维尔·A.达特索夫（Pavel A. Datsoff）联系了IBM日内瓦办事处的利尔。达特索夫写道："正如您所知，我们必须拿到铁道部于1942年的租金，由于面临新局势，这笔钱至今仍未支付，依然被冻结在国家银行中……我们的资金只能维持4个月，在这4个月内，若不能……向铁道部收取租金，我们将没有资金支付租金、薪水及其他费用……我恳求您……通过瑞士银行在意大利银行开通活期账户，就像先前一样……来支付1942年底前的费用。不然，公司没有资金，就只能通知员工另寻高就，而根据相关法律，我们必须提前3个月通知。"

如果IBM资助保加利亚子公司，它就会违反"综合条例11号"。利尔将达特索夫的信转交给美国领事馆。利尔申述道："在这封信中，您会看到保加利亚子公司举步维艰，因为保加利亚政府不愿拨付保加利亚铁道部的租金，转而将这笔钱存入国家银行的冻结账户中。这笔钱原本是用来维持保加利亚子公司正常运行的……您觉得我们是否可以获取一张特别许可证，来向保加利亚子公司提供资金……以免其彻底破产？"

美国领事馆拒绝了利尔的请求，并回复道："虽然可以通过瑞士政府在敌国领土发放资金，但这只是为了满足那些有权获得救济金的美国公民的最低要求。"不过，美国领事馆在最后表态，它会将利尔的请求转告国务院，以防华盛顿方面想要与 IBM 纽约总部通讯。

1942 年 6 月 22 日，日内瓦公使馆终于迈出了更大的一步，将利尔的请求告知华盛顿方面，并建议将利尔的信件和达特索夫的经济求助转达 IBM 纽约总部。

1942 年 7 月初，利尔未等美国财政部下发许可证，便急切询问日内瓦公使馆，以了解美国外交官是否能说服瑞士政府向保加利亚官员申请"解冻账户"。利尔再次吃了闭门羹。

这笔资金最终是如何流入保加利亚子公司的，没有人能道明个中原委。不过，保加利亚子公司确实得到了资助，并继续向保加利亚铁道部提供穿孔卡。事实上，在一年多以后，斯科特告诉卡特，索非亚有大批 IBM 设备仍在使用，其中还包括一套为保加利亚铁道部服务的重要设备。

1942 年 9 月 15 日，第三帝国外交部决定延迟驱逐保加利亚犹太人。德国外交部部长冯·里宾特洛甫在一份概述保加利亚局势的报告中写下"再等等"。但到了 9 月底，里宾特洛甫突然通知艾希曼的手下展开驱逐活动。

保加利亚不愿牺牲本国的犹太人。1943 年 1 月，艾希曼的代表从法国出发抵达保加利亚，要求保加利亚至少驱逐 2 万名犹太人。在痛苦之下，保加利亚做出了一个糟糕的决定：同意驱逐犹太人，但被驱逐者不应是保加利亚犹太人，而是保加利亚占领区（色雷斯和马其顿）的 1.4 万名犹太人。保加利亚犹太人得救了，希腊犹太人却走向死亡。不久，火车开动了。

1934 年 3 月 2 日，依旧承受着德国重压的保加利亚内阁批准了需要动用的火车数量。几天后，大约 7 100 名马其顿犹太人被赶出家门，聚集在烟草仓库中。随后，他们排成一列列长队走上了大街。妇女身披围巾，手拿小件物品踏上了"旅程"；男人则背着大件行李。他们毫无生气地走着，每个人的脸上都是一副无助的表情。街道的尽头就是保加利亚火车站。

在色雷斯，大约 4 200 名犹太人步上货车车厢的景象与马其顿的并无二致。孩童站在木桌前，一脸茫然地抬起头，看着父母将自己的名字报给身穿黑色制服的男人。一户户犹太家庭挤在长长的斜坡上,他们被单调乏味的铁路建筑物和高耸的火车包围了。最后,他们挤进一节节冰冷的车厢,前往一处令他们无法想象的地方。

保加利亚铁道部的火车和牛车穿过覆盖着积雪的丛山,留下一道道肮脏的曲线,将货物(犹太人)拖到了位于保加利亚洛姆镇的多瑙河河岸。犹太人来到多瑙河河岸后,又被一艘艘船运往维也纳。在维也纳,他们会被转移到其他火车上,终点站是——特雷布林卡灭绝营。

无论有无穿孔卡,行动高效与否,已下定决心的第三帝国都会将难逃一死的希腊犹太人赶出色雷斯和马其顿。即使没有足够的火车和牛车,艾希曼也会下令让这些犹太人步行着迈向死亡,就像在东欧其他国家的犹太人一样。在保加利亚的驱赶犹太人行动中,连驳船也用上了,但柏林方面最常用的运输方式仍是铁路。驱逐活动进展到高潮时,希姆莱请求手下的交通部部长:"如果想尽快解决这些事,我就需要更多火车……请帮我争取更多火车。"希姆莱认为,火车是最高效的交通工具,而在欧洲,铁道部是为 IBM 带去最多利润的客户。

1945 年 2 月 14 日,由于保加利亚宣布停战,IBM 获得美国领事馆的许可,得以重新联系位于索非亚的沃森商业机器有限责任公司。像在其他国家一样,IBM 纽约总部也向其索要了 1942—1944 年的财务报表,还要求公司管理者达特索夫确保报表中包含一份反映"最新的安装点和未安装点"的客户名单,以审核该子公司有无完成配额。

1946 年 7 月 29 日,IBM 纽约总部因安置在保加利亚的机器受到损坏而向其索要战争赔偿。赔偿金额为 1 000 美元,其中有 89 美元是家具受损的赔偿,有 836 美元是"打卡钟和打字机"受损的赔偿。IBM 甚至请求美国国务院帮助自己重新控制在索非亚的两个银行账户。

对 IBM 保加利亚子公司而言,战争已然结束。

收回波兰机器

欧洲铁路源源不断地向德国运输犹太人,在这张铁路网中,保加利亚铁路只不过是个小角色。波兰铁路系统将数百万名犹太人送至命运终点站——也许是犹太区,也许是强迫劳作的场所,也许是奥斯维辛集中营和特雷布林卡灭绝营的毒气室。IBM 波兰子公司——沃森办公设备责任有限公司将波兰的铁道部视为主要客户。铁道部没有使用的 IBM 设备会被转移到附近的 MB 办事处，或转移到德国进行维修。

战争结束后，追回波兰的机器和资产便成了 IBM 纽约总部的首要任务。根据政府档案，IBM 在称呼波兰子公司时，使用的是战前建立的沃森商业机器波兰责任有限公司，而不是德国占领波兰期间建立的沃森办公设备责任有限公司。IBM 也未列出建立在华沙犹太区对面的印刷厂。不过，IBM 确实曾请求美国国务院联络人和军方联络人，以收回银行账户——商业银行的两个账户、发行银行的一个账户及邮局信用账户中的存款。即便在波兰解放后，IBM 设备被转移到德国时，柏林方面的敌国资产托管人仍会确保 IBM 的租金得到保护。这名托管人在德意志银行开了一个新账户来存放这些租金。

在美国国务院的帮助下，IBM 终于在两年后理清了波兰土地上哪些机器来自德霍梅格，哪些机器来自波兰子公司。收回霍尔瑞斯机器和资金，对 IBM 波兰子公司而言，战争已然结束。

蒸蒸日上的南斯拉夫子公司

欧洲德占区的业务运作需要 IBM 秉持坚定的意志。无论哪个地方需要霍尔瑞斯系统，IBM 都会乐意提供相关服务。这意味着 IBM 需要和那些纵容野蛮叛徒的政权合作，也意味着它需要到那些饱受暴乱的地区做生意。南斯拉夫就是一个例子。德国及其轴心国同盟瓜分了南斯拉夫，德国军队、意大利军队、匈牙利军队和保加利亚军队分别占领了南斯拉夫的部分领土。希特勒还扶植了克罗地亚独立国[①]，这里就是乌斯塔莎[②]折磨受害者的地方。

无论南斯拉夫的局势变得多么惨不忍睹，政府均视若无睹。《纽约时报》刊登于 1942 年 1 月 3 日的一篇文章报道了克罗地亚的残暴杀戮："这个恐

[①] 存在于1941—1945年，由纳粹德国扶植起来的傀儡政权。克罗地亚独立国领土包括克罗地亚（不含达尔马提亚）、波斯尼亚和黑塞哥维那、斯洛文尼亚北部及塞尔维亚的伏伊伏丁那部分。——译者注

[②] 克罗地亚的运动组织，成立于1929年4月20日。乌斯塔莎政权残酷镇压塞尔维亚人、犹太人和吉卜赛人，建立过十多个集中营。1941年，乌斯塔莎宣布克罗地亚独立，加入了轴心国阵营。——译者注

怖统治时期仅剩荒凉的景象……成百上千人被害。在这些被害者死去前，许多人甚至被割下双耳和鼻子，被迫在草地上吃草。最常见的暴行是殴打、砍掉四肢、挖下眼球和打断骨头。有些男性被迫拿着被火烫到发红的砖头，赤着脚在带刺的铁丝网上跳舞，身上还佩戴着用荆棘制成的花环。针头插进了他们指甲盖下的肉里，点燃的火柴被塞进了他们的鼻子里。"

该地区最野蛮的集中营是亚塞诺瓦茨集中营，它位于贝尔格莱德－萨格勒布铁路线旁。在那里，乌斯塔莎守卫犯下了无法用语言形容的罪行。

尽管面临着各种威胁，但 IBM 还是继续经营着蒸蒸日上的南斯拉夫子公司——南斯拉夫沃森公司（Yugoslav Watson AG）。在美国参战前，IBM 每年向贝尔格莱德运送的穿孔卡多达 300 万张。1942 年，德国的托管人指定 IBM 管理人员维利米尔·巴伊基奇（Vilimir Bajki）继续主管该子公司，前提是巴伊基奇需要配合该地区的德军指挥官。希特勒派驻德霍梅格咨询委员会的私人代表费森迈耶博士，便是执行了恐怖统治的乌斯塔莎的亲密盟友。战争期间，使用 IBM 穿孔卡和制表机的主要是南斯拉夫的军方、商业部和铁道部。与在巴尔干半岛其他国家所做的一样，战争爆发后，IBM 负责为偏远地区提供军用设备以及其他服务。

苏联于 1944 年 10 月占领南斯拉夫，此前，南斯拉夫子公司已匆忙将大多数机器转移到德国领土，或安置在附近的 MB 办事处，或由德国海军处置。贝尔格莱德的 IBM 人员在苏联军队到来前就已将账单记录转交给德国。因此，第三帝国可以继续将租金汇入托管人在德意志银行开办的特殊账户中。第三帝国最近一次向南斯拉夫子公司支付款项是在 1945 年 4 月 3 日，数额为 3 114.15 马克。1945 年 4 月 20 日，当苏联红军①（Red Army）抵达柏林郊区时，托管人提交了一份面值为 51 970.24 马克的费用清单，其中涵盖了多项服务费。国防军的出纳员在第三帝国崩溃前夕寄出了这笔款项，但由于当时的第三帝国正处于混乱之中，托管人没能将款项存进账户，于是自行保管了这笔钱，后于 1945 年 8 月 2 日交给了美国陆军的财产核算官亚瑟·D. 里德（Arthur D. Reed）上尉，并委托其转交给 IBM 纽约总部。

IBM 纽约总部想取回存放在南斯拉夫的所有资产，因此请求美国军方与美国国务院帮助它收回在南斯拉夫的 18 台特定规格的分类机、制表机和

---

① 全称苏联工农红军，是1917年至1945年间苏联陆基和航空武装力量的统称。其人数在二战期间达到最高值。——译者注

字母机,并将机器从南斯拉夫运送到德国。IBM 提供了机器的序列号,它还请求美国国务院帮助取回位于贝尔格莱德的南斯拉夫银行中的账户。

对 IBM 南斯拉夫子公司而言,战争已然结束。

重获自由的法国

1944 年 8 月 25 日清晨,巴黎圣母院的钟声响起。不久,其他教堂也加入队伍,共同欢庆巴黎的解放。次日,当法国人庆祝自己重获自由时,德国战俘将双手放于头顶,在同盟军的带领下垂头丧气地穿过大街小巷。

1944 年 9 月 6 日,法国内务部队(French Forces of the Interior,简称 FFI)逮捕了 CEC 主管罗杰·维尔日勒和销售经理加布里埃尔·拉沃吉尔(Gabriel Lavoegie)。不过,他们二人并没有受到控告。维尔日勒与纳粹代理人和 MB 驻法国办事处(也称西方 MB)有过紧密合作,也曾与德霍梅格的托管人合作,为德霍梅格核算出利润丰厚的租赁协议来将 IBM 设备从法国转移到德国、德占捷克斯洛伐克以及波兰德占区。1943 年年中,CEC 拿下了纳粹的大量订单,总额超过 3 800 万法郎,约合 7.6 亿马克,预付金为 740 万法郎。

维尔日勒曾短暂获释,但很快又被逮捕,一同受捕的还有 CEC 销售副经理皮埃尔·巴斯塔德(Pierre Bastard)。CEC 其他高管忧心忡忡,担心自己也遭逮捕。美国大使馆得到消息,沃森也收到一份加急电报。然而,在接下来的几周,CEC 职员仍未获释。沃森不断跟进事态的进展。

1944 年 10 月 17 日,被任命为临时经理的威廉·博雷尔(William Borel)通过美国大使馆发电报告知沃森,IBM 的职员还在狱中:"有了您的出面,我们希望公司能尽快正常运营起来。"两天后,博雷尔再次发电报给沃森,称重要人员"正在调查这看似错综复杂的局势,以平息事态"。

不久,IBM 的职员突然获释。拉沃吉尔辞职,维尔日勒也离开公司。他们依然没受到任何指控。1944 年 11 月 2 日,CEC 开始正常营业。尽管"综合条例 11 号"当时还在起效,但 CEC 仍通过"各种渠道"向 IBM 纽约总部寄送了新订单的复印件。

大约一年后,法国秘密抵抗组织的犹太军官加姆松(Gamzon)上尉在纽约对联合犹太求助会(United Jewish Appeal Charity,以下简称 UJA)做演讲，当时，UJA 正在筹集资金来救助大幅下降的欧洲犹太人人口。《纽约时报》在一篇题为《获救的法国犹太人》(Jews in France Saved by Others) 的文章中报道了加姆松的言论："纳粹侵占法国后，一些非犹太人冒着生命危险解救犹太人，让他们脱离纳粹的魔爪，几乎所有幸存的法国犹太人都是由这群非犹太人解救的……法国马基①(Maquis of France) 的前领导人加姆松上尉……告诉代表们，毫不夸张地说，现今居住在法国的任何犹太人都受到过非犹太人的搭救——法国警方曾谎称没见到犹太人；法国军官会向犹太人提供口粮并给予他们伪造的身份证，这使许多犹太人得以在各个地区藏匿起来。加姆松说，当有人看到犹太家庭受到驱逐时，深为触动且难过不已，便搭救了一些受难的孩童。"

加姆松上尉指出，有 2.5 万户犹太家庭不知所终。不过，有更多的犹太家庭因抵抗组织的英勇和牺牲而获救。加姆松上尉称赞了为地下组织工作的男人和女人，赞扬了那些遭受折磨、被驱逐到集中营，却仍然坚强的犹太人。然而，勒内·卡尔米耶没能亲耳听到这些言论，他因不愿从事穿孔卡工作而惨死在达豪集中营。

美国国务院在 IBM 提出申请一年多后才批准了它的请求，最终，IBM 如愿从欧洲各地收回了法国子公司的所有机器。不仅如此，IBM 也拿回了存放在里昂信贷银行的所有资金。取回了霍尔瑞斯机器和金钱，对 IBM 法国子公司而言，战争已然结束。

瑞士：纳粹商业阴谋的中转站

瑞士是二战时期的商业中心。瑞士实施著名的金融保密条款，执行中立政策，也愿意和敌军交易，因此，第三帝国选择瑞士作为其资产的首选存放地，以及商业阴谋的中转站。1935 年，战争即将爆发的恐慌逐渐在欧洲蔓延，沃森将 IBM 的欧洲总部从巴黎迁至日内瓦。通过日内瓦与被纳粹控制的欧洲进行商业往来，这与美国商业专员时断时续的黑名单执法和默许息息相关。无论如何，美国方面给出的"肯定"或"否决"，标志着 IBM 在日内瓦的处境。

---

① 二战期间抵抗德军的法国游击队及其队员的统称。1942 年末至 1943 年初，在中央高原、丛林地带出现了第一批马基游击队。——译者注

IBM与欧洲的交易记录基本上无迹可寻，因为它可以借助银行及其分行将信息层层过滤，许多分行就是德国在德占国或中立国建立起来的。瑞士各银行在纽约的分行使这类交易踪迹变得更加难寻，最终，华盛顿的财政部官员派出调查分队前往曼哈顿，以寻找IBM与敌国交易的证据。

美国财政部甚至得到消息，称IBM可能会协助建立一家国际银行，将纳粹德国和美国的经济利益联系起来，从而进一步模糊IBM与第三帝国的交易和融资项目。1942年初，美国财政部的货币研究部门迅即展开行动，以阻止建立国际银行。1942年7月13日，代理财政部部长D.W.贝尔（D.W.Bell）采取了不寻常的预防措施，他直接联系沃森，希望消除IBM建立国际银行的可能性。沃森随即宣称，他和公司都没有参与这一规划。代理财政部部长贝尔针对沃森的宣告发表了一番近乎非难的言论，再次强调了沃森的表态："美国财政部知悉了您的声明，您说IBM并不知道由美国、法国和德国三方共同投资来建立国际银行的计划。美国财政部也承认您的声明，即IBM会授权任何人建立这样一家银行。"

贝尔给沃森写去一封措辞明确的警告信："您肯定知道，任何涉及银行的行动都是违法的，除非符合《与敌国贸易和外国资金控制》（*Trading with the Enemy Act and Foreign Funds Control*）中的条款。"

沃森写了一封只有一句话的回信，他反驳道："关于您于7月13日寄出的信件，我想为自己辩解的是，我知道这种计划是违法的，这也正是为什么我希望美国财政部知晓IBM与该项计划没有任何牵连。"

IBM纽约总部在营造一种假象，即不会从欧洲代理人那里获取详明的经营报告。但实际上，IBM收到了欧洲子公司大量的月度报告、季度财政报告，以及通过瑞典、瑞士、西班牙、美国外交邮袋转送而来的穿孔卡需求报告。

当然，这些报告会得到妥当保管，以维护IBM的法律立场。从1942年到1945年，IBM一反常态，向欧洲中立国的IBM管理人员下达了冗长而繁琐的指令，要求收回机器，停止与敌国领土上的IBM子公司交易，并终止与那些被列入黑名单的公司合作。每一条指令似乎都能成为IBM的免责声明，让它能以爱国主义为由，提出要遵守"不与敌国贸易"这条律法。然而，当黑名单到来时，备受沃森信任的那些身处瑞典和瑞士的管理人员变得格外忙碌。或许，IBM管理人员会忽略IBM纽约总部那些要求停止与轴心国直接贸易的指令，又或许，他们会拖延1年后才真正执行。例如，在瑞典，司法部的一名调查员记录道，直到1943年，在IBM瑞典的管理人员塔·伦德贝里（Tag Lundberg）才收到"停止与敌国贸易"的指令。而1年后，IBM瑞典这家全资子公司才遵循了IBM纽约总部下达的明确指令。

欧洲地区的详细文件大多是经过伪造的，目的在于制造IBM服从了指令的假象。战争期间，IBM曾在内部报告中坦言，通过IBM日内瓦办事处处理欧洲业务的信件往往都是伪造的。信件上的日期会被篡改，合同条款也会被修改，以掩盖实情。IBM会保存具有误导性的日志和年表。

在延期执行指令的过程中，IBM得以有充足的时间，将数以百万计的穿孔卡经由其在中立国建立的子公司运往敌国和被列入黑名单的客户手中。在IBM看来，时间不仅仅是金钱，时间还意味着更多穿孔卡。

在瑞士上演的每一场戴着"经济面具"的假面舞会上，站在舞台中心的都是维尔纳·利尔。德国投降前，利尔是IBM派驻日内瓦的欧洲区管理人员，同时，他还是IBM在欧洲的首席执行官，几乎参与了战争期间IBM与每一个国家的每一项交易。即便是IBM内部的报告，在总结利尔的工作时都宣称他用会谈、声明和文件组成了一系列精妙的字谜。

例如，1942年3月末，利尔和黑名单上的两家瑞士军火公司签订了合同。1942年4月27日，利尔发电报给IBM纽约总部，佯称这两份新商定的合同是在战前签署的，并公开请求IBM向美国政府申请特免证明："美国商业专员伯恩（Bern）下达指令，要求我们终止合同，您能否以这份合约签署于战前为由，出面为我们提供帮助，让我们继续安装设备？"随后，IBM在内部审查时发现，利尔提供的"完全是一份具有误导性的声明，因为除了这两份合同，另有三份合同签订于美国参战后……日内瓦方面提供了这些设备，也收到了费用。因此，利尔先生故意陈述了一个会使人误解的言论……这种欺骗行为十分严重，因为在战前签下的合同均已丢失"。

IBM还采用了"伪造日期"的方法。1942年7月21日，利尔向IBM纽约总部发去电报，称于1941年12月31日为瑞士的一名黑名单客户安装了954型霍尔瑞斯机器。然而，IBM内部的审查报告引用了"第22号安装报告"，证实这台机器真正的安装日期为1942年3月31日，并从1942年4月开始收取租金。

拖沓的虚假日志、捏造的年表在IBM日内瓦办事处随处可见。利尔曾记下一篇长日志来表明自己已遵守美国商业专员伯恩下达的指令，停止了与黑名单公司的交易。IBM 最终不得已在信件中承认："利尔先生在 13 天后才告知 IBM 销售经理赫尔佐克（Herzog）先生，称有两名客户出现在黑名单上。利尔本该在收到信息的那一天，即 1942 年 3 月 25 日致电赫尔佐克先生。因此，美国商务专员丹尼尔已经看清该事件的来龙去脉，并拒绝接受利尔先生的编年报告。丹尼尔指责利尔在获知这些客户被列入黑名单后的 5 天内，与他们签订了合同。"

有时，甚至连 IBM 纽约总部也无法辨认 IBM 重要管理人员所编造的谎言。IBM 在对某个案例进行内部审查时承认，1942 年 6 月之后，他们丢失了该案例，因为相关信件已被人从文件删除。

即便 IBM 在内部审查时将这些欺瞒行为公之于众，沃森也仍旧允许利尔继续任职。

沃森亲自为 IBM 的欧洲业务搭建了平台。1941 年 10 月，沃森向所有子公司下达指示："由于战争，我们无法像在和平年代时那样参与各个海外子公司的业务。因此，我们建议你们自行决策，不需向我们征求意见和寻求帮助，除非有进一步通知。"在这份指示中，沃森从未提及让 IBM 高管停止与纳粹政权交易，也没有命令他们停止将机器销往集中营。沃森只是要求 IBM 子公司停止向 IBM 纽约总部提供相关的活动信息。

IBM 纽约总部制造出一种"置身事外"的假象，但它仍在 IBM 子公司的日常运营中继续扮演核心角色。IBM 子公司照例通过中立国与轴心国合作，甚至直接与德国和意大利交易。战争期间，IBM 子公司仍照常运作。

身为瑞士公民的利尔可以在德国、德占区和中立国之间自由出入，帮助沃森管理 IBM 的业务。

沃森宣布中断 IBM 纽约总部与海外子公司的联系后 6 个月，利尔将 IBM 日内瓦办事处的角色定位为"中转站"，而非"自治独立的办事处"。IBM 日内瓦办事处会执行 IBM 纽约总部的商业决策。1942 年 4 月 29 日，利尔向美国驻日内瓦领事概述了 IBM 日内瓦办事处的运作机制。"您很清楚，"利尔解释说，"这个办事处是 IBM 纽约总部和多个国家的 IBM 子公司之间的中转站。"之后，利尔又补充道，所有决策都需由 IBM 纽约总部做出，他的作用只是监管业务和保管记录：IBM 在日内瓦设立的欧洲总部相当于 IBM 纽约总部的代表，欧洲总部的工作是管理并控制欧洲业务……

简单地说，IBM 日内瓦办事处只有管理职能。

利尔强调："各子公司需要购买我们在美国工厂生产的机器或原材料时，会将订单交给 IBM 日内瓦办事处，接着，IBM 日内瓦办事处会将订单转交给 IBM 纽约总部，待 IBM 纽约总部处理好订单，就会将机器送往各地的办事处。"

1944 年末至 1945 年初，随着欧洲大陆逐步解放，重建起来的国家开始追究通敌贸易者的责任。法国当局逮捕了巴黎的 IBM 职员（最后他们都被释放），围绕着欧洲的解放热潮袭来。当时，利尔深陷舆论旋涡。有人说，利尔在午夜时分穿过法国占领区，将德霍梅格的钱转移到维希法国。还有人说，瑞士当局在通缉利尔，因为他扭曲了瑞士的金融法规。

发生在 IBM 日内瓦办事处的秘密活动可能永远都不会被曝光，但在当时，有一件事逐渐明朗起来：战争结束后，利尔必须立即从日内瓦消失。利尔别无选择，只有穿过法国才能逃离瑞士。1944 年末，就在法国情报机构逮捕了 CEC 的管理人员后，利尔试图向法国驻日内瓦领事馆申请前往法国的过境签证，以便迅速离开欧洲。但在 1945 年 1 月 3 日，法国外交部指示法国领事馆拒绝利尔的请求。这样一来，利尔只能留在原地了。法国领事馆拖延了很久才回复利尔，并于 1945 年 1 月 12 日正式否决了利尔的申请。

即使利尔能够离开瑞士，美国驻伯尔尼公使馆的商业官员也不愿为利尔提供进入美国的临时签证，因为利尔进入美国可能"不利于公共安全"。1945 年 1 月 16 日，商业官员表明了这一态度。然而几天后，高级外交官介入了此事。公使馆官员 J. 克拉尔·赫德尔（J.Klahr Huddle）致信美国领事保罗·斯夸尔（Paul Squire）："我现在必须告诉您，大使馆中的法律官员仔细研究了 W.C. 利尔事件的相关文件。经仔细研究与思考后，我们认为利尔先生通过临时签证进入美国并不会威胁公共安全，我们相信，您会根据利尔的签证申请做出相应的举措。"

然而，即便美国同意签发临时签证，利尔仍旧无法踏入法国领土，进而逃出欧洲前往美国。不过，在 1945 年 1 月中旬，利尔突然消失了。

1945 年 2 月 12 日，长期驻扎法国的 IBM 主管卡米耶·德尔库（Camille Delcour）在向法国子公司报告时，就此事表达了惊讶之情。他写下了一条信息：

2月12日，周一早晨，我来到IBM的办事处，发现布告板上钉着一则通知，称利尔先生正前往美国。"路程紧迫，我需立即动身。"利尔还在通知中遗憾地表示他未能与员工告别。

我们惊讶不已，不仅惊讶于他这种奇怪的潜逃方式，还诧异于他如何穿过法国，因为我们确知，他申请的法国过境签证……在1945年1月12日被否决了。

看来，是斯科特先生邀请他前往美国的。这份邀请是否因利尔的直接挑衅而来，我不得而知。我会发电报提醒沃森先生，在可靠的纽约官员调查日内瓦局势之前，不要相信利尔说的任何事情。

卡米耶·德尔库
IBM

没人知道利尔是如何逃出欧洲的。1945年夏，驻伯尔尼商业专员里根（Reagan）致信法国大使馆，复查了法国外交部拒绝利尔进入法国的决策信。里根说："我们后来得知，利尔先生已成功抵达美国。我们想知道利尔先生是如何在没有签证的情况下穿过法国。如果您有任何这方面的信息，请告知我，感激不尽。"

对美国驻伯尔尼领事馆的官员而言，这应该是显而易见的事了。事实上，在瑞士为利尔周旋的人就是美国的驻外武官——巴恩韦尔·莱格（Barnwell Legge）将军，一位擅长转移人员的老手。该领事馆的官员曾在信中解释，有两名高级外交官员提供了允许利尔进入美国的辩护书，莱格将军就是其中之一；另一位是新上任的总领事萨姆·伍兹，是从美国驻柏林德国大使馆调来的。同时，他也是那位在德霍梅格骚动中帮助IBM，随后又帮助利尔将霍尔瑞斯机器从波兰转移到罗马尼亚的人。

对W.C.利尔和IBM日内瓦办事处而言，战争已然结束。

第 15 章

硝烟与经济

随着二战战火在欧洲消弭，整片欧洲大陆变得支离破碎、一片狼藉。数百万名持有不同信仰与国籍的人在战争中死去；数百万名衣衫褴褛的受害者无家可归；数百万名疲惫不堪的战士们还需花费多年才能从战争中恢复过来。

不过，德霍梅格挺过了希特勒时代，几乎毫发无损地幸存下来，甚至已准备好照常运营。德霍梅格的机器被收回，利润得以保住，公司的价值也得到了保护。因此，战争结束后，IBM 便能够收回这个问题连连却价值不菲的德国子公司，拿回机器并收取其利润。

被保护的赃物

早在 1943 年 12 月，美国政府就曾表示，在希特勒管控下的霍尔瑞斯机器是战略资源，要援救，而不应摧毁。德霍梅格的设备是德国和其他轴心国在占领区内顺利行动的关键所在。1944 年 6 月，卡特关于 IBM 和德霍梅格的调查报告已被汇编成美国陆军部手册 31-123（War Department Pamphlet, 31-123），名为《民政事务指南：德国重要记录的保存和使用》(*Civil Affairs Guide: Preservation and Use of Key Records in Germany*，以下简称《民政事务指南》)。这本手册用了几十页篇幅，列举了重要政府部门和党委部门的街道地址，并描述了相应的穿孔设备和统计数据。第 18 页，"劳工部"的条目下写着："这些记录至关重要，显示了德国人如何控制并转移人力，因此，对占领当局而言，这是重要的信息源。"第 19～20 页，"交通部"的条目下写着："这些最新报告显示了每个占领区可用火车的位置和数量、运输密度、各条路线的承重吨位、所用火车的型号、运输材料的类型……鉴于铁路系统的通畅运行对占领区的管理至关重要……所有的记录都得由军方监管。"

第 21 页，"警方记录"的条目下写着："外国人和犹太人的记录由警方的一个特殊部门——外事警察部（Fremdenpolizei）保管……该部门使用的是一种精密的技术。警方会时时更新记录，以准确定位该国的每一个人。"第 58 页，在"盖世太保卡片索引"中，条目 B 的标题是《集中营囚犯登记》（*Register of Inmates of Concentration Camps*）。该部门表示："盖世太保的主管和官员负责保管各自辖区内集中营的囚犯记录。在集中营内部可以找到《集中营囚犯登记》的副本。"

《民政事务指南》的附录 B 罗列了德霍梅格位于各地的工厂，概述了霍尔瑞斯制表机、分类机、校对机和乘法器的基本操作方法。

为了加快占领的步伐，英国情报机构也热衷于保护德国的霍尔瑞斯系统。英国的一家报纸在评论帝国统计局时坚称："如果德国经济部及其下属机构的统计人员能维持良性运转，那就不需要大量人员来负责这项任务。然而，德国的霍尔瑞斯系统若是……被扰乱，记录若是被破坏，那么重构这套系统将是一项漫长而艰巨的苦差事。"

德军同样希望保护手中的 IBM 设备，虽然出于不同的缘由。随着同盟军分别从东西两个方向解放欧洲，第三帝国也逐步将宝贵的机器转移到防御线后方，以便继续使用。

1945 年，德国元首颁布了一项法令，将重点放在穿孔卡技术上，以登记和追踪第三帝国保卫战中所需的德国人。元首委托德占捷克斯洛伐克的前军事总督卡尔-赫尔曼·弗朗克（Karl-Hermann Frank）全权管理穿孔卡登记项目。可以说，弗朗克的权力凌驾于 MB、中央机构和其他所有政党或国家机构之上。希特勒在申明弗朗克的职务时曾指出："担任此项职责，他必须亲自向我报告。"此外，这位元首还补充道，委员会提议弗朗克在鲁道夫·施梅尔的主持下就职。鲁道夫·施梅尔就是那位在德霍梅格里希特菲尔德工厂的开幕式（1934 年）上为纳粹党发言的官员、MB 的权威人物。

德国将设备转移到更安全的地方，不只是出于战略考虑，更重要的是，霍尔瑞斯系统隐藏着足以给德国定罪的证据。因此，在遗弃集中营时，德国会移走机器、销毁文件，以抹去犯罪的痕迹。有时，德国并不会重新部署那些从各处转移来的霍尔瑞斯机器，只是将它们隐藏起来，以免被同盟国没收。不过，随着同盟军逼近柏林，其军事情报机构还是追查到了许多机器。

MB 曾因一次大型的穿孔活动，在德国文迪施里茨安置了近 100 台霍尔瑞斯机器。这些机器部分被拆解成部件后，被送至奥托酒店，其中一些制表机被安置于酒店附近的一座城堡中，剩下的设备则通过铁路被运往诺伊迪滕多夫，并在里斯贝克啤酒厂的地下室被重新组装起来。当同盟军抵达啤酒厂时，这批机器还未来得及转移。波兰克拉科夫和波兹南的机器也被转移到诺伊迪滕多夫。苏联柯尼斯堡的制表机和分类机在同盟军到来前，就已被装上船运走了。德国汉诺威的设备被转移到埃尔策。纽伦堡的机器被运到安斯巴赫的啤酒屋大街。卡塞尔的制表机专家将设备运到了奥贝劳拉，不过在装上船之前，制表机专家将机器的部分零件拆了下来，制造出机器已废弃的假象，以逃过同盟军的检查。

无论是同盟国还是轴心国，都在努力保护霍尔瑞斯系统。不过，对于德国所用机器的具体数量以及具体位置，相关线索还是一片模糊。集中营里的情况尤其明显，因为在解放者到来前，集中营的霍尔瑞斯部门通常已被废除，即便有时会留下一些卡片、解码密钥以及霍尔瑞斯转移名单。

因此，一旦德国投降，IBM 便可以立即收回那些贵重的设备了。值得一提的是，IBM 收回的那些设备大都安置于没有犯下重罪的地方。

IBM 的资金也得到重点保护。战争期间，第三帝国需要欧洲德占区的 IBM 子公司以一种可靠的、可赢利的模式运营。第三帝国最初委派了敌国资产托管人——科特根（Köttgen）博士，而科特根博士则直接任命了 IBM 中最受信任的管理人员管理子公司——所有子公司基本都是如此。

1943 年，帝国经济部任命赫尔曼·费林格尔为德霍梅格的托管人。费林格尔是备受德国信任的商业专员，也是一位经验丰富的管理者。一战期间，费林格尔曾担任首席执行官，负责监管所有敌国资产托管人。在法国，韦斯特霍尔特曾担任 CEC 的托管人，但由于费林格尔的权力远超韦斯特霍尔特，最终，韦斯特霍尔特被取代了。随着费林格尔的职权范围不断扩大，其管理的对象不再只是德霍梅格，还包括挪威、南斯拉夫、捷克斯洛伐克、波兰和法国的 IBM 子公司。

费林格尔与两个人合作十分紧密，一位是监管着比利时和荷兰的 IBM 子公司的纳粹托管人 H. 加布雷希特，一位是罗马指派给沃森意大利的要员。不动产律师奥斯卡·莫宁（Oskar Möhring）则受命成为 IBM 在欧洲德占区的资产及其他商业利益的托管人。

费林格尔一到任就重新部署了 IBM 的管理人员，以便让各 IBM 子公司继续高效生产，增长利润额。费林格尔架空了德霍梅格董事长威利·海丁格尔。包括费森迈耶在内的 4 人顾问委员会不久便取代了德霍梅格的董事会。生性好斗的海丁格尔陡然发现权力尽失，愤怒不已。

1943 年 6 月 18 日，海丁格尔写了一封言辞犀利的长信来申述自己对德霍梅格的贡献，这封信的内容一直追溯到了 1910 年，即德霍梅格建立之初。海丁格尔斥责沃森的介入是所有问题的导火索，他争辩道，德霍梅格属于德国而非美国，不应该以 IBM 的利益为出发点来管理，应该将其全面雅利安化。

"与我们偶尔听到的相反，"海丁格尔抗议道，"不是我们德国人参与了美国企业，而是美国人参与了我所创造的德国企业……我因某些事而一直受到指责，但这种指责并没有根据，甚至有些是自相矛盾的。一方面，有人说我只是美国人的傀儡；另一方面，有人说我是因为这些美国人才变得富有，并指责我对这些美国人毫不客气，一点也不友善。可事实恰恰相反：不是我因为美国人变得富有，而是美国人因为我才变得富有。"

费林格尔裁定，德霍梅格不再负有回购海丁格尔股份的责任，这进一步削弱了海丁格尔的权力。海丁格尔无疑会向费林格尔申辩，尽全力重获对德霍梅格的控制权。然而，海丁格尔的战斗最终还是戛然而止了，这发生在他向费林格尔上交了那封愤慨的辩解信之后。日益恶化的身体状况最终击败了这位顽强的德霍梅格创始人。1944 年，海丁格尔去世了。

没有海丁格尔从中作梗，费林格尔便可以自由地经营德霍梅格，按照自己的意愿扩大德霍梅格的势力范围。为此，费林格尔不再只是无所事事的监督人员。他满怀热情，全心全意地经营着这家 IBM 子公司，正像沃森本人任命的任何高管那样。这正是沃森一直想要的。身为德国托管人的费林格尔是解决德霍梅格骚乱的最佳人选，不仅如此，他还成功化解了IBM与第三帝国之间的商业联盟因美德开战而面临的窘境。

在挪威，费林格尔定期从沃森挪威的管理者延斯·特勒夫森（Jens Tellefson）手里获得该子公司的进度报告。费林格尔很少干涉特勒夫森的工作，以便为特勒夫森和德国各部门的合作铺平道路，尤其是与德国占领当局之间的合作。当无法直接从纽约进口机器或零件时，费林格尔便会着手从沃森意大利和德霍梅格进口。费林格尔并没有使用沃森挪威的名字，而是以IBM纽约总部的名义购买意大利和德国的机器，以此保留美国母公司对德占挪威的机器的所有权。当沃森挪威的穿孔卡库存不足时，费林格尔也会着手向德霍梅格的供应商购买原材料。

有一次，一些挪威民众聚集起来，炸毁了沃森挪威的办事处，试图阻挠沃森挪威向负责组织受征工人和劳工的纳粹劳工办事处提供服务。特勒夫森预料到这次袭击，已提前做好准备，转移了沃森挪威与纳粹德国间的贸易记录。不过，为劳工办事处提供服务的大多数IBM设备还是在炸弹袭击中遭到严重损坏。因此，费林格尔批准将沃森挪威的办事处迁移到更为安全的地方，并为它配置新设备。这一举措让IBM得以继续为纳粹劳工办事处服务，并从中获益。在挪威，这家IBM子公司的年利润从1940年的16.1万克朗上涨到1943年的33.4万克朗，仅在挪威解放（1945年）前数月稍有下滑。费林格尔将沃森挪威的出色表现归功于"战时环境"。

在支离破碎的捷克斯洛伐克，费林格尔批准由沃森精心挑选的主管埃米尔·库克切克（Emil Kuczek）继续掌管捷克斯洛伐克子公司。费林格尔欣慰地说道："库克切克细心、专业地管理着公司的业务……一心为公司的利益着想。"他还表示自己与库克切克的合作十分融洽。捷克斯洛伐克子公司从德霍梅格转移了多台印刷机和切纸机，这使穿孔卡的生产量翻了一番。与此同时，捷克斯洛伐克子公司也完成了德霍梅格的穿孔卡订单。捷克斯洛伐克子公司将若干机器调到德国东部的铁路公司，库克切克收取了全额租金，但没有向对方提供任何收据。他得来的租金寄存在IBM于布拉格贷款银行开办的账户里。IBM日内瓦办事处通知布拉格贷款银行，库克切克可以随意使用这笔存款的20%来维持公司的正常运转，如发放薪水和支付租金。这样一来，捷克斯洛伐克子公司便可以在没有IBM纽约总部书面指示的情况下定期获得资金，而其相关的企业活动也基本找不出书面证据。

费林格尔竭力保证捷克斯洛伐克子公司能够获得巨额利润。他坚持取消折扣、限制开支，甚至根据纯利润，在库克切克的合约上增添了一笔分红条款。仅穿孔卡这一项，捷克斯洛伐克子公司的利润就从1941年的260万克朗上涨到1944年的530万克朗。他也在用心经营着其他的IBM子公司，如波兰子公司和南斯拉夫子公司。这位忠诚的托管人总会努力争取最有利的条款，并做出最保守的商业决策来保护受其管理的子公司。

费林格尔甚至将IBM的利益放在了第三帝国的利益之前，他不停纠缠着柏林方面，要求其支付更高的租金，并偿还拖欠的款项。费林格尔还要求德国政府为德军在法国占领区夺取的CEC机器买单。这引发了长达数月的法律纠纷，最终，费林格尔成功地证明：德国军方在没有适当赔偿IBM的情况下，无权转移CEC机器。他一再强调，被抢夺的机器只是出租设备，并不属于法国政府，而属于IBM。同样，这些被转移的设备也无需遵守一般的"战利品"法规。费林格尔发表了一连串辩护词，再加上CEC主管罗杰·维尔日勒也提供了相应的证据，为此，MB才最终同意交付近100万马克来支付拖欠的租金。

308份租赁合同（一份合同代表一台被征用的机器）已被打印出来，上交给了CEC，但在最后一刻，费林格尔要求维尔日勒不要签名。费林格尔获知，MB针对其在比利时和荷兰租用的IBM设备，与托管人加布雷希特商定了一项有利于自身的维修折扣。直到维修费用得到了调整，维尔日勒才同意了这次交易。到那时，这308份租赁合同已经过期，费林格尔提议将合同简化到一张穿孔卡上，但尚不明确"穿孔卡签名"是否有效。最终，双方还是选择使用传统的书面合同。

身兼CEC代理托管人一职的德霍梅格工程师奥斯卡·赫尔曼将这308份租赁合同的基本格式发给了巴黎方面。在战争期间，赫尔曼一直通过多种渠道与IBM纽约总部保持联系，包括从维希法国向IBM纽约总部邮寄非正式或正式的信函。例如，1942年4月，赫尔曼从柏林经维希法国向纽约恩迪科特寄送了一份手写着"亲爱的吉米"的信件，向恩迪科特的生产主管汇报了德霍梅格和CEC工厂的进展。通过维希法国，赫尔曼还能自由地与IBM日内瓦办事处的利尔联系。与MB这次漫长的协商规定了IBM机器每个月可以使用的时长（为减少机器损耗），以及每台机器的月租。CEC管理人员和费林格尔为获得更有利的条款而推迟了协议签署的时间，最终，这一举措为 IBM 带来了极大的效益。CEC 愿意等待，直到收回拖欠的租金，协议才最终达成。

1944 年 6 月 16 日，MB 的一名官员终于可以在文件中写道："费林格尔已经收到我们签署的基本合同，今天会转寄给他在 CEC 的代表赫尔曼先生。赫尔曼先生身在柏林，之后会把合同带到巴黎，让总经理维尔日勒签署……但最重要的是，经过 4 年的谈判，基本合同才终于要签订了。"

身在阿姆斯特丹的托管人加布雷希特管理着 IBM 的荷兰子公司和比利时子公司。与费林格尔相似，加布雷希特也针对他管理的子公司所转移的机器，向德国政府索要费用。通过与布鲁塞尔和阿姆斯特丹的 IBM 管理人员合作，加布雷希特签订了许多合同，均按正式租赁合同的模板打印而成。每份合同的顶部都有一条声明，表明该合同是柏林 MB 和 IBM 纽约总部通过阿姆斯特丹或布鲁塞尔的德国管理人员签订的。每台机器的具体信息，如序列号、月租、每月使用时长和维修条款都被打印在合同的空白处。尽管这些合同的生效日期大多为 1943 年 9 月 15 日，但租赁条款和费用均需追溯到 1942 年夏，且具体时间取决于机器在何时抵达第三帝国的各个办事处。

例如，合同 #091/1/0094/43 规定，序列号为 10167 的 034 型复式字母穿孔机（Duplicating Alphabetizing Puncher），该机器部署在 MB 位于慕尼黑的办事处里，月租为 127.47 马克，从 1942 年 8 月 13 日开始计费；序列号为 13430，带有自动小推车的 405 型字母制表机，月租为 945.76 马克，从 1942 年 8 月 26 日开始计费。每个月的收费账单不断产出，详细说明了德国外交部、德国海军、德国空军或监察机构等部门需要支付的租金，直到战争结束。托管人加布雷希特在履行合同时没有损害 IBM 的任何利益。事实上，德国官员还抱怨道，他们辛苦商定的合同根本不公平，因为合同规定第三帝国要为战争造成的所有损失买单。

费林格尔是沃森的忠实信徒，全力维护着 IBM 的利益，甚至会防止竞争对手的出现。例如，1944 年 8 月初，当意识到德国卡特尔万德雷尔－韦尔克可能威胁到 IBM 时，费林格尔便以侵犯专利权为由，向万德雷尔－韦尔克发起挑战。为避免受到起诉，万德雷尔－韦尔克在无奈之下接受了费林格尔严苛而近乎独裁的授权合同。该合同规定，进口到德国的每台公牛机器都要向德霍梅格缴纳 4% 的专利费。4% 只代表战时的临时专利费，战后还会上涨。费林格尔在合同中要求："你们需要知会我们每台公牛机器的型号、序列号、进口日期和用途。"为进一步限制万德雷尔－韦尔克在德国市场上的活动，合同还规定："你们不能将机器用于广告用途。"最终，由于费林格尔在程序上的诸多拖延以及法国解放，公牛机器进入第三帝国的意图被有效地阻止了。因此，德霍梅格得以保住其垄断地位。

在费林格尔等托管人的精心管理下，德霍梅格等IBM欧洲子公司欣欣向荣。德国投降后，托管人的权力也随之消失。接下来，IBM将制定一种精密的官僚程序来收回散落于欧洲各国的资产。幸运的是，沃森可以依靠另一批人：IBM士兵。

IBM士兵

欧洲战场上的美国战士英勇地打击着纳粹。这些战士还需要控制德国的各种场所，找到纳粹的战争罪证，以及外界勾结纳粹的证据。那些被找到的物证无论是位于工业场地、银行、军事基地，还是集中营，都属于敌军财产，需交送给指挥官，可能还需要上交给军事法庭。

美国军队中存在着一个紧密团结、身份统一的群体。作为IBM前雇员，这些人被亲切地称为IBM士兵。

早在美国参战前，IBM与员工之间不可分割的密切关系就已经形成。1940年圣诞节，沃森通知所有员工，那些即将征召入伍的员工即使不在职，也将获得3个月的薪水，最高可达4 000美元。这笔钱会分12个月发放给入伍者。对那些男人们穿上制服远征海外的家庭而言，这是一笔可观的生活津贴。

沃森还声明，入伍者仍属于IBM大家庭，他们在服完兵役后仍可以回到IBM就职："你们不在IBM的这段时间，IBM会想念你们的。但我们相信，军队的训练会强壮你的体魄、磨炼你的精神和道德观。训练结束后，IBM相信你们会拥有更强的能力，在归来后继续为IBM服务……若真如此，你们将有机会赚得更高的补偿金。你们得知道，在公司的朋友会全力支持你们。如果需要帮助，请随时告知我们。"

美军组建MRUs时，IBM员工或IBM培训过的人员成为MRUs精英部队的骨干。由于IBM人员具备技术经验，因此，他们还指挥着其他重要部门，尤其是行政部门。在这些人心中，矢志不渝地忠于托马斯·J.沃森和 IBM，与遵守战场上的军事纪律、效忠于同盟国事业并行不悖。因此，当 IBM 士兵偶然碰见德霍梅格的设备和工厂时，既看不到需要记录的战争罪状，也看不到需要回收的纳粹重要工业设备。IBM 士兵只看到一些鼓舞人心、深受人们喜爱的事物，这些事物需要受到保护并返还给合法所有人。IBM 的事业就是他们的事业。

德国
1945 年 4 月 26 日，周二

亲爱的沃森先生：

我今天收到了您的祝贺信，祝贺我升为下士。您的这封信对我的影响难以言喻，更是鼓舞了我。对此，我可以肯定每一位 IBM 士兵都是这样认为的。您的信件以及高管的信件跨越了一段漫长的道路才来到我们手上，让我们在这里，在欧洲战区司令部（European Theater Command，以下简称 ETC）的生活变得更加愉快。

在今天收到您的来信，似乎是件十分适合的事。今天我拜访了位于辛德芬根的德国霍尔瑞斯机器公司。我与我的队长，IBM 士兵的上尉参观了德霍梅格工厂，我们是战争以来第一批踏进这所工厂的美国人。德霍梅格的雇员奥托·豪格先生和维辛格先生（Wiesinger）是我们的向导。沃森先生，我可以向您保证，看到这家工厂，我才发现自己于 1940 年冬天在恩迪科特看到的工厂是多么小。对此，我有点震惊。我面前的工厂完好无损，好像我们的空军士兵莫名其妙地放过了这个地方。

在辛德芬根，我发现了一家装配工厂，里面有许多状况良好的零件，每件工具、每台机器都准备得很完善，只需要很短时间就可以运作了……这里有超过 100 万张准备运出的穿孔卡以及 200 卷纸，均安放在通风良好的地窖里。

在辛德芬根以南 600 公里的霍尔茨格尔林根有一个服务部门，那里配备着两台型号为 297 的制表机，两台型号为 080 的分类机，一台型号为 601 的乘法机，一台型号为 522 的总计键盘穿孔机

(Summary KeyPunch），以及四台型号为 016 的键盘穿孔机。豪格先生将服务部门迁到这里，似乎是因为这里可以免于轰炸。

时间紧迫，任务繁多，我无法进一步调查，只能遵照豪格先生给我的任务，将所有的零件和备件从斯图加特转移到库亨。这里还可以找到通讯部门、插接板工厂和小型组装工厂。霍尔茨格尔林根是所有部件的汇集点，所有东西都会在这里进行组装。因为豪格先生认为这家工厂没有遭到轰炸，状况良好。在柏林，还有一家替代组装厂，以备不时之需。罗特克先生和豪格先生在去年秋天做出了上述调整……以防万一。在辛德芬根，豪格先生和维辛格先生在各种难熬的困境下仍然出色地完成了任务，保证这家工厂完好无损对同盟军大有裨益，同盟军可以获得零件和纸张。沃森先生，正如您所知，这里是不允许友善交流的，不过，我和其他 MRUs 的士兵一样，都是以最高司令部的指示为行动依据。我与豪格先生和维辛格先生的交涉也完全符合指示。

请容许我代他们向您问好。

你最诚挚的

詹姆斯·T. 森（James T. Senn）

MRUs 第四队

詹姆斯·T. 森的信件很有代表性。沃森收到了来自各方的报告，有来自 IBM 士兵的，也有来自德霍梅格员工的。德霍梅格职员可以先将信件寄给 IBM 士兵，再由 IBM 士兵通过常规渠道寄出。无论是 IBM 士兵还是德霍梅格员工，大多数人都需请求 IBM 给出下一步指示。

例如，1945 年 5 月 10 日，即柏林沦陷 2 天后，德霍梅格工程师阿尔弗雷德·迪克（Alfred Dicke）尽职尽责地给身在纽约的沃森发送了紧急消息："我特此通知您，专利部门……从柏林的工厂移至黑欣根附近的霍亨索伦，这是一座城镇……您出访德国时便已知晓。柏林频繁遭到空袭，同盟军也步步逼近，我们已无法在柏林继续待下去了，我们需要将那些重要的专利档案转移到更安全的地方，许多文件没有备份。"

迪克继续写道："自 1943 年以来，柏林的工厂屡遭燃烧弹袭击，已逐渐被毁坏。大多数部门已经移至德国南部，分布在各地，因此没人会说柏林还有总部……您是否赞同我们将所有文件转移到法国的 CEC……或 IBM 日内瓦办事处？"

1945 年 8 月 22 日，750 坦克营的伦纳德·V. 索尔兹伯里（Leonard V. Salisbury）上尉向 IBM 发送简短信件，称 IBM 派驻柏林的律师写了一封信，已通过纽约州罗切斯特市的工厂送出。索尔兹伯里还根据自己对里希特菲尔德工厂和办事处的观察，写了一份报告。"我注意到，尽管这座城市已变得破乱不堪，但钦巴尔（Cimbal）先生、科姆（Kölm）先生和德霍梅格经理布罗克曼（Brockman）先生对 IBM 的发展情况仍十分乐观。带着这样一种乐观精神，我相信前景一片光明。如果我能提供联络或其他方面的帮助，我会非常乐意为您效劳……希望能在圣诞节前见到 IBM 的朋友。"

其他欧洲解放区的美军也源源不断地向 IBM 纽约总部发去消息。一次，IBM 等了 3 周，仍未收到奥地利德霍梅格工厂的消息，由于迫切想获得相关的报告，IBM 纽约总部外贸部的威廉·W. 巴斯（William W. Bass）联系了他的儿子——驻日内瓦的陆军中尉。巴斯中尉提供了一份报告，经驻日内瓦的军方总部递给美国国务院，再由美国国务院转交给 IBM 纽约总部。

在同盟军占领德国后那混乱不堪的几个月里，爱管闲事却无比忠诚的 IBM 士兵争先恐后地推进着德霍梅格的事业。不过，也许没人像劳伦斯·G. 弗利克（Lawrence G. Flick）中校那样，能引起巨大的风波。1945 年 5 月 11 日，苏联以勾结纳粹为由逮捕了罗特克。紧接着，同盟军逮捕了赫梅尔。身为 MRUs 军官的弗利克中校尽其所能地帮助 IBM 保住德霍梅格的重要管理人员。

1945 年 2 月，弗利克中校给沃森写了一封长信，指出："我明天将离开柏林前往法兰克福，到那后，我会尽力找到卡尔·赫梅尔，并尽快将其送回柏林。随后您会得知，在处理德霍梅格事务时，各管理人员存在着很大的意见分歧。不过，他们在两件事上似乎达成了一致，一是救回罗特克先生。这恐怕很成问题。虽然有些人在被苏联逮捕后又被释放，但这极少发生，而且他们的身体状况通常也变得很糟糕。二是救回赫梅尔。这倒可以实现，只要赫梅尔的身体状况能允许他在糟糕的条件下长途奔波。

"昨晚，我和军政府财产管制官亚瑟·D. 里德（Arthur D. Reed）上尉进行商谈。他大约 40 岁，是所有企业的托管人，既睿智又真诚……里德上尉十分赞同我代表公司所做出的努力。他十分信任……费林格尔，并授予了费林格尔重要职务，让其担任前纳粹企业的托管人。他还任命费林格尔为自己的私人顾问，以便向其咨询与 IBM 有关的政策。

"和里德上尉交流后，他同意我通过他来联系费林格尔。如果您觉得合适，那么我以后就以这种方式来传达指示，直到通讯恢复正常。在里德上尉的帮助下，我找到了安德鲁·亨泽尔（Andrew Haensel）少校，您可能已经从沃森的助手杰克·肯尼（Jack Kenney）那里听说过此人。今早，我见到了亨泽尔少校，我现在就以附件的形式给您报告与亨泽尔少校会面的相关事宜……在现有法规下，亨泽尔少校已经全力做了协调工作，里德上尉也是如此。我和亨泽尔少校达成协议，要求他在向柏林公司发送任何信件时，也要发送一份给里德上尉，反之亦然。因此，从现在起，所有信件都将完全曝光，同时还会接受军方的审查。如上所述，我们三人会保持联系。"

弗利克中校还提到 IBM 被冻结在德国的账户，指出了德霍梅格面临的窘境：由于账户被冻结，德霍梅格日常支出的问题难以得到解决。

弗利克中校继续写道："德霍梅格需要资金。里德上尉、亨泽尔少校和费林格尔都认为，15 万马克的资金或许能让德霍梅格再维持三个月，之后，这家公司就能再次正常运行。如果我前往汉堡，就会尽力按现行法规处理此事。不过，深知内情的亨泽尔少校并不抱有多少希望，因为他认为柏林的资金在短时间内很难拿到。"

最后，弗利克中校向沃森总结道："如果您能就 IBM 人员应花费多少心思在欧洲业务等问题上提供意见，我将万分感激。在没得到指示之前，我会尽量收集您感兴趣的信息。显然，很多信息会跟您已经了解到的信息重叠，这不可避免。不过，只要收集到的信息能对 IBM 纽约总部有所帮助，我们这些在外地的人员就会不惧困难，搜集一切信息，并将这些信息递送给您。"

然而，沃森并不想接受弗利克中校的帮助。在 IBM 看来，IBM 士兵已为其提供了非常宝贵的服务。他将弗利克中校试图搭救德霍梅格以及赫梅尔的行动视为"多余的干涉"。沃森不打算再授权给德霍梅格骚乱中的领导者以及任何要求获得利润分红的管理人员了。他在办公室写了一封信，直接寄往柏林那些饱受炮弹侵袭的部门。沃森想要弗利克中校闭嘴，不再插手德霍梅格的事务，于是，他让哈里森·昌西带着这封信前往华盛顿。

威廉·L. 克莱顿（William L. Clayton）
助理国务卿
华盛顿

尊敬的国务卿先生：

不久前，我收到了劳伦斯·G. 弗利克中校的信函。弗利克中校是正在服兵役的 IBM 前雇员，我已随信附上了信函的影印件。他在信函的第一段和第四段提到恢复卡尔·赫梅尔先生的管理层职位。我们不想看到正在服兵役的 IBM 人员谈论与德国代表相关的事宜，因为我们还不清楚在德国重新恢复业务时，会把多少德国雇员请回这家子公司。我们想让弗利克中校知晓这一点，现在我请求您，希望您能就如何处理这件事向呈递这封信的哈里森·昌西先生提供建议，告诉他如何才能保证与军事当局的政策和想法一致。

您最诚挚的
托马斯·J. 沃森
董事长

沃森很快就得到了回复。几天后，助理国务卿克莱顿致信同为助理国务卿的希尔德林（Hilldring）。

尊敬的希尔德林将军：

1945 年 9 月 21 日，IBM 的哈里森·昌西先生呈递了两封信给美国国务院，副本已经随信附上以供参考。那两封信提到，IBM 前雇员，那位被分配到柏林 G5 工业部的劳伦斯·G. 弗利克中校积极参与到 IBM 德国子公司的管理事务中。您会留意到，IBM 董事长托马斯·J. 沃森在信中请求，让我帮忙制止弗利克中校等正在服兵役的 IBM 前雇员谈论德国子公司的事务。我认为，您会请求相关当局让弗利克中校知晓这一点……

您最诚挚的
威廉·克莱顿
助理国务卿

就在同一天,克莱顿回复了沃森的信。

尊敬的沃森先生:

按照您在那封写于9月20日,由昌西先生递交给美国国务院官员的信函中提出的建议,我已经和战争部总参谋部民事处的希尔德林将军通过信,并告知他,您希望正在服役的IBM前雇员不要参与任何与德国子公司的管理或经营有关的行动。我已经建议希尔德林将军,称美国国务院现在不会支持这种与德国企业私自联系或交流的行为,即使这些人是,抑或自称是为身在美国的当事人而做出的行动。

您最诚挚的
威廉·克莱顿
助理国务卿

1945年11月中旬,在五角大楼办公的希尔德林将军直接将沃森的信函副本转递给美国驻德国陆军上将卢修斯·克莱(Lucius Clay)将军,这引发了一场全面的军事调查行动——尽管弗利克中校只是出于好意而做出了行动。1942年11月27日,希尔德林向美国国务院汇报:"弗利克中校已从军队退役,正被遣送回美国。因此,克莱将军建议,没有必要进行接下来的行动。"

德霍梅格,这台希特勒的"战争机器"从未被美国视为敌国企业,相反,它被视为珍贵的美国资产而受到欢迎。如今,控制着德霍梅格的人仍是托马斯·J. 沃森。

战胜国与IBM,谁为谁服务?

收回德霍梅格是一项漫长而复杂的工作。在德国投降几天后,这项工作便启动了。1945年5月18日,IBM纽约总部向美国国务院的战争问题部寄去三封信。第一封信说明了IBM持有一家名为"德霍梅格"的公司,这家公司在德国各地安装了各种机器。当然,IBM在第三帝国苟延残喘的最后几天里已经移走了大部分机器。不过,IBM想靠美国国务院找出剩下的机器。信中写道："自1937年1月至今，德霍梅格始终没有向我们提供安置在德国各地的机器的信息……因此，我们无从得知机器的具体位置。随信附上列举了地址信息的清单，那是我们所知的，安装过机器的地方。"一份两栏式的清单罗列了88座安装过霍尔瑞斯机器的德国城市或城镇。IBM自称从1937年以来就不知道机器的信息，但实际上，它曾协助德霍梅格制作了一份《公民指南》（Civil Guide），这份指南就包含了1944年霍尔瑞斯机器的最新地址信息。

IBM写给战争问题部的第二封信给出了两个住宅地址，这两个地址一直由IBM的税务律师打理。IBM想要收取租金："毫无疑问。他一定积累了一大笔住房租金。"

第三封信则是提醒美国国务院尽快与德霍梅格取得联系，以获知被转移的机器的具体位置。

不久后，美国国务院指示驻德国和奥地利的美国外交官需尽可能地保护这些资产。

1945年10月24日，昌西得意洋洋地回到德国，收回德霍梅格。此时的德国与昌西上次见到的截然不同。那时还是1941年，昌西从没想过要违抗纳粹党；现在，他所服务的是战胜国的企业。

昌西从已被解放的法国启程，由美国陆军中尉菲利普·科伯（Philip Kober）陪同。二人抵达法兰克福后，菲利普·海特（Philip Hayter）中尉加入了他们的队伍。三人的第一站是IBM法兰克福办事处。昌西走进办事处后十分谨慎，留心着周围人的一举一动。艾森豪威尔（Eisenhower）将军下达了严格的"反亲善"（Non-fraternization）政策，禁止了一些常见的礼节，例如与德国人握手、与德国人友好交谈或参观德国人的住宅。IBM能够适应任何形式的地缘政治环境。只需要一场宴会或一些社交礼仪，IBM就可以在短时间内组织起公司的庆典，或欣赏豪华的节日表演；而面对严苛的交流禁令，IBM也可以立刻让自己表现得十分冷淡。昌西在与任何人交流前都会特意寻得军方随行人员的同意。只有当官员在场时，昌西才会讲话，他甚至不愿查看文件，除非提前获得批准。在得到首次获准后，昌西用一种冷淡的官方口吻与IBM法兰克福办事处的管理人员展开了对话，除了要求对方为他提供该办事处的完整财务数据，其他的事只字未提。

次日，三人从法兰克福出发前往斯图加特，希望能抵达斯图加特附近的辛德芬根，视察那座极其重要的德霍梅格工厂。抵达斯图加特后，昌西首先会见了美国少校 J.M. 蒂斯代尔（J. M. Teasdale），他监管着德霍梅格和其他企业在斯图加特的商业资产。昌西询问蒂斯代尔少校，在德国的美国企业是否需要走一些流程以重新控制资产，而蒂斯代尔回答，还不存在这样的流程。此外，蒂斯代尔还表示，如果能起到一定的作用，昌西可以成为德霍梅格的托管人。若昌西成为托管人，就可以同等程度地兼顾 IBM 的利益和军队的利益。然而，昌西并不愿接受："我认为让 IBM 的人主管德霍梅格并不明智。"无论如何，蒂斯代尔仍宣称，他不会允许任何德国人在为美国企业工作时，违背该企业的意愿。蒂斯代尔口中的美国企业便包括了德霍梅格。

还有任务尚待完成。美国军方需要在法国和德国获得更多的霍尔瑞斯字母机。美国军方准备租用 IBM 的设备。蒂斯代尔少校称自己非常愿意让德霍梅格拿下这些订单，接着，他指派了驻外调查员二等兵舒伯特（Schufert）陪同昌西一行三人前往辛德芬根。

德霍梅格在辛德芬根的工厂没有受损，也未曾遭受炮弹袭击。奥斯卡·赫尔曼接见了昌西和三位随行军人。见面后，焦虑不安的昌西警告赫尔曼，除非获得许可，否则自己不会同他交谈，而且即便可以交谈，也必须在"随行军人"能听见的范围内。获得许可后，昌西告知赫尔曼，美国军方希望 IBM 收回德军从法国运走的霍尔瑞斯机器。赫尔曼回答道："德霍梅格所知不多，因为是德军夺取的机器，而德霍梅格在这件事上并没有和德军合作。"赫尔曼的回答与昌西在报道中写的如出一辙。可笑的是，很少有人能比赫尔曼更了解这些从法国转走的机器。赫尔曼是 CEC 的代理托管人、德霍梅格的重要技术经理，他管理着法国的霍尔瑞斯机器，当然清楚 CEC 为第三帝国开出的一页页账单。此外，费林格尔在交涉并商谈那 308 份租赁合同的同时，充当着 CEC 和 MB 的中间人。不过，昌西并没有戳破赫尔曼的谎言。

昌西继续执行着既定的议事日程。他说，美军渴望获得德造字母机，尤其是先进的 D11-A。赫尔曼回答，虽然有 5 台这样的机器已投入生产，但只有 1 台是组装完成并能够正常运行的，使用这台机器的是达豪集中营。于是，昌西在两名特别的军方护卫和一名陆军战地调查员的陪同下，检查了达豪集中营中的 D11-A 型德造字母机，后者的部分零件已被拆卸下来。

昌西留意到，这台带有滚筒印花机件的机器看起来比 405 型美国字母机要大得多。赫尔曼表示，这台机器的性能并不如人所愿。随后，昌西写信向 IBM 纽约总部报告了该机器的相关情况："这台机器在达豪集中营使用，不过已在亨德里克斯（Hendricks）中士的协助下被送回德霍梅格，安置在辛德芬根。"亨德里克斯中士是美军的产业联络人，在德国巴特瑙海姆管理着"一批特殊的设施"。

当昌西转身离开时，善于交际的赫尔曼试图询问几个关于 IBM 友人的问题。在战争期间，赫尔曼曾公开与这些人通信。不过，昌西生硬地打断了他，坚称不能与他有私人交谈或寒暄。

同日，这群人返回法兰克福，见到了刚从柏林过来的亨德里克斯中士。他已查看过遭到破坏的里希特菲尔德工厂，现随身携带着一封给 IBM 的信，里面装有里希特菲尔德工厂的德国员工整理的一份详细报告。这份报告是美国陆军中校弗利克交给亨德里克斯的。在尴尬的气氛中，亨德里克斯中士从口袋里掏出信递了过去，昌西拿到信封后，立即将信递给了身旁的科伯中尉。科伯中尉能够看懂德文，他在浏览了报告后，批准昌西查阅。昌西照做了，不过很快就认识到报告的内容是他以前并不知晓的信息。

亨德里克斯中士向昌西透露了更多信息，多是关于德霍梅格的管理人员。罗特克太太公开散播纳粹的言论，导致罗特克与纳粹的关系尽人皆知，并最终被苏联关押。不过，赫梅尔被释放了。赫梅尔从同盟国在巴特瑙海姆建立的监狱中获释后，亨德里克斯中士认为用卡车将赫梅尔送回斯图加特已并无大碍。沃森想切断与赫梅尔的联系，但赫梅尔仍回到了德霍梅格。

1945 年 10 月 30 日，昌西在护送下回到巴黎，继续有条不紊地回收德国子公司的资产。他一如既往地向欧洲的多个占领当局和美国国务院申请许可。尽管没有出台有关重获企业资产的政策，不过，一旦与该政策有关的临时条款生效，IBM 就会根据这些条款迅速行动。1945 年夏末，这种政策壁垒开始逐渐崩塌。

在柏林的行动与在辛德芬根的行动截然不同。1945 年夏，美国军方起初任命了德霍梅格管理人员 H. 贝克曼（H. Beckmann）为柏林业务的托管人。然而，贝克曼的行动效率并不高，且一直在为德国的命运沮丧不已。贝克曼的儿子在战争中丧生，妻子也在与苏联士兵争吵时，被打掉了牙齿。昌西称贝克曼为"心灰意懒的男人"。此外，贝克曼和费林格尔的关系很差，他会让守卫阻止费林格尔进入大门，而后者就会向上级抱怨。于是，美国军方让另一名德霍梅格管理人员钦巴尔取代了贝克曼的职位。显然，钦巴尔与费林格尔更合拍。无论是谁受命来管理德霍梅格，这个人都需要获得费林格尔的协助，毕竟自1943年以来，费林格尔一直高效地管理着IBM的子公司。占领当局对费林格尔与纳粹党的联系视若无睹，仍指派费林格尔为钦巴尔的特别顾问。

IBM还未重掌德霍梅格的大权，但德霍梅格已得到批准可以正常运作。当时，德霍梅格仍有大笔资金被冻结在银行中。根据1945年8月的一篇报道，自柏林沦陷后，德霍梅格就再未给员工发放薪水。于是，钦巴尔整合里希特菲尔德工厂的资源，削减开支和薪水，重新启用了"按月租赁机器"的经营模式。为获得更多资金，钦巴尔还利用废弃金属来生产玩具。很快，里希特菲尔德工厂的制表机又咔咔作响了，印刷机也源源不断地印出穿孔卡。1945年9月，已有超过320台原属于德国的机器在运转，包括那些安装在公共场所、保险公司和铁道部的霍尔瑞斯机器。一家向法军和美军提供穿孔卡的工厂已经恢复了75%的生产力，在9～11月间共生产了5 800万张穿孔卡。德霍梅格还需完成军方的订单：1 700万张穿孔卡。为此，钦巴尔不得不请求IBM纽约总部批准使用1.2万美元来购置机床，以重启生产项目。

1945年底，昌西致信沃森称："钦巴尔出色地完成了工作。由他管辖的区域已经开始赢利。如您所知，他们利用废料生产了玩具，利用美军丢弃的锡罐制作了各种新奇的东西，不过，机器的租金仍是该区域利润的主要来源。"

1945年8月，军方指示费林格尔撰写详细报告，描述德国、挪威、法国、南斯拉夫、捷克斯洛伐克和波兰等国的IBM子公司现状及他对其他子公司的了解。费林格尔除了要上交各子公司的经营情况报告，还要预测各子公司的前景。他会将一部分报告直接寄给沃森，但大多数调查报告仍需先提交给美国政府，再由IBM审阅。在这些由财务数据支持，按国家分类得出的总结中，包含了IBM纽约总部在重新控制子公司时所需的大部分信息。

费林格尔在上交报告后不久，就被军方某支身份不明的分队所逮捕。这给费林格尔和IBM的关系画上了句号。

1945年12月3日，美国驻斯图加特军事政府通过巴黎的军事部向昌西传递了信息：关于重获美国资产，仍旧没有明确的政策。不过，昌西可以再次前往德国进行磋商。

次日，即12月4日，昌西和IBM的另一位高级职员沃林（Warrin）先生从巴黎起飞，降落在靠近法兰克福的机场。因天气缘故，飞往柏林的转接航班迟迟不能起飞，最后，机场甚至取消了航班。第二天上午，他们又试图搭乘飞机，但天气情况仍没有改善。在滞留于法兰克福期间，他们再次联系了海特中尉。海特中尉指出，美国军方需要租用德霍梅格的大批机器，还需要维修该地区的美方机器，所以IBM需要准备好可能要用到的所有合同。昌西十分乐意遵照海特中尉的指示行事。

天气仍不见好转，昌西和沃林只好连夜搭乘火车前往柏林。二人在最后一刻才买到火车票，所以只能坐普通座位而不是头等座位。一到柏林，他们二人就在当地的财产控制办事处找到了柯里（Curry）少校。柯里少校批准昌西和沃林对里希特菲尔德工厂做最后的检查。这一次，不需要任何陪同人员，昌西也可以进行任何有价值的谈话。

1945年12月6日，昌西和沃林抵达里希特菲尔德，只见一面美国国旗在德霍梅格工厂的屋顶上随风飘扬。钦巴尔和德霍梅格员工代表团接见了二人。谈话开始前，昌西照例宣布不会进行"友好交流"，只会就IBM纽约总部需要的商业信息进行交谈。

次日，昌西收到消息，需前往钦巴尔家与柯里少校洽谈。当晚，昌西和沃林应邀来到钦巴尔家会见柯里少校。他们一走进钦巴尔家，就看到餐厅里摆放着一张布置雅致的餐桌。虽然这与IBM在战争期间安排的豪华盛宴相比根本不值一提，但钦巴尔太太着实花了些时间，利用那并不丰裕的物资表示对昌西和沃林的欢迎。昌西陡然止步，严厉地说，这里不需要聚会气氛。他谨遵严格的"反亲善"原则，坚称只在商业气氛下讨论业务。

就在这时，弗利克中校走进了餐厅。虽然再过几天，弗利克中校就将被遣送回国，但到目前为止，他还握有权力。弗利克中校严斥昌西和沃林对钦巴尔一家不友善。昌西反驳说，如果知道是来参加聚会，就不会接受邀请。随后，这两名IBM职员没再多说一句话，转身离开。

昌西在与多名占领当局的高官说明情况后，才对钦巴尔的态度有所缓和。在随后的几次接触中，昌西获取了德霍梅格在柏林的重要业务信息，包括客户名单、财政情况、冻结账户的报告以及赢利前景。他最终获知，在战争期间，仅辛德芬根工厂就通过销售穿孔卡和出租设备产出了 307 万美元利润。休战期间，这家工厂控制着约 1 000 套装置，总计 6 000 台机器，总价值达 234 万美元。大约有 1 314 台穿孔机、校对机、分类机和制表机在安置地遭到了破坏，为 IBM 带来了 161 万美元的损失。

德霍梅格的机器散落在曾经的"大德意志帝国"以及附近的德占区。波兰：444 台穿孔机和校对机、144 台分类机、124 台制表机和 74 台辅助机器。奥地利：447 台穿孔机和校对机、117 台分类机、91 台制表机和 53 台辅助机器。捷克斯洛伐克：108 台穿孔机和校对机、37 台分类机、26 台制表机和 17 台辅助机器。总计有 2 348 台霍尔瑞斯机器等待回收。

昌西找到 IBM 的律师海因里希·艾伯特。艾伯特当时是福特汽车公司柏林业务的托管人。虽然德霍梅格的许多记录都已丢失，但艾伯特仍能签下足够的宣誓书和证明书来证实 IBM 是德霍梅格及霍尔瑞斯机器的合法持有人。

一台台机器，一个个办事处，IBM 纽约总部开始逐步收回德霍梅格供给第三帝国的资源。要做到这一点，IBM 纽约总部必须小心翼翼行走在夹在"征收"和"商业"之间的狭窄绿色道上。昌西在写给纽约方面的一份报告中总结了自己的行动。他写道，他心中最重要的想法就是"不让自己和 IBM 受到任何责难"。

昌西完全做到了这一点。他与美国军事政府首长办公室（Office of the Military Governor–U.S.，以下简称 OMGUS）及苏联占领当局的官僚频繁会面。IBM 小心翼翼、持之以恒，其行事也无可非议。这种洞察力对 IBM 而言至关重要，因为针对 600 万名犹太人和上百万名欧洲非犹太人的惨死，以及被掠夺和破坏的数十亿美元、法郎和克朗而产生的战争罪审判正在酝酿中。不仅如此，向德国商业领域索要赔偿的行动也被组织起来。IBM 不愿成为这些行动的讨伐目标。

匿身于军事法外

军事法第 52 号却是个绊脚石。

法律第一条规定：占领区的资产均受没收或管理、监管等其他方式的处理，适用范围为符合以下条件的资产所有人、管理人或机构：

1. 德意志帝国及其分部或分支机构；
2. 1931年9月1日之后，任何与美国作战的政府或国民；
3. 非法的纳粹党……或其分支机构；
4. 受军事政府关押的人员。

上述四点，德霍梅格都符合。德霍梅格的管理者是知名纳粹分子海丁格尔和罗特克，他们两人共持有10%的股份。罗特克和赫梅尔曾因勾结纳粹德国而遭到逮捕。而自1941年以来，德霍梅格的董事会也已经完全纳粹化。此外，作为战争机器的一部分，德霍梅格需要接受MB这一战时机构管辖。

早在1945年5月21日，昌西就收到了军事法第52号等同盟国法令的摘要信息。IBM力求躲避罪责，并融入胜利者的阵营。它想就因战争而受损的资产索求赔偿，而不想成为支付赔偿的那一方，也不想被列入"纳粹阴谋和侵略者"的名单。IBM是幸运的，似乎有一群人正齐心协力地避免在战争赔偿的言论中提到沃森和IBM。

1945年10月16日，当助理国务卿克莱顿就弗利克中校和德霍梅格遇到的麻烦问题致信五角大楼时，他在第三段第一次提及"战争赔偿"一词。克莱顿写道："如您所知，政府关于德国赔款、海外资产和联合企业的政策还未全面贯彻，我认为，出于各方面的原因，现在就鼓励或支持恢复私企业务关系是不可取的。"不过，美国国务院在对该草案进行政策审议时，驳回了第三段内容。国家安全事务助理沃尔特·罗斯托（Walt Rostow）写道："此处附上克莱顿和希尔德林就弗利克中校的行动撰写的信件的修改稿，您会注意到，我直接删掉了那段令人不悦的内容。"该草案最终被画上了一个大"×"，随后，经过缩减的版本被发了出去。

1945年10月，昌西在战后首次拜访已被同盟国占领的斯图加特时，蒂斯代尔少校透露道，位于辛德芬根重工业区的所有企业都可能被清算，并需偿还大量赔款。昌西就此事汇报IBM纽约总部："他（蒂斯代尔少校）表示，作为战争赔偿，美占区的所有企业都将归美国政府所有，并需偿付大量赔款。如果由他处理那些美国企业的赔偿事务，那么，在美国向其索要战争赔款时，他可适当降低其赔偿金额，使美国所有人的偿付款项相应减少。"

昌西在第二次到德国的时候，私自拜访了美国驻德国占领军副司令卢修斯·克莱。在克莱的办公室里，昌西被介绍给了克莱将军的助手威廉·德雷珀（William Draper）将军。德雷珀将军是沃森的朋友，主管 OMGUS 经济分部。他转而将昌西介绍给 OMGUS 赔偿分部的负责人约翰·A. 艾伦（John A. Allen）上校。昌西说道："美国方面认为归美国人所有的企业应该直接归还给美国所有者，而不是……像提议的那样，清算这些公司，并向其索要赔偿。"

最终，昌西得知，目前还没有做出相关决策。

IBM 认为，虽然它自己（包括德霍梅格）的机器和策略协助并优化了第三帝国的入侵活动，但它还是应该免受责罚，因为它是美国企业。IBM 声称，纳粹支付给它的费用应该受到保护。

然而，同盟国成员和那些要求获得正义的人士普遍认为，政府或私人机构中任何帮助希特勒摧毁欧洲，执行大屠杀的政府或私人机构都应对其犯下的战争罪负责。他们的战争收益和经济实力并不是神圣不可侵犯的，他们应该向那些受害国与受害人支付赔偿。无论他们是穿着长筒靴、戴着"卐"字的军官，还是穿西装、打领带的商人，都得负起责任。全世界都明白，企业与纳粹的勾结正是希特勒制造恐怖的基础，与希特勒合作的商人都会被视为战犯或战争罪同谋。

OMGUS 设立了卡特尔和外国资产调查部，以找出那些资助并支持纳粹德国的人员。截至 1945 年 11 月 1 日，21 位重要银行家因协助德国重新武装、掠夺受侵国家而遭到逮捕。另有 20 名银行家也被列在逮捕名单上。那些被调查的金融机构包括最为知名的德国企业：德意志银行、德累斯顿银行和德国商业银行。

德国钢铁业、金融业、汽车业和化工业的产业大亨也被逮捕，并被送往纽伦堡码头。德国军火制造商克虏伯公司、蒂森公司，以及弗利克中校等名字都与"企业战争罪"画上了等号。就连美国企业或美国企业的子公司也被曝光于公众视线下。例如，位于德国达姆施塔特的德国罗姆哈斯公司就受到了调查。德国罗姆哈斯公司是一家生产树脂玻璃防弹材料的企业，是费城美国罗姆哈斯公司的子公司，由数位德国公民和美国公民共同管理。《纽约时报》报道："达姆施塔特的资料显示，德国罗姆哈斯公司和美国罗姆哈斯公司曾合力终止外资托管人的行动，恢复它在德国方面的利益。"

1946年1月5日，为了偿还赔款，数百家德国工厂被卖给美国人。各种各样的企业也难辞其咎，有位于德国不来梅的宝沃鱼雷工厂——军火工厂，也有位于北德意志的4号工厂——生产家具和床。这些工厂之所以被卖掉，不仅因为德国人犯下了战争罪，其资产需要被清算，还因为他们是资助纳粹德国的供应商。

一周内，OMGUS就已毁掉或变卖了法本公司42家德国工厂的一半。法本公司的24名董事和管理人员被控犯有5项战争罪行。第一项指控为：策划、准备、发起、执行了战争，并侵略他国。第二项指控为：因奴役并驱逐平民，使其沦为劳工，而犯下反人道罪。第三项指控为：参与共同计划或密谋，犯下反和平罪。其中10名被告被无罪释放，剩余人员则被判有罪，并判处不同时间的有期徒刑。

1946年秋，同盟国已经选定并清算了658家德国工厂来获得战争赔偿，美占区157家、英占区444家、法占区57家。其中，只有一半的企业属于军工业。苏联获取了15 500吨商用物资，作为部分战争赔偿。

在比利时，检察官审判了那些曾与第三帝国进行商业合作的实业家。这些被告人从纳粹德国获得的利润被悉数没收，且被判处4～8年的有期徒刑。据媒体报道，比利时法院宣判称，这些高管"做了一场双向赌博，旨在获得丰厚的分红——无论希特勒是否能赢得战争"。

纽伦堡首席检察官罗伯特·H.杰克逊（Robert H.Jackson）向军队广播表述了自己的担忧，称虽然德国实业家是战争的主要诱因之一，但大多数实业家可能永远都不会受到制裁。杰克逊的同僚认为，被告群体过于庞大，要在纽伦堡国际军事法庭的第一波审判中审完所有人，是不切实际的事。同盟国的一名检察官表示，也许实业家可以留到以后再控诉。不过，杰克逊说："我担心若这次无法审判他们，将会意味着他们永远都不会被审判。时间会告诉我们答案。"

在纽伦堡国际军事法庭上，各种文件和证词都需要被翻译成数种语言——法语、俄语、德语和英语，这拖慢了审判进程。为此，杰克逊求助于一种新兴工具：同声传译（Simultaneous Translation）。一家提供同声传译的公司负责将证据翻译成多种语言，这些内容不仅是供官方在审判过程中实时使用，也是为了让后人所用。事实上，这家公司就是IBM。IBM让所有证据的最终翻译稿反复在法国人、苏联人、德国人、波兰人和英国人之间传阅。沃森还提出要帮政府免费处理大批证据。

许多富豪都站在了纽伦堡国际军事法庭的被告席上。出版商、金融家、银行家和实业家都受到传唤,以解释他们所参与的商业活动。例如,德意志帝国银行前总裁亚尔马·沙赫特虽最终被无罪释放,但仍被迫在审判席前解释他所参与的那些活动。

IBM 的遭遇则截然不同。

IBM 似乎对审判免疫,尽管集中营里的每一道血迹、每一张蓝图都被同盟军检查、分类和调查过。达豪集中营里,那些被昌西检查过的 D11-A 机器,以及奥斯维辛集中营、布痕瓦尔德集中营、韦斯特博克集中营和犹太人区的机器最终被直接回收,重新列入 IBM 的资产清单。这些机器会在某一天以某种方式提供给另一位客户。IBM 不需要提供任何答案或解释,它与希特勒合作的相关问题也从未被提起过。

永不结束的战争

IBM 对同盟国而言意义重大,甚至是必不可少的。

同盟国远征军最高司令部(Supreme Headquarters Allied Expeditionary Force,以下简称 SHAEF)是同盟国在欧洲的最高指挥部,由艾森豪威尔将军掌管。SHAEF 在巴特瑙海姆建立了一间机密的统计分析办公室,1945 年夏,该办公室曾为美国战略轰炸调查团(United States Strategic Bombing Survey,以下简称 USSBS)服务。罗斯福总统在 1944 年 11 月就建立了 USSBS,目的是评估同盟国的轰炸给德国的毁灭性影响,包括对民心的影响,以及对国民的反抗意愿的影响。

这间位于巴特瑙海姆的统计分析办公室,完全依赖于霍尔瑞斯机器和德霍梅格操作员来计算炸弹造成的各种破坏,并预测可能产生的社会现象。由社会科学家、心理学家和经济学家组成的"士气部"(Morale Division)也依靠霍尔瑞斯机器来量化公众对残酷轰炸的反应。那些根据平民和经验丰富的盖世太保提供的信息,以及关于各种政治纠纷的常规报告和调查问卷,都被简化成可以用来研究的穿孔卡数据。

USSBS 想要的资源,基本上都能得到。当 USSBS 的官员向美国政府索要一套霍尔瑞斯机器时,8 套机器便连夜从美国空运到了伦敦,与设备一同抵达的还有操作这些机器的技术人员。之后，这些机器被匆忙送到了巴特瑙海姆。当位于德国耶拿的 USSBS 统计办事处需要从即将成为苏联占领区的地方撤离时，一列卡车车队便立即被调来，一次性转移了所有穿孔卡、机器及德国技术人员。

负责在巴特瑙海姆运输霍尔瑞斯机器的是亨德里克斯中士。亨德里克斯就是那为将 D11-A 从达豪集中营转移到德霍梅格工厂的人，也是那位促使赫梅尔从狱中释放，并返回斯图加特的人。在巴特瑙海姆，亨德里克斯具备相关的知识和专业技能，能将这批原属于某个德国工业协会的霍尔瑞斯机器转变为纯粹的 USSBS 设备。正因有了亨德里克斯，那些与经济能力有关的军方调查问卷才能在被占德国的工厂中被有条不紊地处理。通过这种方式，同盟国就能评估德国工业在遭受大型轰炸后的恢复能力。这套系统与 MB 在纳粹时期用来监控工业生产力的系统如出一辙。亨德里克斯甚至使用了与那时相同的表格。

1945 年 8 月 2 日，考察报告指出，亨德里克斯计划在 8 月 4 日完成 USSBS 的最后一次经济调查。此次调查结束后，USSBS 在德国的任务也就完成了。报告称，USSBS 预计在 8 月 15 日从巴特瑙海姆撤离。

USSBS 自始至终的使命就是：把在德国汇编成的所有关于轰炸影响的信息运用到美国对日本的空战中。1945 年 8 月 6 日，美国轰炸机向广岛投下一枚原子弹。三天后，长崎也遭到轰炸。USSBS 针对轰炸带来的经济和社会破坏做出的统计分析与预测也是决策过程的一部分。1945 年 8 月 15 日，哈里·杜鲁门总统指示 USSBS 着手评估美国原子弹对日本的影响。预测到会有这条指令的 USSBS 已提前离开巴特瑙海姆，并留下了所有的霍尔瑞斯机器。

巴特瑙海姆是被占德国境内装备最精良的穿孔卡中心，因此，亨德里克斯中士确信，USSBS 离开后，巴特瑙海姆将会向整个美占区提供所需的工业数据。亨德里克斯中士补充说，英占区也可以建立类似的数据中心。苏联则一直在借用经验丰富的员工和柏林帝国统计局的 IBM 设备。美国人和英国人不会落后于苏联。

不过，获得工业统计数据只是第一步。当占领当局计划执行人口普查以统计管辖范围内的所有德国人时，深知需找谁来负责这项任务。最终，德霍梅格挺身而出。德霍梅格的人口普查专家直接采用了现有的普查制表方案，并根据同盟国的需要做出了些许调整。一些列标题被稍微调整了一下，其他部分则没有多少变化。第1～6列：不变；第7列：家庭状况；第8列：宗教信仰；第9列：母语；第10列：民族血统（或民族）；第11列：国籍。一名美国官员在做准备工作时抱怨道，一些需要填写民族信息的列标题似乎暗含着种族观念，让人想起纳粹，是最不可取的。不过，美国方面的反对意见最终还是平息了下来。

苏联方面准许位于苏占区的帝国统计局协助德霍梅格完成此项任务。英、法、美、苏四国同意在两年后销毁填写完的统计表格，前提是相关的个人信息已被转移到穿孔卡上。对德霍梅格而言，1946年的人口普查是一次无需费时费力就可以完成的项目。人口统计是德霍梅格最擅长的工作。普查的问题仍旧不变，改变了的只是客户的名字。

1947年，是时候更改IBM德国子公司的名字了。1947年7月4日，IBM纽约总部外交部经理J.T.威尔逊致信沃森："显然，现在是更换公司名字的好时机，'霍尔瑞斯'这个名称应该更改了。因此，我已经下达指示，开始进行必要的程序，将公司的名字更改为'IBM德国'。"

随着德国在被占期间逐渐摆脱战争带来的不良影响，德霍梅格也慢慢回到了IBM纽约总部的手上。IBM已获准与德霍梅格签署了多项合约。但是，只有政府正式解除管制，IBM纽约总部才能真正地重新控制其在德国的业务。同一时间，德霍梅格的经济收益令人咋舌。截至1946年底，在德国饱受轰炸和分割后幸存下来的德霍梅格，其估价已超过5 660万马克，总利润达750万马克。

IBM想完全控制住德霍梅格，关键在于能否让人相信德霍梅格不是德国企业，而是美国企业。

1947年11月14日，托管人卡尔·赫梅尔向OMGUS和德国金融机关提交了一份书面报告，称赫梅尔（他自己）、罗特克和海丁格尔这三名德国人持有的少量德霍梅格股份并不是名副其实的股份。赫梅尔写道："考虑到我们与母公司的关系，我们无法理解为何德霍梅格需接受军事法第56号的管制……德国人只持有小额股份，这股份只是用来激励公司的管理人员。按常理讲，这些管理人员并不是股东，他们无法随意卖掉股份，即使要卖掉这些股份，他们也只能卖给公司，且这仅为账面价值。他们只有在公司内部担任重要职位，才能继续持有这些股份。现在，留在公司的就只剩下一人。海丁格尔先生已于 1944 年去世，罗特克先生据说也已死在苏联集中营里。"讽刺的是，仅剩的这一名股东就是赫梅尔本人。

1947 年末，IBM 终于拿到了美国财政部的许可证，可以回购罗特克、海丁格尔和赫梅尔三人的股份。至此，IBM 持有了德霍梅格的全部股份，这并不意味着 IBM 彻底控制了这家德国子公司。事实上，在 IBM 耗费了两年时间与官僚机构争论后，才最终名正言顺地将德霍梅格的名字改成 IBM 德国，那时已是 1949 年 4 月。

在随后的几年里，IBM 的全球地位甚至成了进步事业的标杆。IBM 践行了自己的定位：一家提供解决方案的公司。任何看似不可能完成的任务，IBM 都能找到解决方案。在 IBM 全球共同体里，那些在纳粹欧洲和美国境内领导了 IBM 事业的人最终成为受人尊敬的商业巨人。昌西也成为 IBM 全球贸易公司的董事长，而欧洲各子公司的管理人员也因对 IBM 忠诚而被授予要职。这些人在纳粹时期的丰功伟绩被写进了一本名为《欧洲计算机发展史》(The History of Computing in Europe) 的宣传图书中，该书出版于 1967 年，由 IBM 组织、策划。不过，在一次内部审查后，IBM 决定立即从市场上收回这本书。现在，世界上的任何公共图书馆都无法找到这本书的踪影。

经过不懈努力，IBM 纽约总部终于重新夺回对德国子公司的控制权。德霍梅格更名了，冻结的资金被取回了，机器回收了，记录也已整修好了。对 IBM 而言，战争已然结束。

然而，对那 600 万名犹太人和上百万名欧洲非犹太人的后代而言，这场战争永远都不会结束。这场战争会永远缠绕着他们以及那些有良知的人。尽管有专家已研究了几十年的文件，但他们之中的大多数人还是承认自己并没有真正了解大屠杀的过程。大屠杀为什么会发生？它是如何发生的？受害者是如何被选出来的？纳粹又是如何获得犹太人名单的？纳粹始终都能获得想要的名单。

是哪种神奇的协调程序能够让数以百万计的纳粹受害者踏上德国及其他 19 个德占国家的火车站台，然后乘坐火车，熬过无助的两三天，再走进奥斯维辛集中营或特雷布林卡灭绝营，并在一个小时内被迫进入毒气室？一个小时又一个小时，一天又一天，一份时间表又一份时间表。这场行动就像钟表一般精确，而且永远都以闪电般的速度前行着。

幸存者永远都不会知道。浴血奋战的解放者永远都不会知道。那些发表演讲的政客永远都不会知道。提出诉讼的检察官永远都不会知道。激烈辩论着的辩手们也永远都不会知道。

事实上,这个问题也几乎没人再提起。

IBM AND THE HOLOCAUST 后记

2001年2月12日，《IBM和纳粹》(*IBM and the Holocaust*) 开始在世界各地发行，此后，新信息逐渐浮出水面。IBM前雇员、书中主要参与者的家人和二战幸存者陆续出现，为本书提供了更多的目击证词及写于二战时期的个人文件、回忆录。此外，档案管理员和历史学家也重新收集了此前一直被忽略的资料。这些资料无一与本书提供的信息相抵触，更没有削减本书的可信度。它们都进一步佐证了IBM与第三帝国长达12年之久的合作史。大量新信息的出现让我们更加确信：有必要鼓励相关人员在世界各地展开研究，以便将不同地区的信息点串联起来。

德国

德国大量集中营的信息已被披露。

当我在柏林犹太社区中心参加历史学家小组会议时，热情的乔治娅·皮特－塔诺韦(Georgia Peet-Tanover)向我走来。皮特－塔诺韦是保加利亚人，在纳粹当权期间被关押数年。实际上，我在寻找资料时就已经跟她通过多次电话，现在，我们终于见面了。皮特－塔诺韦操着一口流利的英语，周身都充满了活力。她向我讲述了自己孩童时期在拉文斯布吕克集中营的经历。比如，当她病重时，集中营的医生会给她分配一些"轻松的工作"：手动分类已经穿完孔的卡片。此外，她所在的集中营没有配置霍尔瑞斯机器，只有装满卡片的木箱。皮特－塔诺韦表示自己不清楚这些卡片的来历，也不知道其用途，只知道它们与"给囚犯分配任务"有关。

她对我说："我也不关心这些卡片是用来做什么的，我只想活下去。"直到皮特－塔诺韦和我第一次谈及我所做的研究时，她才明白这种穿孔卡就是IBM生产的霍尔瑞斯卡片。也是在那时，她才意识到这种卡片决定着那些被她分类的囚犯的命运。

皮特－塔诺韦等人在拉文斯布吕克集中营分类的卡片会被定期送往负责调配集中营劳工的中央机构——位于柏林腓特烈大街的中央研究所。可笑的是，战争结束后，皮特－塔诺韦住进了地处腓特烈大街的一处安静的住宅区中，而直到本书揭示了这个中央机构的所在地，她才知道自己居住的公寓曾经是中央研究所的综合大楼。

我们发现，在达豪集中营里，霍尔瑞斯设备的安装规模比预想的要大得多。《IBM和纳粹》已通过文件证明：在大多数集中营里，那些被安置于劳务分配办公室的霍尔瑞斯部门通常只是一个普通的兵营。但当本书出版后，我才得知达豪集中营内有20多台霍尔瑞斯设备被存放在一幢两层高的钢筋混凝土建筑中，该建筑被称为"霍尔瑞斯碉堡"（Hollerith Bunker）。达豪集中营档案馆将这座坚固的建筑物记录在案。此外，这家档案馆还藏有一份达豪集中营的幸存者写于1948年的报告，再现了集中营内的劳工及监管人员的名单。这份报告列出了50个主要劳工营的相关数据，包括囚犯的大致数目及承担监管职务的考波什堡官员和德国军官。具体信息如下：政治部，10名囚犯；劳工部，10名囚犯；缝纫部，180名囚犯；霍尔瑞斯碉堡，300名囚犯。这些数字都是幸存的囚犯预估而得，但无论以哪种标准，霍尔瑞斯部门都是达豪集中营里最有组织、规模最大的部门之一。

这个长得像碉堡一般的建筑物躲过了同盟国的轰炸，直至今日，它仍矗立于达豪集中营的大门之外。当地的警察至今依然用霍尔瑞斯碉堡来称呼这座混凝土建筑物。在二战期间，由于达豪集中营里的大量机器每个月都需要维修和维护，还需要常备数百万张特制穿孔卡以保证正常运转，因此，德霍梅格会派技术人员长期驻扎在达豪集中营里。

在布痕瓦尔德集中营，信息技术也使霍尔瑞斯系统幸免于同盟国的轰炸。尽管无法确定布痕瓦尔德的霍尔瑞斯部门于何时创建，但我们知道，那里的霍尔瑞斯部门被戏称为"指挥部68"（Kommando 68）。

同盟国于1944年8月发动的轰炸摧毁了布痕瓦尔德集中营内多栋建筑，包括那间临时设立的霍尔瑞斯办公室。1944年9月23日，纳粹官员（可能在柏林）写信给集中营的军官，询问何时才能恢复霍尔瑞斯档案。当时，党卫军上尉艾伯特·施瓦茨（Albert Schwartz）的职责是安置布痕瓦尔德集中营里的劳工。施瓦茨保证道："卡片档案很快就能被重制。虽然霍尔瑞斯档案已被烧毁……但布痕瓦尔德集中营内的囚犯卡片已被制作出来，我们可以从劳工安置负责人（Labor Placement Leader）的档案里获得备份资料。我们正在调查到底丢失了多少卡片……约 8 500 张卡片需重制。"

施瓦茨表示："作为一名劳工安置负责人，我很想尽快重制卡片档案。我已找到临时解决方案——只使用已收集的数据分配劳工，为此，我创建了一份辅助性卡片档案。但是这份辅助性卡片档案只包括数字、名字以及现有劳工的部署情况。我们会持续利用这份辅助性卡片档案，以便输入职业信息和劳务变动。为了确保霍尔瑞斯系统顺利运作，我还计划分配一间独立的营房作为霍尔瑞斯部门的工作场所，但最初承诺的建筑材料还未送达。"

根据历史学家哈里·施泰因（Harry Stein）在布痕瓦尔德集中营内新发现的文件，布痕瓦尔德集中营的霍尔瑞斯系统在当时的运转情况良好。这批文件还显示，那些在霍尔瑞斯部门工作的囚犯的数量几乎每天都在发生变化。1944 年 8 月 18 日，当同盟国的轰炸行动开始时，有 33 名囚犯在霍尔瑞斯部门工作，他们的名字被分为两列，记录在一份名单之中。最后进入该部门的囚犯是凡茨扎克（Fanczak），编号为 55/55999。在凡茨扎克的姓名下方，写着囚犯 34/21813 和囚犯 56/42723 因生病而无法从事工作。

5 天后，即 1944 年 8 月 23 日，这个霍尔瑞斯部门增加了劳动力。书面数字显示，其最初增加了 50 人，接着又除去了两名无法劳作的囚犯，最终，该部门的总劳工数为 48 人。在这之后，又有 3 名囚犯加入了霍尔瑞斯部门，分别为苏西克（Susic），编号为 40/44416；穆勒（Müller），编号为 34/21756；切洛齐（Cielecki），编号为 15/3988。这些编号都被记在部门记录里。这 3 个人的姓和编号也被分成两栏，记录在另一张名单的末尾。1944 年 8 月 27 日，这个霍尔瑞斯部门的劳工总数减少了一半，25 名囚犯（可能都是犹太人）离开了这个臭名昭著的"小集中营"（Little Camp），他们或许是因为疾病，或许是因为死亡。不久后，这个小集中营的人数又增长为 48 人，但到了同年 8 月底，因为疾病或死亡，这 48 人又缩减至 40 人。

1944 年 11 月 17 日，拉文斯布吕克集中营的霍尔瑞斯部门向布痕瓦尔德集中营的霍尔瑞斯部门发去一批确认囚犯身份的纸质表格以及一张转移名单，说明有 5 名妇女被转移到陶哈劳动营（Work Camp Taucha）。布痕瓦尔德集中营的负责人在附信中抱怨说，他仍未收到从布痕瓦尔德集中营转移到拉文斯布吕克集中营的数百名囚犯的霍尔瑞斯穿孔卡。这份清单还指出：10 月 5 日，244 名囚犯被移出托尔高劳动营（Work Camp Torgau）；10 月 13 日，169 名囚犯被移出莱比锡劳动营（Work Camp Leipzig），128 名囚犯被移出阿尔滕堡劳动营（Work Camp Altenburg），64 名囚犯被移出陶哈劳动营；10 月 30 日，6 名囚犯被移出莱比锡劳动营；11 月 5 日，5 名囚犯被移出陶哈劳动营。"我们再次要求尽快发送这些卡片，"布痕瓦尔德集中营的负责人指责道，"因为我们还会继续转移新的人员。"

1945 年 1 月 25 日，统筹集中营工作的党卫军经济管理处（总部位于德国东北部奥拉宁堡）发出一份长达 10 页的名单。这份名单列出了那些在布痕瓦尔德矿井劳作的劳工，党卫军经济管理处要求布痕瓦尔德集中营给出这些劳工当前的位置和状态。

服务于布痕瓦尔德集中营霍尔瑞斯部门的囚犯来而复去，但卡片分类工作几乎持续到了同盟国解放布痕瓦尔德集中营时。实际上，直到 1945 年 2 月 2 日，仍有 14 名囚犯在这个霍尔瑞斯部门工作；在那之后，加入不满半年，编号为 34/21756 的穆勒"退出"了。13 名囚犯就这样辛苦劳作着，直到 1945 年 2 月 13 日。1945 年 4 月 11 日，同盟国军队涌入布痕瓦尔德集中营。悬挂在集中营大门上方的时钟定格在了当天下午 3 点 15 分，即同盟国解放该集中营的时刻。至此，那里再也不存在卡片分类的工作了。

其他集中营的档案馆也出现了新的文件和报告，部分文件和报告来自于最近开放的俄罗斯档案馆，且此前从未被打开。例如，萨克森豪森集中营档案管理员温弗里德·迈耶（Winfried Meyer）在俄罗斯发现了该集中营每周的"人员交换报告"。报告包括编号为 005 的格罗斯-罗森集中营和编号为 011 的萨克森豪森集中营的交换记录，显示着集中营之间劳力交换的周记录。这些记录会被打印或手写在纸质表格上，每张表格的每一列都会事先印好相应的霍尔瑞斯代码。囚犯的霍尔瑞斯编号被打进第 22 列，工作任务被打进第 23 列，出生日期被打进第 5 列，性别则被打进第 6 列。其他栏会记录囚犯的工作技能，比如木工、机械工或无特别技能的劳工。表格上还设置了两列以表示表格去向：一列用于确认表格进入集中营，一列用于确认表格离开集中营。每张表格的左下角都会事先印好"对比霍尔瑞斯列表"和"得到穿孔卡认证",且写有霍尔瑞斯操作员名字的首字母。

通常情况下,手写的状态信息会用德文写在相关词条下方。有一条状态信息写道:下面涉及的所有关于劳务分配的变化均被写入霍尔瑞斯穿孔卡。还有一条状态信息则写着穿孔大厅的卡片。穿孔大厅是用于操作霍尔瑞斯系统的场地,一般配有十几台穿孔机(最多的时候可达数百台)、分类机、制表机、校对机、乘法器以及打印制表机(用于处理打印出来的资料)。每周都有成千上万张来自集中营的表格被送往奥拉宁堡的霍尔瑞斯部门。在那里,表格将接受处理,以便党卫军高效执行"劳动灭绝"计划。

能证明IBM董事长托马斯·J.沃森和德国往来的证据接二连三地浮出水面。一名现居纽约的IBM前雇员在自家地下室里发现了一本小册子,并将其复制给我。1937年,在柏林国际商会代表大会的宴会上,沃森接受了希特勒的勋章。此前,为了欢迎沃森的到来,纳粹德国甚至举行了特别的午宴。而这本小册子就记录了这次午宴的节目:面露感激之情的希特勒青年团(Hitler Youth)环绕着沃森的照片;纳粹德国的经济奇才亚尔马·沙赫特在祝酒词中呼吁沃森帮助制止反纳粹抗议活动。

或许这次旅程最令人震惊的一刻发生于慕尼黑。当时,我刚参加完一场历史学家研讨会。一列长队排在我的签字桌前,读者们拿着我的书,等着我签名。突然,两名气宇不凡的男人把书递到我面前。其中一个人说,"请给我的书写上献给小威利·海丁格尔"。他就是德霍梅格董事长威利·海丁格尔的孙子。他和他的堂兄弟都很高兴这本书能够忠实呈现他们的祖父与IBM之间的往来。第二天早上,我和他们在一家酒店享用早餐,对于"沃森策划窃取海丁格尔在德霍梅格(现为IBM德国)的股份"一事,两人表达了自己的看法。他们表示,战后不久,沃森的代表在美国军官的陪同下驱车来到他们位于慕尼黑附近的家,逼迫他们签署文件,放弃股份。在残破不堪的被占德国,要迫使纳粹企业放弃各种权利并非难事。今天,海丁格尔一家掌控的IBM股份已价值数百万美元。海丁格尔两兄弟坚称,我的书低估了沃森对希特勒的认同以及沃森对IBM在德业务的知悉程度。

此外,当重新检查IBM的内部通讯时,我又发现了一些证据。1945年7月4日,战争过去仅数周,IBM捷克斯洛伐克子公司的管理人员乔治·施耐德博士致信身在纽约的沃森,概述了自己做出的忠诚努力。"请允许我向您报告 IBM 布拉格办事处的情况……IBM 的所有利益都完好无损。美国参战后，美元租金已被转入 IBM 日内瓦办事处的账户中。所有美元租金都必须按 1∶25.02 的汇率换成克朗，然后存入 IBM 在布拉格办理的冻结账户中。"

施耐德补充道，美国参战后，他在柏林遇到了哈里森·昌西。当时，哈里森·昌西想获得 IBM 纽约总部的允许，以将德国机器伪装成捷克斯洛伐克机器。对此，施耐德提醒沃森："1942 年，我曾在柏林遇到昌西先生，并与他达成协议。我们已获得许可，能从德霍梅格购买机器，并以我们自己的名义出售或出租它们。每购得一台机器，我们都要向 IBM 支付相应的专利费。"

法国

在巴黎，勒内·卡尔米耶的儿子罗伯特·卡尔米耶（Robert Carmille）联系了我。当时在场的还有一名法国出版商。罗伯特向我透露了一件有关他父亲的爱国往事，令人印象深刻。他的父亲曾任职于反间谍机构，擅长统计学和穿孔卡技术。二战爆发前，他的父亲分别于 1935 年和 1938 年前往德国，研究 IBM 技术和德国的备战情况。其间，老卡尔米耶拜访了德霍梅格的管理人员，还前往保险公司观察了霍尔瑞斯系统的操作演示。在逗留纳粹德国期间，老卡尔米耶心情沉重地写了一封家书，根据同事提供的书面记录，讲述了犹太人在第三帝国魔爪下的凄凉境况。罗伯特回忆说，他的父亲曾亲眼看到犹太人身上挂着羞辱性的指示牌，被迫在街道上游行。

在这次进行于酒店套房的会面中，罗伯特（虽头脑很清晰，但已上了年纪）激愤地指出，法国统计部门确实篡改了记录犹太人信息的表格。这无疑是此次会面最激动人心的一刻。我问他为什么能如此肯定？罗伯特眼含泪水，身体微微颤抖着说，在他 22 岁时，他曾应父亲的要求管理里昂的统计办事处，并操作了安置在图卢兹的设备。"我们从未给第 11 列穿过孔！"小卡尔米耶激动地表示，"一次都没有！"第 11 列本该填上种族信息。

罗伯特继续回忆说，维希人口服务处的总办事处位于里昂阿切尔街 10 号，设备却被安置在凡尔登大街，靠近火车站。法国共有 17 个穿孔卡办事处，每个办事处配有 3 台制表机、5 台分类机、1 台计算机、7～8 台校对机及不少于20台的打孔机。在部分办事处，这些机器通常有70%由公牛公司生产，剩余的30%由IBM生产。里昂、蒙彼利埃、图卢兹和克莱蒙费朗等城市主要使用公牛机器，而马赛等地则倾向于使用霍尔瑞斯机器。

1943年，罗伯特在位于里昂的CEC机构工作过三周。据他描述，在他见过的几十名CEC员工中，至少有10人被调去从事销售工作，因为IBM一直想在纳粹时代的法国提高其在穿孔卡市场的份额。

罗伯特随后展示了同盟国和法国政府为表彰父亲的英勇而颁发的嘉奖。他还拿出了IBM在纳粹占领法国时向法国子公司员工发出的一份内部通讯。这份商业通讯附有一张照片，那是一块IBM纪念奖章，正面印有托马斯·J.沃森的画像，背面是一圈气派的月桂花冠。

后来，一位与罗伯特年龄相仿的人给同我合作的法国出版商寄了一张只读光盘，光盘里都是此前从未被发现的文件。这些文件显示，老卡尔米耶当时和MB（纳粹政府在柏林建立的穿孔卡机构）存在着直接联系。MB的主管冯·帕索中尉劝说老卡尔米耶，让其将法国人口服务处的公牛机器替换成霍尔瑞斯机器，连帕索都哀叹道，德国的机器竟依赖于"美国的钱和技术"。这些文件也证实了罗伯特的说法：他父亲所在的部门费尽心思确保了人口普查的范围不会扩展到法国占领区，为此，当第三帝国想在法国完成组织劳工的计划时，法国人口服务处也就能避免向其提供所需信息。在老卡尔米耶被纳粹发现，并被带往达豪集中营之后，纳粹便重新下达了这条指令。但到那时，即便纳粹想修正老卡尔米耶所做的篡改也为时已晚。

在法国，还有更多的调查工作有待展开。从事统计工作的多位法国人几十年来都在保持沉默，但他们现已打算提供从未被公开的文件和证据，来说明穿孔卡在战争期间的具体作用。

波兰

我在波兰发现的资料最多。

1939年，当德国侵占波兰后，IBM将被占波兰分成了两个商业区。第一个商业区以上西里西亚为中心，包括那些被德国吞并的被占波兰区的土地，由德霍梅格提供服务。第二个商业区则涵盖了那些没有被德国吞并的被占波兰区的土地，即所谓的"波兰总督府"，克拉科夫和华沙便属于这一区域,为第二个商业区提供服务的是新成立的IBM波兰子公司,名为沃森办公设备责任有限公司,由IBM纽约总部直接管理。波兰战场的幸存者,以及各种新文件可让我们进一步看清霍尔瑞斯系统在波兰的活动状况。

《明镜》(*Der Spiegel*)记者克里斯蒂安·哈贝(Christian Habbe)为我带来了首批关于施图特霍夫集中营霍尔瑞斯部门的信息,后者被存于波兰政府纪念馆建立的波兰语网站:www.kki.net.pl/~museum。施图特霍夫集中营的霍尔瑞斯编号是012。近年来,施图特霍夫集中营的档案管理员兼历史学家马雷克·奥斯基(Marek Orski)得到大量关于霍尔瑞斯系统的资料,所获信息比其他研究集中营(包括奥斯维辛集中营)的历史学家还要多。

1944年8月初,德国的驱逐活动愈演愈烈,施图特霍夫集中营的人数瞬间增至5万,该集中营的霍尔瑞斯部门就是在此时组建起来的。党卫军下士维尔纳·赖斯(Werner Reiss)受命前往施托尔科集中营参加一个由中央研究所开设的培训会,施托尔科集中营安置着二十几台IBM设备。1944年8月4日,赖斯搭乘下午6点20分的班车前往但泽,到但泽后,又转乘晚上11点的快线前往施托尔科。第二天,培训会开始。参加完培训后,赖斯又来到柏林腓特烈大街129号大街F街区——中央研究所的总部——参加其他研讨会。之后,赖斯向位于奥拉宁堡的党卫军经济管理处D II部门作报告,D II部门是一个监管劳工和实施"劳动灭绝"计划的机构。

赖斯回到施图特霍夫集中营后,建立了霍尔瑞斯部门,并调配了一群波兰囚犯到该部门劳作,其中包括莱塞克·兹德罗夫斯基(Leszek Zdrojewski)、布罗尼斯拉夫·佩隆斯基(Bronislaw Peplonski)、朱利安·克拉夫奇克(Julian Krawczyk)和克日什托夫·迪南-瓦索维奇(Krzysztof Dunin-Wasowicz)。他们最初的工作地点位于14区(Block XI)的食堂。由于施图特霍夫集中营没有及时得到霍尔瑞斯系统,这群波兰囚犯只能手动填写表格,之后,填好的表格将被送往柏林等地接受机器加工。从1939年9月1日纳入第一批囚犯算起,先后约有8万人被囚于施图特霍夫集中营。成千上万张表格(当地人称之为"霍尔瑞斯卡片文件")被存放在施图特霍夫集中营的霍尔瑞斯档案卷宗里。最后进入该集中营的是编号为99044的囚犯,他于1944年10月27日被带入集中营。通过霍尔瑞斯编号,穿孔卡得以区分囚犯、编入其工作技能。这些文件的副本被保存在柏林。

莱塞克·兹德罗夫斯基是一位特别的见证人,领导着施图特霍夫集中营的劳动投入，并与该集中营的霍尔瑞斯部门对接。1944年秋，他被派到柏林接受与霍尔瑞斯系统相关的培训。在赖斯的陪同下，兹德罗夫斯基在中央研究所逗留了两三天，看到了约20台分类机、制表机和100多名操作人员。后者不停地给机器送纸，从囚犯中筛选从事过特定工作的劳工。

我在华沙犹太历史研究所做演讲时，遇见了克日什托夫·迪南－瓦索维奇，一名曾被迫在施图特霍夫集中营霍尔瑞斯部门工作的因犯。他是一名历史学家，现已退休，曾为波兰科学研究院工作，熟悉霍尔瑞斯系统的运作。在一段为时20分钟的演讲中，迪南－瓦索维奇概述了施图特霍夫集中营内的IBM技术史。当我举起一块写有霍尔瑞斯集中营编码的牌子时，令人激动的时刻到来了：我指着牌子上的编号6，即所谓的"特殊处理"，实际代表着"灭绝"；迪南－瓦索维奇承认这些编号正是施图特霍夫集中营的纳粹分子所使用的，而代表"灭绝"的编号6，指的是将囚犯送进施图特霍夫集中营里那间繁忙的毒气室里。这间毒气室大概谋杀了1 000人。

来自波兰的其他见证者相继出现了。在纳粹时期的波兰总督府，铁道部的霍尔瑞斯部门监管着所有列车的动向，包括那些将犹太人送到特雷布林卡集中营和奥斯维辛集中营处死的列车。《波兰言论报》（*Slowo Polskie*）找到了曾在这个霍尔瑞斯部门工作的莱昂·热缅耶茨基（Leon Krzemieniecki），除他以外，其他工作人员很可能都已离世。值得一提的是，热缅耶茨基不知道与那些死亡列车的终点站有关的任何细节，他的工作是将所有列车（从客车到货车）的信息制成表。热缅耶茨基接受了这家报纸的采访，随后也向我口述了大量信息，我得知，他供职的霍尔瑞斯部门地处克拉科夫波维亚街，那是一个由5间房组成的办事处，配置了15台穿孔机、2台分类机及1台制表机。那里戒备森严，由武装警察时刻守卫着。

铁道部雇用了15名波兰妇女，她们只负责给卡片穿孔，并将卡片装到分类机上。3名德国公民负责监管铁道部，并在极其保密的情况下完成最后的制表和数据汇总。大量表格被简化成汇总数据表，装进信封，然后送到一个秘密的地方。热缅耶茨基回忆说，那些已被简化成汇总数据的原始表格，将会连同用过的卡片，被定期烧毁。

热缅耶茨基是集中营的劳工，作为分类人员和制表人员，他在长达2年的时间里每天被迫工作10个小时。他完全不知道自己的工作与"将犹太人送往毒气室"有关。热缅耶茨基告诉《波兰言论报》："我只知道，有了这种极具现代化的设备，波兰总督府的铁道交通便能得到良好控制。"直到《IBM 和纳粹》出版，热缅耶茨基才认识到其工作的重要性。

1944 年，俄国逐步挺进波兰，热缅耶茨基和同伴将机器装上货车，而货车则载着机器前往了德国的德累斯顿。"我一直觉得，这些机器已经消失得无影无踪了。"热缅耶茨基补充道。

热缅耶茨基所在的部门只会为一种仅有 10 列的穿孔卡打上少量信息，主要包括：列车的号码、是否为货车、是否为快线以及行驶的路程。比如，一辆货车被编号为"8"；5 位数的公里数也会被打入穿孔卡。鉴于没有采用字母机，所有的编码都需被熟记。还有一名会说德语和波兰语的"外部技术人员"在场监督，尽管不为铁道部工作，但他基本上都会在场以确保机器正常运转。这位技术人员大约每隔一个月就会给机器做一次大维修。

铁道部对霍尔瑞斯系统的操作无疑是与交通部第 4 组（Group IV，位于克拉科夫另一个地区）对接的。交通部第 4 组的操作规模比铁道部要大得多，且会持续将各种信息制成表格：火车路线的长度、机车或货车车厢的总体数量和可用数量、货物的数量与类型以及"被运输的人的数量"。

管理铁路是 IBM 最全面和最成熟的项目之一。技术人员会先将目的地印在穿孔卡上，以定位货车车厢和机车，确保其按既定路线运行。会计卡片（Accounting Card）则用来整理运费账目，列出清单。机车研究人员还会不断研究机车的运行效率，以使燃料使用效率最大化，他们通常会统计出货车车厢拉动某类特定货物时所耗费的煤炭量，并将其制成表格。波兰这些定制的铁路管理项目、特制的穿孔卡（由里曼尔斯卡街的印刷厂印刷）及铁道部租用的机器，并非由 IBM 德国子公司负责，而是由 IBM 在华沙建立的子公司负责。如上所述，这家子公司由 IBM 纽约总部直接管理。

"我知道那不是德国的机器，"热缅耶茨基在接受报纸采访及（之后）在与我交谈时回忆道，"标签写的是英文……维修机器的人有时会展开示意图，可那些机器的示意图上只有英文。"

我问热缅耶茨基，机器上的标签是用什么语言写的，是德语、波兰语还是英语。热缅耶茨基回答说："英语。上面写着'商业机器'。"

"你是说'国际商业机器'（即 IBM）？"我问。

"不是，是'沃森商业机器'。"他答道。

确实如此。虽然 IBM 在波兰的子公司有着用德语注明的法定名称——

沃森办公设备责任有限公司，但其在波兰使用的机器仍使用了英文标签：沃森商业机器。

最引人注目的是：我们在克拉科夫找到了一所规模庞大的霍尔瑞斯数据中心，它被称为"霍尔瑞斯集团"（Hollerith Gruppe），曾拥有500多名负责穿孔和制表的员工以及几十台机器。研究人员还发现了一个此前不为人知的德国机构，名为"外国统计和外国国家研究中心办公室"（Central Office for Foreign Statistics and Foreign Country Research），该机构会不断从克拉科夫的统计部门接收各种详尽的数据。纳粹的霍尔瑞斯系统专家理查德·穆勒（Richard Müller）主管着克拉科夫地区霍尔瑞斯系统的运作。该机构的发现解答了整个波兰的大多数数据是在哪里被处理的。

1939年9月1日，波兰惨遭入侵。自此，许多配有霍尔瑞斯系统的纳粹机关在被占波兰运作起来。那时，美国还没有参战，沃森还未退还勋章；因此，沃森能给希特勒政权以全力支持。作为战略商业支持的一部分，IBM纽约总部同意在波兰安装大量设备，由于规模庞大，接受机器的机构并未被称为"霍尔瑞斯部门"，而被称为"霍尔瑞斯集团"。这些重要的机器可帮助纳粹德国洗劫和镇压波兰，并对波兰公民实行其他计划。

波兰被占后，希特勒在华沙建立的波兰总督府要求区域规划署在克拉科夫雅盖隆大学建立中央统计办事处。1940年4月，纳粹成立了一个工作小组，由一名德国统计专家领导，并受波兰统计部门前雇员和其他波兰公务员的协助。这个小组筛选了波兰统计部门资料室（位于华沙）里的6万册原始资料，准备将之转化为霍尔瑞斯数据。筛选出来的信息以及预先准备好的霍尔瑞斯机器和相关人员，也从华沙转移到了纳粹位于克拉科夫的新机构。这一任务量巨大，准备打进穿孔卡的原始资料放满了2个大厅。

1940年9月，第三帝国在波兰颁布了一条"统计法令"（Decree for Statistics），创建了克拉科夫统计办事处。几个月内，这个位于罗纳街24号的统计办事处开始处理波兰境内大多数统计活动。1941年末，它已雇用了420人，包括16名德国人，这些人被分在6个小组中。每个小组负责不同的任务，第一组：行政管理；第二组：人口和文化；第三组：食物和农业；第四组：经济贸易和交通运输；第五组：社会统计；第六组：财政和税收。克拉科夫统计办事处一份写于1941年11月30日的报告解释道："霍尔瑞斯集团的操作涵盖了各个领域。"此外，这份报告还补充称，根据一项大型扩展方案，这里的工作人数将会在1个月内增加到500人。

这项扩展方案需要租用更多的机器，购买更多的备用零件，雇用更多的技术人员，且要求数百万张IBM穿孔卡的供应需求得到保障。由于霍尔瑞斯机器的积压订单较多，IBM需要一年甚至更长时间才能交付这些机器，因此，IBM对于长期供应机器的承诺，几乎可以追溯至二战爆发的第一天。事实上，在IBM欧洲区总经理W.C.利尔前往柏林，以审查IBM纽约总部在波兰等国的机器部署后不久，克拉科夫统计办事处就于1941年11月30日写下一份报告。克拉科夫统计办事处在这份报告中向柏林方面保证："霍尔瑞斯集团工作所需的设备已经开始安装，估计在今年年底，这些设备就可以投入使用。现在，我们也能开始培训未来的员工了。被任命为本组组长的那名员工正在柏林参加相关培训……调查资料也已在准备。"

克拉科夫统计办事处还向柏林方面保证，霍尔瑞斯集团使用的机器，会比那些在战前波兰大多数数据部门里找到的更先进，这样一来，纳粹当局便可以启动各种"大型普查"项目了。一切事物都会被频繁地统计。大规模"农业普查"和"工业普查"已经于1941年初开始。一次新的"住宅普查"也在计划之中。1941年11月30日的报告特别指出："最重要的，也是最复杂的普查——人口和职业普查，我们于今年年初就开始准备了。"

除了指明专门的普查项目，这份报告还罗列了一长串"持续性的统计调查"，包括人口和文化、国内人口迁移、传染病和死因。此外，常规的食物、农业调查仍与人口和种族调查相结合。将与食物供给和种族群体有关的信息绘制成表格，能使纳粹清楚地知道需要配给犹太人多少热量，以便控制犹太人的生命。

这份报告在最后指出："我们的工作才刚刚取得成功。"

我们也发现了更多IBM的行动信息，这将会被放进以后的版本中。

我们在全世界展开了这样一次高度曝光、长达数月的调查，发现了许多未被公开的资料，但在任何一个国家，我们都没有发现任何一份文件能证明IBM——无论是IBM纽约总部，还是欧洲分部——减少了与第三帝国的合作。本书出版后，舆论界不断向IBM施压，但IBM并没有提供任何文件或证据解释自己的行为，反而发布了这样一则官方声明：关于那段时期，IBM没有太多可提供的资料。总之，IBM对此事不予置评。

附 录

《IBM 和纳粹》所附图片文件均取自作者的调查资料。一些图片带有旁注或标记，是由档案管理员在大屠杀期间或之后所标。文件清晰反映了调查过程中发现的材料，揭示了IBM染指大屠杀的程度。最终，来自7个国家的2万页文件被收集起来。出现在本书附录和内文中的文件及图片只是极小的一部分，还有众多揭露了IBM和纳粹勾结的证据未被显示。我在此感谢美国大屠杀纪念馆、美国国家档案馆、汉堡城市与大学图书馆、普鲁士文化遗产图片档案馆、达豪的巴伐利亚警方、达豪集中营纪念馆、布痕瓦尔德档案馆、奥斯维辛档案馆、丹麦国家档案馆、施图特霍夫档案馆、德国联邦档案馆，以及玛西娅·埃斯科博萨（Marcia Escobosa）、安妮·施泰因梅茨（Anne Steinmetz）、理查德·法卡斯（Richard Farkas）、夏娃·琼斯（Eve Jones）、南希·佩尔奇克（Nancy Percich）和乌维·容格（Uwe Junge）等人。

1934年，德霍梅格为纳粹德国执行的一次统计活动。（普鲁士文化遗产图片档案馆）

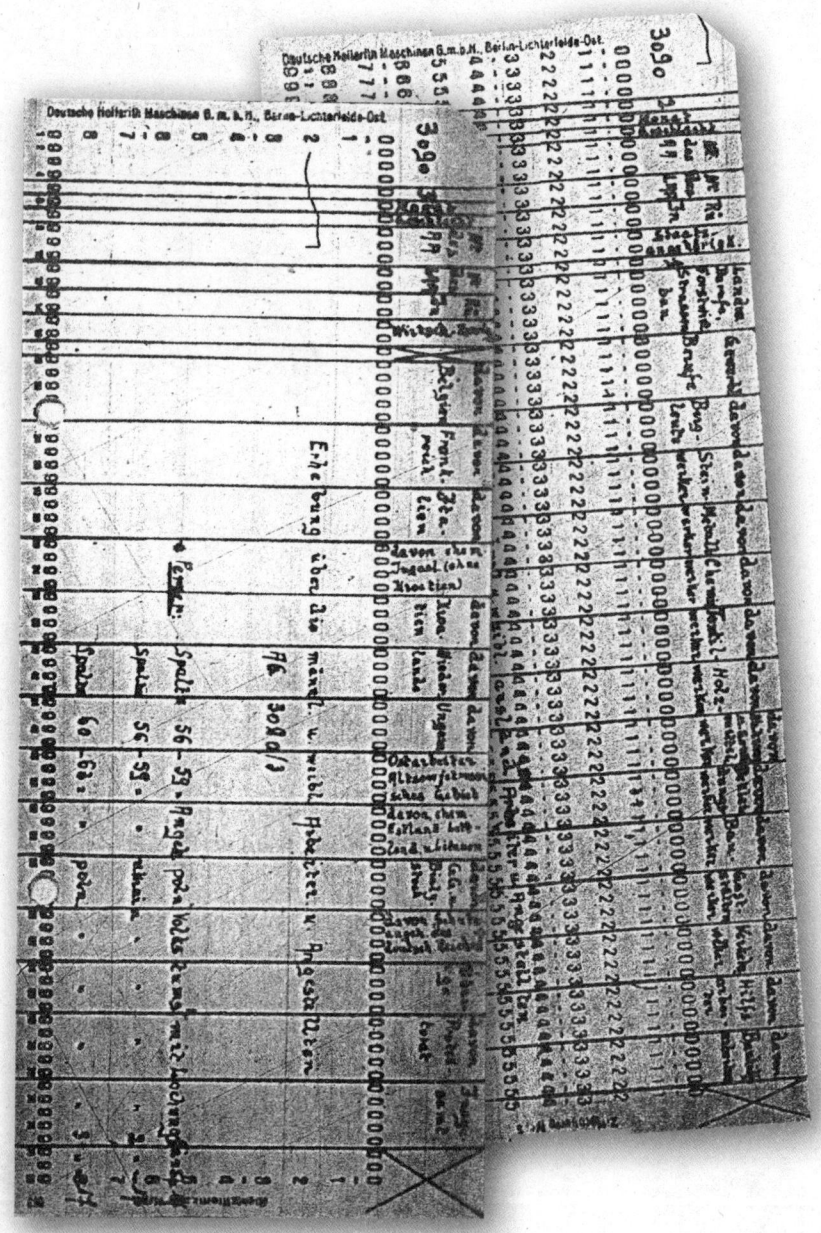

IBM定制的穿孔卡满足了纳粹的各种需求。制定这种穿孔卡，需先手写出模型。上图所示的卡片跟奴工有关。卡片边缘可看见IBM德霍梅格的标记。（美国国家档案馆）

集中营的记录以手写或打字的方式标注。这些记录以同种方式标有"hollerith erfasst"字样。"hollerith erfasst"意为"由霍尔瑞斯机器处理"。几乎每个集中营内都设有霍尔瑞斯部门。

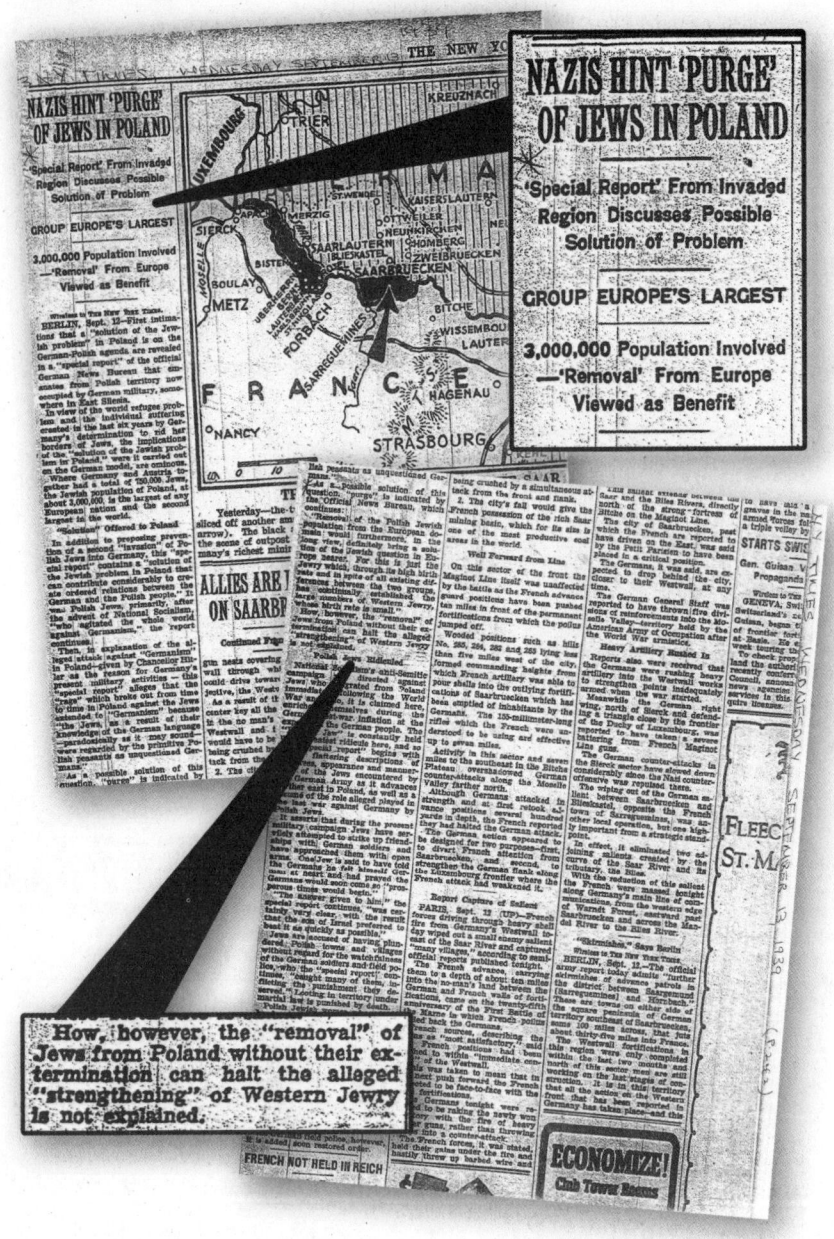

《纽约时报》突出报道了1939年德国入侵波兰的事件。这篇写于1939年9月13日的文章指出,有300万名波兰犹太人被消灭。

1939年，纳粹掠夺波兰，残忍逼迫犹太人聚集起来。尽管世界各地对纳粹的这种行径进行了铺天盖地的报道，IBM纽约总部仍口头批准德霍梅格获得其特别要求的字母排序机。请对照《纽约时报》发表于1939年9月13日的文章。（IBM档案）

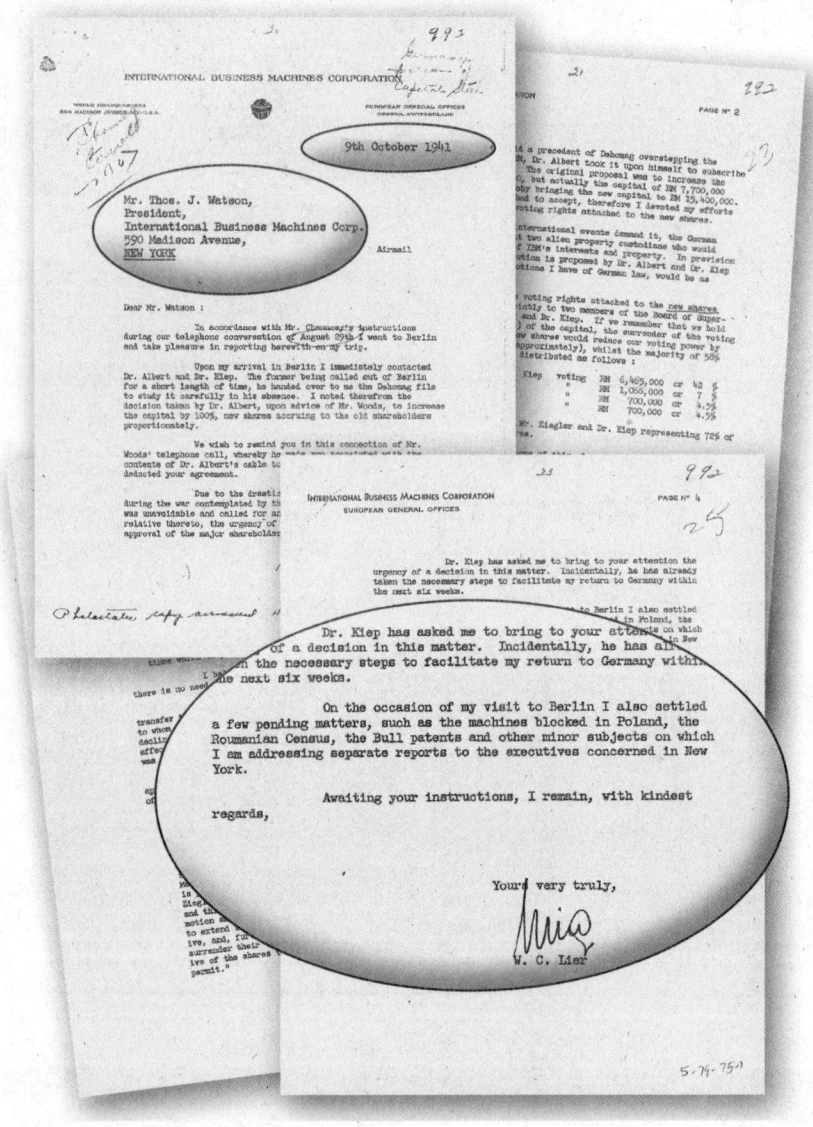

1941年10月9日，距美国参战仅数周，尽管纳粹德国正大举入侵西欧各国，IBM董事长托马斯·J.沃森仍派多名私人代表前往柏林，就IBM子公司在德国的活动提供详细信息。其中包括确认IBM在德占波兰的机器将转移到罗马尼亚，并在纳粹的监督下完成一次人口普查。(IBM档案)

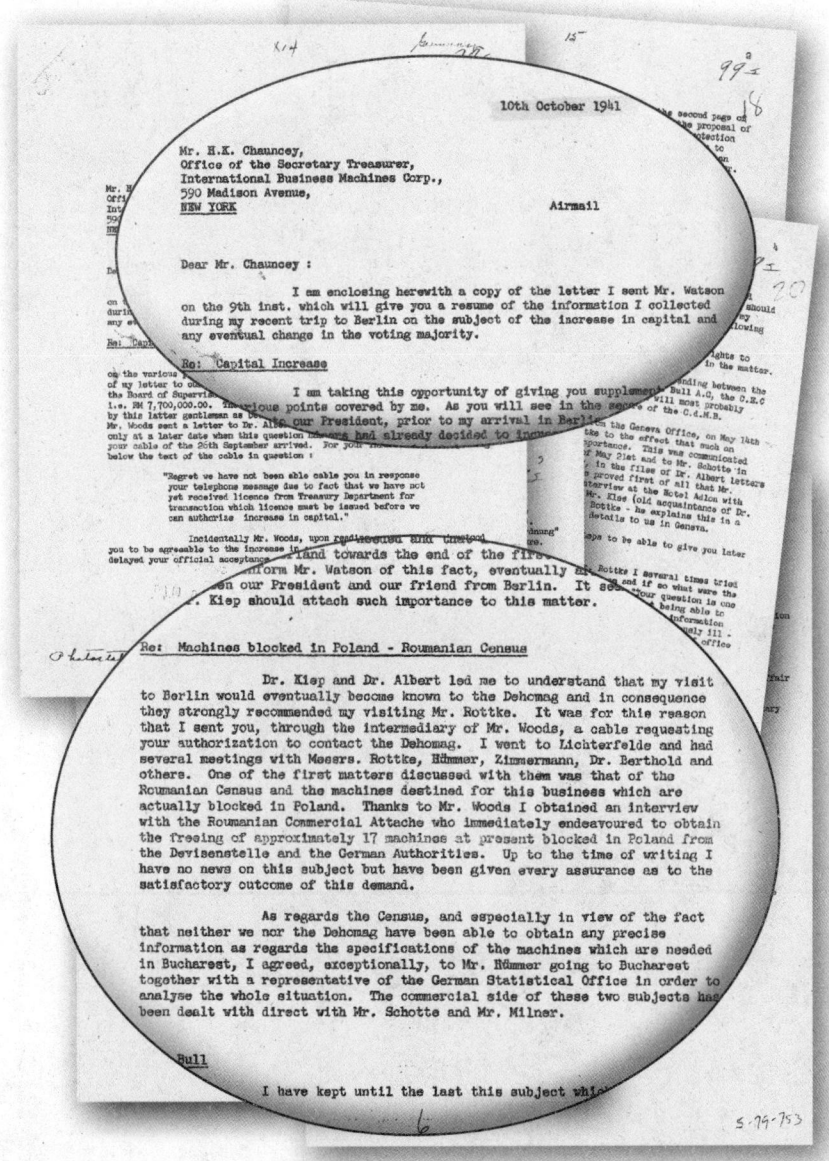

1941年10月10日，托马斯·J.沃森收到一份详细报告的第二天，IBM纽约总部高层收到一份更详细的例行报告，指出IBM在德占波兰的机器将转移到罗马尼亚，并在纳粹的监督下完成一次人口普查。（IBM档案）

上图:德霍梅格为纳粹实施编码活动时需要雇用大量工人。(普鲁士文化遗产图片档案馆)

下图:IBM在达豪集中营站点,通称"霍尔瑞斯掩体"。这是一个大型的防空设施,位于达豪集中营大门正对面,协助党卫军的行动。这张照片拍摄于二战结束后多年,我们仍可看到这个建筑的整体外观。(达豪集中营)

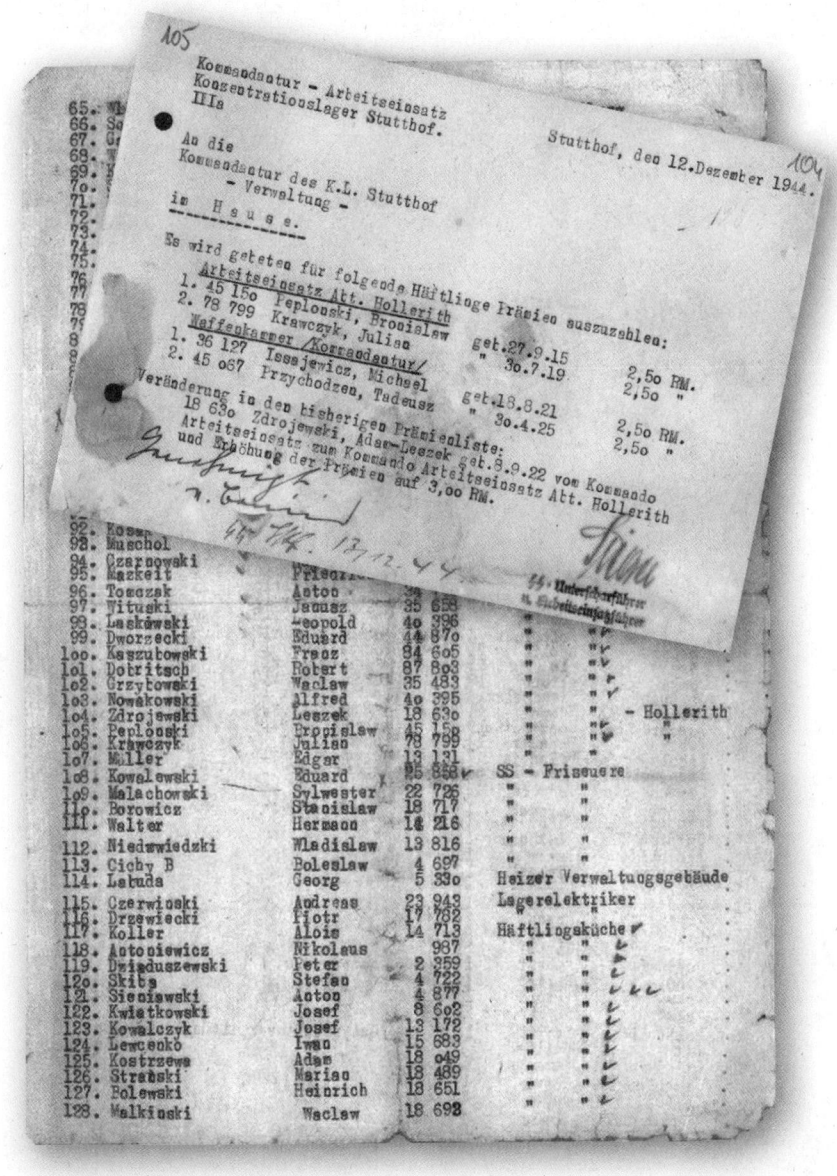

在施图特霍夫集中营里,霍尔瑞斯部门的工人因表现突出而获得奖励。
(美国国家档案馆、施图特霍夫档案馆)

囚犯的信息会被录入一种题头为"犯人卡"（Häftlingskarte）的纸质表格，表格由纳粹军官用钢笔填写。表格的所有信息会借由霍尔瑞斯系统放入穿孔卡，而霍尔瑞斯系统反过来将为第三帝国追踪每一个囚犯的踪迹。犯人卡一般附有与逮捕机关和集中营相应的IBM编码，可与IBM集中营编码卡（IBM Camp Code Key，请参看下一页）进行对比。上图最上方的卡片显示，囚犯076390被刑事警察逮捕，标记为2，之后送往达豪集中营，标记为3。卡片右侧有两列方框，记录着囚犯是否进入或离开集中营。卡片最下方为复选标记，控制部门将在此处记录数据输入时间；操作员将输入核实签名。上方的卡片显示，6号操作员在"已有穿孔卡核实"方框内签上专属编号。（美国国家档案馆、德国联邦档案馆）

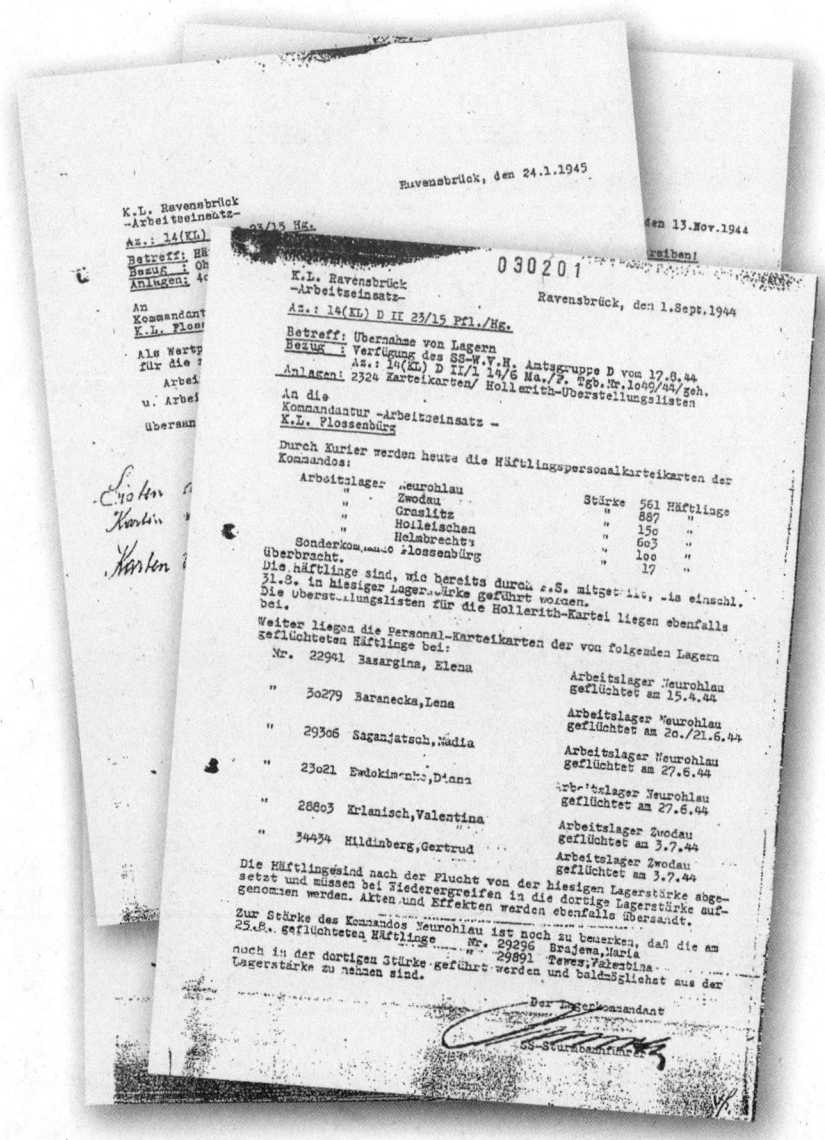

集中营内的所有因犯都需根据霍尔瑞斯追踪系统进行转移。这份日期为1944年9月1日的文件显示,有2 324名女性因犯从拉文斯布吕克集中营转移到了6个小型集中营,其中几名女性被标上特殊符号,并以姓名和IBM霍尔瑞斯编码区分开来。(美国国家档案馆)

Decoding Key for concentration camp card index files

(CARD INDEX)

```
Einlieferungsstelle:    Gestapo                     01
PEOPLE THAT AUTHORISED  Kripo                       02
CONFINEMENT             nicht angegeben             00
Häftlingsart:           Schutzhäftling              1
                        Bibelforscher               2
                        Homosexueller               3
                        Aus der Wehrmacht           4
TYPE OF                 Geistliche                  5
PRISONER                Notspanier                  6
                        Ausl.Zivilarbeiter          7
                        Juden                       8
                        Asoziale                    9
                        BV                          10
                        SV                          11
                        Zigeuner                    12
                        Kriegsgefangene             13
                        BV-Häftl.Meerschaum         14
                        Arbeitserziehungsanstalt    15
                        Konsule                     16
Abgangsart:             Entlassen                A  1
TYPE OF                 Überstellung             B  2
DEPARTURE               Gestorben                C  3
                        Exekution                D  4
                        Freitod                  E  5
                        (SB)Sonderbehandlung     F  6
                        Flucht                   G  7
KLs:                    Auschwitz                   001
                        Buchenwald                  002
CONCENTRATION           Dachau                      003
CAMPS                   Flossenburg                 004
                        Groß-Rosen                  005
                        Herzogenbusch               006
                        Mauthausen                  007
                        Natzweiler                  008
                        Neuengamme                  009
                        Ravensbrück                 010
                        Sachsenhausen               011
                        Stutthof                    012
```

　　这是一张美军获取的IBM集中营编码卡，显示了IBM工程师和其他霍尔瑞斯操作员发明编码，印刷卡片，配置机器以记录逮捕机关、囚犯类型、集中营名称及离营状态的情况。奥斯维辛集中营的编码是001，犹太人的编码是8，毒气室（特殊处理）的编码是6。（美国国家档案馆）

Decoding Key for Concentration Camp Cards

Office authorizing confinement:	Gestapo	01
	Kripo	02
	not recorded	00
Type of Prisoner:	Political Prisoner	1
	Bible Researcher	2
	Homosexual	3
	Wehrmacht	4
	Clergy	5
	Communist Spaniards	6
	Foreign civilian workers	7
	Jews	8
	Asocial	9
	BV	10
	SV	11
	Gypsies	12
	Prisoners of War	13
[parts of the resistance]	NN-Prisoners-Meerschaum	14
	Workers reformatory	15
	Consuls	16
Type of Departure:	Released	A 1
	Transfer	B 2
	Died	C 3
	Execution	D 4
	Suicide	E 5
	(SB) Special Treatment	F 6*
	Escape	G 7
Concentration Camp:	Auschwitz	001
	Buchenwald	002
	Dachau	003
	Flossenburg	004
	Groß-Rosen	005
	Herzogenbusch	006
	Mauthausen	007
	Natzweiler	008
	Neuengamme	009
	Ravensbrück	010
	Sachsenhausen	011
	Stutthof	012

*Gas Chamber

作者对IBM集中营编码卡的翻译。

C O P Y

INTERNATIONAL BUSINESS MACHINES CORPORATION

General Offices
590 Madison Avenue
New York

June 10, 1941

The Netherlands Consulate General
10 Rockefeller Plaza
New York, New York

Dear Sir:

With reference to your letter of May 20, 1941 (No.9010), we are pleased to advise you that on March 20, 1940, Mr. J. W. Schotte was appointed Manager of our subsidiary, Watson Bedrijfsmachine Maatschappi N.V., for the first time (i.e., from the formation of the Company until the first meeting of shareholders), as provided by Article 23, paragraph 1, which reads as follows:

"That, in contravention of what has been laid down in article 7 of the articles of association, is appointed Manager of the Company for the first time: Mr. Jurriaan Wilhelm Schotte, merchant, residing at Geneva."

Article 7 of the Articles of Association provides:

"The Manager and Directors are appointed by the general meeting of the shareholders, which at the same time fixes their remuneration, which may consist, wholly or partly, in a share of the profit."

Inasmuch as no meeting of shareholders has been held, Mr. Schotte still occupies the position of Manager. It is proposed, however, that a meeting of shareholders be held pursuant to Article 12, for the purpose of appointing Mr. P. Van Ommeren, Manager and Mr. P.W. Van Dooy, Director. Both of these gentlemen are citizens of The Netherlands.

Until this has been accomplished, however, we would appreciate your cooperation in legalizing the power of attorney which International Business Machines Corporation and Mr. Schotte have executed, we being the incorporators and having proper authority to substitute and delegate Mr. P. Van Ommeren as Manager during Mr. Schotte's absence from Holland.

Very truly yours,

(Signed) J.G. Phielips
Secretary-Treasurer.

JGP:sar

IBM紧跟纳粹的步伐，在欧洲建立了子公司。这些子公司经常以托马斯·J.沃森命名。1940年5月10日，荷兰遭受侵略。就在德国入侵前的几周，IBM纽约总部匆忙在荷兰建立一家子公司：沃森商业机器公司。在这封极具代表性的信件中，IBM纽约总部通过纽约的荷兰领事馆，确认IBM纽约总部通过管理人员J.W.斯科特控制着这家子公司。（荷兰国家档案馆）

雅克布斯·兰伯特斯·伦茨，荷兰人口登记局调查员。他致力于人口统计学，是霍尔瑞斯系统方面的专家。在成立不久的IBM荷兰子公司及纳粹德国的协助下，伦茨设计了一套能有效识别荷兰犹太人的系统。正是借用这套系统，纳粹谋杀了近73%的荷兰犹太人。（荷兰国家档案馆）

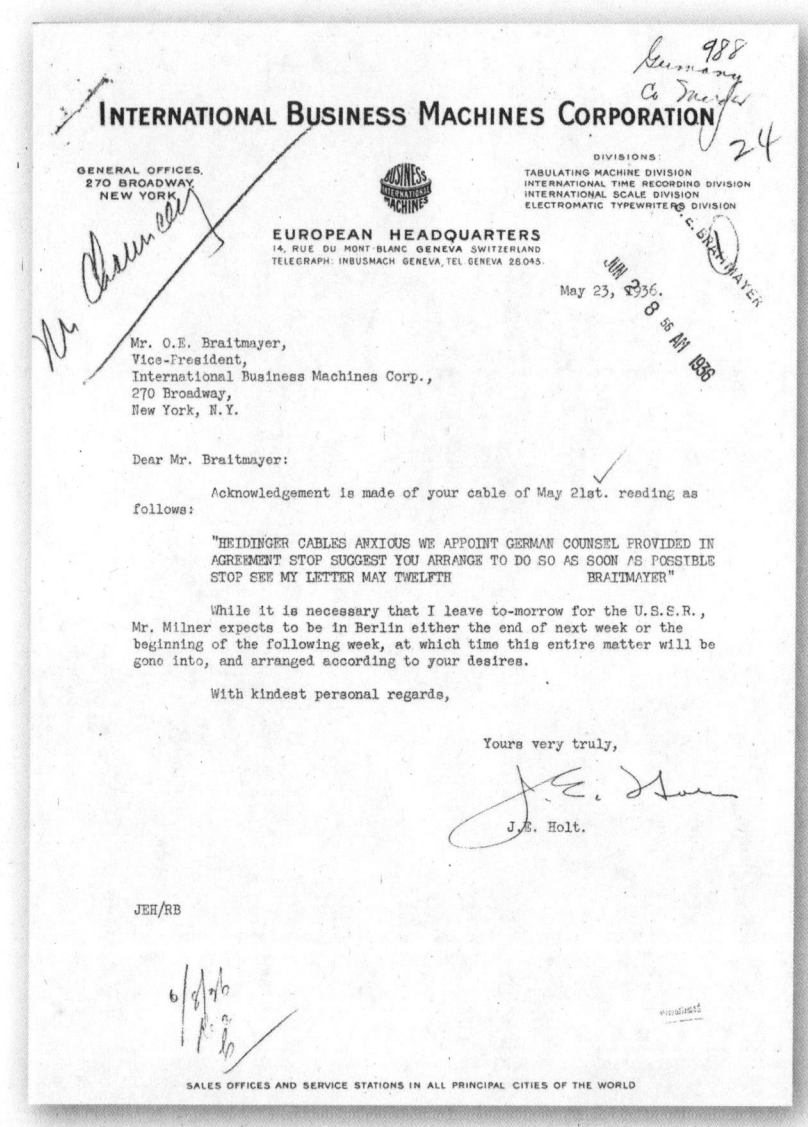

IBM日内瓦办事处在希特勒执政期间发给IBM纽约总部的一封极具代表性的信件，以便IBM纽约总部对德国子公司进行管理。在纳粹统治时期，这类通信多达数千次。(IBM档案)

```
                    FINANCIAL DIVISION
                    DEPARTMENT OF STATE

                   Memorandum of Conversation

                                   DATE: December 3, 1941

    SUBJECT:

    PARTICIPANTS: Mr. Harrison K. Chauncey, International Business
                  Machines Corporation, and Mr. Luthringer, FD.

    COPIES TO:
```

Mr. Chauncey called and delivered the attached letter by hand. He inquired whether the State Department would have any objection to the sending of the telegram quoted in the letter. I said that I could not see any reason for the Department having any objection to such an instruction to the German subsidiary. He said that his company was anxious to keep this Department and the Treasury Department fully informed since the Board of Directors had decided that it would not do anything counter to the wishes of these Departments. I had a feeling from Mr. Chauncey's general remarks that he is somewhat perturbed for fear that his company may some day be blamed for cooperating with the Germans. During a previous visit he had referred to the fact that the German Army used quantities of his company's accounting machinery. Apparently the Germans move such machinery along with the army in the field.

He also expressed fears that the Germans would kill his company's business in continental Europe by establishing competing concerns which would take over the export market.

　　1941年12月3日，珍珠港遭袭4天前，就在纳粹因在欧洲实行种族灭绝而备受谴责时，IBM代理人哈里森·K.昌西来到美国国务院，对公司与希特勒的广泛接触表达了担忧。美国国务院的这份备忘录写道，昌西担心"有一天，他所在的公司会因与德国人合作而被谴责"。（美国国家档案馆）

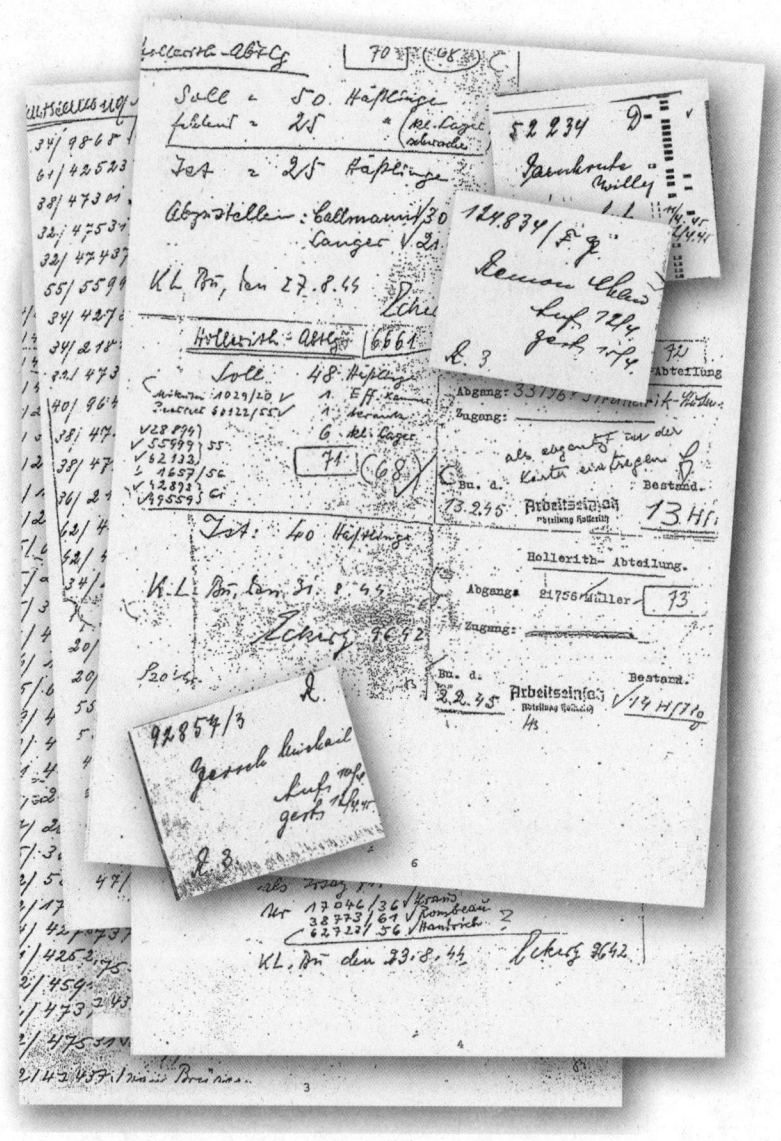

布痕瓦尔德集中营为操作霍尔瑞斯系统，需调用数十名囚犯。每天都有囚犯死去或病倒，这份劳工名单也在不断更改。布痕瓦尔德集中营堆积了大量用过的穿孔卡，这些用过的穿孔卡会被切成两半，作为便条纸，记录集中营医务室里迅速增长的死亡人数。（美国国家档案馆、布痕瓦尔德档案馆）

纳粹使用的IBM人口普查表。表的边缘可看到IBM德霍梅格的标记。第三帝国存在的12年里，IBM设计了大量人口普查表和登记表，且常作为纳粹的分包商为其实施人口普查活动。（美国大屠杀纪念馆）

CONTROL IN BUSINESS MACHINES

This is a story of a peculiar type of cartel. Generally speaking, the cartel arrangements which have been heretofore considered deal with instances wherein the cartel control stems from Germany or one of the other Axis countries and into the United States for the purpose of curtailing production of critical materials following a deliberate plan of Nazi economic warfare. Previously a villain like I. G. Farben or Siemens Halske has reached its tentacles into American Industry and curtailed production through patents, licensing agreements, and other types of control. This story deals with an American firm which has deprived not only our own citizens by limiting supply but also the citizenry of the world. Americans and Germans alike have felt the pinching hand of Thomas J. Watson and International Business Machinery manifested through universal limited production and international high prices. In this case the monopoly control originates in the United States and operates throughout the world. And what Hitler has done to us through his economic warfare one of our own American corporations has also done. In this "arsenal of democracy" which supplies materiel for over half the warring world, limited production spells our worst enemy. Hence I B M is in a class with the Nazis.

Further, we have a peculiar

The company has not only worked hardship on the people of the U. S. but also people in Germany. When the German section of the world monopoly grew too burdensome on the German people, the Hitler Government apparently sought to unterfere. The letter is from IBM's Switzerland office to IBM's New York world headquarters reporting the prospective interference. "DEHOMAS" stands for IBM's German branch, Deutsch Hollerith Maschinen G. m. b. H. The entire world citizenry is hampered by an international monster and the indirect evidence herein presented seems to the writer conclusive enough to warrant an extensive search into files of the companies mentioned so that direct evidence may be obtained.

联邦政府就 IBM 是否通敌贸易展开了调查。其间，经济战争部的调查员哈罗德·J. 卡特在描述 IBM 和希特勒政权的勾结时给上级写了一份备忘录。卡特写道："希特勒在经济战争中对我们的所作所为，这家美国企业也做过……因此，IBM 和纳粹分子同属一个阵营。"备忘录最后写道："全世界的公民都受到了一只'国际怪物'的限制。"（美国国家档案馆）

1934年的一组德霍梅格设备,取自某家公司的出版物。(汉堡城市与大学图书馆)

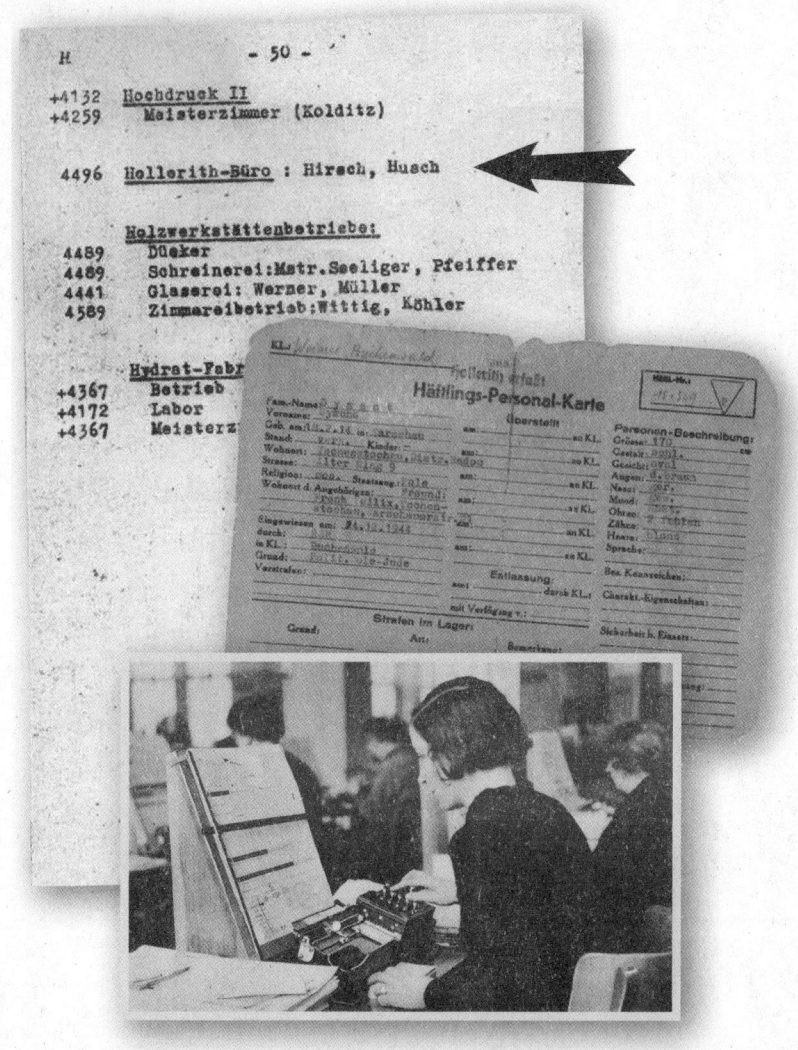

上图：IBM在奥斯维辛集中营的办事机构被录入奥斯维辛电话簿第50页。（奥斯维辛博物馆）

中图：典型的犯人卡。这张犯人卡登记的是一位名叫西蒙乔·迪马南特（Symcho Dymant）的波兰犹太人。卡片显示，这名囚犯被调到了布痕瓦尔德集中营。这张卡片的内容似乎是用打字机打出来的，但卡片上的"Hollerith Erfasst"表明，这是由IBM追踪系统处理的。（美国大屠杀纪念馆）

下图：霍尔瑞斯操作员根据人口普查数据穿孔。（汉堡城市与大学图书馆）

针对一台霍尔瑞斯机器，IBM和第三帝国确立合同。这类合同有很多，由纳粹"自动化报告办事处"（MB）的特别机构管理。自动化报告办事处充当着帝国军备与战时生产部的穿孔卡机构。上图最上方这份签于1942年7月1日的合同涉及一台字母制表机。（美国国家档案馆）

德霍梅格的新工厂被纳粹媒体誉为纳粹事业。这份重要的纳粹报纸是《人民观察家报》,被视为纳粹党的官方报纸。德霍梅格非常重视这次报道,将其放入一本特别的纪念册,并送回了IBM纽约总部。(汉堡城市与大学图书馆)

作为纳粹企业,德霍梅格受到纳粹各种出版物的突出报道。上图中的报道由德霍梅格经理整理于1934年,之后,这些报道被放入一本特别的纪念册,送回了IBM纽约总部。(汉堡城市与大学图书馆)

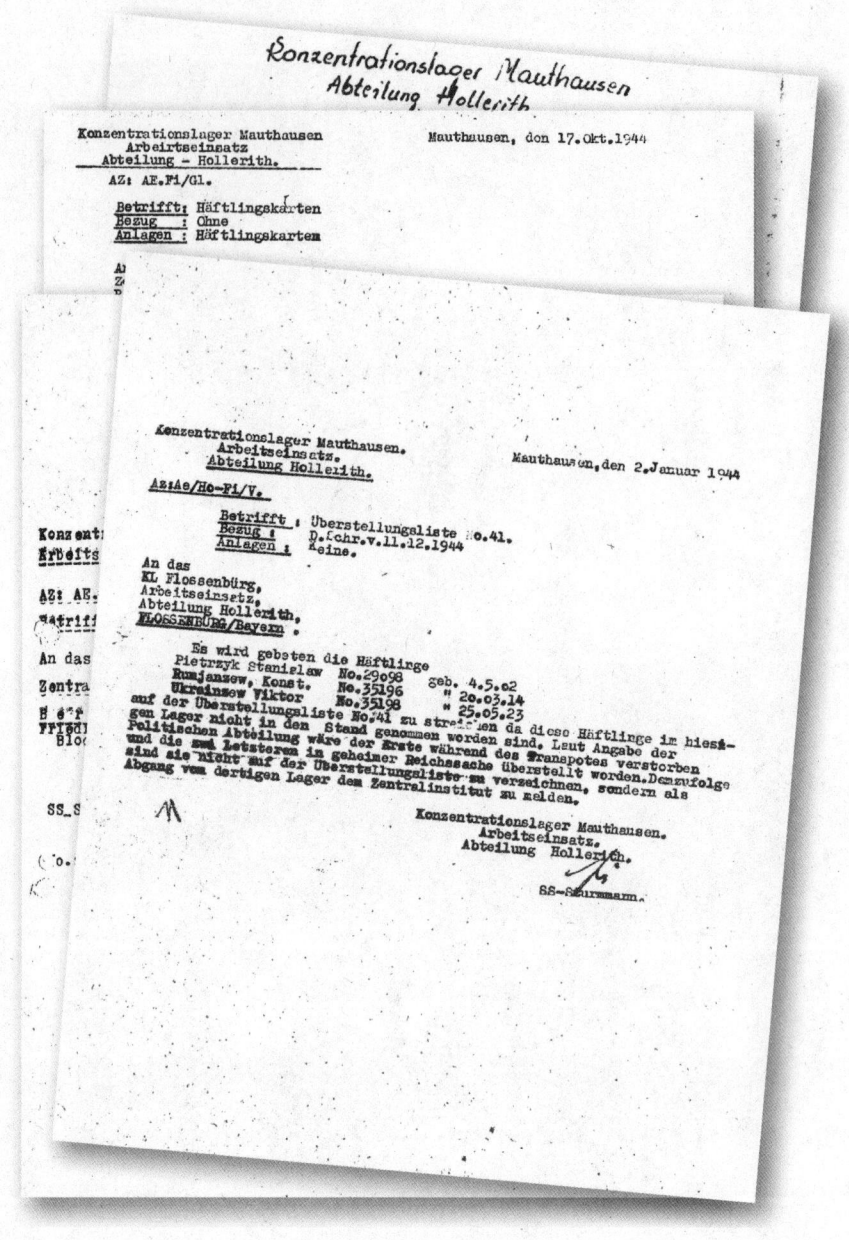

毛特豪森集中营展开一次大型的霍尔瑞斯操作活动，需与其他集中营合作。上面的文件显示了特定囚犯的信息，而每个囚犯都由IBM的霍尔瑞斯系统追踪。（美国国家档案馆、美国大屠杀纪念馆）

> Dr.Georg Schneider, manager of the EBA-Division in prague, new in
> **DEUTSCHE HOLLERITH MASCHINEN GESELLSCHAFT M. B. H.**
> GESCHÄFTSSTELLE MÜNCHEN
> München 2, Brienner Straße 4 · Fernruf 12735/36
>
> To
> Mr.Thomas J.Watson,
> president of the
> International Business Machines
> Corporation-New York.
>
> Ort Munich 4st July 1945
>
> Dear Mr.Watson,
>
> I beg to give You my report about the IBM-Office in Prague-Czechoslowakia and about my personal affair:
>
> My name is Dr.Georg Schneider and since 1939 I worked as manager of the EBA-Division in the IBM-Office in Prague-Czechoslowakia. You will find my name in the IBM-catalogue, showing all names of IBM-managers in our big world-organisation and I had too the honour to be presented to You on occasion of Your visit in Germany in 1938.There are too Mr.Holt, Mr.Cowles, Mr.Schotte, Mr. Dr. Pelak and Mr.Chauncey,who knew me in person.
>
> I was engaged in 1937 by Mr.Holt, Mr.Cowles and Mr.Dr.Pelak as a salesman of the IBM-Office in Prague. In 1938 I was transferred to the Dehomag in Berlin, working there as a salesman and studying the german organisation. According to an agreement between the European IBM-Headquarter in Geneva and the Dehomag in 1939 I was transferred back to Prague and engaged by Mr.Schotte as a manager of the EBA-Division in the IBM-Office in Prague together with Mr.Kuczek,who was engaged as manager of the ITR-Division and registered as responsible manager of our office. Under my personal responsibility and I am sure, that all the interests of the IBM were in good hands. The $-rentals were transferred to the account of the IBM in Geneva, after begin of war with the U.S. all $-rentals must be converted by a rate of exchange of K 25.02(Crowns) = $ 1.— and stored on the blocked account of the IBM in Prague.
>
> Accordance to the impossibility to get machines from the IBM I made in 1942 with Mr.Chauncey, visiting Berlin, an agreement and so we were authorized, to buy machines from the Dehomag and to sell or lend them in our own name and account. From each machine we had to pay a licence-tax to the IBM. Till 1942 our Office rested legal independent and 50 % of the shares were as usual administrated by the trustee Mr.Dr.Schmid, advocate

1945年7月4日，二战欧洲战事已结束，留在德国的重要管理人员乔治·施耐德给托马斯·J.沃森写了一封信，表示："IBM的所有利益都完好无损。美国参战后，美元租金已被转入IBM日内瓦办事处的账户中。所有美元租金都必须按1：25.02的汇率换成克朗，然后存入IBM在布拉格办理的冻结账户中。"信中，施耐德还提到与沃森的私人特使哈里森·K.昌西在1942年美国参战后于柏林达成的秘密协议，后者规定租用德国霍尔瑞斯设备作为捷克斯洛伐克设备。(IBM档案)

1934年，IBM德霍梅格的海报，旨在宣传人口普查。

1944年1月,一个大型统计机构建成,负责将新增的登记名单、死亡名单、日常的劳力报告和转移名单制成表。这个隐秘的穿孔卡机构即中央研究所,坐落在柏林腓特烈大街129号F街区。中央研究所配有最新型、最先进的IBM设备,各个集中营每天都会派遣通讯员来此递交集中营的报告。

　　1937年6月，希特勒授予托马斯·J.沃森一枚特别的勋章——星形德意志雄鹰勋章。这是为IBM的董事长特别定制的，用以表彰对德意志帝国做出贡献的外国人士。当沃森在柏林接受勋章时，整个柏林处在狂欢之中，第三帝国甚至视其为柏林史上最大、最豪华的一次狂欢。在接受勋章前不久，希特勒（左边）在同沃森（远处，坐在希特勒旁边）享用茶点时，摆好姿势让摄影师拍照。（美国联合通讯社）

致 谢

很少有研究历史的书籍会涉及如此多的重要人士,本书就是其中之一。由于需查询的文件涉及多个国家、多种语言,我向研究员、译者及许多志愿者寻求了帮助。在他们之中,有大屠杀的幸存者、幸存者的子女、退休人员和一些与大屠杀毫无关联的学生、专业人员、档案管理员和历史学家,甚至还有原纽伦堡审判中的审查员。

最终,超过100位来自7个国家的人士参与了这项调查活动。大多数人的任务只是搜索档案库或报纸,从中查找关键词。一旦找到这些关键词,他们就将相关文件复印下来,发送给我,以便我进一步检查和分析。

研究员和译者是从网上、大学公告栏、大屠杀幸存者组织、档案管理员协会、历史学家协会和译者与研究员协会招聘来的,当然,也有一部分来自于朋友介绍。尽管研究员常会因其他事务而遗憾离开,但他们也会找能胜任此事的朋友来接替这项任务。

显然,由于篇幅限制,我无法一一列出这些曾帮助我的人。但我仍想特别介绍一些人。来自得克萨斯州首府奥斯汀的盖伦·芬克利亚(Gaylon Finklea)、玛丽·乔·奥斯古德(Mary Jo Osgood)为我组建了一个志愿者小组,专门筛选1933—1945年出版的《纽约时报》。他们会在午饭、晚饭和周末时站在缩微胶卷阅读机前制作一份报纸史,内容主要与大屠杀时代的各种业务和迫害有关。另有12位来自其他城市的研究员加入了该志愿者小组。审查这份报纸史需耗费1 500个小时,华盛顿的特拉·约克(Terra York)不仅监督着团队进度,还实时报告不断变化的缩微胶卷的读取进度。

我曾经在英国、以色列、德国和美国的档案馆中做过调查。在英国，安迪·法伦登（Andy Farenden）、简·布思（Jane Booth）、马特·马丁森（Matt Martinson）等人给予了我很多帮助。在以色列调查时，我也得到了许多人的帮助，包括阿里尔·什丘帕克（Ariel Szczupak）和伊扎克·凯雷姆（Yitzhak Kerem），后者还参与了巴黎、华盛顿和纽约的档案查找工作。在德国，最初为我提供帮助的是芭芭拉·哈斯（Barbara Haas）等人，而在之后几个月，托马斯·克雷默（Thomas Kremer）也帮了我许多。

在美国，我的工作受以下人士帮助：《大屠杀》（Holocaust）的作者杰拉尔德·施瓦布（Gerald Schwab）、前纽伦堡审判审查员弗雷德·蒂贝格尔（Fred Thieberger）、前盟军职业情报员沃纳·米歇尔（Werner Michel）、职业道德专家罗伯特·乌雷丘（Robert Urekew）、研究员瓦妮莎·范德林德（Vanessa van der Linde）、戴尔－威廉斯（Dyer-Williams）等。

荷兰的研究工作主要依赖于两位勤奋的大学生薇乐敏·鲁贝格（Willemijn Ruberg）和马坦丁·克莱杰（Martijn Kraaij）。在波兰，我获得了兹比格·坎斯基（Zbig Kanski）等人的热心帮助。而在法国，戴安娜·格尔茨（Diane Goertz）等人展开了调查研究。

当然，在遇到紧急情况时，很多善良的译者都为我施以援手。在德国，苏珊·施泰纳（Susan Steiner）和英厄·沃尔夫（Inge Wolfe）两人帮我整理了错综复杂的技术文件。在波兰，为我解决难题的是阿尔东娜·绍斯泰克－蓬切克（Aldona Szostek-Pontchek）。法国翻译团队的成员如雅姬·奥兰（Jackie Holland）、弗吉尼亚·里纳尔迪（Virginia Rinaldi）和队长特拉·约克（Terra York）尤为勤奋，他们在不用翻译文件时，会帮我查找英文档案。本书出版前的周末，来自四个城市的四名法语译者也在夜以继日地工作。

同我工作的还有一个非常出色的团队。为了寻找相关信息，我们从早上8点到半夜，一直在浏览堆积如山的文件。那些辛勤而严谨的人不眠不休地工作着，每天都要审查上百份文件。埃丽卡·阿什顿（Erica Ashton）、萨莉·穆雷克（Sally Murek）和德雷克·恭尼斯（Derek Kulnis）便是如此。作为一名志愿者，遗传工程学家戴维·凯莱蒂（David Keleti）甚至在晚上和周末也努力地做调查，在瑞典和瑞士搜集了许多IBM不为人知的事情。我们不知疲倦的文字编辑苏珊·库克·阿纳斯塔西（Susan Cooke Anastasi）常通宵工作，无论我们在晚上出现什么错误，她都会在早上立刻更正过来。

尽管很多人都付出了努力，但如果没有如下两位英雄，本书根本无法完成。第一位英雄是尼尔斯·科德斯（Niels Cordes），曾在美国国家档案馆微缩胶卷室工作。科德斯是我遇到的最有洞察力、最有条理、知识最渊博的历史学家和档案管理员。我们一起查找了纽约、华盛顿和伦敦的档案，之后，他加入了柏林调查团队。科德斯曾翻译很多德语文件。

第二位英雄是卡伊·格洛伊施泰因（Kai Gloystein）。格洛伊施泰因最初负责调查位于伯恩、科隆和柏林的档案馆和图书馆，后来又飞到美国帮我做收尾工作。他一天工作15个小时，逐行审查手稿和脚注，翻译了大量文件、当代报纸和科技期刊。格洛伊施泰因凭借其坚持不懈、精益求精的工作态度和超凡的智慧对稿件产生了深远影响。他是个追求完美的战士。

许多杰出的历史学家和档案管理员都为本书做出了巨大贡献。他们或为我提出建议，或为我提供搜索记录，或帮我招揽人才，或为我提供特殊场地。这些人都是历史的忠实拥护者。在以色列，国家档案馆的工作人员吉拉德·利夫内（Gilad Livne）为我提供了所有与艾希曼有关的文件，中央犹太复国主义者档案馆的罗谢勒·鲁宾斯坦（Rochelle Rubinstein）在我参观该档案馆时为我提供了不少帮助。在英国，伦敦大学的约翰·克利尔（John Klier）和英国公共档案馆的研究员为我提供了许多帮助。在法国，法国经济部档案馆的阿涅丝·达安焦（Agnes d'Angio）和埃尔韦·韦尔农（Herve Vernon）总是积极地回答我的问题。在荷兰，战争文献学会的埃里克·萨默斯（Erik Somers）花费了几个月时间帮我招聘实习生和做调查。

在德国，我受到了许多人的热情协助，包括位于科隆的莱茵－威斯特法伦州经济档案馆的乌尔里希·泽纽斯（Ulrich Soenius）、波恩政治档案馆的彼得·格鲁普（Peter Grupp）、斯图加特当代历史图书馆的格哈特·施希费尔德（Gerhardt Hirschfeld）、柏林德国抵抗运动纪念中心的约翰内斯·图赫尔（Johannes Tuchel）及在里希特菲尔德的德国联邦档案馆的卡罗拉·瓦格纳（Karola Wagner）、阿内特·迈伯格（Anette Meiburg）、西格弗里德·比特纳（Siegfried Büttner）和位于里希特菲尔德的德国联邦档案馆的全体员工。在波兰，华沙历史研究院的扬·雅盖尔斯基（Jan Jagielski）和奥斯维辛集中营博物馆的弗朗齐歇克·派珀（Franciszek Piper）在百忙中为我查找资料。

在美国，马雷克·韦伯（Marek Web）帮我到伊沃犹太研究所查找了资料。海格利博物馆的迈克尔·纳什（Michael Nash）授予我驻校学者身份，对我助益良多。美国大屠杀纪念馆的亨利·梅尔（Henry Mayer）和亚伦·科恩布卢姆（Aaron Kornblum）对我的调查工作帮助极大。在美国国家档案馆，我有幸遇到了一群无可替代的档案管理员，包括约翰·泰勒（John Taylor），为我查询了美国战略情报局的信息；米特·古斯塔夫（Milt Gustafson），为我查询了美国国务院的信息；弗莱德·罗曼斯基（Fred Romanski），为我查询了美国司法部的信息；格雷格·布拉德舍（Greg Bradsher），为我查询了大屠杀时代的资产信息；路易斯·霍兰德（Louis Holland），为我查询了被俘纳粹微型胶卷；以及玛丽·卡彭蒂（Marie Carpenti）等。他们不辞辛苦地为我工作了一整年，可谓美国维护其历史的最宝贵的先锋部队。

所有阅读本书的读者，都将看到出版前审稿人所做的努力。每位审稿人不仅阅读了整篇手稿，还在空白处做了大量批注。这些审稿人包括：研究纳粹档案的罗伯特·乌尔夫（Robert Wolfe），研究大屠杀历史的亚伯拉罕·佩克（Abraham Peck），审核大屠杀文件的亨利·梅尔，审核通敌贸易信息的格雷格·布拉德舍，研究盟军情报和纳粹技术的沃纳·米歇尔（Werner Michel），调查纽伦堡战争罪的弗雷德·西伯格（Fred Thieberger），调查荷兰大屠杀的杰哈德·赫希菲尔德（Gerhard Hirschfeld）、埃里克·萨默斯（Erik Somers）、鲍勃·摩尔（Bob Moore），调查幸存者事务的埃斯特·芬德（Esther Finder），研究企业道德的罗伯特·尤雷克佑（Robert Urekew），研究战时技术的布拉德利·克利维（Bradley Kliewer），研究第三帝国安全问题和纳粹方法论的什洛莫·阿伦森（Shlomo Aronson），研究大屠杀和俄罗斯历史的约翰·克利尔（John Klier），研究大屠杀道德问题的拜伦·舍温（Byron Sherwin），以及许多研究历史、金融犯罪、会计学的人和商界人士。

所有审稿人都为本书的准确性贡献良多。但我必须提出我们这个时代最好的四位思想家：研究维希法国的罗伯特·派克斯顿（Robert Paxton）、研究大屠杀人口普查和统计技术的威廉·塞尔泽（William Seltzer）、研究德国历史和纳粹文件的尼尔斯·科德斯，以及研究荷兰的埃里克·萨默斯。

此外，许多人也曾通过电话给予我帮助。比如研究罗马尼亚大屠杀的拉杜·约阿尼德（Radu Ioanid）、研究纳粹绝育计划和安乐死计划的亨利·弗莱德兰德（Henry Friedlander）等。

在协助我工作的数十位专家中，有两位杰出人士对我的帮助极大。第一位是西比尔·米尔顿（Sybil Milton），正是在她的协助下，我启动了这项调查活动。米尔顿是美国大屠杀纪念馆的历史学家，多年来致力于发现IBM及其穿孔卡与大屠杀的关联。得益于她的指引，我并未偏离正轨。不幸的是，米尔顿在我的项目完成之前已与世长辞。在此，我要向以她为代表的研究二战大屠杀历史的专家们致敬，本书正是他们研究成果的证明。

另一位是罗伯特·乌尔夫，研究大屠杀与被俘纳粹档案的顶级专家。这一年来，乌尔夫给予我无与伦比的专业指导，不断地督促我、激励我、支持我。乌尔夫极具责任感，在验明大屠杀档案真实性方面，他着实是个不知疲惫的战士。在全球档案专家和历史学家中，他的传奇名声名副其实。无论是他对本书的贡献，还是对我的激励，都是毋庸置疑的。

如果没有这么一小部分人不懈地寻求真相，那本书的写作便无从谈起，我相信历史会铭记他们。以下人士对这本书做出了巨大贡献：阿伦·希尔特-曼海默（Aron Hirt-Manheimer）、亚瑟·赫茨伯格（Arthur Herzberg）、劳伦斯·希夫曼（Lawrence Schiffman）、乌尔夫和米尔顿。

将史实加工为文稿，只是成功了一半。事实上，出版本书也需勇敢无畏的精神，这正是许多人缺乏的。出版计划的领头人是时代图书出版社的前职员菲利普·透纳（Philip Turner），其为兰登书屋取得本书的出版权。之后，皇冠出版集团的副主席和高级编辑道格拉斯·佩珀（Douglas Pepper）给了我极大的支持。在佩珀看来，本书肩负着一个使命：勇敢地向全世界讲述这段被遗忘的历史。在过去的30年里，我在做调查性报告及频频准备出版事宜的过程中学会了快速地识别真正的支持者。佩珀以及整个皇冠出版集团在编辑室主任史蒂夫·罗斯（Steve Ross）的带领下兢兢业业地工作，从未退缩。威廉·亚当斯（William Adams）、惠特尼·库克曼（Whitney Cookman）和蒂娜·康斯特布尔（Tina Constable）也做了出色的审校工作。他们作为皇冠出版集团最顽强的后盾全力支持着这个项目。

和皇冠出版集团一样，许多来自欧洲、拉丁美洲的杰出编辑和出版商也为本书花费了大量精力。他们非常尊重我的劳动成果，并由衷地希望看到本书得到世界人民的关注。我与他们中的许多人成了朋友，包括德国普罗皮伦出版社的玛吉特·凯特勒（Margit Ketterle）和克里斯汀·西格（Christian Seeger）；法国罗贝尔·拉封出版社的埃布尔·格施陈菲尔德（Abel Gerschenfeld）；意大利RCS传媒集团的保罗·赞尼农尼（Paolo Zaninoni）；

荷兰 Kosmos Z&K 的利斯贝特·德弗里（Liesbeth de Vries）；波兰格拉尔出版社的兹彼戈·坎斯基（Zbig Kanski）和波兰 Muza 出版社的艾薇莉娜·奥辛斯卡（Ewelina Osinska）；巴西 Editora Campus 出版社的克劳迪奥·罗斯马拉（Claudio Rothmuller）和保罗·克里斯托夫（Paul Christoph），该出版社主要负责面向葡萄牙语国家发行；Argentina's Atlantida 出版社的豪尔赫·纳维里奥（Jorge Naveiro），该出版社主要面向西班牙语国家发行；英国利特尔&布朗出版社杰出的编辑室主任艾伦·萨姆森（Alan Samson）。

我的书之所以能得到全球各大出版社的关注，与我的经纪人琳恩·拉宾诺夫（Lynne Rabinoff）不无关系。琳恩对我和这个项目的信心，是本书取得全球关注的主要动力。为了保证本书的质量和完整性，她付出了极大的努力。正因如此，本书不仅进入了学术界的殿堂，更进入了全球 50 多个国家的读者的视野。正是由于琳恩的活力与信心，本书才得以存在。

尽管有许多研究员和翻译家的助力，但使本书成型，还需要以下人士极具创造性的协助：汉斯·齐默尔（Hans Zimmer）、杰瑞·戈德史密斯（Jerry Goldsmith）、约翰·巴里（John Barry）、BT、莫比（Moby）、橘梦乐团（Tangerine Dream）、大卫·阿诺德（David Arnold）、克里斯托弗·弗兰克（Christopher Franke）、特雷弗·拉宾（Trevor Rabin）和特雷弗·琼斯（Trevor Jones）。

在写作本书的一年中，我每天都会工作 15 个小时，且常常在工作室中一待就是好几天，就连吃饭也从未离开电脑桌。这让我亲爱的家人伊丽莎白（Elizabeth）、雷切尔（Rachel）和我的父母承受了很多。他们包容我、鼓励我，允许我脱离日常的家庭生活，沉浸于书写当中。

我从许多有关大屠杀的书籍中阅读了各色致谢章节。但我发现，似乎总有一部分人会被忽略。尽管如此，在我费尽心思地写作本书的过程中，他们从未离开过我的脑海。我要向 600 万名犹太人，包括我的祖父母以及已经死去的数百万名欧洲人致以敬意。在我写作的过程中，他们的记忆，以及代表着他们个人档案的穿孔卡，时不时地浮现在我的眼前。